D1722947

Thomas Weichel · Die Bürger von Wiesbaden

Stadt und Bürgertum

Herausgegeben von
Lothar Gall

Band 6

R. Oldenbourg Verlag München 1997

Thomas Weichel

Die Bürger
von Wiesbaden

Von der Landstadt
zur „Weltkurstadt"
1780–1914

R. Oldenbourg Verlag München 1997

Die Deutsche Bibliothek - CIP-Einheitsaufnahme

Weichel, Thomas:
Die Bürger von Wiesbaden : von der Landstadt zur „Weltkurstadt"
(1780 - 1914) / Thomas Weichel. - München : Oldenbourg, 1997
(Stadt und Bürgertum ; Bd. 6)
Zugl.: Frankfurt (Main), Univ., Diss., 1994
ISBN 3-486-56126-X

© 1997 R. Oldenbourg Verlag GmbH, München
Rosenheimer Str. 145, D - 81671 München
Telefon: (089) 45051-0, Internet: http://www.oldenbourg.de

Das Werk einschließlich aller Abbildungen ist urheberrechtlich geschützt. Jed
Verwertung außerhalb der Grenzen des Urheberrechtsgesetzes ist ohne Zustim
mung des Verlages unzulässig und strafbar. Dies gilt insbesondere für Verviel
fältigungen, Übersetzungen, Mikroverfilmungen und die Einspeicherung un(
Bearbeitung in elektronischen Systemen.

Umschlaggestaltung: Dieter Vollendorf
Gedruckt auf säure- und chlorfreiem, alterungsbeständigem Papier
Gesamtherstellung: R. Oldenbourg Graphische Betriebe GmbH, München

ISBN 3-486-56126-X

Inhaltsverzeichnis

Anhang

Verzeichnis der Tabellen

Verzeichnis der Grafiken

ISOLDE UND STEFFEN GEWIDMET

Vorwort

Die vorliegende Untersuchung wurde im Sommersemester 1994 vom Fachbereich Geschichte der Johann Wolfgang Goethe-Universität in Frankfurt am Main als Dissertation angenommen und für die Drucklegung vor allem in den letzten Kapiteln erweitert.

Diese Arbeit ist nicht im stillen Kämmerlein entstanden, sondern innerhalb eines Forschungsprojektes, das von Prof. Dr. Lothar Gall geleitet und mit den finanziellen Mitteln aus seinem Leibniz-Preis ausgestattet wurde. Für die kritische Begleitung, seine Anregungen und auch seine Geduld danke ich ihm ebenso wie dem Zweitgutachter Prof. Dr. Ulrich Muhlack für seine Ratschläge und Hinweise.

Verpflichtet bin ich aber auch den Mitarbeitern des Projektes „Stadt und Bürgertum", die alle mit ihrer Bereitschaft zur Diskussion in zahllosen Projektsitzungen und auf den Fluren wie auch durch die Schaffung einer angenehmen, freundschaftlichen Arbeitsatmosphäre zum Gelingen der Arbeit beigetragen haben. Die weiteren Mitarbeiter – deren eigene Arbeiten in dieser Reihe beim Oldenbourg Verlag bereits erschienen sind oder noch erscheinen werden – seien hier deshalb (in alphabetischer Reihenfolge und ohne akademische Titel) genannt: Hans-Werner Hahn, Dieter Hein, Regina Jeske, Susanne Kill, Thorsten Maentel, Gisela Mettele, Frank Möller, Dirk Reuter, Ralf Roth, Karin Schambach, Andreas Schulz, Michael Sobania, Marie-Lise Weber, Ralf Zerback.

Zu danken habe ich auch den übrigen Mitarbeitern am Historischen Seminar der Universität Frankfurt/Main. Insbesondere hat mir Dr. Eckhardt Treichel mit seinen umfassenden Kenntnissen der nassauischen Beamtenschaft immer wieder bei Recherchen weitergeholfen.

Auch Jochen Dollwet vom Wiesbadener Stadtarchiv und die Mitarbeiter des Hauptstaatsarchivs Wiesbaden haben mich bei meinen Forschungsarbeiten mit größtem Entgegenkommen unterstützt. Von den Korrekturlesern sei insbesondere Dr. Wolfgang Jung hervorgehoben, der mit seinen Kenntnissen der Wiesbadener Geschichte nicht nur formale Einwände erheben konnte.

Die Drucklegung wurde gefördert vom Land Hessen aus den Mittel des Nassauischen Zentralstudienfonds sowie von der Landeshauptstadt Wiesbaden mit einer großzügigen Spende aus den Sondererlösen der Spielbank. Dem Studienfonds, der Stadt und in gewisser Weise auch den Spielern meinen Dank.

Einleitung

a. Bürgertum in Wiesbaden

„Weltkurstadt" nennt sich Wiesbaden seit der Mitte des 19. Jahrhunderts in aller Bescheidenheit. Hier genossen Männer von Besitz (und vielleicht auch Bildung) die Annehmlichkeiten eines Kuraufenthaltes und suchten Schatten in den Kuranlagen.

Den Ruch des Lasterhaften erhielt Wiesbaden durch seine Spielbank, die nicht nur Dostojewski zu einem Roman anregte, sondern in der auch der junge Bismarck „exorbitant viel" verspielte.[1]

Wiesbaden war auch ein Ort des Rückzuges für jene, die ihren Lebensabend in gediegenem Ambiente verbringen wollten. Allerdings lebte man in Rentiers-Kreisen häufig mehr nebeneinander als miteinander. So beschreibt es jedenfalls der Sohn Gustav Freytags mit Bezug auf seinen Vater, der hier in einer Villa von 1881 bis zu seinem Tode 1895 wohnte: Man sei „nicht weiter in Verkehr" getreten und habe „wie fast alle diese Villenbesitzer zu damaliger Zeit etwas einsiedlerisch in behaglicher Zurückgezogenheit" gelebt.[2]

Aber Wiesbaden allein aus dem Blickwinkel der wilhelminischen Zeit zu betrachten, es nur als Dienstleistungsstadt mit einer hoch entwickelten „Kurindustrie" sehen zu wollen oder als Rentierstadt, die quasi mit dem aus produktiven Regionen Europas in die Stadt gebrachten Geld Prunkbauten und Prachtstraßen errichtete, hieße einer zeitgenössischen Selbststilisierung zu folgen, die heute noch wesentlich die Eigenwerbung wie die Fremdsicht der Stadt bestimmt und den Blick auf das alte Wiesbaden verstellt, etwa die nassauische Landstadt mit kaum 2.000 Einwohnern der Jahre um 1800. In der vorliegenden Arbeit wird versucht, den Wandel der Stadt und seines Bürgertums auf dem Weg von der „alten Stadt" des 18. Jahrhunderts zur preußischen Großstadt nach 1900 zu beschreiben. Mit dieser zeitlichen Spannweite wird zugleich deutlich, daß hier unter den Wiesbadener Bürgern zunächst nicht jene steuerunwilligen Rentiers aus dem ganzen Reich zu verstehen sind, die nach 1870 in die Stadt einwanderten und die nach

---

[1] *Otto von Bismarck*, Die gesammelten Werke. Bd. 14. Berlin 1933, 10. Bismarck verspielte 1837 über 1700 Taler, „die zu anderen Zwecken bestimmt waren". Bereits ein Jahr zuvor hatte sich bei einem ersten Aufenthalt Bismarcks in Wiesbaden am Spieltisch ein Konflikt mit dem späteren Badearzt von Bad Ems, Dr. Lange, entzündet, der in ein Duell mündete, das erst im letzten Moment nach Einnahme der Plätze durch ein Nachgeben Bismarcks abgebrochen wurde. Vgl. *Günter Mischewski*, Bismarck in Wiesbaden. Duell in Amöneburg, in: Wiesbaden international, 2/1985, 34f.

[2] *Gustav Willibald Freytag*, Freytags Bekanntenkreis in Wiesbaden, in: Gustav-Freytag-Blätter. Organ der Gustav-Freytag-Gesellschaft, H. 12, 1959, 41–46, hier 45.

1880 zunehmend auch politisch die Geschicke der Stadt bestimmten.[3] Vielmehr soll zunächst der Blick auf das „alte" Stadtbürgertum des ausgehenden 18. und beginnenden 19. Jahrhunderts gerichtet werden. Mit den Transformationen Wiesbadens von der Landstadt zur Hauptstadt des Herzogtums Nassau, zu einem der bevorzugten europäischen Kurorte, zur preußischen Verwaltungsstadt und zur Rentierstadt kam eine große Zahl Personen in die Stadt, denen man leichthin das Attribut „bürgerlich" zuordnet: nassauische, später preußische Beamte, Kaufleute, Lehrer, Ärzte und schließlich in großer Zahl die „Wirtschaftsbürger außer Diensten", die Rentiers. In ihnen, die sich wohl überwiegend nach den Kriterien Bequemlichkeit und niedrige Steuerlast ihren Ruhesitz suchten, ist man versucht, das Gegenbeispiel eines genuin aus der Stadt erwachsenen und in wichtigen Aspekten auf die Stadt bezogenen Bürgertums zu sehen.

Eine der Kernfragen der Untersuchung wird sein, wie weit das „alte" Stadtbürgertum die Transformationen des Charakters der Stadt mitinitiierte – etwa im wirtschaftlichen Bereich – bzw. sich anpaßte, und die Nachkommen die erweiterten Berufschancen etwa im Verwaltungs- oder Bildungsbereich nutzten. Oder ob sich das „eingesessene" Bürgertum der Stadtentwicklung entgegenstellte und so schließlich, gefangen im „Gehäuse seines ständischen Traditionalismus"[4], an den Rand gedrängt wurde, mithin die Führung der Stadt von Zuwanderern übernommen wurde. Dabei muß der Begriff des „alten Stadtbürgertums" anders als in einer Reichsstadt definiert werden, denn es kann keine Frage sein, daß in einer Stadt, in der sich die Einwohnerschaft binnen etwa 110 Jahren verfünfzigfachte – und dies zum erheblichen Teil durch wohlsituierte Zuwanderer –, das, was sich vor 1800 als „Elite" definieren läßt, mehrfach überformt wurde.

In der vorliegenden Arbeit wird zwischen Fremden und Einheimischen ganz pragmatisch nach dem Kriterium der Ortsgebürtigkeit bzw. der Abstammung von einer Bürgerfamilie unterschieden. Dadurch werden alle wirtschaftlich aktiven Einwohner, deren Eltern bereits in der Stadt lebten, den „Einheimischen" zugerechnet. Die Rentiers und Pensionäre jedoch, soweit sie nicht aus der Stadt selbst kamen, werden als Fremde eingestuft, als Personen auf der Suche nach Steuervorteilen und Bequemlichkeit, die eher als Teil eines überstädtischen Bürgertums anzusehen sind. Dabei sei vorab betont, daß das Rentierdasein keineswegs erst im heutigen „Rentenalter" beginnen mußte, es vielmehr zahlreiche Beispiele dafür gibt, daß sich Dreißig- und Vierzigjährige mit ihren Familien samt schulpflichti-

---

[3] *Thomas Weichel*, „Wenn dann der Kaiser nicht mehr kommt...". Kommunalpolitik und Arbeiterbewegung in Wiesbaden 1890–1914. Wiesbaden 1991, 24ff.

[4] *Hans-Ulrich Wehler*, Deutsche Gesellschaftsgeschichte. Bd. 1: Vom Feudalismus des Alten Reiches bis zur Defensiven Modernisierung der Reformära 1700–1815. München 1987, 204.

gen Kindern in der Stadt niederließen, um von ihrem verdienten oder ererb-
ten Vermögen zu leben.[5] Die Rentiers in der zweiten Hälfte des 19. Jahrhundert, die hohe Zahl von Beamten während der Zeit, in der Wiesbaden
nassauische Residenzstadt war, sowie die vergleichsweise schwach ausge-
prägten städtischen Strukturen um die Wende zum 19. Jahrhundert lassen
die Stadt zu einem besonderen Prüfstein für die Grundthesen des eher
stadtbürgerlich bezogenen Frankfurter Forschungsprojektes „Stadt und
Bürgertum" werden, in dessen Rahmen die vorliegende Arbeit entstanden
ist.[6]

b. Die bisherige Forschung

Forschungsgeschichtlich basiert die vorliegende Arbeit auf drei Traditi-
onslinien: Auf der vor allem nach innen blickenden Stadtgeschichtsschrei-
bung – deren klassisches Ergebnis die breit angelegte Stadtmonographie[7],
aber in neuerer Zeit immer stärker auch die sozialhistorisch und -statistisch
fundierte, in den allgemeinen Diskurs eingreifende historische Studie oder
der Sammelband ist – , ebenso wie auf der allgemeinen Städte- und Urba-
nisierungsforschung, die, bezogen auf den hier bearbeiteten Zeitraum, be-
vorzugt nach den Ursachen und Wirkungen der Verstädterung und Industrialisierung fragt, dabei aber ihren Blick insbesondere auf die Mobilität
richtet[8] und weniger nach den innerstädtischen Vorgängen fragt, sondern
vielmehr Urbanisierung als ein übergreifenden Prozeß versteht. Die dritte
und vielleicht prägendste Linie ist die der Bürgertumsforschung, die in den
letzten Jahren einen großen Aufschwung genommen hat. Die Perspektiven,
aus denen das Bürgertum dabei untersucht wird, sind aber durchaus verschieden. Als der „Durchbruch des Bürgertums" wird auch in der traditionellen Geschichtsschreibung die Phase nach 1815 charakterisiert, darunter
aber vor allem die Durchsetzung des kapitalistischen Wirtschaftsprinzips in
der Gesellschaft verstanden. Dabei wird als Bezugsrahmen stets die Nation
bzw. der Staat gesehen. Auch die Monographien und Sammelbände der

---

[5] Als Beispiele seien nur die als Stadträte aktiven Rentiers Fritz Kalle, Eduard Bartling
und Hugo Valentiner genannt. Auf sie wird im Laufe der Arbeit noch zu kommen sein.

[6] Zu den wesentlichen Linien des Projektes vgl. *Lothar Gall*, Stadt und Bürgertum im
Übergang von der traditionalen zur modernen Gesellschaft, in: Stadt und Bürgertum im
Übergang von der traditionalen zur modernen Gesellschaft. Hrsg. v. Lothar Gall. Mün-
chen 1993, 1–12, hier 3ff.

[7] Aus den zahllosen Beispielen seien nur die beiden für diese Studie wichtigen Bände zur
Stadtgeschichte von Wiesbaden hier angeführt: *Wolf-Heino Struck*, Wiesbaden in der
Goethezeit. Wiesbaden 1979, sowie *ders.*, Wiesbaden im Biedermeier. Wiesbaden 1981.

[8] *Jürgen Reulecke*, Geschichte der Urbanisierung in Deutschland. Frankfurt a. M. 1985,
14.

letzten Jahre, die sich speziell dem „Bürgertum" widmen, bestimmen ihr
Studienobjekt überwiegend aus der staatlichen (nationalen) oder gesamtge-
sellschaftlichen Perspektive und geben ihm damit als Handlungsrahmen
diesen nationalen Bezug, weit entfernt von den alten Stadtbürgern, denen
Engstirnigkeit unterstellt wird. Hier erscheint der historisch überkommene
Stadtbürger „als der Fußkranke des Fortschritts"[9], der sich dem modernisierenden Staatsapparat obstruktiv entgegenstellt, ohne selbst über ein
wegweisendes Konzept zu verfügen. Historiker(-innen), die sich der Rolle
der Bürger in der Stadt als Thema zuwenden, laufen Gefahr, als rückwärts-
gewandte Romantiker angesehen zu werden, auf die der vermeintlich konservative Habitus ihres Forschungsobjektes, der Stadtbürger, schon charak-
terbildend eingewirkt habe.

Diesem Mißverständnis muß an dieser Stelle vorgebeugt werden: Es geht
in den folgenden Kapiteln nicht darum, idealisierend einen abgeschlosse-
nen Mikrokosmos zu beschreiben. Der Wirkungskreis der vermögenden
Bürger, vor allem der Handelsleute, wies seit altersher weit über die Stadtgrenzen hinaus. Doch blieb ihr Bezugspunkt „ihre" Stadt. Auch die Fugger,
um weit zurückzugreifen, waren zu ihren Glanzzeiten fest mit der Stadt
Augsburg verbunden. Auch streitet der Verfasser keinesfalls den Wert
„moderner" Individualfreiheiten ab und will auch nicht die „Freyheiten"
der verfaßten Stadt glorifizieren. Die aus der „Akzeptanz des eigenen
Seins" geborene Haltung, das meiste, was gegenwärtig ist (in den Großstädten Mitteleuropas, mithin auch an den Universitäten) als richtig und damit
erstrebenswert anzuerkennen, darf aber nicht dazu führen, die Entwicklung
dahin als den einzig möglichen Weg der historischen „Vorgängergesell-
schaften" zu sehen. Insbesondere darf daraus kein Bewertungsmaßstab ab-
geleitet werden, der die Gegner der dann tatsächlichen Entwicklung per se
als unmodern oder antiquiert abstempelt, ihre Protagonisten jedoch zu den
Trägern des Fortschritts heroisiert. Dabei ist keineswegs die wenig frucht-
bare Spekulation „was wäre, wenn..." das Anliegen, sondern nur der Versuch eines Perspektivwechsels: Es soll nicht, wie in vielen älteren und gelegentlich auch in neueren Arbeiten, unreflektiert alles „Fortschritt" heißen, was dem bürokratischen, durchorganisierten Einzel-, später National-
staat diente, sondern es soll nach der konkreten Bedeutung von Bestimmungen und Entwicklungen für die Bürger der Stadt und ihre Lebenswelt
gefragt werden. Dieser Ansatz läßt sich vielleicht am einfachsten an einem
Beispiel erklären, dessen Details noch folgen werden: Der zähe Widerstand
der Stadtbürger gegen die Aufhebung der Militärfreiheit für ihre Söhne im
Jahre 1808 wurde interpretiert als Festhalten an überkommenen Privilegien,

---

[9]   *Dieter Langewische*, Stadt, Bürgertum und „bürgerliche Gesellschaft" – Bemerkungen
      zur Forschungsentwicklung –, in: IMS 1, 1991, 2–5, hier 3.

als sinnloser Widerstand von Uneinsichtigen gegen die Erfordernisse des modernisierenden, Stadt und Land gleichbehandelnden Staates. Aus der Perpektive der Stadt und ihrer Bürger stellte sich der Vorgang völlig anders dar: Ihnen sollte ersatzlos eine Freiheit genommen werden, die sie erst wenige Dekaden zuvor „gekauft" hatten. Und die Einsicht in die „Notwendigkeiten" des modernen Staates fiel ihnen wahrlich schwer: Wurde die neue Konskriptionsordnung doch vor allem erlassen, um Napoleons Forderung nach frischen Truppen für den Krieg gegen die spanischen Aufständischen zu erfüllen. Auch heute würde ein anstehender blutiger Kampfeinsatz deutscher Wehrpflichtiger („Nicht-Freiwilliger") auf einem fernen, für das eigene Land unbedeutenden Kriegsschauplatz einigen Widerstand in der Bevölkerung hervorrufen und dies in einer Zeit, in der Wehrpflicht als Staatsbürgerpflicht überwiegend akzeptiert wird.

Die „Modernisierungsmaßnahmen" werden hier also weniger nach dem Maßstab der den Reformen zugrundeliegenden Prinzipien bewertet – wobei zu fragen ist, ob in der Praxis die Modernisierung sich nicht eher nach dem Ziel des Machtausbau richtete – , sondern es werden die konkret damit verbundenen Interessen und Auswirkungen analysiert. Nur aus dieser Beurteilungsperspektive werden die Reaktionen der städtischen Bürger verständlich[10], wird deutlich, aus welchen inhaltlichen und personellen Quellen die sich im Vormärz formierende bürgerlich-liberale Opposition gegen den Staat und seine Bürokratie zumindest zu einem Teil speiste. Berücksichtigt und hinterfragt werden muß aber auch das wirtschaftliche Erstarken dieses Bürgertums, denn erst dadurch erhielt die Opposition den nötigen Nachdruck. Die Frage, welche Personen hier erfolgreich wirtschaftlich tätig wurden, läßt sich wohl nur regional und lokal beantworten, und es werden hier möglicherweise auch lokal und regional unterschiedliche Antworten gegeben werden müssen.[11] So kann die vorliegende Untersuchung von

---

[10] So bedeutete die Gewerbefreiheit für die Betroffenen auch „Freiheit" von gesicherter Nahrung und dem möglichen Verlust des „ehrenvollen" Platzes in der Gesellschaft. In den letzten Jahren ist den Regularien des „alten" Handwerks – im Anschluß an E.P. Thompsons grundlegende Untersuchungen zur moralischen Ökonomie – eine breitere Beachtung geschenkt worden. Grundlegend hier insbesondere *Andreas Griesinger*, Das symbolische Kapital der Ehre. Streikbewegungen und kollektives Bewußtsein deutscher Handwerksgesellen im 18. Jahrhundert. Frankfurt a. M./Berlin/Wien 1981. Mit Blick auf den beharrlichen Widerstand des „zünftigen" Handwerks und mit ähnlichem Ansatz vgl. auch *Hans-Jörg Zerwas*, Arbeit als Besitz. Das ehrbare Handwerk zwischen Bruderliebe und Klassenkampf 1848. Reinbek 1988.

[11] Für Wehlers These, daß altes Wirtschaftsbürgertum und neue Bourgeoisie zunächst unvermittelt nebeneinander existierten, dann aber ab den 1850er Jahren miteinander verschmolzen, spricht einiges. Sie wird sich am Wiesbadener Beispiel allenfalls unter Hinzuziehung der Vororte Biebrich und Amöneburg klären lassen. Vgl. *Hans Ulrich Wehler*, Die Geburtsstunde des deutschen Kleinbürgertums, in: Bürger in der Gesellschaft der Neuzeit. Hrsg. v. Hans Jürgen Puhle. Göttingen 1991, 199–209, hier 200.

Wiesbaden nur beanspruchen, einen Beitrag zu dieser Frage zu leisten, wenngleich ohne Zweifel das Gesamtforschungsprojekt mit seinen 15 untersuchten Städten den Grundstock für fundierte Aussagen legt.

Doch sind es nicht allein wirtschaftliche und politische Aspekte, die die Transformation des alten Bürgertums zu einer spezifisch neuen gesellschaftlichen Schicht gleichen Namens prägten. Konstitutionell waren hier, so betont es jedenfalls die Forschung der letzten Jahre, auch die Kultur[12] und die neuen Ebenen des gesellschaftlichen Verkehrs, wie sie mit den Vereinen[13] entstanden. Die Frage, ob es ein Bürgertum gab, oder es sich nicht vielmehr um mehrere „Bürgertümer" handelte, deren Gemeinsames eher negativ zu bestimmen ist – nicht arm, nicht adlig, nicht ungebildet –, wird sich vor allem darüber entscheiden, ob zwischen Wirtschafts- und Bildungsbürgertum und welche spezifischen Formen des Bürgerseins man im einzelnen noch analytisch greifen zu können glaubt, gemeinsame Lebensformen und kommunikative Zusammenhänge bestanden haben. Objektivierende Definitionen – etwa die Marx'sche bzw. Lenin'sche Klassendefinition[14] oder die Weber'sche Klassen- bzw. Ständedefinition[15] – können allenfalls „Teil-Bürgertümer" überzeugend fassen. Die Frage nach den konstitutiven Elementen und der Einheit des Bürgertums wird in der vorliegenden Untersuchung immer wieder gestellt werden, generelle Antworten für das gesamte 19. Jahrhundert können erst auf der Grundlage des ausgebreiteten Materials des gesamten Forschungsprojektes gegeben werden.

Hinsichtlich der städtischen Elite, des engeren Untersuchungsgegenstandes, stellt sich ebenfalls die Frage nach der Geschlossenheit oder Zersplitterung. Von den definitorischen Schwierigkeiten hinsichtlich der Begriffe Führungsgruppen und Eliten einmal abgesehen[16], besteht zunächst einmal

---

[12]   Hier sei auf verwiesen auf die kürzlich anläßlich Lothar Galls 60. Geburtstag erschienen Band: Bürgerkultur im 19. Jahrhundert. Bildung, Kunst und Lebenswelt. Hrsg. v. Dieter Hein und Andreas Schulz. München 1996. Vgl. außerdem *Jürgen Kocka* (Hrsg.), Bürger und Bürgerlichkeit im 19. Jahrhundert. Göttingen 1987.

[13]   Vgl. *Thomas Nipperdey*, Verein als soziale Struktur im späten 18. und frühen 19. Jahrhundert, in: Gesellschaft, Kultur, Theorie. Gesammelte Aussätze zur neueren Geschichte. Hrsg. v. *dems.*, Göttingen 1976, 174–205.

[14]   Zu welchen verbalen Verrenkungen die Anwendung dieser Definition führen kann, zeigte zuletzt, noch in der alten DDR, Helga Schulz, als sie ihre durchaus sinnvolle Untergliederung der Berliner Bevölkerung in 8 Untergruppen in 1 Hauptklasse, 2 Nebenklassen, 4 Schichten und eine unbestimmte Gruppe gliederte. Vgl. *Helga Schulz*, Berlin 1650–1800. Sozialgeschichte einer Residenz. Berlin (Ost) 1987, 19ff.

[15]   *Max Weber*, Wirtschaft und Gesellschaft, Grundriß der verstehenden Soziologie, 5. rev. Auflage, besorgt von Johannes Winckelmann. Tübingen 1980, 532ff.

[16]   *Hans-Gerd Schumann*, Führungsschichten und Führungsgruppen heute. Anmerkungen zu Methodologie-Problemen der deutschen „Elitologie", in: Deutsche Führungsschichten in der Neuzeit. Hrsg. v. Hans Hubert Hofmann u. Günther Franz. Boppard am Rhein 1980, 203–218, hier 208ff. *Andreas Schulz*, Wirtschaftlicher Status und Einkommensverteilung – die ökonomische Oberschicht, in: Stadt und Bürger im Übergang von der

das Problem, daß es kein objektives Kriterium der Zugehörigkeit zur städtischen Elite gibt. Wie schwierig es hier ist, Forschungsarbeiten über verschiedene Städte zu einer Synthese zu vereinen, zeigt sich etwa bei den Angaben von Wehler zur Oberschicht in den deutschen Städten, etwa wenn er für Hamburg 1848 diese auf 8,7% und für Frankfurt zur gleichen Zeit nur auf 1% veranschlagt. Wenn man dabei, wie hier anscheinend geschehen, noch Einzelpersonen der Gesamtbevölkerung statt der Gesamtzahl der Haushaltsvorstände bzw. ggf. den männlichen Erwachsenen gegenübergestellt, verlieren solche Vergleiche stark an Aussagekraft.[17] Je nach Quellenbezug, also etwa über Steuer- und Mandatslisten oder die Mitgliederverzeichnisse der zentralen Vereine, zerfällt die städtische Führungsschicht – hier benutzt als der im Vergleich zur Elite umfassendere Begriff – ähnlich dem Bürgertum als solchem in wirtschaftliche Oberschicht, politische Elite und gesellschaftliche Führungsgruppen. Schon die logischen Vorüberlegungen führen dazu, daß es sich dabei um keine auseinanderdividierbaren Gruppen handeln kann, sondern daß Überschneidungen häufig sogar die Regel sind. Sind doch jene, die sowohl ökonomisch, politisch als auch gesellschaftlich zur „Spitze" in der Stadt gehörten, zweifellos zur „städtischen Elite" zu rechnen, jener Führungsgruppe, der wir unterstellen, maßgeblichen Einfluß auf die Entwicklung der Stadt und letztlich auf die Gesamtgesellschaft genommen zu haben. Die Zugehörigkeit zur Elite kann aber nicht auf ein Schnittmengenmodell nach Vorgabe der Mengenlehre reduziert werden. Zweifellos können auch Personen, deren wirtschaftliche Position, deren politischer Einfluß, Meinungsführerschaft oder Anerkennung (Reputation) als Schriftsteller, Künstler oder Wissenschaftler nur bedeutend genug ist, allein aufgrund dieser Eigenschaft zur städtischen Elite gerechnet werden.

c. Die Eingrenzung der Elite

Als erster Schritt wurden – entlang von im Projekt gemeinsam bestimmten Stichjahren (1810, 1830, 1850, 1870) – Quellen gesucht, die ein möglichst genaues Bild der rechtlichen, beruflichen und sozialen bzw. ökonomischen Struktur der Einwohnerschaft geben. Da die vorliegende Arbeit über die Analyse der bürgerlichen Elite und ihrer Politik hinaus auch stets

traditionalen zur modernen Gesellschaft. Hrsg. v. Lothar Gall. München 1993, 249–271; *Regina Jeske*, Kommunale Amtsinhaber und Entscheidungsträger – die politische Elite, ebd., 273–294; *Thorsten Maentel*, Reputation und Einfluß – die gesellschaftlichen Führungsgruppen, ebd., 295–314.

[17] *Hans-Ulrich Wehler*, Deutsche Gesellschaftsgeschichte, Bd. 2, Von der Reformära zur industriellen und politischen „Deutschen Doppelrevolution". München 1987, 182.

den Gesamtkorpus der Stadt betrachten will, wurden dabei in aller Regel nicht nur die Höchstbesteuerten aus den Steuerbüchern etc. in Datenbanken aufgenommen, sondern alle Einträge. Nur so ließen sich die Verschiebungen in der städtischen Elite stets auf der Matrix der Veränderungen in der Gesamtbevölkerung deuten. Auch hinsichtlich der politischen Elite wurden, über die Vorgaben des Forschungsprojektes hinausgehend, alle Mandatsträger von 1790 bis 1914 in der Stadt erfaßt. Lediglich in den 1850er Jahren und hinsichtlich des Feldgerichts konnten quellenbedingt einige Lücken nicht geschlossen werden.

Im Gegensatz zur politischen Elite ist die wirtschaftliche Oberschicht nur schwer einzugrenzen. Dies gilt sowohl hinsichtlich der Definition der Oberschicht als solcher wie in bezug auf die korrekte Erfassung und Interpretation der Quellen, z.B. von Steuerlisten. Jede Grenzziehung mit nachträglich definierten Kriterien hinsichtlich der Zugehörigkeit zur Oberschicht hat zweifellos Elemente der Willkür und ist damit immer angreifbar. Günstiger scheint es hier, zeitgenössische Einteilungen aufzugreifen, zumal wenn diese, wie etwa ein Zensuswahlrecht, sehr deutliche Eingrenzungen vornehmen. Deshalb wurde für die Zeit des Herzogtums Nassau das an einen scharfen Zensus gebundene Wahlrecht zur Ständeversammlung als ein Kriterium benutzt. In die EDV aufgenommen und „ausgewertet" wurden die Wahlberechtigten in Wiesbaden aus der Gruppe der „Gewerbetreibenden" sowie die Personen mit passivem Wahlrecht aus der Gruppe der Grundeigentümer. Zusammengenommen stieg deren Zahl von 22 (1816) auf 92 (1865) an. Um die Veränderungen in der Struktur der wirtschaftlichen Spitze noch genauer abbilden zu können, wurden außerdem die 24 bzw. 30 Personen mit dem höchsten Gewerbesteuersatz zu einigen Stichjahren (1811, 1821, 1831, 1849, 1864, 1870) näher untersucht.

Die Zugehörigkeit zur gesellschaftlichen Elite ist, so jedenfalls eine Grundthese des Forschungsprojektes, stets eng mit der Mitgliedschaft in den zentralen Vereinen verbunden. Bedingt durch die relativ geringe Größe der Stadt und der daraus resultierenden schmalen wirtschaftlichen Oberschicht entstanden Vereine in Wiesbaden erst vergleichsweise spät. Die Casino-Gesellschaft wurde 1814/15 zunächst als Verein sogar ausschließlich für Beamte und Offiziere gegründet, zu einer Zeit, als die größtenteils ortsfremden Staatsdiener kaum in die gesellschaftlichen Strukturen der Stadt integriert waren. Trotzdem stellt das Casino, in das nach und nach immer mehr „Stadtbürger" aufgenommen wurden, den zentralen gesellschaftlichen Verein dar, gegen den Konkurrenzgründungen – etwa die „Harmonie" Anfang der 1840er Jahre – nicht bestehen konnten. Die Mitgliedschaft im Casino wurde in der Untersuchung für alle Nicht-Beamten als ein Kriterium für die Zugehörigkeit zur gesellschaftlichen Elite bewertet, ebenso die Aufnahme in die 1857 gegründete Loge Plato. Nicht so stark gewichtet wurde die Mitgliedschaft in dem Natur-, dem Altertums- und dem Kunstverein, denn hier war, wie die vorgenommenen einschlägigen Auswertungen zeigen, die soziale Streuung der Mitglieder deutlich größer. Außerdem war hier die Mitgliederaufnahme nicht durch ein Auswahlverfahren (Einladungsverfahren, Ballotage) wie bei der Casino-Gesellschaft oder den Freimaurern beschränkt. Zudem weisen diese Vereine als landesweite Organisationen über die Stadtgrenzen hinaus, wenngleich sie ihren Vereinssitz und ihren Mitgliederschwerpunkt in Wiesbaden hatten. So kann eine Elitenzugehörigkeit allenfalls für die Vorstandsmitglieder dieser Vereine unterstellt werden.

Die so rein formal eingegrenzten politischen, wirtschaftlichen und gesellschaftlichen Führungsschichten der Stadt wurden zwar getrennt ermittelt, auch häufig separat untersucht, doch wurde diese Trennung nur als ein Verfahren gesehen, die bürgerliche Elite aus unterschiedlichen Perspektiven zu betrachten. Eine Antwort auf die Frage, ob diese bürgerliche Elite als geschlossene Einheit wirklich existent war, kann nur durch die Rekonstruktion jener „Netzwerke" beantwortet werden, in denen einzelne Personen gelebt haben. Hierzu müssen in einem weiteren Arbeitsschritt die Biographien und Familienzusammenhänge der Mitglieder der bürgerlichen Elite untersucht werden. Dabei ist Untersuchung an ihre Grenzen gestoßen, denn zumindest für die zweite Hälfte des 19. Jahrhunderts erwiesen sich die biographischen Untersuchungen als problematisch. Dies lag zum einen an der steigenden Zahl der in Frage kommenden Personen. Zum anderen war die Eruierung von biographischen Daten für die wichtige Gruppe der zugewanderten Rentiers noch schwieriger als für alle anderen Gruppen von Einwanderern. Die Rentiers traten meist nicht ins Bürgerrecht, sie heirateten nur in Ausnahmefällen in Wiesbaden, hatten nur selten Kinder, die hier geboren wurden und in der Regel keine Verwandten in der Stadt. Fragen nach der Rekrutierung der Elite, also etwa ihre Untersuchung nach sozialisations-, stratifikations-, persönlichkeits- und generationstheoretischen Ansätzen sind unter diesen Bedingungen kaum zu beantworten.[18] Häufig erwies es sich schon als schwierig, ihre Herkunft mit in Relation zur Gesamtuntersuchung vertretbarem Aufwand zu ermitteln.

Sind also biographische Verortungen der Elite vor allem für die zweite Jahrhunderthälfte eher auf Einzelfälle beschränkt, so ist es doch gelungen, die für die Bestimmung der Führungsschichten relevanten Daten – also

---

[18] Vgl. *Wilhelm Heinz Schröder*, Lebenslaufforschung zwischen biographischer Lexiographik und kollektiver Biographik. Überlegungen zu einem „biographischen Handbuch der Parlamentarier in den Deutschen Reichs- und Landtagen bis 1933" (Bioparl), in: HSR 31, 1984, 38–62, hier 39.

politische Mandate, Vereinsmitgliedschaften, Steueraufkommen etc. – personenbezogen zusammenzuführen. Dieses Verfahren hat bei der Analyse
von Elitenverflechtungen eine gewisse Tradition, so hat sich bereits Otto
Jeidels in seiner Studie über die personelle Verflechtung von Banken und
Industrie von 1905 dieses Mittels des „record linkage" bedient.[19]
    Für eine Reihe von Stichjahren wurden die Mitglieder der zentralen
Gremien der Wiesbadener Stadtverwaltung bzw. des engen Kreises der
Oberschicht noch weiter untersucht. Insgesamt entstand so ein Sample von
über 300 Personen, die natürlich z.T. mehrfach in den „Stichproben" auftauchen. In diesem Kreis sind weitgehend alle Personen enthalten, die von
1800 bis 1890 zu der bürgerlichen Elite gerechnet werden können; durch
das „Raster" konnten nur solche Personen fallen, die für Zeiträume von
weniger als 10–15 Jahren der Elite angehörten. Zu den für diesen Personenkreis soweit wie möglich gesammelten und verbundenen Kerndaten gehören Geburtsort, Jahr der Bürgeraufnahme, Steuerleistungen, politische
Funktionen und Wahlberechtigung, Vereinsmitgliedschaften und – mit den
geschilderten Einschränkungen – auch Verwandschaftsbeziehungen und
Konnubium.

d. Die Grenzen des Ansatzes

    Die Redlichkeit im Umgang mit seriellen Quellen (Massenakten) erfordert, auch die Einschränkungen hinsichtlich der Aussagekraft zu formulieren, der diese unterliegen. So muß man sich stets bewußt sein, daß die
Auswahl der erfaßten Quellen natürlich wesentlich von dem Aufzeichnungsverhalten der zeitgenössischen Bürokratie und den Zufälligkeiten der
Überlieferung bestimmt wird und daß es nicht immer möglich ist, fehlendes

---

[19] Die Studie von Jeidels wurde von dem sozialdemokratischen Theoretiker Hilferding
    („Das Finanzkapital"), ebenso wie im Anschluß daran von Lenin, in „Der Imperialismus
    als höchstes Stadium des Kapitalismus", als einer der wichtigsten Belege für Herrschaft
    des Finanzkapitals über die Industrie mittels personeller Verflechtung angeführt. Lenins
    Studie – veröffentlicht Mitte 1917 – mündet in die Aussage, der Imperialismus sei
    „sterbender Kapitalismus" und war zugleich Grundlage seiner Theorie von dem
    „Sozialismus in einem Land". Der Einfluß von beiden Ansätzen auf die Politik der Bolschewiki in Rußland vor, während und nach der Oktober-Revolution bedarf hier sicher
    keiner weiteren Ausführung. Vgl. *Otto Jeidels*, Das Verhältnis der deutschen Großbanken zur Industrie mit besonderer Berücksichtigung der Eisenindustrie. Leipzig 1905.
    Wladimir Iljitsch Lenin, Der Imperialismus als höchstes Stadium des Kapitalismus, in:
    Werke, Bd. 22. Berlin (Ost) 1977, 187–309, hier 212ff., 225ff. 307. *Rudolf Hilferding*,
    Das Finanzkapital. Frankfurt a.M./Köln 1974 (Erstveröffentlichung 1910), 113, 117,
    120f., 159, 359f.

Material durch entsprechende Berechnungsverfahren auszugleichen.[20] Auch kann die Genauigkeit moderner Statistik mit ihren z.T. speziell für ihre Zwecke erhobenen Daten für das 19. Jahrhundert nicht erreicht werden. Besonders die Steuerveranlagungen und damit die Steuerhebungslisten enthalten Unschärfen, wenn man sie allein nach den Steuerbeträgen auswertet, da diese sich z.T. nur formal nach der Größe des Betriebes, nicht aber nach dem Gewinn orientierten. Trotzdem wurden die Veranlagungen keineswegs willkürlich, sondern in der Regel anhand von nachvollziehbaren Kriterien durchgeführt. Dies wird insbesondere in den Repliken der Behörden deutlich, wenn sie auf Einsprüche von Zensiten hin ihre Einschätzung begründen müssen. So war etwa für die Veranschlagung des Wertes eines Hauses nicht allein die Größe maßgebend, sondern auch seine Lage und sein Zustand. Die Steuerbehörden nutzten andere Kataster und Aufstellungen als Entscheidungsgrundlage, etwa die Grundkataster. Bei der Einschätzung von Wirten wurde die Höhe ihrer Akzisezahlungen auf Getränke als Umsatzmerkmal herangezogen. Gleichwohl bleiben sowohl für die nassauische wie für die preußische Steuerhebungspraxis Einschränkungen bestehen hinsichtlich eines Analogschlusses von der Steuerleistung auf die Einkommenssituation – aber auch das Steuerrecht der Bundesrepublik Deutschland mit seinen unzähligen Abschreibungsmöglichkeiten enthält viele Unwägbarkeiten, wollte man aus den Steuerzahlungen auf die Einkommensverhältnisse schließen.

Auch die Denkmodelle, die der vorliegenden Untersuchung hinsichtlich der bürgerlichen Familien zu Grunde liegen, enthalten eine gewisse Unschärfe: So wird im Falle des Vorliegens von naher Verwandtschaft generell den Akteuren eine soziale Nähe und die solidarische Vertretung der Familieninteressen nach außen unterstellt. Die Lebenserfahrung legt aber nahe – und auch die Romanliteratur des 19. Jahrhunderts von „Vater Goriot" bis zu den „Buddenbrooks" schildert es im Detail –, daß den Familienverbänden nicht immer die Tendenz zum Zusammenhalt innewohnt, sondern dort häufig auch ein Konfliktpotential vorhanden ist, das sehr wohl Bedeutung für den kleinen Kreis der städtischen Elite erlangen kann. Doch bleiben solche innerfamiliären Konfliktlinien dem Historiker in aller Regel verborgen, wenn sich nicht in Familienarchiven Hinweise erhalten haben oder der Streit etwa in Form von Enterbungen Niederschlag in den Akten der freiwilligen Gerichtsbarkeit gefunden hat.

Sind diese Beschränkungen sicher kaum „behebbar" und damit auch kaum „kritisierbar", so kann gegen einzelne Verfahren und Auswertungen vielleicht berechtigte Kritik erhoben werden. Manches Forschungsergebnis

---

20 *Heinz Renn*, Datenerhebung aus Massenakten, in: Sozialforschung und Verwaltungsdaten. Hrsg. v. Wolfgang Bick. Stuttgart 1984, 168–191, hier 174ff

hätte sicher mit weniger Aufwand auf anderem Wege leichter erreicht werden können, einige Datenerfassungen haben sich als weitgehend irrelevant erwiesen, und einige Standardisierungsversuche – etwa die Bildung einer sozialen Hierarchie anhand von Berufsangaben – haben sich schließlich als wenig gewinnbringend herausgestellt. Doch ist dies der Preis dafür, in mehr als nur einem Bereich wissenschaftliches Neuland zu betreten.

e. Besonderheiten der Quellen und Auswertungsverfahren

Es gibt keinen Mangel an despektierlichen Sinnsprüchen, die Statistiken (und Statistiker) aufs Korn nehmen. Statistischen Aufstellungen und Berechnungen hängt das Odium der Verfälschung oder, fast schlimmer noch, der Beliebigkeit an.[21] Die Geschichtswissenschaft ist hier besonders betroffen, sind doch häufig schon die überlieferten Zahlenangaben oder Aufstellungen von fragwürdigem, zumindest schwer überprüfbarem Quellenwert.

Dennoch gibt es viele Bereiche, in denen nicht darauf verzichtet werden kann, die Urteile auf einen durch statistische Analysen gefestigten Boden zu stellen. Dabei muß jedoch vermieden werden, geblendet vom Talmiglanz der modernen Datenverarbeitung, der „Verlockung zur Quantifizierung"[22] zu erliegen und etwa durch Ableitungen aus den Nachkommastellen die Aussagekraft selbst der zuverlässigsten Quellen überzustrapazieren. Daß sich in dieser Arbeit nicht nur in den Text gestreute einzelne Prozentangaben oder lesefreundliche summarische Urteile finden, sondern auch eine relativ hohe Zahl von Tabellen und Grafiken, soll die zugrunde liegenden Auswertungen transparent machen, auch der Unterstellung vorbeugen, hier würde hinter Prozentangaben eine geringe absolute Zahl der Fälle versteckt und so auf fragwürdigem Grund leicht angreifbare Gedankengebäude errichtet.

Neben dem klassischen Kanon historischer Quellen, der Aktenüberlieferung im breitesten Sinne, sind für die vorliegende Arbeit in großem Umfang „serielle" Quellen bearbeitet und ausgewertet worden. Bürgeraufnahmebücher, Steuerlisten, Petitionslisten wurden nicht stichprobenhaft ausgewertet, sondern in ihrer Gesamtheit in einem komplexen Datenbanksystem quellennah erfaßt, d.h. die Daten wurden möglichst unverändert übernommen.[23] So konnte im Falle eines systematischen Fehlers im Zuge der weiteren Bearbeitung auf die Ursprungsdaten zurückgegriffen werden. Mit

---

[21] Vgl. *Hans-Ulrich Wehler*, Deutsche Gesellschaftsgeschichte. Bd. 2: Von der Reformära bis zur industriellen und politischen „Deutschen Doppelrevolution" 1815 bis 1845/49. München 1987, 25.

[22] *Schultz*, Berlin, 18.

[23] Vgl. Tabelle 1.

einem Aufwand, der den Bearbeiter nicht selten an der Angemessenheit des Vorhabens zweifeln ließ, wurden diese Daten standardisiert. So wurden im Abgleich mit einer Vornamen-Referenzdatei die Abkürzungen etc. im Vornamenfeld aufgelöst sowie Geschlecht und ggf. Familienstand der in dem jeweiligen Datensatz erfaßten Person festgestellt und in einen separaten Zahlencode übertragen.

Die Berufsbezeichnungen, die in den Datenbanken zu Wiesbaden vorkamen, wurden ohne Änderungen des Originaleintrages im Berufsfeld über eine Zwischendatei standardisiert, so daß die Einordnung eines Berufes jederzeit nachträglich geändert werden kann und auch spätere „Sekundäranalytiker", die das vorliegende Datenmaterial verwenden wollen, nicht unbedingt an die Berufssystematik des Forschungsprojektes gebunden sind.[24]

Die etwa 17.000 im Buchstabenbestand unterschiedlichen Berufsbezeichnungen wurden so auf etwa 9.000 Berufe bzw. Berufskombinationen zurückgeführt.[25] Diese wurden mit der Berufsreferenzdatenbank des For-

---

[24] Grümer hat sich bereits 1984 beklagt, daß große Teile der archivierten personenbezogenen Datensätze der historischen Sozialforschung den Beruf nur als nicht recodierbare Variable enthalten, mithin bei weiteren Auswertungen die Berufsklassifikation des Primärforschers übernommen werden muß. Vgl. *Karl-Wilhelm Grümer*, Soziale Ungleichheit und Beruf – Zur Problematik der Erfassung des Merkmals „Beruf" bei der Sozialstrukturanalyse gegenwärtiger und historischer Gesellschaften, in: HSF 32, 1984, 4–36, hier 22.

[25] Die vom Projekt „Altona um 1800" entwickelte und 1991 vorgelegte Berufssystematik leitet aus der Volkszählung von 1803 im damals dänischen Altona nur etwa 1000 differenzierte Berufsbezeichnungen ab. Den Optimismus der dortigen Mitarbeiter, die Berufsliste könne ohne weiteres als erweiterbare Referenzliste für andere Städte dienen, kann d. Verf. nicht teilen. Für Wiesbaden, aber auch für die anderen „Projektstädte" des Frankfurter Forschungsprojektes, hat sich gezeigt, daß die Zahl der Berufsbezeichnungen tendenziell nicht endlich ist. Vielmehr wuchs mit jeden neuen Quellentyp, jedem neuen Zeitabschnitt und jeder weiteren Stadt die Zahl der Berufsbezeichnungen weit über das erwartete Maß hinaus an. Auch der Anspruch des Altonaer Projektes, mit seiner Systematik eine erweiterbare Grundlage für andere Orte oder Zeiten geschaffen zu haben, kann so nicht bestätigt werden – zu stark ist diese im Detail von der Gewerbestruktur des 18. Jahrhunderts geprägt. Vgl. *Hajo Brandburg/Rolf Gehrmann u.a.*, Berufe in Altona 1803. Berufssystematik für eine präindustrielle Stadtgesellschaft anhand der Volkszählung, Hrsg. v. Arbeitskreis für Wirtschafts- und Sozialgeschichte Schleswig-Holsteins. Kiel 1991, 5ff.
Wie viele der vom Frankfurter Projekt erfaßten Berufsbezeichnungen nur regional und zeitlich differenzierte Synonyme für den gleichen Beruf sind, kann nur vermutet werden, für eine begriffliche Zusammenfassung sind die Informationen über die einzelnen Berufsbilder bei weitem zu gering und unsicher. Nur zum Vergleich sei angeführt, daß Fritz Molle für die Bundesrepublik Deutschland 1968 von etwa 20.000 Berufs-"Benennungen" bei nur etwa 2500–3000 wirklich unterscheidbaren Berufen ausgeht. Vgl. *Fritz Molle*, Handbuch der Berufskunde. Köln/Berlin/Bonn/München 1969, 19. Das Statistische Bundesamt führt 1975 in seiner „Klassifizierung der Berufe" ebenfalls etwa 20.000 Berufsbenennungen auf, die in 1689 Berufsklassen zusammengeführt werden. Bei diesen Berufsbenennungen wurde, anders als in der hier benutzten Systematik, nicht die Stellung im Beruf, also etwa Gehilfe, Geselle, Meister etc. berücksichtigt. Vgl.

schungsprojektes „Stadt und Bürgertum" abgeglichen, diese Datenbank ggf. um nicht vorhandene Bezeichnungen erweitert. Zur Referenzdatenbank gehört ein Zahlensystem, das den Ordnungsprinzipien der Reichsstatistik nachgebildet wurde. Diese hierarchische Gliederung, also Berufsabteilung, -gruppe und -art wurde grundsätzlich beibehalten und in einzelnen Bereichen, wie etwa dem öffentlichen Dienst, darüber hinaus noch feiner differenziert.

Insgesamt wurden auf der untersten Ebene zwischen 300 Berufsarten unterschieden. Auf eine noch weitergehende Codierung, nach der etwa jeder einzelne Beruf eine eigene Nummer erhielte, so wie es etwa Hershberg/Dockhorn[26] oder die Altonaer Projektgruppe[27] vorgeschlagen und praktiziert haben, wurde bewußt verzichtet. Sie erwies sich aufgrund der auch im Vergleich zu anderen Projekten ungeheuer großen Zahl von Berufsbezeichnungen und der nicht primär sozialstatistischen Ausrichtung des Forschungsansatzes als undurchführbar im Sinne der Arbeitsökonomie. In weiteren Zwischenschritten wurde dieser berufsspezifische Nummerncode in die Originaldateien zurückgespielt, so daß diese mit Hilfe der teils vom Projekt zur Verfügung gestellten, teils selbst entwickelten Analyseprogramme ausgewertet werden konnten.

Bei der Übernahme des Systems der Reichsstatistik haben wir die grundsätzlichen Probleme übernommen, die dem System anhaften. Dazu gehört etwa die nicht vorgenommene Unterscheidung zwischen dem industriellen und dem handwerklichen Fertigungsbereich. Doch hätte uns solch eine Differenzierung nur vor ein kaum lösbares Problem gestellt, denn es hat sich in der Praxis gezeigt, daß allein auf Grundlage der Berufsangabe – und mehr steht bei den meisten personenbezogenen seriellen Quellen nicht zur Verfügung – eine sichere Zuordnung zu Industrie oder Handwerk nicht immer möglich ist, auch einzelne Bezeichnungen – wie etwa Fabrikant – höchst unterschiedliche Bedeutung haben können.

---

[26] Klassifizierung der Berufe. Systematisches und alphabetisches Verzeichnis der Berufsbenennungen. Hrsg. v. Statistischen Bundesamt Wiesbaden. Stuttgart/Mainz 1975, 9. Vgl. *Theodore Hershberg/Robert Dockhorn*, Occupational Classifikation, in: Historical methods newsletter, vol. 9/1, 1975, 59–98. hier 62ff. In ihrem Occupation Dictionary kommen die Autoren auf nur 6776 Berufsbezeichnungen, die unter 500.000 Berufsangaben mindestens zweimal genannt werden. Hinzu kommen noch etwa 11.000 Berufe, die in das Dictionary keine Aufnahme fanden, da sie nur einmal vorgefunden wurden. Diese 6776 Berufe werden von den Autoren durch Vereinheitlichung der Schreibweisen auf nur 3874 reduziert. Die weit höhere Anzahl der Berufe in der zentralen Berufsdatenbank unseres Forschungsprojektes auch nach der Vereinheitlichung der Schreibweisen ist vor allem auf den großen bearbeiteten Zeitraum und die häufig regional spezifischen Berufe zurückzuführen.

[27] Vgl. *Brandenburg/Gehrmann*, Berufe in Altona, 95ff.

Tabelle 1

EDV-erfaßte Datenbestände für Wiesbaden

Stand: 31.12.1995

Jahr/Zeitraum	Sätze	Name	Anmerkungen
Adreßbücher			
1839	539	ad1839	Gewerbekalender
1841	2648	ad1841	Vollst. Adreßbuch
1856	3181	ad1856	Vollst. Adreßbuch
1870	8471	ad1870	Vollst. Adreßbuch
1891	16740	ad1891	Vollst. Adreßbuch
Bürgeraufnahmen/Bürgerlisten			
1740-1823	2027	ba18jh	Bürgeraufnahmen/Ämterbuch
1823-1891	5879	bgbuch	Bürgeraufnahmen/Bürgerbuch I und II
1800-1890	10937	baufna	Akten zu den Bürgeraufnahmen
1887	152	bglixx	Sonderliste Bürgeraufnahmen
Vermögensverhältnisse/Steuerleistung			
1785	607	ko1785	Kontributionsliste
1802	421	hs1802	Hausbesitzerliste
1803	749	vermka	Vermögensaufstellungen
1804	741	verm04	Vermögenssteuerliste
1806	449	ka1806	Brandkataster
1822	540	ka1822	Haussteuerliste
1811-1864	10304	gewerb	Gewerbesteuerkataster von 1811,1821,1831,1849,1864
1870	8942	gemr70	Gemeindesteuerrolle mit den Staatssteuern
Politische Funktionen/Vereinsmitgliedschaften etc.			
1740-1920	4188	polman	Politische Mandate
1830-1850	854	polpet	Politische Petitionen
1810-1914	6205	verein	Vereinsmitgliedschaften
1816-1865	1408	wahlst	Wähler zur Ständeversammlung
1848	1885	wl1848	Wähler zur Nationalversammlung
Personendaten und Findmittel			
1790-1914	2735	finder	Findmittel für Nachlaßakten etc.
1800-1830	133	famili	Familienzusammenhänge
1848-1859	123	deukat	Deutsch-Katholiken
1808-1815	2651	wochbl	Personendaten
1840-1850	4539	begrab	Begräbnisregister
1848-1914	38033	leichr	Leichenhallenregister/Personendaten
1870-1914	2920	Stvvpr	Stichwortregister Stadtverordnetenversammlung
Standardisierungsdateien			
1790-1914	16836	berufe	Berufsstandardisierung
1790-1914	4310	burger	Verknüpfungsdatei
Zusammen	160147		

Das Kategoriensystem der Reichsstatistik – entstanden wohl in den 1870er Jahren – ist nicht geschaffen worden als Analyseinstrument für einen hochindustrialisierten Staat, sondern bezieht sich auf gesellschaftliche Verhältnisse, in denen ein großer Teil der Warenproduktion noch in kleinen und kleinsten Betrieben vonstatten ging. Die Reichsstatistik und ihr Kategoriensystem lassen sich von der Forschung heute daher vergleichsweise gut für jene Zeit und Gebiete einsetzten, in denen die industrielle Entwicklung noch in den Anfängen steckte.[28]

Neben dem Berufscode („Berufsstruktur"), der fest an die Erfassungsstrukturen der Reichsstatistik gebunden bleiben mußte, wurde ein weiterer, eher sozial gegliederter Berufscode („Sozialstruktur") eingeführt. Mit diesem lassen sich die Berufe nach den drei großen Bereichen staatsverbundene Berufe (Adel, Militär und Bürokratie), bildungsbürgerliche Berufe (Pfarrer, Advokaten, Professoren und Künstler etc.) und Berufe aus dem Bereich der städtischen Verwaltung und der Wirtschaft zu etwas mehr als 20 Gruppen zusammenfassen. Dieser Auswertungsschlüssel wurde überwiegend dann eingesetzt, wenn nach der sozialen Zusammensetzung gefragt wurde, insbesondere bei den Auswertungen der politischen Elite, der ökonomischen Oberschicht und der Vereinsmitgliedschaften.

Vor allem in Hinblick auf die Analyse der städtischen Elite wurden und werden – jedenfalls für den Großteil der Projekt-Datenbanken – die Datensätze, die sich auf die gleiche Person beziehen, mit Hilfe eines Record-Linkage-Systems, das mit Namensähnlichkeiten nach einem Soundex-Code und sonstigen Übereinstimmungen arbeitet, mit einer einheitlichen ID-Nummer versehen, so daß über eine Zentraldatei ein Zugriff auf alle Daten einer Person möglich wurde. Diese stets mit individueller Bestätigung zusammengeführten Daten lassen auch eventuelle Unvollständigkeiten oder Widersprüchlichkeiten der seriellen Quellen offenbar werden. Die Mängel in der Datengrundlage waren allerdings für Wiesbaden bei weitem nicht so groß, wie sie nach der allgemeinen Literatur zu erwarten waren.[29] Mit dem Rekord-Linkage-Verfahren war es u.a. möglich, Berufsangaben zu ergänzen und damit die nötige Grundlage für die Vergabe des Sozialschlüssels zu erhalten. Gerade bei diesem Schlüssel, der im Gegensatz zu dem ausge-

---

[28] Gelegentlich wurde das Kategoriensystem bereits von der Forschung für die Zeit vor 1870 genutzt. Vgl. *William H. Hubbard*, Städtische Haushaltsstruktur um die Mitte des 19. Jahrhunderts, in: Moderne Stadtgeschichte. Hrsg. v. Wilhelm H. Schröder. Stuttgart 1979, 198–216, hier 200. Hubbard verwendet die Einteilungssystematik der Reichsstatistik, allerdings ohne explizit darauf zu verweisen.

[29] So fand Michael Katz in einer Studie über die kanadische Bevölkerung von 1851, daß bei zwei unterschiedlichen Quellen (Wahl- und Steuerliste), die nur drei Monate auseinander lagen, nur 61% der Berufsangaben übereinstimmten. Vgl. *Hershberg/Dockhorn*, Occupational Classifikation, 60.

werteten Teil des Berufsschlüssels[30] eine Statuskomponente enthält, zeigte sich, daß die Unterscheidung von Meistern/Selbständigen und Gesellen/Unselbständigen nicht immer sicher möglich war, wenn nur eine Quelle vorlag.

Es wäre vermessen zu behaupten, in der vorliegenden Arbeit würden die Auswertungsmöglichkeiten, die das teilweise verknüpfte Datenmaterial mit seinen etwa 150.000 überwiegend personenbezogenen Datensätzen[31] allein für Wiesbaden bietet, auch nur annähernd ausgeschöpft. Zum einen wurden Auswertungen vorgenommen, die in direktem Bezug zu den Fragestellungen des Projektes und der Arbeit standen: Es sollte eben nicht eine „histoire totale" einer Stadt entstehen, sondern eine Untersuchung des Bürgertums mit besonderem Blick auf die politische, wirtschaftliche und gesellschaftliche Elite. Zum anderen darf nicht verhehlt werden, daß auch ein Dissertationsprojekt eine Entwicklung durchläuft und der Gedanke, daß alles was getan werden kann, auch getan werden muß, zumindest hier in die Irre und in die Nähe des Scheiterns führt.

Die Beschränkungen hinsichtlich der EDV-Auswertungen waren umso notwendiger, da für die vorliegende Untersuchung auch in großem Maßstab auf konventionelle Quellen, etwa Akten der staatlichen und der städtischen Verwaltung, aber auch auf biographisches Material von Kirchenbüchern, Testamenten und Erbteilungen sowie private Nachlässe zurückgegriffen wurde. Ohne diese Quellenstudien wäre die Untersuchung zu einer rein sozialstatistischen Arbeit geworden. Damit hätte sie für den einschlägig Interessierten sicher aufgrund der Quellenbreite viel Neues geboten, doch zugleich wäre sie an der Fragestellung nach dem Verhältnis von Stadt und Bürgertum weit vorbeigegangen.

[30]   Die Berufsgliederung enthält auch eine Codezahl für den Status, die jedoch m.E. zum Zeitpunkt der für diese Arbeit vorgenommenen Auswertungen noch einen hohen Unsicherheitsfaktor enthielt. Ob dieser angesichts des regional und zeitlich höchst unterschiedlichen Gewerberechts noch ausgeräumt werden kann, ist ungewiß.

[31]   Für die engagierte Mithilfe bei der Erfassung der zahlreichen Bürgerverzeichnisse, Bürgeraufnahmebücher, Gewerbe- und Gebäudekataster in die EDV bin ich Herrn Jochen Dollwet vom Wiesbadener Stadtarchiv zu größtem Dank verpflichtet. Bei den Kirchenbuchrecherchen haben mich Frau Dietrich und Herr Reinhardt von der evangelischen Gesamtgemeinde Wiesbaden (EGW) mit großem Entgegenkommen unterstützt.

I. Bürgerbewußtsein und Hauptstadtfunktion

1. Das „alte" Wiesbaden bis 1806

a. Stadtentwicklung und Landesherrschaft

Bereits in der Römerzeit wurde Wiesbaden im Zuge des Limesbaus zunächst als Kastell gegründet. Die genaue Datierung ist ungewiß, zumeist werden die Jahre um 40 n.Chr. genannt, neuere Untersuchungen vermuten erste Befestigungsanlagen bereits in der späten augusteischen Zeit bzw. in den ersten Regierungsjahren des Tiberius.[1] Vermutlich mit einer gewissen Verzögerung setzte auch eine nicht-militärische Besiedlung des Raumes ein, die sich die heißen Quellen zunutze machte und schließlich „dem Badeort Aquae Mattiacorum in seiner Blütezeit städtischen Charakter" verlieh.[2] Durch diese zivile Bebauung blieb die Siedlungskontinuität auch während des zeitweiligen Rückzuges der römischen Truppen im 3. Jahrhundert gewahrt.[3] Erst der endgültige Abzug der Römer im 5. Jahrhundert kann hier als entscheidende Zäsur betrachtet werden. Aber auch hier deuten die Funde an, daß es zu keiner vollständigen Unterbrechung der Besiedlung kam.[4] In Wiesbaden ließen sich Angehörige des fränkischen Stammes nieder und nutzten wohl einen Teil der noch bestehenden römischen Badeanlagen weiter. Der erste schriftliche Hinweis auf das nachrömische Wiesbaden findet sich bei Einhard, dem Biographen Karls des Großen. Ihn führten 828 und 829 Reisen durch „Wisibada", das er als castrum, also befestigte Siedlung, bezeichnete.[5] In Wiesbaden bestand wahrscheinlich bereits zu dieser Zeit ein Königshof (curtis), dessen Existenz allerdings erst für das 12. Jahrhundert sicher bezeugt ist. Dieser Hof ist als Zentrum des „Königssondergaus" zu verstehen, zu dem u.a. die waldreichen Taunushö-

---

[1] *Hans-Günther Simon,* Die Funde aus den frühkaiserlichen Lagern Rödgen, Friedberg und Bad Nauheim, (Exkurs: Probleme der Anfangsdatierung von Wiesbaden), in: Limesforschungen Bd. 15. Berlin 1976, 51–264, hier 243. Darauf aufbauend auch *Walter Czysz,* Wiesbaden in der Römerzeit, Stuttgart 1994, 57. Schoppa dagegen interpretiert die Grabungsfunde dahingehend, daß erst 40 bis 50 n. Chr. in Wiesbaden ein Kastell anzunehmen ist. *Helmut Schoppa,* Aquae Mattiacae. Wiesbadens römische und alemannisch-merowingische Vergangenheit. Wiesbaden 1974, 17.

[2] *Czysz,* Römerzeit, 224.

[3] Vgl. *Schoppa,* Mattiacae, 91 u. 106. *Otto Renkhoff,* Wiesbaden im Mittelalter. Wiesbaden 1980, 2.

[4] *Czysz,* Römerzeit, 227.

[5] *Renkhoff,* Mittelalter, 7f.

hen gehörten und der von Walluf bis zur Mainmündung reichte. Für diesen Sondergau vermutet Czysz sogar eine Tradition, die bis zum römischen vicus Aquae Mattiacorum zurückreicht.[6] Unter Karl dem Großen wohl noch ein geschlossener Reichsgutbezirk, wurde der Königssondergau im 9. bis 11. Jahrhundert zu einer „bunten Gemengelage von Reichs-, Kirchen- und Adelsgut".[7] Um 1170/80 fiel der Königshof schließlich als Reichsle- hen an die Grafen von Nassau; Wiesbaden wurde auch Sitz eines Hochge- richtes. Allerdings bestanden noch Teilrechte anderer Adelsgeschlechter an Wiesbaden, so etwa die der älteren Leininger Grafenlinie an der dem ei- gentlichen Stadtbezirk vorgelagerten Burg, deren erste Bauphasen bis in die ottonische Zeit zurückreichen.[8] Nach dem Aussterben des Leininger Geschlechts dürften die Grafen von Nassau nach 1220 zu den alleinigen Ortsherren von Wiesbaden geworden sein.[9]

Im Jahre 1241 ist Wiesbaden in der Reichssteuerliste aufgeführt und in einer Urkunde[10] als Stadt bezeichnet, 1242 ausdrücklich als Reichsstadt genannt: „imperatoria civitas"[11]. Renkhoff vermutet, daß eine Erhebung zur Reichsstadt um 1232 durch König Heinrich VII., den Sohn Friedrichs II., in den Auseinandersetzungen mit dem Grafen Heinrich von Nassau er- folgt sei.[12] Diese Ernennung war – wenn sie denn wirklich erfolgte – wohl vor allem politisch motiviert[13] und kaum durch die Entwicklung des Or- tes[14] selbst veranlaßt. Sie hatte aber immerhin zur Folge, daß Wiesbaden aus dem Einflußgebiet des Hauses Nassau gelöst wurde.[15] Die Stadt mußte für diesen neuen Status einen hohen Preis zahlen, denn in der Folgezeit wurde sie zum „Bauernopfer" im Machtkampf zwischen der papstfreundli- chen Fürstenopposition und den Staufern. Graf Heinrich von Nassau, zu- nächst mit den Kurfürsten von Mainz und Köln verbündet, wechselte im

---

[6]   Czysz, Römerzeit, 227. Renkhoff, Mittelalter, 30.

[7]   Ebd., 22, Zitat 24.

[8]   Wolf-Heino Struck, Staat und Stadt in der älteren Geschichte Wiesbadens, in: HJL 14, 1964, 22–66, hier 41.

[9]   Renkhoff, Mittelalter, 69.

[10] Wilhelm Sauer, Nassauisches Urkundenbuch, Bd. 1, Wiesbaden 1885, Nr. 494.

[11] So jedenfalls in der Wormser Chronik. Vgl. Renkhoff, Mittelalter, S. 74.

[12] Ebd., 72f. Vgl. auch F. W. E. Roth, Geschichte und historische Topographie der Stadt Wiesbaden im Mittelalter und der Neuzeit. Wiesbaden 1883, 21.

[13] Zu diesem Urteil kommt auch Struck, Staat und Stadt, 34.

[14] Es fehlen auch nur ungefähre Angaben zur Einwohnerschaft der Stadt. Als ein Anhalts- punkt für deren Bedeutung und Wirtschaftskraft kann die Reichssteuerliste von 1241 herangezogen werden, in der Wiesbaden mit einem Steueranschlag von 60 Mark einge- tragen ist. Wiesbaden befindet sich demnach etwa in der Mitte der Steueranschläge, de- ren Höchstbetrag nur 250 Mark (Frankfurt) beträgt. Die Stadt wurde aber von der Steu- erzahlung befreit und sollte stattdessen das Geld „ad edificia", sehr wahrscheinlich zur Errichtung bzw. Ausbesserung der Stadtmauer verwenden. Vgl. Friedrich Otto, Wies- baden eine königliche Stadt im Jahre 1241, in: NA 29, 1898, 222–224.

[15] Renkhoff, Mittelalter, 70ff.

Frühjahr 1242 die Partei und trat in das kaiserliche Lager über. Noch im gleichen Frühjahr wandten sich Truppen des Erzbischofs von Mainz gegen Wiesbaden und „zürstorten unnd verbranten die statt Wieszpaden".[16] Die Zerstörung muß, so urteilt Renkhoff, „gnadenlos und vernichtend"[17] gewesen sein und mag nicht nur dem politischen Gegner, sondern auch der Stadtrivalin gegolten haben.[18] Zugleich machte sie Wiesbadens Zeit als Reichsstadt endgültig zur Episode. Um 1277 erhielten die Grafen von Nassau ihre Rechte an Wiesbaden zurück.[19]

Auch das kurze Königtum (1292–1298) des Grafen Adolf von Nassau hat Wiesbaden nicht zu neuer Blüte verholfen – einzig die Stiftung des Klosters Klarenthal vor den Toren des Ortes ist mit seinem Namen verbunden.[20] Immerhin erholte sich Wiesbaden bis 1318 soweit, daß es erfolgreich widerstehen konnte, als es im Zuge einer Strafaktion gegen den Grafen Gerlach von Nassau durch König Ludwig, der sich mit den Erzbischöfen von Mainz und Trier verbündet hatte, belagert wurde.[21] Graf Gerlach war zugleich der erste aus dem nassauischen Geschlecht, der in Wiesbaden residierte.[22] Sicherlich begünstigte diese Residenzfunktion die weitere Entwicklung der Stadt – zumal bis 1475 immerhin viermal ein Mitglied der Grafenfamilie das Amt eines Erzbischofs von Mainz erhielt. So kann Wiesbaden seit der 1. Hälfte des 14. Jahrhunderts als vollentwickelte Stadt mit Mauer, Siegel und Münze[23] gelten. Wiesbaden war im ausgehenden 14. und im 15. Jahrhundert häufig Ort von Fürstentreffen.[24] Viele Teilnehmer werden dabei – wie etwa König Friedrich III. nach 1442 mehrfach – die Gelegenheit zu einem gesundheitsfördernden Bad in den heißen Quellen der Stadt genutzt haben.[25] Dies weist schon auf die besondere Bedeutung des Badewesens als Wirtschaftsfaktor der Stadt hin, deren 21 thermische Quellen, darunter drei ergiebige Hauptquellen, seit der Römerzeit genutzt wurden. Ein „Thermalschwimmbad" mit „Bademeister" bestand spätestens seit 1232 wie uns durch den Bericht „über einen ertrunkenen, wieder ins

---

[16] So in der deutschen Fassung der „Wormser Chronik". Vgl. *Heinrich Boos*, Quellen zur Geschichte der Stadt Worms. Bd. 3. Worms 1893, 217. Zu den Führern des Vernichtungszuges vgl. auch *K. H. May*, Die Eroberer der Reichsstadt Wiesbaden vom Frühjahr 1242, in: NA 78, 1967, 46–51.

[17] *Renkhoff*, Mittelalter, 93f.

[18] *Struck*, Staat und Stadt, 35.

[19] *Renkhoff*, Mittelalter, 94.

[20] Vgl. zur Entstehungsgeschichte des Klosters: *Walter Czysz*, Klarenthal bei Wiesbaden. Ein Frauenkloster im Mittelalter. Wiesbaden 1987, 1ff.

[21] *Renkhoff*, Mittelalter, 96f.

[22] *Struck*, Staat und Stadt, 38.

[23] *Julius Isenbeck*, Das nassauische Münzwesen. Teil I, in: NA 15, 1879, 99–123, hier 100.

[24] *Renkhoff*, Mittelalter, 105f.

[25] Ebd., 110 u. 232f.

Leben gerufenen Mann" bekannt ist[26]; seit dem frühen 14. Jahrhundert mehren sich die Nachrichten über einzelne Badehäuser, die auch Betten für Fremde bereit hielten.[27] Im 14. Jahrhundert sind deren 14 auszumachen, im folgenden Jahrhundert bereits 26.[28] Geschmäht wurden diese Orte der Ausgelassenheit – beide Geschlechter badeten gemeinsam – vor der Reformationszeit nur von wenigen, wie etwa von Heinrich von Langenstein, der in den 80er Jahren des 14. Jahrhunderts die Sittenlosigkeit in Wiesbaden beklagt: „...denn wohl wäscht man im Bad den Leib, befleckt aber die Seele".[29] Die wohl nicht seltenen üppigen Gelage und Ausschweifungen taten das ihrige, die Attraktivität der Stadt zu erhöhen.[30] Die beiden Besuche Kaiser Maximilians I. 1512 und 1517[31] bildeten einen letzten Höhepunkt, bevor die Stadt 1547 bis auf das Schloß und wenige Häuser vollständig niederbrannte – angezündet von Kriegsleuten, vermutlich kaiserlichen Truppen, die die Stadt nach Ende des Schmalkaldischen Krieges passierten. Manche wollten darin die Strafe für die Sittenlosigkeit in Wiesbaden erkennen.[32] Ein weiterer verheerender Brand traf die Stadt 1561. Beide Brände vernichteten den größten Teil des städtischen Archives und vor allem die Freiheitsbriefe der Stadt. Aber auch in dieser für die Stadt kritischen Situation verlangte man von Neubürgern Eigentumsnachweise. Mitte des 16. Jahrhundert mußte der Nachweis geführt werden, daß der Anwärter 50 Gulden in der Stadt investieren wolle, Anfang des 17. Jahrhunderts wurde dieser Betrag auf 200 Gulden erhöht.[33] Von den Bränden des 16. Jahrhunderts hatte sich die Stadt noch nicht erholt, als sie in den Schrecken des 30jährigen Krieges unter wechselnden Besetzungen völlig verwüstet

---

[26] *Konrad Plath*, Zur Geschichte Wiesbadens und seines Badewesens im dreizehnten Jahrhundert, in: Mitteilungen des Vereins für Nassauische Altertumskunde und Geschichtsforschung, 12. Jg., 1908, 52-58 u. 74-75, hier 55.

[27] *Renkhoff*, Mittelalter, 238.

[28] Nennung der einzelnen Badhäuser bei *Friedrich Otto*, Das Merkerbuch der Stadt Wiesbaden. Wiesbaden 1882, 69ff. Zusammenfassend und ergänzend: *Renkhoff*, Mittelalter, 339f.

[29] Zitiert nach *Renkhoff*, Mittelalter, 229.

[30] Der Einwand von Matthias Bitz, die Schilderungen von Langenstein (henricus de hassia) folgten mehr den Fresken von einem Wiesbadener Badefeste, die er im Hause des Mainzer Domherrn Johann von Eberstein gesehen habe, denn eigenem Erleben, hat letztlich auf die historische Aussagekraft der Beschreibung nur geringe Auswirkungen. Es ist kaum anzunehmen, daß die Szenen, die im Haus des Klerikers zu dessen Erbauung an die Wand gemalt waren, völlig von der Wirklichkeit in dem nur wenige Kilometer entfernten Wiesbaden abwichen. Für eine recht ausgeprägte Freizügigkeit spricht nicht zuletzt die Existenz der Fresken im Hause des Domherrn. Vgl. *Matthias Bitz*, Badewesen in Südwestdeutschland 1550 bis 1840. Zum Wandel von Gesellschaft und Architektur. Idstein 1989, 46ff.

[31] *Renkhoff*, Mittelalter, 235.

[32] Ebd., 281f.

[33] *Friedrich Otto*, Das älteste Gerichtsbuch der Stadt Wiesbaden. Wiesbaden 1900, 15.

wurde[34] und nur noch 51 Bürger in der Stadt blieben.[35] 1524 hatte die Einwohnerzahl – die Zahl der Bürger ist unbekannt – noch über 1200 gelegen und in der Blütezeit des 15. Jahrhunderts werden wahrscheinlich noch deutlich mehr Menschen in Wiesbaden gewohnt haben.[36]

Die Stadt erholte sich nach dem 30jährigen Krieg langsam, aber in einer stetigen Entwicklung. Zur Zeit des Friedensschlusses 1648 wohnten nur 80 Bürger, 13 Beisassen und ein Jude, zuzüglich ihrer Familien, in der Stadt, bis 1673 stieg die Zahl der Bürger auf 173. Zu Beginn der Herrschaft des Grafen Georg August Samuel 1685 wohnten immerhin schon wieder zirka 700 Einwohner aller Rechtsgruppen in der noch in Teilen wüst liegenden Stadt. Der nun folgende, quasi fürstlich verordnete Wiederaufbau wurde begünstigt durch die den Neubürgern vom Landesherren gewährte temporäre Steuerfreiheit und die Materialhilfe für den Bau von Häusern.[37] Besonders aus der Pfalz zogen viele Einwanderer in die Stadt; 1722 war die Einwohnerzahl bereits auf 1329 angestiegen.[38] Nach dem Tode Georg Augusts 1721 und dem damit verbundenen Wechsel der Herrschaft auf eine andere nassauische Linie[39] kam die Bautätigkeit zum Erliegen, obwohl die Straßenfluchten weiterhin Baulücken aufwiesen, auch die Straßen größtenteils noch ungepflastert waren.[40]

Auch das Badewesen erreichte zunächst nicht mehr die Bedeutung, die es im Spätmittelalter gehabt hatte: die angeblich zu hohe Temperatur der Quellen[41] und ein nur schmales Unterhaltungsangebot ließen die Stadt noch Mitte des 18. Jahrhunderts in der Gunst des Publikums hinter den anderen

---

[34] Vgl. zu den Schrecken des Krieges: *Herbert Müller-Werth*, Geschichte der Stadt Wiesbaden unter besonderer Berücksichtigung der letzten 150 Jahre. Wiesbaden 1963, 39–53.

[35] *Müller-Werth*, Geschichte, 53.

[36] *Renkhoff*, Mittelalter, 347.

[37] Vgl. *Wolf-Arno Kropat*, Das alte Wiesbaden, in: NA 85, 1974, 103–113, hier 109f.

[38] 253 Männer, 262 „Weiber", 756 Kinder, 58 Beisassen. StdAWi WI/1/215. Aufstellung der Einwohner Wiesbadens. Unter Männern sind vermutlich Bürger zu verstehen, zu den „Kindern" gehörten auch nichteingebürgerte und unverheiratete Personen von über 30 Jahren; eventuell in der Stadt wohnende Beamte wurden nicht erfaßt.

[39] Vgl. Regentenstammtafel der Nassau-Walramischen Linien, in: *Michael Hollmann/Michael Wettengel*, Nassaus Beitrag für das heutige Hessen. Wiesbaden 1992, Anhang. Die Idsteiner Linie stirbt mit Georg-August aus und Wiesbaden geht damit – ebenso wie 1723 die Besitzungen der Saarbrücker Linie – an die Ottweiler Linie, die jedoch 1728 ebenfalls erlischt. Dadurch fallen die Besitzungen an das Haus Nassau-Usingen.

[40] *Martina Bleymehl-Eiler*, Wiesbaden 1690 bis 1866, Von der Nebenresidenz zur Haupt- und Residenzstadt. in: Residenzen. Aspekte hauptstädtischer Zentralität von der frühen Neuzeit bis zum Ende der Monarchie. Hrsg. v. Kurt Andermann. Sigmaringen 1992, 397–410, hier 406.

[41] *Müller-Werth*, Geschichte, 63.

Taunusbädern wie Schlangenbad rangieren.[42] Stadtrat und Regierung mühten sich mit Verordnungen um „ordentliche Verhältnisse"[43]; einige der Mängel blieben, wie ein Bericht der Sanitätskommission von 1806 offenlegt[44], jedoch auch in der Folgezeit bestehen. Insgesamt trugen das 1771 konzessionierte Glücksspiel ebenso wie der Um- bzw. Neubau einiger großer Gast- und Badehäuser und die Anlage eines neuen Herrschaftlichen Gartens 1776[45] – Vorläufer des heutigen Kurparks – dazu bei, daß die Anziehungskraft der Stadt beständig wuchs.[46] Für den Kurbetrieb nicht nur in Wiesbaden war die im 18. Jahrhundert deutlich steigende Reiselust und Mobilität ebenso förderlich.[47] Einen vielleicht noch stärkeren Aufschwung Wiesbadens verhinderten das „Badewirtekartell" und der Stadtrat, in dem sie den Bau eines privaten Gesellschaftssaals, wie es von dem Handelsmann Ratz 1747 oder dem „Bärenwirt" Hierstein 1751 geplant wurde, boykottierten. Diesen „Investoren" wurden von seiten der Badewirte und des Stadtrates persönliche Unlauterkeit und Trunksucht unterstellt und die Ge-

---

[42]   Bereits zu Beginn des 18. Jh. bemühte man sich durch eigene medizinische Reiseführer dem Vorwurf der „Hitzigkeit" der Quellen zu begegnen. Vgl. *Helffrich Jünckens*, Kurzgefaßte neue Beschreibung der uhralten hochgepriesenen warmen Bäder zu Wiesbaden deren Tugenden, Kräfften und Contenta samt deren rechten Gebrauch betreffend. Wobey auch das diesen Bädern vor diesem von interessierten und mißgünstigen Medicis gemachte irrige falsche Präjudicumm als seyen diese Bäder zu hitzig und nicht so sicher als andere zu gebrauchen, ventiliret und als durchaus irrig und falsch verworfen wird. o.O. 1715. Der Autor dieses Werkes setzte sich bereits detailliert mit der Anwendung der Trinkkur auseinander.

[43]   StdAWi Wi/1/488. Stadtratsverordnung vom 29.3.1781. „Nachdeme es bekanntlich schon mehrmalen geschehen, daß in dem dahiesigen gemeinen Burger-Bad Menschen während des Badens ertrunken" sind, sah sich der Stadtrat veranlaßt, für Fremde wie Einheimische, die dieses städtische Bad (mit Heilwasser) benutzen wollten, genaue Verhaltensmaßregeln anzuordnen. Außerdem wurde dem Pächter des Bades aufgetragen, das Bad zweimal wöchentlich zu reinigen und das Wasser zu wechseln. Vgl. auch *Bitz*, Badewesen, 234.

[44]   Vgl. *Theodor Schüler*, Orts- und Kurverhältnisse zu Wiesbaden im Jahre 1808, in: WT v. 22.12.1912, 29.12.1912 u. 5.1.1913.

[45]   Bürger und Bürgerinnen mit ihren erwachsenen, „vernünftigen" Söhnen und Töchtern hatten nur Zutritt, wenn der Betrieb nicht zu stark war. Kinder, Gesinde, Handwerksburschen, Soldaten etc. waren ausgeschlossen. Vgl. StdAWi WI/1/488 Polizey-Publicandum vom 13. Juni 1778.

[46]   *August Heinrich Meurer*, Alte Wiesbadener Gast- und Badehäuser, in: Nassauische Heimat, 1925, 98–103 u. 116–119; *K. Urban*, Das Adlerbad und seine Geschichte. Ms. o. O. u. J. (StdAWi, Bibliothek); „Nachricht" (der Fürstlichen Nassau-Usingischen Hospitaldeputation). Wiesbaden 1784 (HHStAWi, Bibliothek); *Herbert Müller-Werth*, 75 Jahre Städtische Krankenanstalten Wiesbaden. Wiesbaden o. J. [1954], nach Seite 24 (Collecten-Patent v. 1786); *Christian Spielmann*, Die Stadt Wiesbaden und ihre Bewohner zu Anfang unseres Jahrhunderts. Wiesbaden 1897, 44.

[47]   Zum Reisen im 18. Jahrhundert vgl. *Horst Möller*, Fürstenstaat oder Bürgernation. Berlin 1989, 66f.

fahr wurde beschworen, daß ein solcher Saal, in dem auch gespielt werde, „liederliches Gesindel" und „Jauner" anziehe.[48]

Von ähnlicher Bedeutung wie die allmähliche Konsolidierung des Badebetriebes war für die Entwicklung der Stadt der 1744 erfolgte Umzug der wichtigsten Regierungsbehörden von Usingen nach Wiesbaden, ausgelöst durch die Verlegung der Residenz des nassau-usingischen Kleinstaates von Usingen in das neue Schloß nach Biebrich. Wiesbaden bildete nun zusammen mit dem nur wenige Kilometer entfernt am Rhein gelegenen Residenzort das neue Zentrum von Nassau-Usingen und wurde faktisch dessen Hauptstadt[49]. Wenn auch der Zuzug der Beamten anfangs auf Ablehnung in der Bürgerschaft stieß, da bei den beschränkten Ressourcen der Stadt eine Teuerung für Häuser und Brennholz befürchtet wurde[50], so war doch mit der Ansiedlung der Zentralbehörden bereits Mitte des 18. Jahrhunderts eine weitere Grundlage für den Aufstieg der Stadt im 19. Jahrhundert gelegt.

In der Zeit der Revolutionskriege am Ende des 18. Jahrhunderts wurde Wiesbaden mehrfach von französischen Truppen besetzt. Trotz dieses zeitweiligen „Schutzes" entwickelten sich aber keine revolutionären Klubs, etwa vergleichbar denen im benachbarten Mainz; die zeitgenössischen Quellen erwähnen stets nur die schwere Last der Einquartierungen und Kontributionen, die die nicht gerade bevölkerungsreiche nassau-usingische Hauptstadt (um 1790 ca. 2200 Einwohner) zu tragen hatte.[51] Gleichwohl war die Angst vor einer Revolution groß. So lehnte Fürst Carl Wilhelm von Nassau-Usingen im Frühjahr 1800 ein Gesuch von Ludwig Schellenberg ab, der eine Buchhandlung und Lesebibliothek in Wiesbaden gründen wollte. „Keine Buchhandlung und noch viel weniger eine Lesebibliothek" wollte er im Lande dulden, damit revolutionäre Schriften nicht noch weitere Verbreitung fänden.[52] Größere Bedeutung als die Französische Revolution hatte für Wiesbaden der Wandel, der mit dem Ausbau der staatlichen Verwaltung in der Stadt einherging. Bereits vor der Gründung des eigentlichen Herzogtums 1806 und der nachfolgenden Zentralisierung der Verwal-

---

[48]　*Bitz*, Badewesen, 246.

[49]　*Bleymehl-Eiler*, Wiesbaden 1690 bis 1866, 399.

[50]　*Kropat*, Das alte Wiesbaden, 110.

[51]　*Wolf-Heino Struck*, Das Streben nach bürgerlicher Freiheit und nationaler Einheit in der Sicht des Herzogtums Nassau, in: NA 77, 1966, 142–216, hier 143f. Im gesamten nassauischen Raum wurden auch nur wenige gegenrevolutionäre Schriften und Flugschriften verbreitet, deren Autoren meist Beamte in den höchsten staatlichen Verwaltungen waren.

[52]　*Jakob Ludwig Schellenberg*, Autobiographie eines nassauischen Pfarrers 1728–1808. Taunusstein 1989, 173. Vgl. *Guntram Müller-Schellenberg*, Die Wiesbadener Buchhändler-, Drucker- und Verlegerfamilie Schellenberg, in: 175 Jahre Wiesbadener Casino-Gesellschaft 1816–1991. Wiesbaden 1991. 101–111.

tungen von Nassau-Usingen und Nassau-Weilburg in Wiesbaden[53] – ausgelöst durch den vorhersehbaren Erbfall von Nassau-Usingen an die Weilburger Linie aufgrund des Erbvertrages von 1783[54] – erfuhr Wiesbaden bereits 1803 eine Aufwertung in seiner Hauptstadtfunktion durch die erheblichen rechtsrheinischen Gebietsgewinne Nassau-Usingens infolge des Reichsdeputationshauptschlusses.[55]

Die kulturellen Anreize in der Stadt genügten zunächst allenfalls bescheidenen Ansprüchen: 1769 erhielt erstmals eine Buchdruckerei anläßlich der Einführung einer Zahlenlotterie eine Konzession. Außer den Lotteriescheinen beschränkte sich die Druckerlaubnis im wesentlichen auf den Bedarf der verschiedenen Behörden und öffentlichen Einrichtungen sowie den Abdruck und Vertrieb bestimmter Schul- und Religionsbücher.[56] Das von der Druckerei seit 1770 herausgegebene, unter Aufsicht der Polizeideputation stehende „Wiesbader Wochenblatt" hatte vor allem behördliche Nachrichten, Marktpreise und private Inserate zum Inhalt. Es erreichte, obwohl alle Ämter Nassau-Usingens ein Exemplar beziehen mußten, 1784 lediglich eine Auflage von 113 Stück.

Auch das Theater, wenn man es überhaupt so nennen kann, lag im argen, denn eine feste Bühne gab es nicht. Stattdessen fanden sich seit 1765 fahrende Schauspielergesellschaften in der Sommersaison ein, die sich in einem der größeren Gast- oder Badehäuser einen Saal anmieten mußten. Angesichts der unbefriedigenden Situation erhielt 1802 der Besitzer des Schützenhofes Reinhard Käsberger einen Zuschuß von 500 Gulden aus der Hofkammerkasse zur Errichtung eines Komödienhauses. Dieser danach erbaute und zu hohem Mietzins an Schauspielgesellschaften vermietete Saal genügte offensichtlich den Ansprüchen nicht, denn bereits 1804 wurde die Wiesbadener Polizeideputation bei der Regierung vorstellig und drang auf den Ausbau des Schützenhofsaales oder den völligen Neubau eines Theatergebäudes, denn nur auf diese Weise könnten gute Schauspielgesellschaften angelockt werden. Doch blieb zunächst alles beim alten und das Wies-

---

[53] Der Landtag bestritt 1818 zwar, daß eine förmliche Ernennung Wiesbadens zur Hauptstadt je erfolgt sei, doch die landesherrlichen Landtagskommissare entgegneten, durch die Verlegung der Zentralstellen des Landes nach Wiesbaden sei die Stadt faktisch zur Hauptstadt erhoben worden. Der weitere Verlauf der Geschichte hat ihnen recht gegeben. Vgl. *Struck*, Biedermeier, 154f.

[54] *Michael Riesener*, Die Politik der Herzöge von Nassau zur Sicherung von Besitz und Herrschaft. Teil 1, in: NA 102, 1991, 145–173, hier 148.

[55] Zu den Details der Gebietsübernahmen, der Mediatisierungen und der Säkularisationen vgl. neuerdings: *Gabriele Genter/Michael Riesener*, Die Entwicklung eines Kleinstaates am Ende des Alten Reiches am Beispiel der Entstehung des Herzogtums Nassau, in: NA 100, 1990, 141–156.

[56] *Struck*, Goethezeit, 171.

badener Theater mußte vernichtende Kritiken einstecken.[57] Dazu trug gewiß bei, daß das Niveau der Wanderschauspielgruppen sank, da die besseren Schauspieler an die vielerorts entstehenden festen Theater strebten.[58] In der Zeit vor 1806 bewegten sich die gesellschaftlichen Kontakte der Wiesbadener Bürger noch im traditionellen Rahmen – Schützenverein, Zünfte und Gasthäuser bildeten die Zentren der Kommunikation. Das Hazardspiel, das als kleines und großes Spiel von einem Konzessionär in wechselnden Gasthäusern betrieben wurde, war für die Wiesbadener Bürger verboten[59], auch mußten sie – im Gegensatz zu den „Kurfremden" – die öffentlichen Lokalitäten bereits um 10 Uhr verlassen haben, wollten sie nicht arrestiert bzw. auf die Polizeibehörde bestellt werden.[60] „Moderne" Zusammenschlüsse lassen sich zunächst nicht ausmachen, auch die 1778 vom Fürsten Carl Wilhelm gestiftete Freimaurerloge „Zur beständigen Einigkeit" hat ihr Zentrum wohl vor allem im Residenzort Biebrich gehabt. Ob sich in ihr auch Wiesbadener Bürger – und nicht nur, wie vermutet werden darf, Beamte – zusammenfanden, ist ungewiß. Auf die obrigkeitliche Abhängigkeit dieser Loge deutet jedenfalls hin, daß sie nach dem Tode des Fürsten 1804 einging. Auch finden sich in den Jahren danach in den Frankfurter Logen, die offensichtlich neben den Mainzern der Bezugspunkt für Wiesbadener Freimaurer waren[61], nur ein Wiesbadener Beamter und ein Rechtskonsulent; erst nach 1816 lassen sich hier einige wenige Stadtbürger nachweisen.[62]

Der Hofbuchhändler Schellenberg gründete 1805 ein „Lesemuseum", an dem ebenfalls überwiegend Beamte beteiligt waren. In zwei angemieteten Räumen im Schützenhof lagen 12 Zeitungen und 33 Journale aus.[63]

57   *K...sig (sic!)*, Auszug des Tagebuchs meiner Reise ... 1805, in: Journal des Luxus und der Moden, Dez. 1805, 788ff.; *Alexander Hildebrand*, Zwischen Wandertruppen und Bürgerkommission 1765–1857, in: Theater in Wiesbaden 1765–1978. Wiesbaden 1978, 3–45, hier 5ff.

58   Vgl. *Walter Horace Bruford*, Deutsche Kultur der Goethezeit. Konstanz 1965, 262.

59   *Müller-Werth*, Geschichte, 72.

60   StdAWi WI/1/480. „Wachtordnung der Stadt Wiesbaden", verordnet von der „Fürstlichen Polizey-Deputation dahier".

61   *Otto Heinemann*, Zur Vorgeschichte der Loge „Plato zur beständigen Einigkeit" in Wiesbaden, in: Eklektisches Bundesblatt 1929, H. 11, 305–310, hier 305.

62   Nach 1807 waren dies der Regierungsrat Karl Friedrich von Mülmann sowie 1811 der Konsulent Carl Ducca. Erst 1817 finden sich außer dem Ministerial-Buchhalter Dödel mit dem Gastwirt Christian Schlichter und 1819 mit Johann Peter Köster erste Stadtbürger unter den Freimaurern in den Frankfurter Logen. Für 1819 ist außerdem noch der Apotheker Kaspar Adam Müller nachzuweisen. Vgl. die Mitgliederlisten bei: *Benjamin Reges*, Geschichte der Loge zur Einigkeit zu Frankfurt am Main 1742–1892. Festgabe der Loge zur Einigkeit bei der Feier ihres 150jährigen Bestehens am 16. Oktober 1892. Frankfurt am Main o. J., 100–145, sowie *Karl Poppelbaum*, Johannisloge Carl zum aufgehenden Licht im Orient zu Frankfurt am Main. Festschrift zur 150. Gründungsfeier. Frankfurt am Main 1966, 62–65.

63   *Struck*, Goethezeit, 176.

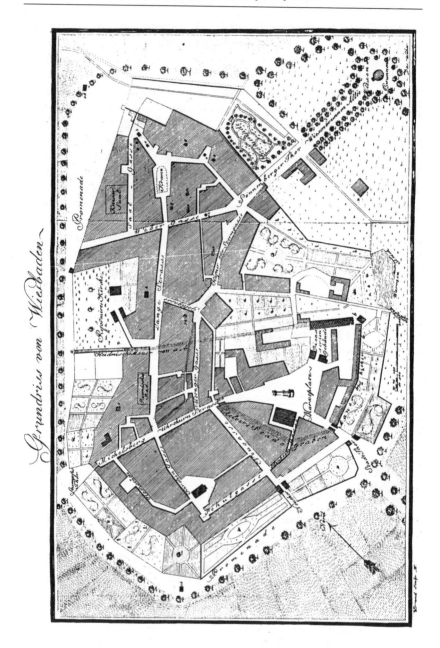

„*Grundriss von Wiesbaden*" *um 1800 (aus G. H. Ritter, Denkwürdigkeiten der Stadt Wiesbaden und der benachbarten Gegenden [...]. Mainz 1800, Anhang).*

Diese Gesellschaft mit etwa 70 Mitgliedern, unter ihnen der Fürst, kann als ein Vorläufer der 1815/16 gegründeten Casino-Gesellschaft gelten.[64] Schellenberg betrieb seit 1803 außerdem eine öffentliche Leihbibliothek. Daß er für diese nach seinem erwähnten vergeblichen Versuch im Jahre 1800 nunmehr die Genehmigung erhielt, war wohl vor allem dem Wechsel in der Regentschaft zu verdanken: In Nassau-Usingen regierte seit 1803 Fürst Friedrich August. Schellenbergs auch der breiteren Öffentlichkeit zur Verfügung stehende Bibliothek hatte einen beachtlichen Bestand. Sie umfaßte um 1809 immerhin über 2000 Bände, darunter neben einigen Werken heutiger Klassiker, vor allem Ritter- und Räuberromane.[65] Möglicherweise bestand bereits in den 1790er Jahren zeitweise eine Lesebibliothek, die den Charakter einer Leihbibliothek hatte.[66]

b. Die Verfassung der Stadt und die innerstädtischen Konflikte bis 1806

Wiesbaden hat vor 1800 wahrscheinlich nie eine umfassende, schriftlich fixierte Verfassung gehabt, jedenfalls lag eine solche den Zeitgenossen des 18. Jahrhunderts mit Sicherheit nicht vor. Weder bei Rechtsstreitigkeiten noch bei Ämterbesetzungen wurde auf eine solche Verfassung verwiesen, vielmehr wurde stets entweder auf Privilegien oder alten Brauch und Herkommen Bezug genommen. Vor allem die interne Geschäftsaufteilung im Rat scheint lediglich einem Gewohnheitsrecht gefolgt zu sein. So kann, soweit sich die Rechtsverhältnisse nicht aus den fürstlichen Privilegien und später aus allgemeinen Instruktionen für die Schultheißen in Nassau-Usingen ergeben[67], nur aus der Praxis auf das gültige Recht rückgeschlossen werden.

Die Stadt verlor durch die Beteiligung Einzelner an den Bauernaufständen 1525 und die allgemeine Sympathie in der Stadt für die oppositionellen Forderungen einige ihrer Privilegien, so etwa die Befreiung von persönlichen Diensten im Wiesbadener Schloß wie auch die Freiheit von den Jagdfronden. Außerdem ging sie ihrer Sonderrechte hinsichtlich der niederen

---

[64] *Franz Götting*, Die Geschichte der Wiesbadener Casino-Gesellschaft, in: 150 Jahre Wiesbadener Casino-Gesellschaft. Wiesbaden 1966, 5–41, hier 7.

[65] *Struck*, Goethezeit, 175.

[66] *Bleymehl-Eiler*, Wiesbaden 1690 bis 1866, 439 (Anmerk. 363). Vgl. zu Schellenberg auch: *Paul Kaller*, Druckprivileg und Urheberrecht im Herzogtum Nassau. Frankfurt a.M./Berlin/Bern 1992, 122ff. Ob Schellenberg aber wirklich die von Kaller ihm zugesprochene zentrale Rolle spielte und ob wirklich von einer Abhängigkeit des Herzogs von Schellenberg gesprochen werden kann, darf doch bezweifelt werden. Auf keinen Fall gehörte er, wie Kaller meint, zum „Hofstaat".

[67] HHStAWi 3055/2211 (Gedruckte Instruktion v. 24.6.1767).

Gerichtsbarkeit verlustig[68]. Aus den Bürgerbeschwerden des Jahres 1525 wird aber zugleich deutlich, daß die Fron trotz der damals noch gültigen Befreiungen drückte: mindestens 17 Tage im Jahr mußte jeder Bürger allein für die Holzversorgung des Schlosses arbeiten.[69] Einen Teil der über das Jahr 1525 verlorengegangenen Privilegien erhielten die Stadt und die Bürger 1566 zurück, doch blieben die zusätzlichen Jagd- und Forstfronden bis 1714 bestehen. Die Polizeigewalt bei geringeren Vergehen der Bürger wurde der Stadt erst 1724 wieder übertragen.

Die relativ klare Unterordnung der Stadt und der Bürgerschaft unter ihren Landesherrn deutet sich hier an, weitere Beispiele lassen sich ohne weiteres finden.[70] So wurde zumindest im 16. Jahrhundert bei der Intitulatio von Urkunden meist der Schultheiß als Vertreter des Landesherrn vor den Bürgermeistern – wahrscheinlich seit dem 14. Jahrhundert stets zwei – und den Schöffen (Rat) genannt.[71] Vor allem um die Ausdehnung der Rechte und Privilegien des Adels und der fürstlichen Dienerschaft respektive Beamten in der Stadt kam es zu heftigen Auseinandersetzungen, die sich, darauf wird noch einzugehen sein, bis in das 19. Jahrhundert erstreckten. Besonders die Freistellung des Adels und der Beamtenschaft von den bürgerlichen Lasten, also Steuern, Wegegeld und Diensten, war den Bürgern ein Dorn im Auge, auch beschwerten sie sich 1722 in einer langen Liste von Gravamina unter anderem darüber, daß der Fürst ursprünglich bürgerliche Häuser „frei" mache und damit die Einnahmen der Stadt verringere.[72] Aber auch Neubürger profitierten noch nach der Aufhebung der Vergünstigungen für Neubauende 1736 weiter von der Peuplierungspolitik der Landesherren. So erhielten die Neubürger weiterhin großzügig Personal- und Realfreiheiten, oft gegen den Willen der Stadt.[73]

Ab der Mitte des 18. Jahrhunderts hatte die Stadtverwaltung mit Sicherheit folgende Struktur: Der Stadtoberschultheiß – stets ein studierter Jurist und seit 1770 mit dem Charakter eines Stadtamtmannes bedacht[74] – bildete als höchster Amtsträger und Staatsbeamter das Bindeglied zwischen der landesherrlichen Verwaltung und dem Stadtrat, dem er in juristischen Dingen vorstand.[75] Die Amtsstelle des Stadtoberschultheißen, auf die sich in der Regel Advokaten mit einer mehrjährigen Berufspraxis bewarben, war

---

[68] *Renkhoff*, Mittelalter, 329ff.
[69] Ebd., Mittelalter, 331, 337.
[70] *Struck*, Staat und Stadt, 54f.
[71] Ebd., Staat und Stadt, 58. Struck folgert aus der Rückentwicklung des Begriffes Rat auf den alten Ausdruck „Geschworene" auf das relativ geringe Eigenleben der Stadt.
[72] *Struck*, Staat und Stadt, 65.
[73] *Bleymehl-Eiler*, Wiesbaden 1690 bis 1866, 424f.
[74] *Struck*, Staat und Stadt, 65.
[75] Zur Rolle des Schultheißen als Person der Justiz vgl. auch *Elisabeth Geck*, Das Fürstentum Nassau-Saarbrücken-Usingen im 18. Jahrhundert, Diss. Mainz 1953, 41ff.

eine Eingangsstelle in den Staatsdienst.[76] Der Stadtschultheiß, in der Hierarchie dem Oberschultheißen nachgeordnet, hatte keine juristische Ausbildung, entstammte der Bürgerschaft und war wohl in den allermeisten Fällen zuvor Ratsherr bzw. Gerichtsschöffe gewesen. Die Vertretung des Stadtbürgertums bildete der Stadtrat, bis 1775 Stadtgericht genannt[77], mit zwölf auf Lebenszeit amtierenden Ratsherren. Der Rat ergänzte sich im Bedarfsfall selbst aus der Bürgerschaft; allerdings bedurften die Gewählten der Bestätigung durch das fürstliche Oberamt.[78] Mit Ausnahme der beiden gering dotierten Bürgermeisterposten, die die Ratsherren jährlich unter sich vergaben, waren die Ratsstellen Ehrenämter, mit denen aber eine Personalfreiheit bei den öffentlichen Diensten (Stadtwache, Fuhren) verbunden war. Eine Bezahlung erfolgte lediglich für Tätigkeiten im Bereich der freiwilligen Gerichtsbarkeit durch die Sporteln[79]; zwar war die mittelalterliche Tradition, nach den Amtsgeschäften auf Kosten der Stadt einen „Imbiss" abzuhalten, bereits 1722 offiziell aufgehoben worden, doch nutzten die Ratsherren wohl jede Gelegenheit, sich auf Stadtkosten zu verköstigen.[80] Neben den ratsinternen Ämtern, also Bürgermeister, Küchenmeister, Weinstecher etc., vergab der Rat meist jährlich die einfachen Gemeindeämter wie Feldschütz, Schröter, Nachtwächter etc. Das Polizeiwesen unterstand dagegen mit den Gerichts- und Polizeidienern ebenso wie der Stadtschreiber der landesherrlichen Verwaltung.[81] Dem Stadtrat oblag außer der niederen Gerichtsbarkeit vor allem die Verwaltung der Stadtfinanzen. Die Gegenkontrolle der Verwaltung und der Rechnungsführung wurde von drei Gemeindevorstehern ausgeübt, die in einem Turnus von drei Jahren von der Bürgerschaft in öffentlicher Versammlung vor dem Rathaus gewählt wurden.[82] Ohne die Unterschrift wenigstens eines der Vorsteher durfte auch der Oberschultheiß keine die Bürgerschaft betreffende Angelegenheit von einigem Belang vollziehen, insbesondere keine Baumaßnahmen anweisen oder Handwerkerrechnungen begleichen.[83]

Der latente Konflikt um die Machtverteilung zwischen Landesherr, Stadtgericht (Stadtrat) und Bürgerschaft spitzte sich 1748 zu, als nach Klagen aus der Bürgerschaft der Fürst eine personelle Verringerung des Stadt-

---

[76] HHStAWi 137/Wiesbaden 182.
[77] Ernennungsdekret v. 24.11.1775 abgedruckt bei: *Karl Rossel*, Stadt-Wappen von Wiesbaden, Ein Beitrag zur Ortsgeschichte. Wiesbaden 1861, 70.
[78] *Gottfried Anton Schenck*, Geschicht-Schreibung der Stadt Wißbaden, aus bewährten Schriften und zuverlässigen Nachrichten. Frankfurt am Main 1758, 216f.
[79] *Struck*, Goethezeit, 30.
[80] Jährliche Besetzung der Ämter in StdAWi WI/1/212. Auf die mittelalterliche Tradition des Imbisses verweist *Renkhoff*, Mittelalter, 146.
[81] *Struck*, Goethezeit, 46.
[82] StdAWi A 266.
[83] *Struck*, Staat und Stadt, 65.

gerichtes verfügte[84]. Teile der Bürgerschaft wandten sich 1750 wiederum mit achtzehn Gravamina über das Stadtgericht an den Fürsten. Die Klagen betrafen überwiegend die hohen Gebühren bei Teilungen und Taxationen. Vor allem, so der Vorwurf, überträfen die Kosten für die Erstellung eines Inventars bei armen Einwohnern nicht selten den Wert des Erbes. Außerdem würden die Armen vielfach benachteiligt, weil sie zu Gemeindeangelegenheiten finanziell beitragen müßten – wie etwa dem Feldschutz und dem Betrieb des gemeinen Brauhauses – , von denen sie mangels Feldes oder entsprechender Vorräte keinen Vorteil hätten.[85] Auch wären zu viele Bürger zu Unrecht von den bürgerlichen Pflichten befreit – eine Ungleichheit, die eine gewisse Tradition hatte, denn bereits 1627 kam es in der gleichen Angelegenheit zu einem Tumult unter den Bürgern. Damals waren nur noch 80 der insgesamt 220 Inhabern von „Feuerstätten" in der Stadt zum Wachdienst verpflichtet.[86]

Der Fürst ordnete aufgrund der Beschwerden der Opposition in der Bürgerschaft 1750 die Kontrolle der städtischen Finanzen an. Das Stadtgericht versuchte dem auszuweichen und wies alle Anklagen selbstbewußt zurück. So verschärfte sich der Konflikt immer weiter: 1753 warf ein „klagender" Teil der Bürgerschaft dem Stadtgericht und -schultheiß mit 27 neuerlichen Beschwerden vor, daß sie „sich von einigen Jahren her einer unbeschränckten Herrschaft angemasset, und die gemeine Bürgerschaft nicht anderst als leibeigene Knechte angesehen".[87] Der Widerstand gegen das Stadtgericht scheint insbesondere von den ärmeren Bürgern ausgegangen zu sein. Diese sahen sich durch die allgemeine Schatzung übervorteilt, da bei dieser Vermögende kaum mehr als die Armen zu zahlen hätten. Eine Überprüfung durch die staatlichen Behörden ergab, daß diese Klagen zu Recht bestanden, denn ein Hausbesitzer mit Laden und Grundbesitz mußte einer Stichprobe zufolge nur marginal höhere Steuern zahlen als ein Besitzloser.[88]

Der Fürst, erbost darüber, daß das Stadtgericht „sich nicht einmal entblödet", den „zum besten des publici" angeordneten Kontrollen mit „einer unverschämten Dreustigkeit" zu begegnen, verfügte eine Reduzierung der Stadtgerichtsstellen auf zehn und enthob bis auf vier alle Schöffen sowie den Schultheißen und den Stadtrechner des Amtes.[89] Damit war der Konflikt aber keineswegs ausgestanden, denn die abgesetzten Schöffen und

---

[84] *Bleymehl-Eiler*, Wiesbaden 1690 bis 1866, 403.
[85] StdAWi WI/1/417. Beschwerde vom 3.1.1750.
[86] *Struck*, Staat und Staat, 63f.
[87] StdAWi WI/1/417. Klageschrift von 1753, ohne genaue Datierung.
[88] StdAWi WI/1/417. Philipp Blum zahlt für sein Haus und seine zur „Bauschatzung gehörigen Effecten" bei 26 Simpel eine jährliche Abgabe von 4 Gulden, 14 Albus und 7 Kreuzer, während der besitzlose Balthasar Schmidt immer noch 4 Gulden, 2 Albus und 1 3/5 Kreuzer entrichten muß.
[89] StdAWi WI/1/417, Dekret v. 17.9.1753.

Offiziellen beauftragten bereits einen Tag später den Notar Johann Martin Gebhard mit ihrer gerichtlichen Vertretung und erhoben Klage vor dem Reichskammergericht in Wetzlar gegen ihre Amtsenthebung.[90] Die nun offenen Stellen im Stadtgericht wurden Ende 1753 nicht turnusgemäß neubesetzt. Stattdessen beklagte man im Ämterbuch die „gegenwärtige Zerrüttung in der Stadt", „die Gott zum Besten derselben bald ändern wölle".[91] Zumindest das Reichskammergericht half hier weiter, indem es sich auf die Seite der Wiesbadener Schöffen stellte und im Februar 1754 mit einer Art einstweiligen Anordnung die Wiedereinsetzung des Schultheißen, des Stadtrechners und der Schöffen in ihre Ämter verfügte.[92] Spätestens mit der Verkündung der endgültigen Entscheidung im Mai erlangte die Aufhebung der fürstlichen Anordnungen Rechtskraft.[93]

Nach seiner offensichtlichen Niederlage blieb dem Fürsten zur Gesichtswahrung nur noch der geordnete Rückzug. Er verfügte, daß viermal wöchentlich ein Beamter vormittags bereit stehen solle, die Klagen aus der Bürgerschaft anzuhören. Das Absetzungsdekret gegen die Wiesbadener Stadtführung mußte er jedoch zurücknehmen.[94] Zu einer Reform des städtischen Schatzungswesens scheint es aber, den späteren Klagen und nach den Auswertungen der Schatzungsliste von 1785[95], nicht gekommen zu sein. Eine mittelbare Folge der Auseinandersetzung ist aber möglicherweise, daß dem Stadtgericht mit der Einsetzung eines Kriminalgerichts in Wiesbaden 1761 die letzten Befugnisse der hohen Gerichtsbarkeit entzogen wurden. Eine weitere, zumindest formal massive Einschränkung der kommunalen Selbstverwaltung bedeutete auch die 1769 erfolgte Errichtung einer Polizeideputation für die Stadt, die, mit besonderen Vollmachten ausgestattet, sämtliche Befugnisse aus dem Bereich der Ortspolizei an sich zog und dem Stadtvorstand vorgeordnet war. Es ist aber noch offen, ob diese Verordnung wirklich die intendierten Folgen hatte und die Kompetenzen der Stadt entscheidend eingeschränkt wurden. Eine Darstellung der Wiesbadener Geschichte von 1600–1803 steht noch aus, und angesichts der in dem kleinen Fürstentum bestehenden Verwaltungsprobleme[96] ist es durchaus ungewiß, wie weit sich die Regierung tatsächlich in der Praxis gegen das Stadtgericht (ab 1775 Stadtrat) durchsetzten konnte. Einzelne Beispiele, die in den folgenden Abschnitten aufgegriffen werden, zeigen, daß die Landesbehörden

---

90 StdAWi WI/U/82, Notariatsurkunde vom 18.9.1753.
91 StdAWi WI/1/212, Eintrag vom 21.12.1753.
92 StdAWi WI/1/418, Verfügung vom 23.2.1754.
93 BuAFfm AR 1–III/64 (Sententia 1754), Einträge v. 10. und 18. Mai 1754.
94 HHStAWi 1/2212, Anweisung an den untersuchenden Beamten, Regierungsassessor Scheffer, vom 26.8.1754.
95 Vgl. auch die Auswertung der Schatzungsliste in Grafik 7.
96 Vgl. *Eckhardt Treichel*, Der Primat der Bürokratie. Bürokratischer Staat und bürokratische Elite im Herzogtum Nassau 1806–1866. Stuttgart 1991, 43ff.

kaum in der Lage waren, ihren Anordnungen zuverlässig Gehör zu verschaffen.

Dies mag mit daran gelegen haben, daß die städtische Bevölkerung weitgehend mit der Bürgerschaft identisch war, d.h. zumindest in rechtlicher Hinsicht eine große Homogenität vorlag, auf die sich die Stadträte stützen konnten, wenn sie nicht gerade Eigeninteressen verfolgten. Der hohe Anteil an Bürgerfamilien korrespondierte mit einem entsprechend geringen Quote von Beisassen und Fremden. So kamen 1779 auf 416 Bürger gerade 44 männliche erwachsene Beisassen, unter Einschluß der Frauen und Kinder betrug das Verhältnis 1833 zu 191.[97] Zwar sind als Privilegien der Bürger neben der Freiheit von der Leibeigenschaft nur die Wahl der kontrollierenden Gemeindevorsteher und die seit 1750 bestehende Militärfreiheit zu nennen[98], aber mit zwei Gulden bzw. der Stellung eines Feuereimers war das Bürgereintrittsgeld für Bürgersöhne auch vergleichsweise niedrig angesetzt. Für „Fremde" waren die Beträge mit 15 Gulden für den Mann und 13 Gulden für die Frau deutlich höher.[99] Doch auch für Fremde war der Eintritt in das Bürgerrecht finanziell u. U. attraktiv, denn als Beisassen hatten sie eine jährliche Abgabe von sechs Gulden zu leisten. Der Eintritt in das Bürgerrecht konnte im Regelfall erst im Alter von 25 Jahren erfolgen, bei Bürgersöhnen geschah er meist in Verbindung mit der Verehelichung – auswärtige Ehefrauen wurden dabei unter der Rubrik „Aufnahme fremder Weiber" ins Protokollbuch der Stadt eingetragen[100] – oder bei der Übernahme bzw. Gründung eines selbständigen Gewerbes. Die in ihrer Tendenz ansteigende Zahl der Bürgeraufnahmen – mit einem zunehmenden Anteil an Fremden – spricht für die Kontinuität der positiven Stadtentwicklung im 18. Jahrhundert.[101]

Die letzte Entscheidung über die Aufnahme ins Bürgerrecht hatte im übrigen nicht der Rat, sondern das fürstliche Oberamt. Erste Auswertungen der Bürgeraufnahmeakten, die in größerer Zahl erst ab 1805 erhalten sind,

---

[97]   StdAWi WI/1/217. Die Aufstellung wurde 1779 seitens der Stadt anläßlich der kostenlosen Verteilung der neuen Kirchenbücher durch die Landesregierung erstellt. Leider enthält sie keine Angaben über die „Freien", d. h. vor allem die Beamten, in der Stadt.

[98]   Vgl. HHStAWi 137/VIIa 8. Mit dem Dekret v. 17.7.1750 werden die Wiesbadener Bürgersöhne gegen Überlassung von Fischereirechten im Salzbach an den Fürsten vom Milizdienst befreit.

[99]   *Struck*, Goethezeit, 26.

[100] StdAWi WI/1/212.

[101] Die Zahl der jährlichen Bürgeraufnahmen schwankte für den Zeitraum 1739–1806 zwischen 5 und 26. Die Mittelwerte (in Klammern Standardabweichung) sind: 1739–1769: 13,3 (5,5), davon 3,0 Fremde (2,0); 1770–1790: 15,0 (4,6), davon 3,8 (2,0) Fremde; 1791–1803: 17,2 (5,3), davon 5,3 (2,1) Fremde. Extremwerte sind relativ selten und finden plausible Erklärungen: z. B. wurden 1793, dem Jahr der französischen Besetzung, nur 6 Bürger rezipiert, während es 1744, dem Jahr des Umzugs der Regierungsbehörden nach Wiesbaden, 21 waren.

Grafik 1
Zahl der Neubürger in Wiesbaden 1740-1789

deuten darauf hin, daß das Oberamt bei den Bürgeraufnahmen tendenziell großzügiger verfuhr, als es dem Stadtrat lieb war.[102] Während die landesherrlichen Behörden vor allem an einem raschen Ausbau der Stadt interessiert waren, sahen der Rat und die Gewerbetreibenden in jedem Neubürger auch einen Konkurrenten, der die Geschäfte der Bürger schädigen könnte.

Der hohe Anteil der Bürger an der Einwohnerschaft ergibt sich aus der Eintrittspflicht ins Bürgerrecht für alle, die ein bürgerliches Gewerbe betreiben wollten.[103] Auch fürstliche Beamte, die z. B. über Einheirat Teilhaber eines Badehauses wurden, sollten nach Ansicht des Stadtrates und der Bürger ihre Aufnahme beantragen.[104] Allerdings scheint die Stadt mit dieser weitgehenden Interpretation der Beitrittspflicht am Widerstand der Beamten gescheitert zu sein, ebenso wie 1784 mit dem Versuch, durch die

---

[102] StdAWi WI/BA/3ff. Die EDV-Verzeichnung der rund 11.000 erhaltenen Aufnahmeakten durch das Stadtarchiv Wiesbaden wurde erst nach Abschluß der vorliegenden Arbeit beendet. Eine systematische Auswertung steht deshalb noch aus. Die Datei (im „Teilstadium") wurde aber vielfach für Einzelrecherchen verwendet.

[103] Eine Ausnahme bildeten hier wohl die fremden Händler, die sich mit Genehmigung auf Zeit als Beisassen niederlassen konnten. So jedenfalls ist ein fürstliches Dekret vom 17.9.1790 für den Handelsmann Joseph Rose aus Königsberg zu interpretieren, dessen Antrag auf Aufnahme in die Bürgerschaft zuvor abgelehnt worden war. StdAWi WI/1/217.

[104] HHStAWi 137/Wiesbaden 180 (Auseinandersetzungen und Eingaben bzgl. der Bürgeraufnahme des Oberamtssekretärs Zollmann).

Grafik 2

Zahl und Sozialstruktur der Neubürger in Wiesbaden
1790-1805

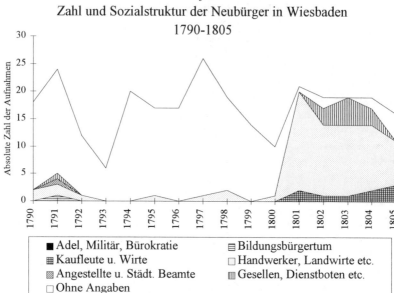

Verweigerung von Kaufbriefen den Verkauf von Grundstücken aus bürgerlicher Hand an Beamte zu verhindern.[105] In der Stadt stand man dem Vordringen von Beamten in die „bürgerliche Nahrung" und den bürgerlichen Besitz offensichtlich sehr ablehnend gegenüber und wollte sich in den nicht verhinderbaren Fällen der Beamten wenigstens durch die Aufnahme in die Gemeinschaft der Bürger versichern. Der entscheidende Punkt dürfte aber weniger die Angst vor einer eventuellen Stärkung des staatlichen Einflusses gewesen sein, als vielmehr die Tatsache, daß die Beamten als Eximierte ähnliche Privilegien beanspruchen konnten wie ursprünglich nur die Adligen, und die Bürgerschaft deshalb fürchtete, die von ihnen erworbenen Häuser und Grundstücke könnten der städtischen Steuerpflicht entzogen werden.

Zwar ist für den Zeitabschnitt 1744–1803 ein Ansteigen der Zahl der Beamten in der Stadt zu vermuten, jedoch nicht zu quantifizieren, da sie als „Freie" nicht in den Bürgerlisten vermerkt wurden. Die erste zuverlässige Zählung unter Einschluß der Beamten liegt erst für 1809 vor. Die Zahl von etwa 50 Beamten, die sich für 1802 – dem letzten Jahr vor den großen territorialen Veränderungen der nassauischen Gebiete – anhand eines von

---

[105] HHStAWi 137/Wiesbaden 180 (Eingabe der verschiedenen Beamten und fürstliches Dekret vom 22.11.1784).

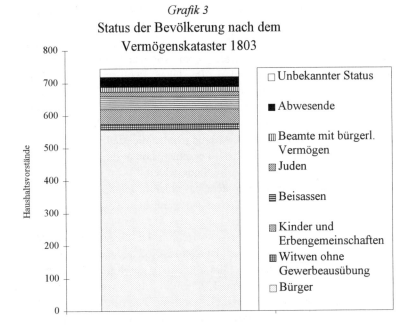

Grafik 3
Status der Bevölkerung nach dem
Vermögenskataster 1803

Spielmann 1897 erstellten Einwohnerverzeichnisses ermitteln läßt, dürfte aber relativ nahe an der tatsächlichen liegen.[106]

Die wenigen Beisassen in der Stadt gehörten eindeutig der Unterschicht an, in ihren finanziellen Verhältnissen waren sie den ärmeren Bürgern vergleichbar. Die bescheidenen Verhältnisse der Beisassen sind aber keinesfalls mit völliger Armut gleichzusetzen. Jedenfalls mußte 1798 nur für vier der 35 männlichen abgabepflichtigen Beisassen wegen Armut eine Ermäßigung zugestanden werden, alle anderen waren in der Lage, die Abgabe von sechs Gulden aufzubringen.[107]

Seit etwa 1750 gab es eine weitere Rechtsgruppe in der Stadt, die Schutzverwandten. Der Landesherr gestattete einzelnen Personen per Dekret den Aufenthalt in der Stadt, ohne daß sie hierfür, wie eigentlich in den

---

[106] *Spielmann*, Die Stadt Wiesbaden, 15–61. Die Zählung erfolgte unter Einschluß der Pfarrer, Kanzleidiener etc.

[107] StdAWi WI/1/217, Beisassenregister 1798. Zu den 35 männlichen Beisassen gehörten noch zwei Hirten und ein Armenknecht, die abgabenfrei waren. Für 20 dieser Beisassen, die mittlerweile z. T. das Bürgerrecht erworben hatten, läßt sich für 1804 aus der Vermögenssteuer das Vermögen berechnen. Danach ergibt sich ein durchschnittlicher Besitz von 840 Gulden, der im Einzelfall aber das Maximum von 2350 Gulden nicht überschreitet. Dabei ist zu berücksichtigen, daß z. T. allein die Tagelöhnertätigkeit mit einigen Hundert Gulden veranschlagt wurde. Zum Vermögen der Beisassen gehörte nach dem Brandkataster von 1806 auch (bescheidener) Hausbesitz.

Privilegien Wiesbadens garantiert, den Bürger- oder Beisassenstatus hätten annehmen müssen. Meist dürfte es sich hier um Handwerker, die etwa am Biebricher Schloß arbeiteten und in der Stadt wohnen wollten, gehandelt haben.[108] Dies hat sich – wenn dem so war – bis Anfang des 19. Jahrhunderts deutlich geändert. Im Jahre 1811 waren von den 30 Schutzverwandten in der Stadt die weit überwiegende Zahl Witwen oder Töchter von staatlichen Beamten. Den wenigen Schutzverwandten, die ein Gewerbe betrieben, – etwa dem Spielbankpächter von Fechenbach – wollte der Herzog vermutlich die Unterordnung unter die städtische Verwaltung ersparen. Gleichwohl mußten diese Personen, übten sie ein „bürgerliches Gewerbe" aus, Gewerbesteuer an die Stadt zahlen.[109]

Auch die Juden standen unter dem besonderen Schutz des Landesherrn und fielen somit aus dem Rechtskreis der Stadt heraus. Die Zahl der jüdischen Familien lag in der zweiten Hälfte des 18. Jahrhunderts zwischen 10 und 15.[110] Ihre Rechtsverhältnisse waren durch die Judenordnung der Charlotte Amalie von Nassau aus dem Jahre 1732 geregelt, die bis in das 19. Jahrhundert galt und erst ab 1806 allmählich durch neue Verordnungen abgelöst wurde. Die Regelung von 1732 enthielt trotz vieler Beschränkungen hinsichtlich der Glaubens- und Geschäftsausübungen[111] gegenüber dem vorherigen Recht eine Liberalisierung.[112] Gleichwohl suchten sich die christlichen Einwohner Wiesbadens von den Juden abzugrenzen, so wurde den Juden 1732 auf Bitten aus der Bürgerschaft der Besuch des „Gemeinden Bades" verboten. Außerdem wehrte sich der Stadtrat 1770 erfolgreich gegen die Konzessionierung eines weiteren jüdischen Badhauses, denn man wollte den Juden den Erwerb von liegenden Gütern möglichst verwehren.[113] Kurz nach der Gründung des Herzogtums Nassau wurden 1806 zwei Landesverordnungen erlassen, die das Ziel hatten, mittellose Juden aus dem Land zu drängen bzw. nur noch solche ins Land zu lassen, die über ein Mindestvermögen von 1500 bzw. 1000 Gulden verfügten.[114]

---

[108] *Bleymehl-Eiler*, Wiesbaden 1690 bis 1866, 426.

[109] StdAWi WI/1/24.

[110] *Paul Arnsberg*, Die jüdischen Gemeinden in Hessen. Anfang, Untergang, Neubeginn. Bd. 2. Frankfurt 1972, 365. Zur Geschichte der Juden in Wiesbaden bis zum Ausgang des 18. Jh. vgl. auch F. Otto, Die Juden zu Wiesbaden, in: NA 23, 1891, 129–148.

[111] Judenordnung in StdAWi Wi/1/222.

[112] *Otto*, Juden, 145.

[113] StdAWi WI/1/222. Stadtratsbericht vom 30.10.1770. Den Antrag hatte Berle Isaac gestellt, der Großvater des Kommerzienrates Marcus Berlé, der Mitte des 19. Jahrhunderts Wiesbadens größtes Bankhaus betrieb. Die Auseinandersetzung um die jüdischen Badhäuser beschreibt ausführlich *Lothar Bembenek*, Das jüdische Badhaus „Zum Rebhuhn" in Wiesbaden, in: Menora, Jahrbuch für deutsch-jüdische Geschichte, 3, 1992, 99–120, hier 106ff.

[114] *Arnold Merker*, Die Steuerreform im Herzogtum Nassau von 1806 bis 1814, in: NA 37, 1907, 72–142, hier 81.

Außerdem sollten die nachgeborenen Söhne ansässiger Juden vom Handel ferngehalten werden und sich als Handwerker bzw. Ackerbauern betätigen.[115]

c. Die Struktur der Wirtschaft und der Einwohnerschaft sowie die Verteilung des Besitzes in der Stadt

Wenngleich die Stadt durch die Kontributionszahlungen während der französischen Besetzungen 1795–1799 und durch die umfangreichen Lebensmittellieferungen an die Besatzungstruppen in eine tiefe Schuldenkrise geriet, so hatte sie doch mit der klimatisch begünstigten Landwirtschaft und dem Kurwesen, das stets auswärtiges Geld in die Stadt brachte, ein solides wirtschaftliches Fundament. Die Bedeutung der Landwirtschaft als Wirtschaftsfaktor ist nicht nur durch die Anzahl von immerhin 88 „Gutsbesitzern" – unter ihnen wohl auch einige, die noch ein weiteres Gewerbe betrieben[116] – um 1800 belegt, sondern sie ergibt sich auch daraus, daß viele Handwerker und insbesondere die Wirte noch über z. T. ausgedehnten Feldbesitz verfügten.[117] Berücksichtigt man diesen Aspekt, so ist die Bedeutung der Feldgüter in der Vermögensstruktur weit größer, als dies durch den Anteil der Landwirte an der Einwohnerschaft (siehe auch Tabelle 2) nahegelegt wird. Eine Auswertung des Einwohner- und Viehbestandsverzeichnisses von 1804 nach Stadtvierteln bestätigt dieses Bild. Im III. Quartier, das im wesentlichen mit dem Kurviertel identisch war, gab es zwar nur 3 Bauern, aber immerhin wurden dort 21 Pferde, 6 Ochsen und 63 Kühe neben einer großen Zahl von Schafen und Schweinen gehalten. Für 75 der 103 Häuser im Kurviertel läßt sich Viehhaltung nachweisen.[118] So war die Stadt Anfang des 19. Jahrhunderts trotz des Kurbetriebs stark landwirtschaftlich geprägt, die Viehhaltung in den meist kleinen Stadthäusern darf mithin als Regel gelten.[119]

---

[115] *Adolf Kober*, Zur Geschichte der Juden Wiesbadens in der ersten Hälfte des 19. Jahrhunderts, in: Festschrift zur Fünfzigjahrfeier des Synagogen-Gesangvereins zu Wiesbaden 1863–1913. Wiesbaden o. J. [1913], 3–34, hier 4.

[116] Durch diesen Umstand dürfte die geringe Zahl der Landwirte zu erklären sein, die sich aus Tabelle 2 ergibt. Weiterhin wurden in Tabelle 2 einige offene Erbfälle nicht berücksichtigt.

[117] Zahl der Gutsbesitzer nach: StdAWi WI/1/213, Zählung im Auftrag des Oberamtes 1804. Inventare und Testamente: HHStAWi 137/IX sowie HHStAWi 246.

[118] Auswertung des Verzeichnisses und der Tabellen in StdAWi WI/1/213.

[119] In 284 der 400 bewohnten Häuser der Stadt wurde 1804 Viehhaltung betrieben. Ausgezählt nach einer Aufstellung der Häuser mit ihren Bewohnern und der Viehhaltung von 1804, StdAWi WI/1/213.

Tabelle 2:

Berufs- und Vermögensstruktur 1803

Alle selbständigen Personen[120], Vermögensangaben in Gulden

Sozialgruppe[121]	Anzahl	Anteil	Durchschn. Vermögen	Spannweite
Beamte u. Offiziere[122]	15	2,2%	8255	63–42.206
Bildungsbürger	5	0,7%	1303	66– 2.747
Händler u. Krämer[123]	35	5,2%	4187	600–21.850
Buchdrucker	2	0,3%	4372	800– 7.944
Wirte, Bierbrauer	24	3,6%	10.534	1.000–72.257
Landwirte	67	9,9%	6596	1.009–64.794
Handwerker[124]	303	44,8%	3647	0–42.901
„Angestellte"	2	0,3%	1798	1.000– 3.544
Tagelöhner, Fuhrleute, Gesellen	109	16,1%	1090	0– 3.778
Ohne Angaben, Aushälter, Arme und Alte[125]	133	16,7%	1782	0–36.976
Zusammen/Gesamtdurchschnitt	677	100%	3581	0–72.257

Das Vermögenskataster („Kriegsschuldenkataster") von 1803 und die darauf basierende Steuerveranlagung von 1804 geben einen hervorragenden Überblick über die Vermögensverhältnisse der Einwohner. In die Aufstellung gingen Grundstücke und Häuser zum Realwert ein, ebenso Kapitalien, Lagerbestand, das ausgeübte Gewerbe mit einem fiktiven Ansatz[126] von 400–1500 Gulden sowie Schulden als Negativposten.[127]

[120] Von den 745 Einträgen des Vermögensverzeichnisses wurden nur 677 berücksichtigt. Ausgeklammert wurden neben dem Fürsten alle Abwesenden, die offensichtlich unter Vormundschaft stehenden Kinder sowie alle Erbengemeinschaften, bei denen das Erbe wahrscheinlich schon teilweise aufgeteilt war. Mit in die Auswertung eingegangen sind aber die 116 Witwen und alleinstehenden Frauen.

[121] Die Gliederung der Sozialstruktur basiert auf einem von dem Forschungsprojekt entwickelten Schema, das hier aber um jene Berufstypen gekürzt wurde, die nicht im Vermögenskataster verzeichnet waren, so etwa Bankiers, Rechtsanwälte etc.

[122] Beamte und Offiziere wurden nur mit ihrem in der Stadt befindlichen Haus- und Grundvermögen veranschlagt. Ihr Einkommen als Beamte, sowie ihre persönlichen Besitz- wie Einrichtungsgegenstände blieben unberücksichtigt. Dies erklärt die außerordentlich großen Vermögensunterschiede und die geringe Zahl der Beamten in der Liste.

[123] Unter Einschluß von 10 Juden, die allesamt nur über geringe Handelskapitalien verfügten. Es ist auch ungewiß, ob sie alle einen Laden unterhielten.

[124] Einschließlich des Bäckermeisters Kimmel, der in Konkurs gefallen und damit ohne jedes Vermögen war.

[125] Der relativ hohe Vermögenswert erklärt sich durch die Sonderstellung einiger reicher „Aushälter" ohne Berufsausübung.

[126] Dabei wurde bei den Handwerksbetrieben schematisch nach dem Gewerbe vorgegangen, während Handlungen und Bewirtungsbetriebe nach ihrem Umsatz beurteilt wurden.

[127] Vgl. StdAWi WI/1/995, Dekret v. 23.7.1802, sowie *Theodor Schüler*, Wiesbadens Finanznoth nach den Revolutionskriegen, in: Wiesbadener Tagblatt 305, 1889.

In der Regel mußten die Bürger ihre Vermögensangaben beeidigen. Bei falschen Angaben drohte ihnen der fünffache Steuersatz als Strafe. Da auch die Angaben von Schulden und Guthaben zumindest innerhalb der Stadt einen Abgleich zuließen, dürften die Vermögensangaben recht zuverlässig sein. Hinzu kommt, daß nach der fürstlichen Verordnung von 1774 bei fast allen Erbschaftsangelegenheiten und Vermögensüberschreibungen durch das städtische Teilungsgericht ein Inventar angelegt werden mußte und hierbei ein Abgleich mit dem 1803/04 deklarierten Vermögen möglich war, was auch in zumindest einem belegbaren Fall zu einer Nachbesteuerung geführt hat.[128] In den Fällen, wo außer dem von der Kommission ermittelten

Grafik 4
Die Vermögensstruktur der Bürger 1803 nach Klassen

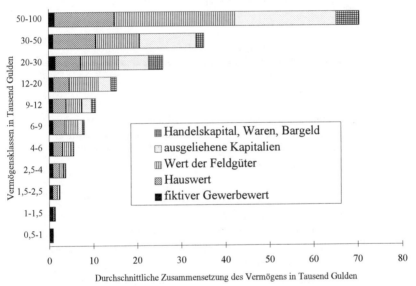

Durchschnittliche Zusammensetzung des Vermögens in Tausend Gulden

Vermögenswert noch Vermögensangaben aus Inventaren und Testamenten vorliegen, zeigt sich eine recht weitgehende Übereinstimmung.

Bei den Bade- und Gastwirten kam dem Hausbesitz in der Vermögensstruktur große Bedeutung zu. Vor allem die Badehäuser der ersten Klasse wurden mit hohen Werten von bis zu 27.500 Gulden taxiert und überragten hinsichtlich ihres Wertes fast alle anderen Gebäude in der Stadt.[129] Die Badehäuser nahmen aus einem weiteren Grund in der Immo-

---

128 Vgl. Inventar Follenius, HHStAWi 137/IX 1432.
129 StdAWi WI/1/179. Das Taxatum der Häuser in dem Brandkataster liegt, wie sich aus einem Vergleich der Angaben in den Inventaren und den Erträgen bei Versteigerungen

bilienstruktur eine Sonderstellung ein: Zu einem Badehaus gehörten stets die Rechte an einer Thermalquelle (oder eines Teils davon); neue Badehäuser konnten mithin kaum ohne die Entdeckung einer Quelle entstehen.

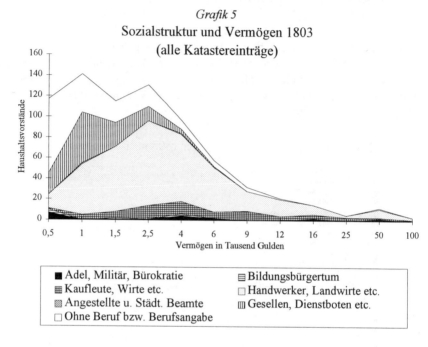

Grafik 5

Sozialstruktur und Vermögen 1803 (alle Katastereinträge)

Adel, Militär, Bürokratie	Bildungsbürgertum
Kaufleute, Wirte etc.	Handwerker, Landwirte etc.
Angestellte u. Städt. Beamte	Gesellen, Dienstboten etc.
Ohne Beruf bzw. Berufsangabe	

Daß Wiesbaden keine Stadt des Handels war, ergibt sich bereits aus der geographischen Lage abseits der großen Handelsstraßen: Am Taunusrand gelegen, mehrere Kilometer von Rhein und Main entfernt, konnte die Stadt mit den Handelszentren Mainz und Frankfurt nicht konkurrieren. Auch gab es kein Produkt aus der näheren Umgebung, das für den überregionalen Handel geeignet gewesen wäre – eine Ausnahme bildete der Wein, doch gehörten die Weinbaugebiete Rheingau und Hochheim bis 1803 noch zu Kurmainz, so daß Wiesbaden zunächst auch nicht vom Weinhandel profitieren konnte. Die geringe Bedeutung des Handels zeigt sich außerdem in der Vermögensstruktur, denn nur drei Handelsleute und ein Krämer verfügten 1804 über ein Vermögen von über 8000 Gulden.

---

ergibt, nahe am Verkehrswert. Nicht eingegangen in das Taxatum sind nach einem Hinweis von Christian Zais die unbrennbaren Teile der Immobilie, bei den Badehäusern also der Bauplatz und die Rechte an der Thermalquelle. Vgl. *Hermann Henrichsen*, Der Klassizismus der Stadt Wiesbaden in seiner städtebaulichen Entwicklung und seinen wesentlichen Bauwerken. Ms. 1924, 60 (HHStAWi, Bibliothek).

Analysiert man die Struktur der Vermögen in der Stadt, so fällt insgesamt die Bedeutung der Immobilien auf. Sieht man einmal von jenen Bevölkerungsteilen ab, deren „Vermögen" im wesentlichen aus der fiktiv veranschlagten Gewerbeausübung bestand, die kurzum kaum mehr als ihre Hände zur Arbeit hatten, machten Haus- und Feldbesitz stets 50–70% des Gesamtvermögens aus. Eine hohe Bedeutung hatten auch „Rentenvermögen", also ausgeliehene Kapitalien, die überwiegend an Dritte für Immobilienerwerb oder als Obligationen an die Stadt vergeben wurden. Dagegen spielte das „aktive Kapital" in Form von Handelskapital, Warenvorräten und Bargeld nur eine geringe Rolle.

Grafik 6
Sozialstruktur und Vermögen 1803
(nur Bürger)

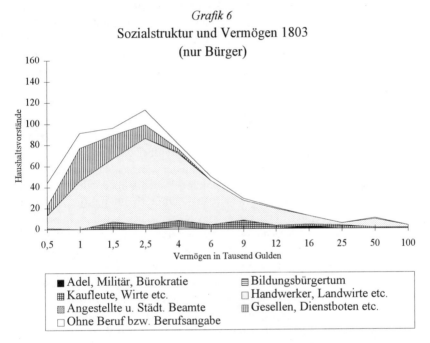

Noch schlechter als um den Handel stand es um die manufakturelle Produktion. Vor den Toren der Stadt in dem ehemaligen Kloster Klarenthal war Anfang des 18. Jahrhunderts eine Spiegelglasfabrik gegründet worden, jedoch nach wenigen Jahren gescheitert.[130] Auch ihre Weiterführung als Papierfabrik stand unter keinem guten Stern.[131] Die 1777 gegründete Fayencefabrik wurde bereits 1795 wieder aufgegeben.[132] So war der „Tabak-

---

[130] *Czysz*, Klarenthal, 331. *Müller-Werth*, Geschichte, 64.
[131] Vgl. *H. Münzert*, Die Clarenthaler Papiermühle 1724–1840, in: Nassauische Heimat, 1931, 13–15.
[132] *Struck*, Goethezeit, 75.

fabrikant" Ackermann[133] um 1800 Wiesbadens einziger „Fabrikant", doch ist er in der Tabelle 3 nicht vertreten, da er mit nur 6000 Gulden Vermögen unter dem Grenzwert von 8000 Gulden blieb.

Bei den ebenfalls fast ausschließlich lokal orientierten Handwerkern ergibt sich ein nach Berufen differenziertes Bild. Während die Müller, die aufgrund ihrer meist umfangreichen landwirtschaftlichen Güter nur bedingt zum Handwerk gehören, eher den gutsituierten Bürgern zuzurechnen sind, verfügen unter den Gewerbetreibenden neben den Gerbern vor allem die Bäcker und Metzger, deren Gewerbe sich auch zur Führung von Straußwirtschaften eigneten, über größere Vermögen. In allen anderen Handwerkszweigen war die Ansammlung größerer Werte wohl nur durch Erbschaften oder außerordentliche Geschäftstüchtigkeit möglich, jedenfalls bilden die in der Tabelle 3 aufgeführten fünf Handwerker (zwei Schmiedemeister und jeweils ein Knopfmacher, Sattler und Färber) die große Ausnahme. Kein Meister in den personell stark besetzten Handwerken der Schuhmacher (32 Meister), Schneider (34), Maurer (10), Schreiner (14) und Leineweber (10) hat es zu einem ansehnlichen Besitz gebracht.[134]

Das zünftige Handwerk in Wiesbaden war um 1800 von einem Umstrukturierungsprozeß betroffen, in dem die marktregulierende und -schützende Funktion der Zünfte durch die Staatsregierung über das beim Oberamt angesiedelte Oberzunftamt, dem die Kontrolle der Zünfte oblag, immer weiter reduziert wurde. Diese Entwicklung mündete schließlich, allerdings erst 1818/19, in der generellen Aufhebung der Zünfte.[135] Die politische Bedeutung der Zünfte in der Stadt war wohl nie sonderlich groß, z. T. war ihre Handlungsfähigkeit auch dadurch beeinträchtigt, daß sie mit Berufsgenossen in anderen usingischen Städten und Landhandwerkern mit durchaus gegensätzlichen Interessen zusammengeschlossen waren.[136]

Die deregulierenden Maßnahmen der Landesregierung trafen insbesondere die ärmeren Handwerke der Schneider und Schuhmacher, wie sich u. a. in einer ab 1790 steigenden Anzahl von Eingaben mit Forderungen nach Beschränkung der Meisterstellen und Verhinderung von Wareneinfuhr ausdrückt.[137] In keiner dieser Eingaben finden sich Hinweise darauf, daß die Schneider und Schuhmacher in ihren Forderungen vom Rat unterstützt

---

[133] Ackermann hat die Fabrikation vor 1811 aufgegeben und sich, wohl erfolgreicher, dem Weinhandel zugewandt, jedenfalls hinterließ seine Witwe 1820 15.062 Gulden. Vgl. HHStAWi 246/895, Bl. 446; StdAWi WI/1/24.

[134] StdAWi WI/1/213 (Aufstellung für 1804).

[135] *Egon Eichhorn*, Metzgerwesen, Fleischbeschau und Fleischhygiene in Nassau-Idstein und im Herzogtum Nassau mit besonderer Berücksichtigung der Stadt Wiesbaden, in: NA 66, 1955, 204–245, hier 238ff.

[136] HHStAWi 137b/XVIIb 39. Für die Leineweber bestand wohl nur noch eine formale Einheit mit der Landzunft. Vgl. auch HHStAWi 137/XVIIb 50, Gesuch v. 2.12.1790.

[137] HHStAWi 137/XVIIb 38, Bl. 177ff., HHStAWi 137/XVIIb 36, Bl. 183ff.

worden wären, vielmehr warfen die Schuhmacher den Einwohnern vor, durch auswärtige Einkäufe gegen den Gemeingeist zu verstoßen. Die Schuhmacher sahen ihre wirtschaftliche Existenz bedroht und lauerten den Boten und den auswärtigen Schuhmachern auf, die fertige Schuhe in die Stadt bringen wollten. Diesen nahmen sie die Schuhe ab und schenkten sie dem Hospital und dem Waisenhaus.

Tabelle 3

Berufs- und Vermögensstruktur der Personen mit über 8000 Gulden Vermögen 1803

Alle Vermögensangaben sind Durchschnittswerte in Gulden.[138]

Berufe	Anzahl[139]	Ver-mögen	Haus-besitz	Feld-güter	Aktiva	Passiva	Bargeld, Handelsvorräte und -kapital
Beamte[140]	4 (56)[141]	24.298	8.075	14.850	0	0	624
Händler u. Krämer	6 (34)[142]	10.606	2.275	552	3.019	305	3.706
Apotheker	1 (1)	21.850	5.850	0	0	0	15.000
Badewirte	6 (22)[143]	24.085	13.537	7.177	4.378	6.106	2.073
sonst. Wirte	4 (12)[144]	14.968	5.150	3.146	2.950	647	2.765
Landwirte	17 (66/88)	17.960	2.609	9.906	4.652	1.492	649
Müller	6 (13)	36.390	7.450	10.382	14.255	193	2.643
Metzger	7 (17)	14.907	2.560	5.080	5.685	174	361
Bäcker	3 (23)	10.301	2.923	5.152	2.046	1.784	317
Gerber	5 (13)	16.634	3.405	6.784	4.150	80	1.243
sonst. Handwerker	5 (248)[145]	9.393	2.820	3.798	1.794	216	136

[138] Vgl. zu den Auswertungsgrundlagen die Anmerkungen zu Tabelle 2.

[139] In Klammern die Zahl aller Gewerbetreibenden in den Berufen. Für eine Reihe von Personen sind Doppelberufe bezeugt. Die Entscheidung, welcher Beruf der ausschlaggebende war, mithin welcher Kategorie der Betreffende zuzuordnen war, wurde vom Verf. auf Grundlage der Gewerbekataster und der Vermögensstruktur getroffen.

[140] Der Regierungsrat Huth hat mit hoher Sicherheit bei der Aufstellung seine Schuldner verschwiegen, denn zumindest eine Person macht im Vermögensregister eine Schuld von 2800 Gulden an Huth als Abzug geltend.

[141] *Spielmann*, Die Stadt Wiesbaden, 38ff. Auszählung unter Einbeziehung einiger Zweifelsfälle.

[142] Darunter 10 Spezereihändler.

[143] Laut *Struck*, Goethezeit, 55, waren es 23 Badehäuser.

[144] Ebd., 67. Die bei Struck wiedergegebene Liste der Bade- und Gasthäuser verzeichnet für 1804 nur 12 Gaststätten. Hinzu kommt gewiß noch eine größere Zahl von Straußwirtschaften, die nur während der Badesaison öffneten; 1815 lag deren Zahl bei 23.

[145] In einigen Fällen wurde die Gewerbeberechtigung wegen des Alters oder wegen Verwitwung nicht wahrgenommen.

Die Auseinandersetzungen gipfelten im Schuhmachertumult von 1802. Dieser entzündete sich an einer Geldstrafe für einen Überfall auf einen Landschuhmacher. Im Verlauf der Unruhen schüchterten die Schuhmacher einige Landesbeamte massiv ein und erreichten so die Herausgabe der zeitweilig von den Landesbeamten in Verwahrung genommenen Zunftlade. Die Schuhmacher zogen zum Zeichen ihres Sieges mit der – mit „französischen Freiheitsbändern"[146] geschmückten – Zunftlade durch die Stadt. Die Landesregierung war über den Tumult derart beunruhigt, daß sie in Überschätzung des tatsächlichen Protestpotentials[147] bei der kurmainzischen Regierung zu Aschaffenburg für den Wiederholungsfall militärische Hilfe durch „einige Compagnien oder wie viel erforderlich seyn dürfte"[148] erbat.

d. Die Zusammensetzung des Rates 1790–1806

Bereits eine Auswertung der Berufe der Ratsherren von 1785 und 1792[149] erbringt ein erstaunliches Ergebnis: Es befand sich trotz der Bedeutung der Landwirtschaft für die Stadt kein einziger hauptberuflicher Landwirt unter ihnen. Dennoch galt für die Ratsherren im besonderen Maße, was für die Wirte und Handwerker bereits ausgeführt wurde, nämlich daß der landwirtschaftliche Nebenerwerb fast die Regel war.[150] Landwirtschaftliche Kenntnisse waren für die Ratsherren ebenfalls sehr zweckdienlich, da sie zugleich die Funktionen eines Feldgerichts ausübten und Liegenschaften zur Erstellung von Inventaren etc. bewerten mußten. Bei der Auswahl neuer Ratsherren bemühte sich der Rat stets um erfolgreiche Handwerker, Wirte und Handelsleute.

---

[146] *Theodor Schüler*, Ein Aufruhr der ehrbaren Schuhmacherzunft Wiesbadens im Jahre 1802, in: Wiesbadener Tagblatt 507 u. 509, 1907.

[147] HHStAWi 137/XVIIb 36, Bl. 248 ff. Unmittelbar beteiligt waren wohl nur 4 Meister und 12 Gesellen. In den ersten Berichten wurden noch erheblich höhere Zahlen angegeben.

[148] HHStAWi 137/XVIIb 36, Bl. 252.

[149] Für das 18. Jahrhundert ist die personelle Zusammensetzung des Wiesbadener Stadtrates nur unvollständig zu rekonstruieren, da das Ämterbuch lediglich die Namen derjenigen verzeichnet, die innerhalb des Rates ein besonderes Amt übernahmen. Jedoch lassen sich aus anderen Quellen für 1785 und 1792 die Angaben vervollständigen und den Ratsherren Berufe und Vermögen einigermaßen gesichert zuordnen. StdAWi WI/1/212.

[150] Nicht für alle Ratsherren ließ sich die genaue Vermögensstruktur feststellen. Die Besitzstruktur des Rates von 1805 mag deshalb als Beispiel dienen: Von den 12 Ratsherren hatten 8 einen großen Besitz an Feldgütern im Wert zwischen 2600 und 16.600 Gulden, die übrigen 4 Stadtratsmitglieder hatten einen geringen Feldbesitz im Wert von 138 bis 486 Gulden. Vgl. zu den Vermögenswerten der Ratsherren StdAWi WI/1/2 sowie Inventare u. Testamente im Bestand HHStAWi 137/IX 1604, 235, 1371, 1389, 1494, 351, 492, 1584, 1605 u. im Bestand HHStAWi 137/Wiesbaden 189.

Tabelle 4:

Die Berufe der Ratsherren im Überblick (1785-1805)[151]

Berufsart/Jahr	1785[152]	1792[153]	1805[154]
Handelsmänner	1	1	1
Landwirte	0	0	0
Gast- und Badewirte[155]	2	3	5
Nahrungsmittelhandwerker[156]	4	3	1
Müller[157]	1	1	2
Sonst. Handwerker[158]	3	4	3
	11	12	12

Über den Grund, warum bis auf eine Ausnahme keiner der reicheren Landwirte in den Rat berufen wurde, können nur Vermutungen angestellt werden. Naheliegend ist, daß Handelsleute oder Handwerker, die wie die Gerber zumindest Teile ihrer Rohstoffe selbst importierten, eher in der Schriftlichkeit geübt waren und ihnen die Führung der Stadtrechnungen und der sonstigen Aufgaben des Rates daher leichter fiel als den meisten Landwirten, und sie zudem eher abkömmlich waren. Ähnlich prädestiniert für das Ratsamt waren auch die Bade- und Gastwirte, insbesondere die der größeren und besseren Häuser, in denen Adlige und vermögende Bürgerliche abstiegen. Hier gehörten Gewandtheit und Flexibilität sicher stärker zum Berufsbild als bei den Landwirten.

Auffällig ist der Anstieg der Zahl der Wirte zwischen 1792 und 1805 zu Lasten des Anteils der Nahrungsmittelhandwerker. Diese Verschiebung ist möglicherweise nur ein Spiegel der geänderten Quellenbasis. Die Bestimmung der Berufe der Ratsmitglieder des Jahres 1805 konnte meist über

---

[151] Die Tabelle weicht in einigen Punkten von der Tabelle in meinem Aufsatz „Die Kur- und Verwaltungsstadt Wiesbaden..." ab. Der Grund hierfür liegt in der Neubewertung von Berufskombinationen. Vgl. auch Tabelle 50 im Anhang, die auf den standardisierten Kategorien des Forschungsprojektes Stadt und Bürgertum beruht. In Tabelle 4 wird zwischen Nahrungsmittelhandwerkern, Müllern und sonstigen Handwerkern unterschieden, um den speziellen Wiesbadener Verhältnissen Rechnung zu tragen.

[152] StdAWi WI/1/459, ergänzt durch StdAWi WI/1/212, Liste u. U. unvollständig.

[153] Unter Einschluß des gewählten Rotgerbers Hoffmann, der sein Amt nicht antrat, vgl. StdAWi WI/1/226.

[154] Unter Einschluß des erst 1806 vom Oberamt bestätigten Badewirtes Schmidt.

[155] 1785: ein Badewirt u. ein Gastwirt; vgl. zu den Berufen 1792 und 1805 die Tabellen 5 und 6.

[156] 1785: drei Bäcker u. ein Küfer.

[157] In den Aufstellungen nach der standardisierten Sozialgliederung des Forschungsprojektes, so auch der Tabelle 50 mit den differenzierten Auswertung der Ratsmitglieder von 1792 und 1805, werden die Müller den Lebensmittelhandwerkern zugeschlagen.

[158] 1785: Knopfmacher, Sattler u. Steinmetz.

mehrere Quellen abgesichert werden und orientiert sich am hauptsächlich ausgeübten Gewerbe. Dagegen wurden die Berufe der Ratsmitglieder 1785 und 1792 vor allem den Kirchenbüchern entnommen. Da die Söhne von Bade- und Gastwirten vor der Übernahme des elterlichen Betriebes meist ein artverwandtes Gewerbe erlernten (Küfer, Bender, Metzger) und es später als Wirt u. U. parallel ausübten, kann auf dieser Quellengrundlage nicht sicher zwischen den Nahrungsmittelhandwerkern und den Wirten unterschieden werden.[159] Es bietet sich deshalb an, beide Berufsgruppen als eine Kategorie zu betrachten, zumal beide bei dem hohen Selbstversorgungsgrad der Bevölkerung – Karl Ibell schätzte 1805, daß nur wenig mehr als die Hälfte der Einwohner auf den Kauf von Lebensmitteln angewiesen war[160] – zumindest hinsichtlich der Prosperität ihres Gewerbes vom Kurbetrieb abhingen. Faßt man die Nahrungsmittelhandwerker und die Wirte in diesem Sinne zusammen, so ergibt sich über die drei Stichjahre eine hohe Konstanz ihres Anteils an den Ratsstellen.

Auch bei der Besetzung des Schultheißenamtes in den zwei Dekaden vor 1805 wird die Vorherrschaft der Wirte und Nahrungsmittelhandwerker deutlich. Auf den Badehausbesitzer und Chirurgus Freinsheim, 1785 mit 32 Gulden höchster Steuerzahler, folgte 1790 der Badehausbesitzer und Glaser Hoffmann. 1802 trat für nur zwei Jahre der Chirurgus Pflüger das Schultheißenamt an; er wurde von dem Bäckermeister Blum 1804 abgelöst.[161]

Nach ihrem Vermögen und ihrer Steuerleistung zählten die Ratsherren zwar zu den wohlhabenden Bürgern, waren aber nicht identisch mit der wirtschaftlichen Spitzengruppe. So nahmen die Ratsherren in der Kontributionsliste von 1785, ordnet man sie nach der Rangfolge der Steuerleistung, nicht nur Spitzenpositionen ein, sondern verteilten sich über das erste Viertel der Steuerzahler.[162] Ihre durchschnittliche Steuerleistung lag

---

[159] So war der hierfür 1805 als Gastwirt eingeordnete Friedrich Adam Cron zumindest 1808 Zunftmeister der Metzger. HHStAWi 137/XVIIb 31. Außer einem zweiten Metzger konnte für den Untersuchungszeitraum kein weiterer Zunftmeister im Rat nachgewiesen werden, allerdings ist die Überlieferung hinsichtlich der Zünfte lückenhaft. Vgl. HHStAWi 137/XVIIb 2, 22, 35, 41, 42, 50, 138.

[160] *Struck*, Goethezeit, 76.

[161] *Struck*, Biedermeier, 299. Blum war zum Zeitpunkt der Amtsübernahme bereits Aushälter, vgl. HHStAWi 246/895, Bl. 97ff.

[162] Der Mittelwert der Steuerleistung bei den Ratsherren beträgt 10 1/3 Gulden, der Gesamtdurchschnitt (unter Einschluß der geringer besteuerten Witwen etc.) 5 2/3 Gulden. Auswertung auf der Basis der Steuerhebeliste zur Schatzung von 1785 (StdAWi WI/1/459). Einer der Ratsherren, der Bäcker Georg Friedrich Sauer, ist nicht aufgeführt. Der 1709 geborene (und 1799 verstorbene) Sauer hatte zu diesem Zeitpunkt vermutlich sein Vermögen an seinen Schwiegersohn (der sechs Gulden Steuer zahlt) bzw. seine Enkelkinder übergeben. Vgl. HHStAWi 137/IX 173. Zu den Lebensdaten Sauers auch: Deutsches Geschlechterbuch Bd. 49. Görlitz 1926, 419.

nur um das zweieinhalbfache über dem Sockelbetrag von 4 1/4 Gulden, den fast die Hälfte der 582 Veranlagten bezahlten. (Vgl. Tabelle 7, S. 70) Für eine gewisse soziale Spannweite innerhalb des Rats spricht auch, daß der 1785 neu in den Rat aufgenommene Handelsmann Sommer ebenfalls nur den Grundbetrag von 4 1/4 Gulden entrichtete. Sommer war zudem als einziger der zwischen 1785 und 1806 amtierenden Ratsherren als Fremder in das Bürgerrecht aufgenommen worden.[163] Für ihn, der noch nicht einmal eine Wiesbadenerin geheiratet hatte, sprach wohl seine Herkunft – er war Sohn eines Pfarrers aus einem Nachbardorf.

Die sozialen Distanzen innerhalb der Bürgerschaft waren sicher größer, als die Steuerleistungen nach dem Kontributionsregister suggerieren. Die vermögenden Einwohner wurden hinsichtlich der Steuerbelastung stark bevorteilt, hier jedenfalls hat sich offensichtlich seit den beschriebenen Auseinandersetzungen von 1748–1754 wenig geändert. Darauf deutet auch die im Jahre 1800 von zahlreichen ärmeren Handwerkern erhobene Forderung hin, die anstehende Umlage der Kriegsschulden nicht auf Grundlage der Schatzungsanschläge zu regeln, sondern stattdessen jeden nach seinem tatsächlichen Vermögen zu belasten.[164]

Auch war der Prozeß vor dem Reichskammergericht im Gedächtnis der Bürger noch nicht vergessen, nur wurde die Regierung bei der Suche nach einem entsprechenden schriftlichen Hinweis auf einen Prozeß, der auch die ungerechte Schatzung zum Gegenstand hatte, nicht fündig. Die auf einer realistischen Grundlage beruhende Vermögensbewertung von 1803, hier schon mehrfach als Quelle benutzt, ergibt hinsichtlich der Vermögensverteilung ein wesentlich differenzierteres Bild. Das Vermögen der Ratsherren von 1805/06 betrug demnach durchschnittlich etwas über 18.500 Gulden (Spannweite 1600–42.200 Gulden)[165], davon knapp ein Viertel in Hausbesitz und ein Drittel in Feldbesitz. Dagegen lag das durchschnittliche Vermögen aller Einwohner (Haushaltsvorstände und Selbständige) nur bei 3581 Gulden.[166] Ob 1805 die ökonomische Spitzengruppe tatsächlich stär-

---

[163] Nachweis aller nach 1739 ins Bürgerrecht aufgenommenen Ratsherren über StdAWi WI/1/212; davor über den Status des Vaters bei der Geburt (EGW, Kirchenbuch). Sommer verließ Wiesbaden etwa 1801 und zog in seinen Geburtsort Dotzheim, StdAWi WI/1/408.

[164] HHStAWi 137/VIIc 31.

[165] Die Durchschnittsberechnung für die Ratsmitglieder schließt hier auch das Vermögen des 1804 bereits 83jährigen Steinmetzes und Maurers Bager ein. Sein geringes Restvermögen als „Aushälter" betrug nur noch 1600 Gulden und senkt damit den Durchschnittswert für alle Ratsmitglieder, der ansonsten über 20.000 Gulden gelegen hätte. Für Bager ließ sich leider weder im Staatsarchiv noch im Stadtarchiv ein Inventar oder sonstige Vermögensaufstellung finden.

[166] Dabei wurde den Handwerkern allein für die Ausübung ihres Gewerbes 800–1000 Gulden veranschlagt HHStAWi 137/Wiesbaden 176 (Bericht der Kommission v. 14.12.1803).

ker im Stadtrat vertreten war als 1785, wie eine Auswertung der Rangfolge der Ratsherren bezogen auf ihre Steuerleistung 1785 und 1804 nahelegt, kann bei den Unsicherheiten, die hinsichtlich der Grundlagen der Steuerbewertung von 1785 bestehen, nicht entschieden werden. Auf jeden Fall gehörte ein Teil der Ratsherren zu den ökonomisch potentesten Bürgern der Stadt. Aber auch umgekehrt gilt, daß die wirtschaftliche Oberschicht deutlich im Rat vertreten war. So waren von den zehn Bürgern mit dem höchsten Vermögen allein drei zugleich Ratsherren.

Dort, wo der Verfasser – mittels der Inventare oder bei der Absicherung der Identität Einzelner über die Kirchenbücher – Familienzusammenhänge rekonstruiert hat, zeigt sich eine enge Verflechtung der Ratsfamilien. Der derzeitige Forschungsstand läßt aber hier nicht den Versuch einer Quantifizierung dieser Verwandtschaftsverhältnisse zu. Im übrigen stehen dieser aber auch unter methodischen Aspekten große Schwierigkeiten entgegen.

e. Der Machtverlust des Stadtrates nach 1790

Rein formell war der Stadtrat weitestgehend dem Oberamt sowie der Polizeideputation unterstellt, die umfangreiche Kontroll- und Weisungsrechte hatten. Über den Stadtoberschultheißen, der landesherrlicher Beamter war, konnte Einfluß auf die Wahl der Ratsherren genommen und ggf. auch mißliebigen Kandidaten die Bestätigung versagt werden.[167] Im klaren Gegensatz dazu stand das selbstbewußte, manchmal provozierende Auftreten des Rates, der sich zum Vorteil der Bürger, aber insbesondere der Ratsherren selber, hartnäckig über Anordnungen hinwegsetzte bzw. sie uminterpretierte oder das Oberamt und den Fürsten mit Eingaben traktierte. Dies zeigte sich bereits in den geschilderten Auseinandersetzungen um die Beschwerden der Bürgerschaft und die Rechnungsführung um 1750, die mit einer Niederlage des Fürsten endete, als er versuchte, die meisten Ratsmitglieder ihres Amtes zu entheben. Zu dieser Oppositions- und Obstruktionshaltung gehörte auch die Weigerung der Ratsherren, Berichte an das Oberamt mit der geforderten Unterschriftsformel „Untertänigster Stadtrat" zu versehen und stattdessen nur mit ihren Namen zu unterzeichnen.[168]

---

[167] HHStAWi 137/Wiesbaden 182. Leider ist ein wichtiger Teil der Akten, die Besetzung der Stadtschultheißen- und der Stadtratsstellen betreffend, im Hessischen Hauptstaatsarchiv (Best. 137/Wiesbaden) trotz Auflistung im Findbuch verschollen, so daß sich der Verf. im folgenden auf wenige Parallelüberlieferungen und Einzelhinweise stützen muß.

[168] StdAWi WI/1/204.

Tabelle 5

Die Mitglieder des Wiesbadener Stadtrates von 1792
mit der Aufstellung ihres Vermögens auf Basis des Vermögenskatasters von 1803

Nr Name	Status	Bürger-aufnahme	Bürger Jahre	Beruf	Vermögen 1803 in fl.
1 Bager, Joh. Jacob	S/B	U	-	Steinmetz	1.600
2 Beyerle, Joh. Wilhelm	S/B	1776	16	Badewirt	3.387 1)
3 Blum, Joh. Chr.	S/B	1764	28	Bäcker	6.130
4 Cron, Friedr. Ad.	S/B	1771	21	Wirt	29.142
5 Hofmann, Joh. Phil.	S/B	1780	12	Gerbermeister	16.297 2)
6 Kimmel, Joh. Jacob	S/B	1766	26	Bäcker	18.670 3)
7 Mahr, Joh. Jac.	S/B	1784	8	Müller	38.286
8 Sauer, Joh. Georg	S/B	vor 1740	52	Bäcker	- 4)
9 Schlitt, Joh. Friedrich	S/B	1737	55	Badewirt	- 5)
10 Sommer, Johann Georg	F/B	1767	25	Handelsmann	-
11 Weber, Joh. Jacob	S/B	1776	16	Maurermeister	- 6)
12 Wolff, Joh. C.	S/B	1760	32	Knopfmacher	9.459
Summe			291	Summe	122.971
			:11		:8
durchschnittl. seit # Jahren Bürger :			26,5	Durchschnitt	15.371

Legende:
F= Fremde, S=Bürgersohn bzw. ortsgebürtig / B=Bürger

Herkunft/Status
Fremde: 1; Bürgersöhne bzw. ortsbürtig: 11

Finanzieller Status
Das durchschnittliche Vermögen betrug 1803 (bei 677 Fällen) 3581 fl., die Ratsherren lagen mithin im Schnitt um das 4,3fache darüber.

Hausbesitz
Es liegen keine zuverlässigen Quellen vor.

1) Beyerle hatte neben dem Besitz zugleich hohe Schulden.
2) Hoffmann wurde vom Oberamt vorgeschlagen, trat aber das Amt aber nicht an. Auch 1805 und nochmals 1814 wurde er in Vorschlag gebracht bzw. ernannt, ohne daß er sich als Ratsherr nachweisen läßt.
3) Vermögen von Kimmel bei seinem Tod 1801.
4) Die Bürgeraufnahme Sauers (1709-1799) muß vor 1740 (Beginn der Überlieferung) gelegen haben. Sauer teilte 1790 sein Restvermögen von 73 fl. (!) auf. Als Aufnahmejahr wurde für ihn 1740 angesetzt.
5) Nach dem Tode Schlitts am 12.4.1799 (* 7.8.1714) wurde ein Restvermögen von 2919 fl. verteilt. Für die eigentliche Vermögensverteilung von 1794 lassen sich die Werte nicht sicher feststellen. Als Aufnahmejahr wurde das Heiratsjahr angesetzt.
6) Weber ist im Kataster von 1803 nicht verzeichnet, da er bereits am 6.1.1797 im Alter von 47 Jahren starb.

Tabelle 6

Die Mitglieder des Wiesbadener Stadtrates von 1805

mit der Aufstellung ihres Vermögens auf Basis des Vermögenskatasters von 1803

Nr. Name	Status	Bürger-aufnahme	Bürger-jahre	Beruf	Vermögen 1803 in fl.
1 Bager, Joh. Jac.	S/B	U	-	Steinmetz	1.600 1)
2 Beyerle, Joh. W.	S/B	1776	29	Badewirt	3.387 2)
3 Cron, Friedr. Ad.	S/B	1771	34	Wirt	29.142
4 Goetz, Simon Peter	S/B	1782	23	Gastwirt	13.893
5 Hertz, Ph. Reinhard	S/B	1780	25	Metzger	23.375
6 Hoffmann, Joh. Chr.	S/B	1783	22	Badewirt/Glaser	5.713
7 Lugenbühl. Georg Henrich	S/B	1789	16	Handelsmann	9.435
8 Mahr, Joh. Jac.	S/B	1784	21	Müller	38.286
9 Sartorius. Joh. Chr.	S/B	1774	31	Müller	42.901
10 Schmidt, Seb.	S/B	1779	26	Badewirt	15.606
11 Stuber, Joh. Henr.	S/B	1777	28	Gerbermeister	30.595
12 Wolff, Joh. Conrad	S/B	1760	45	Knopfmacher	9.459
Summe			300	Summe	223.392
			:11		:12
durchschnittl. seit # Jahren Bürger			27,3	Schnitt	18.616

Legende:
S=Bürgersohn bzw. ortsgebürtig / B=Bürger

Herkunft/Status
Bürgersöhne bzw. ortsgebürtig: 12

Finanzieller Status
Das durchschnittliche Vermögen betrug 1803 (bei 677 Fällen) 3581 fl., die Ratsherren lagen mithin im Schnitt um das 5,2fache darüber.

Hausbesitz
Für alle 12 Ratsmitglieder läßt sich Hausbesitz nachweisen. Aus dem Brandkataster von 1806, das für die verbrennbaren Teile der Immobilien Marktwerte angibt, errechnet sich ein durchschnittlicher Wert des Hausbesitzes von 4088 Gulden.

1) Bager, geb. 1728, starb am 1.6. 1805. Für ihn liegt kein gesichertes Bürgeraufnahmejahr und kein Heiratseintrag vor.
2) Beyerle hat neben dem Besitz zugleich hohe Schulden.

Ein weiterer Dauerkonflikt zwischen Regierung und Stadtrat ergab sich durch die vielfachen Einquartierungen von französischen und anderen fremden Truppen. Von dieser Bedrückung suchten sich die Ratsherren dauerhaft freizuhalten und damit stattdessen die anderen Bürger und notfalls, unter Hinweis auf eine angebliche höchste Anordnung, die fürstlichen Beamten zu belasten.[169] Auch hier zeigten die Verfügungen des Oberamtes zunächst wenig Wirkung. Ebenfalls auf ein gespanntes Verhältnis zwischen den Beamten und dem Stadtrat deuten die Aufzeichnungen des Akzessisten Lautz hin, der 1796 die Klagen der Bevölkerung über den verschwenderischen Rat anführte und mit seiner Hinzufügung „mehr ist es gewiß, dass die edlen Herrn sich nichts abgehen lassen und jeden Abend ihrer unbewußt sind" einen deutlichen Hinweis gab, wie ernst die Ratsherren den ihnen nach den Amtsgeschäften zustehenden „Umtrunk" nahmen. Der Versuch des Stadtrates, 1801 eine Magd des Hofkammerrats Lotichius wegen eines angeblichen Feldfrevels zu belangen, war – wie es Lotichius wohl zu Recht einschätzte – vor allem ein Affront gegen ihn und die Beamtenschaft in der Stadt.[170]

Das ausgeprägte Selbstbewußtsein des Rates erwuchs zu einem erheblichen Teil aus dem Wissen um seine Unentbehrlichkeit und die Durchsetzungsschwäche der Staatsverwaltung: Der kleine nassau-usingische Staat war auf die Mitarbeit und ordentliche Dienstverrichtung des Rates angewiesen, den er nicht zu ersetzen in der Lage war. Die Stärke des Rates ergab sich auch aus der relativen Unbeliebtheit des Amtes: Finanziell war es wenig lukrativ, kostete mehr Zeit, als viele wirtschaftlich aktive Bürger offensichtlich zu investieren bereit waren, nötigte in Krisenzeiten zu unpopulären Maßnahmen und trug den Dauerkonflikt mit der Regierung um die Rechte der Stadt schon in sich. Gegen Ende des 18. Jahrhunderts hatte der Rat so meist nicht die Sollstärke von zwölf Mitgliedern, weil sich gewählte Kandidaten um eine Befreiung vom Amt bemühten oder die Ernennung, obwohl eigentlich verpflichtend, ablehnten. In einem belegten Einzelfall wurde auch eine Entscheidung des Oberamtes, mit der man nicht einverstanden war, zum Anlaß genommen, den Rücktritt einzureichen.[171]

Insbesondere in den Besatzungszeiten, als es am Stadtrat lag, durch Lebensmittel- und Branntweinlieferungen Plünderungen zu verhindern und von den Franzosen genommene Geiseln zu befreien, war die Amtsführung sicher nicht einfach, mußten nicht nur Umlageverfahren für die Einquartierungen gefunden werden, sondern auch Wirte daran gehindert werden, die

---

[169] StdAWi WI/1/592, Dekret v. 21.09.1792.
[170] StdAWi WI/1/408 (Klagesachen vor dem Stadtgericht).
[171] Vgl. StdAWi WI/1/226 (Rücktrittsgesuch des Ratsherrn Beyerle 1798).

fremden Offiziere allzu freigebig auf Kosten der Stadt mit Champagner zu bewirten.[172]

Die während des Krieges vom Rat aufgenommenen Kredite summierten sich zu Kriegsschulden in Höhe von 145.000 Gulden, deren Ablösung nicht durch die regulären Einnahmen der Stadt allein möglich war. Bereits in den Jahren zuvor war der wiederholte Versuch der Stadt, die Besatzungskosten mit dem Hinweis, Wiesbaden habe mit seinen großen Zahlungen auch die Landbevölkerung vor Plünderung und Brandschatzung bewahrt, auf das Land umzulegen, von der Regierung offensichtlich abgelehnt worden.[173] Die dadurch nötige Umlage der Schulden auf die Einwohner führte nach 1800 zu weiteren innerstädtischen Konflikten. Die ärmeren Bürger, darunter wohl vor allem Handwerker, wehrten sich, wie bereits erwähnt, gegen die Übernahme der Schatzungssätze als Maßstab für die Regelung der Kriegsschulden, wogegen sich der Stadtrat jedoch zunächst verwahrte.[174] Die Einsprecher wurden zunächst von der Regierung auf ruhigere Zeiten vertröstet, denn für die endgültige Schuldenregelung seien „umfangreiche Überlegungen" erforderlich.

Die bürgerlichen Besitzer der ehemals adligen Freigüter sowie die Beamten mit „bürgerlichem" Eigentum weigerten sich – auf die Steuerfreiheit der Güter bzw. ihrer Person pochend –, im Rahmen der zur Schuldentilgung aufgelegten Sonderabgabe Steuern zu entrichten. So etwa auch der Bade- und Gastwirt Freinsheim, der von den Franzosen 1797 als Geisel genommen und durch die städtischen Lieferungen, deren Bezahlung nun anstand, ausgelöst worden war.[175] Der Rat und die eingesetzte städtische Kommission[176] bestanden dagegen auf einer Besteuerung der Freigüter, da

---

[172] So wurde der Stadt 1797 durch Dekret verboten, in Zukunft Ansprüche der Wirte auf Entschädigung zu befriedigen, die durch die Bewirtung von Generälen der Besatzungstruppen mit Champagner entstanden waren. An den Generalstafeln sollte fürderhin nur noch Rheinwein ausgeschenkt werden. Vgl. StdAWi WI/1/435, Dekret v. 18.7.1797. Auch 1806 mußte die Stadt offensichtlich noch die Kosten für die Bewirtung von französischen Offizieren tragen. Auch hier war die Rechnung des „Einhorn"-Wirtes Ackermann über 1129 Gulden überhöht. Zu diesem Schluß kam jedenfalls Rechnungsrevisor Geyer für die Regierung, der dem Stadtrat die Rechnung zur Prüfung vorgelegt hatte. HHStAWi 205/403. Gegenüber den Generälen zeigte sich die Regierung - auf Kosten der Stadt - allerdings großzügig, so etwa 1800, als man die Stadt anwies, für den General Loget auf dessen Wunsch ein Zimmer im Schützenhof ständig freizuhalten, damit dieser gelegentlich „das Baad gebrauchen könne". StdAWi Wi/1/488, Dekret v. 16.5.1800. Dem Wirt des Schützenhofes wurde als Gegenleistung zugesagt, daß er von sonstiger Einquartierung verschont bleiben würde.

[173] StdAWi WI/1/435.

[174] HHStAWi 137/VIIc, 31. Stellungnahmen des Stadtrates.

[175] HHStAWi 137/Wiesbaden 176.

[176] Die Leitung der Kommission oblag dem Stadtoberschultheißen. Zeitweise nahm auch der Landoberschultheiß Eissert stellvertretend diese Funktion ein, da der bisherige Stadtoberschultheiß Koerner erst erkrankt war und dann versetzt wurde. Die Vakanz der Stelle in dieser kritischen Phase der Stadtfinanzen war Anlaß für den Stadtrat, eine

auch deren Besitzer durch die Kriegslieferungen der Stadt vor Unbill geschützt worden seien, sie sich mithin auch an den Kosten der Lieferungen
zu beteiligen hätten. Diese Position vertrat die Kommission mit großem
Nachdruck. Die Durchführung einer Steuerschatzung unter Ausschluß der
Freigüter und der bürgerlichen Vermögen der Beamten wäre mit Sicherheit
auf Widerstand in der Bürgerschaft gestoßen. Der Fürst stimmte den Forderungen der Kommission schließlich angesichts der akuten Geldnot der
Stadt zu – sie hatte fast jeden Kredit verloren und war kaum in der Lage,
die Forderungen der Gläubiger zu erfüllen.[177]

Daß als Grundlage für die Kriegsschuldenumlage das tatsächliche Vermögen – wozu mit 500–1000 Gulden Wert allerdings auch die Gewerbeausübung gerechnet wurde[178] – und nicht das höchst ungerechte Schat-
zungssimpel genommen wurde, ist in gewisser Hinsicht ein Zugeständnis
des Rates. Allerdings hätte eine auf dem Simpel berechnete Umlage weder
die Zustimmung der Landesbehörden gefunden, noch wäre sie von den ärmeren Einwohnern tatsächlich abzuverlangen gewesen.

In dem Streit um den Einschluß der Freigüter in die Berechnung der
Vermögenssteuer 1803/04 gelang es dem Stadtrat zum letzten Mal, in einer
wichtigen Angelegenheit seine Position gegen die Regierung durchzusetzen.[179] Dabei mag für die Vehemenz, mit der der Rat und die Kommission
ihre Forderungen stellten, ausschlaggebend gewesen sein, daß sich der
Steuersatz aus dem Verhältnis zwischen dem zu besteuernden Vermögen
und den Kriegsschulden errechnete: Ein Ausschluß der Freigüter und der
bürgerlichen Vermögen der Beamten hätte für alle anderen Steuerzahler
bedeutet, daß diese einen deutlich höheren Steuersatz als jene 4,5 Prozent

---

Neubesetzung zu fordern und zugleich einen Personalvorschlag zu machen. HHStAWi
137/Wiesbaden 182.

[177] Bereits 1797 kam die Stadt ihren Verpflichtungen nicht mehr nach, denn in diesem Jahr
bittet das Stadtpfarrer Handel den Stadtamtmann Koerner, doch für die Bezahlung von
57 Zentner Heu im Wert von 231 Gulden zu sorgen, so die Stadt ihm bereits seit 2 Jahren schulde. Auch die städtischen Schuldobligationen waren von zweifelhaftem Wert.
So hatte der dänische Kanzleirat Cartheuser aus Glückstadt 1802/03 große Schwierigkeiten, Geld von der Stadt Wiesbaden auf Obligationen der Stadt zu erhalten, die er von
dem Wiesbadener Gastwirt Käsberger erworben hatte. Erst die Einschaltung der dänischen Regierung und des nassauischen Hofgerichts konnte ihm zu seinem Geld verhel-
fen. Es kann daher nicht verwundern, daß 1804 der Versuch der Stadt, einen Kredit von
300 Gulden zu plazieren, scheiterte. Vgl. StdAWi WI/1/472, Brief des Stadtpfarrers v.
1.12.1797; HHStAWi 137/Wiesbaden, 177; *Theodor Schüler*, Der erste Rekrutenzug zu
Wiesbaden im Jahre 1808, in: Alt-Nassau Nr. 13/1910.

[178] Vgl. Grafik 4. Durch diese Regelung entstand der „Sockelbetrag" von etwa 1000 Gulden als „fiktiver Gewerbewert", der sich in allen Vermögensklassen findet.

[179] Im Herzogtum Nassau wurde 1807 eine Besteuerung der Ritter- und Freigüter eingeführt, die aber dann in von bürgerlichem Besitz geschiedenen Steuerkatastern geführt
wurden. Vgl. *Treichel*, Bürokratie, 79f.

des Vermögens, die dann errechnet wurden, hätten zahlen müssen.[180] Allein der Landesherr mußte für seine Güter in der Stadt 11.604 Gulden Steuern zahlen.[181]

Grafik 7

Steuerverteilung nach dem Kontributionsregister 1785

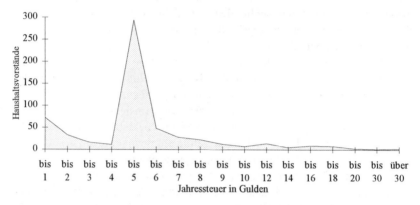

In den Folgejahren geriet der Stadtrat immer stärker unter den Druck der staatlichen Verwaltung, die von ihm genauere Rechenschaft über seine Tätigkeit und von den Ratsherren größeren Diensteifer forderte. Dabei setzten die Landesbehörden bei ihren Aufträgen Fristen, drohten mit Strafgeldern und zwangen auch auf diese Weise zumindest in einem Fall einen Ratsherren, dessen Ernennung gegen seinen erklärten Willen erfolgt war, unter massiven Strafandrohungen ins Amt.[182] Zur Kontrolle und Verbesserung der zweifellos nicht mit besonderem Engagement betriebenen Kommunalverwaltung in Nassau wurden eine Gemeindeökonomiekommission und eine Sanitätskommission eingesetzt. Die Sanitätskommission kam 1806 bei der Beurteilung des Zustandes der Wiesbadener Badeeinrichtungen und der Versorgung der Kurgäste zu einem wenig schmeichelhaften Ergebnis und deckte zahlreiche Mängel in den Badehäusern auf.[183] Dabei muß aber berücksichtigt werden, daß die staatliche Verwaltung eher dazu neigte, die Zustände in den Kommunen in ein möglichst schlechtes Licht zu rücken, um die eigene Tätigkeit um so strahlender und notwendiger erscheinen zu lassen.

---

[180] HHStA Wi 137/Wiesbaden 176.

[181] StdA Wi WI/1/996.

[182] Der Handelsmann Lugenbühl hätte bereits 1800 die Zahlung von 50 Gulden Strafe für die Weigerung, das Ratsherrenamt zu übernehmen, der Ausübung des Amtes vorgezogen, wenn nicht das Oberamt weitere Strafandrohungen nachgeschoben hätte. Vgl. HHStA Wi 137/Wiesbaden 189.

[183] *Theodor Schüler*, Orts- und Kurverhältnisse, o. S.

2. Der Verlust der alten Freiheiten und das Vordringen des Staates (1806–1815)

a. Der Stadtrat und die Bürgerschaft in Abwehrhaltung

Mit dem „Beitritt"[184] Nassau-Usingens und Nassau-Weilburgs zum Rheinbund 1806 waren Gebietsgewinne in größerem Umfang verbunden.[185] Zwar mußte ein Teil des nassauischen Landes – 1803 erworbene kurkölnische Gebiete – an das neugeschaffene Großherzogtum Berg abgetreten werden, doch blieb unter dem Strich ein Gebiets- und Einwohnergewinn. Der Fürst von Nassau-Usingen, Friedrich August, avancierte zum Herzog des Gesamtgebietes. Da er jedoch keine männlichen Erben hatte, war sicher, daß das Herzogtum bei seinem Tode an die Weilburgische Linie fallen würde. Auch weil dieser Zusammenfall der beiden durch einen Erbschaftsvertrag verbundenen nassauischen Linien absehbar war, wurde die Verwaltung beider Staaten bereits ab 1803 in Wiesbaden zentralisiert und so die Grundlage für das neue Gesamtherzogtum geschaffen.

Durch die Gebietsgewinne der Umbruchszeit entstand ein gewaltiger Reformdruck, denn das neue Herzogtum umfaßte heterogene Gebiete mit den unterschiedlichsten Traditionen. Nicht nur daß eine ganze Reihe von mediatisierten ehemaligen Grafschaften und Reichsritterschaften in ihm aufgingen, zu Nassau gehörten nun auch – größtenteils bereits seit 1803 – ehemals kurtrierische und kurmainzische Gebiete rechts des Rheines. Damit wurde die zuvor weitgehend einheitliche Konfessionsstruktur des Landes aufgebrochen. So gab es nicht mehr nur die lutherischen Regionen Nassau-Usingens und Nassau-Weilburgs, sondern auch reformierte Landesteile, die sich vor allem aus mediatisierten Gebieten zusammensetzten, sowie die Einwohner römisch-katholischen Bekenntnisses in den ehemals kurmainzischen und kurtrierischen Gebieten. 1816 waren mehr als ein Drittel der Einwohner (125.000) des Landes katholischer Konfession, während die

---

[184] Als Talleyrand dem nassau-weilburgischen Regierungspräsidenten Hans Christoph von Gagern die endgültige Fassung der Rheinbundakte vorlas, mußte dieser für beide Staaten zustimmen, ohne vorher den Fürsten von Nassau-Usingen kontaktieren zu können; *Riesener*, Politik, Teil 1, 153.

[185] Die wohl übersichtlichste Darstellung der territorialen Veränderungen bei *Wolf-Heino Struck*, Die Gründung des Herzogtums Nassau, in: Herzogtum Nassau 1806–1866 (Ausstellungskatalog). Wiesbaden 1981, 1–17. Weniger an den großen Zusammenhängen interessiert als an den reinen territorialen Veränderungen, dort aber bis auf die Ebene der Einzelortschaften hinabreichend: *A. J. Weidenbach*, Nassauische Territorien vom Besitzstande unmittelbar vor der französischen Revolution bis 1866, in: NA 10, 1870, 253–360.

160.000 Protestanten je etwa zur Hälfte lutherischen bzw. reformierten Bekenntnisses waren.[186]

Der Beitritt zum Rheinbund stärkte nicht nur die Vorbildfunktion Frankreichs hinsichtlich der Staatsverwaltung, sondern erzeugte zusätzlich einen starken Reformdruck, da die von Napoleon geforderten Truppenkontingente nur durch eine extreme Anstrengung des Landes aufgebracht werden konnten. Gleichwohl gehörte die bereitwillige Erfüllung der Truppenforderung zur Politik der Staatsregierung Nassaus, die damit die außenpolitische Reputation des Landes zu erhöhen suchte.[187] Die für die Ausrüstung und den Unterhalt der Truppen nötigen finanziellen Mittel ließen sich mit dem heterogenen Steuersystem des neuen Staates nicht aufbringen. Vorübergehend versuchte die Regierung, den explodierenden Militärhaushalt durch Extrasteuern zu decken, doch wurden durch die bestehenden Steuerungerechtigkeiten insbesondere die ärmeren Bevölkerungsteile überfordert. Die Steuern mußten in einigen Ämtern zu Teilen erlassen werden, da sie wegen Geldmangel schlicht nicht aufzubringen waren.[188] Die Steuerverfassung des Landes war schier unüberschaubar, unzählige Steuersätze und spezielle lokale Ausprägungen sowie Privilegien sorgten zudem für eine sehr unterschiedliche Steuerbelastung der Einwohner in den verschiedenen Landesteilen.[189] Mit dem Entwurf zu einem neuen Steuersystem wurde der nassauische Reformer Karl Ibell, zu dieser Zeit noch Geheimer Rat, beauftragt. In seinem Konzept, alle alten Steuern aufzuheben, und den Staat allein durch eine Grund- und eine Gewerbesteuer zu finanzieren, wurde erstmals „der Gedanke der völligen Staatsumwälzung"[190] deutlich erkennbar. Seine Bestrebungen, gestützt vom Staatsminister Marschall von Bieberstein, mündeten 1809 in ein Reformedikt[191], das eine landeseinheitliche Grund- und Gewerbesteuer einführte und damit „991 ältere, örtlich unterschiedliche Steuern und Abgaben"[192] ablöste.

---

[186]   *Christiane Heinemann*, Die Evangelische Union von 1817 als Beginn des modernen Landeskirchentums, in: Herzogtum Nassau 1806–1866 (Ausstellungskatalog). Wiesbaden 1981, 267-274, hier 267.

[187]   *Wolfgang Jäger*, Staatsbildung und Reformpolitik. Politische Modernisierung im Herzogtum Nassau zwischen Französischer Revolution und Restauration. Wiesbaden 1993, 50.

[188]   *Peter Wacker*, Das nassauische Militärwesen, in: Herzogtum Nassau 1806–1866 (Ausstellungskatalog). Wiesbaden 1981, 75-85, hier 89ff.

[189]   *Treichel*, Bürokratie, 79.

[190]   *Treichel*, Bürokratie, 80.

[191]   „Die Gleichheit der Abgaben und Einführung eines directen Steuersystems in dem Herzogthum Nassau". Verordnung vom 10./14.2.1809. Vgl. Sammlung ... Bd. 1, 228-262.

[192]   *Riesener*, Politik, Teil 1, 167.

In den ersten 20 Jahren des 19. Jahrhunderts wurden in ganz Deutschland Steuerreformen nach französischem Vorbild durchgeführt.[193] Die Triebkräfte hierfür waren, wie in Nassau, überall die territorialen Veränderungen sowie die gestiegenen Militärausgaben, die die Notwendigkeit einer Erhöhung der Steuereinnahmen nach sich zogen. Nassau befand sich 1809 unter den ersten deutschen Staaten, die eine Gewerbesteuer einführten – in Bayern war ein entsprechendes Gesetz bereits 1808 in Kraft getreten, das aber bereits 1814 grundlegend reformiert werden mußte. In Preußen folgte eine Gewerbesteuer 1810, in Hessen-Darmstadt 1813[194] in Baden 1815 und in Württemberg 1819.[195] Die gesetzlichen Regelungen und die Modalitäten der Erhebungen der Gewerbesteuer waren in den einzelnen Staaten höchst unterschiedlich. Sie folgten aber allgemein, insbesondere bei den Handwerken, relativ einfach feststellbaren „äußeren Merkmalen", also Gewerbeart und Anzahl der Gehilfen, um so die Besteuerten nicht zur Offenlegung ihrer Geschäftsverhältnisse zwingen zu müssen, was zweifellos zu heftigem Widerstand gegen das neue, am Einkommen orientierte Steuersystem geführt hätte.

In Nassau war die Aufnahme der neuen Steuergesetzgebung zwiespältig. Zwar wurden die Steuervereinfachungen allgemein begrüßt und zusammen mit der Aufhebung der Leibeigenschaft – von der Wiesbaden mit seinen freien Bürgern nicht betroffen war – 1813 zum Anlaß für einen Dankeszug von 64 Landesdeputierten zum Schloß nach Biebrich[196], doch regte sich bei der Durchführung der Immobilienbewertungen als Basis der Grundsteuer zumindest rund um Wiesbaden starker Widerstand. So wurden wenigstens zwei Vororte unter Zwangsverwaltung gestellt und auch Einwohner, die sich gegen das neue Steuersystem wehrten, nach Wiesbaden ins Gefängnis gebracht.[197]

Trotz der Steuererhöhungen blieb aber die Lage des Staatshaushaltes prekär. Im Spätsommer 1813 waren die Geldmittel weitgehend erschöpft, so daß man sogar eine Vorauserhebung der im November 1813 fälligen Grundsteuer erwog.[198] Wie sehr gerade die Militärausgaben für das Steigen der Steuern verantwortlich waren, zeigt sich an dem extremen Anstieg des Militäretats: Von vordem 115.000 Gulden schnellte der Etat 1806 auf 280.000 Gulden und pendelte 1809–1813 zwischen 600.000 und 800.000

---

[193] *Georg Heni*, Historische Analyse und Entwicklungslinien der Gewerbesteuer, Frankfurt a.M./Bern/New York 1991, 39.

[194] *Andreas Schulz*, Herrschaft durch Verwaltung. Die Rheinbundreformen in Hessen-Darmstadt unter Napoleon (1803-1815), Stuttgart 1991, 157f.

[195] Zu Preußen, Baden und Württemberg vgl. *Heni*, Gewerbesteuer, 27, 33, 37f.

[196] *Struck*, Goethezeit, 8.

[197] *Jochen Dollwet/Thomas Weichel* (Bearb.), Das Tagebuch des Friedrich Ludwig Burk, Wiesbaden 1993, 2. Aufl., 51f.

[198] *Hans Sarholz*, Das Herzogtum Nassau 1813-1815, in: NA 57, 1937, 55-119, hier 65.

Gulden.[199] Diese enormen Ausgaben, die fast doppelt so hoch wie die Ausgaben für die Hofhaltung lagen, ließen sich nicht mehr allein über eine Erhöhung der Steuern finanzieren.[200] Vielmehr sah sich die Staatsführung zusätzlich gezwungen, während der Rheinbundzeit Domäneneigentum im Wert von drei Millionen Gulden zu verkaufen. Trotzdem wuchs die Staatsverschuldung weiter an und dies, obwohl die Staatsfinanzen Nassau-Weilburgs bereits vor der Zusammenlegung der Verwaltungen beider Staaten „zum Verzweifeln schlecht"[201] waren.

Doch nicht nur die finanziellen Folgen der Bündnisverpflichtungen belasteten die Wiesbadener Einwohner, noch stärker traf sie wohl, jedenfalls gemessen an ihren Reaktionen, die Einführung der Militärpflicht für die Bürgersöhne. Nach dem Reglement des Rheinbundes mußte Nassau 1680 Mann zu den insgesamt 4000 Mann umfassenden Truppen der „Fürstenbank" beisteuern.[202] Bis dato waren die nassauischen Lande nicht gerade ein Hort des Militarismus gewesen und wurden als militärischer Machtfaktor wegen ihres geringen militärischen Potentials und der eingeschränkten Einsatzbereitschaft der Truppen nicht sonderlich ernst genommen. Im nassau-oranischen Dillenburg – nach 1815 ebenfalls zum Herzogtum Nassau gehörig – zogen die Truppen ob ihres schlechten Ausbildungsstandes und der mäßigen Ausrüstung gar Spott auf sich.[203] Durch die territoriale Vergrößerung Nassaus in den Jahren 1803–1806 bestand auch die Armee aus einem bunt zusammengewürfelten Haufen von Männern verschiedenster Herkunft und Ausbildung. Unter den Offizieren befanden sich, ganz in der Tradition der Söldnerheere, viele, die mit Nassau nichts als der Sold verband. So wurden für die nassauischen Truppen allein zwischen 1803 und 1806 „90 Offiziere aus holländischen, fulda-oranischen, kurtrierischen, kurkölnischen, kurmainzischen, kurhessischen, preußischen, österreichischen, nassau-saarbrückischen, solmsischen, wiedischen und saynischen Diensten angestellt".[204]

Die Wiesbadener Bürger waren bislang nach einem Privileg von 1750 vom Militärdienst vollständig freigestellt gewesen.[205] Die Stadt verfügte

[199] *Treichel*, Bürokratie, 79.
[200] *Winfried Schüler*, Der Herzog und sein Hof, in: Herzogtum Nassau 1806–1866 (Ausstellungskatalog). Wiesbaden 1981, 53–73, hier 59. Im Durchschnitt 1816–47 wurden für die eigentliche Hofhaltung 450.000 Gulden pro Jahr verbraucht.
[201] *Merker*, Steuerreform, 73.
[202] *Rainer Wohlfeil*, Vom stehenden Herr des Absolutismus zur allgemeinen Wehrpflicht, München 1964, 76.
[203] Vgl. *Karl Pagenstecher* (Hrsg.), Jugenderinnerungen des Dr. med. Heinrich Karl Alexander Pagenstecher (1799-1868), in: NA 55, 1936, 113-138, hier 121. Vgl. auch Jäger, Staatsbildung, 52.
[204] *Wacker*, Militärwesen, 75.
[205] HHStAWi 137 VIIa/8. Im Austausch für die Befreiung erhielt der Fürst von der Stadt u.a. die Fischereirechte im Salzbach.

seit 1801 lediglich über eine eigene freiwillige Schützenkompanie, die ihre Aufgabe aber nur darin sah, in der Umgebung der Stadt Streifzüge gegen räuberisches Gesindel zu unternehmen. Da in der Schützenkompanie nur 20 Personen aktiv waren, sah sie sich z.b. außerstande, einen ständigen Posten zur Sicherung der Hauptkasse zu unterhalten.[206] Von den Stadtbewohnern waren nur die zahlenmäßig unbedeutenden Beisassen zum Militärdienst verpflichtet.[207]

Durch diese regionalen und lokalen Sonderregelungen bei der Militärpflicht fehlte es aber an Rekruten für die nassauischen Truppen. Zudem lockte die Aussicht, als Fußvolk in den Bündnistruppen Napoleons an dessen Feldherrnglück teilhaben zu dürfen, wenige junge Männer zur Fahne. Allenthalben entzogen sich stattdessen landesweit immer mehr Militärpflichtige der Musterung bzw. der Vereidigung oder desertierten aus den Truppenverbänden. Eine Fülle von Verordnungen, die zwischen den schärfsten Strafen und einem Generalpardon bei „freiwilliger Stellung" schwankten, verraten hier die Entschlossenheit insbesondere der ärmeren Bevölkerungsschichten des Herzogtums, sich dem Schicksal, in den napoleonischen Kriegen als Kanonenfutter zu dienen, durch Flucht, Verstecken, Verlängerung der Wanderzeit, ja auch durch Selbstverstümmelung zu entziehen.[208] Eine Durchsicht der Verzeichnisse der Deserteure und Refraktäre offenbart ein Ausmaß an Verweigerung, das in vollständigem Gegensatz zu dem Hurrapatriotismus der zweiten Hälfte des 19. Jahrhunderts steht. Gegen die Ablehnung des Militärdienstes vermochte auch die Androhung, einer Vermögenskonfiskation bzw. Beschlagnahme des Erbes im Erbfall insgesamt wenig auszurichten.[209] Die Absicht der nassauischen Regierung, durch die Stellung von Truppenkontingenten für konföderierte kleine Fürstenhäuser die desolaten Finanzverhältnisse und die politische Stellung des Landes zu verbessern, hat sicher auch nicht zur Wehrbereitschaft in den nassauischen Landen beigetragen.[210] Diese Entschädigungszahlungen fanden zunächst nicht statt, denn die Verhandlungen zogen sich in die Länge und Nassau

---

[206] StdAWi WI/1/480, Dekret zur Einrichtung einer Schützenkompagnie, 31.3.1801. StdAWi WI/1/575, Ablehnung der Unterhaltung eines Postens, 23.1.1807.
[207] StdAWi WI/1/575. Rekrutenzug v. 14.10.1806.
[208] Verordnungen des Fürsten resp. Herzogs sowie die Auslieferungsabkommen der Rheinbundstaaten in: StdAWi WI/1/574 bzw. HHStAWi 202/44.
[209] Mehrbändige Aufstellung der Deserteure bzw. Refraktäre in HHStAWi 202/1311 und 202/1314. Die meisten der zwischen 1810 und 1814 desertierten Wiesbadener (13) waren vermögenslos. Die Strafen reichten bis zur Todesstrafe, die aber zumindest bei keinem Wiesbadener vollstreckt wurde, sondern in 6-7 Jahre Haft bzw. „Kettenstrafe" umgewandelt wurde. Die Bestrafung der Refraktäre, d.h. jener die der Musterung bzw. der Einziehung fern blieben, war in der Regel auf das Pekuniäre beschränkt. Mit den anderen Rheinbundstaaten bestand eine „Cartell-Convention" über die gegenseitige Auslieferung von Deserteuren. Vgl. StdAWi WI/1/574, Verordnung vom 13.12.1807.
[210] Merker, Steuerreform, 73. Zu den politischen Absichten vgl. Jäger, Staatsbildung, 55.

mußte auf französische Forderung hin ohne Entschädigung sein Truppen-
kontingent erhöhen.[211] Zumindest 1809 wurde diese bereits 1806 ange-
kündigte Erhöhung der Truppenstärke auch in die Praxis umgesetzt. Allerdings dürfte die Zahl der Soldaten, die dadurch zusätzlich eingezogen wurden, nicht sehr groß gewesen sein.[212]

Um das vorhandene Potential an Rekruten besser ausschöpfen zu können,
beschloß die Regierung, die Militärpflicht in den verschiedenen Landesteilen zu vereinheitlichen und die bestehenden Privilegien abzubauen.[213] Die
daraus resultierende neue Konskriptionsordnung vom Oktober 1808 stellte
Städte und Dörfer grundsätzlich gleich und unterwarf somit auch die Wiesbadener Bürger unter Aufhebung des städtischen Privilegs von 1750 dem
Militärdienst; den bisher nicht militärpflichtigen Stadtbürgern konnten aber
einige Erleichterungen wie z. B. die Stellung von Einstehern gewährt werden. Die Aufforderung an die Stadt, Konskriptionslisten mit allen Bürgern
im Alter zwischen 16 und 30 Jahren zu erstellen, versetzte Stadtrat und
Bürgerschaft in helle Aufregung, drohte doch den Bürgersöhnen der Einsatz in Spanien, wo bereits ein nassauisches Regiment kämpfte.[214] Außerdem bedeutete der Militärdienst auch in Friedenszeiten für den Rekruten
eine außerordentliche persönliche Härte, betrug doch die Dienstzeit bei der
Infanterie 6 ¾ Jahre und bei der Kavallerie sogar 8 Jahre und 8 Monate.[215]

Zur allgemeinen Unzufriedenheit mit der Militärordnung hat gewiß auch
beigetragen, daß zahlreiche Ausnahmeregelungen für den Adel, die Staats-
und Hofbediensteten sowie die Geistlichen bestanden. Sogar die Studenten
der Theologie und Staats- und Sprachwissenschaft sowie die Söhne der
Lehrer mußten sich nicht in die Konskriptionslisten eintragen.[216] Damit gehörten sie nicht zum Kreis derer, unter denen die tatsächlichen Rekruten
mittels einer Verlosung bestimmt wurden.

1811 mußte ein zweites Regiment nach Spanien entsandt werden. Für
beide Regimenter zeigte sich, daß der Widerstand der Bevölkerung gegen
den Militärdienst nicht ohne Berechtigung war: Die nassauischen Soldaten
zahlten im Krieg Napoleons gegen das spanische Volk einen hohen Blut-
zoll. Die Verluste der nassauischen Truppen betrugen dort immerhin
62%.[217]

---

[211] I. Isenbart, Geschichte des 2. Nassauischen Infanterie-Regiments Nr. 88, Berlin 1903, 7.
Anders bei Jäger, Staatsbildung, 56. Nach Jäger übernimmt Frankreich die Finanzierung
der Truppen, die über das eigentliche Kontingent Nassaus hinausgehen.
[212] Wacker, Militärwesen, 75 u. 78.
[213] Vgl. Struck, Goethezeit, 6.
[214] Dollwet/Weichel, Tagebuch Burk, 48.
[215] Jäger, Staatsbildung, 60.
[216] Ebd.
[217] Vgl. Wacker, Militärwesen, 80. Die Verlustangaben beziehen sich auf Gefallene, an
Krankheit Verstorbene, Verwundete und Vermißte.

Viele Bürgersöhne und Beisassen haben wohl noch 1808 die Hoffnung gehegt, daß sie durch einen schnellen Eintritt ins Bürgerrecht der Militär-

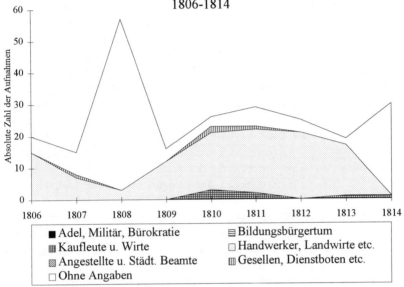

Grafik 8
Zahl und Sozialstruktur der Neubürger in Wiesbaden
1806-1814

■ Adel, Militär, Bürokratie	▤ Bildungsbürgertum
▦ Kaufleute u. Wirte	▢ Handwerker, Landwirte etc.
▧ Angestellte u. Städt. Beamte	▥ Gesellen, Dienstboten etc.
▢ Ohne Angaben	

pflicht entgehen könnten, denn die Zahl der Bürgeraufnahmen stieg in diesem Jahr sprunghaft an. Hatte seit 1740 die Zahl der jährlichen Bürgeraufnahmen meist zwischen 10 und 20 gelegen und nie 30 überschritten, so wurden 1808 57 Personen ins Bürgerrecht aufgenommen, viermal soviel, wie im Jahr zuvor und im Jahr danach zu verzeichnen waren.[218] Nachdem der Protest der Stadt gegen die Militärpflicht erfolglos blieb[219], verweigerte der Stadtrat die Aufstellung der geforderten Listen, und die Bürgersöhne erschienen nicht zur anberaumten „Messung" (Musterung).[220] Die Messung war die Voraussetzung für ein Losverfahren unter den Wehrpflichtigen, mit dem jene ausgespielt wurden, die tatsächlich zum Militär mußten.[221] Ein Versuch der Stadt, eine Fortdauer der Militärfreiheit auf dem Wege der

---

[218] StdAWi WI/1/212. Vgl. auch Grafiken 1, 2 und 8.

[219] StdAWi WI/1/574, Eingabe bzw. Protokoll v. 24.11.1808.

[220] Vgl., auch zum Folgenden, *Theodor Schüler*, Der erste Rekrutenzug, 13f.

[221] Nur junge Männer mit einer Mindestgröße von 157 cm wurden zum Militärdienst gezogen. Vgl. zur Praxis der Musterungen auch: *Guntram Müller-Schellenberg*, Die Körpergröße der nassauischen Soldaten im frühen 19. Jahrhundert, in: NA 103, 1992, 235-239.

Klage durchzusetzen, scheiterte, als die Landesregierung die vorgelegte Konskriptionsordnung für nicht justitiabel erklärte.

Nachdem alle anderen zuvor privilegiert gewesenen Städte ihre Rekrutenlisten eingereicht hatten, drohte die Regierung schließlich den Eltern der Wiesbadener Militärpflichtigen mit der Einquartierung von je zwei Mann des Wiesbadener Regiments, wenn sie ihre Söhne nicht zur Messung schickten. Angesichts dieser Nötigung und einiger Zugeständnisse der Regierung, die insbesondere die Anzahl der zu stellenden Rekruten betrafen, gaben Stadt und Bürgerschaft schließlich nach. Doch waren diese letzten Privilegien der Städte gegenüber den Landgemeinden nicht von Dauer, sondern sie wurden bereits 1811 aufgehoben und fortan Städte wie Landgemeinden hinsichtlich der Rekrutierung gleich behandelt. Den Wiesbadener Bürgern blieb nur noch die „private" Lösung – etwa wenn sich der Wiesbadener Bauer Burk ein Attest wegen „geschwächter Eingeweide" ausstellen ließ.[222] In den ersten Jahren schickte die Stadt statt der Bürgersöhne stets „Einsteher", meist arme Beisassensöhne, die gegen eine Bezahlung von „300 Gulden 1 großen Taler" den Militärdienst stellvertretend ableisteten.[223]

Nicht immer konnte sich der Staat, wie beim Militärdienst, mit seinen Verordnungen durchsetzen. So verweigerten z.B. die nassauischen Schultheißen fast geschlossen den Gehorsam, als sie für das an einen badischen Bankier verpachtete Salzmonopol 1808 in Dienst genommen werden sollten. Die Schultheißen sollten den Verkauf übernehmen und jene Familien, die ihnen nur wenig Salz abnahmen und damit unter einen generellen Schmuggelverdacht fielen, den vorgesetzten Behörden melden. Fast in allen Ämtern verwiesen die Schultheißen darauf, daß sie lieber den Dienst quittieren als dieses Geschäft besorgen würden.[224] Die Regierung, die nicht riskieren konnte, daß sämtliche Schultheißen ihr Amt aufgaben, mußte auf die Durchführung der Verordnung verzichten. Die Schultheißen wußten in dieser Frage die Bevölkerung hinter sich, denn das Salzmonopol war wegen der damit verbundenen Teuerung im Land äußerst verhaßt. Bewaffnete aus den nassauischen Ämtern Runkel und Camberg zogen sogar zur Nauheimer Saline und besorgten sich dort das benötigte Salz.[225] Offener, gewalttätiger

---

[222] StdAWi WI/1/176, Konskriptionsliste von 1808.
[223] *Dollwet/Weichel*, Tagebuch Burk, 50. Dort auch die Lebensdaten der „Einsteher". Vgl. auch *Thomas Weichel*, Zur Geschichte der Familie Burk im 18. und 19. Jahrhundert, in: *Dollwet/Weichel*, Tagebuch Burk, 5–40, hier 24.
[224] *Merker*, Steuerreform, 109.
[225] Ebd., 108.

Widerstand ist für Wiesbaden nicht bezeugt[226], obwohl hier der Kaufmann Führer[227], Teilhaber des eigentlichen Monopolisten Stumm, wohnte.

Die Ratsherren hatten außer dieser Fürstenwillkür – so jedenfalls dürfte es die Mehrheit des Rates gesehen haben – hinsichtlich der Militärfreiheit und der Salzsteuer weitere, neue Beschwernisse ihres Amtes zu tragen. Jährlich mußten detaillierte Bevölkerungsaufstellungen für das Oberamt angefertigt werden, ab 1809 sogar unter namentlicher Nennung der Familienoberhäupter sowie mit Angaben zum Gewerbe, zur Familiengröße und -struktur etc. Hinzu kamen weitere Aufgaben wie die Anlage eines Brandkatasters 1806 und in Zusammenhang mit den Steuerreformen die Anlage und Revision weiterer Aufstellungen wie z. B. das aller Gewerbetreibenden ab 1810/11.[228] Eine Motivation der Ratsherren zur Erledigung ihrer Amtsgeschäfte erscheint dagegen kaum mehr wahrnehmbar: 1808 baten sämtliche Wiesbadener Stadtratsmitglieder die nassauische Landesregierung darum, entweder ihre Dienstverrichtungen zu erleichtern und zu belohnen oder sie zu entlassen.[229] Auch wenn mit diesem Antrag wohl vor allem Druck auf die Regierung ausgeübt werden sollte – u.a. wollten die Ratsherren für sich eine Befreiung von den Einquartierungen erreichen –, so war er doch zugleich ein Eingeständnis der Krise der Stadtverfassung und der Überfälligkeit ihrer Reform. Dem abgelehnten Demissionsgesuch folgten 1812 und 1813 Wiederholungen des Antrages.[230] Bereits 1809 stellte die herzogliche Polizeideputation fest, daß der Stadtrat „zu allen Nützlichen, [...] sowie das allgemeine Wohl bezweckende Polizeyanstalten, jedesmalen gleichsam forciert werden muß, und sich dadurch nur allzu sehr an den Tag legt, daß es die Befehle seiner Vorgesetzter nicht gehörig zu würdigen und zu erfüllen sich bestrebe, solche vielmehr gleichgültig anzusehen."[231]

In den wenigen überlieferten städtischen Akten aus dieser Zeit finden sich weitere Beispiele dafür, wie wenig sich der Stadtrat an die Anordnun-

---

[226] So erwähnt der Wiesbadener Bauer Burk in seinem Tagebuch zwar die Einführung des Salzmonopols, berichtet aber nicht vom Widerstand dagegen. Vgl. *Dollwet/Weichel*, Tagebuch Burk, 43.

[227] Ludwig Führer war ein Frankfurter Kaufmann und Spezereihändler, der sich spätestens 1802 (Bürgeraufnahme) in Wiesbaden niederließ und gemeinsam mit seinem Schwager Beck einen Spezerei- und Weinhandel betrieb. Er hatte zuvor bereits für einen Teil Nassaus ein unbedeutendes Salzmonopol inne. Vgl. StdAWi WI/1/2, WI/1/212, *Struck*, Goethezeit, 124, *Merker*, Steuerreform, 104, 107.

[228] *Wilhelm Volkmann*, Das Steuerwesen im Herzogtum Nassau, Gießen 1932, 39. Die Aufstellung der Gewerbekataster auf Grundlage der Steuerreform von 1809 zog sich bis in die zweite Jahreshälfte 1811 hin.

[229] *Theodor Schüler*, Wiesbaden in seinen kleinstädtischen Verhältnissen um 1800, in: Alt-Nassauischer Kalender 1919, 26–31, hier 26.

[230] *Struck*, Goethezeit, 34.

[231] StdAWi WI/1/230, Dekret der herzoglichen Polizeideputation v. 11.11.1809. Das Oberamt hatte bereits 1808 darauf hingewiesen, daß die Ratsherren in ihrer Pflichterfüllung sehr säumig seien.

gen der Landesbehörden gebunden fühlte und wie sehr er dazu neigte, Obstruktionspolitik durch schlichte Untätigkeit zu betreiben. Die ständig sich wiederholenden Auseinandersetzungen um Anzeigengebühren[232] und Straßenpflasterung[233] offenbaren einen grundsätzlichen Dissens über das staatliche Weisungsrecht und das Recht auf kommunale Selbstverwaltung. Die letztlich begrenzten Mittel der Staatsverwaltung, sich gegen den Rat durchzusetzen, werden auch am Beispiel des Streits um die Errichtung eines Holzmagazins in der Stadt deutlich.[234]

Die Hofkammer in dem nahen Residenzort Biebrich beauftragte im Frühjahr 1808 das Oberamt, dafür Sorge zu tragen, daß der Stadtrat in Wiesbaden ein Holzmagazin errichte und einen Magaziner bestelle. Es bestehe im Winter ein deutlicher Holzmangel in der Stadt und dieser werde nur dadurch gemildert, daß aus den Beständen der Hofkammer in Biebrich Holz nach Wiesbaden zum Verkauf komme. Die Bevorratung für die Stadt sei jedoch nicht Aufgabe der Hofkammer, sondern des Stadtrates, der für die nötigen Reserven zu sorgen habe. Zugleich bot die Kammer an, eine anstehende größere Lieferung Holz an das neue Holzmagazin abzutreten. Vom Oberamt angewiesen, reagierte der Stadtrat wie erwartet, nämlich gar nicht. Erst als die Hofkammer wiederholt drängte, das Oberamt dem Stadtrat mit 20 Reichstaler Strafe drohte und schließlich als das beste Zwangsmittel empfahl, einfach das Holz bringen zu lassen, denn dann müsse für seine Unterbringung schon gesorgt werden, kam die Sache in Gang. Nach wortreichen Briefwechseln wurde schließlich ein Platz an der Stadtmauer als Lager bestimmt, der eigentlich zu klein war. Die Hofkammer bestand nun noch darauf, daß auch ein größerer Vorrat an Holzabfällen angelegt werde, damit daraus in der Winterzeit die Hausarmen kostenlos versorgt werden könnten. Dies allein könne dem Waldfrevel vorbeugen, der ansonsten mit keinem Reglement oder durch Strafandrohungen verhindert würde. Das schließlich angelegte Holzmagazin stand zunächst unter der Verwaltung des Ratsherrn Hoffmann. Bereits im nächsten Mai mußte die Regierung „mißfällig zur Kenntnis"[235] nehmen, daß der Stadtrat keinerlei Anstalten treffe, das Holzmagazin durch Zukäufe für den nächsten Winter wieder zu füllen.

---

[232] So weigerte sich der Stadtrat 1807 die Kosten einer Anzeige in der Frankfurter Oberpostamtzeitung zu bezahlen, mit der – wohl vor allem potentiellen Kurgästen – bekannt gemacht werden sollte, daß Wiesbaden von Einquartierungen befreit sei. Die Anzeige sei von der Landesregierung aufgegeben worden, so die Argumentation des Rates, die Stadt mithin zur Bezahlung der 16 Gulden nicht verpflichtet. Ein umfänglicher Briefwechsel ist die Folge. HHStaWi 205/400.

[233] StdAWi WI/1/230. So etwa kam der Rat auch nicht der geforderten Pflasterung von zwei neuen Straßen nach.

[234] StdAWi WI/1/574.

[235] StdAWi WI/1/574. Regierungsverfügung vom 16. Mai 1809.

Im Jahr darauf verlangte die Regierung schließlich vom Rat, daß das Magazin zum zentralen Lager zur Versorgung aller Stadtbewohner, auch der Beamten, erweitert werden solle. Wieder wehrte sich der Stadtrat, denn nach seiner Schätzung würden hierfür 2.000 bis 3.000 Klafter benötigt, wobei das Klafter mindestens 15 Gulden koste. Das Oberamt hielt zwar diese Angaben für parteiisch übertrieben und stattdessen einen Bedarf von 1000 Klaftern für realistisch, doch wandte es selbst ein, daß auch die hierfür mindestens nötigen 15.000 Gulden die Stadtkasse bei weitem überfordern würden. Auf jeden Fall lagen die regulären jährlichen Einnahmen der immer noch stark verschuldeten Stadt deutlich unter diesem Betrag.[236] Die Stadt sollte, so wurde ihr auf ihren Widerspruch von der Regierung beschieden, den Betrag über eine Anleihe auf das Holzmagazin finanzieren und die „Interessen" (Zinsen) auf den Verkaufspreis des Holzes schlagen. Als Verwalter brachte der Stadtrat wieder den Ratsherrn Hoffmann in Vorschlag, doch bestand die Regierung diesmal auf einer öffentlichen Ausschreibung der Stelle im „Wiesbader Wochenblatt". Es sei unschicklich, daß ein Mitglied des Rates, der als Gremium die Arbeit kontrolliere, zum Verwalter ernannt werde. Die Anstellung erhielt der Waisenhausverwalter Kreidel[237], der die Stelle ohne Revision des Holzbestandes antrat. Nach dessen Ausscheiden 1813 wurde der Gemeindevorsteher Fussinger, Vater des späteren Stadtschultheißen Michael Fussinger, zum Verwalter ernannt. Bei der nun stattfindenden Revision zeigte sich, daß ein erheblicher Schwund im Lager zu konstatieren war. Für die Verluste waren wohl in erster Linie der mittlerweile verstorbene Ratsherr Hoffmann sowie der Stadtrat verantwortlich, die nicht für eine ausreichende Diebstahlsicherung und Überdachung des Lagers gesorgt hatten.[238] Überdies lag die Buchführung im argen, denn noch 1820 wurde bei der herzoglichen Rechnungskammer nach den Abrechnungsunterlagen des Ratsfreundes Hoffmann gesucht, offenbar ohne daß man fündig wurde.

Die Liste der Auseinandersetzungen zwischen den staatlichen Behörden und dem Stadtrat ließe sich noch weiter ausdehnen. Nie wurde jedoch zeit-

---

[236] So gibt Ebhardt für 1817, nachdem die Bevölkerung deutlich gestiegen war, als gewöhnliche städtische Einnahme nur 12.000 Gulden an. Vgl. *Georg Heinrich Ebhardt*, Geschichte und Beschreibung der Stadt Wiesbaden, Gießen 1817, 143. Allerdings meint Ebhardt vermutlich damit die Einnahmen aus Akzise etc. und schließt nicht die zusätzlichen Simpel ein, die die Stadt auf die Grund- und Gewerbesteuer erheben konnte. Demian gibt bereits 1823 die Einkünfte der Stadt ohne Simpel mit 29.000 Gulden an. *J. A. Demian*, Handbuch der Geographie und Statistik des Herzogthums Nassau, Wiesbaden 1823, 146.

[237] Vater des bürgerlichen Vorstandsmitgliedes der Casino-Gesellschaft von 1816, vgl. auch Tabelle 27.

[238] Zwar sollten die Erben von Hoffmann in Regreß genommen werden, doch ist aus den Quellen nicht ersichtlich, ob tatsächlich Entschädigungszahlungen erfolgten.

genössisch die Konzeption und das Maß städtischer Selbstverwaltung selbst
thematisiert, stets städtischerseits nur auf alte Rechte und Privilegien verwiesen. Der Stadtrat gab weder Rechtsgutachten in Auftrag, noch war er
selbst in der Lage, zukunftweisende Konzeptionen als Alternative zu dem
landesbehördlichen Dirigismus und Regierungsabsolutismus zu entwickeln.
So blieb es bei Auseinandersetzungen um Sachfragen, häufig Kleinigkei-
ten. Dabei stand im Hintergrund als eigentlicher Streitgegenstand die
(Macht-)Frage, welche Weisungsbefugnisse staatliche Behörden in städtischen Angelegenheiten ausüben konnten. In ihrem Dirigismus scheinen die
unteren Behörden zuweilen den oberen Regierungsbehörden vorausgeeilt
zu sein: So etwa als die herzogliche Polizeideputation in Wiesbaden 1809
den Stadtrat anwies, an der Treppe des insgesamt eher „baufälligen" Rathauses ein Geländer anzubringen. Auch die Wiederholung des Auftrages
1810 und die Androhung von Strafen bei weiterer Säumnis scheinen den
Stadtrat zunächst zu keinerlei Initiative außer zu einem Protest bei der Regierung bewogen zu haben. Daraufhin berichtete die Polizeideputation an
die Regierung, es sei ihre Pflicht, an dieser Stelle für mehr Sicherheit zu
sorgen, verließen nach dem üblichen „Weinkauf" nach Güterversteigerun-
gen doch viele das Rathaus, ohne sich im Vollbesitz ihrer Sinne zu befinden. Die Stadt argumentierte dagegen, die Treppe sei breit und nicht hoch,
hier hätte sich seit dem Bestehen des Rathauses noch kein Geländer befunden und ein Unfall durch spielende Kinder sei viel wahrscheinlicher, wenn
ein Geländer zum Turnen reize. Außerdem sei der Stadt bei ihrer katastro-
phalen Finanzlage eine solch überflüssige Ausgabe nicht zuzumuten. Die
Regierung folgte in diesem Falle ausnahmsweise der Argumentation des
Rates, und wies besonders darauf hin, daß eine neues Treppengeländer die
äußeren Mängel des Rathauses nur noch auffälliger machen würde.[239]

b. Die Stadt am Scheideweg ihrer Entwicklung

Das „alte" Wiesbaden mit seinen engen Gassen und seiner teilweise
maroden Bausubstanz bot innerhalb der Stadtmauern weder den Platz für
eine repräsentative, der Hauptstadt eines Herzogtums angemessene Bebauung, noch konnten hier die Landesbeamten, die mit der Zentralisierung der
Verwaltung ab 1803 in die Stadt kamen, angemessene Wohnungen in entsprechender Anzahl finden.

Die Stadterweiterung war unter diesen Aspekten eine zwingende Notwendigkeit und fand nach drei Richtungen statt: Die Friedrichstraße im Sü-
den war der erste Teil einer in ihrer Anlage großzügigen Vorstadt, die zu-

---

[239] *Schüler*, Kleinstädtische Verhältnisse, 27.

nächst zu einem erheblichen Teil von Beamten bewohnt wurde. Im Osten entstand mit dem Kurhaus und der repräsentativen Wilhelmstraße ein neuer Schwerpunkt des Kurwesens, im Norden mit der Nerostraße die Keimzelle des Bergkirchenviertels, in dessen bescheidener Bebauung vorzugsweise kleine Handwerker und Tagelöhner Wohnung nahmen.

Die unmittelbare Initiative für die Stadterweiterung ging von dem Fürsten bzw. von der Regierung aus. Man stellte mit dem jungen Christian Zais einen – wie sich dann zeigen sollte – sehr befähigten Architekten in den nassauischen Staatsdienst ein und beauftragte ihn unter anderem mit dem Bau eines Kurhauses, das 1810 fertiggestellt wurde. Zais rückte das neue, klar gegliederte Kurhaus in eine vornehme Distanz zu der als schmutzig empfundenen Altstadt. Die damit verbundene Verschiebung des Kurschwerpunktes in Richtung der neuen Wilhelmstraße war gewiß nicht im Sinne der Wiesbadener Badewirte, die bereits seit Mitte des 18. Jahrhunderts ihrem Wunsch nach einem „Vergnügungssaal" mit mehrfachen Eingaben Nachdruck verliehen hatten.[240]. Andererseits wurden konkrete Projekte einzelner Wirte – wie im vorigen Kapitel erwähnt – stets vom Stadtrat und der Mehrheit der Wirte verhindert.[241]

Der Versuch, das Kurhaus über Aktien zu finanzieren, scheiterte. Fast alle Aktien im Gesamtwert von 100.000 Gulden mußten von den beiden nassauischen Fürstenhäusern und der Staatskasse übernommen werden.

Kein Wiesbadener Bürger war offensichtlich bereit, auch nur eine der Aktien zum Nennwert von 500 Gulden zu erwerben, obwohl zumindest den Wiesbadener Badewirten nach ihrer Vermögenslage ein Erwerb ohne weiteres möglich gewesen wäre.[242] Auch in der Friedrichstraße gingen die ersten vier Häuser – 1803/04 zu Wohnzwecken für Staatsbeamte erbaut – auf unmittelbare Veranlassung des Landesherrn selbst zurück[243], zwei weitere Häuser wurden von der Hofkammer gebaut und in einer landesweiten Lotterie ausgespielt.

---

[240] *Eduard Sebald*, Das alte Kurhaus von Christian Zais, in: Neues Bauen in Wiesbaden 1900–1914 (Ausstellungskatalog). Wiesbaden 1984, 97–108, hier 98.

[241] *Bitz*, Badewesen, 246. Außerdem hatte sich 1789 noch ein Konsortium gebildet, bestehend aus dem Adlerwirt Schlichter, den Hofkammerräten Habel und Strupler sowie dem Hauptmann von Sarau u. Holstein, das ebenfalls einen Gesellschaftssaal bauen wollte. Für das Konsortium arbeitete der französische Architekt Nicolas A. Salins de Montfort einen ersten Entwurf aus. Das Konsortium scheiterte durch einen Streit mit der Hofkammer um die Bezahlung des vorgesehenen Grundstücks. Vgl. Bitz, Badewesen, 303ff.

[242] HHStAWi 246/1175. Einzige Wiesbadener Aktionäre waren der Staatsminister Marschall von Bieberstein (2000 Gulden) und der Obristleutnant von Fechenbach (1000 Gulden), der als Pächter des Hazardspiels ein besonderes wirtschaftliches Interesse an dem Bau des Kurhauses hatte, denn hier sollte in Zukunft das Glücksspiel einen festen Ort erhalten. Vgl. auch *Struck*, Goethezeit, 109.

[243] *Struck*, Goethezeit, 98f.

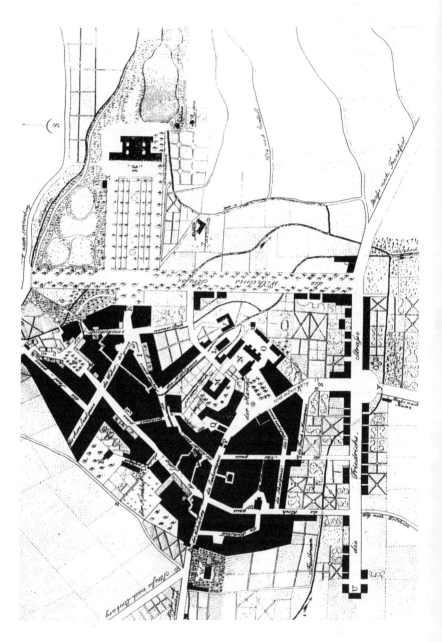

Plan der Stadt Wiesbaden 1817 (aus: Georg Heinrich Ebhardt, *Geschichte und Be-schreibung der Stadt Wiesbaden.Gießen 1817, Anhang)*

Alle weiteren Bauten in der Straße wurden wie in den anderen neuen Straßen vom Fürsten mit z. T. kostenloser Vergabe der Bauplätze, Zuschüssen und Steuerbefreiungen gefördert. In dem Brandkataster von 1806, das mit Ergänzungen bis 1811 fortgeführt wurde, spiegelt sich die Bauentwicklung dieser Zeit wider. Die Mehrzahl der Häuser in der engbebauten „Altstadt" war demnach von eher geringem Wert. Nur selten überstieg der Anschlag die Marke von 2800 Gulden. Höher bewertet wurden neben einigen Bürgerhäusern vor allem die Gast- und Badewirtschaften, bei denen es sich naturgemäß um größere Gebäude handelte: Hier ist eine große Spannweite von 2200 bis 27.500 Gulden festzustellen. In dem Bereich von 2800 und 8000 Gulden wurden die Häuser der Beamten veranschlagt, die in dieser Zeit entstanden. Gleichwohl ist deren Anteil am Hausbesitz, zwei Badehäuser in „Beamtenhand" eingeschlossen, noch verschwindend gering (vgl. Grafik 9). Gerade 18 Häuser von 427 privaten Häusern und Gehöften gehörten Staatsdienern.[244] Dies sollte sich aber, wie im dritten Kapitel belegt werden wird, bald ändern.

Der Stadtrat betrieb gegenüber den Plänen zur Anlage der Nerostraße[245] wie auch der Friedrichstraße eine Obstruktionspolitik. Ein Grund hierfür war gewiß, daß ihm kein Einfluß auf die Planungen eingeräumt wurde. Die herzogliche Polizeideputation drohte wieder einmal mit militärischem Zwang, wenn der Rat nicht veranlasse, daß die „Befuhrten" der Stadt die nötigen Materialien zum Straßenbau beischafften.[246]

Da von der Haltung des Stadtrates nicht auf die der Bürger geschlossen werden kann, soll die Akzeptanz der Stadterweiterung bei den Bürgern am Beispiel der Friedrichstraße untersucht werden. Wer hat hier in den Ausbau der Stadt investiert und von den Vergünstigungen der Landesherrschaft beim Hausbau Gebrauch gemacht? Bis 1811 waren dies, bei allerdings nur 14 privaten Häusern, fast zur Hälfte Beamte, die Mehrheit aber stellten Fuhrleute und Handwerker.[247] Im Jahr 1822, in dem die Friedrichstraße bereits weitgehend bebaut war, war ein gutes Drittel der 45 Hausbesitzer Beamte, die anderen waren Handwerker, Fuhrleute und Händler, ja sogar fünf Tagelöhner befanden sich unter ihnen.[248] Aus der Reihe der vermögenden, alteingesessenen Bade- und Gastwirte oder der Gutsbesitzer beteiligte sich keiner am Ausbau der Vorstadt. Über den Grund für diese Zurückhaltung

---

[244] StdAWi WI/1/179.

[245] Struck, 105.

[246] StdAWi WI/1/230. Dekret der Polizeideputation v. 11.11.1807.

[247] Von den 14 Hausbesitzern sind sechs landesherrliche Beamte, vier Fuhrleute und drei Handwerker und Gärtner. Vgl. StdAWi WI/1/179 (Brandkataster 1806, fortgeführt bis 1811). Berufsbestimmung vor allem mit Hilfe des Gewerbekatasters von 1811 (StdAWi WI/1/24.).

[248] StdAWi WI/1/180f. (Gebäudesteuerkataster von 1822), Berufsbestimmungen vor allem mit Hilfe des Gewerbekatasters von 1821 (StdAWi WI/1/29)

kann nur spekuliert werden; es könnte neben Ressentiments gegenüber den Beamten und dem Stadtausbau auch Kapitalknappheit eine Rolle gespielt haben. Als einziger der „alten Elite" erbaute der Schreinermeister und Gutsbesitzer Michael Fussinger, Sohn des Gemeindevorstehers Michael Fussinger sen., 1814 zum Ratsherrn und 1821 zum Stadtschultheißen ernannt, um 1816/17 eines der größten Häuser in der Friedrichstraße.[249]

Das Schreinerhandwerk, dem Fussinger angehörte, profitierte wie alle Bauhandwerke stark vom Ausbau der Stadt, aber auch in anderen Handwerken stieg die Zahl derjenigen Meister stark an, deren Auftragslage die Beschäftigung mehrerer Gesellen zuließ.[250] Auch der Handelssektor wies eine deutliche Dynamik auf. Die Zahl der Händler im Verhältnis zu den Einwohnern stieg deutlich an.[251] Besonders der Weinhandel gewann an Bedeutung. Die Weinhändler versorgten nicht nur die Wirte[252] und die Einwohner Wiesbadens, sondern vertrieben die Rheingauer Weine auch über die Stadtgrenzen hinaus. Diese umsatzstarken Händler waren fast alle als „Fremde" ins Bürgerrecht aufgenommen worden. Ihr Zuzug aus linksrheinischen Orten (Mainz, Koblenz, Bacharach, Rheinböllen)[253] und die nunmehr hohe Bedeutung des Weines als Handelsgut in Wiesbaden sprechen dafür, daß sich die Absatzwege des Weines nach der Angliederung der ehemals kurmainzischen Weinanbaugebiete (Rheingau, Hochheim) an Nassau zugunsten von Wiesbaden verschoben. Überhaupt darf die Bedeutung des Weinhandels für Nassau nicht unterschätzt werden. Von den 48 höchstbesteuerten Großhändlern 1819 im Gesamtstaat, die in den höchsten Steuerklassen veranlagt wurden (12. bis 16. Steuerklasse mit 1500 bis 9000 Gulden Steuerkapital), waren allein 26 im Weinhandel tätig.[254]

---

[249]   StdAWi WI/1/180f. (Gebäudesteuerkataster 1822), WI/1/141ff. (Brandkataster 1833). Der Verkehrswert des Hauses betrug etwa 18.000 Gulden. Fussinger erhielt 1807 durch Erb- und Abteilungsvertrag von seinem Vater zwei Häuser im Gesamtwert von 3700 Gulden, die er wohl zur Finanzierung des Neubaus veräußerte. Vgl. StdAWi WI/1/179, HHStAWi 137/IX 491.

[250]   1811 hatten insgesamt nur 13 Gewerbetreibende drei und mehr Gesellen. 1821 waren es bereits 37, darunter allein 8 Schreiner, von denen einer ein Möbelmagazin unterhielt. Von der Konjunktur profitierten sogar die Schuhmacher, von denen 1821 immerhin 8 mehr als 2 Gesellen hatten (1811 keiner).

[251]   Im Gewerbekataster 1811 (StdAWi WI/1/24) sind (ohne Juden) 31 haupt- und nebenberufliche Händler verzeichnet, 10 Jahre später sind es bereits 56.

[252]   So belieferte der 1816 aus Mainz nach Wiesbaden gekommene Spezerei- und Weinhändler Schirmer die Kleinhändler und Wirte der ganzen Umgebung, darunter 1821 allein mit 358 Ohm (= 43.700 Liter) Branntwein. StdAWi WI/1/433 (Einspruch Schirmers gegen den Gewerbesteueransatz).

[253]   Abgleich von StdAWi WI/1/29 (Gewerbekataster 1821); StdAWi WI/1/212; StdAWi WI/BA/1f. (Bürgeraufnahmebücher); StdAWi WI/BA/3ff. (Bürgeraufnahmeakten).

[254]   *Winfried Schüler*, Wirtschaft und Gesellschaft im Herzogtum Nassau, in: NA 91, 1980, 131-144, hier 134.

Der Wandel Wiesbadens von der Landstadt zur Residenz wie auch die neuen Handelsbeziehungen haben bereits im Gewerbekataster von 1811 erste Spuren hinterlassen. Dieses Kataster, dessen Anlegung aufgrund der Steuerreform nötig wurde, verzeichnet alle Haushaltsvorstände der Stadt, auch die Beamten und Schutzverwandten. Aber nur für jene Einwohner, die einem Gewerbe – dazu gehörte auch die Landwirtschaft – nachgingen, wurde ein Gewerbekapital eingetragen.[255] Die Juden blieben von der Gewerbesteuer befreit, sie mußten nur ihre bisherigen Abgaben weiterzahlen. Die Beamten mußten nur die Hälfte ihrer Bezüge versteuern[256] und wurden bis 1850 in separaten Katastern geführt. Das allgemeine Kataster von 1811 enthält ausnahmsweise auch die Wiesbadener Beamten, doch sind sie hier

Grafik 9
Hauswerte privater Gebäude nach dem Brandkataster von 1806-1811

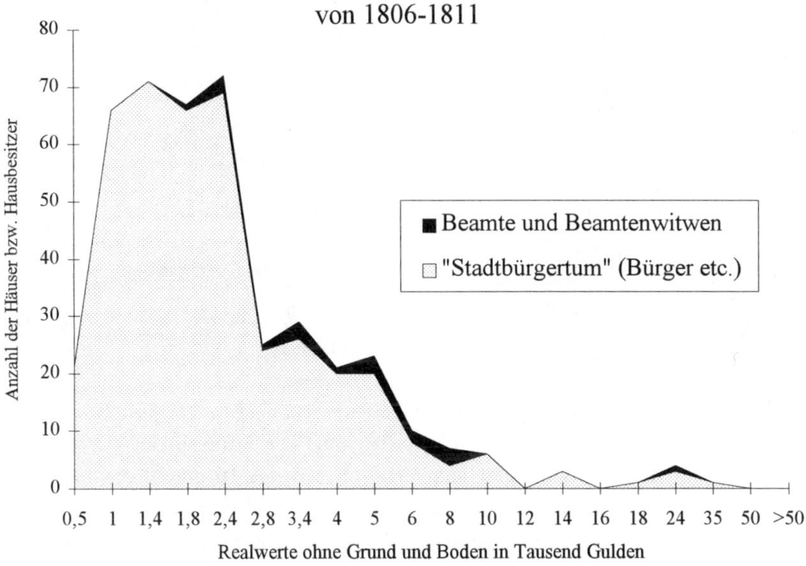

Anzahl der Häuser bzw. Hausbesitzer

■ Beamte und Beamtenwitwen
□ "Stadtbürgertum" (Bürger etc.)

0,5 1 1,4 1,8 2,4 2,8 3,4 4 5 6 8 10 12 14 16 18 24 35 50 >50

Realwerte ohne Grund und Boden in Tausend Gulden

---

[255] Die Gewerbetreibenden wurden in Klassen eingeteilt. Entscheidend für die Einordnung war beim Handwerk Art des Gewerbes und die Zahl der Gesellen, bei den Landwirten war die Zahl der „Fuhren" bzw. Zugtiere maßgebend. Für die Einordnung der Wirte und der Kaufleute stand ein größerer Spielraum entsprechend dem Umfang des Geschäftsbetriebes zur Verfügung. Hierüber entschied im Streitfalle der Stadtrat nach Abstimmung. Das Gewerbesteuergesetz sah vor, daß die Bewohner von Städten in fast allen Erwerbsbereichen grundsätzlich eine Stufe höher als die Landbewohner besteuert werden sollten. Von dieser Regelung war Wiesbaden als größte Stadt des Herzogtums ebenfalls betroffen.

[256] *Merker*, Steuerreform, 128.

nur namentlich ohne Angabe ihrer Bezüge und den daraus resultierenden
Steuern aufgeführt. Um die Statistik nicht zu verfälschen, wurden deshalb
Beamte ohne zusätzlichen Nebenerwerb und damit ohne Steuerangaben bei
der grafischen Auswertung des Gewerbekatasters von 1811 nicht berücksichtigt.[257]

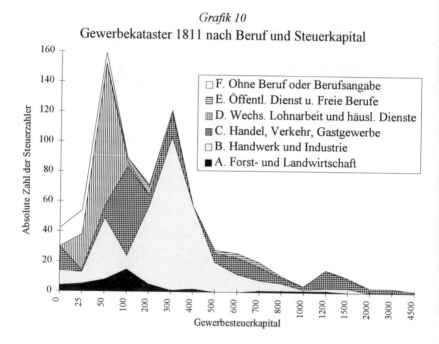

Grafik 10
Gewerbekataster 1811 nach Beruf und Steuerkapital

□ F. Ohne Beruf oder Berufsangabe
⊟ E. Öffentl. Dienst u. Freie Berufe
▥ D. Wechs. Lohnarbeit und häusl. Dienste
▦ C. Handel, Verkehr, Gastgewerbe
□ B. Handwerk und Industrie
■ A. Forst- und Landwirtschaft

Auch bei der Analyse des Gewerbekatasters von 1811 zeigt sich eine relativ homogene Struktur der wirtschaftlichen Verhältnisse der Bewohner,
vergleichbar der Analyse der Hauswerte. Die Grafik 10 macht die Schwerpunkte anschaulich. Zwischen 50 und 100 Gulden Gewerbesteuerkapital lag
die große Gruppe der Tagelöhner und der Kleinbauern ohne Fuhrwerk. Die
Handwerker wurden überwiegend mit einem Steuerkapital von 300–400
Gulden veranlagt, dies bedeutet je nach Gewerbe, daß sie keinen oder nur
einen Gesellen hatten. In diesem unteren Bereich bis 400 Gulden findet
sich die „Masse" der Bürger – denn im Bürgerrecht standen auch viele Tagelöhner. Die Mehrheit der Landwirte besaß nur ein Fuhrwerk – sie wurden
mit 100 Gulden veranschlagt[258], die mehrfach „Befuhrten" bildeten die

---

[257] Vgl. Grafik 10, 13, 16, 17 und 20. Die Grafik 20 mit dem Bezugsjahr 1864 enthält allerdings Beamte, jetzt aber mit Angabe des Steuerwertbetrages.
[258] Die Einordnung der Landwirte wurde so niedrig vorgenommen, da diese bedingt durch
ihren Feldbesitz noch erheblich zur Grundsteuer veranlagt wurden.

Ausnahme. Mehr als diese „Masse" der Bürger versteuerten nur relativ wenige Einwohner. Zu diesen gehörten neben einigen Handwerkern vor allem die Kaufleute und Wirte. Bei den Wirten bestätigt dies ihre überwiegende Zugehörigkeit zur Oberschicht, die bereits im 18. Jahrhundert festzustellen war. Diese hervorgehobene Stellung stand im unmittelbarem Zusammenhang mit dem Kurbetrieb und dem „besserem Publikum" in der Stadt, denn im übrigen Herzogtum war die Masse der Wirte eher in den niedrigen Steuerklassen 2 und 3 (100 und 200 Gulden Steuerkapital) zu finden.[259]

Untersucht man die 24 „Höchstbesteuerten"[260] im Jahre 1811, so findet sich hier an der Spitze der Pächter des Hazardspiels, der Oberstleutnant Fechenbach.[261] Den enormen Gewinnen des Spielbankpächters entsprach seine hohe Besteuerung. Auch die sieben Kaufleute unter den 24 Spitzensteuerzahlern waren in der Liste weit oben angesiedelt. Hier handelte es sich z.T. um die bereits erwähnten Weinhändler, die nach dem Anschluß des Rheingaus an Nassau den Handel mit dem Rheingauer Wein und die Deckung des Bedarfs der Wiesbadener Hotels übernahmen.

Insgesamt stellen die Wirte mit 11 hier die größte Gruppe. Dagegen sind Handwerker de facto nicht vertreten. Bei den beiden „Lebensmittelhandwerkern" handelte es sich um Müller, die zudem ihre Haupteinnahmen nicht unbedingt aus dem Mahlgewerbe zogen. Während bei dem einen (Johann Philipp Herber) wahrscheinlich der Weinhandel das Hauptgewerbe darstellte, hatte der zweite die Brotlieferungen für die Soldaten in Wiesbaden ersteigert und war nur aufgrund seiner Besteuerung als „Commisbäcker" unter den Höchstbesteuerten. Generell überwogen unter den „Höchstbesteuerten" die Fremden (13:11). Allein bei dem „traditionellen" Gewerbe der Gast- und Badewirte stellten noch die Ortsgebürtigen bzw. Bürgersöhne eine deutliche Mehrheit.

---

[259] *Schüler*, Wirtschaft, 134. Die Auswertung Schülers bezieht sich auf das Jahr 1819.
[260] Die „Höchstbesteuerten" sind keine zeitgenössisch abgegrenzte Kategorie, sondern vom Verfasser festgelegt worden. Sie werden hier nur als lineare Vergleichseinheit zwischen den verschiedenen Stichjahren verwendet, um eine Basis für die Untersuchung der Personen mit hohem Einkommen zu haben. Zweifellos ergeben sich zwischen Besteuerung und tatsächlichem Vermögen und Einkommen Differenzen durch die Besteuerung nach „äußeren Merkmalen", doch sind diese für Nassau durch das z.B. in Vergleich zu Bayern feingliedrige Steuersystem nicht so groß, daß sie die Ergebnisse auf den Kopf stellen könnten. Hinzu kommt, daß gerade in den höheren Steuerklassen viele Personen nach der „Stimmung" des Stadtrates, so jedenfalls die Vermerke in den Steuerkatastern, zugeordnet wurden. Zumindest auf die Reihenfolge der Personen nach ihren Einkommensverhältnissen dürfte damit einigermaßen Verlaß sein.
[261] Fechenbach war als Offizier nicht in nassauischen Diensten gewesen.

Tabelle 7

Die wirtschaftliche Elite 1811 - die 24 Höchstbesteuerten
Geordnet nach dem Gewerbesteuerkapital (in Gulden)

Nr. Name	Status	Bürger-aufnahme	Bürger-Jahre	Beruf	Steuerkap. 1811
1 Fechenbach, von	F/SB	-	-	Spielpächter	10.200
2 Ruß, Friedrich	F/B	1804	7	Kaufmann	4.800
3 Schlichter, Christian	S/B	1811	0	Badewirt	3.500
4 Beck, Christian	F/B	1810	1	Handelsm.	3.300
5 Ackermann, Heinrich	F/B	1810	1	Weinhändler	3.000
6 Rauch, Conrad	F/B	1800	11	Kaufmann	2.700
7 Herber, Joh. Phil.	F/B	1788	23	Müller	2.300
8 Blum, Balthasar	S/B	1789	22	Weinhändler	2.300
9 Freinsheim, Daniel	S/B	1796	15	Badewirt	1.900
10 Sartorius, R.	S/B	1774	37	Weinhändler	1.800
11 Käsberger, Reinhard	S/B	1758	53	Badewirt	1.800
12 Frey, Heinrich	F/B	1793	18	Badewirt	1.800
13 Kreidel, Johann Wilhelm	F/B	1816	-5	Weinhändler	1.500
14 Salz, Joh. R.	S/B	1780	31	Müller	1.500
15 Magenheimer, Michel	F/B	1799	12	Weinwirt	1.500
16 Beyerle, Phil. Jacob	S/B	1775	36	Gastwirt	1.500
17 Lade, Johann August	F/U	-	-	Apotheker	1.500
18 Schellenberg, Ludwig	F/B	?	?	Buchdrucker	1.500
19 Dambmann, Balthasar	F/B	1798	13	Weinwirt	1.400
20 Habel, Friedrich	F/B	1810	1	Badewirt	1.400
21 Koepp, Friedrich Reinh.	S/B	1797	14	Weinwirt	1.400
22 Cron, Friedrich Adam	S/B	1771	40	Weinwirt	1.400
23 Poths, Jacob	S/B	1786	25	Gutsbesitzer	1.300
24 Schramm, Christian	S/B	1806	5	Gastwirt	1.300

Summe ohne Minus-Jahre			365	Summe	56.600
mind. 20 Pers. waren Bürger			:20		:24
durchschnittl. seit # Jahren Bürger			18,25	Schnitt	2.358

Legende:
F=Fremde; S=Bürgersohn bzw. ortsgebürtig / B=Bürger; SB=Schutzbürger; U=unbekannt

Herkunft/Status
Fremde 13; Bürgersöhne bzw. ortsgebürtig: 11

Vereinsmitgliedschaften

Casino	2	Jahr: (1832)
Natur	3	Jahr: (1842)
Nass. Altert. V.	2	Jahr: (1822/1839)

Die Vereinsmitgliedschaften sind nicht sehr aussagekräftig, da die Vereinsgründungen alle nach 1814 liegen.

Weitere Hinweise:
Juden und Beamte sind zwar im Gewerbesteuerkataster 1811 aufgeführt, jedoch ohne Angabe der Steuerwerte. Die kleine jüdische Gemeinde ist überwiegend arm. Die meisten Personen versteuerten mehrere Tätigkeiten. I.d.R. wurde der Beruf mit der höchsten Steuerleistung aufgenommen.

Der hohe Anteil an „Fremden" unter den wirtschaftlich erfolgreichen Personen legt die These nahe, daß die „alte" Bürgerschaft die Chancen nicht nutzen konnte oder wollte, die sich durch die Hauptstadtfunktion, die Landgewinne Nassaus und den Ausbau Wiesbadens boten. Möglicherweise waren es gerade die Konflikte um den Verlust der Privilegien, die den Wiesbadenern den Blick auf die wirtschaftlichen Entwicklungsmöglichkeiten verstellte, die sich in der Umbruchsphase eröffneten.

Die wachsende Bedeutung der Stadt spiegelte sich auch in dem Anstieg der Bevölkerung wieder: Von 2979 (1804) über 4154 (1813) auf 6213 (1822) verdoppelte sich die Einwohnerzahl in weniger als 20 Jahren.[262] Zwischen 1816 und 1822 wurden jährlich zwischen 40 und 80 erwachsene männliche Personen ins Bürgerrecht aufgenommen. Diese Zahlen lagen weit über denen des 18. Jahrhunderts. Dabei nahm der Anteil der „Fremden" an den Bürgeraufnahmen sprunghaft zu und überstieg 1814 bis 1822 erstmals den der Bürgersöhne.

Der genaue Anteil von Fremden[263] unter den Einwohnern läßt sich nicht bestimmen, da Zählungen zu einem Stichjahr nicht vorliegen. Dagegen wurden mit den Bevölkerungszählungen 1809 bis 1813 erstmals exakte Zahlen über die Anteile der verschiedenen Bevölkerungsgruppen nach ihrem Rechtsstatus an der Einwohnerschaft ermittelt. Bei den folgenden Auswertungen bleibt aber hinsichtlich der Beamten zu berücksichtigen, daß der stärkste Zuzug zwischen 1803 und 1809 gelegen haben und sich ihre Zahl in diesem Zeitraum mehr als verdoppelt haben dürfte.[264]

Eine Auswertung der männlichen Haushaltsvorstände von 1809 ergibt folgendes Bild: Mit 68,5% (513 Personen) stellten die Bürger den größten Anteil, gefolgt von der herzoglichen Dienerschaft (= Beamte) mit 20,8% (156 Personen). In dieser Personengruppe sind die Advokaten und die Geistlichen enthalten, jedoch nicht die sogenannten Gemeindediener mit einem Anteil von 2,4%, obwohl es sich bei diesen ebenfalls in der Mehrzahl um „niedere" staatliche Bedienstete wie etwa Kellereiknechte handelte.[265] Gegenüber den Bürgern und Beamten waren die Beisassen mit 4,9%,

---

262 StdAWi WI/1/213, *Struck*, Goethezeit, 44; StdAWi WI/1/119f. (Gewerbe- und Bevölkerungstabelle von 1813); *Struck*, Biedermeier, 65.

263 „Fremd" soll hier heißen: Nicht in Wiesbaden gebürtig oder der Vater auch nicht bereits in der Kindheitsperiode nach Wiesbaden gekommen und das Bürgerrecht erworben. „Ansässig" soll heißen: In Wiesbaden geboren oder durch die Bürgeraufnahme des Vaters in den Stand des angeborenen Bürgerrechts getreten.

264 Anhand der Spielmann'schen Bevölkerungsliste lassen sich – soweit eine Bestimmung anhand der Titel möglich war – für 1802 56 Staatsdiener nachweisen, für 1809 hingegen 139 (jeweils unter Einschluß einiger Zweifelsfälle). Nach der Gewerbestandsliste von 1809 sind einschließlich der Advokaten 156 Personen als „herzogliche Dienerschaft" ausgewiesen.

265 *Struck*, Goethezeit, 46.

die Schutzverwandten mit 1,3% und die Juden mit 2% fast marginale Gruppen.[266] Bis 1813 – für die Jahre danach mangelt es wieder an sicheren Zählungen – vergrößerte sich der Anteil der Staatsdiener bei steigender Einwohnerzahl um etwa 1% zu Lasten der übrigen Bevölkerungsteile.

Über das Zusammenleben der Bevölkerungsgruppen kann nur wenig gesagt werden, wenn auch die erwähnten Konflikte zwischen 1806 und 1814 auf ein eher gespanntes Verhältnis hindeuten. Zudem dürfte die ständige Konfrontation des Stadtrates mit den Landesbehörden keineswegs zu einem besonders innigen Verhältnis zu den dort Beschäftigten geführt haben. Auch zwischen dem Militär und den Bürgern war das Verhältnis spannungsreich, denn die Soldaten der Wiesbadener Garnison waren mangels Kaserne bei den Bürgern einquartiert. Der Stadtrat bat immer wieder erfolglos um den Bau einer Kaserne und war schließlich sogar bereit, 10.000 Gulden zu den Baukosten von 100.000 Gulden zuzuschießen.[267]

Im kulturellen Bereich hat es, soweit ein Urteil überhaupt möglich ist, nur wenig Kontakte zwischen Beamtenschaft und Stadtbürgertum gegeben. Auf literarischem Gebiet bestand das im ersten Kapitel bereits vorgestellte „Lesemuseum" von Schellenberg weiter, der es aber wegen der Unzufriedenheit der Mitglieder und „zugunsten seiner anderen Unternehmungen"[268] 1824 wieder aufgab. Außerdem wurde die seit 1744 bestehende Regierungsbibliothek 1813/14 zu einer quasi-öffentlichen Bibliothek mit Nutzungsmöglichkeiten für das „literarische Publikum" erweitert.[269] In ihrer Ausrichtung blieb sie aber weiterhin auf die Dienstbedürfnisse der Beamten konzentriert und dürfte nur wenig Zuspruch seitens der Bürger gehabt haben, zumal es sich nur um eine Präsenzbibliothek mit 6 Sitzplätzen im Lesesaal handelte.[270] Das Ausleihen von Bücher war weiterhin nur in Schellenbergs Leihbibliothek möglich.

Am Theaterleben nahmen die Stadtbürger nur mit großer Zurückhaltung teil. Die dürftige Bühne erlebte einen Aufschwung zwischen 1810 und 1813, als Herzogin Luise den Schauspieldirektor Döbbelin aus Amsterdam nach Wiesbaden holen ließ. Unter ihm und seinen Nachfolgern bestand

---

[266] StdAWi WI/1/115f. (Gewerbe- und Bevölkerungstabelle von 1809). Zu dem in der ersten Jahrhunderthälfte weitgehend konstanten Bevölkerungsanteil der Juden in der Stadt vgl. auch: *Arnsberg*, Die jüdischen Gemeinden, 385 u. 390.

[267] StdAWi WI/1/574. Die Stadt bot am 13.2.1808 nach einer Auseinandersetzung im Stadtrat 10.000 Gulden an. Der Bau der Kaserne erfolgte allerdings erst 1818 mit einen Zuschuß von 8000 Gulden von Seiten der Stadt. Vgl. *Struck*, Goethezeit, 129.

[268] *Guntram Müller-Schellenberg*, Die Wiesbadener Buchhändler-, Drucker- und Verlegerfamilie Schellenberg, in: 175 Jahre Wiesbadener Casino-Gesellschaft 1816-1991, Wiesbaden 1991, 101-111, hier 101.

[269] *Struck*, Goethezeit, 177f.

[270] *Helmut Schwitzgebel*, Literarisches Leben in Nassau, in: Herzogtum Nassau 1806–1866 (Ausstellungskatalog), Wiesbaden 1981, 367-383, hier 369.

erstmals die Gelegenheit für Einwohner von Wiesbaden, Biebrich und Mosbach, als besonderes Privileg über ein Winterabonnement verbilligte Theaterkarten zu beziehen. Unter den Logenabonnenten befanden sich, mit einer Ausnahme 1813, neben der Herzogsfamilie nur hohe Beamte und Militärs.[271] Unter den 70 Abonnenten von Balkon- bzw. Parkettplätzen des Jahres 1810 stellten ebenfalls die Beamtenschaft und die Offiziere die Mehrheit. Nur sieben Bürger – unter ihnen zwei Ratsherren –, die als Badewirte (Beyerle, Freinsheim, Haßloch, Schlichter) und Kaufleute (Beck, Sartorius) bzw. Goldarbeiter (W. Schellenberg) der wirtschaftlichen Oberschicht zuzurechnen sind, legten Wert auf eine Dauerkarte.[272] Ihre ökonomische Stellung wird dadurch unterstrichen, daß sich fünf der sieben Abonnenten unter den 24 „Höchstbesteuerten" (vgl. Tabelle 7) befinden. 1813 hatten dann zwölf Einwohner auf einen Parkettplatz abonniert, darunter nun vier Juden. Der Verkauf von Einzelkarten war im Winter gering, ein Indiz dafür, daß die Resonanz des Theaters unter der einheimischen bürgerlichen Bevölkerung über die Abonnenten hinaus nicht sehr groß war – während der Saison dürften überwiegend Kurgäste die Aufführungen besucht haben.[273] Gewiß belegen die Abonnentenlisten jedoch, daß das Theater, das nach den Kriegswirren 1814 wieder jeden Glanz einbüßte, auch in seiner kurzen Blütezeit kein Treffpunkt für die verschiedenen gesellschaftlichen Kreise Wiesbadens war.

Diese grundsätzliche Distanz zwischen dem „Bürgerstand" und der Beamtenschaft wurde auch nicht durch partielle Kontakte überbrückt, zu denen es im Zusammenhang mit der nationalen Bewegung am Ende der napoleonischen Ära kam. Im Anschluß an die unter großer Beteiligung der Bevölkerung begangenen Feiern zum ersten Jahrestag der „Völkerschlacht" wurden in Wiesbaden und in Idstein 1814 „Teutsche Gesellschaften" unter maßgeblicher Beteiligung der Gebrüder Snell gegründet. In der Wiesbadener Gesellschaft waren überwiegend jüngere Beamte organisiert, die aber ihre Verbindung schnell auflösten, als sich ihnen die entschieden ablehnende Haltung der Regierung offenbarte: „Es ist eine ebenso unvernünftige als gesetzeswidrige Idee, wenn Privatpersonen glauben mögen, berufen oder ermächtigt zu sein, einzeln oder in Verbindung mit andern selbständig oder unmittelbar jetzt als künftig zu den großen Nationalangelegenheiten Deutschlands mitzuwirken".[274] Die einzige erhaltene Mitgliederliste der Gesellschaft, bei ihrer Auflösung eher flüchtig ohne Titel und Vornamen

---

[271] *Struck*, Goethezeit, 193f.
[272] Berufsbestimmung über Gewerbekataster 1811 (StAWi WI/1/24).
[273] So betrugen im Winter die Einnahmen aus den verbilligten Abonnements 2937 Gulden, während nur für 951 Gulden Einzelkarten verkauft wurden. Vgl. *Struck*, Biedermeier, 194.
[274] Zit. nach *Struck*, Bürgerliche Freiheit, 152.

zusammengestellt, läßt leider keine zweifelsfreie Identifikation der Personen zu. Bei einigen der 27 Mitglieder handelte es sich aber mit recht hoher Wahrscheinlichkeit um angesehene Bürger. Auf jeden Fall gehörte der Gastwirt (und Ratsherr) Goetz der Gesellschaft an; man traf sich auch in seinem Lokal.[275] Als man 1817 abermals den Jahrestag der Völkerschlacht beging, war dies keine Volksversammlung mehr, sondern angesichts des verschärften politischen Klimas ein Treffen mit oppositionellem Charakter.[276] Unter den Teilnehmern der Feier – sie durfte auf Veranlassung der Regierung nur ohne öffentlichen Aufzug und in privatem Rahmen abgehalten werden – befanden sich neben einer Mehrheit von Beamten auch einige Bürger aus Wiesbadener Familien.[277]

c. Die provisorische Ratsverfassung von 1814

Angesichts der generellen Haltung des Stadtrates, allenfalls unter Strafandrohung formal den Forderungen und Verlangen der Landesbehörden Rechnung zu tragen, mußte auch die Regierung zur Einsicht kommen, daß nur eine grundsätzliche Reform der Gemeindeverfassung zu einer in ihrem Sinne strafferen und effektiveren Gemeindeverwaltung führen konnte. Bereits 1808 hatte das Oberamt wegen der „säumigen Pflichterfüllung" der Ratsherren vorgeschlagen, den Stadtrat gänzlich aufzulösen und stattdessen dem Stadtschultheißen Blum, der eine rühmliche Ausnahme bilde, einige Beisitzer zuzuordnen. Eine solche Aufhebung der überlieferten Ratsverfassung sei zwar eine Sensation, gereiche der Stadt aber zum Wohle.[278] Doch erst 1812 kam es im Zuge der Reform des Polizei- und Gerichtswesens in der Stadt zu einem Gutachten der Regierung an das Staatsministerium hinsichtlich der Neuorganisation der städtischen Gremien. Zwischen den Alternativen einer Munizipalverfassung, wie sie auf der nur wenige Kilometer entfernten, zu Frankreich gehörenden linken Rheinseite galt, und dem alten, am Kollegialprinzip orientierten Stadtratsmodell, neigte die Regierung hier einer Mischform mit einem stark verkleinerten Stadtrat zu.[279] In der Rheinbundzeit wurde die Reform der Stadtverfassung dann nicht weiter betrieben, wahrscheinlich nicht zuletzt deshalb, weil die Straffung der

---

[275] HHStAWi 210/2702. Einige der in der Liste angeführten Namen lassen sich unter den in Wiesbaden ansässigen Beamten nicht nachweisen, finden sich aber unter den Stadtbürgern. Vgl. zu Goetz auch *Struck*, Goethezeit, 16.

[276] Zur Geschichte der Deutschen Gesellschaften vgl. auch: *Wilhelm Sauer*, Die deutschen Gesellschaften in Nassau im Jahre 1814, in: RK Nr. 343 v. 11.12.1891, Nr. 344 v. 12.12.1891 u. Nr. 348 v. 16.12.1891.

[277] HHStAWi 210/2702.

[278] *Schüler*, Kleinstädtische Verhältnisse, 26.

[279] *Struck*, Goethezeit, 34.

Verwaltung auf der übergeordneten Ebene der Ämter noch zu keinem Abschluß gelangt war und dies angesichts der notwendigen Eingliederung der 1803 und 1806 neu hinzugewonnenen Gebiete Priorität genoß.[280] Außerdem wurden die Kräfte des Landes und der Stadt durch den Rußland-Feldzug Napoleons und die nach dessen Niederlagen durch die Stadt ziehenden Truppen auf das Äußerste angespannt. Nachdem Nassau im November 1813 mit fliegenden Fahnen die Partei gewechselt hatte, wurden in Wiesbaden die Truppen des neuen Koalitionspartners, der antifranzösischen Allianz, einquartiert. Die Bevölkerung der Stadt hatte auf Monate hin Bedrückungen der härtesten Art hinzunehmen. Plünderungen und Seuchen waren an der Tagesordnung.[281] Dies war sicher nicht die Zeit, wegweisende Entscheidungen für die Kommunalverfassung zu treffen.

An der Notwendigkeit einer Reform der Gemeindeverwaltung änderten die Kriegszustände wenig, vielmehr verschärften sich die Mißstände. Nach einem Bericht der Regierung von 1814 war die Verwaltung der Stadt mittlerweile in eine Phase beispielloser Unordnung geraten. Die Ratsherren waren in weitgehende Untätigkeit verfallen. Dies kann angesichts der schlechten Aktenüberlieferung heute nicht mehr nachgeprüft werden. Unter Berücksichtigung der oben bereits ausgeführten Umstände hinsichtlich der Dienstverpflichtungen der Ratsherren, der Geneigtheit der Regierung, die Stadtratsmitglieder auch bei weniger gewichtigen Anlässen notfalls durch Einlegung von Soldaten zum Gehorsam zu zwingen[282], der nicht aufgefüllten Lücken, die der Tod einiger Ratsherren[283] hinterlassen hatte, und des hohen Alters verschiedener Ratsherren und des Stadtschultheißen[284] scheint es durchaus glaubhaft, daß die meisten Ratsherren das Fernbleiben von den Amtsgeschäften dem Gehorsam gegenüber der autoritären Obrigkeit vorzogen.

---

[280] Vgl. zur Straffung der Verwaltungsstruktur und den auftretenden Schwierigkeiten: *Treichel*, Bürokratie, 107ff.

[281] Friedrich Ludwig Burk schildert eindrucksvoll die Not der Wiesbadener. Vgl. *Dollwet/Weichel*, Tagebuch Burk, 75ff.

[282] So lautete z. B. die Androhung, mit der der Stadtrat zur Beteiligung am Zwangsverkauf des Landeskalenders „motiviert" werden sollte; StdAWi WI/1/226 (Dekret v. 7.1.1809).

[283] Die Ratsherren Johann Jacob Bager und Johann W. Beyerle starben vor 1808, der Ratsherr und Holzverwalter Johann Christian Hoffmann starb auf jeden Fall vor 1814. Vgl. Tabelle 6, Stadtrat von 1805 u. *Schüler*, Kleinstädtische Verhältnisse, 26. Das Ämterbuch der Stadt Wiesbaden (StdAWi WI/1/212) gibt für diese Zeit keinen Hinweis darauf, daß neue Ratsherren verpflichtet worden wären. Es ist also für diese Zeit nur noch von 10 bzw. 9 Ratsherren auszugehen. Die einschlägigen Akten des Oberamtes sind leider im Zweiten Weltkrieg verloren gegangen.

[284] Stadtschultheiß Blum war beim Amtsantritt 1804 bereits 62 Jahre alt und stand bei seinem Abschied 1814 im 72. Lebensjahr. Bereits seit 1799 hatte er sein Wohn- und Backhaus einer Tochter übergeben und wurde danach als Aushälter geführt. HHStAWi 246/895, Bl. 97ff. Vgl. zu den Amtszeiten auch *Struck*, Biedermeier, 299.

Zur Lösung der immer prekäreren Situation der Stadtverwaltung sah sich die Regierung genötigt, noch vor der allgemeinen Neuregelung der Gemeindeverwaltung für Wiesbaden eine Übergangslösung zu empfehlen. Sie befürwortete dabei gegenüber dem Ministerium in Abweichung von ihrem zwei Jahre zuvor abgegebenen Gutachten – das französische Modell war 1814 gerade diskreditiert –, bei einer Sollzahl von zwölf Ratsherren zu bleiben. Allein eine größere Anzahl von Ratsherren gewährleiste, daß diese die anfallenden Arbeiten ehrenamtlich erledigen könnten. Das Ministerium folgte dem Vorschlag, ernannte einen neuen Stadtamtmann, der zugleich auch die Leitung der Polizeidirektion übernahm, sowie zwölf Ratsherren und zwei Stadtvorsteher zu deren Kontrolle. Nur zwei Ratsherren des bisherigen Stadtrates wurden in den neuen Rat übernommen, zwei weitere konnten auf ihre Erfahrungen als Bürgervorsteher bei ihrer Ratstätigkeit zurückgreifen. Sieben der acht übrigen Ratsherren gehörten einer neuen Generation an: Ihre Bürgeraufnahmen lagen meist nur wenige Jahre, maximal zehn, zurück. Wenn auch bei einigen der neuen Ratsherren nahe Verwandtschaftsverhältnisse zu ehemaligen Ratsmitgliedern oder Stadtvorstehern bestanden, so zielte die Regierung mit ihrer Auswahl doch eindeutig darauf ab, die Dominanz der bisher vorherrschenden ortsgebürtigen Wirte und Nahrungsmittelhandwerker zu brechen und neuen Personenkreisen den Vorzug zu geben: Erstmals waren drei der Ratsherren keine gebürtigen Wiesbadener. Außerdem stieg der Anteil der Handelsleute im Rat erheblich an.

Unter den neu ernannten Stadträten sind mehrere Personen erwähnenswert. Neben dem bereits vorgestellten Michael Fussinger, der 1821 zum Schultheiß ernannt und 1846 in die nassauische Gemeindeversammlung gewählt wurde, waren unter den neu ernannten Ratsherren zwei weitere spätere Abgeordnete: der aus der Nähe von Kreuznach kommende erfolgreiche Weinhändler Friedrich Ruß, der 1804 eingebürgert worden war, und der Müller Michael Dietz, der aus dem heutigen Wiesbadener Vorort Schierstein stammte und 1810 die Tochter des Ratsherrn und „Pfaffenmüllers" Mahr geehelicht hatte. Beide wurden 1825 und 1832 in die Ständeversammlung gewählt[285] und boykottierten 1832 im „Domänenstreit", der Auseinandersetzung um die vom Fürstenhaus als Hausgut beanspruchten Domänen, zusammen mit 13 weiteren Abgeordneten die Sitzungen wegen der umstrittenen Ausweitung der Herrenbank. Im gleichen Jahr schieden beide aus der Ständeversammlung aus, da sie bei den aufgrund des Boykotts angesetzten Nachwahlen nicht kandidieren durften.[286]

---

[285] VBN 1825, 30 u. 1832, 56.
[286] Zum Domänenstreit vgl. *Volker Eichler*, Nassauische Parlamentsdebatten. Bd. 1. Restauration und Vormärz. Wiesbaden 1985, 139ff. Dort sind 388ff. auch Erklärungen der

Ein weiterer der neuen Ratsherren, der Gastwirt Friedrich Goetz, Sohn eines Ratsherrn und Sproß einer alten Ratsfamilie, dessen Gesuch um Dispens von der Ratsstelle abgelehnt wurde, war gesellschaftlichen Veränderungen gegenüber weit stärker aufgeschlossen, als der Regierung recht war: Goetz war, wie bereits erwähnt, eines der wenigen „stadtbürgerlichen" Mitglieder der „Teutschen Gesellschaft", die sich im November 1814 in seinem Gasthof konstituierte[287].

Von den 14 ernannten Ratsherren und Vorstehern waren drei spätestens Anfang des Jahres 1815 nicht mehr im Amt bzw. konnten sich der Amtsverpflichtung in irgendeiner Form entziehen.[288] Leider sind die Umstände dieser Personenwechsel im Amt nicht mehr aufzuklären. Auffällig ist aber auf jeden Fall, daß drei der vier Personen ausschieden, die als Ratsmitglieder bzw. Bürgervorsteher bereits öffentliche Ämter bekleidet hatten. In dem Rat des Jahres 1815 war es damit nur noch der Bäckermeister Kimmel, der als ehemaliger Bürgervorsteher Erfahrung in der Verwaltung der Stadt hatte. Wohl vor allem deshalb wurde Kimmel zum Bürgermeister gewählt und 1816 zum Stadtschultheißen ernannt.[289]

Auch der neue Stadtrat erwies sich als wenig willfähriges Instrument der Regierung. Er war z. B. keineswegs damit einverstanden, daß der Stadtamtmann zugleich das Amt des Polizeidirektors ausübte, da er in dieser zweiten Funktion häufig Anordnungen treffen müsse, die gegen die Interessen der Stadt gerichtet seien. Außerdem forderten die Ratsherren ihre und der Stadt Einsetzung in die alten Rechte und Freiheiten.[290] Besonders stritten sie gegen die Neuregelung, daß in allen wichtigen Dingen dem Stadtamtmann die letzte Entscheidung vorbehalten war. Dessen Stellung war gegenüber dem Stadtrat durch die neue, provisorische Stadtverfassung wesentlich gestärkt worden, denn er konnte einzelne Ratsmitglieder zur Erledigung von Amtsgeschäften hinzuziehen, es war ihm erlaubt, sie als seine „unmittelbaren Gehülfen zu gebrauchen".[291]

Abgeordneten über ihre Motivation abgedruckt. In diesem Band finden sich ebenfalls Ausschnitte aus Reden von Ruß und Fussinger zur Gemeindeverwaltung.

[287] Zu dem Treffen der „Teutschen Gesellschaft" bei Goetz, vgl. *Struck*, Goethezeit, 16.

[288] Die im Ämterbuch erhaltene Amtsliste führt für das Jahr 1815 statt Hoffmann, Lugenbühl und Poths an 10. bis 12. Stelle Gottfried Daniel Cron, Reinhardt Weygand und Balthasar Schramm auf.

[289] Vgl. *Struck*, Biedermeier, 299. Struck gibt für Kimmel einen falschen Vornamen an (David statt korrekt Johann Daniel).

[290] *Struck*, Goethezeit, 36.

[291] StdAWi WI/1/226 (Instruktion des Stadtamtmannes Rath durch Regierungsrat Vigelius v. 17.10.1814).

Tabelle 8

Die 1814 ernannten Mitglieder des Wiesbadener Stadtrates

mit der Aufstellung ihres Steuerkapitals auf Basis des Gewerbesteuerkatasters von 1811

Nr. Name	Status	Bürger- aufnahme	Bürger- jahre	Beruf	Steuerkap. 1811
1 Beck, Christian	F/B	1810	4	Handelsmann	3.300
2 Dietz, Michael Conrad	F/B	1810	4	Müller	1.100 1)
3 Fussinger, Michael jun.	S/B	1807	7	Schreiner	700
4 Götz, Joh. Fr.	S/B	1808	6	Gastwirt	1.600 2)
5 Haßloch, J. Philipp	S/B	1806	8	Badewirt	1.200 3)
6 Hofmann, J. Philipp	S/B	1780	34	Rotgerber	500
7 Kimmel, Joh. Daniel	S/B	1794	20	Bäckermeister	500
8 Lugenbühl, Georg Heinr.	S/B	1789	25	Handelsmann	1.200
9 Michel, Christian	S/B	1808	6	Gerbermeister	800 4)
10 Poths, Wilhelm	S/B	1781	33	Gutsbesitzer	400 5)
11 Ruß, Friedrich	F/B	1804	10	Handelsmann	4.800
12 Schmidt, Sebastian	S/B	1779	35	Badewirt	500

Summe			192	Summe	16.600
			:12		:12
durchschnittl. seit # Jahren Bürger			16	Schnitt	1.383

Legende:
F= Fremde, S=Bürgersohn bzw. ortsgebürtig / B=Bürger

Herkunft/Status
Fremde: 3; Bürgersöhne bzw. ortsgebürtig: 9

Finanzieller Status
Das durchschnittliche Gewerbesteuerkapital betrug 1811(bei 673 Fällen) 311 fl., die Ratsherren lagen mithin im Schnitt um das 4,4fache darüber.

Hausbesitz
Für 11 Ratsmitglieder läßt sich Hausbesitz nachweisen. Lediglich Christian Beck besaß offensichtlich kein Haus. Er wohnte jedoch nur einige Jahre in Wiesbaden. Der durchschnittliche Wert des Hausbesitzes der Ratsmitglieder betrug nach dem Haussteuerkataster von 1811 1504 Gulden. Dabei muß berücksichtigt werden, daß der tatsächliche Wert der Immobilien etwa um den Faktor 8 höher lag.

Bisherige politische Aktivitäten
Unter den neuernannten Ratsherren befanden sich zwei ehemalige Vorsteher (Kimmel, Hofmann) und zwei ehemalige Ratsherren (Lugenbühl, Schmidt).

1) Dietz war 1811 noch Gehilfe in der Mühle seines Schwiegervaters Mahr. Wert von 1821.
2) Der Gasthof befand sich 1811 noch im Besitz des Vaters von Götz. Wert von 1821.
3) Das Badehaus befand sich noch nicht im Besitz von Haßloch. Wert von 1821 (Witwe).
4) Die Gerberei war 1811 noch im Besitz des Vaters. Wert von 1821.
5) Gutsbesitz wurde nach der Gewerbesteuer relativ gering besteuert. Ein Gewerbesteuerkapital von 400 Gulden läßt auf den Besitz eines größeren Bauernhofs schließen.

Statt wie bisher dem Oberamt unterstand die Stadtverwaltung jetzt direkt der Regierung. Dies führte dazu, daß die Landesbehörden geneigt waren, in dem nunmehr mit „Herzoglicher Stadtrat" titulierten Gremium vor allem einen Erfüllungsgehilfen für ihre Aufgaben zu sehen, wogegen sich die Ratsherren ebenfalls massiv wehrten.[292]

Bei allen Entscheidungen hinsichtlich der Stadtfinanzen tagte der Stadtrat als Kollegium unter Vorsitz des stimmberechtigten Stadtamtmannes, der zwar an die mehrheitlich gefaßten Beschlüsse gebunden war, aber ihre Aufhebung bei der Regierung beantragen konnte.[293]

Die Unzufriedenheit der Ratsherren mit den neuen Regelungen, die de facto auf eine weitgehende Entmachtung des Rates hinausliefen, fand beredten Ausdruck in der Weigerung, an der feierlichen Amtsverpflichtung teilzunehmen. Damit war die Regierung zunächst mit ihrer Absicht gescheitert, an die Spitze von Wiesbaden einen funktionsfähigen und weniger renitenten Rat zu stellen. Ganz offensichtlich war es der Regierung nicht möglich, einen von der Bürgerschaft akzeptierten, kompetenten und zugleich gegenüber den staatlichen Behörden kompromißbereiten Rat zu installieren. Dies läßt sich nur dahingehend interpretieren, daß die Auseinandersetzungen zwischen Regierung und Stadtrat sich nicht auf die Pfründeninteressen der Ratsmitglieder reduzieren lassen, sondern vielmehr auf einen Grundkonflikt zwischen Staat und Bürgerschaft verweisen.

---

[292] StdAWi WI/1/226. Am 1.12.1812 wurde der neue Titel eingeführt. Auseinandersetzungen um das Weisungsrecht der Landesbeamten ebd.

[293] StdAWi WI/1/226 (Instruktion für die Mitglieder des Stadtrats zu Wiesbaden v. 17.10.1814).

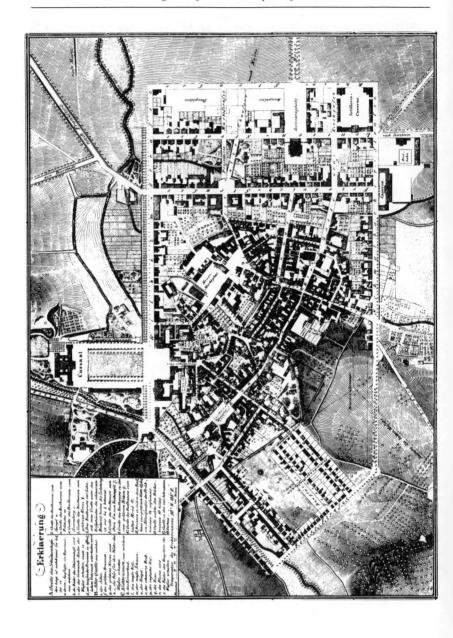

Stadtplan von Wiesbaden um 1830 (StdAWi, Kartensammlung).

II. Die Neuformierung des städtischen Bürgertums (1816–1852)

1. Die Dominanz des Staates und das neue bürgerliche Selbstbewußtsein (1816–1830)

a. Die Gemeindeverfassung von 1816 und der neue Stadtvorstand

Nachdem das Herzogtum Nassau durch den Wiener Kongreß seine endgültigen, d.h. bis zur Annexion durch Preußen 1866 bestehenden Grenzen erhalten hatte, und die Reformen auf den übergeordneten Ebenen der staatlichen Verwaltung zu einem gewissen Abschluß gekommen waren, stand die längst überfällige Reform des Kommunalrechtes an.[1] Ähnlich wie die Steuergesetzgebung in den Jahren ab 1809 die bisherigen, unübersichtlichen Einzelsteuern, Gefälle etc. aufgehoben hatte, verloren nun mit dem Gemeindeedikt von 1816 die alten Privilegien und Sonderordnungen der Städte und einzelnen Landstriche ihre Rechtskraft.[2] Durch das Gemeindeedikt, das wie die Steuergesetzgebung auf einem Entwurf des nassauischen Reformers Karl Ibell beruhte, wurde die Kommunalverfassung des Herzogtums Nassau vereinheitlicht.[3] Der Unterschied im Rechtsstatus zwischen Städten und Landgemeinden wurde beseitigt und innerhalb der Gemeinden wurden durch die Einführung einer Ortsbürgerschaft alle minderen Rechtsformen der Einwohnerschaft aufgehoben – einzig die Juden blieben hier benachteiligt (§ 2).[4]

Der Eintritt ins Bürgerrecht wurde zugleich für alle wirtschaftlich Selbständigen obligatorisch. Dagegen waren die Beamten und Militärs – soweit sie kein bürgerliches Gewerbe betrieben –, Rentiers, Juden sowie Fremde von der Pflicht befreit, Bürger zu werden (§ 2). Die Aufnahme ins Bürgerrecht wurde durch den Verzicht auf eine Bürgeraufnahmegebühr wesentlich erleichtert und konnte seitens der Stadt nur verweigert werden, wenn der Antragsteller einen schlechten Leumund hatte oder in sehr mäßigen finan-

---

[1] Zu den Konflikten innerhalb der Staatsregierung in Bezug auf die Reformen vgl. *Jäger*, Staatsbildung, 91ff.
[2] Vgl. die Aufzählung der vielfältigen Verwaltungstypen in den einzelnen Landesteilen bei *Treichel*, Bürokratie, 157.
[3] Zur unterschiedlichen Beurteilung der Rolle Ibells als „spiritus rector" der Modernisierung Nassau vgl. *Treichel*, Bürokratie, 161, 473 u. *Jäger*, Staatsbildung, 103.
[4] Vgl. hierzu und zum Folgenden das Gemeindeedikt v. 5.6.1816, in: VBN 1816, 149ff.

ziellen Verhältnissen lebte. Die Auswirkungen der neuen Regelungen waren für Wiesbaden zunächst vergleichsweise gering, da die Beisassen nur einen geringen Anteil an der Einwohnerschaft gestellten hatten und nur ganz wenige Gewerbetreibende aufgrund besonderer Privilegien bisher nicht im Bürgerrecht standen. Neben den Juden nahmen noch die Ortsfremden, auch „Temporäre" genannt, eine gesonderte Stellung ein. Diese ließen sich – zumindest formal – nur vorübergehend in Wiesbaden nieder und behielten das Bürgerrecht ihrer Heimatgemeinde bei. Ihr Aufenthalt war von der Zustimmung des Stadtvorstandes abhängig. War diese Gruppe in der ersten Hälfte des Jahrhunderts eher gering und saisonal unterschiedlich groß, so nahm sie insbesondere nach 1850 deutlich zu und machte 1864 immerhin 28,1% der Haushaltsvorstände aus.[5]

Sonderrechte konnten die aus dem Dienst ausscheidenden nassauischen Soldaten beanspruchen. Nach einer Verordnung von 1811 wurde allen „Militärindividuen", welche ihre „Dienstzeit ausgehalten haben, oder vor deren Ablauf pensioniert worden sind, gestattet, sich in jeder beliebigen Gemeinde des Herzogtums niederzulassen".[6] Diese Sonderregelung hatte auch über den Erlaß des neuen Gemeindeedikt hinaus Bestand und wurde schließlich 1843 von den Landesdeputierten als unzeitgemäß attackiert. Die Gemeinden würden durch diesen Verzicht auf jeglichen Nachweis finanzieller Absicherung schwer benachteiligt.

Auch auf der Ebene der Gemeindeverwaltung wurden völlig neue, einheitliche Strukturen geschaffen. Lediglich der personelle Umfang der Gemeindeorgane wurde von der Größe der Ortschaft abhängig gemacht. Wiesbaden als größte Stadt des Herzogtums Nassau erhielt mit der gesetzlichen Neuregelung einen Stadtschultheißen, einen mit zwölf Personen besetzten Stadtvorstand und einen Stadtrat mit acht Ratsherren. Der Stadtschultheiß, für den die Regelung galt, daß er kein Gastwirt sein durfte, wurde von der Landesbehörde aus der Bürgerschaft ernannt, der zwölfköpfige Stadtvorstand dagegen von der Bürgerschaft gewählt. Der „neue", personell reduzierte Stadtrat war in seinen Funktionen nicht vergleichbar mit dem Stadtrat früherer Zeiten. Er nahm nur die Aufgaben eines Feldgerichtes bzw. der freiwilligen Gerichtsbarkeit wahr. Seine Mitglieder wurden von der Landesbehörde auf Vorschlag des Stadtschultheißen und der Stadtvorsteher auf Lebenszeit ernannt.

---

[5] Auswertung auf Grundlage des Gewerbekatasters von 1864 (StdAWi WI/1/55–57). Die Einwohnerschaft (4873 Haushaltsvorstände einschließlich Witwen etc.) setzte sich demnach 1864 zusammen aus 58,1% Bürgern, 28,1% Einwohnern mit „temporärer Stetigkeit", 9,0% aktiven Beamten (ruhendes Bürgerrecht) und 4,8% pensionierten Beamten mit Bürgerrecht.

[6] VerhLDV 1843, 353f.

An der Spitze der Stadtverwaltung stand der Stadtschultheiß, der aber auch in Wiesbaden sein Amt nicht ohne weitere Gewerbetätigkeit betreiben konnte, da ein Gehalt von zunächst nur 300 Gulden kaum eine angemessene Lebensführung möglich machte.[7] Die wesentlichste Änderung hinsichtlich der Gemeindeverfassung bestand in der Einrichtung des Stadtvorstandes. Dieses Gremium trat an die Stelle des „alten" Stadtrates in Hinblick auf die Verwaltung der Stadt. Doch im Gegensatz zu dem „alten" Stadtrat, der ein Beschlußorgan war, wurde der Stadtvorstand durch das Gemeindeedikt nur als Beratungsorgan des Stadtschultheißen definiert. Ein tatsächliches Kontrollrecht übte der Vorstand nur in bezug auf den städtischen Haushalt aus, aber auch auf diesem Gebiet hatten die staatlichen Behörden durch die jährliche Prüfung der Stadtrechnung die letzte Kompetenz. Die personelle Zusammensetzung des Stadtvorstandes wurde durch Wahlen bestimmt, wobei die Bürger jedes der zwölf Stadtviertel Wiesbadens einen beliebigen Bürger, der nicht in ihrem Viertel wohnen mußte, durch öffentliche Wahl mit der Ausübung des Amtes beauftragen konnten.

Der Charakter der Gemeindeverfassung von 1816 wird unterschiedlich beurteilt. Während Heffter[8] ihre Anlehnung an die Munizipalverfassung betont, sieht Struck vor allem in einem Motivbericht Ibells zu dessen Entwurf des Gesetzes sowie in der Beibehaltung des Feldgerichtes Anlaß, eher in Richtung der Fortsetzung alter Selbstverwaltungsformen zu argumentieren.[9] Ibell befürwortete in seinem Bericht an den Herzog die Beteiligung der Bürger am Staat und an der Gemeinde. Dies erst führe zu wahrem Gemeingeist. Demgegenüber betont Treichel zu Recht, daß Ibell in seiner „zutiefst etatistischen Interpretation von Geschichte"[10] in der Gemeinde nichts anderes als die niederste Staatsgliederung gesehen habe. Der Widerspruch zwischen beiden Interpretationen löst sich dann auf, wenn man bedenkt, daß die rationalistischen Reformer wie Ibell überzeugt waren, in einer zweckmäßigen, „liberalen" und humanen Behandlung durch die Staatsorgane liege des Bürgers größtes Glück. In dem Motivbericht Ibells findet sich schon die später weit verbreitete Ansicht, daß der Bürger vor allem durch die Gemeinde und deren Verwaltung geprägt werde. Mithin war für Ibell die kommunale Verwaltung nicht nur jene Instanz, deren Akzeptanz durch die Bürger über die „Stabilität des neuen Staats- und Verwaltungs-

---

[7]   So haben zumindest die ersten beiden Schultheißen nach 1816 ihr Gewerbe weiterbetrieben. Vgl. Gewerbesteuerkataster 1821 (StdAWi WI/1/29).

[8]   *Heinrich Heffter*, Die deutsche Selbstverwaltung im 19. Jahrhundert. Geschichte der Ideen und Institutionen, Stuttgart 1950, 125.

[9]   *Struck*, Goethezeit, 36f. u. 40.

[10] *Treichel*, Bürokratie, 158.

systems"[11] entschied, sondern zugleich auch ein Transmissionsriemen, um das Gebot der Rationalität auf die Bürger zu übertragen.

Wie wenig das nassauische Gemeindeedikt mit heutigen Vorstellungen von kommunaler Selbstverwaltung vereinbar ist, wird deutlich, wenn man die Definition der Gemeinde in dem Gesetz betrachtet. Sie erscheint als „unterste Staatsabteilung" (§ 12), der Schultheiß als „zuletzt angeordnete Staatsbehörde". Dem eng begrenzten Aufgabenbereich der Stadtvorsteher standen umfangreiche Eingriffsrechte und Anordnungsbefugnisse des Amtes und der Staatsbehörden gegenüber. Neben der Ernennung des Stadtschultheißen und der Möglichkeit, den gewählten Stadtvorstehern und den vorgeschlagenen Ratsherren (Gerichtsschöffen) die Bestätigung zu verweigern, konnten die Staatsbehörden über das Etatrecht in die Gemeindeverwaltung eingreifen, denn der Entwurf und die Abrechnung des Stadthaushalts mußten jährlich der Rechnungskammer zur Prüfung vorgelegt werden – und daß dies nicht nur der Form halber geschah, zeigen die zahlreichen Rückfragen und Änderungsanweisungen der Kammer.[12] Die z. T. äußerst kleinliche Rechtspraxis mag zwar nicht den Intentionen des nassauischen Reformers Ibell entsprochen haben, doch schwand dessen Einfluß mit der reaktionären Wendung der nassauischen Politik 1818/19, die schließlich 1821 zu seiner Entlassung führte. Die Deputiertenkammer der Ständeversammlung wertete 1847 das Gemeindeedikt von 1816 in einem Abschlußbericht: Es sei vom – auf die Spitze getriebenen – Zentralisationsprinzip der napoleonischen Ära beherrscht.[13] Dem Bericht der Deputiertenkammer war ein Antrag von Michael Fussinger, dem Wiesbadener Stadtschultheiß von 1821 bis 1833, auf Erlaß eines die Selbstverwaltung der Gemeinde stärkenden Gemeindeverwaltungsgesetzes vorausgegangen.[14]

Das Feldgericht, in Wiesbaden „Stadtrat" genannt, hatte keine wirkliche Macht und diente mit seiner Kompetenz in privatrechtlichen Dingen vor allem der Entlastung der staatlichen Verwaltung von den aufwendigen Erbteilungsgeschäften.

So sind die Handlungsspielräume, die die Gemeindeverfassung nach 1816 den Wiesbadener Bürgern bot, eher gering zu veranschlagen. Doch wie stand es um die Auslotung jener Spielräume? Die Beispiele München und Augsburg zeigen, daß unter einer für beide Städte gültigen Gemeindeordnung sehr wohl fast gegensätzliche Entwicklungen hinsichtlich einer

---

[11]   Ebd.
[12]   Z.B. StdAWi WI/1/625f.
[13]   Abgedruckter Bericht bei *Eichler*, Nassauische Parlamentsdebatten, 214ff.
[14]   Fussingers Rolle als Liberaler im Domänenstreit wird in den folgenden Kapiteln noch ausführlicher dargestellt werden.

Selbstverwaltung möglich waren.[15] Leider ist, wie bereits erwähnt, die Aktenüberlieferung in bezug auf die Wiesbadener Stadtverwaltung besonders hinsichtlich der 1820er Jahre äußerst bruchstückhaft oder besser: es sind nur wenige Fragmente erhalten. Neben den Kriegsverlusten des Hauptstaatsarchivs spielt hier auch der liederliche Umgang der Wiesbadener Stadtverwaltung mit ihren Akten eine Rolle. Die nicht gerade sehr respektvolle Behandlung der städtischen Akten deutet an, daß auch nach der Verkündung des Gemeindeediktes von 1816 noch nicht alle Probleme in und mit der städtischen Verwaltung gelöst waren. So fand der Sekretär des Nassauischen Altertumvereins Karl Rossel die städtischen Akten Mitte des 19. Jahrhunderts in einem beklagenswerten Zustand: „Fingerdicker Staub zerstörte, was die Mäuse noch nicht angefressen hatten."[16] Nur mit Mühe konnte Rossel Schlimmeres verhüten: „Am 7. Dez. habe ich weiter einen ganzen Haufen derartiger Papiere entdeckt und vor weiterer Vernichtung – man hatte nämlich seit zwei Wintern das Feuer in den Rathausöfen damit angemacht – gerettet."[17]

Nach der Verkündung des Gemeindeediktes blieb offener Protest seitens der Wiesbadener Bürger aus. Es stellt sich aber die Frage, welche Bürger überhaupt noch bereit waren, in einem so machtlosen Gremium wie dem Stadtvorstand mitzuarbeiten bzw. wen die Bürger per Wahl dorthin delegierten. Doch bevor die neue „politische" Elite analysiert und die unendliche Geschichte der Konflikte zwischen Stadt und Staat erneut aufgegriffen wird, sollen die sozialen und gesellschaftlichen Veränderungen jener Zeit betrachtet werden.

b. Der Aufbruch in die Moderne – Wirtschaft und wirtschaftliche Führungsschicht

„Dem Freunde der Baukunst wird der große Kursaal, sowie die neuangelegten Straßen, Vergnügen und Muster gewähren. Diese durch ansehnliche Befreiung und Zuschüsse der höchsten Behörden entschieden begünstigten Anlagen zeugen von des Herrn Baudirektor Götz und des Herrn Bauinspektor Zais Talenten und Tätigkeit. Die großen Wohnräume, die in den neuan-

---

[15] *Gisela Mettele*, Verwalten und Regieren oder Selbstverwalten und Selbstregieren, in: Lothar Gall (Hrsg.), Stadt und Bürgertum im Übergang von der traditionalen zur modernen Gesellschaft, 343–365, hier 351.

[16] HHStAWi 1098 III 44 fol. 5. Vgl. auch *Günter Mischewski*, Zur Geschichte des Stadtarchivs, in: Das Stadtarchiv Wiesbaden. Geschichte, Aufgaben und Bestände – Begleitheft zur Ausstellung. Hrsg. v. Magistrat der Landeshauptstadt Wiesbaden – Stadtarchiv, Wiesbaden 1990, 5–12.

[17] HHStAWi 1098 III 44 fol. 5.

gelegten schönen Häusern entstehen, beleben die Hoffnung, daß mancher Vorsatz auszuführen sei, den man hier im stillen nährt, um eine so viel besuchte, an Ausdehnung und Umfang ständig wachsende Stadt durch Sammlungen und wissenschaftliche Anstalten noch bedeutender zu machen. Schon haben mehrere Freunde des Altertums sich unterzeichnet, eine

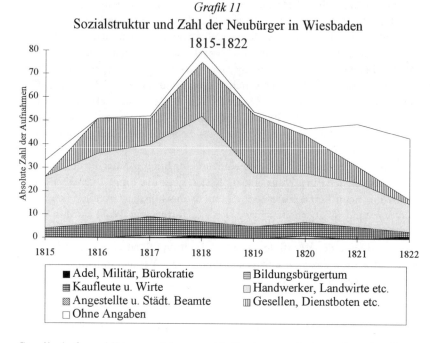

Grafik 11
Sozialstruktur und Zahl der Neubürger in Wiesbaden
1815-1822

Gesellschaft zu bilden, welche sowohl überhaupt, als besonders für diese Gegend um alles Merkwürdige bemüht wäre."[18]

Als Goethe 1814/15 die Stadt zweimal für mehrere Wochen besuchte und sich in seinen Reiseberichten so anerkennend äußerte, hatte die Stadt bereits ein Jahrzehnt intensivster Entwicklung hinter sich. Die Stadtmauer war durchbrochen worden, neue Straßenzüge und Gebäudekomplexe waren um den alten Stadtkern herum entstanden und gaben der Stadt von außen ein modernes Gesicht. In Ergänzung zu den bereits beschriebenen, anfangs eher unzusammenhängenden Stadterweiterungen erarbeitete Christian Zais im Auftrag der Regierung einen Stadtentwicklungsplan, der seine vollständige Ausformung 1818 mit einem Konzept zu einer fünfeckigen Stadtanlage erhielt. Der Zais'sche Plan für das „historische Fünfeck", wie

---

[18]   *Johann Wolfgang Goethe*, Sämtliche Werke. Bd. 12. Zürich 1950 (Artemis-Ausgabe), 533.

es später genannt wurde, griff weit über das damalige Weichbild der Stadt hinaus und bestimmte mit seinen Fluchtlinien den Stadtausbau für die folgenden Jahrzehnte.[19] Für den nötigen Anschub des Stadtausbaus sorgte der Herzog zunächst selbst durch die Verteilung von kostenlosen Bauplätzen und Gewährung eines Baukostenzuschusses von 25 Gulden pro Schuh Fassade. Der Boom der Bautätigkeit ließ 1818 einen Zeitgenossen urteilen: „Allenthalben tönt die Axt des Zimmermanns, der Hammer des Maurers mit emsigen Schlägen; allenthalben steigen Häuser aus der Erde und reihen sich zu freundlichen Straßen aneinander".[20]

Diese Konjunktur hielt zunächst, begünstigt durch den Nachholbedarf vor allem bei Wohngebäuden, bis 1820/21 an. Die dann folgende Wirtschaftskrise um das Jahr 1822 hatte mehrere Ursachen. Vor allem die Bautätigkeit ging stark zurück, zum Teil sicher deshalb, weil der Bedarf gedeckt war. Eine wichtige Rolle spielte aber auch, daß die neukonstituierte Ständeversammlung die Neubauförderung stark beschnitt und nur noch der Auszahlung jener Gelder zustimmte, die bereits zugesagt waren.[21] Beides bewirkte, daß fast keine Neubauten mehr errichtet wurden.[22] Zugleich läßt sich um diese Zeit ein „Überangebot" im Gastgewerbe feststellen. Die wirtschaftliche Situation der Gastwirtschaften verschlechterte sich infolge der in den Jahren zuvor zahlreich neu eröffneten Gast- und Schankwirtschaften[23]; viele Wirte mußten deshalb empfindliche Umsatzeinbußen hinnehmen.[24]

Im Handwerk wuchs ebenfalls mit dem Ende der Zünfte 1818/19 der Konkurrenzdruck. Bereits 1808 war nach wiederholten Konstatierungen zahlreicher Mißstände im Metzgergewerbe für diesen Bereich die Gewerbe-

---

[19] Vgl. *Berthold Bubner*, Christian Zais in seiner Zeit 1770–1820. Wiesbaden 1993, 38ff.

[20] *Anton Kirchner*, Ansichten von Frankfurt am Main, der umliegenden Gegend und den benachbarten Heilquellen, 2. Bd. Frankfurt/M. 1818, 198f., zitiert nach *Struck*, Goethezeit, 130.

[21] *Struck*, Biedermeier, 154f.

[22] Eintrag bei dem Ziegler Heinrich: „Das Geschäft hat sich zur Hälfte vermindert wegen Aufhören der Neubauten", auch gab der einzige Wiesbadener Bauunternehmer Kalb („Entrepreneur im Baugeschäfte") 1821 dieses Gewerbe auf; StdAWi WI/1/29 (Gewerbesteuerkataster 1821). Zur Ständeversammlung vgl. *Struck*, Biedermeier, 155.

[23] Nach dem Gewerbekataster von 1811 (StdAWi WI/1/24) existierten insgesamt 57 Bewirtungsbetriebe (Bade-, Gast-, Weinwirte, Branntweinzapfer etc., die von Juden bewirtschafteten Betriebe nicht eingerechnet), 10 Jahre später sind es bereits 84. Der Anstieg von 47% lag in etwa auf dem Niveau der Bevölkerungszunahme, wahrscheinlich aber über dem Anstieg der Kurgastzahlen.

[24] Bei insgesamt 8 Wirten finden sich im Gewerbesteuerkataster 1821 entsprechende Hinweise auf die Herabstufung oder Aufgabe des Geschäfts, bei einem wird eine unmittelbare Verbindung mit der Zunahme der Gastwirtschaften hergestellt. StdAWi WI/1/29 (Gewerbesteuerkataster 1821).

freiheit dekretiert worden.[25] 1818 wurden dann in Wiesbaden einige Zunft-
verfassungen außer Kraft gesetzt, und schließlich hob die Regierung ein
Jahr später alle Zünfte in ganz Nassau auf. Für die Ausübung eines Gewerbes bedurfte es fortan nur noch eines Gewerbescheines. Die Institution des
Meisters blieb aber weiterhin bestehen, denn nur diese waren berechtigt,
Lehrlinge auszubilden. Fünf bis sechs Meister wurden als Geschworene in
den Amtsbezirken zur Begutachtung von Handwerksangelegenheiten herangezogen. Ihre Ernennung erfolgte durch das Amt, hier dem herzoglichen
Amt Wiesbaden.[26]

Auch in dem Handelssektor verschärfte sich die Konkurrenz, da die neue
Gewerbefreiheit in der umsatzstarken Kursaison zahlreiche fremde Händler
anlockte.[27] Die Krise hatte also nicht nur konjunkturzyklische Ursachen
(„Überangebot" durch die Händler und Gastwirte, z.T. auch an Wohn-
raum), sondern wurde auch noch durch die Veränderungen der bisherigen
Wirtschaftsstruktur und den Wegfall staatlicher Subventionen verschärft.
Die Krise wirkte sich naturgemäß auf andere Geschäftszweige aus.[28]

Der große Konjunkturschub, der auf Wiesbadens faktische Erhebung zur
Landeshauptstadt gefolgt war, hatte die Strukturen in der Stadt nachhaltig
verändert. Dabei ist, wie bereits am Beispiel der Friedrichstraße gezeigt
wurde, auffällig, wie sehr sich die bisherige wirtschaftliche Führungsschicht – Gutsbesitzer und Besitzer der großen Bade- und Gasthäuser –
beim Ausbau der Stadt zurückhielt. Entsprechend veränderte sich in Wiesbaden die Sozialstruktur der Immobilienbesitzer ebenso wie die Immobilienstruktur. So waren 1806 fast alle Gebäude von größerem Wert Gast- und
Badehäuser. Durch die vielen Neubauten entstand bis 1822 ein wesentlich
anderes Bild: Nun liegt die „Masse" der Häuser nicht mehr bei einem Wert
bis 2800 Gulden, sondern ist fast gleichmäßig gestreut bis zu einem Wert
von 8000 Gulden. Zwar spielt bei der Bewertung der Häuser eine Rolle,
daß in dem Brandkataster von 1806 (Grafik 9) die Grundstückswerte nicht

[25] *Egon Eichhorn*, Metzgerwesen, Fleischbeschau und Fleischhygiene in Nassau-Idstein
und im Herzogtum Nassau mit besonderer Berücksichtigung der Stadt Wiesbaden. Ein
Beitrag zur Geschichte des Metzgerhandwerks von den Anfängen bis zum Jahre 1866,
in: NA 73, 1962, 204–245, hier 231.

[26] *Schüler*, Wirtschaft, 139f. Die Führung des Meistertitels blieb auf Selbständige, die
zugleich gelernte Gesellen waren, beschränkt. Eine Meisterprüfung scheint es nicht
mehr gegeben zu haben. Vgl. auch *Struck*, Biedermeier, 97; *Kober*, Juden, 229.

[27] Zahlreiche Krämer und Händler wurden wegen schlechten Geschäftsganges hinsichtlich
ihrer Steuerklasse herabgestuft, beim Händler Lugenbühl wird in dem Gewerbekataster
mit einer Anmerkung der Bezug zu der Einführung der Gewerbefreiheit und den reisen-
den Händlern hergestellt. StdAWi WI/1/29.

[28] 1823 etwa vermochte der Wiesbadener Buchhändler und Drucker Schellenberg seine
Ausstände bei den Geschäftsleuten kaum beizutreiben, so daß sein eigenes Geschäft in
die Krise geriet. Vgl. *Müller-Schellenberg*, Die Wiesbadener Buchhändler-, Drucker-
und Verlegerfamilie Schellenberg, 104.

berücksichtigt werden. Darauf, sowie auf die allgemeine Wertsteigerung der Immobilien und vielleicht auch auf Um- und Erweiterungsbauten dürfte es zurückzuführen sein, daß die Zahl der „geringerwertigen" Häuser 1822 etwas niedriger lag.

Besonders deutlich werden die Veränderungen in der Immobilienstruktur, wenn man die größeren Gebäude untersucht. Unter 29 Besitzern von „nicht-öffentlichen" Gebäuden mit einem Wert von über 12.000 Gulden waren zwar immer noch 15 Gast- oder Badewirte, 12 der Hausbesitzer wurden aber als Beamte oder Beamtenwitwen bezeichnet. Bemerkenswert ist außerdem, daß zwischen den beiden Gruppen Überschneidungen vorlie-

Grafik 12
Hausbesitz nach dem Steuerkataster von 1822

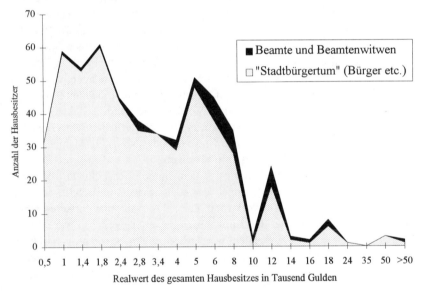

gen, indem vier Badehausbesitzer Beamte bzw. Beamtenwitwen waren. Ebenso findet sich eine Reihe von Zugewanderten unter den Badehausbesitzern.

Für Beamte und „Fremde" gilt, daß sie zum erheblichen Teil durch Einheirat in den Besitz der Badehäuser kamen. Dies trifft z. B. für Friedrich Heinrich Habel zu, den Neffen des Hofkammerrats und Gründers des Vereins für Nassauische Altertumsforschung Christian Friedrich Habel. Habel, Sohn eines Schultheißen aus Wallrabenstein, heiratete die verwitwete

Tochter des Schützenhofwirtes Käseberger[29] und kam so zu einem formidablen Hausbesitz im Wert von 48.000 Gulden. Ähnliches gilt für den Herrn von Block, der die verwitwete „Rindsfußwirtin" Frey ehelichte und das Badehaus unter dem ansprechenderen Namen „Englischer Hof" weiterführte.[30] Auch der Registrator Mahr – „maritus Jungfer Lange" – wurde durch Einheirat zum Badewirt der „Blume".

Der Kauf eines Badehauses ohne nachweisbare Anbindung an eine alteingesessene Familie scheint die Ausnahme gewesen zu sein – so z. B. bei Conrad Müller aus Frankfurt, der 1811 den „Bären" erwarb. Es ist außerordentlich schwer zu beurteilen, ob die Zahl der Beamten sowie der „Fremden" unter den Badehausbesitzern tatsächlich gestiegen ist, denn es fehlen vergleichbare Untersuchungen für das 18. Jahrhundert. Zumindest in einer Reihe von Einzelfällen waren bereits vor 1800 Beamte Besitzer eines Badehauses; ebenso wurden „Fremde" über eine Einheirat in die führenden Familien der Stadt zu Badehausbesitzern.[31] Ein breites Vordringen der Beamten in die bürgerlichen Gewerbe und Familien läßt sich als Novum des 19. Jahrhunderts gewiß nicht belegen. Außerdem ist bei einigen Staatsdienern aufgrund der Titel wie „Posthalter" und „Präsenzmeister" zu vermuten, daß ihnen zwar Aufgaben von seiten des Staates übertragen wurden, es sich aber nicht um Staatsbeamte im eigentlichen Sinne handelte, sondern das bürgerliche Gewerbe bei ihnen im Vordergrund stand.[32] Sicher verneint werden kann, daß sich höhere Staatsbeamte in bürgerlichen Gewerben betätigten, sieht man einmal von dem Gutsbesitz des Ministers Marschall von Bieberstein[33] und der Beamtenfamilie Huth ab.

Betrachtet man die Entwicklung auf dem Immobiliensektor mit der Fragestellung nach den Veränderungen der städtischen Gesellschaft, so kann das nun viel breitere „Wertspektrum" der Häuser als eine fortschreitende Differenzierung zwischen den Einwohnern gewertet werden. Zwar wohnte man um 1800 keineswegs gleich, doch waren die wirklich großen Häuser die Ausnahme und fast stets handelte es sich dabei um „Gewerbebauten", nämlich Gast- bzw. Badehäuser. 1822 dagegen sind einige der Wohnhäuser

---

[29]   *Rudolf Bonnet*, Nassovica, Bausteine zur nassauischen Familien- und Ortsgeschichte. Bd. 1. Frankfurt am Main 1930, 45ff.

[30]   *Meurer*, Alte Wiesbadener Gast- und Badehäuser, 103.

[31]   Ebd.

[32]   Dies gilt insbesondere für die Posthalterfamilie Schlichter, deren Gewerbe als Badewirte sehr einträglich war.

[33]   Die Familie Marschall von Bieberstein besaß in Wiesbaden ein großes Wohngebäude. Landwirtschaft wurde aber wohl vor allem auf dem „Bleidenstadter Hofgut" betrieben, das in dem Wiesbadener Vorort Bierstadt lag. Dieses Gut hatte der Herzog dem Staatsminister im Dezember 1811 geschenkt. Vgl. Spezialbericht über die Veräußerungen aus dem Domanialvermögen durch Schenkung von Gütern aus den Jahren 1803–1818. Wiesbaden 1849, 10ff.

bereits größer oder zumindest wertvoller als die kleineren Badehäuser. Hinzu kommt die bereits angedeutete Viertelbildung, die die verschiedenen Bevölkerungskreise auch räumlich Distanz voneinander nehmen ließ.

Die Wirtschaftsstruktur hat sich über den Ausbau der Stadt nicht grundlegend verändert. Fabriken und Manufakturen gab es auch 1822 noch nicht, und in den „Massenhandwerken" der Schuhmacher, Schneider etc. konnte die Mehrheit der Meister von ihrem Handwerk allein nicht leben.[34] Weiterhin von großer wirtschaftlicher Bedeutung war der Badebetrieb. Die Wirte allein zahlten etwa ein Drittel des Steueraufkommens von 29.000

Grafik 13
Gewerbekataster 1821 nach Beruf und Steuerkapital

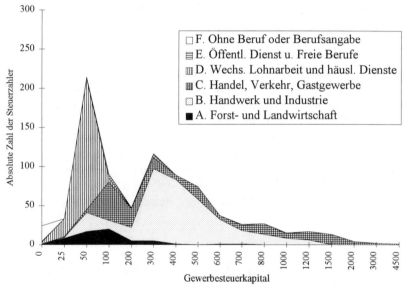

Gulden, das die Stadt hatte, ohne daß sie kommunale „Steuersimpel" im Bereich der Grund-, Gebäude- und Gewerbesteuer erheben mußte.[35]

Ähnlich wie bei den Hauswerten gibt es auch im Bereich des Gewerbes zahlreiche Hinweise auf eine steigende Differenzierung innerhalb der Bürgerschaft. Darauf deutet insbesondere ein Vergleich des ersten Gewerbekatasters von 1811 (Grafik 10) und des Katasters von 1821 (Grafik 13) hin.

---

[34] *J. A. Demian*, Handbuch der Geographie und Statistik des Herzogthums Nassau. Wiesbaden 1823, 137.
[35] Ebd., 146.

Hier können zunächst zwei unterschiedliche Tendenzen[36] beobachtet werden: Zum ersten ist die Zahl der Handwerksmeister gestiegen, deren Steuerklasse auf die Beschäftigung von einem oder mehreren Gesellen schließen läßt. Ebenso hat die Zahl der Kaufleute, deren Steuerkapital ein „gutes Auskommen" nahelegt, deutlich zugenommen. Zum zweiten aber stieg in den zehn Jahren zwischen 1811 und 1821 die Zahl der Tagelöhner und der Bauern mit höchstens einer „Fuhr" in der Stadt nominell (von 121 auf 197) und relativ, bezogen auf die Gesamtzahl der Gewerbesteuerpflichtigen, an.[37]

Auffällig ist weiterhin, daß die Zahl der Gewerbesteuerzahler[38] 1821 (808) nur marginal höher lag als 1811 (802), obwohl die Bevölkerung zwischenzeitlich mit gut 6000 Einwohnern um rund 50% gestiegen war.[39] Diese Entwicklung ist nur durch eine höhere Zahl von Gesellen im Handwerk bzw. Gehilfen in dem Gastgewerbe und Bediensteten in den Haushalten zu erklären, die in dem Kataster im Gegensatz zu den Tagelöhnern nicht als selbständige Individuen aufgeführt werden.

Der Bevölkerungsanstieg dieser Jahre muß im wesentlichen auf die Einwanderung zurückzuführen sein, da in dem Zeitraum von 1811 bis 1820 in der Stadt die Zahl der Geburten die der Sterbefälle nur um 163 überstieg.[40] Leider sind für diese Zeit die Listen der Neubürger nachlässig geführt und es fehlen meist Herkunft und Beruf, so daß genauere Analysen der Immigration hier nicht vorgenommen werden können.[41] Ein Hinweis ergibt sich aber aus der gewandelten konfessionellen Zusammensetzung der Bevölkerung. Daß 1822 neben 5059 Evangelischen und 136 Juden mittlerweile auch 915 Katholiken in der Stadt lebten, deutet auf starke Einwanderung

---

[36] Die im Gewerbekataster 1811 ohne Gewerbesteuerkapital erfaßten Beamten und die Personen ohne Beruf bleiben hier außer Betracht.

[37] Dabei muß berücksichtigt werden, daß im Gegensatz zu den Tagelöhnern, die keinem festen „Arbeitgeber" zugeordnet werden konnten und deshalb für sich selbst steuern mußten, die Gesellen und Gehilfen in dem Steueranschlag der Meister enthalten sind, also als Individuen in dem Gewerbesteuerkataster überhaupt nicht aufgeführt werden.

[38] Die im Gewerbekataster 1811 ohne Gewerbesteuerkapital erfaßten Beamten und Personen ohne Beruf wurden hier herausgerechnet.

[39] Zahlen in *Weichel*, Kommunalpolitik, 179.

[40] Auswertung der Tabellen bei *Struck*, Goethezeit, 45, und *Struck*, Biedermeier, 66.

[41] Über die Gründe dieser Nachlässigkeit kann nur spekuliert werden. Sicher ist eine der Ursachen in der relativen Entwertung des Bürgerrechts durch die Gemeindeordnung von 1816 zu sehen, weiterhin mag die hohe Zahl der Neuaufnahmen nach 1816 eine Rolle gespielt haben. Bis 1823 wurden die Neuaufnahmen noch wie seit 1740 in das Ämterbuch der Stadt eingetragen. 1823 wurde dann, beginnend mit einer Gesamtaufnahme der im Bürgerrecht Stehenden, ein neues chronologisches Bürgerbuch begonnen. Leider wurde die Gesamtaufnahme nur ungenau, meist ohne Beruf, Herkunftsort und Aufnahmejahr und in flüchtiger Schrift durchgeführt.

aus den katholischen Landesteilen, besonders wohl aus dem Rheingau, hin.[42]

Aus der Parallelität beider Prozesse, dem Anstieg der Zahl der Einwanderer sowie der der Unselbständigen, also Gesellen, Tagelöhner etc., darf keineswegs gefolgert werden, daß nur mittellose Dorfbewohner ein besseres Auskommen in der Stadt suchten. Es wanderten in den ersten beiden Dekaden des Herzogtums nicht nur „unterbürgerliche" Schichten ein, sondern es kamen eine große Zahl vermögender Kaufleute und „Investoren" in die Stadt, die die Sonderkonjunktur der neuen Landeshauptstadt nutzen wollten. Dies zeigt sich besonders deutlich, wenn man nach der Herkunft derjenigen Personen fragt, die in die höchsten Gewerbesteuerklassen eingestuft sind.

Die Ergebnisse der Auswertungen sind von seltener Eindeutigkeit, wenngleich nochmals betont werden muß, daß die „Gutsbesitzer" relativ wenig Gewerbesteuer zahlten, hier also, gemessen an ihrem Vermögen und ihren Einkünften, unterrepräsentiert sind. Waren bereits 1811 die „Alteingesessenen" in der Minderheit (11:13)[43] unter den Höchstbesteuerten, so stellen sie 1821 mit nur noch einem guten Viertel (7:17) beinahe eine Randgruppe dar. Allein seit 1815 waren sechs Personen, die jetzt zu den Höchstbesteuerten zählten, neu in die Stadt gekommen. Es handelte sich also keineswegs um „Aufsteiger", sondern eher um „Quereinsteiger" in die boomende Stadt, die schon genügend Kapital besaßen, eine Handlung zu eröffnen oder ein Bade- bzw. Gasthaus zu kaufen oder wenigstens zu pachten. Auf den Punkt gebracht, bedeutet dies, daß die alte wirtschaftliche Führungsschicht von den Neueinwanderern an die Wand gedrängt wurde. Die Zahl der Einwanderer und vor allem ihre soziale Stellung legen nahe, hier nicht allein die Frage nach der Integration der Neubürger zu stellen, sondern zugleich zu prüfen, ob nicht eine Neukonstituierung der stadtbürgerlichen Gesellschaft Wiesbadens auf Basis eines in weiten Teilen völlig neuen Personenkreises stattgefunden hat.

Entscheidend für diese Frage ist, welche sozialen Bindungen die Einwanderer etwa durch Ehen eingingen. Eine umfassende Antwort auf diese Frage ist in dieser Arbeit noch nicht möglich, dafür sind der bearbeitete Zeitraum und das Themenspektrum zu groß, auch fehlen für Wiesbaden die ansonsten verbreiteten Familienstammbäume fast völlig. Rekonstruktionen sind aber ab den 1840er Jahren möglich, wenn im Bürgerbuch mit zunehmender Häufigkeit auch die Ehepartner vermerkt sind.

---

[42] Konfessionszahlen nach *Schüler*, Kleinstädtische Verhältnisse, 31.
[43] Vgl. Tabelle 7

Tabelle 9

Die wirtschaftliche Elite 1821 - die 24 Höchstbesteuerten

Geordnet nach dem Gewerbesteuerkapital (in Gulden)

Nr. Name	Status	Bürger-aufnahme	Bürger-Jahre	Beruf	Steuerkap. 1821
1 Fechenbach, von	F/SB	-	-	Spielpächter	10.200
2 Schlichter, Christian	S/B	1811	10	Badewirt	4.000
3 Ackermann, Arnold	F/B	1810	11	Weinhändler	3.200
4 Schirmer, Andreas	F/B	1816	5	Kaufmann	2.700
5 Zais, Christian (Wwe.)	F/SB	-	-	Badewirt	2.400
6 Kreidel, Fried. August	F/B	1816	5	Weinhändler	2.000
7 Ruß, Friedrich	F/B	1804	17	Spezereihändler	2.000
8 Freinsheim, Marie	S/BW	1796	25	Badewirtin	1.900
9 Stritter, Joh. Friedrich	S/B	1808	13	Gastwirt	1.900
10 Hetzel, Georg	F/B	1818	3	Spezereihändler	1.800
11 Franken, Christian	F/B	1817	4	Spezereihändler	1.800
12 Herber, Johann Phil.	F/B	1788	33	Müller	1.700
13 Rauch, Conrad	F/B	1800	21	Spezereihändler	1.700
14 Cron, Friedrich Adam	S/B	1771	50	Metzger	1.600
15 Düringer, Daniel	F/B	1815	6	Gastwirt	1.600
16 Götz, Friedrich jun.	S/B	1808	13	Gastwirt	1.600
17 Habel, Friedrich	F/B	1810	11	Badewirt	1.600
18 Kalb, Conrad	F/B	1808	13	Bauunternehmer	1.500
19 May, Bernhard	F/B	1807	14	Mehlhändler	1.500
20 Schellenberg, Ludwig	F/B	-	-	Buchdrucker	1.500
21 Hüthwohl, Nikolaus	F/B	1815	6	Gastwirt	1.400
22 Schramm, Balth. Wilhelm	S/B	1787	34	Weinwirt	1.400
23 Steiner, David	F/B	1800	21	Müller	1.400
24 Weygand, Reinhard	S/B	1800	21	Bierbrauer/Wirt	1.400

Summe ohne Minus-Jahre			336	Summe	53.800
mind. 21 Bürger, davon 20 mit Aufnahmedatum			:21		:24
durchschnittl. seit # Jahren Bürger			16	Schnitt	2.242

Legende:
F=Fremde; S=Bürgersohn bzw. ortsgebürtig / B=Bürger; SB=Schutzbürger; U=unbekannt

Herkunft
Fremde: 17; Bürgersöhne bzw. ortsgebürtig: 7

Vereinsmitgliedschaften

Casino-Gesellschaft	3	Jahr: (1832)
Naturkundeverein	5	Jahr: (1842)
Nass. Altertumsverein	2	Jahr: (1822/39)

Rauch war außerdem katholischer Kirchenvorstand und Schellenberg in der Bibelgesellschaft.

Weitere Hinweise:
Juden und Beamte sind in dem zugrundeliegenden Gewerbesteuerkataster nicht verzeichnet. Die beiden Müller steuern noch für Weinhandel bzw. Branntweinbrennerei und der Metzger Cron betreibt nebenher noch eine Weinwirtschaft.

Für das erste Drittel des 19. Jahrhunderts sollen hier die Grundzüge der Entwicklungslinien dreier Familien angeführt werden, die der Verfasser näher untersucht hat.[44] Dabei wurde angestrebt, möglichst alle Familienmitglieder, ihre ökonomischen Erfolge und Mißerfolge, ihre politischen und gesellschaftlichen Aktivitäten zu erfassen. Vorgestellt werden sollen hier die „Einwandererfamilien" Kalb, Scholz und Bertram. Während die „Aufsteiger"-Familie Scholz kurz vor 1800 zunächst als Beisassen in die Stadt kam, wanderten die zwei Brüder Kalb 1808 ein. Die Bertrams, sicher bei der Einwanderung die Familie mit dem größten Vermögen, ließen sich erst Mitte der 1820er Jahre in Wiesbaden nieder. Alle drei Familien waren, zumindest zeitweise und in Zweigen, ökonomisch sehr erfolgreich. Und, dies wurde erst bei der Bearbeitung offenbar, sie sind mehrfach miteinander verwandt.

Grafik 14
Sozialstruktur der Neubürger in Wiesbaden 1823-1830

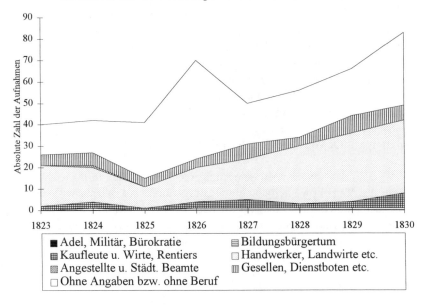

Als Josef Scholz, Sohn eines Revierjägers aus Oberschlesien, etwa Mitte der 1790er Jahre nach Wiesbaden kam und 1796 eine Bürgertochter ehe-

---

[44]   Die „alteingesessene" Bauernfamilie Burk wurde ebenfalls in einem anderen Zusammenhang im Kontext ihrer Sozialbeziehungen recherchiert. Bei ihr deutet sich an, daß die „bodenständigen" Familien überwiegend in ihren Kreisen blieben. Vgl. *Weichel*, Geschichte der Familie Burk, besonders 12. Auf die ausführliche Schilderung dort sei verwiesen, so daß eine Wiederholung hier entfallen kann.

lichte, fand er zunächst nur Aufnahme als Beisasse in der Stadt. Dies darf mit Sicherheit, insbesondere angesichts seiner Einheirat, als Hinweis auf dürftige finanzielle Verhältnisse gewertet werden. Er begründete in Wiesbaden Anfang des Jahrhunderts einen Schreibwarenhandel und wurde „Federkielfabrikant".[45] Wie schwierig der Begriff „Fabrikant" zu handhaben ist, zeigt sich auch an diesem Beispiel, denn Scholz war zugleich sein einziger Arbeiter. Mit der Herstellung von Federkielen fand er in der neuen „Behördenstadt" Wiesbaden eine Marktlücke. Jedenfalls sicherte das Geschäft bescheidene Verhältnisse und einen sozialen Status, der seine Bestimmung zum Vorsteher der kleinen katholischen Gemeinde möglich machte. Nach seinem Tode 1813 führte zunächst die Witwe das Geschäft weiter, die fünf Kinder waren zur Betriebsübernahme noch zu jung, der älteste Sohn, der im Geschäft half, gerade erst 16 Jahre alt. Die jüngeren Geschwister zogen, als sie ein entsprechendes Alter erreicht hatten, mit dem Reisewagen über das Land und verkauften Federkiele.[46] Das Geschäft, für das es in Wiesbaden keine direkte Konkurrenz gab, muß relativ ertragreich gewesen sein, denn bereits 1818 erwarb die Familie ein Haus in der Metzgergasse, das 1821 immerhin auf einen Wert von 6000 Gulden geschätzt wurde.[47] Als im gleichen Jahr der älteste Sohn Carl die Mainzerin Barbara Höllebrand heiratete, wurde er bereits im Kirchenbuch als Stadtvorsteher bezeichnet, 1830 wurde er ein zweites Mal in dieses Amt gewählt.[48] Die Wahl des Katholiken Scholz zum Stadtvorsteher durch die überwiegend evangelischen Bürger Wiesbadens kann als Beweis seiner gesellschaftlichen Anerkennung gewertet werden. Gegen eine gezielte Integrationspolitik von seiten der Familie Scholz steht aber das Heiratsverhalten.

Weder Carl Scholz noch seine jüngeren Geschwister folgten dem Beispiel des Vaters und heirateten ein „Bürgerkind" aus Wiesbaden, sondern sie suchten sich stets Einwanderer oder Personen von außerhalb als Ehepartner. Doch fast immer, so urteilt man jedenfalls aus heutiger Perspektive, hatten die Kinder und Enkel dynamische, meist auch erfolgreiche Le-

---

[45]   Das Gewerbekataster von 1811 weist für ihn 500 Gulden Steuerkapital für eine Federkielfabrikation ohne Gehilfen sowie 300 Gulden für einen Schreib- und Materialhandel aus.

[46]   *Gretel Baumgart-Buttersack*, Vom Federkiel zum Computer, in: Wiesbadener Leben, 7/1993, 8–11, hier 9.

[47]   Nach der Steuerschätzung von 1821. HStAWi 212/12082.

[48]   Nach dem Tod von Carl Scholz führt seine Witwe die Schreibwarenhandlung mit einem Lager an Bettfedern und Roßhaaren weiter. Vgl. Anzeige in WWbl. Nr. 47 v. 19.11.1832.

bensläufe.[49] Einige werden uns im Laufe der Arbeit wieder begegnen. Etwa Bernhard Scholz (1831–1871), Sohn des erwähnten Carl (Wilhelm) Scholz, der als Dichter, Kritiker und insbesondere Gründer und Redakteur des in Wiesbaden erscheinenden „Rheinischen Kuriers" Bedeutung erlangte. Ein weiterer Enkel des alten Scholz war Carl (Julius) Scholz (1833–1893), der als Rechtsanwalt, Mitglied der Ständeversammlung und Wiesbadener Gemeinderat wirkte und 1868 bei der Bürgermeisterwahl gegen Wilhelm Lanz verlor (vgl. III.1. der vorliegenden Arbeit). Zu dessen Söhnen gehörten Friedrich Scholz (1867–1905), Rechtsanwalt und Stadtverordneter in Wiesbaden, ebenso wie Ernst Scholz (1874–1932), Stadtkämmerer von 1902–1909 in Wiesbaden, später Oberbürgermeister von Kassel, Reichstagsabgeordneter und zeitweise Reichswirtschaftsminister (1920/21), außerdem Vorsitzender der Fraktion der DVP (1929/30) im Reichstag.[50]

Aber auch schon in der zweiten Generation finden sich herausragende Personen, etwa Christian Scholz (1806–1880), verheiratet mit Katharina May, einer Tochter des Müllers und liberalen Politikers Bernhard May. Christian Scholz ist vor allem als Verleger von Kinderbüchern auch heute noch ein Begriff[51]. Er trat besonders als Delegierter des Frankfurter Vorparlaments und Mitglied der Ständeversammlung (1864) hervor. Die einzige Tochter des alten Scholz, Katharine (1799–1872), heiratete mit Gottfried Glaser einen Apotheker in Kusel, der sich jedoch 1828 auch in Wiesbaden niederließ und dort eine auskömmliche Materialwarenhandlung betrieb.[52] Einer ihrer Söhne, Adolf Glaser, wurde 1856 der erste Redakteur von „Westermanns Monatsheften", einer der für die zweite Hälfte des 19. Jahrhunderts typischen literarisch-kulturellen Familienzeitschriften, und er trat auch mit eigenen kulturgeschichtlichen und gegenwartsbezogenen Romanen und Dramen hervor.[53]

Wechselvoll gestaltete sich das Leben von Anton Scholz (geb. 1808), des jüngsten Sohnes des alten Josef Scholz. Anton betrieb zahlreiche Gewerbe[54], viele davon wohl mit nur vorübergehendem Erfolg[55]. 1847 reiste er

---

[49] Die Lebensdaten der Mitglieder der Familie Scholz wurden überwiegend einem Stammbaum entnommen, der 1905 veröffentlicht wurde. Vgl. [*Karl Scholz und Bernhard Scholz*], Josef Scholz und seine Nachkommen. Frankfurt 1905.

[50] Vgl. StdAWi WI/P/2290, Renkhoff, Biographie, 723. Stadtgemeinde Wiesbaden, Bericht über die Verwaltung der Gemeindeangelegenheiten im Rechnungsjahre 1901. Wiesbaden 1902, 1.

[51] WT Nr. 179 v. 6.8.1986.

[52] *Gretel Baumgart-Buttersack*, Vom ältesten stilechten Barockhaus unserer Stadt – Wagemannstraße 5/7 ... und weiland Gottfried Ignatz Glaser, in: Wiesbadener Leben 1/1980, 16f.

[53] Vgl. *Renkhoff*, 232f., *Gretel Baumgart-Buttersack*, Adolf Glaser, in: Mattiaca, 79.

[54] So finden wir Anton Scholz 1839 in dem Adreßbuch (Gewerbekalender) unter den verschiedensten Rubriken: als Buchdrucker, Buchbinder, Backsteinfabrikant, Steinkohle-

nach Amerika. Von dort kehrte er nicht mehr zurück, auch keine Nachricht über ihn erreichte den alten Kontinent. In Wiesbaden aber hinterließ er größere Außenstände.[56] Die Ehe von Anton mit Wilhelmine Bertram, einer Tochter von Jacob Bertram, bildet die Verbindungsstelle zu der zweiten „Einwandererfamilie". Ist bei der ursprünglich katholischen Familie Scholz noch hinsichtlich der Heiraten eine Bevorzugung katholischer Ehepartner zu erkennen – es finden sich aber auch evangelische und deutschkatholische Personen –, so ist eine Orientierung an der Konfession bei der Auswahl der Ehepartner bei der ebenfalls katholischen Familie Bertram kaum festzustellen. Von den fünf Kindern von Jacob Bertram und seiner Frau Dorothea heirateten drei einen katholischen, zwei einen evangelischen Partner.

Zumindest für die Familie Bertram scheint die Anpassung an die Mehrheitskonfession keinesfalls das Motiv für die Ehe mit einem evangelischen Partner gewesen zu sein – die Kinder der beiden gemischt-konfessionellen Bertram-Ehen wurden katholisch getauft. Zur Familie selbst: Jacob Bertram und seine Frau stammten aus Hachenburg im Westerwald, wohnten aber vor ihrer endgültigen Niederlassung in Wiesbaden zeitweise in anderen Orten, darauf jedenfalls deuten die unterschiedlichen Geburtsorte ihrer Kinder hin. So wurde eine Tochter in Hohenberg und ein Sohn in Winkel/Rheingau geboren. Jacob Bertram war, als er sich 1822 als Gastwirt und Weinhändler in Wiesbaden niederließ[57] und 1823 die Gartenwirtschaft des Düringer[58] übernahm, bereits ein bekannter Mann: Er hatte nicht nur in Hachenburg eine Weinhandlung besessen, sondern gehörte seit 1819 der Deputiertenkammer an.[59]

1822 legte Bertram gemeinsam mit zwei weiteren Abgeordneten sein Mandat nieder, weil der landesherrliche Kommissar eine ausführliche Diskussion über das Wesen der Domänen verhindern wollte, und entging an-

---

händler und Lithograph. Vgl. Adress-Buch der Stadt Wiesbaden und deren Umgebung, Wiesbaden 1839, 4, 5, 6, 12 u. 15.

55   *Dollwet/Weichel*, Tagebuch Burk, 128.

56   So hatte sein Bruder bei Eintritt in seine zweite Ehe 1847 Ansprüche von über 17.000 Gulden an die Konkursmasse des Anton Scholz. Vgl. Inventar in HHStAWi 246/916/11.

57   Vgl. Gewerbekataster 1822 (StdAWi WI/1/30), Eintrag Bertram für 1822: Jacob Bertram wurde mit 3500 Gulden Steuerkapital als Gastwirt geführt; zugleich betrieb er eine Weinhandlung, die mit 2000 Gulden veranschlagt war.

58   Daniel Düringer, Gastwirt, geboren in Straßburg (+1852). StdAWi WI/BA/1820. Vgl. auch Tabelle 9 (Höchstbesteuerte 1821).

59   Biographisches Lexikon der Mitglieder des nassauischen Landtages sowie des Kommunallandtages für den Regierungsbezirk Wiesbaden (Arbeitstitel). Für die Überlassung von Teilen des Manuskripts danke ich dem Hessischen Hauptstaatsarchiv Wiesbaden ausdrücklich.

schließend nur knapp einer Bestrafung wegen der Mandatsniederlegung.[60]
1826 zog Jacob Bertram für kurze Zeit nach Biebrich und wurde dort sogar
im Juli für einige Monate Bürger.[61] Doch bereits im Januar des folgenden
Jahres beantragte und erhielt er das Wiesbadener Bürgerrecht.[62] Seine nun
endgültig hier begründete und verbleibende Weinhandlung sicherte der
Familie einigen Wohlstand.

Jacob Bertram blieb in den folgenden Jahren eine der zentralen Personen
des nassauischen Liberalismus. 1832 wurde er zum zweitenmal in die Deputiertenkammer gewählt, aber sein Mandat wurde ihm noch im Laufe des
Jahres im Zuge des ausgeweiteten Domänenstreits aberkannt. Die Ehen seiner fünf Kinder, alle in der Wiesbadener Zeit geschlossen, weisen weit
über die alte Wiesbadener Bürgerschaft hinaus: Seine einzige Tochter Wilhelmine heiratete den erwähnten Anton Scholz, der immerhin in Wiesbaden
geboren war, aber als Einwanderer- und Beisassensohn nur bedingt zum
alten Stadtbürgertum gerechnet werden kann. Die Söhne Joseph und Christian, beide in der Weinhandlung des Vaters tätig, ehelichten zwei Schwestern aus Uerdingen im Rheinland, Töchter des katholischen Kaufmanns
Frings. Eine Verbindung der Familie Frings nach Wiesbaden läßt sich nicht
nachweisen. Wahrscheinlich bestand aber zwischen beiden Familien eine
Geschäftsbeziehung. Diese beiden Brüder traten, sieht man davon ab, daß
sie durch ihre wirtschaftliche Stellung zur Ständeversammlung wahlberechtigt waren und Christian zeitweise dem Bürgerausschuß angehörte,
nicht weiter hervor. Die beiden anderen Brüder, Franz und Philipp waren
politisch weit aktiver. Philipp Bertram machte zunächst in der Staatsverwaltung Karriere und stieg über den Posten des Landesbankdirektors zum
Direktor des Hof- und Appellationsgerichts auf. Seine politischen Aktivitäten als Landtagsabgeordneter traten dahinter zurück. Nach seiner Pensionierung war er von 1869 an für 30 Jahre Mitglied des Bürgerausschusses
bzw. der Stadtverordnetenversammlung, bis er 1899 hochbetagt starb. Sein
Einsatz in der städtischen Selbstverwaltung wurde ihm unter anderem mit
der Ehrenbürgerschaft 1892 belohnt.

Sein älterer Bruder Franz (1805–1863), Weinhändler und Gastwirt in
Wiesbaden, war bereits im Vormärz politisch aktiv und wurde u.a. zum
Stadtvorsteher gewählt. Mit der Revolution 1848 wuchs sein Engagement
und er wurde einer der führenden Köpfe der konstitutionell-liberalen Par-
tei. Als Mitglied des Frankfurter Vorparlaments gehörte er dem Club der
Rechten an. In Wiesbaden trat er der Gesellschaft für Freiheit, Gesetz und

---

[60] *Wolf-Heino Struck*, Vom Kampf um den Verfassungsstaat. Der politische Prozeß gegen
      den nassauischen Volkskammerpräsidenten Georg Herber 1831/33, in: NA 79, 1968,
      182–244, hier 191.
[61] StdAWi BI/1719.
[62] StdAWi BA/612.

Ordnung bei und wurde hier ebenfalls in den Landtag gewählt. Interessanterweise vertrat sein Bruder Philipp als einer der landesherrlichen Kommissare in der 1848er Kammer die Regierung.[63] Die beiden letztgenannten Brüder heirateten ebenfalls zwei Schwestern, Töchter von Conrad Kalb.

Mit der evangelischen Familie Kalb begegnen wir der dritten Einwandererfamilie, die hier kurz vorgestellt werden soll: Conrad, der Vater der beiden Töchter, und sein Bruder Jacob wanderten 1808 bzw. 1812 aus Frielendorf zu.[64] Von Beruf waren beide Dachdecker und sie heirateten Bürgertöchter aus Wiesbaden. Diese Einheirat in die Bürgerschaft fiel ihnen gewiß dadurch relativ leicht, weil keine Konfessionsschranken zu überwinden waren. Generell scheint es so gewesen zu sein, daß in dieser relativ frühen Phase der Stadtentwicklung eine Einheirat noch üblich war. Jacob Kalb betrieb ein Steindeckergeschäft und verstarb früh, vermutlich bereits 1826, ohne weiter besonders hervorgetreten zu sein. Seinem Bruder Conrad jedoch, der Schwiegervater der beiden Söhne des alten Jacob Bertram, gelang in Wiesbaden ein steiler Aufstieg. Er nutzte die Baukonjunktur, die in Wiesbaden bis 1820 herrschte, auf das beste aus: Als „Entrepreneur im Baugeschäfte"[65] baute er im großen Stil Häuser.

Seine Einnahmen reichten jedenfalls aus, 1826 mit dem „teutschen Haus" am Marktplatz eines der größten Häuser im Wiesbaden jener Zeit zu errichten.[66] Es steht heute noch, um einen Stock erhöht, neben dem Wiesbadener Stadtschloß als Teil des Hessischen Landtages und seinen Erscheinungsbild ist durchaus der Nachbarschaft angemessen. Es wurde vor der Fertigstellung des Schlosses zeitweise sogar von der Herzogsfamilie als Domizil genutzt. Der einzige Sohn der Familie Conrad Kalb, Carl Kalb, wurde neben Marcus Berlé zum ersten Wiesbadener Bankier. Conrad Kalb jedoch, der später nur noch einen relativ kleinen Holzhandel betrieb und vermutlich überwiegend von seinen „Renten" lebte, wurde spätestens 1841 Mitglied des Stadtrates, jenes Gremiums, das zwar nur die Aufgaben eines Feldgerichtes innehatte, aber, darauf wird noch zu kommen sein, hohe Reputation genoß.

Die Auflösung konfessioneller Bindungen in dem „weltoffenen" Wiesbaden scheint für alle sozialen Schichten zu gelten. Zwei Momente sind hier von großer Bedeutung: Die große Zahl der Einwanderer, die für eine zunehmende konfessionelle Durchmischung der Stadtgesellschaft sorgten, sowie die „im großen und ganzen auf konfessionellen Ausgleich bedachte

---

[63]   Nassau's einundvierzig Volksabgeordnete. Eine charakteristische Darstellung ihrer persönlichen Thätigkeit und Leistungen der Kammer. 1. Heft. Wiesbaden 1848, 6.

[64]   Frdl. Auskunft der ev. Gemeinde Frielendorf. StdAWi WI/1/212.

[65]   StdAWi WI/1/28.

[66]   StdAWi WI/1/141–45.

Politik der Staatsregierung"[67]. Ausdruck dieser Politik Nassaus sind die nassauische Union, bei der die reformierte und die lutherische Konfession zusammengefaßt wurden, und die Einführung der Simultanschule – beides geschah 1817. So wurde allen, die einen Partner abweichenden Bekenntnisses ehelichen wollten, zumindest staatlicherseits keine massiven Hindernisse in den Weg gelegt. Auch die gesellschaftlichen Widerstände gegen solche Mischehen müssen, dies legt jedenfalls ihre hohe Zahl nahe, vergleichsweise gering gewesen sein.

Als ein vorläufiges Fazit, betrachtet man nur die Entwicklungslinien der hier vorgestellten Familien in Kombination mit der wirtschaftlichen Oberschicht von 1821, kann man feststellen, daß die „alten Familien", die z.T. selbst aus Einwanderern des 18. Jahrhunderts hervorgegangen waren, von der wirtschaftlichen Entwicklung abgehängt wurden. Vielleicht wuchs Wiesbaden in diesen Jahren auch zu dynamisch, als daß die Wiesbadener Bürger alle sich bietenden Chancen hätten nutzen können. Wahrscheinlicher ist jedoch, daß sie in einem Reflex auf die Fremdbestimmung durch die nassauische Regierung die Obstruktionspolitik des alten Stadtrates gegen die Stadterweiterungen auch im Privaten fortsetzten. Die vermögenden Neueinwanderer jedenfalls hatten es ab dem zweiten Jahrzehnt des 19. Jahrhunderts nicht mehr nötig, sich durch Einheirat in das angestammte Bürgertum in ihrer gesellschaftlichen Position abzusichern. Möglicherweise fanden sich aber auch, betrachtet man die Verdoppelung der Einwohnerschaft binnen zehn Jahren, gar nicht genügend sozial vergleichbar gestellte potentielle Ehepartner unter den „Eingesessenen". Einen rechtlichen Vorteil hatte eine Einheirat spätestens seit dem Gemeindeedikt von 1816 nicht mehr. Bei den entsprechenden Voraussetzungen hatte der Zuwanderer auf die Erteilung des Bürgerrechts einen Rechtsanspruch und die Regierung, an der Prosperität der Stadt interessiert, vergab auch das nassauische Staatsbürgerrecht ohne erkennbare Zurückhaltung.

c. Der Gegensatz zwischen Beamten- und Bürgerschaft – Vereinsgründungen als ausgrenzendes Modell

Eine Sonderstellung unter den Zuwanderern nahmen die Beamten ein. Ihre Zuwanderung erfolgte zumindest formal nicht im eigentlichen Sinne freiwillig, sondern aufgrund von Versetzungen. Dies war auch der äußere Grund, warum ihnen in Ibells Gutachten über die Gemeindeverfassung die notwendige Verwurzelung in der Gemeinde abgesprochen wurde und sie

---

[67] *Treichel,* Bürokratie, 534. Gleichwohl waren z.B. die Katholiken in der bürokratischen Elite des Staates deutlich unterrepräsentiert. Vgl. ebd., 531f.

somit von dem Eintritt in das Gemeindebürgerrecht befreit waren. Diese Argumentation traf gerade für die Spitzenbeamten in Wiesbaden nicht zu. Denn für sie gab es, vom Hofgericht in Dillenburg und dem diplomatischen Dienst abgesehen, keine alternativen Positionen außerhalb der Stadt. Sie blieben in aller Regel mindestens bis zu ihrer Versetzung in den Ruhestand in Wiesbaden. Doch wurde von seiten des Staates mit dieser Befreiung vom Bürgerrecht zugleich das Bild vom eigenständigen, allein dem Wohle des Staates verantwortlichen Beamtenstand im Sinne eines „allgemeinen Standes" gefördert.[68]

Einen besonderen Fall unter den nassauischen Beamten stellt der bereits mehrfach erwähnte Bauinspektor Christian Zais dar, der nicht nur als Planer des Kurhauses und der gesamten Stadtanlage hervortrat, sondern der auch als Privatmann ein Bade- und Gasthaus ganz neuen Stils errichten wollte. Ihn traf als Exponenten der ungeliebten Beamtenschaft wie als direkten Konkurrenten der Badewirte die besondere Ablehnung, wenn nicht sogar der Haß zumindest von Teilen der Wiesbadener Bürgerschaft.

Die ersten Pläne zu dem Bade- und Gasthaus „Zu den Vier Jahreszeiten" entwarf Zais 1812–16.[69] Sein Badehaus sollte nicht nur die Wiesbadener Konkurrenz übertrumpfen, sondern führend in Europa werden. Der erste Bauantrag von 1816 für das vorgesehene Badehaus gibt einen Kostenrahmen von 250.000 Gulden an. Nach der bereits erwähnten Streichung der herzoglichen Zuschüsse zu den Neubauten durch die Ständeversammlung 1818 mußte das Projekt in Umfang und Ausstattung reduziert werden. Aber das dann realisierte Badehaus, dessen Baukosten zunächst mit 100.000 Gulden veranschlagt wurden, hatte immer noch 140 Zimmer und 43 Bäder und war damit weit größer als alle anderen Wiesbadener Badehäuser.[70] Die Finanzierung des „Vier Jahreszeiten" erfolgte hauptsächlich über Hypotheken des Handelshauses Sarasin in Frankfurt (80.000 Gulden) und der Domänenverwaltung (50.000 Gulden) sowie einer Erbengemeinschaft aus Hanau (20.000 Gulden). Aber auch der Bruder von Christian Zais, ein Kaufmann in Cannstatt, war zumindest mit einer Garantieerklärung beteiligt.[71] Die endgültigen Kosten des Baues lagen damit weit über dem Voranschlag, wenn sie sich leider auch nicht genau beziffern lassen. Eine ungefähre Dimension des Aufwandes erhält man, wenn man die Schulden der Familie Zais betrachtet, die 1828 die für Wiesbadener Verhältnisse riesige Summe von 211.400 Gulden ausmachten.[72]

---

[68]   Vgl. *Treichel*, Bürokratie, 177.

[69]   Zu den ersten Entwürfen vgl. *Bubner*, Christian Zais, 28ff.

[70]   *Struck*, Biedermeier, 90.

[71]   *Henrichsen*, Der Klassizismus, 64.

[72]   *Wolf-Heino Struck*, Christian Zais an seinen Sohn Wilhelm – der Architekt des Klassizismus zu Wiesbaden in seiner Familie, in: NA 92, 1981, 75–90, hier 79.

Der Bau der „Vier Jahreszeiten" durch den Bauinspektor Zais genoß die besondere Protektion von Regierung und Herzog, schließlich paßte ein derart prächtiges Gebäude, das auch als Herberge für die erlauchtesten Fürsten geeignet war, hervorragend in das Konzept einer repräsentativen Landeshauptstadt.[73] Um so erbitterter war der Widerstand der Wiesbadener Badewirte wie auch erheblicher Teile der Bürgerschaft, insbesondere als Zais sich anschickte, nach der zwingend notwendigen Heilquelle für sein Badehaus Ausschau zu halten. Den Badewirten war nun fast jedes Mittel recht, Zais an der Nutzung des Wiesbadener Heilwassers zu hindern. Zais verstieß nämlich gegen eine althergebrachte Konvention in Wiesbaden, die Grabungen nach neuen Quellen nur unter bestimmten Bedingungen zuließ, um die Ergiebigkeit der bisher genutzten Quellen nicht zu gefährden. Als Zais 1818 die Schlachthausquelle, die kaum gebraucht wurde, seinem Badhaus zuführen wollte, wurden nach einem Bericht von Zais durch „die städtischen Vorsteher in der Nacht vom 13ten auf den 14ten August die bisherigen Fassungen und Leitungen des warmen Wassers am Schlachthause bei Licht und großem Zusammenlauf des Volkes zerstört".[74] Das heiße Schlachthauswasser, das bisher nur zum „Fegen des Geschirrs" benutzt worden sei, wurde in den Bäckerbrunnen geleitet. Zais konnte, wie er klagte, sich nicht mehr der Brunnenanlage nähern, ohne durch „unanständige Reden inkommodiert zu werden".[75]

Die Aktionen gegen Zais erreichten ihren Höhepunkt, als dieser 1820 kurz vor der Fertigstellung seines Badehauses endlich eine neue Quelle auf einem fremden Grundstück entdeckte. Die Badewirte verlangten die sofortige Beendigung der Einfassungsarbeiten, letztlich beanspruchten sie, jeden Dritten von der Nutzung des Wiesbadener Heilwassers ausschließen zu können. Sie drohten sogar nur wenig versteckt mit offener Gewalt, „wollten nach dem Recht des Stärkeren ihren Besitzstand sichern".[76] Die Regierung, die bislang Zais voll unterstützt hatte, wich zurück und verlangte von ihm eine Kaution von 10.000 Gulden als Sicherheit für eventuelle Schadenersatzansprüche der anderen Badewirte, wenn deren Quellen geschädigt würden. Die Sicherheit wurde zwar von einem Wiesbadener Kaufmann, dessen Name leider nicht überliefert ist, gestellt, doch kurz danach verbot das Dillenburger Hofgericht, angerufen von den Wiesbadener Badewirten, Zais den Zugang zu dem Grundstück, auf dem er die Quelle gefunden hatte. Zais erkrankte daraufhin schwer, doch eskalierte der Konflikt noch weiter.

---

[73] Eine Baubeschreibung der „Vier Jahreszeiten" findet sich bei Bitz, Badewesen, 349f.

[74] *Fr. Lehna*, Treue Darstellung der Fabel einer Verschwindung der heißen Quellen zu Wiesbaden, in: Mainzer Zeitung v. 7.11.1820, Beilage, ohne Seitenzählung.

[75] Ebd.

[76] Ebd.

Die Badewirte manipulierten in der Folge ihre eigenen Quellen derart, daß sie zu versiegen schienen, und machten die Quellgrabungen von Zais für den Wasserverlust ihrer Heilquellen verantwortlich. Es setzte ein Aufruhr ein, dessen Einzelheiten leider nicht überliefert sind, der aber jedenfalls mit der Zerstörung der von Zais unternommenen Kanalarbeiten endete und die Familie in Gefahr brachte. Fünf Tage später starb Christian Zais, der von den letztgenannten Anstrengungen gegen seine Person und sein Badhaus aber wohl nichts mehr erfahren hatte. Dem Leichenzug seiner Beerdigung folgten nur wenige Personen unter dem Schutz einer „Polizei-Bedeckung". Nach der Schließung des Kirchhofes an der Heidenmauer wurde sein Leichnam auf den 1832 eröffneten Friedhof an der Platter Straße überführt. Dort ist heute zwar nicht mehr das Grab, aber, in der Mauer neben dem Haupteingang, die Grabplatte zu finden.

Die Inschrift erschließt sich nur dem, der die Todesumstände von Wiesbadens bekanntestem Baumeister kennt:

> ALS MENSCH ALS GATTE,
>
> VATER, FREUND
>
> IST UNERSETZLICH ER
>
> DEN SEINEN; UND
>
> HINTERLIES ER EINEN
>
> FEIND DER GEH
>
> VORBEI UND LASS
>
> UNS WEINEN

Als im November 1820 die Manipulationen der Badewirte durch ein Gutachten offengelegt wurden, stand dank herzoglicher Unterstützung der Zuleitung der Heilquelle und im Jahr 1821 der Eröffnung des Badehauses, das die Witwe von Zais an den Franzosen Carl Joseph Tavel verpachtet hatte, nichts mehr entgegen.[77] Die Distanz und zuletzt wohl Feindschaft zwischen dem Bauinspektor Zais und den Bürgern der Stadt zeigen auch seine Briefe an den Sohn Wilhelm während dessen Studienzeit ab 1817: Zais erwähnt hier – soweit er sich auf Wiesbaden bezieht – stets nur Beamte als Kontaktpersonen. Nur einmal wird ein Wiesbadener Bürger von ihm namentlich erwähnt – als Überbringer einer der Briefe des Sohnes.[78]

Diese Frontstellung blieb auch nach dem Tode von Christian Zais gewahrt: 1823 soll der Herzog zu Düringer, dem neuen Pächter des Zais'schen Etablissements, in bezug auf die anderen Wiesbadener Badewirte und die mächtige Konkurrenz, die das „Vier Jahreszeiten" für diese bildete, geäu-

---

[77]   Vgl. zu den Auseinandersetzungen um den Bau des „Vier Jahreszeiten" auch *Struck*, Biedermeier, 88ff.; *Henrichsen*, Der Klassizismus, 59ff.

[78]   *Struck*, Zais an seinen Sohn, 81. Bei dem Überbringer des Briefes handelt es sich um einen nicht näher identifizierbaren Herrn Schweisguth. In Wiesbaden waren mehrere Bürgerfamilien mit diesem Namen vertreten.

ßert haben: „Sie machen alle kaputt ... Machen Sie so fort".[79] Durch die Konkurrenz des Vierjahreszeiten, so urteilte sein Sohn Eduard, ebenfalls Architekt, 70 Jahre später, habe sein Vater den Anstoß für den Ausbau der anderen Badehäuser gegeben.[80]

Die Gegensätze zwischen dem Bauinspektor Zais und Teilen der Bürgerschaft waren sicher wegen der konträren Interessenlage besonders scharf; doch läßt sich der Konflikt durchaus im Sinne einer Auseinandersetzung verstehen zwischen dem alten Recht, hier vertreten durch die Badewirte und die Wiesbadener Stadtvorsteher, und dem „modernen" rationalistischen Prinzip deuten, das Zais als klassizistischer Baumeister und Architekturschüler der Karlsschule vertrat, das aber ebenso Ibell durch seine Reformen zu verwirklichen suchte. Weil beide an die Überlegenheit des rationalistischen Prinzips glaubten, waren für sie die „alten Rechte" und Vorstellungen ohne Wert. So glaubte Zais, allein durch den Beweis, daß er nicht die Quellen eines anderen Badehauses schädige und der Bau seines Badehauses von allgemeinem Nutzen sei, das alte Verbot der Quellgrabungen außer Kraft setzen zu können. Daß das Hofgericht in Dillenburg ihm hier, im Gegensatz zur Wiesbadener Regierung, nicht folgte, deutet an, daß es hierzu auch innerhalb der Beamtenschaft unterschiedliche Haltungen gab.

An dem Fall Zais wird aber auch deutlich, daß sich hier nicht nur zwei verschiedene Rechtsauffassungen gegenüberstanden, sondern daß mit den Staatsbeamten und den Stadtbürgern auch zwei verschiedene Lebenswelten aufeinandertrafen. Noch deutlicher wird diese Distanz bei den ersten Vereinsgründungen, die in Wiesbaden im zweiten Jahrzehnt des 19. Jahrhunderts stattfanden. Die ersten Versuche zur Gründung des Nassauischen Altertumsvereins, als Gesellschaft von Freunden des Altertums bereits in dem Goethezitat angesprochen, wurden bereits 1811/12 unternommen.[81] Die Bemühungen scheiterten zunächst durch den Tod des Hauptinitiators, dem in Schierstein nahe bei Wiesbaden wohnenden Hofkammerrat Christian Friedrich Habel. An dem dann erst 1821/22 endgültig zustande gekommenen Verein beteiligten sich vor allem Beamte, Pfarrer und Offiziere aus dem ganzen Herzogtum. Seinen lokalen Schwerpunkt hatte der Verein in Wiesbaden; hier und in den umliegenden Vororten wohnten 1822 48 der 144 Vereinsmitglieder. Von diesen waren 73% Beamte oder Offiziere (vgl. Tabelle 52 im Anhang). Neben dem Bildungsbürgertum (23%) spielte das „Stadtbürgertum" keine Rolle. Nur zwei Mitglieder können diesem Bereich zugeordnet werden. Es handelte es sich um den Baumeister und Architek-

---

[79] So jedenfalls die sicher nicht unparteiische Witwe von Zais in einem Brief v. 4.3.1823 an ihren Sohn Wilhelm. *Struck*, Zais an seinen Sohn, 79.

[80] Brief von Eduard Zais (1804–1895) v. 20.5.1894 in: HeLaBi G 304

[81] Vgl. *Wolf-Heino Struck*, Gründung und Entwicklung des Vereins für Nassauische Altertumskunde und Geschichtsforschung, in: NA 84, 1973, 98–144, hier 103ff

ten Kihm[82] und einen Graveur, wobei einzig bei letzterem, dem späteren nassauischen Münzmeister Zollmann, der Besitz des Wiesbadener Bürgerrechts allein durch seine spätere Wahl zum Stadtvorsteher als gegeben angesehen werden kann.[83]

Ungefähr zur gleichen Zeit wie der Nassauische Altertumsverein wurde die Casino-Gesellschaft in Wiesbaden gegründet. Hatte der Altertumsverein zumindest auch zum Ziel, dem Herzogtum als Ganzem eine historische Identität zu geben, so war es gewiß ebenso im Sinne von Regierung und Herzog, daß die aus sehr unterschiedlichen Regionen und Traditionen stammenden Beamten der Landeshauptstadt eine gesellschaftliche „Begegnungsstätte" erhielten. Zu den Vorläufern des Casinos gehört das Schellenberg'sche Lesemuseum, das aber bis 1824 parallel zu dem Casino weiterhin existierte. Daß auch die „Teutsche Gesellschaft" der Nationaldenkenden von 1814, wie Götting im Anschluß an Sauer[84] vermutet, zu den Vorgänger-Organisationen gehört, ist so deutlich nicht. Nach der zwangsweisen Auflösung der „Teutschen Gesellschaft" sei, so Götting, der Weg

---

[82] Die Einordnung der Baumeister/Architekten in die Sozialstruktur ist schwierig, da die Bezeichnung Architekt auch häufig auf Personen angewandt wurde, die eher als „Baumeister" dem handwerklichen Bereich zuzuordnen sind.

[83] Landesbibliothek Wiesbaden, 2° Gx 2012 (Sammelbindung), „Namensverzeichniß der Mitglieder des Vereins für Nassauische Alterthumskunde und Geschichtsforschung", ca. 1822 (korrigiert um einen Fehleintrag). Bei den genannten Mitgliedern handelt es sich um den Graveur Philipp Zollmann, der 1822 zum Stadtvorsteher gewählt wurde, und den Baumeister und Architekten Valentin Kihm, für den nur eine abgelehnte Planung (für eine kath. Kirche) in Wiesbaden bezeugt ist. Kihm wurde später Konservator des Vereins (s. Kap. II,2). Vgl. zu Zollmann: *Renkhoff*, Biographie, 902, sowie StdAWi WI/BA/1 (Bürgerbuch, Grundaufnahme 1823). Dort sind zwei Zollmann, Ph. (sen. u. jun.) ohne weitere Ergänzungen erwähnt. Bei dem älteren Zollmann handelt es sich um den Graveur und späteren nassauischen Münzmeister Philipp Zollmann, der 1813 bei dem Gesuch um die Heiratserlaubnis noch angibt, sich nicht in die hiesige Bürgerschaft aufnehmen lassen zu wollen (StdAWi, Bürgeraufnahmeakten, unverzeichnet). Wann die Bürgeraufnahme erfolgte, ist weder anhand des Amtsbuches, in das bis 1823 die Aufnahmen eingetragen wurden, noch mit Hilfe der Bürgeraufnahmeakten feststellbar. Zur Wahl zum Stadtvorsteher s. StdAWi A VIc 26. Vgl. zu Kihm: *Struck*, Biedermeier, 193.

[84] *Götting, Franz*, Die Geschichte der Wiesbadener Casino-Gesellschaft, in: 150 Jahre Wiesbadener Casino-Gesellschaft. Wiesbaden 1966, 5–41, hier 9f. Möglicherweise hat nur der Zeitungsartikel von Sauer über die „Teutschen Gesellschaften" aus dem Jahre 1891 Götting als Quelle gedient. Vgl. *Wilhelm Sauer*, Die deutschen Gesellschaften in Nassau im Jahre 1814, in: RK Nr. 343 v. 11.12.1891, Nr. 344 v. 12.12.1891 u. Nr. 348 v. 16.12.1891. Sauer gibt wiederum hier einen Querverweis auf einen ebenfalls im Rheinischen Kurier erschienen Artikel. Vermutlich handelt es sich hier um den Artikel, der im März 1891 zum 75jährigen Bestehen der Casino-Gesellschaft erschien. (RK Nr. 81 v. 22.3.1891) Hier wird eine angebliche Erklärung des Herzogs von 1814 erwähnt, nach der er keine politische Gesellschaft, wohl aber einen Freundeskreis dulden wolle. Mehr als ein Hinweis auf einen Zusammenhang ist dies aber nicht. Daß die Personenkreise beider Organisationen große Überschneidungen haben, ist angesichts der relativ geringen absoluten Zahl von höheren Beamten und Offizieren in Wiesbaden zwangsläufig.

für die Gründung einer Gesellschaft zur „geselligen Unterhaltung" geebnet gewesen, ja die Mitarbeit in der neuen Casino-Gesellschaft, die sich der Protektion des Herzogs erfreute, sei geradezu eine Bewährungsprobe für die jungen Beamten gewesen, die mit der Gründung der „Teutschen Gesellschaft" allerhöchsten Unwillen erregt hatten.[85]

Das Casino hatte seine Wurzeln wohl vor allem in dem Bedürfnis der Beamten nach einem gehobenen gesellschaftlichen Rahmen und Treffpunkt außerhalb der Feste und Bälle des Kurbetriebes, die ja nur in der Sommersaison stattfanden. Die zu dieser Zeit bis auf wenige Ausnahmen doch überwiegend noch kleinen Wohnungen der Beamten waren für den Zweck des gesellschaftlichen Verkehrs im größeren Rahmen ungeeignet. 1815 wurde von „Interessierten", die nicht näher zu benennen sind, eine Liste von 68 Personen zusammengestellt, die als potentielle Mitglieder einer geselligen Vereinigung in Frage kamen. Auf dieser Liste sollen sich die Namen des Staatsministers und höchster Beamter befunden haben.[86] Im März 1816 konstituierte sich die Casino-Gesellschaft und die Gründungsversammlung wählte einen regulären Vorstand. Der Oberappellationsgerichtspräsident von Dalwigk wurde zum Präsidenten bestimmt. Nur der „ökonomische Kommissar" innerhalb des Vorstandes hatte einen bürgerlichen Beruf, es handelte sich um den Weinhändler Kreidel, Besitzer eines der neuen Häuser in der Friedrichstraße.[87] Die Zahl der Mitglieder war „recht beschränkt", nicht zuletzt, weil zunächst nur Beamte und Offiziere aufgenommen und interessierte Nichtbeamte abgelehnt wurden.

Nach einer entsprechenden Satzungsrevision im Herbst 1816 bestand die Möglichkeit, auch „gewöhnliche" Stadteinwohner aufzunehmen, wovon auch eine „Anzahl von Einwohnern"[88] Gebrauch gemacht haben soll. Möglicherweise in Zusammenhang damit traten viele höhere Beamte, die zu den Gründern der Casino-Gesellschaft gehört hatten, wieder aus. 1817 hatte die Gesellschaft insgesamt 117 Mitglieder[89], 1824 bereits 148.[90] Davon gehörten die allermeisten (86,5%) dem Militär und Beamtenschaft an.

---

[85] *Götting*, Casino, 11.
[86] Die Wiesbadener Casino-Gesellschaft seit ihrer Gründung im Jahre 1815, Wiesbaden 1905, 4. 1905 war die Liste noch in Abschrift erhalten.
[87] Ebd., 5. Bei Kreidel handelt es sich vermutlich um den Weinhändler Fried. August Kreidel, * 18.3.1786 in Nassau, + 9.7.1848 in Wiesbaden, Sohn des Waisenschaffners und Weinhändlers Johann Wilhelm Kreidel, * 14.6.1753 in Dienethal/Amt Nassau + 9.7.1834 in Wiesbaden. StdAWi WI/1/1, WI/1/212, WI/1/21 u. 29 (Gewerbesteuerkataster 1811 u. 1821). EGW, Kirchenbücher und Personenstandsverzeichnisse. Möglicherweise hatte Kreidel als „Beamtensohn" einen besonders guten Zugang zu den Casino-Kreisen und konnte so die Aufnahmebedingungen umgehen.
[88] *Götting*, Casino, 6.
[89] *Struck*, Goethezeit, 180.
[90] Vgl. Tabelle 53 im Anhang.

Tabelle 10

Die stadtbürgerlichen Mitglieder der Casino-Gesellschaft 1824

Von 148 Mitgliedern gehören sechs in die Kategorie Stadtbürgertum

Nr	Name	Status	Bürger-aufnahme	Beruf	Steuerkap. 1831
1	Freinsheim, Wilhelm	F/B	1823	Badewirt	2.800 1)
2	Kreidel, Friedrich Aug. Christia	F/B	1816	Weinhändler	2.000
3	Schlichter, Christian	S/B	1811	Badewirt/Posthalter	15.000
4	Schlichter, Louis	S/B	1810	Associé/Hauderer	400 2)
5	Tavel, Carl Joseph	F/U	-	Gastwirt	12.700 3)
6	Tavel, jun.	F/U	-	Gastwirt	-

Legende:
F=Fremde; S=Bürgersohn bzw. ortsbürtig/U=unbekannt; B=Bürger

Vereinsmitgliedschaften
Naturkunde   0
Nass. Altert. V.   0

Politische Aktivitäten
Stadtvorsteher   1 (Freinsheim, 1837-1846)
Ständeversammlung   1 (Christian Schlichter)

1) Es kommen zwei Personen in Frage, die beide 1824 Wirte waren. Gemeint ist wahrscheinlich Wilhelm Freinsheim, Badewirt.
2) Louis Schlichter zahlt nur für seine Hauderertätigkeit Steuern. Als Associé des Hazard-spielpächters ist er steuerfrei.
3) Tavel war nach dem Tod von Zais zunächst Pächter der "Vierjahreszeiten". 1823/24 pachtete er die Bewirtung des Kurhauses.

Auch die Mediziner und Apotheker sowie die Advokaten in Nassau waren über die staatliche Anstellung bzw. Zulassung zumindest staatsnah und nicht per se dem städtischen Bürgertum verbunden. Gleichwohl lebte dieser Personenkreis, der später einmal den „Freien Berufen" zugeordnet werden sollte, bereits zu einem großen Teil von Honoraren und nicht von staatlicher Alimentation. Der Anteil dieser „Bildungsbürger" betrug einschließlich eines Lehrers gerade 9,5% an der Mitgliederschaft der Casino-Gesellschaft.

Der Anteil der „Stadtbürger" ist mit 4% oder besser sechs Personen trotz der Satzungsänderung von 1816 marginal (vgl. auch Tabelle 53 im Anhang). Noch deutlicher wird die Absenz (oder vielleicht auch der Ausschluß) des Stadtbürgertums aus dieser Gesellschaft, wenn man sich diese Personen näher ansieht (vgl. Tabelle 10). So war Wilhelm Freinsheim der Sohn eines früh verstorbenen Wiesbadener Badewirts, zumindest seine Mutter Marie Freinsheim stammte aus Frankfurt[91] und pflegte als Mitbegründerin des Frauenvereins – auf den noch zu kommen sein wird – offensichtlich engen Kontakt zu den höchsten Beamtenkreisen. Der Weinhändler Kreidel hatte als Sohn eines nassauischen Beamten ebenfalls von Kindesbeinen an Kontakt zu den Kreisen der Staatsdiener. Die Familie Schlichter lebte – jedenfalls in der männlichen Linie – noch nicht lange in Wiesbaden, der Vater der beiden Brüder Louis und Christian war 1786 aus dem Bayerischen eingewandert.[92] Zudem war Christian Schlichter Eigentümer des „Adler", in dem das Casino eingemietet war. Der Reputation von Schlichter war gewiß auch dienlich, daß er von 1818 bis 1824 Abgeordneter der 2. Kammer war. Seine gemäßigt liberale und damit oppositionelle politische Position stand offensichtlich einer Mitgliedschaft im Casino nicht entgegen. Die beiden Franzosen Tavel waren als Pächter der Zais'schen Vierjahreszeiten und dann der Kursaalrestauration überhaupt nur einige Jahre in Wiesbaden.[93] Mit dieser hier vorgestellten Mitgliederstruktur scheint sicher, daß die Casino-Gesellschaft kaum als Schnittstelle zwischen dem Stadtbürgertum und der Beamtenschaft bezeichnet werden kann.

Die Gesellschaft war 1816 zunächst in einem Stock eines Privathauses untergebracht, mietete aber bereits 1817 in dem Schlichterschen Gasthaus „Zum Adler", einem der großen Wiesbadener Bade- und Gasthäuser, einige Räume. Im Saal des „Adler" wurden auch die Bälle der Casino-Gesellschaft abgehalten. Zu diesen konnten auch Gäste eingeladen werden. Einem Eklat auf einem dieser Bälle und seinen Folgen verdanken wir den einzigen, wenn auch nur kleinen Einblick in die inneren Verhältnisse des

---

[91] EGWi, KB.
[92] Vgl. StdAWi WI/1/212, HHStAWi 137, IX 1474.
[93] *Struck*, Biedermeier, 245.

Wiesbadener Casinos.[94] Der Konflikt, der sich auf dem Casino-Ball im November 1825 entzündete, verrät zugleich einiges über das Weltbild in Nassaus besseren Kreisen in dieser Zeit.

Der nassauische Prokurator Strobel hatte den Mainzer Juristen Meyer als Gast auf dem Ball des Casinos eingeführt. Während der Festveranstaltung trat Meyer einem nassauischen Offizier namens Dümler (nomen est omen) auf den Fuß, wohl weil dieser ihm absichtlich den Fuß untergeschoben hatte. Die Auseinandersetzung, von weiteren nassauischen Offizieren forciert, steigerte sich über Faustschläge zu einer gegenseitigen Duellforderung zwischen Meyer und einem Oberleutnant Gödecke jun. An dem weiteren Verlauf der Dinge – der Zivilist Meyer erwies sich als der bessere Schütze und Gödecke starb – ist vor allem interessant, daß trotz Duellverbot in Nassau weder die militärische noch die politische Führung gegen das ihnen höchstwahrscheinlich zuvor bekannt gewordene Duell einschritten. Meyer weigerte sich nach dem Duell, auf nassauischem Territorium gegen den Bruder des getöteten Gödecke abermals anzutreten, da ihm hier strafrechtliche Verfolgung drohte. Daraufhin wurde er vom nassauischen Offizierskorps für „infam" erklärt. Dagegen schritten weder der leitende General v. Kruse noch der Herzog selbst ein.[95] Auch darin spiegelt sich die von der Regierung tolerierte und wohl sogar geförderte Sonderstellung von Militär und Beamtenschaft wider.

Doch nicht nur zur Selbstbeschäftigung und Unterhaltung der gehobenen Kreise entstanden gesellschaftliche Vereinigungen wie die Casino-Gesellschaft. Im Kontext der Auflösung der alten städtischen Strukturen verschärfte sich die Lage der Armen in der Stadt. Dazu trugen auch die Steuer- und Gemeindereformen wesentlich bei, etwa durch die Aufhebung der gemeinsamen Nutzung des Gemeindewaldes. Zugleich versuchte der Staat das Armenwesen ebenfalls unter rationalistischen Gesichtspunkten einheitlich zu regeln.[96] Hier setzte zugleich die vom Staat geförderte private Mildtätigkeit ein – Frauenvereine mit entsprechender Zielsetzung entstanden. Ob es in diesem Bereich in Wiesbaden zu einer Zusammenarbeit zwischen Stadtbürgern und Beamtentum kam, kann auf der schmalen Quellenbasis nicht endgültig beurteilt werden. Von dem 1817 gegründeten Wiesbadener Frauenverein sind nur die Vorstandsmitglieder bekannt.[97] Zum Vorstand gehörten neben drei Damen aus dem Bereich Adel und Be-

---

94 Wahre Darstellung der am 13. November 1825 auf dem Kasinoballe in Wiesbaden statt gehabten Vorfällen und deren Folgen nebst beigefügten Briefen der beiden Partein, so weit solche authentisch zu erhalten gewesen sind, o.O. 1826. 1ff.

95 *Götting*, Casino, 16.

96 *Peter Blum*, Staatliche Armenfürsorge im Herzogtum Nassau 1806–1866. Wiesbaden 1987, 35ff.

97 WWbl., Beilage zu Nr. 7 vom 17.2.1817.

amtentum, darunter Caroline Marschall v. Bieberstein, die Frau des Staatsministers, auch Marie Freinsheim, Witwe des Gastwirts Christian Daniel Freinsheim, die jedoch als Tochter des Frankfurter Weinhändlers Georg Daniel Freinsheim nicht die engste Verbindung zum Wiesbadener Stadtbürgertum hatte.[98] Auf jeden Fall zielte der Verein nicht nur hinsichtlich der Verteilung der Wohltaten auf Breitenwirkung, sondern er suchte auch Spenden von den nur mäßig Bemittelten zu erhalten, hieß er doch jeden Beitrag, „er seye noch so klein", willkommen. Die Resonanz des Wiesbadener Vereins war beachtlich, denn es gelang ihm, im ersten halben Jahr Spenden und Beiträge von über 2000 Gulden zu requirieren.[99] Mit dem offenkundigen Ziel, durch die Veröffentlichung dieses guten Ergebnisses die Gründung von Frauenvereinen in ganz Nassau zu fördern, wurde die Abrechnung des Wiesbadener Vereins im „Nassauischen Intelligenzblatt" abgedruckt.[100]

Die Unterstützung der Armen geschah in Wiesbaden vor allem durch die Vergabe von Arbeiten gegen Lohn. In vielen anderen Ämtern Nassaus scheiterte dagegen das Bemühen der Armenverwaltung, die Gründung von Frauenvereinen in die Wege zu leiten, um so die staatliche Armenfürsorge zu entlasten.[101] Dort, wo Frauenvereine existierten, waren sie häufig nur in der Lage, durch die Verteilung von Suppen, die oft sogar noch bezahlt werden mußten, die ärgste Not zu lindern.[102] Das Konzept, durch die Überlassung von Rohstoffen und Abnahme der Fertigprodukte armen Handwerkern Hilfe zur Selbsthilfe zu geben, beinhaltete zugleich die Ausweitung des Arbeitszwanges auch auf die offene Armenhilfe, den es bisher nur in den Arbeitshäusern gegeben hatte. Dieses „wohltätige Verlagssystem" scheint aus finanziellen Gründen nur auf den Wirkungskreis des Wiesbadener Frauenverein beschränkt gewesen zu sein. Die Vermutung liegt nahe, daß sich an der finanziellen Absicherung dieses Konzeptes die Staatsbeamten bzw. ihre Frauen in einem besonderen Maß beteiligten und auf diese Weise der Wiesbadener Frauenverein zu einem Beispiel für das ganze Land aufgebaut werden sollte. Gewiß kam die Hilfe den ärmeren Schichten der Wiesbadener Bevölkerung zugute. Ob damit aber ein Brückenschlag zwischen Beamtenschaft und Stadtbürgertum erzielt wurde, muß offen bleiben.

---

[98] EGWi, Kirchenbuch

[99] Zum Wiesbadener Frauenverein vgl. auch *Thomas Weichel*, Brot und Prügel - Die Wiesbadener Kinderbewahranstalt, in: Wiesbaden - Hinterhof und Kurkonzert. Eine illustrierte Alltagsgeschichte von 1800 bis heute. Hrsg. v. Gerhard Honekamp. Gudensberg-Gleichen, 25-27.

[100] NIzbl. vom 27.7.1817.

[101] *Blum*, Armenfürsorge, 65.

[102] Ebd., 66f.

Staatlich initiiert war noch ein weiterer der frühen Vereine, der landwirtschaftliche Verein Nassaus, dessen formale Gründung auf das Jahr 1820 datiert.[103] Zwar waren hier auch Wiesbadener engagiert, etwa der Posthalter Schlichter, das Zentrum des Vereins lag aber in Idstein, da sich hier das dazugehörige landwirtschaftliche Institut befand. Für Wiesbaden erlangt der Verein ab 1834/35 Bedeutung, da in dieser Zeit das Institut nach Wiesbaden in den Hof Geisberg umzieht und hier zugleich im Winterhalbjahr eine Landwirtschaftsschule betreibt. Das Institut ist vor allem als eine Vermittlungsagentur neuer naturwissenschaftlicher Anbaumethoden an die bäuerliche Bevölkerung zu sehen. Da die Landwirtschaft mitnichten der „Leitsektor" für die Entwicklung Wiesbadens ist, kann davon ausgegangen werden, daß für die innerstädtischen Verhältnisse der Landwirtschaftsverein von insgesamt eher untergeordneter Bedeutung war.[104] Gleichwohl ist die Verlegung des Instituts nach Wiesbaden eine Stärkung der zentralörtlichen Funktion der Stadt.

d. Die politische Elite und das Verhältnis zum Staat

Über das Verhältnis zwischen der Wiesbadener Gemeindevertretung und den übergeordneten Behörden und über eine eventuelle Fortsetzung der Konflikte zwischen ihnen nach 1816 kann angesichts der lückenhaften Aktenüberlieferung nur bedingt geurteilt werden. Der Konflikt um das Zais'sche „Vierjahreszeiten" ist zu sehr von privaten Interessen überlagert, um hier als Beleg angeführt zu werden, wenngleich er, wie erwähnt, auf den Gegensatz zwischen Reformern und „Altrechtlern" hinweist. Zudem bestätigt die Beteiligung des ersten Stadtschultheißen nach 1816, des Bäckermeisters Kimmel, der Ratsherren und der Stadtvorsteher an den erwähnten Aktionen gegen die Quellgrabungen die weiterhin vorhandene Renitenz der Stadtvertreter.[105] Sicher scheint, daß die staatliche Administration nach dem Erlaß des Gemeindeediktes noch entschlossener war, die Befolgung von Anweisungen zu erzwingen und so das „Vollzugsdefizit" der Jahrzehnte zuvor endgültig abzubauen. Dabei verlief die Konfliktlinie, wie sich an Beispielen zeigen läßt, nicht immer entlang der Linie Staat bzw. Beamtentum und Stadt bzw. Stadtbürgertum. Hinter den Auseinandersetzungen standen letztlich auch politische Grundkonflikte, die innerhalb der staatlichen Verwaltung ausgetragen wurden. Auch hier gab es eine Opposition

---

103 *Schüler*, Wirtschaft, 137.
104 Zur Geschichte des Vereins vgl. auch: *Richard Rosa*, Die Stiftung „Hof Geisberg" und der „Verein nassauischer Land- und Forstwirte", in: 150 Jahre Landwirtschaftsschule Hof Geisberg, o.O. u. J. [Wiesbaden 1968], 97–114.
105 *Struck*, Goethezeit, 87.

gegen das Agieren des Staates, insbesondere als der „Staatsliberalismus" Ibells immer stärker von einem reaktionären, fast absolutistisch anmutenden Dirigismus überlagert wurde.

In diesem Licht ist auch die Dienstentlassung und Verfolgung von Wilhelm Snell zu sehen, einem der führenden Köpfe der „Teutschen Gesellschaft" in Wiesbaden 1814. Snell wurde, nachdem er zunächst 1815 von Wiesbaden nach Dillenburg strafversetzt worden war, 1819 wegen seiner oppositionellen Haltung in der Domänenfrage und als Initiator mehrerer Petitionen in Dillenburg endgültig aus dem Staatsdienst entlassen und emigrierte schließlich in die Schweiz.[106]

Auch der Wiesbadener Amtmann und Geheime Rat Emil Bergmann, trat gegen den Anspruch der Regierung an, quasi über den Gesetzen zu stehen, als er sich 1818/19 weigerte, einen Erlaß auszuführen, der im offensichtlichen Widerspruch zu dem Armengesetz von 1816 stand. Dort war geregelt, daß eventuelle Defizite im Armenfonds durch die Gemeindekassen zu dekken seien. Stattdessen verlangte die Regierung nun, die fehlenden Geldmittel durch „freiwillige" Beiträge der Bürger zu beschaffen. Im Weigerungsfalle sollten die Bürger eingeschätzt und das Geld zwangseingetrieben werden.[107]

Bergmann klagte die Regierung im Februar 1819 mit einer Denkschrift bei den Landständen an, verfassungswidrigen Zwang gegenüber den Gemeindebürgern auszuüben. Die Antwort der Regierung ließ nicht lange auf sich warten: Bergmann, der der nationalen Bewegung nahestand, wurde bereits im März mit der Mindestpension in den Ruhestand versetzt.[108] Immerhin bewirkte die Auseinandersetzung, die Bergmanns Eingabe bei der Deputiertenkammer und der Herrenbank auslöste, daß der Erlaß außer Vollzug gesetzt wurde. Ibell selbst hatte in der Deputiertenkammer die Regierung vertreten und sich damit nach außen hin auf die Seite jener gestellt, die in den Bürgern nur Objekte der Regierung sehen wollten. Die Auseinandersetzung um Bergmann, der in den liberalen Blättern Deutschlands zum Helden avancierte, hat sicher mit zu dem Attentat auf Ibell durch den freiheitlich und national gesinnten Apotheker Löning am 1. Juli 1819 in Langenschwalbach beigetragen.[109]

Auf der Basis des Gemeindeediktes von 1816 kehrte allmählich etwas Ordnung in die Wiesbadener Stadtverwaltung ein. Unter dem Stadt-

---

[106] Vgl. *Treichel*, Bürokratie, 470f., *Wettengel*, Revolution, 29f., *Renkhoff*, Biographie, 759.
[107] *Wilhelm Sauer*, Das Herzogtum Nassau in den Jahren 1813–1820. Wiesbaden 1893, 84.
[108] *Sauer*, Herzogtum, 90, *Treichel*, Bürokratie, 471f.
[109] Auch Ibells Gegnerschaft zu den „Teutschen Gesellschaften", die er als „deutsche Jakobiner" bezeichnete, hat ihm von dieser Seite Feindschaft eingetragen. Vgl. *Sarholz*, Herzogtum Nassau, 89.

schultheißen Fussinger – über die Hintergründe für die Ablösung Kimmels 1821 fehlen leider jegliche Quellen – begann sich die Verwaltung immer stärker an den staatlichen Direktiven und Gesetzen zu orientieren. 1823 wurde z.b. das vom Gemeinderecht geforderte Bürgerbuch angelegt. Die ersten Wahlen zum Stadtvorstand fanden bereits Ende September 1816 statt.[110]

Diese Wahlen und vor allem ihr Ergebnis stellten einen radikalen Bruch mit der bisherigen Tradition städtischer Selbstverwaltung dar. Nicht nur, daß die Möglichkeiten des Stadtvorstandes durch das Gemeindeedikt von 1816 im Vergleich zum alten Stadtrat gering waren und daß es sich nun nicht mehr um eine lebenslange Mitgliedschaft handelte: Die Vertreter der Bürgerschaft entstammten jetzt auch einer anderen Schicht.

Überwogen im alten Stadtrat die finanziell solventen Bürger, so wurde der neue Stadtvorstand eindeutig vom Mittelstand dominiert. Die Wiesbadener Stadtvorsteher zahlten pro Kopf nur das 1,7fache der durchschnittlichen Gewerbesteuer aller Wiesbadener Haushalte. Berücksichtigt man, daß bei dieser Durchschnittsbildung auch viele Alte, Witwen usw. einbezogen sind, deren Einkommen gering war, so lagen die sozialen Verhältnisse der Stadtvorsteher nur wenig über dem Mittel der normalen Familien. Unter den Stadtvorstehern befanden sich zwar zu einem Drittel Gast- und Badewirte, aber dies waren die Wirte der kleinen Häuser. Wiesbadens Bürger, die nun, sieht man von den Bürgervorstehern nach altem Wiesbadener Recht ab, erstmals ihre Vertretung wählen durften, entschieden sich für das Vertraute. Man wählte überwiegend jene, die schon länger ansässig waren. Die wenigen Fremden, die ein Mandat erhielten, hatten eine starke, aber keine überragende wirtschaftliche Stellung.

Die entscheidende Frage, warum die Wahl dieses Ergebnis brachte, läßt sich nicht definitiv beantworten. Zwei Faktoren haben wahrscheinlich eine Rolle gespielt: Die alte, immer noch wirtschaftlich mächtige Oberschicht dürfte sich weiter in ihrem Streben nach städtischen Ämtern zurückgehalten haben, ähnlich wie es bereits in der Zeit des „alten" Rates vor 1816 festzustellen war. Es entsprach keineswegs dem Selbstverständnis etwa der vermögenden Badewirte, sich als letztes Glied der Staatsverwaltung den Weisungen der Regierung fügen zu müssen, wobei zudem keine nennenswerte finanzielle Entschädigung in Aussicht stand.

---

[110] Vgl. *Dollwet/Weichel*, Tagebuch Burk, 94. Die in meinem Aufsatz (Verwaltungsstadt, 1991, 352) geäußerte Ansicht, die ersten Wahlen hätten erst 1818 stattgefunden, kann nach neuen Quellenfunden und dem definitiven Hinweis im Tagebuch Burk nicht mehr aufrecht erhalten werden. Dies ändert nichts daran, daß die bei Struck abgedruckte Liste mit den Unterschriften der „Stadtvorsteher" von 1817 die Unterschriften der Wiesbadener Ratsherren wiedergibt. StdAWi A VIc 26, *Struck*, Goethezeit, 39.

Tabelle 11

Die Mitglieder des Wiesbadener Stadtvorstandes 1816/17

mit der Aufstellung ihres Steuerkapitals auf Basis des Gewerbesteuerkatasters von 1821

Nr. Name	Status	Bürger-aufnahme	Bürger-Jahre	Beruf	Steuerkap. 1821
1 Beyerle, J. Michael	S/B	1801	15	Weisgerber	300
2 Dambmann, Balthasar	F/B	1798	18	Schankwirt	1.300
3 Eichelbauer, J. Georg	F/B	1796	20	Zuckerbäcker	400
4 Faust, Reinhard	S/B	1805	11	Fuhrmann	200
5 Haßloch, David	S/B	1801	15	Metzger	400
6 Hauß, Valentin	S/B	1792	24	Landwirt	100 1)
7 Herber, Joh. Ph.	F/B	1788	28	Müller/Weinhändler	1.700
8 Hoffmann, David Adam	S/B	1792	24	Küfer	400
9 Jacobi, W.	S/B	1813	3	Glasermeister	700 2)
10 Roos, Georg Peter	F/B	1799	17	Badewirt	600 3)
11 Schlitt, Phil.. Jacob sen.	S/B	1803	13	Wirt/Landwirt	400 4)
12 Schmitt, Phil. Jacob jun.	S/B	1780	36	Badewirt	600
Summe			224	Summe	7.100
			: 12		
durchschnittl. seit # Jahren Bürger			18,7	Schnitt	592

Legende:
F=Fremde; S=Bürgersohn bzw. ortsgebürtig, U=unbekannt / B=Bürger

Herkunft/Status
Fremde: 4; Bürgersöhne bzw. ortsgebürtig: 8

Finanzieller Status
Das durchschnittliche Gewerbesteuerkapital betrug 1821 (bei 805 Fällen) 355fl., die Stadtvorsteher lagen mithin im Schnitt um das 1,7fache darüber.

Hausbesitz
Für 9 Personen ließ sich Hausbesitz nachweisen, der durchschnittliche Wert des Hausbesitzes betrug 1060 fl. Dabei trat vor allem der Müller Herber mit 4133fl. Hausbesitz hervor. Es muß berücksichtigt werden, daß im zugrundeliegenden Haussteuerkataster von 1822 der Immobilienbesitz etwa um den Faktor 8 zu niedrig bewertet wurde.

1) Landwirte wurden nach den Gewerbesteuergesetzen gering besteuert.
2) Wert von 1817, 1821 nur noch Landwirt.
3) Wert von 1817, für 1821 kein Nachweis. Jacobi hatte Wiesbaden vermutlich verlassen.
4) Wert von 1811, da 1821 kein Eintrag in das Katasterbuch vorhanden.

Tabelle 12

Die Mitglieder des Wiesbadener Stadtvorstandes 1822

mit der Aufstellung ihres Steuerkapitals auf Basis des Gewerbesteuerkatasters von 1821

Nr. Name	Status	Bürger-aufnahme	Bürger-jahre	Beruf	Steuerkap. 1821
1 Fernbach, Martin	F/B	1808	14	Landwirt	600 1)
2 Haßloch, Anton	S/B	1796	26	Metzger	50 2)
3 Heße, Carl	F/B	1816	6	Uhrmacher	600
4 Hofmann, Thomas	F/B	1806	16	Sattler	400
5 Köhler, Alexander	F/B	1814	8	Spezereihändler	1.000
6 Mahr, Jacob Wilhelm	F/B	1812	10	Landwirt	800 3)
7 Matthes, Philipp	S/B	1811	11	Glaser	300
8 Ritzel, Christian	S/B	1808	14	Handelsmann	800
9 Schlidt, Philipp Jacob jun.	S/B	1812	10	Schankwirt	500
10 Schmidt, Philipp Jacob	S/B	1780	42	Badewirt	600
11 Schweisguth, Friedrich	S/B	1802	20	Bäcker	600
12 Zollmann, Philipp	S/B	1810	6	Graveur	400 4)
Summe			183	Summe	6.650
			:12		:12
durchschnittl. seit # Jahren Bürger			15,25	Schnitt	554

Legende:
F=Fremde; S=Bürgersohn bzw. ortsgebürtig; U=unbekannt / B=Bürger

Herkunft/Status
Fremde: 5; Bürgersöhne bzw. ortsgebürtig: 7

Finanzieller Status
Das durchschnittliche Gewerbesteuerkapital betrug 1821 (bei 805 Fällen) 355 Gulden, die Stadtvorsteher lagen mithin im Schnitt um das 1,6fache darüber.

Hausbesitz
Für alle 12 Stadtvorsteher ließ sich Hausbesitz nachweisen, der durchschnittliche Wert des Hausbesitzes betrug 1024 Gulden. Die Spannweite war aber mit 267 fl. bis 2600 fl. recht groß. In dem zugrundeliegenden Haussteuerkataster von 1822 wird dabei der Immobilienbesitz etwa um den Faktor 8 zu niedrig bewertet.

Ständeversammlung
Vier 4 Personen (Köhler, Mahr, Schlidt, Haßloch) haben zu irgendeinem Zeitpunkt das Wahlrecht zur Ständeversammlung gehabt.

1) Fernbach wird mit je 300 fl. Steuerkapital als Landwirt und Kleinkrämer veranschlagt.
2) 1821 steuerte Haßloch nur als kleiner Landwirt, bis 1817 und ab 1822 auch als Metzger.
3) Wert von 1817, der auch die Branntweinbrennerei berücksichtigte. 1821 nur noch Landwirt.
4) Bürgeraufnahme von Zollmann nicht nachweisbar. Als Stadtvorsteher muß er aber, obwohl Beamtensohn, im Bürgerrecht gestanden haben. Als Aufnahmejahr wurde deshalb ersatzweise das Heiratsjahr angesetzt.

Außerdem waren die Stadtvorsteher zumindest 1816/17 zugleich die Armenvorsteher ihres Viertels, was eine weitere starke Belastung mit unbezahlter Arbeit bedeutete.[111] Möglicherweise kam bei den Wahlen auch das neue plebiszitäre Element zum Tragen – der alte Rat hatte sich durch Kooptation ergänzt. Gegen die alten Ratsherren und ihre Kreise bestand einiger Unmut in der Bürgerschaft, hatten diese doch, wie dargelegt, die Ämter oft genug zum persönlichen Vorteil genutzt.

Daß die Bürgerschaft mit dem neuen Wahlmöglichkeiten sich zugleich auf die Suche nach passenden Vertretern machte, wird an der personellen Unbeständigkeit des Gremiums deutlich. Vergleicht man die Mitglieder des Stadtvorstandes von 1816/17 mit denen von 1822, so zeigt sich, daß es über diese sechs Jahre hinweg keinerlei personelle Kontinuitäten gibt. Trotzdem bleibt der Typus des Stadtvorstehers 1822 dem von 1816 ähnlich. Eindeutig dominieren hier die mittleren Handwerker mit maximal zwei Gesellen und die Betreiber eher kleiner Ladengeschäfte und Wirtschaften. Lediglich die durchschnittliche Dauer der Zugehörigkeit zur Bürgergemeinde ist gesunken. Wenn auch die wirtschaftlichen Verhältnisse der meisten Stadtvorsteher eher bescheiden waren, so hatten doch alle zwölf Hausbesitz. Zudem scheinen einige über nicht geringen Feldbesitz verfügt zu haben, denn für vier läßt sich nachweisen, daß sie zumindest einmal in ihrem Leben das Wahlrecht zur Ständeversammlung hatten.[112]

Die Mitglieder des neuen Stadtrates, der ohne direkte politische Funktion war und lediglich als Feldgericht fungierte, mußten bereits per Gesetz der „vermögenden Classe der Mitbürger"[113] angehören. Außerdem war es naheliegend, Personen mit Grundbesitz in dieses Gremium zu delegieren, damit der nötige Sachverstand für Vermögensteilungen im landwirtschaftlichen Bereich vorhanden war. So kann es nicht verwundern, daß es sich bei den meisten der Ratsherren des Stadtrats (Feldgerichts) um alteingesessene, relativ vermögende Bürger handelte. Allein fünf der acht Ratsherren hatten das Wahlrecht zur Ständeversammlung. Ihr Gewerbesteuerkapital und ihr Hausbesitz lagen deutlich über der der Stadtvorsteher, den Grundbesitz an Feldern etc. noch nicht eingerechnet.

Nur zwei der acht Ratsherren des Jahres 1822 waren als „Fremde" ins Bürgerrecht aufgenommen worden, es handelte sich dabei um den Müller Dietz und den Handelsmann Ruß. Beide waren bereits 1814 Mitglieder

---

[111] WWbl Nr. 50 v. 13.12.1816. Zumindest 1817 mußten die Stadtvorsteher das Amt des Armenvorstehers mitverwalten. Das Amt war äußerst unbeliebt und schwierig zu besetzen. Vgl. *Blum*, Armenfürsorge, 60ff.

[112] Basis der Auswertung sind die Wählerlisten von 1816–1865, die im Verordnungsblatt des Herzogtums Nassau veröffentlicht wurden.

[113] VBN 1816, 157.

Tabelle 13

Die Mitglieder des Wiesbadener Stadtrates 1822
mit der Aufstellung ihres Steuerkapitals auf Basis des Gewerbesteuerkatasters von 1821

Das auf acht Personen reduzierte Gremium hatte vor allem noch Funktionen in der
"Freiwilligen Gerichtsbarkeit".

Nr. Name	Status	Bürger-aufnahme	Bürger-Jahre	Beruf	Steuerkap. 1821
1 Bäppler, Ludwig	S/B	1803	19	Nagelschmied	1.000
2 Cron, Gottfr. D.	S/B	1792	30	Bäcker	400
3 Dietz, Michael	F/B	1810	12	Müller	1.100
4 Michel, Christ.	S/B	1808	14	Gerbermeister	800 1)
5 Ruß, Friedr.	F/B	1804	18	Handelsmann	2.000
6 Schlidt, Phil. Jak. sen.	S/B	1803	19	Landwirt	050 2)
7 Schmidt, Phil. Chr.	S/B	1808	14	Landwirt	200 3)
8 Weygandt, Reinhard	S/B	1800	22	Bierbrauer/Wirt	1.400
Summe			148	Summe	6.950
			:8		:8
durchschnittl. seit # Jahren Bürger			18,5	Schnitt	869

Legende:
F=Fremde; S=Bürgersohn bzw. ortsgebürtig / B=Bürger

Herkunft/Status
Fremde: 2; Bürgersöhne bzw. ortsgebürtig: 6

Finanzieller Status
Das durchschnittliche Gewerbesteuerkapital betrug 1821(bei 805 Fällen) 355 fl., die Ratsherren lagen mithin im Schnitt um das 2,4fache darüber.

Hausbesitz
Sieben Ratsmitglieder besaßen 1822 Häuser. Bei Phil. Schmidt war das Haus noch im Besitz
der verwitweten Mutter. Dies Haus eingerechnet, betrug der durchschnittliche Wert des
Hausbesitzes der Ratsherren 1112 fl., wobei berücksichtigt werden muß, daß der tatsächliche
Wert der Immobilien etwa um den Faktor 8 höher lag.

1) Michel verstarb im August 1822.
2) Schlidt hatte wahrscheinlich außerdem Einkünfte aus Hausbesitz.
3) Landwirte wurde nach der Gewerbesteuer relativ gering besteuert.

des provisorischen Stadtrats gewesen und sind die bereits erwähnten oppositionellen Mitglieder der Ständeversammlung in späterer Zeit. Die eher
unpolitische, aber mit lebenslangem Amt und dem repräsentativen Titel
„Stadtrat" versehene Tätigkeit erscheint so als letzter Rückzugspunkt des
„alten" Wiesbadener Bürgertums.

Die Staatsreformen in den Jahren 1809 bis 1816 wurden konsequent
durchgesetzt, und binnen eines Jahrzehntes war aus den verschiedenen
staatlichen Teilen des alten Nassau einer der „modernsten" Kleinstaaten auf
deutschem Boden geworden. Die Reformen griffen hart in das Alltagsleben
ein. Der Wiesbadener Landwirt Burk urteilte bereits 1816 angesichts des
Verlustes der Anrechte auf die Zuteilung von Holz aus den Gemeindewald:
„Wenn Menschen, die nur vor 20 Jahren noch da waren und jetzt wieder
kämen, sie würden nicht glauben können. Es ist traurig jetzt für den Un-
terthanen. Eine Sache, wozu wir sonst Ansprüche hatten, müssen wir ohne
Wiederrede aufgeben. Was gefodert wird, müssen wir geben. Die Abgaben
haben sich 8 bis 10fach verdoppelt."[114]

Der nassauische Reformer Karl Ibell war zunächst in der Bevölkerung
keineswegs beliebt. Zu sehr stand er für das Eingreifen des Staates auch in
die kleinsten Angelegenheiten, zu hoch war die Steuerlast, die mit den von
ihm initiierten Steuerreformen in Verbindung gebracht wurde. Zeitweise
hatte er regelrecht Haß auf sich gezogen und war auch für die
„Nationalbewegten" spätestens seit seinem Eintreten für ein Verbot der
„teutschen Gesellschaften" zum Gegner geworden.[115] Er wurde wohl auch
stets mit den offiziellen Positionen der nassauischen Regierung identifiziert. Ibell war zwar keineswegs ein Revolutionär, er lehnte „im Grund genommen jegliche Volksbewegung"[116] ab, doch ging es ihm bei den ange-
strebten Reformen um eine rationale und effektivere Organisation des
Staatsapparats und keineswegs um die Bevormundung der Bürger. So geriet
er auch mit der offiziellen Politik Nassaus, die in diesen Jahren von dem
Staatsminister Marschall von Bieberstein bestimmt wurde, in Konflikt, als
diese nach 1816 eine konservative, ja reaktionäre Wende vollzog und Nassau zu den Hauptbetreibern der Karlsbader Beschlüsse wurde. Auch war
Ibell nicht bereit, sich hinsichtlich der Domänen der Haltung der Regierung
anzuschließen, die jedes Mitbestimmungsrecht der Landstände ablehnte.
Insofern näherte er sich den Positionen der sich formierenden liberalen Opposition an. Ibell formulierte seine Haltung in der bekannten Denkschrift

---

114 *Dollwet/Weichel*, Tagebuch Burk, 96.
115 *Albert Henche*, Die Dienstentlassung Ibells, in: NA 60, 1963, 90–102, hier 95. Zu Ibell
   vgl. auch *ders.*, Karl von Ibell, in: Nassauische Lebensbilder, Bd. 2. Hrsg. v. Fritz
   Adolf Schmidt. Wiesbaden 1943, 202–213.
116 *Wettengel*, Revolution, 30.

vom 12. Dezember 1819.[117] Sich solchermaßen in Widerspruch mit der Auffassung des Staatsministers und des Herzogs befindend, suchte Ibell Anfang März 1820 wegen seiner angegriffenen Gesundheit um die Gewährung weiteren Urlaubs nach – das Attentat auf ihn im August des Vorjahres hatte ihn auch seelisch stark angegriffen. Außerdem wünschte er vom Herzog eine anderweitige Anstellung.[118] Der Herzog versetzte Ibell stattdessen in den „Quieszentenstand", was diesen noch weiter erschütterte.

Das Attentat auf Ibell 1819 und seine Anfang 1820 bekannt gewordene oppositionelle Haltung zur Politik Nassaus führten dann zu einem völligen Umschwung in der Volksmeinung, und Ibell wurde fast über Nacht zum Volkshelden, aber einem tragischen, wie sich bald zeigen sollte. Ein „Solidaritätsschreiben" der Wiesbadener Einwohner unterschrieben 30 der angesehensten Bürger Wiesbadens. Zu den Unterzeichnern gehörten ein Großteil der Stadtvorsteher[119], der gesamte achtköpfige Stadtrat, eine Reihe von Personen, die davor oder danach einem der beiden Gremien angehörten, der Stadtschultheiß sowie einige der vermögendsten und gesellschaftlich aktivsten Bürger.[120] Der „offene Brief" wurde am 22. Januar zuerst in den „Rheinischen Blättern" gedruckt.[121] Zu den Unterzeichnern gehörte auch der Weinhändler Kreidel, u.a. Vorstandsmitglied der Casino-Gesellschaft. Ähnliche Schreiben gingen aus dem ganzen Land an Ibell.

Die Sympathiewelle für Ibell steigerte sich noch mit seiner „Quieszierung" im März 1820, in der man einen Akt fürstlicher Willkür sah. Als dann im Laufe des Sommers 1820 der Vertreter der Grundeigentümer im Wiesbadener Wahlkreis, der Schultheiß Neumann aus Flörsheim, und der Weilburger Vertreter starben, standen zwei Nachwahlen für die Ständeversammlung im Frühjahr 1821 an.[122]

---

[117] Vgl. die ausführliche Wiedergabe der „Belegschrift" bei *Christian Spielmann*, Karl von Ibell, Lebensbild eines deutschen Staatsmannes 1780–1832. Wiesbaden 1897, 135ff.

[118] So jedenfalls interpretiert Marschall einen Brief Ibells an den Herzog. Vgl. *Henche*, Dienstentlassung, 98.

[119] Die genaue Zusammensetzung des Stadtvorstandes von 1820 kann nicht ermittelt werden. Von den acht bekannten Stadtvorstehern (von zwölf) haben sechs den Brief unterzeichnet. Jedes Jahr wurden für eine dreijährige Wahlperiode vier Stadtvorsteher gewählt. Leider ist das Ergebnis der Wahlen von 1817 für die Wahlperiode 1818–1821 weder im Wochenblatt noch in den Akten überliefert, so daß die Zusammensetzung des Stadtvorstandes 1820 nicht vollständig rekonstruiert werden kann. Vgl. WWbl. Nr. 50 v. 13.12.1816. StdAWi AA VIc 26.

[120] Liste abgedruckt bei: *Spielmann*, Ibell, 245.

[121] *K. Schwartz*, Das Leben Ibells, NA 14, 1875, 1–107, hier 69.

[122] Vgl. VBN Nr. 1 v. 4.2.1821.

Tabelle 14

Die Sozialstruktur der Wiesbadener Wahlberechtigten zur Ständeversammlung 1816 und 1818

	Wahlliste 1816					Wahlliste 1818				
	GEK	GE-Wähler		Gewerbe/K/W		GEK	GE-Wähler		Gewerbe/K/W	
Adelige (ohne nähere Angaben)	0	0	0,0%	0	0,0%	0	0	0,0%	0	0,0%
Offiziere	0	0	0,0%	0	0,0%	0	0	0,0%	0	0,0%
Hof- und Staatsbeamte	0	2	5,7%	1	5,3%	1	1	2,7%	0	0,0%
Adel, Militär, Bürokratie	**0**	**2**	**5,7%**	**1**	**5,3%**	**1**	**1**	**2,7%**	**0**	**0,0%**
Geistliche, Pfarrer	0	0	0,0%	0	0,0%	0	0	0,0%	0	0,0%
Mediziner, Apotheker	0	0	0,0%	1	5,3%	0	0	0,0%	1	4,0%
Advokaten, Rechtsanwälte	0	0	0,0%	0	0,0%	0	0	0,0%	0	0,0%
Architekten, Techniker	0	0	0,0%	0	0,0%	0	0	0,0%	0	0,0%
Professoren, Lehrer	0	0	0,0%	0	0,0%	0	0	0,0%	0	0,0%
Studenten, Schüler	0	0	0,0%	0	0,0%	0	0	0,0%	0	0,0%
Künstler	0	0	0,0%	1	5,3%	0	0	0,0%	1	4,0%
Bildungsbürgertum	**0**	**0**	**0,0%**	**1**	**5,3%**	**0**	**0**	**0,0%**	**1**	**4,0%**
Hohe Stadtbeamte, bürgerl. Ämter	0	1	2,9%	0	0,0%	0	1	2,7%	0	0,0%
Bankiers, Bankdirekt.	0	0	0,0%	1	5,3%	0	0	0,0%	1	4,0%
Rentiers	0	0	0,0%	0	0,0%	0	0	0,0%	0	0,0%
Kaufleute, Handelsleute	2	2	5,7%	5	26,3%	0	0	0,0%	8	32,0%
Fabrikanten	0	0	0,0%	0	0,0%	0	0	0,0%	0	0,0%
Verleger, Buchhändler, -drucker	0	0	0,0%	1	5,3%	1	0	0,0%	1	4,0%
Gast- und Badewirte	1	4	11,4%	3	15,8%	0	4	10,8%	5	20,0%
Weinwirte, Kaffetiers, Bierbrauer	0	2	5,7%	1	5,3%	2	2	5,4%	4	16,0%
Landwirte etc.	2	9	25,7%	0	0,0%	2	13	35,1%	5	20,0%
Handwerker, Kleinhändler	0	15	42,9%	5	26,3%	0	16	43,2%	0	0,0%
Angestellte	0	0	0,0%	0	0,0%	0	0	0,0%	0	0,0%
Arbeiter, Gesellen, Dienstboten	0	0	0,0%	0	0,0%	0	0	0,0%	0	0,0%
Stadtbürgertum	**5**	**33**	**94,3%**	**16**	**84,2%**	**5**	**36**	**97,3%**	**24**	**96,0%**
Ohne Beruf/ohne Angaben	0	0	0,0%	1	5,3%	0	0	0,0%	0	0,0%
Summe der Mitglieder	**5**	**35**	**100%**	**19**	**100%**	**6**	**37**	**100%**	**25**	**100%**

Anmerkung:

Für die Grundbesitzer mit passivem Wahlrecht (GEK) galt ein weit höherer Zensus wie für die Grundbesitzer mit aktivem Wahlrecht (GE-Wähler). Wegen der geringen Zahl der Kandidaten wird hier auf eine Prozentberechnung verzichtet.

Die Wahlberechtigten im Bereich des Gewerbes hatten hingegen zugleich auch das passive Wahlrecht.

Doppelwahlrecht

1816 hatten 4 der Grundeigentümer auch als Gewerbetreibende das aktive Wahlrecht.

1818 hatte nur eine Person ein zweifaches Wahlrecht.

Tabelle 15

Die Sozialstruktur der Wiesbadener Wahlberechtigten zur Ständeversammlung 1825 und 1832

	Wahlliste 1825					Wahlliste 1832				
	GEK	GE-Wähler		Gewerbe/K/W		GEK	GE-Wähler		Gewerbe/K/W	
Adelige (ohne nähere Angaben)	0	0	0,0%	0	0,0%	0	0	0,0%	0	0,0%
Offiziere	0	0	0,0%	0	0,0%	0	0	0,0%	0	0,0%
Hof- und Staatsbeamte	0	2	10,5%	1	3,2%	0	0	0,0%	0	0,0%
Adel, Militär, Bürokratie	**0**	**2**	**10,5%**	**1**	**3,2%**	**0**	**0**	**0,0%**	**0**	**0,0%**
Geistliche, Pfarrer	0	0	0,0%	0	0,0%	0	0	0,0%	0	0,0%
Mediziner, Apotheker	0	0	0,0%	0	0,0%	0	0	0,0%	0	0,0%
Advokaten, Rechtsanwälte	0	0	0,0%	0	0,0%	0	0	0,0%	0	0,0%
Architekten, Techniker	0	0	0,0%	0	0,0%	0	0	0,0%	0	0,0%
Professoren, Lehrer	0	0	0,0%	1	3,2%	0	0	0,0%	1	3,6%
Studenten, Schüler	0	0	0,0%	0	0,0%	0	0	0,0%	0	0,0%
Künstler	0	0	0,0%	0	0,0%	0	0	0,0%	0	0,0%
Bildungsbürgertum	**0**	**0**	**0,0%**	**1**	**3,2%**	**0**	**0**	**0,0%**	**1**	**3,6%**
Hohe Stadtbeamte, bürgerl. Ämter	0	1	5,3%	0	0,0%	0	0	0,0%	0	0,0%
Bankiers, Bankdirekt.	0	0	0,0%	1	3,2%	0	0	0,0%	1	3,6%
Rentiers	0	0	0,0%	0	0,0%	0	0	0,0%	0	0,0%
Kaufleute, Handelsleute	0	0	0,0%	10	32,3%	0	0	0,0%	8	28,6%
Fabrikanten	0	0	0,0%	0	0,0%	0	1	4,8%	1	3,6%
Verleger, Buchhändler, -drucker	0	0	0,0%	1	3,2%	0	0	0,0%	1	3,6%
Gast- und Badewirte	0	2	10,5%	5	16,1%	0	1	4,8%	5	17,9%
Weinwirte, Kaffetiers,Bierbrauer	0	0	0,0%	3	9,7%	0	2	9,5%	3	10,7%
Landwirte etc.	1	3	15,8%	1	3,2%	1	4	19,0%	0	0,0%
Handwerker, Kleinhändler	1	11	57,9%	7	22,6%	1	13	61,9%	8	28,6%
Angestellte	0	0	0,0%	0	0,0%	0	0	0,0%	0	0,0%
Arbeiter, Gesellen, Dienstboten	0	0	0,0%	0	0,0%	0	0	0,0%	0	0,0%
Stadtbürgertum	**2**	**17**	**89,5%**	**28**	**90,3%**	**2**	**21**	**100,0%**	**27**	**96,4%**
Ohne Beruf/ohne Angaben	0	0	0,0%	1	3,2%	0	0	0,0%	0	0,0%
Summe der Mitglieder	**2**	**19**	**100%**	**31**	**100%**	**2**	**21**	**100%**	**28**	**100%**

Anmerkung:

Für die Grundbesitzer mit passiven Wahlrecht (GEK) galt ein weit höherer Zensus wie für die Grundbesitzer mit aktivem Wahlrecht (GE-Wähler). Wegen der geringen Zahl der Kandidaten wird hier auf eine Prozentberechnung verzichtet.

Die Wahlberechtigten im Bereich des Gewerbes hatten hingegen zugleich auch das passive Wahlrecht.

Doppelwahlrecht

1832 hatte eine Person sowohl als Grundeigentümer wie auch als Gewerbetreibender das aktive Wahlrecht, 1825 niemand.

Ibell wurde in beiden Wahlkreisen zum Vorschlag gebracht. Er selbst nahm am Wahlkampf nur geringen Anteil, traf sich aber einige Male mit Führern der Opposition. Die Regierung verhielt sich gegenüber einer eventuellen Wahl Ibells in die Ständeversammlung zwar offiziell neutral, aber gleichzeitig agitierte die Mehrzahl der Beamten und Schultheißen auf das heftigste gegen ihn.[123]

Ibells Wahl im Wiesbadener Wahlkreis, der auch zahlreiche Orte der Umgebung umfaßte, scheiterte schließlich im zweiten Wahlgang am Votum der Hochheimer Wahlberechtigten, denen „unter Strafe befohlen worden" war, gegen Ibell und für seinen Gegenkandidaten, den Gutsbesitzer Borkholder aus Massenheim, zu stimmen.[124] Dies war ein unerwarteter Mißerfolg für die liberale Opposition in Wiesbaden, die sich überhaupt eher gespalten zeigte. Bekennermut war in dieser Zeit der Reaktion jedenfalls nicht gerade weit verbreitet. So nahmen an einem Essen, das Georg Herber, Präsident der Deputiertenkammer, und der Wiesbadener Badewirt und Posthalter Schlichter für die liberale Anhängerschaft bestellt hatten, nur 17 Personen teil, obwohl 100 Gedecke aufgelegt worden waren.[125] Ibell wurde aber schließlich im Weilburger Wahlkreis gewählt. Dabei kam es auch zu Krawallen. Seine Zwangspensionierung folgte, offensichtlich von ihm selbst nicht erwartet, unmittelbar nach der Wahl. Ibell, durchdrungen vom Glauben an Rationalität, hatte die Ansicht, seine immer wieder vorgetragenen Reformideen müßten ob ihrer Zweckmäßigkeit auch den Herzog und den Staatsminister überzeugen. Sein Mandat in der Deputiertenkammer trat er, tief verletzt, nicht an, sehr zur Enttäuschung der Liberalen.

Damit endete die erste große Auseinandersetzung zwischen den Liberalen und der Regierung mit einem klaren Sieg des Staates. Zwar hatte sich eine Mehrheit auch der Wiesbadener Wahlberechtigten hinter den „liberalen" Ibell gestellt, doch war dies wohl von beiden Seiten nur eine halbherzige Liaison. Weder war man in Hinsicht auf das vom Herzog beanspruchte Domäneneigentum auf einer gemeinsamen Linie, noch waren die klaren Dispositions- und Eingriffsrechte, die nach den Vorstellungen Ibells dem Staate hinsichtlich der Gemeinden zufielen, mit den alten wie neuen Vorstellungen gemeindlicher Selbstverwaltung auf seiten des städtischen Bürgertums vereinbar. Die Rücktritte von drei liberalen Abgeordneten der 2. Kammer 1822 wegen der harten Haltung der Regierung in dem Domänenstreit waren dann auch angesichts der Niederlage der Liberalen mehr ein Zeichen der Ohnmacht als eine politische Demonstration.[126] Unter je-

---

[123] *Spielmann*, Ibell, 144f.
[124] Ebd., 144.
[125] *Struck*, Biedermeier, 4. *Spielmann*, Ibell, 144.
[126] *Struck*, Vom Kampf, 191.

nen, die ihr Mandat niederlegten, befand sich auch Jacob Bertram, der, noch vom Hachenburger Wahlkreis gewählt, gerade im Begriff war, sich in Wiesbaden niederzulassen.

Die Regierung nutzte ihren Sieg und ihre starke Stellung aus, die Wählerbasis der Liberalen weiter zu beschneiden, indem sie 1821 eine separate Gebäudesteuer einführte. Bisher war der Wert der Gebäude bei der Grundsteuer berücksichtigt worden und damit auch zugleich Bestandteil der Steuerleistung, die für das Wahlrecht zur Ständeversammlung entscheidend war.[127] Mit der neuen Regelung wurden, wie Tabelle 14 und 15 zeigt, eine ganze Reihe Wiesbadener von dem Wahlrecht ausgeschlossen.[128]

Die Zahl der Wähler, welche als Grundeigentümer wählen durften, sank von 1818 bis 1825 von 37 auf 17, statt sechs „Kandidaten" wohnten nunmehr gerade noch zwei Personen, die das passive Wahlrecht genossen, in der Stadt. Diese Maßnahme war wohl vor allem gegen die Wiesbadener Badewirte gerichtet, die jetzt, verfügten sie nicht über sehr viel Grundbesitz, allenfalls bei der Wahl der drei Vertreter der Gewerbetreibenden zur Ständeversammlung mitwählen durften. Dennoch wurden auch in den nächsten Jahren in dem Wiesbadener Wahlkreis, der eine ganze Reihe weiterer Gemeinden umfaßte, stets Liberale gewählt. Außer diesen liberalen Abgeordneten wohnten noch eine ganze Reihe „ständischer" Vertreter in Wiesbaden, wie sich aus der Tabelle 16 Liste ergibt. Sie enthält, dies gilt auch für alle folgenden Listen in den weiteren Kapiteln, nicht jene Abgeordneten des Wiesbadener Wahlkreises, die ihren Wohnsitz außerhalb der Stadt hatten.

Für die Zeit von 1821 bis 1830 lassen sich keine direkten Konfrontationen mehr zwischen Opposition und Regierung ausmachen. Der Landesdeputiertenkammer, so urteilt der wahrscheinlich beste Kenner der Materie, Wolf-Heino Struck, „fehlte in diesen Jahren eine politische Note".[129] Maßgebend dafür war auch die betont vorsichtige Haltung des liberalen Kammerpräsidenten Georg Herber. Aber auch eine „außerparlamentarische" Opposition ist kaum auszumachen, sieht man einmal von radikalen Hitzköpfen wie dem Theologiestudenten Hildebrand[130] ab, den Sohn eines Wiesbadener Kantors. Seine Tätigkeit, beflügelt von den aus Nassau emi-

---

[127] *Struck*, Biedermeier, 13.

[128] Die Auswertung der Wähler und Kandidaten basiert auf den Listen im nassauischen Verordnungsblatt 1816–1865.

[129] *Wolf-Heino Struck*, Vom Kampf um den Verfassungsstaat. Der politische Prozeß gegen den nassauischen Volkskammerpräsidenten Georg Herber, in: NA 79, 1968, 182–244, hier 192.

[130] Christian Reichard Hildebrand, Pädagoge, * Wiesbaden 28.12.1800 + ebd. 19.8.1834. Angehöriger des „Jünglingsbundes". 1825–27 Festungshaft auf der Marksburg. Hildebrand gründete 1830 eine Erziehungsanstalt in Wiesbaden. Vgl. *Renkhoff*, Biographie, 324.

grierten Gebrüdern Wilhelm und Ludwig Snell, entwickelte er aber überwiegend außerhalb Nassaus. Sie brachte ihm in der Heimat dann 1825 eine Verurteilung zu 10 Jahren Festungshaft ein.[131] Große Konflikte hat es auch auf der kommunalen Ebene in Wiesbaden nicht mehr gegeben. Daß der alte Kleinkrieg weiter geführt wurde, darf angesichts der Entmachtung der städtischen Gremien und ihrer geänderten personellen Zusammensetzung bezweifelt werden. Die Aktenüberlieferung läßt eine definitive Aussage für diesen Zeitraum nicht zu.

Der Opposition fehlte aber auch ein publizistisches Sprachrohr. Zwar erschien seit 1816 mit den „Rheinischen Blättern" Wiesbadens erstes politisches Organ, redigiert von dem gemäßigt liberalen und journalistisch erfahrenen Johannes Weitzel.[132] Doch legte dieser nach den Karlsbader Beschlüssen 1819, die zugleich die Einsetzung eines Zensors für das Blatt brachten, sein Amt nieder. Im Jahr danach ging das mittlerweile völlig farblose Blatt ein.[133]

Wiesbadens Bürger waren, so will es scheinen, in den 1820er Jahren besonders mit dem Ausbau der Stadt beschäftigt. Vor allem im Gastgewerbe wurden die alten Häuser teils renoviert, teils durch Neubauten ersetzt. Die Zahl der Einwohner wuchs rasch, 1831 wohnten bereits fast 9000 Personen, Militärpersonen nicht eingerechnet, in der Stadt. Dies war mehr als eine Verdoppelung binnen 20 Jahren. Die hohe Einwanderungsquote, sicher auch ein Erfolg des staatlichen Konzepts, die Stadt für das gehobene Publikum interessant zu machen, hat gewiß dazu beigetragen, daß die Entwicklung unumkehrbar schien und daß der Verlust der „alten Freyheiten" allgemein akzeptiert wurde. Die wirtschaftliche Prosperität der 1820er Jahre kann so auch als der äußere Rahmen einer „Latenzperiode" verstanden werden, in der sich eine Neuformation des städtischen Bürgertums vollzog, noch nicht in politischer, aber in sozialer Hinsicht, indem das „alte Wiesbaden" definitiv aufhörte zu existieren.

Die bis 1830 herrschende politische Friedhofsruhe im Land war gewiß auch darauf zurückzuführen, daß politische Konspiration ein äußerst gefährliches Unterfangen war, zeigte die Staatsmacht doch bei ihrer Verfolgung aller der Opposition Verdächtigen fast paranoide Züge, insbesondere sah man überall Verbindungen zu dem geschaßten Ibell.

---

[131] *Struck*, Biedermeier, 5.
[132] *Wolf-Heino Struck*, Das Streben nach bürgerlicher Freiheit und nationaler Einheit in der Sicht des Herzogtums Nassau, in: NA 77, 1966, 142–216, hier 150f.
[133] *Struck*, Biedermeier, 4.

Tabelle 16

Die Abgeordneten aus Wiesbaden 1818-1831

Abgeordnete der Ständeversammlung mit Wohnsitz in Wiesbaden, gewählt zwischen 1818 und 1830, geordnet nach dem Beginn der Amtsperiode

Zeitraum	Name/Beruf	Vertretung	Status
1818-1824	Müller, Georg (1766-1836) Generalsuperintendent	Ev. Geistlichkeit	F/E
1818-1824	Schlichter, Christian (1777-1828) Gastwirt und Posthalter	Grundeigentümer	S/B
1823-1824	Dietz, Michael (1789-1839) Müller und Ratsherr	Gewerbe (Nachwahl)	F/B
1823-1824	Ruß, Friedrich (1777-1844) Kaufmann und Ratsherr	Gewerbe (Nachwahl)	F/B
1825-1831	Dietz, Michael (1789-1839) Müller und Ratsherr	Grundeigentümer	F/B
1825-1831	Kruse, August Freiherr von (1779-1848) Generalmajor	Mitglied Herrenbank	S/E
1825-1831	Müller, Georg (1766-1836) Generalsuperintendent, Landesbischof ab 1827	Ev. Geistlichkeit	F/E
1825-1831	Preuschen, Aug. Freih. v. (1766-1846) Oberappellationsgerichtsrat	Mitglied Herrenbank	F/E
1825-1831	Ruß, Friedrich (1777-1844) Kaufmann und Ratsherr	Gewerbe	F/B
1825-1828	Schlichter, Christian (1777-1828) Gastwirt und Posthalter	Gewerbe	S/B
1829-1831	Oeffner, Ludwig (1773-1839) Tuchhändler	Gewerbe (Nachwahl)	F/B

Nachwahlen

Die Abgordenten Dietz (1823), Ruß (1823) und Oeffner wurden in Nachwahlen für verstorbene Gewerbevertreter gewählt. Der Abgeordnete Schlichter schied 1828 durch Tod aus.

Legende

F=Fremde; S=Bürgersohn bzw. ortsgebürtig / B=Bürger; E=Eximierte

Weniger große Taten als vorsichtiges Hervortreten in Schriften kündigte die Neuformierung der Opposition Ende der 1820er Jahre an. Friedrich Wilhelm Emmermann, der bereits 1814–1820 durch zahlreiche Schriften zur Armenpflege deren Reform mitbetrieben hatte[134], veröffentlichte eine Reihe von Aufsätzen in den von Karl Heinrich Ludwig Pölitz herausgegebenen „Jahrbüchern für Geschichte und Staatskunst". Emmermann war von 1819–1838 Direktor des Wiesbadener Hospitals und damit sicher auch in engem Kontakt mit den Wiesbadener Bürgern.[135] Jedenfalls spielte die Frage der kommunalen Selbstverwaltung in seinen Überlegungen eine zentrale Rolle. 1828 verbindet er in einem Aufsatz geschickt eine allgemeine Analyse der existierenden Landesverfassungen mit einer Kritik an den nassauischen Verhältnissen.[136] Bei seiner Frage, was dazu geführt habe, daß einige Verfassungen „verschwunden" seien, kommt er zu dem Schluß, das nur durch die „innige Verbindung des Staates mit den Gemeinden in einer homogenen Verfassung [...] die Sicherung der Staatsconstitution"[137] erreicht werden könne. Denn „wie ist es möglich, daß man Sinn und Interesse für die öffentlichen Angelegenheiten des Staates haben kann, so lange den Bürgern nicht einmal erlaubt ist, sich um die Angelegenheiten ihrer Gemeinden zu kümmern, und diese, durch selbst gewählte Stellvertreter, zu leiten!"

---

134 *Blum*, Armenfürsorge, 53ff.
135 Vgl. *Struck*, Vom Kampf um den Verfassungsstaat, 241. Emmermann empfand seine Pensionierung 1837/38 offensichtlich als ungerechtfertigt, da er sich auch 1841 noch für dienstfähig hielt.
136 *Friedrich Wilhelm Emmermann*, Ueber den Auf- und Untergang der Staatsconstiutionen, in: Jahrbücher für Geschichte und Staatskunst, 1828, 109–125. Emmermann, der fleißig publizierte, nutzte ebenso wie Weitzel später jeden auch thematisch anders gelegenen Aufsatz, um auf die Reformbedürftigkeit des Staates und die Notwendigkeit der „Denk-, Sprech- und Erwerbsfreiheit" hinzuweisen. Vgl. *Friedrich Wilhelm Emmermann*, Präliminarien zur Criminalgesetzgebung, in: Jahrbücher für Geschichte und Staatskunst, 1830, 434–444, Zitat 436.
137 Emmermann, Staatsconstitutionen, 124.

2. Bürger oder Untertan?
Wiesbaden im Vormärz (1831–1847)

a. Die politische Offensive des Bürgertums 1831 – Domänenstreit und Polenbegeisterung

„Bürgertum oder Sklaventum!" Dies sei jetzt die Frage und hier helfe nur der Steuerstreik. Damit brachte ein Anonymus 1831 in einem „Privatgutachten" die neu entfachten Auseinandersetzungen in Nassau auf den Punkt.[138]

Die politische Zurückhaltung und Ruhe im Herzogtum Nassau, die für die zweite Hälfte der 1820er Jahre charakteristisch war, wurde durch die Juli-Revolution 1830 in Frankreich mit einem Schlag aufgehoben. Aufmerksam verfolgte die Regierung die Ereignisse und die darüber berichtende „ausländische" Presse, vor allem die der süddeutschen Staaten. In den dortigen Blättern meldete sich, mangels einer politischen Zeitung im Herzogtum, auch die nassauische Opposition zu Wort.[139] Bei Ausbruch der Revolution in Frankreich war die Frühjahrssitzungsperiode der Landstände bereits vorbei, so daß auf dieser Ebene die neu belebte Auseinandersetzung zunächst nicht stattfinden konnte. Aber bereits im September boten die Rittersche und die Schellenbergsche Buchhandlung das „Grundgesetz oder constitutionelle Charte des Königreiches Frankreich" feil. Sie betonten dabei in ihrer Anzeige, daß angesichts der „gegenwärtigen Krisis" in Frankreich die Schrift von besonderem Interesse sei und außerdem in dem Band das „Preß- und Wahlgesetz" enthalten sei.[140]

Im Dezember 1830 verbot die Regierung bei Androhung von zwei Jahren Haft, gemeinschaftliche Gesuche zu verfassen und einzureichen, ein deutlicher Hinweis, daß die Petitionen, welche die Regierung erreichten, als Auftakt zu größeren Veränderungsforderungen verstanden wurden. Schon vor der Eröffnung der Landstände im Februar 1831 war klar geworden, daß in dem geänderten politischen Klima die liberale Opposition – die eigentlich eine Mehrheit war – versuchen würde, die Frage der Verfügungsgewalt über die Domänen erneut aufzugreifen. Dabei war das übergeordnete Ziel, das Land möglichst auf eine neue verfassungsrechtliche Grundlage zu stel-

---

[138] Über die Vermehrung der ersten Kammer der nassauischen Landstände. Ein Privatgutachten, allen denkenden Staatsbürgern Nassaus zur aufmerksamen Prüfung vorgelegt. Zweibrücken 1832, 4.

[139] *Wolf-Heino Struck*, Vormärz im Herzogtum Nassau und Hambacher Fest, in: Hambach 1832. Anstöße und Folgen. Wiesbaden 1984, 131–163, hier 138.

[140] WWbl. Nr. 38 v. 20.9.1830.

len.[141] Bereits durch die Rede des Staatsministers Marschall bei der Eröffnung der Sitzungsperiode offenbarten Regierung und Herzog, ganz von „ihrer übersteigerten Revolutionsfurcht"[142] geprägt, daß sie zu Reformen nicht bereit waren.

Neben dem Domänenstreit gab es zwei weitere Konflikte im Staat, die den Zusammenschluß der oppositionellen Kräfte förderten. Dies war zum einen die Forderung der Liberalen nach dem Beitritt Nassaus zum Zollverein, der vor allem für die exportabhängigen Regionen Rheingau und Dillgebiet günstig gewesen wäre. Nassau hatte bisher gegenüber den preußischen Zollvereinsbestrebungen eine Obstruktionspolitik betrieben.[143] Besonders seit der Gründung des Zollvereins von Preußen und Hessen-Darmstadt 1828 war Nassau hier in der Defensive und wurde wirtschaftlich geschädigt.[144]

Der andere Kristallisationspunkt der Opposition war die Bewegung zur Unterstützung der aufständischen Polen. Die Erhebung der Polen gegen die russische Oberherrschaft wurde zum Befreiungskampf stilisiert und gewann geradezu Stellvertretercharakter für Deutschland[145], ähnlich wie dies, wenngleich nicht in gleichem Umfang in Nassau, für den Kampf der Griechen gegen die Türken in den 1820er Jahren gegolten hatte.[146] Eine zuweilen „exaltierte" Schwärmerei für die Polen griff um sich, die völlig von den konkreten Zielen der Aufständischen losgelöst schien.[147]

Im Juni 1831, nach der Niederschlagung des polnischen Aufstandes, erschien in Wiesbaden ein gedruckter Aufruf, der zur Spende von Verbandmaterial für die Verwundeten in den Hospitälern Warschaus aufforderte. Unterzeichnet war dieses Flugblatt von Wiesbadens angesehensten Bür-

---

[141] *Struck*, Vormärz, 139.

[142] *Wolf-Arno Kropat*, Staat, Parlament und politisches Leben im Herzogtum Nassau, in: Volker Eichler (Bearb.), Parlamentsdebatten, 1–18, hier 17.

[143] *Hans-Werner Hahn*, Einzelstaatliche Souveränität und nationale Integration. Ein Beitrag zur nassauischen Politik im Deutschen Zollverein, in: NA 92, 1981, 91–123, hier 95ff.

[144] *Peter Zieg*, Nassau und der preußisch-großherzoglich hessische Zollverein vom 14. Februar 1828, in: NA 98, 1987, 199–203, hier 203.

[145] *Wettengel*, Revolution, 31.

[146] Jedenfalls liegen die Spenden in Gesamtnassau mit insgesamt 56 Gulden weit unter dem Spendenaufkommen etwa in den Nachbarstaaten – im Großherzogtum Hessen kamen 9200 und im Kurfürstentum Hessen 2478 Gulden zusammen. Auch mit nur 3 Freiwilligen liegt Nassau hinsichtlich der relativen Mobilisierung erst an 16. Stelle unter 19 deutschen Staaten, die in der Liste aufgeführt werden. Vgl. *Christoph Hauser*, Anfänge bürgerlicher Organisationen, Philhellenismus und Frühliberalismus in Südwestdeutschland. Göttingen 1990, 74, 159.

[147] Vgl. *Georg W. Strobel*, Die liberale deutsche Polenbegeisterung und die Erneuerungsbewegung Deutschlands, in: Peter Ehlen (Hrsg.), Der polnische Freiheitskampf 1830/31 und die liberale deutsche Polenfreundschaft. München 1982, 31–47, hier 34.

gern.[148] Der mehrfach erwähnte Jacob Bertram stand an erster Stelle, gefolgt von dem Stadtschultheiß Fussinger, dem Badearzt Dr. Peez, dem Rechtsanwalt Dr. von der Nahmer, den Stadträten Ruß und Dietz, den Kaufleuten Heckler und Scholz sowie dem Rechtsanwalt Dr. Ernst Leisler. Von diesen neun Personen traten fast alle als Liberale hervor, allein fünf von ihnen (Bertram, Fussinger, Ruß, Dietz und Leisler) waren zu dieser Zeit oder später Mitglieder des Landtages.[149] Ebenso wie in anderen Städten standen also auch in Wiesbaden die führenden Liberalen an der Spitze der Hilfsvereine für Polen – so wie z.B. in Tübingen Ludwig Uhland oder in Karlsruhe Karl Theodor Welcker.[150] Nach einer Meldung in der Zeitschrift „Das konstitutionelle Deutschland", die in Straßburg erschien, verbot die nassauische Regierung diese Sammlungen.[151] Im September bemühte sich der Schuhmacher Stemmler[152] um Unterschriften für eine Eingabe bei dem Bundestag zugunsten der aufständischen Polen.[153]

Als nach der Niederschlagung des Aufstandes Tausende polnischer Offiziere gen Westen flüchteten, wurden sie fast überall freudig begrüßt und sogar von den Regierungen, auch der preußischen, materiell unterstützt[154] – sei es auch nur, um sie rasch weiter nach Frankreich zu befördern. Die nassauische Landesregierung verbot dagegen im April 1832 eine weitere Sammelaktion eines „zu Wiesbaden aufgetretenen Hülfsvereins" mit dem Hinweis an die Amtmänner, diese Sammlungen gehörten „in jeder Hinsicht zu dem verbotenen Collectiren".[155] Der Stadtschultheiß Fussinger wurde im Februar 1833 durch den aus Biebrich stammenden Lauterbach[156] ersetzt. Wenn auch alle Akten der Landesregierung und der Stadt zu der Besetzung des Schultheißenamtes aus dieser Zeit verloren gegangen sind, so darf doch

---

[148] Ein Exemplar des bisher in der Literatur nicht erwähnten Aufrufes hat sich in dem Tagebuch des Wiesbadener Bauern Burk erhalten. Vgl. *Weichel*, Zur Geschichte der Familie Burk, 35.

[149] Auswertung VBN 1818–1865.

[150] Vgl. *Eberhard Kolb*, Polenbild und Polenfreundschaft der deutschen Frühliberalen. Zu Motivation und Funktion außenpolitischer Parteinahme im Vormärz, in: Saeculum, Jb. für Universalgeschichte 26 (1975), 111–127, hier 119.

[151] Vgl. *Struck*, Vom Kampf, 207f. Die Auswertungen Strucks basieren überwiegend auf den Zeitschriftenausschnitten, die der Staatsminister Marschall an den Herzog weiterleitete.

[152] Vermutlich handelt es sich um den Schuhmacher Joh. Georg Stemmler, 1831 Alleinmeister, Bürgeraufnahme 1802. StAWi WI/1/212, StdAWi WI/1/32 (Gewerbekataster 1831).

[153] *Struck*, Biedermeier, 7.

[154] *Strobel*, Polenfreundschaft, 36f.

[155] HHStAWi 246/151. Außerdem traf man Vorkehrungen für den Fall, daß die flüchtenden Polen durch Nassau ziehen wollten. Der Herzog wünschte ihre Abschiebung. Vgl. dazu *Struck*, Vom Kampf, 232, Anmerkung 220.

[156] Friedrich Martin Lauterbach, * Biebrich 15.3.1794, + Wiesbaden 5.6.1881. Amtszeit 14.2.1833–20.3.1848. Vgl. *Struck*, Biedermeier, 299.

vermutet werden, daß die Ablösung Fussingers, der sich 1831 eindeutig als Liberaler zu erkennen gab, ein politischer Akt war. Gewiß genoß Fussinger aber das Vertrauen der Wiesbadener Führungsschicht, denn er wurde 1846 für Wiesbaden in den Landtag gewählt. Dort trat er im gleichen Jahr für eine Reform der Gemeindeverwaltung und die Wahl des Schultheißen durch die Bürger ein – bei gleichzeitiger Befristung der Amtszeit –, statt „der gegenwärtig bestehenden Besetzung des Schultheißenamtes auf Lebenszeit".[157] Das derzeitige Verfahren, bei dem allein von den unteren Landesbehörden der Regierung eine Person zum Vorschlag gebracht werde, sichere keinesfalls das nötige Vertrauen der Bürger in den Schultheißen. Dieser Hinweis Fussingers kann durchaus als eine Anspielung auf seinen Nachfolger verstanden werden. Lauterbach verlor denn auch bereits zu Beginn der Revolution 1848 sein Amt – außerdem wurde er im März 1848 von den Wiesbadener Bürgern mit einer Katzenmusik verspottet.[158]

Die Sammlungen für die Polen wurden begleitet von einem reichhaltigen Angebot der Wiesbadener Buchhandlungen zu diesem Thema, das sie in besonderen Annoncen im Wiesbadener Wochenblatt anpriesen. Überhaupt hatte der Aufstand in Polen nicht nur die Hilfsbereitschaft, sondern auch die Schreiblust der Liberalen beflügelt: wahrscheinlich griffen „mehr als 300 Liberale in den Jahren nach dem Novemberaufstand zur Feder" und neben zahlreichen Büchern entstanden über 1000 Gedichte, darunter „Polenlieder" von so bedeutenden Lyrikern wie August von Platen und Nikolaus Lenau.[159] So konnte man sich auch in Wiesbaden etwa mit Hilfe einer „Specialkarte des Kriegsschauplatzes in Polen"[160] und durch die „Getreue Abbildung der polnischen Sensenmänner", farbig zu 12 Kreuzer, schwarz-weiß für nur 6 Kreuzer[161], eine visuelle Vorstellung von den Vorgängen in Polen machen. Im Juni 1831 wurden dann auch zur Einstimmung Text und Noten des Liedes „Noch ist Polen nicht verloren" angeboten.[162]

Bedeutender für die nassauischen Verhältnisse war aber die Intensivierung des Domänenstreites, der bereits in den ersten Jahren der Ständeversammlung 1818–1821 so viel Staub aufgewirbelt hatte.[163] Zu Beginn der

---

[157] Zitiert nach *Eichler*, Nassauische Parlamentsdebatten, 213 (Dokument 41).

[158] *Friedrich v. Dungern*, Emil Freiherr v. Dungern (1802–1862), in: Nassauische Lebensbilder. Bd. 5. Wiesbaden 1955, 171–185, hier 179.

[159] *Kolb*, Polenbild, 118. Zum Einfluß der Polenbegeisterung auf die Literatur vgl. *Siegfried Rother*, Polen in der deutschen Literatur des Vormärz – eine didaktisch-methodische Handreichung, in: Peter Ehlen (Hrsg.), Der polnische Freiheitskampf 1830/31 und die liberale deutsche Polenfreundschaft. München 1982, 131–160.

[160] WWbl. Nr. 13 v. 28.3.1831.

[161] So das Angebot der J. F. Haßloch'schen Buch- und Musikhandlung. Vgl. WWbl. Nr. 17 v. 25.4.1831.

[162] Vgl. WWbl. Nr. 23 v. 6.6.1831.

[163] Anonym *[Georg Herber]*, Der Domainen-Streit im Herzogthume Nassau, aus seinen Urquellen erläutert und nach Rechtsgrundsätzen gewürdigt, Frankfurt am Main 1831.

neuen Sitzungsperiode trafen sich die Landesdeputierten am 12. März 1831 privat bei dem Präsidenten der Kammer, Herber, um sich das Wort zu geben, füreinander einzustehen und in der Sache fest zu bleiben. In der öffentlichen Sitzung am 24. März verweigerte die Volkskammer mit 19 : 3 Stimmen die weitere Bewilligung der Entschädigungsrente für die 1812 durch das Steueredikt aufgehobenen leib- und grundherrlichen Abgaben, die sich der Herzog aus der allgemeinen Steuerkasse ersetzen ließ.[164] Die zahlreichen Zuschauer im alten Schloß am Marktplatz quittierten diese Entscheidung, an der auch die Wiesbadener Abgeordneten, der Kaufmann und Ratsherr Friedrich Ruß und der Kaufmann Ludwig Oeffner sowie der Müller und Ratsherr Michael Dietz[165] mitgewirkt hatten, mit Beifall.[166] Die Regierungskommissare im Landtag legten Einspruch gegen den Beschluß ein, und bevor darüber in einem Spezialausschuß entschieden werden konnte, vertagte der Herzog die Ständeversammlung auf unbestimmte Zeit. Dadurch blieb auch zunächst die Diskussion um die Ausweitung des Wahlrechts ohne Abschluß, die im März im Anschluß auf die Forderung des Wiesbadener Abgeordneten Dietz nach einer drastischen Senkung des Zensus begonnen hatte.[167]

Im Sommer 1831 herrschte im gesamten Herzogtum große Unruhe, doch war eine Anforderung militärischer Unterstützung aus Hessen-Darmstadt, deren sich die Regierung für den Fall der Fälle bereits vor der Vertagung der Ständeversammlung versichert hatte, nicht nötig.[168] Allerdings kam es in einzelnen Orten wegen lokaler Vorfälle zu „Zusammenrottungen".[169] Über die Verhältnisse in Nassau, das immer noch über keine politische Presse verfügte, berichteten die auswärtigen Zeitungen ausführlich. Den entscheidenden Schlag gegen die Opposition im Landtag führten der Herzog und die Regierung im Herbst 1831. Mit einer zahlenmäßigen Vermehrung der Herrenbank hebelten sie die Machtposition der liberalen Oppositi-

---

Herber setzte sich auf 258 Druckseiten detailliert mit der Argumentation des Herrscherhauses auseinander.

[164] Vgl. *Riesener*, Politik II, 183.

[165] Vgl. Tabelle 16.

[166] *Struck*, Vormärz, 141.

[167] Vgl. *Eichler*, Parlamentsdebatten, 99f. Der im November 1831 von der Deputiertenkammer gefaßte Beschluß, künftig alle bürgerlichen Einwohner der Ämter zur Wahl zuzulassen, blieb ohne Folge, da die neue Herrenbank ihre Zustimmung verweigerte.

[168] *Struck*, Vom Kampf, 205. Bereits im Februar 1831 hatten im Rheingau 6000 Mann österreichische Truppen aus der Festung Mainz ein Manöver abgehalten, das dem offensichtlichen Zweck diente, die Bevölkerung einzuschüchtern. Vgl. ebd., 199. In einem seltsamen Gegensatz dazu steht ein Brief des Buchhändlers Ludwig Schellenberg, der am 17. Mai an seine Schwester Adolfine schrieb, daß es in Wiesbaden so ruhig sei, „daß man eine Maus pipen hört, und die Leute sind so geduldig und lammfromm, daß sie gar nicht wissen, was eine Revolution ist". Vgl. Geschichte der Familie Schellenberg und Schellenberger, o.O. u. J., 146.

[169] *Struck*, Vormärz, 142f.

on aus. Da über das Budget beide Kammern gemeinsam abstimmten, konnte nun die Herrenbank gemeinsam mit den „staatstreuen", ständischen Mitgliedern der Volkskammer, also den Vertretern der Kirche und der Schulen, den Haushalt auch ohne die Liberalen verabschieden. Dieser „Pairschub", wie er zeitgenössisch auch genannt wurde, heizte die innenpolitische Auseinandersetzung weiter an, denn die meisten der liberalen Abgeordneten der Deputiertenkammer sahen darin einen glatten Verfassungsbruch.[170]

Die harte Haltung des Herzogs[171] egalisierte Meinungsdifferenzen innerhalb der Opposition und trug dadurch zu einer zeitweisen Radikalisierung der überwiegend gemäßigten Liberalen bei. Die verschärfte Auseinandersetzung wurde aber nicht nur innerhalb des Landtages ausgetragen. Zum einen trafen sich die liberalen Deputierten zunehmend auch außerhalb der Sitzungen, teils unter Teilnahme weiterer Liberaler und Republikaner.[172] Zum anderen wandten sie sich in der Sache unmittelbar an die „bürgerliche Öffentlichkeit". Am 17. Januar 1832 veranstalteten die „Bürger" Wiesbadens im Hotel „Vierjahreszeiten" zu Ehren der standhaften Delegierten ein Bankett, an dem 120 Personen teilnahmen.[173] Eine für diesen Zweck lithographierte Dankadresse an die Deputierten enthält Toasts auf die Stifter der Verfassung, sowie auf den amtierenden Herzog, dem gewünscht wird, er möge „stets in der Liebe, dem Vertrauen und der Wohlfahrt des Volkes sein höchstes Glück und eine unteugliche sichere Stütze finden". Im letzten Sinnspruch wurde formuliert: „Den Vaterlandsfreunden! Möge Deutschlands Fürsten die Wahrheit durchdringen, daß unerschrockene Männer, die ernst an die Bedürfnisse der Zeit mahnen, die kräftigsten Stützen Ihrer Throne sind."[174]

Von dieser Erkenntnis war der Herzog aber weit entfernt. Immer und überall vermuteten er und sein Staatsminister den verderblichen Einfluß des mittlerweile in Hessen-Homburgischen Diensten stehenden Ibell. So wurde Adam Haßloch im Februar 1832 auf seinem Hofgut von einem großen Trupp von Soldaten und Polizisten verhaftet, weil man ihn des Komplotts mit Ibell verdächtigte.[175] Als sich bei Haßloch, der während des Bankettes in den Vierjahreszeiten einen besonders freimütigen Trinkspruch

---

[170] *Eichler*, Nassauische Parlamentsdebatten, 385.
[171] Vgl. zur Position des Herzogs, die auch in den Briefen an Metternich zum Ausdruck kommt: *Winfried Schüler*, Die Herzöge von Nassau, in: NA 95, 1984, 155–192, hier 163ff.
[172] *Eichler*, Nassauische Parlamentsdebatten, 387.
[173] *Struck*, Biedermeier, 8.
[174] HHStAWi 130 II, 2897, Kasten III, Faszikel Odiosa, Bl. 147.
[175] *Struck*, Biedermeier, 10.

geäußert hatte[176], nichts Verdächtiges fand, wurde er unter Vermittlung der Wiesbadener Bürger wieder freigelassen.

Zur gleichen Zeit kam es in Wiesbaden zu Ausschreitungen gegen den Kronberger Abgeordneten Schott, der als einziger gemeinsam mit den Deputierten der Kirche und der Schulen für die Sache der Landesregierung stimmte. Nachdem zwei Handwerker verhaftet worden waren, versuchte eine Volksmenge das Arrestlokal sowie das Quartier des Abgeordneten zu stürmen. Die Regierung konnte der Situation nur durch den Einsatz von Militär Herr werden.[177] Die Ausschreitungen führten zur Verurteilung von zwölf Personen zu Haftstrafen zwischen drei und fünfzehn Monaten wegen schwerer Beleidigung und Bedrohung. Die Berufe der Verurteilten legen nahe, daß es sich hier vor allem um eine Aktion der Unterschichten und der Handwerkerschaft gehandelt hat.[178] Als einziger der Verurteilten gehörte der Croupier Alexander Zollmann[179] einer vermögenderen Familie an. Doch war er bereits 1831 wegen „Verschwendungssucht" für unmündig erklärt und unter die Kuratel seines Bruders Philipp gestellt worden.[180] Er starb 1837 im Alter von nur 29 Jahren.[181] Das Hof- und Appellationsgericht, bei dem das Verfahren gegen den Kammerpräsidenten Herber, auf das noch zu kommen sein wird, anhängig war, wurde wegen des Tumultes

---

[176] *Struck*, Vom Kampf, 234.

[177] Zu den Vorgängen vgl. *Wolf-Heino Struck*, Wiesbaden und die Volksvertretung im Herzogtum Nassau, in: NA 93, 1982, 85–110, hier 95, Anmerkung 47.

[178] Verurteilt wurden Conrad Neusert (* 17.3.1805), Tagelöhner, David Kilb, Steindecker ohne Gehilfen, Bürgeraufnahme 1826, Georg Daniel Schlinck, Maurer, 3 Gehilfen, Johannes Bäppler (1781–1835), Nagelschmied mit 1 Gehilfen, Philipp Beyerle, Spengler mit 1 Gehilfen, Georg Philipp Weil, Fuhrmann, Martin Seib, Tagelöhner, Tobias Faust, Fuhrmann, Anton Hausmann, ehem. Fußsergeant, mittellos, Michael Wahrmund, Schreiner, 2 Gehilfen, Michael Weiß, Schreiner. Namen nach *Struck*, Volksvertretung, 95; Berufsbestimmung über StdAWi Bestand WI/1 (Gewerbekataster), WI/BA (Bürgerbücher).

[179] Alexander Zollmann, * 23.7.1807, + Wiesbaden 11.2.1837. Bürgeraufnahme 23.9.1825. Verheiratet mit Maria Magdalena Hoffmann, der Tochter von Joh. Christian Hoffmann, Ratsfreund und Stadtkapitän. Nach dem Tode ihres Mannes Alexander wurde sie die erste Ehefrau des Elementarlehrers Johann Wilhelm Schirm, des späteren Begründers der Wiesbadener Gewerbeschule, der uns in seinen zahlreichen kommunalen Funktionen noch begegnen wird.

[180] Der Entzug der Verwaltung seines Vermögens wurde im WWBl. Nr. 10 v. 7.3.1831 bekannt gemacht. Ein Inventar des Vermögens der Eheleute befindet sich in HHStAWi 245 904/10. Zollmann erhielt im Laufe der Zeit nur 4000 Gulden von seinen Eltern, während eine Schwester allein über 13000 Gulden Mitgift erhielt – woraus sich bei 6 Kindern auf ein beachtliches Vermögen schließen läßt. Vgl. Testament der Eheleute Carl Zollmann in HHStAWi 246 955/30.

[181] 1835 versuchte Zollmann auszuwandern, doch wurde sein entsprechendes Gesuch abgelehnt, da das Vermögensverhältnis zu seiner Frau, die mit den 2 Kindern getrennt von ihm lebte, nicht geklärt sei. Bei der Wiederverheiratung der Witwe Zollmanns wurde abermals ein Inventar erstellt, das als Einbringen Zollmanns in die Ehe nur 2000 Gulden angibt. Vgl. HHStAWi 246 909/25, StdAWi AA 645 Z.

von Wiesbaden nach Usingen verlegt und verblieb dort bis 1849.[182] Ob diese Verlegung, wie Treichel vermutet, tatsächlich eine „Bestrafung" Wiesbadens und seiner Bürger darstellte oder nicht vielmehr aus Furcht vor weiteren Übergriffen geschah, muß dahin gestellt bleiben.[183]

Im Mai 1832 wurden in Wiesbaden dem evangelischen Bischof Müller die Fenster eingeworfen und vor dem Haus des Regierungsdirektors Magdeburg „Selbstschüsse", vermutlich Böllerschüsse, gezündet. Magdeburg tat sich besonders in der Einschüchterung der Deputierten hervor.[184] Außerdem war er der Verfasser einer 1831 im ganzen Land verteilten Denkschrift, die die Vertagung der Landstände rechtfertigte. Diese Schrift verschärfte den Konflikt noch weiter und wurde in Limburg und Montabaur öffentlich verbrannt.[185] Bereits zu dieser Zeit, so jedenfalls meldete ein Zeitungsbericht für Wiesbaden, hatte man den „liberalen Club dahier [...] allmählich aus 4 Wirthsschänken vertrieben".[186]

Am Hambacher Fest nahmen vermutlich nur wenige Nassauer bzw. Wiesbadener teil. Angeblich gehörte der bereits erwähnte Besitzer des Hofes Adamsthal, Adam Haßloch, zu den Hauptrednern einer Tischgesellschaft in Hambach.[187]

Der langjährige Kammerpräsident Georg Herber aus Eltville, der über Jahre hinweg gemäßigt liberale Positionen bezogen und nie die Herrschaft des Fürstenhauses in Frage gestellt hatte[188], wurde auf Betreiben des Herzogs und des Staatsministers Marschall Opfer einer Kampagne, die die ganze reaktionäre Borniertheit des Regimes offenbarte. Herber, dem der erwähnte „Pairschub" vorab bekannt geworden war, hatte im Herbst 1831 einen Artikel verfaßt, der, möglicherweise ohne sein Wissen, anonym in der liberalen „Hanauischen Zeitung" erschien. Nachdem der Staatsminister durch Bestechung von der Autorenschaft Herbers erfahren hatte, wurde dieser u.a. wegen Majestätsbeleidigung angeklagt und verurteilt.

---

[182] *Riesener*, Politik, II, 212.
[183] Vgl. *Treichel*, Bürokratie, 200.
[184] DZ Nr. 14 v. 31.3.1848. „... erstand zur Bewältigung der widerspenstigen zweiten Kammer ein neuer Kämpfer in der Person des zum Ministerialrath ernannten Domänenassessors Magdeburg." In dem ausführlichen Artikel über die „Bürgerlichen Gehülfen der regierenden Familie in Nassau", zweifellos von einem intimen Kenner der Wiesbadener Verhältnisse und Geschichte verfaßt, wird Magdeburg für seine spätere Zeit als Regierungsdirektor während des Staatsministeriums Walderdorff als der „eigentliche Minister" bezeichnet.
[185] *Riesener*, Politik II, 204, *Struck*, Vom Kampf, 206f.
[186] HHStAWi 130 II, 2897, Karton III, Faszikel Odiosa, Bl. 28. Es handelt sich hierbei um die Abschrift eines Zeitungsartikels unbekannter Herkunft vom 11. Mai 1832, der sich in einer Sammlung von Zeitungen befindet.
[187] *Struck*, Vormärz, 152f.
[188] *Eichler*, Nassauische Parlamentsdebatten, 47, *Struck*, Vom Kampf, 189f.

Tabelle 17

Die Abgeordneten aus Wiesbaden 1832-1847

Abgeordnete der Ständeversammlung mit Wohnsitz in Wiesbaden, gewählt zwischen 1832 und 1847, geordnet nach den Wahlperioden

Zeitraum	Name/Beruf	Vertretung	Status
1832	Bertram, Jacob (1779-1857)	Gewerbe	F/B
	Weinhändler	Mandat aberkannt	
1832	Dietz, Michael (1789-1839)	Grundeigentümer	F/B
	Müller, Landwirt und Ratsherr	Mandat aberkannt	
1832	Ruß, Friedrich (1777-1844)	Gewerbe	F/B
	Kaufmann und Ratsherr	Mandat aberkannt	
1832-1838	Preuschen, August, Freiherr von (1766-1846)	Herrenbank	F/E
	Oberappellationsgerichtsvizepräsident.		
1832-1836	Müller, Georg (1766-1836)	Ev. Geistlichkeit	F/E
	Landesbischof		
1832-1838	Schütz zu Holzhausen, Friedrich Freiherr von	Herrenbank	F/E
	Kammerherr		
1833-1836	Schmölder, Nicolaus (1798-1872)	Gewerbe	F/B
	Kaufmann	Nachwahl	
1833-1838	Düringer, Daniel (1790-1849)	Gewerbe	F/B
	Gastwirt	Nachwahl	
1834-1838	Schenck, Friedrich (1770-1854)	Grundbesitzer	F/E
	Rechnungskammervizepräsident	Nachwahl	
1839-1845	Marschall von Bieberstein, Fr. Freih. (1806-1865)	Herrenbank	F/E
	Domänenrat		
1839-1845	Schütz zu Holzhausen, Friedrich Freiherr von,	Herrenbank	F/E
	Kammerherr		
1839-1845	Düringer, Daniel (1790-1849)	Gewerbe	F/B
	Gastwirt		
1839-1845	Schenck, Friedrich, (1770-1854)	Grundbesitzer	F/E
	Rechnungskammervizepräsident		
1846-1848	Schütz zu Holzhausen, Friedrich Freiherr von	Herrenbank	F/E
	Kammerherr		
1846-1848	Malapert-Neufville, Wilhelm Freih. v. (1787-1862)	Herrenbank	F/E
	Regierungsdirektor		
1846-1848	Zwierlein, Hans Freiherr von (1768-1850)	Herrenbank	F/E
	Gutsbesitzer		
1846-1848	Wilhelmi, Ludwig Wilhelm (1796-1882),	Ev. Geistlichkeit	F/E
	bischöflicher Kommissar, Geh. Kirchenrat		
1846-1848	Bertram, Franz (1805-1863)	Gewerbe	S/B
	Gastwirt und Weinhändler		
1846-1848	Fussinger, Michael (1781-1863)	Grundeigentümer	S/B
	Schreiner und Landwirt (ehem. Stadtschultheiß)		
1846-1848	Heeser, Karl Wilhelm Eberhard (1792-1873)	Grundeigentümer	F/E
	Oberappellationsgerichtsprokurator		
1846-1848	Hergenhahn, August (1804-1874)	Grundeigentümer	F/E
	Oberappellationsgerichtsprokurator		
1846-1848	Zais, Wilhelm (1798-1861)	Grundeigentümer	F/B
	Badewirt und Arzt		

Legende
F=Fremde; S=Bürgersohn bzw. ortsgebürtig / B=Bürger; E=Eximierte

Selbst Herbers eloquenter Wiesbadener Anwalt, der spätere „Märzminister" August Hergenhahn, konnte nicht die Aufhebung der Strafe, immerhin drei Jahre Festungshaft, erreichen. Während der Ermittlungen wurde der 70jährige, kranke Herber sogar fünf Wochen im Wiesbadener Kriminalgefängnis gefangen gehalten. Erst nachdem er eine Kaution von 30.000 Gulden gestellt hatte, kam der vermögende Mann vorübergehend frei.

Wie illusionär das Vertrauen der gemäßigten Liberalen in das Einsichtsvermögen des Herzogs war, wird an seiner Meinung über Herber deutlich: Als der Herzog von dessen Freilassung auf Kaution hörte, sah er darin eine „gottlose schändliche Idee"[189] und wünschte stattdessen, daß „der Kerl" im Kriminalgefängnis „krepiere".[190] Der Wunsch des Landesvaters blieb aber unerfüllt. Herber starb bereits am 11. März 1833, unmittelbar bevor er seine Haftstrafe antreten sollte.[191]

Noch vor dem traurigen Ende der Affäre um Herber standen im März 1832 die turnusmäßigen Neuwahlen zur Deputiertenkammer an, bei der sich fast ausschließlich Kandidaten aus dem liberalen Spektrum durchsetzten. Als die landesherrlichen Kommissare im Landtag eine Debatte in öffentlicher Sitzung über die Vermehrung der Herrenbank zu verhindern suchten, verfaßten 15 Deputierte am 18. April 1832 eine Erklärung, in der sie den „Pairschub" als Bruch der Verfassung beklagten und mit pathetischen Worten ankündigten, ihre Mandate so lange ruhen zu lassen, bis wieder verfassungsmäßige Verhältnisse hergestellt seien.[192] Der Herzog, in seiner Selbstherrlichkeit wenig beeindruckt, verfügte, daß die Kammer mit den restlichen Mitgliedern die „Steuer" bewilligen solle, wenngleich dies im offensichtlichen Widerspruch zur Geschäftspraxis des Landtages stand. So verabschiedeten dann die vier Vertreter der Kirche und der Schulen sowie der Abgeordnete Schott, der sich nicht dem Boykott angeschlossen hatte, das Budget. Dagegen erhoben die liberalen Abgeordneten in einem Schreiben Protest[193], allein auch hier wußten Herzog und Regierung eine probate Antwort: Den 15 Abgeordneten wurde ihr Mandat aberkannt und es wurden Neuwahlen ausgeschrieben, an denen sie nicht teilnehmen durften.

Der Wiesbadener Abgeordnete, Stadtrat und Kaufmann Ruß, ließ die „Boykotterklärung" und den Protest gegen die Budgetverabschiedung in

---

[189] Brief des Herzogs an den Staatsminister Marschall, HHStAWi 130 II, A 2122c Bd. XIV, Bl. 3, Vgl. auch *Struck*, Vom Kampf, 243f.

[190] HHStAWi 130 II, A 2122c Bd. XIV, Bl. 4.

[191] Vgl. zum Vorausgegangenen ausführlich: *Struck*, Vom Kampf, 211–228.

[192] Vgl. „Mitteilung mehrerer Mitglieder der Deputiertenkammer vom 18. April 1832 an die landesherrlichen Kommissare", abgedruckt bei *Eichler*, Nassauische Parlamentsdebatten, 388f.

[193] Protestschreiben abgedruckt bei *Eichler*, Nassauische Parlamentsdebatten, 390ff.

mehreren hundert Exemplaren vervielfältigen.[194] Doch änderte auch dies nichts mehr daran, daß sich in der Auseinandersetzung Herzog und Regierung abermals durchgesetzt hatten. Die bürgerlichen Vertreter in Nassau hatten nur im katholischen Rheingau und in Wiesbaden größere Unterstützung. Eine Massenbewegung mit klarer Zielsetzung kam nicht zustande. Dazu mag, neben anderen Faktoren, auch beigetragen haben, daß den nassauischen Liberalen selbst alle Volksbewegungen suspekt waren. Es lassen sich keine Versuche erkennen, den Konflikt über den engen Kreis des Besitzbürgertums hinaus auszudehnen. So wurde z.B. das Essen zu Ehren der Landtagsabgeordneten in dem teuren Hotel Vierjahreszeiten abgehalten, wodurch allein schon der Kreis der potentiellen Teilnehmer eingeschränkt wurde.

Von den Protokollen der Verhandlungen der Deputiertenkammer wurde zwar von 1831 an eine höhere Auflage gedruckt[195], doch waren diese Druckwerke für eine „Agitation" in den mittleren und unteren Bevölkerungsschichten denkbar ungeeignet. Es scheint fast, als hätten es die Liberalen vorgezogen, wohldokumentiert die Auseinandersetzung zu verlieren, als sich über Flugblätter etc. um eine breitere Unterstützung zu bemühen.

Durch die Nachwahlen 1833 wurde die Zusammensetzung der Ständeversammlung zunächst für die Regierung genehmer, da die bisherigen Delegierten vom aktiven und passiven Wahlrecht ausgeschlossen wurden.[196] Alexandre Dumas d. Ä. beschrieb die nun in Nassau herrschenden Verhältnisse 1842 satirisch überhöht. Der Herzog habe 1838 die Landstände am gleichen Tag eröffnet und wieder geschlossen mit den Worten: „Meine Herren, wir sind fast 350.000 Seelen im Herzogtum Nassau. Seit den Römern bis jetzt sind von meinen Vorgängern und Vorvorgängern 350.000 Gesetze gemacht worden, das ist ein Gesetz pro Person, was mir sehr vernünftig erscheint. Ich würde Ihnen daher den Rat geben, sich an unsere bisherigen Gesetze zu halten und keine neuen zu machen."[197]

---

[194] *Eichler*, Nassauische Parlamentsdebatten, 388.

[195] *Eichler*, Nassauische Parlamentsdebatten, 42f. Die Auflage setzte sich 1831 zusammen aus jeweils 25 ungebundenen Einzelprotokollen, die jeder Abgeordnete nach den Sitzungen erhielt und 300 gebundenen Gesamtprotokollen, so daß die Gesamtauflage etwa 1000 Exemplare betrug. In dem turbulenten Jahr 1832 erreichte die Auflage sogar 2.300 Exemplare. Ab 1833 wurden pro Jahr nur noch 800 Gesamtprotokolle gedruckt.

[196] VBN Nr. 5 v. 12.3.1832, 33ff., und VBN Nr. 1 v. 23.2.1833, 16ff. Vgl. auch die Tabellen 15 und 18. Die Abnahme der Zahl der wahlberechtigten Gewerbetreibenden von 28 auf 22 erklärt sich u.a. auch durch den Ausschluß von Ruß und Bertram.

[197] *Alexandre Dumas*, Excursion sur les bords du Rhin. Brüssel 1842, Tl. II, 259f., zitiert nach *Struck*, Volksvertretung, 93.

Tabelle 18

Die Sozialstruktur der Wiesbadener Wahlberechtigten zur Ständeversammlung 1833 und 1839

	Wahlliste 1833					Wahlliste 1839				
	GEK	GE-Wähler		Gewerbe/K/W		GEK	GE-Wähler		Gewerbe/K/W	
Adelige (ohne nähere Angaben)	0	0	0,0%	0	0,0%	0	0	0,0%	0	0,0%
Offiziere	0	0	0,0%	0	0,0%	0	0	0,0%	0	0,0%
Hof- und Staatsbeamte	0	0	0,0%	0	0,0%	0	2	6,3%	0	0,0%
Adel, Militär, Bürokratie	**0**	**0**	**0,0%**	**0**	**0,0%**	**0**	**2**	**6,3%**	**0**	**0,0%**
Geistliche, Pfarrer	0	0	0,0%	0	0,0%	0	0	0,0%	0	0,0%
Mediziner, Apotheker	0	0	0,0%	0	0,0%	0	0	0,0%	0	0,0%
Advokaten, Rechtsanwälte	0	0	0,0%	0	0,0%	0	0	0,0%	0	0,0%
Architekten, Techniker	0	0	0,0%	0	0,0%	0	0	0,0%	0	0,0%
Professoren, Lehrer	0	0	0,0%	0	0,0%	0	0	0,0%	1	2,6%
Studenten, Schüler	0	0	0,0%	0	0,0%	0	0	0,0%	0	0,0%
Künstler	0	0	0,0%	0	0,0%	0	0	0,0%	0	0,0%
Bildungsbürgertum	**0**	**0**	**0,0%**	**0**	**0,0%**	**0**	**0**	**0,0%**	**1**	**2,6%**
Hohe Stadtbeamte, bürgerl. Ämter	0	1	4,5%	0	0,0%	0	0	0,0%	0	0,0%
Bankiers, Bankdirekt.	0	0	0,0%	1	4,5%	0	0	0,0%	0	0,0%
Rentiers	0	0	0,0%	0	0,0%	0	0	0,0%	0	0,0%
Kaufleute, Handelsleute	0	0	0,0%	5	22,7%	0	0	0,0%	9	23,7%
Fabrikanten	0	1	4,5%	1	4,5%	0	0	0,0%	1	2,6%
Verleger, Buchhändler, -drucker	1	0	0,0%	1	4,5%	1	0	0,0%	0	0,0%
Gast- und Badewirte	0	3	13,6%	4	18,2%	0	5	15,6%	5	13,2%
Weinwirte, Kaffetiers, Bierbrauer	0	2	9,1%	2	9,1%	0	2	6,3%	4	10,5%
Landwirte etc.	1	4	18,2%	0	0,0%	1	9	28,1%	1	2,6%
Handwerker, Kleinhändler	0	11	50,0%	8	36,4%	1	14	43,8%	17	44,7%
Angestellte	0	0	0,0%	0	0,0%	0	0	0,0%	0	0,0%
Arbeiter, Gesellen, Dienstboten	0	0	0,0%	0	0,0%	0	0	0,0%	0	0,0%
Stadtbürgertum	**2**	**22**	**100,0%**	**22**	**100,0%**	**3**	**30**	**93,8%**	**37**	**97,4%**
Ohne Beruf/ohne Angaben	0	0	0,0%	0	0,0%	0	0	0,0%	0	0,0%
Summe der Mitglieder	**2**	**22**	**100%**	**22**	**100%**	**3**	**32**	**100%**	**38**	**100%**

Anmerkung:

Für die Grundbesitzer mit passivem Wahlrecht (GEK) galt ein weit höherer Zensus als für die Grundbesitzer mit aktivem Wahlrecht (GE-Wähler). Wegen der geringen Zahl der Kandidaten wird hier auf eine Prozentberechnung verzichtet. Die Wahlberechtigten im Bereich des Gewerbes hatten hingegen zugleich auch das passive Wahlrecht.

Doppelwahlrecht
1839 hatte sieben Personen sowohl als Grundeigentümer wie auch als Gewerbetreibende das aktive Wahlrecht, 1833 niemand.

Die Unruhen des Jahres 1831 beflügelten auch Johannes Weitzel zu neuen Stellungnahmen. Weitzel hatte sich, seitdem er die Redaktion der „Rheinischen Blätter" niedergelegt hatte, in seiner neuen Stelle als Bibliothekar der Wiesbadener Landesbibliothek politisch zurückgehalten. Weitzel verfaßte aber bereits Ende der 1820er Jahre historische Artikel, die verborgen hinter Titeln wie „Über die Staatswissenschaft, von ihrem Entstehen bis zu dem Verfalle des römischen Reichs" oder „Einfluß der französischen Revolution auf die Staatswissenschaft" zahlreiche aktuelle Bezüge enthielten.[198]

Neben Artikeln in den „Allgemeinen politischen Annalen", in denen er jetzt im Schutz der Anonymität[199] Kritik an der Politik der nassauischen Regierung übte, veröffentlichte er unter seinem vollen Namen ebenfalls 1831 einen Aufsatz in den „Jahrbüchern für Geschichte und Staatskunst", in dem er sich kritisch mit der neuen kurhessischen Verfassung auseinandersetzte.[200] Indem er deren Vorteile lobte, und zugleich kritisierte, sie ginge in einigen Punkten noch nicht weit genug, wandte er sich damit auch gegen die nassauischen Verhältnisse, die offen anzugreifen ihn wahrscheinlich seine Stelle gekostet hätte.[201]

Einen langen Abschnitt widmete er in seinen Ausführungen den seiner Ansicht nach vernachlässigten Kommunalverfassungen. Mit der Reform der Staatsverfassungen sei es nicht getan, sie bräuchten als Fundament funktionierende Gemeindeverfassungen. „Gemeindebürger ist er jeden Tag [...], Staatsbürger selten".[202] Die Gemeinde sei ein Staat im kleinen und „durch seine Gemeinde nur hat der Bürger wirklich eine Heimath, ein Vaterland, das er lieben kann."[203]

b. Die politischen Gremien in der Stadt – Stadtvorstand und Stadtrat

Wie aber stand es um die kommunale Vertretung in Wiesbaden? Die äußeren, gesetzlichen Bedingungen waren seit 1816 gleich geblieben und änder-

---

[198] *Johannes Weitzel*, Ueber die Staatswissenschaft, von ihrem Entstehen bis zu dem Verfalle des römischen Reichs, in: Jahrbücher für Geschichte und Staatskunst, 1828, 262–281. Hier besonders 278ff. *Ders.*, Einfluß der französischen Revolution auf die Staatswissenschaft, in: Jahrbücher für Geschichte und Staatskunst, 1829, 391–403.
[199] *Struck*, Vom Kampf, 243.
[200] *Johannes Weitzel*, Über die churhessische Verfassung von 1831, in: Jahrbücher für Geschichte und Staatskunst, 1831, 385–411.
[201] So formulierte Weitzel 1835, zwei Jahre vor seinem Tod: „Ich nehme einen innigen Anteil an dem Leben und Treiben im Vaterlande. Und da es fast nur in der Literatur leben darf, aber ihm auch nicht zu treiben vergönnt ist, zu was es darin Lust und Kraft hätte, so folge ich dieser Literatur mit Neigung und Aufmerksamkeit." Zitiert nach *Wolfgang Klötzer*, Johannes Weitzel, 184.
[202] *Weitzel*, Verfassung, 406.
[203] Ebd., 409.

ten sich, sieht man von einer zwischenzeitlich durchgeführten neuen Viertel- und damit Wahlbezirkeinteilung für die Stadtvorsteherwahl ab, auch bis 1848 nicht. Die Zusammensetzung des Stadtrates (Feldgerichts) war, bedingt durch die Ernennung der Mitglieder auf Lebenszeit, nur einem relativ geringen Wandel unterworfen. Von den acht Ratsmitgliedern des Jahres 1822[204] waren elf Jahre später immer noch sechs im Amt. Von den beiden neuen Ratsmitgliedern war der eine (Cron) der Sohn eines Ratsmitgliedes von ehedem. Auch der zweite „Neuling", Philipp Matthes, hatte bereits Erfahrungen als Stadtvorsteher gesammelt.[205] Genauso wie 1822 befanden sich unter den Stadträten von 1833 ebenfalls sechs Bürgersöhne bzw. Ortsgebürtige und zwei Fremde – es handelt sich immer noch um Dietz und Ruß, jene beiden, die zugleich auch Wiesbaden in der Deputiertenkammer vertraten.

Die Mitglieder des Stadtrates waren, soweit dies aus ihrem Steueranschlag gefolgert werden kann, von gediegener Wohlhabenheit. Ihre durchschnittliche Steuerleistung lag zwar höher als elf Jahre zuvor, jedoch war zugleich das durchschnittliche Steueraufkommen in der Stadt ebenfalls angestiegen, so daß der Relativwert, der anzeigt, wieviel höher die Steuerleistung der Ratsherren gegenüber dem Durchschnitt der Wiesbadener Haushaltsvorstände ist, nur geringfügig auf den Faktor 2,7 gestiegen ist. Durch einen Berufswechsel und eine Neuaufnahme hat sich jetzt wieder der Anteil der Badewirte erhöht, während ein Landwirt und ein Handwerker weniger im Gremium sind. Von dem Stadtrat sind keine erkennbaren politischen Aktivitäten ausgegangen, auch wurde er als Institution nicht zum Gegenstand der öffentlichen Debatte. Vielleicht haben die Zeitgenossen in dieser Einrichtung, die noch eine lebenslange Amtszeit für ihre Mitglieder kannte, doch eher eine Einrichtung aus der „alten Zeit" gesehen. Andererseits führten gerade die langen Amtszeiten zu einer Kontinuität, die den Stadtrat von politischen Fährnissen befreite und ihn für seine Aufgaben im Bereich der freiwilligen Gerichtsbarkeit geeigneter machte. Trotz der zweifellos damit verbundenen Reputation war das Ehrenamt des Stadtrates auch in den 1830er Jahren keineswegs nur begehrt. Jedenfalls lehnte der 1835 ausgewählte Carl Cron seine Ernennung zum wiederholten Male ab.[206]

Im Gegensatz zum Stadtrat war der Stadtvorstand hinsichtlich seiner personellen wie in seiner sozialen Zusammensetzung einem Wandel unterworfen. Konnte man die geringe ökonomische Potenz der Gremiumsmitglieder von 1822 nur als bewußte Enthaltung oder Fernhaltung der vermögenden

---

[204]   Vgl. Tabelle 13.
[205]   Vgl. Tabelle 12. Matthes war Stadtvorsteher in den Jahren 1820 bis 1823 und 1826 bis 1828.
[206]   StdAWi AVIc 26. Brief v. Heemskerks an den Schultheißen Lauterbach v. 7.9.1835.

Schichten der Bevölkerung interpretieren, so kann man für 1831 fast das Gegenteil behaupten. Nunmehr war auch die ökonomische Oberschicht in dem Stadtvorstand vertreten. Das durchschnittliche Steueraufkommen der Stadtvorsteher überstieg sogar das der Stadträte. Immerhin verfügten sieben Personen aus dem Gremium mindestens einmal über das stark zensusabhängige Wahlrecht zur Ständeversammlung. Dabei fällt auf, daß die Vorsteher mit den höchsten Einkommen erst für das Jahr 1831 gewählt wurden. Ganz offensichtlich hat das Amt der Stadtvorsteher über die politische Mobilisierung neues Gewicht erhalten. Möglicherweise wurde die grundsätzliche Machtlosigkeit des Gremiums dadurch kompensiert, daß Wiesbaden bis 1833 mit Fussinger einen Stadtschultheißen hatte, der das Vertrauen seiner Mitbürger besaß und mit seiner gemäßigt liberalen Haltung sicher eher mit dem Stadtvorstand als gegen ihn sein Amt ausübte.

Die Rückkehr der ökonomischen Oberschicht in die politische Führung der Stadt darf aber keinesfalls als ein Wiederbeleben des alten Wiesbadener Ratsklüngels gedeutet werden. Wie wenig das Stadtbürgertum mit den Strukturen des „alten" Wiesbaden gemein hatte, zeigt, daß nur drei der zwölf Vorsteher als „Einheimische" bezeichnet werden können, während die restlichen neun eingewandert waren.

Über den Verlauf der Stadtvorsteherwahlen ist wenig bekannt, in den spärlichen städtischen Akten sind meist lediglich die gewählten Vorsteher vermerkt. Nur für wenige Jahre nach 1835 sind Wahlprotokolle erhalten. Untersucht man z.B. die Wahl von 1835 näher, bei der fünf Stadtvorsteher neu gewählt wurden, so zeigt sich vor allem eine relativ niedrige Wahlbeteiligung. Insgesamt haben sich in den fünf Vierteln (von zwölf Stadtvierteln) nur 195 Bürger beteiligt. Da sowohl die Einwohnerzahl der Viertel als auch die Zahl der Bürger für diese Zeit nicht genau zu ermitteln sind, kann die Wahlbeteiligung nur grob geschätzt werden. Unter Berücksichtigung der Einwohnerzahl und dem Bürgeranteil in früheren Jahren ergibt sich eine Wahlbeteiligung etwa im Bereich von 40%.

Das Votum jedes Wählers wurde dabei im Protokoll neben seinem Namen festgehalten. Die meisten der gewählten Vorsteher konnten sich auf eine deutliche Mehrheit in ihrem Viertel stützen, drei der fünf neuen Vorsteher erhielten eine absolute Mehrheit in ihrem Bezirk. In allen anderen Wahlbezirken waren die Stimmanteile, die nicht auf die dann gewählten Vorsteher entfielen, eher zersplittert.[207]

---

[207] StdAWi A VIc 26. Protokoll der Wahl vom 12.1.1835.

Tabelle 19

Die Mitglieder des Wiesbadener Stadtrates 1833

mit der Aufstellung ihres Steuerkapitals auf Basis des Gewerbesteuerkatasters von 1831

Das auf acht Personen reduzierte Gremium hatte vor allem Funktionen in der Freiwilligen Gerichtsbarkeit.

Nr.	Name	Status	Bürger-aufnahme	Jahre	Beruf	Steuerkap. 1831
1	Bäppler, Ludwig	S/B	1803	30	Nagelschmied	325 1)
2	Cron, Wilhelm Heinrich	S/B	1826	7	Bäcker	800
3	Dietz, Michael	F/B	1810	23	Müller	3.200
4	Matthes, Philipp	S/B	1811	22	Badewirt/Glaser	1.650
5	Poths, Reinhard	S/B	1810	23	Landw./Fuhrm.	1.100 2)
6	Ruß, Friedrich	F/B	1804	29	Handelsmann	3.900
7	Schmidt, Philipp	S/B	1808	25	Badewirt	1.100
8	Weygandt, Reinhard	S/B	1800	33	Bierbrauer/Wirt	1.800
	Summe			192	Summe	13.875
				:8		:8
	durchschnittl. seit # Jahren Bürger			24	Schnitt	1.734

Legende:
F=Fremde; S=Bürgersohn bzw. ortsgebürtig / B=Bürger

Herkunft/Status
Fremde: 2; Bürgersöhne bzw. ortsgebürtig: 6

Finanzieller Status
Das durchschnittliche Gewerbesteuerkapital betrug 1831 (bei 1136 Fällen) 635 fl., die Ratsherren lagen mithin im Schnitt um das 2,7fache darüber.

Hausbesitz
mindestens sieben Ratsmitglieder besaßen 1833 Häuser, bei Wilhelm Poths war der Hausbesitz wegen Namensgleichheiten nicht sicher nachzuweisen. Der durchschnittliche (reale!) Wert der unverbrennbaren Teile betrug nach dem Brandkataster 7507 Gulden.

Wahlrecht zur Ständeversammlung
Cron, Dietz und Ruß waren zumindest zeitweise zur Ständeversammlung wahlberechtigt. Ruß und Dietz waren außerdem Abgeordnete.

1) Bäppler übte seinen Beruf als Nagelschmied nicht mehr aus, sondern betrieb, möglicherweise altersbedingt, nur noch Kleinhandel.
2) Das Datum der Bürgeraufnahme von Poths ist nicht feststellbar, ersatzweise wurde das Jahr der Heirat zugrundegelegt.

Tabelle 20

Die Mitglieder des Wiesbadener Stadtvorstandes 1831

mit der Aufstellung ihres Steuerkapitals auf Basis des Gewerbesteuerkatasters von 1831

Nr. Name	Status	Bürger-aufnahme	Bürger-jahre	Beruf	Steuerkap. 1831
1 Bauer, Christian	F/B	1822	9	Badewirt	2.750 1)
2 Berghof, Philipp Caspar	S/B	1811	20	Zimmermann	1.200
3 Christmann, Martin	S/B	1802	29	Weingutsbesitzer	500
4 Dambmann, Georg	F/B	1818	13	Schreiner	1.100
5 Enders, Ernst Carl	F/B	1817	14	Buchdrucker/Kauf	2.000
6 Esaias, Conrad	F/B	1809	22	Gastwirt	700
7 Filius, Michael	F/B	1815	16	Buchbinder	1.200
8 Riedel, Ludwig Wilhelm	F/B	1821	10	Buchdrucker	2.000
9 Rudolf, August	F/B	1806	25	Uhrmacher	800
10 Schirmer, Andreas	F/B	1816	15	Handelsmann	4.500
11 Scholz, Carl	S/B	1821	10	Federfabrikant	4.300 2)
12 Wolf, Conrad	F/B	1812	19	Schreiner	1.000 3)
Summe			202	Summe	22.050
			:12		:12
durchschnittl. seit # Jahren Bürger			16,83	Schnitt	1.838

Legende:
F=Fremde; S=Bürgersohn bzw. ortsgebürtig / B=Bürger

Herkunft/Status
Fremde: 9; Bürgersöhne bzw. ortsgebürtig: 3

Finanzieller Status
Das durchschnittliche Gewerbesteuerkapital betrug 1831 (bei 1136 Fällen) 635 fl., die Stadtvorsteher lagen mithin im Schnitt um das 2,9fache darüber.

Hausbesitz
Für 10 der 12 Personen ließ sich im Steuerkataster 1822 und im Brandkataster 1833 Hausbesitz nachweisen. Auf die Berechnung eines Durchschnittwertes wurde hier verzichtet, da die beiden Kataster von unterschiedlichen Bewertungsmaßstäben ausgehen.

Ständeversammlung
Sieben Personen (Enders, Schirmer, Rudolph, Berghof, Scholz, Riedel, Bauer) hatten im Laufe der Jahre Wahlrecht zur Ständeversammlung.

1) Bauer war ursprünglich Postsekretär, bevor er in eine Badewirtsfamilie einheiratete.
2) Carl Scholz wurde gemeinsam mit seinem jüngeren Bruder Anton Scholz veranlagt.
3) Bei der Feststellung des Bürgeraufnahmejahres fehlt die letzte Sicherheit.

Insgesamt konnten die fünf Gewählten fast 60% der abgegebenen Stimmen auf sich vereinigen. Auffällig ist aber die unterschiedliche Wahlbeteiligung. Während im 3. Wahlbezirk immerhin 65 Bürger ihre Stimme abgaben, erschienen im 4. Bezirk nur 21 Personen zur Wahl.

Die Niederlage der Liberalen im Domänenstreit und der Wechsel im Amt des Wiesbadener Stadtschultheißen blieben zunächst ohne erkennbare Auswirkung auf die Wahlen zum Stadtvorstand.

Im Konfliktfall mit dem Stadtschultheißen war die Position der Stadtvorsteher wohl noch schwächer als nach dem Text des Ediktes von 1816 anzunehmen wäre, während die große Macht des Stadtschultheißen „– so lange er sich nur mit seinen Vorgesetzten gut zu halten wußte – an dem Amt der Vorsteher keine oder nur eine höchst unbedeutende Beschränkung fand.“[208] So jedenfalls urteilte 1846 ein Ausschuß der Deputiertenkammer, zu dem auch der Wiesbadener Abgeordnete Franz Bertram gehörte, in einer Stellungnahme zu der Forderung des ehemaligen Wiesbadener Stadtschultheißen Fussinger nach einer Reform der Gemeindeordnung. Durch das Edikt von 1816 sei, befanden die Ausschußmitglieder, vor allem dadurch, daß es den Gemeinden die Verleihung des Bürgerrechts de facto entzogen habe, das „Gefühl der Selbständigkeit“[209] stark gemindert worden. Aber auch das verbleibende Recht der Gemeinden auf Wahl der Stadtvorsteher sei weiter gebeugt worden, so hätten die Landesbehörden z.T. den Vorstehern die benötigte Bestätigung ohne Angabe von Gründen verweigert.

In einem besonders gravierenden Fall, zu dem in dem Bericht nur vage Angaben gemacht werden, die sich aber vermutlich auf die Vorsteherwahl 1840 beziehen, seien in Wiesbaden sogar fünf mit großer Mehrheit gewählte Stadtvorsteher dadurch ausgebootet worden. Der Schultheiß habe ihre Wahl nicht anerkannt und neue Vertreter durch gesondert auf das Rathaus bestellte Bürger wählen lassen – an der vermutlich gemeinten Wahl 1840 beteiligten sich aus fünf Vierteln nur 36 Bürger.[210]

Auch nach der Niederlage des Bürgertums im Domänenstreit und dem Wechsel des Stadtschultheißen finden sich bis zur Wahl 1840 eine ganze Reihe vermögender und auch politisch aktiver Personen unter den Stadt-

---

[208] Bericht zur Anfrage des Herrn Fußinger auf Revision der Gemeindeverwaltungsordnung, in: VerhLDV 1831, Anlagenband, 307–412, hier 402.

[209] Ebd., 406.

[210] Ebd., 407. Möglicherweise handelt es sich dabei um die Vorsteherwahlen am 8.1.1840. Zwar lassen sich aus dem Protokoll des Stadtschultheißen Lauterbach keine Unregelmäßigkeiten erkennen, doch ist dies kein Gegenbeweis, da Lauterbach als Wahlleiter die Manipulation kaum schriftlich festgehalten hätte. Auf jeden Fall ist die Zahl der Wähler extrem niedrig, wie sich dies aus dem geschilderten Vorfall ergibt. In einem Viertel genügten dem Kandidaten zwei von fünf abgegebenen Stimmen zur Wahl, die dann auch von der Aufsichtsbehörde bestätigt wurde. Vgl. StdAWi A VIc 26.

vorstehern. Von einem Rückzug dieser Schichten aus dem einzigen gewählten städtischen Gremium kann deshalb, etwa im Vergleich zu der Zeit nach der Einführung der Gemeindeordnung, 1831 nicht mehr gesprochen werden.

c. Auf dem Weg zur „Weltkurstadt" – Armut in einer reichen Stadt

Zwischen 1830 und 1847 wuchs die Bevölkerung der Stadt von 8.000 auf etwa 14.500 Einwohner, d.h. um rund 80% in 17 Jahren. Dabei lassen sich zwei Entwicklungsphasen ausmachen: Während die Bevölkerung 1831 bis 1835 bei knapp 9.000 Einwohnern stagnierte, stieg sie zwischen 1836 und 1847 rapide an.[211] Diese disparate Entwicklung wird auch durch die Zahl der Bürgeraufnahmen bestätigt. Betrug diese zu Beginn der 1830er Jahre etwa 50 pro Jahr, wuchs sie in der zweiten Phase auf etwa 80 jährlich an. Doch sind im Bürgerbuch nur ein Teil der Neueinwanderer vermerkt, viele andere haben nur eine temporäre „Stettigkeit", also Aufenthaltserlaubnis, beantragt und erhalten. Die einschlägigen städtischen Register der „Temporären" sind leider nicht überliefert, doch die bei den Bürgeraufnahmeakten erhaltenen Anträge und Bearbeitungsvermerke lassen darauf schließen, daß in den 1830er Jahren jährlich im Schnitt weniger als zehn Personen neu das temporäre Aufenthaltsrecht erhielten; dagegen stieg die Zahl der Antragsteller in den 1840er Jahren auf über 50 an.[212] In der Regel wurde die einmal erteilte temporäre Stettigkeit verlängert, nur ein relativ geringer Teil der Neu- oder Fortsetzungsanträge wurden wegen „sittlicher Verfehlungen" oder Vorstrafen abgelehnt.[213]

Mit seinem Wachstum setzte sich Wiesbaden deutlich von den anderen Städten des Herzogtums ab, die fast alle weniger als 3.000 Einwohner hatten. Die einzige Ausnahme bildete Limburg, das aber mit 3.500 Einwohnern nur ein Viertel der Größe der Landeshauptstadt erreichte.[214] In der konfessionellen Zusammensetzung der Wiesbadener Einwohner hatten die Katholiken mittlerweile den beachtlichen Anteil von 20,1% erreicht, wäh-

---

[211] *Weichel*, Kommunalpolitik, 179.
[212] Ob dieser Bestand hinsichtlich der Aufenthaltsgenehmigungen vollständig ist, ist nicht gesichert, die Tendenz ist aber in diesem Fall zu eindeutig, um allein aus Quellenproblemen heraus erklärt werden zu können. Vgl. StdAWi Bestand Wi/BA, Auswertung der insgesamt über 10.000 Einzelakten in Zusammenarbeit mit dem Stadtarchiv Wiesbaden.
[213] Bis einschließlich 1848 finden sich im Bestand der Bürgeraufnahmeakten nur 54 Ablehnungen von Anträgen auf temporäre „Stettigkeit", dagegen wurde 574 mal dem Antrag willfahrt.
[214] Vgl. *Struck*, Volksvertretung, 96f.

rend die Zahl der Juden in der Stadt zwar auf 187 gestiegen war, ihr Anteil mit 2,1% aber weiterhin eher gering blieb.[215]

In Zusammenhang mit den zahlreichen Zuwanderern sind wohl auch die Versuche der Stadtverwaltung zu sehen, Neubürgern vor der Aufnahme eine Taxe abzuverlangen. Mehrere Vorstöße dieser Art in der ersten Hälfte der 1840er Jahre scheiterten an den Staatsbehörden, die sich auf die eindeutige Rechtslage nach dem Gemeindeedikt beriefen.[216]

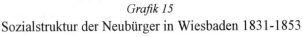

Grafik 15
Sozialstruktur der Neubürger in Wiesbaden 1831-1853

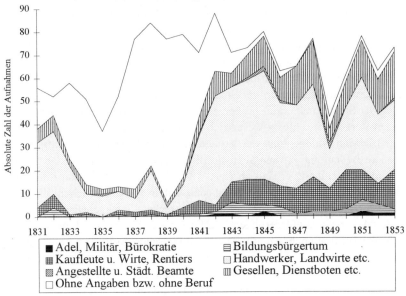

Die Wirtschaftsstruktur der Stadt veränderte sich auch im Vormärz nicht grundsätzlich. Zwar entstanden einige Fabriken in der Stadt, doch blieb insgesamt die Zahl der Fabrikarbeitsplätze in der Stadt gering. Das größte Unternehmen am Ort dürfte die Tuchfabrik der Gebrüder Löwenherz im Nerotal gewesen sein, die zeitweise 16 Webstühle unterhielten und bis zu 100 Arbeiter beschäftigt haben sollen.[217] Die Fabrikanlage wurde aber An-

---

[215] StdAWi WI/1/122. Bevölkerungstabelle der Stadt Wiesbaden vom November 1831.
[216] StdAWi WI/1/618.
[217] Vgl. die Einträge in die Gewerbekataster: StdAWi WI/1 36, WI/1 38, WI/1 40. Zeitweise gehörte die Familie Löwenherz zu den Höchstbesteuerten, so etwa 1845 mit Steuerklasse 16 und dem sehr hohen Steuerkapital von 9000 Gulden. Ihre Steuerklasse wurde dann durch einen Erlaß der Generalsteuerdirektion auf 3500 Gulden verringert. Möglicherweise handelte es sich hierbei um eine Maßnahme zur Gewerbeförderung.

fang der 1850er Jahre in eine Kaltwasserheilanstalt umgewandelt, die besser zum Charakter des Nerotales paßte. Die Tuchfabrik hatte ebenso wie die im Nerotal gelegene Lohmühle von Franz Caspar Nathan Widerstand in der Bevölkerung hervorgerufen, und auch die Behörden nahmen an der Verunreinigung des Nerobaches Anstoß.[218]

Immer noch arbeitete das Wiesbadener Handwerk fast ausschließlich für den lokalen Bedarf und die Kaufleute verdienten ihr Geld mit Ausnahme des Weinhandels vor allem im Detailhandel, wobei sich hier durch den Verkauf von „Luxusartikeln" an Kurgäste manche zusätzliche Gewinnchance realisieren ließ. Mit den beiden Kolonnaden vor dem Kurhaus wurden für die Kurgäste besonders exklusive Einkaufsmöglichkeiten geschaffen. Diese Kolonnaden grenzten beidseitig den Platz vor dem Kurhaus optisch zur Stadt hin ab und enthielten eine große Zahl von Luxusgeschäften. Grundlage für den Wohlstand in der Stadt blieben das Kurwesen sowie die Hauptstadtfunktion, durch die alle zentralen Verwaltungen und damit die hochbezahlten Beamten in der Stadt konzentriert waren. Der weitere Aufstieg der Stadt zu einer der großen europäischen Kurstädte wurde durch die neuen Verkehrsanschlüsse wesentlich gefördert. Seit Ende der 1830er Jahre war Biebrich Anlegepunkt der Kölner Dampfschiffahrtsgesellschaft. Noch größere Bedeutung gewann aber die Eisenbahn. Als eine der ersten Strekken in Deutschland verband ab April 1840 die Taunuseisenbahn Frankfurt über Höchst und Biebrich mit Wiesbaden. Allein in den restlichen Monaten des Eröffnungsjahres wurde auf dieser Strecke die ungeheure Zahl von 658.564 Personenbeförderungen gezählt.[219] Mit Kosten in Höhe von nur 40% der Bruttoeinnahmen arbeitete die Bahn schon zu Beginn im höchsten Maße rentabel.

Zwar ging der Anstoß zum Bau dieser Bahn nicht von Wiesbaden aus, sondern von Frankfurt und Mainz, doch reagierten die Wiesbadener überaus rasch auf entsprechende Pläne, da auch zur Diskussion stand, Frankfurt unter Auslassung von Wiesbaden mit Mainz zu verbinden. Die Realisation eines solchen Planes hätte nach der Auffassung des Wiesbadener Stadtvorstandes den Fremdenverkehr auf das höchste gefährdet. Er regte daher die Gründung einer Eisenbahngesellschaft an. Diese konstituierte sich auch und setzte sich zum Ziel, eine Eisenbahnverbindung von Wiesbaden nach Frankfurt über Kastel zu schaffen.[220] Eine Bahnanbindung Wiesbadens könnte, so argumentierten der Stadtschultheiß Lauterbach, die Ratsherren Dietz und Matthes sowie der Bürger Carl Tölke in einer Eingabe an das

---

[218] *Struck*, Biedermeier, 110.
[219] *Peter Orth*, Die Kleinstaaterei im Rhein-Main-Gebiet und die Eisenbahnpolitik 1830–1866. Diss. Frankfurt 1938, 41.
[220] *Ludwig Brake*, Die ersten Eisenbahnen in Hessen, Eisenbahnpolitik und Eisenbahnbau in Frankfurt, Hessen-Darmstadt, Kurhessen und Nassau bis 1866. Wiesbaden 1991, 37f.

Staatsministerium, die Zahl der heilungsuchenden Fremden in der Stadt leicht verdoppeln.[221]

An dem im Januar 1836 gegründeten Wiesbadener Eisenbahnkomitee zeigt sich sehr deutlich, wie in wirtschaftlichen Fragen die politischen Gegensätze überwunden wurden. Auch ist nichts mehr von der Zurückhaltung der alten Elite beim Ausbau der Stadt zu spüren, geradezu das Gegenteil ist jetzt der Fall. In dem Wiesbadener Komitee waren vertreten: der Stadtschultheiß Lauterbach, Domänenrat Lotichius, Geheimrat Magdeburg, Spielbankpächter Carl Zollmann, der liberale Anwalt Leisler, sowie die Weinhändler und Gastwirte Jacob Bertram und Carl Tölke.[222]

Bereits im Juni 1836 schlossen sich das Frankfurter und das Wiesbadener Komitee zum Taunuseisenbahnkomitee zusammen. Jetzt unterzeichneten bei Anträgen an die nassauische Regierung für den Wiesbadener Ausschuß des vereinigten Eisenbahnkomitees Geheimrat Magdeburg, Scholz und Jacob Bertram.[223] In der Debatte um Sinn oder Unsinn der Eisenbahn profitierte Wiesbaden von den intensiven Bemühungen der Frankfurter Eisenbahnbefürworter.[224] Entscheidend für die Realisation des Projektes war letztlich auch, daß die beiden großen Handelsbanken Frankfurts, Bethmann und Rothschild, die Führung des Projektes übernahmen.

Aber auch die Bürger Wiesbadens hatten Anteil an der Finanzierung der Bahn. Das Aktienkapital der Gesellschaft betrug 3 Millionen Gulden und deckte fast die Baukosten. Es mußte nur durch eine relativ niedrige Anleihe

---

[221] HHStAWi 211, 11236, 1, Bl. 5f.

[222] Vgl. HHStAWi 211, 11236, 1, Bl. 12ff. *Brake*, Eisenbahn, 38, ordnet zwei Personen falsch zu. So wurde bei ihm aus Jacob Bertram ein Regierungsassessor Bertram und aus Zollmann der Münzmeister Zollmann, obwohl es sich hier mit höchster Wahrscheinlichkeit um Carl Friedrich Zollmann handelte, der bis 1832 zu den Pächtern der Spielbank und der Kurhausbewirtschaftung gehört hatte und darüber hinaus ein größeres Vermögen erwarb. Gegen die Möglichkeit, daß mit Zollmann der gleichnamige Münzmeister gemeint sein könnte, spricht vor allem, daß in behördlichen Schreiben die Beamten stets mit ihrem Titel bezeichnet wurden, was bei Zollmann, der mehrfach vorkommt, nicht der Fall ist. Durch diese fehlerhafte Personenidentifikation kommt Brake fälschlich zu einem hohen Beamtenanteil im Komitee. Möglicherweise ist das Komitee auch auf einer Versammlung gewählt worden, darauf deutet ein Hinweis in den Akten, wo „ein von der Wiesbadener Eisenbahngesellschaft gewähltes Comitee" erwähnt wird. Doch scheint es sich nicht um eine feste Gesellschaft im Sinne einer juristischen Person gehandelt zu haben, denn in dem Erlaß des Herzogs zum Bahnbau wird das Mainzer Komitee als offizieller Vertreter der Mainzer Eisenbahngesellschaft benannt, während dieser Zusatz bei dem Frankfurter und Wiesbadener Eisenbahnkomitee fehlt. Vgl. HHStAWi 211, 11236, 1, Bl. 66 und 306.

[223] Geheimrat Magdeburg ist allerdings meist bei den Unterschriftszeichnungen als abwesend vermerkt. Später jedoch zeichnet er gelegentlich allein für das Wiesbadener Komitee. Bei Scholz handelte es sich sehr wahrscheinlich um den in vielen Gewerben aktiven Anton Scholz. Zu der Geschichte der Familien Scholz und Bertram vgl. Kapitel II,1 der vorliegenden Arbeit. HHStAWi 211, 11236, 1, Bl. 112ff.

[224] *Brake*, Eisenbahn, 43.

ergänzt werden. Jedem Komitee in den drei beteiligten Städten (Mainz, Frankfurt, Wiesbaden) stand zur Zeichnung ein Aktienkapital von einer Million zur Verfügung, wovon die Komitees jeweils die Hälfte zur freien Zeichnung durch Subskribenten ausschrieben, die andere Hälfte für sich reservierten, wahrscheinlich aber auch z.t. ihnen nahestehenden Personen überließen. Möglicherweise traten hier die Mitglieder der ursprünglichen Wiesbadener Eisenbahngesellschaft wieder auf den Plan.

Auf jeden Fall kam es aber bei der Verteilung zu Unregelmäßigkeiten, die dem als Ministeraspiranten gehandelten Regierungsdirektor und Geheimrat Magdeburg schwer schadeten. Ihm wurde noch über zehn Jahre später nachgesagt, er habe „bei der Vergebung der Actien sowohl sich selbst als den Herzog auf sehr vortheilhafte Weise betheiligt und den letzteren dadurch compromittirt".[225]

Die Verteilung der zur Subskription freigegebenen Aktien auf Einzelpersonen läßt sich nicht bestimmen, auf jeden Fall bestand auch in Nassau größtes Interesse an den Aktien. Die Einwohner diverser Gemeinden und Ämter in Nassau glaubten sich bei der Auslage der Subskriptionslisten benachteiligt und protestierten beim Staatsministerium.[226]

Zumindest von den frei zu verteilenden Aktien wird wahrscheinlich ein erheblicher Teil nach Frankfurt abgeflossen sein.[227] Da die Mehrheit der Aktionäre in Frankfurt und Mainz wohnte, war man in Frankfurt verärgert, daß Nassau ab 1841 Gewerbesteuer auf die Bahn erhob und so den Gewinn der Aktionäre kürzte.[228]

Weitere Eisenbahnprojekte kamen in Nassau im Vormärz nicht in Gang. Zwar gab es diverse Pläne, doch scheiterten sie alle.[229] Zumindest in bezug auf Wiesbadens Bürger kann vermutet werden, daß das wirtschaftliche Interesse an einer Erschließung des Hinterlandes eher gering war, denn die Kurgäste der Stadt kamen zumeist per Bahn aus dem Rhein-Main-Gebiet oder benutzten Schiffe auf Rhein und Main. Eine Erschließung von Taunus und Westerwald durch die Bahn wurde so aus der Sicht des Wiesbadener Bürgertums eher als eine Staatsaufgabe gesehen. Die einzige Bahn, die von Wiesbaden aus angeregt wurde, war die von Höchst nach Soden. Hier hatte der Wiesbadener Bankier Marcus Berlé die Initiative ergriffen, das Projekt aber an das Bankhaus Bethmann abgetreten, dessen Engagement sich wohl durch das Interesse an einer Spielbankkonzession in Bad Soden erklären

---

[225] DZ Nr. 14 v. 31.3.1848.
[226] HHStAWi 211, 11236, 1, Bl. 43ff.
[227] *Brake*, Eisenbahn, 156.
[228] *Struck*, Biedermeier, 118.
[229] *Brake*, Eisenbahn, 79.

Grafik 16

Gewerbekataster 1831 nach Beruf und Steuerkapital

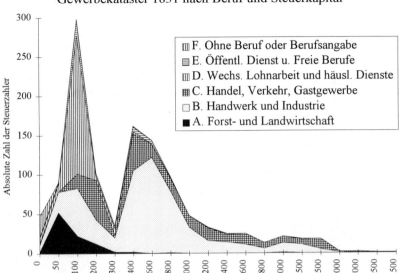

läßt.[230] Doch kam der Bau der Bahn nicht recht voran und sie wurde erst 1847 als Pferdebahn eröffnet.[231]

Die Bedeutung der Landwirtschaft sank durch den Ausbau der Kurindustrie und den Anstieg der Bevölkerung bei gleichbleibender bzw. leicht reduzierter Ackerfläche immer weiter. Auch wurden die Höfe, die es auch in den 1840er und 1850er Jahren noch im Stadtgebiet gab[232], zunehmend in die neuen Randbereiche verlagert.

Wenngleich sich die Wirtschaftsstruktur der Stadt grundsätzlich nur unwesentlich veränderte, so gab es zugleich eine bedeutende Verschiebung in der Relation zwischen „Selbständigen" und abhängig Arbeitenden. Hier liefern die Auswertungen des Bürgerbuchs nur unzureichende Auskünfte, doch deutet sich eine Erhöhung des Anteils der Handwerksgesellen und Dienstboten an. Ein tauglicheres Mittel zur Analyse sind die Gewerbekataster. In diesen Katastern werden zwar die unselbständig Beschäftigten i.d.R. nicht aufgeführt. Eine Ausnahme bilden nur die Tagelöhner, die als „selbständige" Verkäufer ihrer Arbeitskraft mit einem Mindeststeuersatz belegt wurden. Aber die dauerhaft bei einem Meister arbeitenden Gesellen

---

230 *Brake*, Eisenbahn, 80f., bes. Anmerkung 9.
231 *Brake*, Eisenbahn, 82, Anmerkung 15.
232 So wird etwa der Bauernhof der Familie Burk in der Langgasse bis in die 1860er Jahre als solcher bewirtschaftet. Vgl. *Weichel*, Familie Burk, 39.

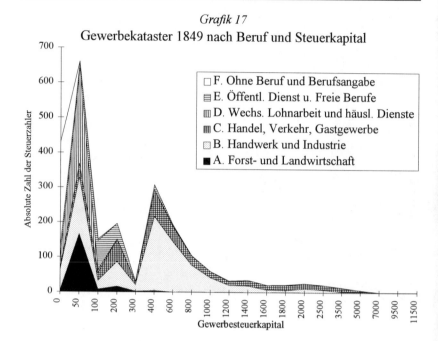

Grafik 17

Gewerbekataster 1849 nach Beruf und Steuerkapital

☐ F. Ohne Beruf und Berufsangabe
▤ E. Öffentl. Dienst u. Freie Berufe
▥ D. Wechs. Lohnarbeit und häusl. Dienste
▦ C. Handel, Verkehr, Gastgewerbe
▢ B. Handwerk und Industrie
■ A. Forst- und Landwirtschaft

und Gehilfen werden diesem bei dem Steuersatz als Aufschlag angerechnet, in den Listen ist stets auch ihre Anzahl angegeben. Auf diesem Wege läßt sich gut feststellen, wie groß der Anteil der „Alleinmeister" ist. Unter diesem Aspekt betrachtet, zeigt die Auswertung des Gewerbekatasters von 1831, daß nur ein kleiner Teil der Handwerksmeister keine Gesellen oder kein weiteres Nebeneinkommen hat – Alleinmeister werden in fast allen Berufen mit 400 Gulden besteuert. Die Mehrheit der Meister ist aber in dem Bereich von über 400 bis 600 Gulden zu finden, was der Beschäftigung von maximal vier Gesellen entspricht. Mehr als 600 Gulden steuerten vor allem solche Handwerker, die einen Nebenerwerb etwa im Kleinhandel hatten.

Vergleicht man das Gewerbekataster von 1831 mit dem von 1849, so werden eklatante Unterschiede deutlich, die nicht allein durch die während der Revolution stockende Wirtschaft zu erklären sind.[233] So verdoppelte sich die Zahl der Einträge in das Gewerbekataster, obwohl die Bevölkerung

---

[233] Bei der grafischen Auswertung des Gewerbekatasters von 1831 blieb der Spielbankpächter Chabert unberücksichtigt, der fast 10mal soviel Gewerbesteuer entrichtete wie der zweitgrößte Steuerzahler. Der Grund für die Auslassungen ist zum einen, daß die Spielbank unter den Gewerben eine Sonderstellung einnimmt, zum anderen hätte eine Einbeziehung dieses Wertes den Maßstab der X-Achse der Grafik so verändert, daß eine Interpretation der übrigen Werte nicht mehr möglich gewesen wäre.

in diesem Zeitraum nur um 64% gestiegen war. Dabei fällt auf, daß etwa die Gruppe jener, die zu 3500 Gulden oder mehr Steuerkapital veranschlagt wurden, sich kaum änderte, sie umfaßte 25 bzw. 24 Personen. Dagegen vermehrte sich die Zahl derjenigen, die gar keine Steuern zahlten drastisch. Doch waren dies keineswegs Rentiers, die in das Gewerbekataster wegen ihrer Steuerfreiheit nicht aufgenommen wurden, sondern zum größten Teil Menschen, die als „arm und arbeitsunfähig" oder dergleichen eingestuft worden sind.

Auch die Zahl der Tagelöhner, allein wohnenden Gesellen etc. lag nun doppelt so hoch. Weiterhin fällt auf, daß diesem Personenkreis, der 1831 noch mit einem Steuerkapital von je 120 Gulden veranschlagt wurde, nunmehr nur noch 96 Gulden als Besteuerungsgrundlage angerechnet wurde. Diese Änderung des generellen Steueranschlages ist ein deutlicher Hinweis auf Einkommensverluste in den unteren sozialen Schichten. Die Grafik zeigt auch, daß die Alleinmeister ohne Nebeneinkünfte, veranschlagt mit etwa 400 Gulden, in der Zahl gestiegen sind und nun die relative Mehrheit in der Handwerkerschaft stellen.

Diese Auswertungen lassen nur den Schluß zu, daß, nach einer langen Periode des Zuzugs von wirtschaftlich potenten Personen, die auf die Sonderkonjunktur der neuen Hauptstadt setzten, jetzt in den 1830er und 1840er Jahren es vor allem die verarmte Landbevölkerung war, die eine Besserung ihrer Lage durch eine Immigration in das sich nach außen stets glänzend gebende Wiesbaden erhoffte. Viele jedoch, besonders wohl der alte bäuerliche Mittelstand, dem unter dem Druck von Mißernten und Überbevölkerung der soziale Abstieg drohte, wollten weiter weg, hofften auf ihr Heil in Amerika.

Neben der Armut im ländlichen Nassau spielten in dieser Zeit auch politische Aspekte für die Auswanderung nach Übersee eine Rolle, denn Amerika galt als das Land der Freiheit.[234] Im Jahr der Juli-Revolution stieg die Zahl der Auswanderer aus Nassau deutlich an und lag höher als in den Notjahren 1817 und 1819. Wiesbaden war aber mit sieben Auswanderern 1831 und zehn im darauf folgenden Jahr nur schwach vertreten: In diesen beiden Jahren wanderten dagegen 78 Personen aus dem Herzogtum und 26 aus dem Ausland nach Wiesbaden zu.[235] Die Auswanderung aus Nassau in ferne Länder, insbesondere nach Texas, hatte einen Höhepunkt in den Jahren 1844 bis 1847. Sie wurde wesentlich gefördert von einer Aktiengesell-

---

[234] *Wolf-Heino Struck*, Die Auswanderung aus dem Herzogtum Nassau (1806–1866). Ein Kapitel der modernen politischen und sozialen Entwicklung. Wiesbaden 1966, 29.

[235] Errechnet aus den Tabellen bei *Struck*, Auswanderung, 122f. Möglicherweise berücksichtigt die Zählung nur Haushaltsvorstände, so daß mitreisende Familienangehörige nicht berücksichtigt werden. Ein großer Teil der Auswandernden dürfte aber ledig gewesen sein.

schaft zur Auswanderung nach Texas, die, und dies ist sicher eine Besonderheit unter den Auswanderungsvereinen, vom Hochadel getragen wurde. Zu den Mitgliedern des Texasvereins gehörten allein fünf souveräne Bundesfürsten, wobei dem nassauischen Herzog aufgrund seines großen Engagements eine Sonderrolle zukam.[236] Die Ansiedlung in Texas geriet allerdings zum Fiasko. Ständig drohte dem Unternehmen die Pleite, die Erwartungen der Aussiedler wurden enttäuscht. Aber auch davon waren nur relativ wenige Wiesbadener betroffen, da an dieser Auswanderungsbewegung die Stadtbevölkerung ebenfalls nur gering beteiligt war.

Wiesbaden war dagegen selbst weiterhin das Ziel einer Nahimmigration. Sieht man die Namen jener Personen durch, die von Wiesbaden aus in die Neue Welt übersiedelten, so fällt auf, das sich kaum Angehörige Alt-Wiesbadener Familien finden lassen. Wahrscheinlich handelte es sich bei diesen Auswanderern zum großen Teil um Personen, für die Wiesbaden nur eine Zwischenstation auf ihrer Suche nach besseren Lebensbedingungen gewesen war.[237] Für die Jahre 1843 bis 1845 liegen vollständige Zahlen vor: Demnach verließen 76 Personen das Amt Wiesbaden, zu dem außer der Stadt noch eine Reihe von Vororten gehörten, Richtung Ausland, davon wanderten allein 52 nach Nordamerika aus.[238]

Obwohl es sicher in Wiesbaden auch im Vormärz nicht wenige Arme gab, war unter den Stadtbürgern das Interesse an der öffentlichen Debatte um den Pauperismus gering. Als Ferdinand Heinrich Göbel bei Riedel in Wiesbaden sein Buch „Über die Verarmung im Herzogtum Nassau" veröffentlichte und hierin auch Maßnahmen gegen den Pauperismus vorschlug, wurde im ganzen Land eine große Zahl von Bänden subskribiert.[239] Zwar wurden auch aus Wiesbaden 27 Bände bestellt, doch mit Ausnahme des Weinhändlers und Landesdeputierten Bertram waren alle Subskribenten Staatsbeamte. Kein anderer „Stadtbürger" aus Wiesbaden zeigte sich an dem Thema interessiert, während in den anderen Orten Nassaus neben den örtlichen Beamten auch eine ganze Reihe von „normalen" Bürgern die Schrift bestellten.[240]

---

[236] Vgl. Von Nassau nach Amerika. Auswanderungsschicksale aus drei Jahrhunderten. Dokumentation zur Ausstellung im Hessischen Hauptstaatsarchiv, Wiesbaden 1992, 29ff.

[237] *Wolf-Heino Struck*, Zur Geschichte der nassauischen Auswanderung nach Texas, 1844–1847, in: NA 82, 1971, 376–387, hier 386f.

[238] *Struck*, Auswanderung, 125.

[239] *Ferdinand Heinrich Göbel*, Ueber die Verarmung im Herzogtum Nassau, ihre Entstehung und die dagegen anzuwendenden Mittel; nebst einer vorhergehenden allgemeinen Betrachtung über den Pauperismus. Wiesbaden [1843].

[240] Vgl. *Göbel*, Verarmung. Dem eigentlichen Text ist eine nach Orten gegliederte Subskribentenliste vorangestellt.

Im Gegensatz zu den Veränderungen am unteren Rand der Gesellschaft und in den handwerklichen Mittelschichten erscheint die wirtschaftliche Oberschicht relativ konstant hinsichtlich ihrer sozialen Zusammensetzung und der Einkommensstruktur. Die Auswertung des Gewerbesteuerkatasters von 1831 nach den Höchstbesteuerten zeigt, daß die Oberschicht sich seit 1821 kaum in ihrer Struktur verändert hat. Nur der Anteil des Handwerks stieg an, doch hat dies eher zufällige Ursachen. Denn die beiden Brüder Walther fungierten in diesem Jahr als „Unternehmer"[241] u.a. bei dem Bau einer wenig standhaften katholischen Kirche[242] und hatten dadurch im Vergleich etwa zum folgenden Jahr einen sehr hohen Gewerbesteueranschlag.[243] Zudem waren die Müller – sie stellten immerhin die Hälfte der Handwerker in diesem Kreis – meist zugleich Mehl- und Weinhändler, so daß Handwerker im eigentlichen Sinn sich nicht mehr unter den Höchstbesteuerten finden. Dies kann auch nicht verwundern, da das Steuersystem im Bereich des Handwerks ja auf den fiktiven Gewinnmöglichkeiten des jeweiligen Gewerbes basierte und diese vor allem von der Zahl der Gehilfen abhängig gemacht wurden. So konnte ein Handwerker das Steuerniveau der Badewirte der großen Häuser sowie der Wein- und Luxuswarenhändler nur erreichen, wenn er mehr als zehn Gehilfen beschäftigte und eben als „Unternehmer" besteuert wurde.

Unter den wirtschaftlich potenten Personen befanden sich weiterhin vor allem Bade- und Gastwirte (36%) sowie Kaufleute (32%). Unter den Wirten war dabei immerhin knapp die Hälfte ortsgebürtig, von den drei Müllern sogar zwei, in allen anderen Gewerben dominierten aber die „Zugezogenen". Insgesamt ist das Verhältnis von 18 „Fremden" zu sieben Einheimischen fast identisch mit dem zehn Jahre zuvor (17:7). Dabei sind die meisten der Fremden erst nach 1816 eingewandert, wodurch sich auch der relativ niedrige Schnitt bei der Dauer des Bürgerrechtsbesitzes erklärt.

Auch die erfolgreichen Kaufleute machten ihre Geschäfte vor allem mit den Einheimischen und den Kurgästen. „Handelsmänner" im Sinne der Großkaufleute wie sie etwa in Bremen, Frankfurt oder Mannheim ansässig waren, gab es in der Stadt nicht. „Handel und Spekulation sind dem Nas-

---

241 Gleiches gilt für den „Maurer" Seibert.
242 Der erste katholische Kirchenbau entstand 1829–31 auf dem Platz der heutigen Bonifatiuskirche, stürzte aber noch vor der Fertigstellung am 11. Februar 1831 ein. Vgl. *A. Heinrich Meuer*, Der Einsturz der ersten Bonifatiuskirche zu Wiesbaden am 11. Februar 1831, in: Nassauische Heimat Nr. 2 v. 10.2.1831, 15f., Kurze Geschichte der katholischen Gemeinde zu Wiesbaden und ihres neuen Kirchenbaues. Wiesbaden 1849, *Dollwet/Weichel*, Tagebuch Burk, 121. *Struck*, Biedermeier, 193. Mattiaci, Das alte christliche Wiesbaden. Eine Festgabe zum Jubiläum von St. Bonifatius. Wiesbaden 1949, 85. *Georg Hilpisch*, Kurze Geschichte der katholischen Pfarrei Wiesbaden von den ältesten Zeiten bis zur Gegenwart. Wiesbaden 1873, 34f.
243 StdAWi WI/1/32 (Gewerbekataster 1831).

sauer fremd" urteilte noch im Januar 1848 der „Deutsche Zuschauer". „Die Haupterzeugnisse, welche er in das 'Ausland' sendet, sind Auswanderer, Bettler, Harfen- und andere Mädchen".[244]

Versucht man auf der Basis der EDV-erfaßten und ausgewerteten Gewerbekataster die Veränderungen in der Oberschicht in den 1830er und 1840er Jahren zu beschreiben, so entsteht die Schwierigkeit, daß das Gewerbekataster von 1849 bereits stark durch die Krise ab den Jahren 1846/47 und durch die Geschäftsstockung in Folge der Revolution beeinflußt ist.[245] Dies führte, insbesondere in dem Baugewerbe, zu einer sehr deutlichen Verkleinerung der Betriebe und einer entsprechenden Herabsetzung der Besteuerung.

Auch ein Rekurs auf die zweite zeitgenössische Abgrenzung der Oberschicht, die Zulassung als Wähler zur Ständeversammlung, löst das Problem eines längerfristigen Vergleichs der Oberschicht nicht vollständig. Dieser Personenkreis wird nicht nur durch persönlichen wirtschaftlichen Erfolg und das Grundvermögen bestimmt, auch Änderungen in den Steuerbestimmungen und im Wahlrecht üben großen Einfluß aus. Doch beruhen die Abgrenzungen des Wählerkreises bei den Wahlen 1832, 1833 und 1839 auf annähernd gleichen Voraussetzungen. Dagegen ist bei den Wahlen 1846 sowohl die Zusammensetzung der Wahlberechtigten aus den Gewerben – durch die Neufassung der Gewerbesteuer – wie auch die der grundbesitzenden Wähler durch Veränderungen in den Gesetzen beeinflußt. Vor allem bei letzteren bewirkt die Einbeziehung der Gebäudesteuer in die Berechnungen, daß sich die Zahl der Wahlberechtigten in Wiesbaden mehr als verdoppelt.[246] Dagegen erscheint der Einfluß der Gewerbesteuerneuregelung von 1841 für Wiesbaden nur marginal, da es für das städtische Gewerbe in fast allen Bereichen bei den gleichen bzw. vergleichbaren Steuersätzen blieb.[247] Dagegen wurde die Klassifizierung der Alleinmeister auf dem Lande herabgesetzt. Möglicherweise war dies eine Konsequenz aus der fortschreitenden Verarmung auf dem Lande.

Vergleicht man die Berufsstruktur der Liste der Wahlberechtigten für die Gewerbevertreter von 1831 mit denen des Jahres 1839, so fällt auf, daß der Anteil der Handwerker stark angestiegen ist. Unterhalb der absoluten Oberschicht der Kaufleute und Badewirte, wie sie sich in der Liste der 24 Höchstbesteuerten darstellt, hatten eine Reihe von Handwerkern ihren Betrieb zu einem solchen Umfang erweitert, daß auch sie den Zensus überschritten und das Wahlrecht erhielten.

---

[244]   DZ Nr. 2 v. 7.1.1948.
[245]   Zwar liegen auch für die Zwischenzeiträume Gewerbekataster vor, zusätzliche EDV-Erfassungen und Auswertungen waren aber im Rahmen des Projektes nicht möglich.
[246]   Auf die Hintergründe dieser Wahlrechtsänderung wird noch zu kommen sein.
[247]   VBN Nr. 7 v. 10.7.1841, 91ff. Vgl. auch *Eichler*, Parlamentsdebatten, 91.

Tabelle 21

Die wirtschaftliche Elite 1831 - die 25 Höchstbesteuerten

Geordnet nach dem Gewerbesteuerkapital (in Gulden)

Nr. Name	Status	Bürger-aufnahme	Bürger-Jahre	Beruf	Steuerkap. 1831
1 Schlichter, Christian Wwe.	S/BW	1811	20	Gastwirtin	15.300
2 Zollmann, Carl & Consorten	F/B	U	-	Spielpächter	15.000
3 Bertram, Jacob	F/B	1827	4	Weinhändler	9.500
4 Düringer, Daniel	F/B	1815	16	Gastwirt	7.400
5 Ermandinger, Rudolf	F/T	-	-	Gastwirt	7.400
6 Blum, Wilhelm	S/B	1829	2	Müller	6.000
7 May, Bernhard	F/B	1807	24	Mehlhändler	5.100
8 Habel, Friedrich	F/B	1810	21	Badewirt	4.700
9 Schirmer, Andreas	F/B	1816	15	Kaufmann	4.500
10 Goetz, Friedrich jun.	S/B	1808	23	Gastwirt	4.300
11 Scholz, Carl u. Anton	S/B	1821	10	Fabrikant	4.300
12 Stritter, Friedrich	S/B	1808	23	Gastwirt	4.300
13 Geyer, Friedrich	S/B	1827	4	Müller	3.900
14 Ruß, Friedrich	F/B	1804	27	Kaufmann	3.900
15 Seibert, Christian	F/B	1817	14	Maurer	3.900
16 Freinsheim, Marie	S/BW	1796	35	Badewirtin	3.800
17 Schmoelder, Nikolaus	F/B	1825	6	Großhändler	3.700
18 Dahlem, Heinrich	F/B	1820	11	Müller	3.600
19 Baumann, Friedrich	F/B	1826	5	Gastwirt	3.500
20 Giorgi, Spiritio	F/T/B	1833	-2	Händler	3.500
21 Guyer, Jacob	F/B	1817	14	Langwarenhändler	3.500
22 Krieger, Georg Adam	F/B	1818	13	Schankwirt	3.500
23 Oeffner, Ludwig	F/B	1820	11	Tuchhändler	3.500
24 Walter, Michael	F/B	1817	14	Tüncher	3.500
25 Walter, Rufus	F/B	1823	8	Tüncher	3.500

Summe ohne Minus-Jahre			320	Summe	135.100
mind. 22 Bürger davon 21 Daten			:22		
sei durchschnittl. # Jahren Bürger			14,55	Schnitt	5.629

Legende:
F=Fremde; S=Bürgersohn bzw. ortsgebürtig / B=Bürger; BW=Bürgerwitwe; U=unbekannt
T=Temporärer Aufenthalt

Herkunft
Fremde: 18; Bürgersöhne bzw. ortsgebürtig: 7

Vereinsmitgliedschaften

Casino-Gesellschaft	2	Jahr: (1832, 1856)
Naturkundeverein	11	Jahr: (1842)
Nass. Altertumsverein	5	Jahr: (1822/1839,1851)

Weitere Hinweise:
Juden und Beamte sind in dem zugrundeliegenden Gewerbesteuerkataster nicht verzeichnet.
Es wurden 25 Personen aufgenommen, da Steuergleichheit von Nr. 19 bis Nr. 25 besteht.
Die meisten Personen versteuerten mehrere Tätigkeiten, i.d.R. wird der Beruf mit der höchsten
Steuerleistung in der Spalte Beruf genannt, jedoch stets die Gesamtsteuerleistung ausgewiesen.

Tabelle 22

Die stadtbürgerlichen Mitglieder der Casino-Gesellschaft 1832

Von 145 Mitgliedern gehören sechs in die Kategorie Stadtbürgertum

Nr Name	Status	Bürger-aufnahme	Beruf	Steuerkap. 1831
1 Dietz, Michael Conrad	F/B	1810	Müller	3.200
2 Geiger	U/U	-	Kaufmann	- 1)
3 Habel, Friedrich	F/B	1810	Hotelier	4.700
4 Kreidel, Friedrich Aug. Chr.	F/B	1816	Weinhändler	600 2)
5 Schellenberg, Louis	F/B	1803	Hofbuchdrucker	1.600
6 Schlichter, Louis	S/B	1810	Hotelier	15.300 3)

Legende:
F=Fremde; S=Bürgersohn bzw. ortsbürtig/U=unbekannt; B=Bürger

Vereinsmitgliedschaften
Naturkunde   0
Nass. Altert. V.   0

Politische Aktivitäten
Stadtvorsteher   2 (Habel, Schellenberg)
Ratsherren   1 (Dietz, zugleich Landtagsabgeordneter)

Weitere Hinweise
Dietz war Gründungsmitglied der Kinderbewahranstalt.
Schellenberg gehörte dem Ausschuß der Bibelgesellschaft an.

1) In Wiesbaden nicht nachweisbar. Möglicherweise stammt Geiger aus einem Nachbarort.
2) Kreidel ist 1831 nur noch Weinkommissionär. 1821 betrug sein Gewerbesteuerkapital noch 2000 Gulden.
3) Die Steuerangaben beziehen sich auf die verwitwete Mutter.

Die solide wirtschaftliche Stellung vieler Wiesbadener Bürger – die jedoch bei weitem nicht an den Reichtum etwa Frankfurter Bankiers oder Großkaufleute heranreichte – führte nicht zu einer stärkeren Teilnahme dieser Gruppe an der Wiesbadener Casino-Gesellschaft. Jedenfalls gehörten aus dem Kreis der Höchstbesteuerten nur zwei zu den Casino-Mitgliedern. Die Casino-Gesellschaft scheint also kaum ein Treffpunkt der Wiesbadener Wirtschaftselite gewesen zu sein. Eine nähere Untersuchung der Mitgliederstruktur des Casinos 1832 bestätigt dies: Von 145 Mitgliedern waren gerade sechs in „Wirtschaftsberufen" tätig. Von diesen sechs wohnte einer wahrscheinlich sogar noch außerhalb von Wiesbaden. Ob sich die Casino-Gesellschaft wie in ihrer Gründungsphase gegen die Aufnahme von Nicht-Staatsbediensteten stellte oder die meisten „Stadtbürger" gar nicht in einem von Beamten dominierten Verein Mitglied werden wollten, kann auf der Grundlage des vorhandenen Materials nicht entschieden werden. Eine grundsätzliche Sperre etwa gegen liberale Bürger bestand offenbar nicht, immerhin zählte der Landesdeputierte Dietz, gemäßigt liberal, zu den Mitgliedern.

Die Höhe des Mitgliedsbeitrages war jedenfalls kein Hindernis: 1837 waren jährlich 12 Gulden zu entrichten, für die gutverdienenden Badewirte und Kaufleute sicher kein nennenswerter Betrag, der allenfalls für die in den Anfangsjahren ihres Dienstes schlecht bezahlten Beamten zum Problem werden konnte.[248] In den Jahren nach 1832 nahm die Gesellschaft eine Reihe von „Nicht-Staatsdienern" auf, doch blieb es durch Austritte und Tod bei acht „stadtbürgerlichen" Mitgliedern, von denen einige als Lehrinstitutsinhaber etc. zumindest von einer staatlichen Zulassung abhängig waren. Hinzu kamen noch einige Ärzte, die jedenfalls ihrem Titel nach nicht im Staatsdienst standen sowie drei Personen, deren Identität nicht geklärt werden konnte, weil sie sich möglicherweise nur relativ kurz in der Stadt aufhielten bzw. in einem Vorort wohnten.[249] Insgesamt zeigte sich aber die Mitgliedschaft sehr stabil. Sie nahm zahlenmäßig, soweit nachvollziehbar, mit Ausnahme von 1831/32 stets zu. Dieser Anstieg verdeckt dabei keineswegs eine noch höhere Fluktuation. Ganz im Gegenteil kann eine sehr hohe Kontinuität in bezug auf die Personen festgestellt werden: 1838 etwa wurden bei einem Anfangsbestand von 189 Mitgliedern im Laufe des Jahres 40 Mitglieder aufgenommen und nur fünf Mitglieder traten aus, so daß die Gesamtmitgliederzahl am Ende des Jahres 224 betrug.

---

[248] Archiv der Casino-Gesellschaft Wiesbaden, handschriftliche Anlage zur „Namens-Liste der Mitglieder des Casino's zu Wiesbaden am Schlusse des Jahres 1837."

[249] Archiv der Casino-Gesellschaft Wiesbaden, handschriftliche Anlage zur „Namens-Liste ... 1837".

Der Mitgliederschwund im Laufe des Jahres 1832 ist übrigens nicht, wie vermutet werden könnte, unmittelbar mit den politischen Konflikten in Verbindung zu bringen. Soweit feststellbar, schieden durch Tod oder Austritt vor allem Beamte und Offiziere aus, während die wenigen „stadtbürgerlichen" Mitglieder im Verein blieben. Mittelbar ist aber ein Zusammenhang mit dem Domänenstreit dadurch gegeben, daß sich die aus den Unruhen ergebene Verlegung des Hofgerichtes nach Usingen auf die Mitgliederzahl ausgewirkt hat: ein Teil der abgängigen Mitglieder ist mit Sicherheit dem Gericht zuzuordnen.

Tabelle 23:
Anzahl der Mitglieder der Casino-Gesellschaft von 1815–1848[250]

1815:	57	1835:	172
1816:	85	1836:	187
1817:	117	1837:	189
1822:	186	1838:	224
1824:	148	1839:	230
1830:	158	1840:	240
1831:	158	1843:	266
1832:	145	1844:	272
1834:	171	1848:	237

Der Tatsache, daß einige Stadtbürger Mitglied in der Casino-Gesellschaft waren, scheint eher eine marginale Bedeutung zuzukommen. Von der Vorstandstätigkeit waren sie vermutlich de facto ausgeschlossen, jedenfalls waren sämtliche Vorstandsmitglieder in den Jahren 1834, 1835, 1838, 1840 und 1841, für die entsprechende Angaben in den Mitgliederlisten vorliegen, entweder Beamte oder Offiziere.[251] Von einer Öffnung des Casinos gegenüber dem Bürgertum kann also nicht die Rede sein. Vermutlich ist dies auch einer der Gründe, warum es Anfang der 1840er Jahre zur Gründung eines Bürgercasinos „Harmonie" kam. Die „Harmonie" war aber keine Gesellschaft von Dauer, jedenfalls finden sich kaum Spuren von ihr. Aus dem

---

[250] Die Mitgliederzahlen wurden aus den unterschiedlichsten Quellen zusammengetragen. Dazu gehören: Archiv der Casino-Gesellschaft, unverzeichnete Bestände, Mitgliederlisten von 1824, 1832, 1830, 1834, 1836, 1837, 1840, 1843, 1848, meist mit handschriftlichen Ergänzungen und rückseitigen Kassenabrechnungen. *Günter Cvachovec*, Tabellarische Geschichte der Wiesbadener Casino-Gesellschaft, in: 175 Jahre Wiesbadener Casino-Gesellschaft 1816–1991. Wiesbaden 1991, 35–45, hier 35ff. Weiterhin: Materialsammlung Casino, Hessische Landesbibliothek Wiesbaden, sowie *Struck*, Goethezeit, 180.

[251] Archiv der Casino-Gesellschaft, Mitgliederlisten 1834, 1835, 1837, 1840 mit entsprechender Kennzeichnung der Vorstandsmitglieder, z.T. auch für das jeweilige Folgejahr.

Jahr 1842 sind zwei Aufnahmeurkunden erhalten, beide ausgestellt im Oktober.[252] Unterzeichnet sind sie von dem liberalen Politiker und Rechtsanwalt Ernst Leisler – der 1840 auch Mitglied des Casinos war – sowie von einem „Herber", bei dem es sich vermutlich um den Apotheker Stephan Herber handelt, der seit 1837 in Wiesbaden ansässig war.[253] Die Aufnahmeurkunden wurden ausgestellt für den Baumeister (Architekt) Kihm, der zeitweise Konservator des Nassauischen Altertumsvereins war[254], und den „Cassier" Diels, letzterer ist wahrscheinlich dem Spielbankbetrieb zuzuordnen.[255]

Auf jeden Fall kann die Gründung der „Harmonie" nicht als eine Spaltung der Casino-Gesellschaft gedeutet werden, denn Dr. Leisler, offensichtlich „Harmonie"-Vorstandsmitglied, gehörte auch noch 1843 dem Casino an, ebenso eine Reihe weiterer bürgerlicher Mitglieder.[256] Wahrscheinlicher scheint, daß mit der Harmonie der Versuch unternommen wurde, einen Geselligkeitsverein für die „stadtbürgerlichen" Schichten zu etablieren, der keine Konkurrenz für die Casino-Gesellschaft darstellen sollte, sondern eher eine Ergänzung. Möglicherweise war dies den Casino-Mitgliedern sogar willkommen, wurde auf diese Weise doch die Beamtenmehrheit in ihrem Verein festgeschrieben.

Die einzige bekannte Aktivität, die die Harmonie-Gesellschaft entfaltet hat, ist die Initiative zur Gründung des Wiesbadener Gewerbevereins, aus dem dann der Nassauische Gewerbeverein erwachsen ist. Über die Geschichte des Gewerbevereins liegt bisher nur die Darstellung von Th. Lautz von 1895 vor, auf die sich die neuere Literatur stützt, wenn sie auf den Gewerbeverein eingeht.[257] Lautz schrieb unter Zitierung eines Rechenschaftsberichts von 1845: „Die Gründung eines 'Gewerbevereins für Nassau' wird zuerst im Winter 1841/42 angeregt in der damaligen Wiesbadener Casinogesellschaft 'Harmonie'. Sie wurde, wie der Vorstand in einem 'Nachweis für die Mitglieder des Nassauischen Gewerbevereins über die seitherige Entwicklung desselben' im August 1845 ausführte, 'von Männern

---

[252] Ein Exemplar befindet sich in der graphischen Sammlung des Landesmuseums Wiesbaden, das zweite ist – ohne Quellenhinweis – als Illustration abgedruckt bei *Christiane Heinemann*, Zwischen Geselligkeit und Politik – Das bürgerliche Vereinsleben, in: Herzogtum Nassau, Ausstellungskatalog, 291–303, hier 293. Leider geht Heinemann auf die Harmonie-Gesellschaft im Text nicht ein.

[253] Vgl. zu Leisler: *Treichel*, Bürokratie, 274; *Wettengel*, Revolution, 53 u. 98, Renkhoff, Biographie, 465f. Zu Herber: *Struck*, Biedermeier, 138, und StdAWi WI/BA/1.

[254] *Struck*, Gründung und Entwicklung, 114.

[255] Jedenfalls weist das Adreßbuch von 1841 neben einem Faßbinder Diels lediglich zwei Croupiers Diels auf.

[256] Archiv der Casino-Gesellschaft, Mitgliederliste 1843.

[257] *Th. Lautz*, Geschichte des Gewerbevereins für Nassau. Festschrift zur fünfzigjährigen Jubiläumsfeier 1895. Wiesbaden 1895, 2ff. Darauf basieren auch *Heinemann*, Zwischen Geselligkeit und Politik, 298f. und *Struck*, Biedermeier, 98.

veranlasst und eingeleitet, die obwohl zum größten Teil nicht dem Gewerbestand angehörig, sich für dessen Wohl aufs Lebhafteste interessierten und in der Ansicht sich begegneten, dass ohne eine allgemeine Verbreitung gemeinnütziger Kenntnisse unter dem Nassauischen Gewerbestande kein nachhaltiger Aufschwung in den Betrieben einzelner Gewerbe stattfinden könne, durch den unser Land befähigt würde, an dem grossen Wettkampfe des Gewerbfleisses unserer Tage einen ehrenvollen Anteil zu nehmen.'"[258]

Die Eingabe an die Landesregierung mit der Bitte um Genehmigung des Vereins wurde unterschrieben bzw. überbracht von dem Stadtamtmann Ebel, dem Amtswerkmeister Seibert, dem Rechtsanwalt (und Liberalen) Dr. Leisler[259] sowie drei Kaufleuten, von denen zwei zugleich noch einen Gewerbebetrieb unterhielten. Außerdem unterschrieb noch ein Badewirt.[260]

An der Gründungsversammlung des Gewerbevereins am 8. Februar 1843 nahmen 353 Personen teil, weitere 49 auswärtige Personen hatten Vollmacht für ihre Vertretung gegeben. Von den Anwesenden wohnten 277 Personen in Wiesbaden. Die Statuten wurden unter dem Vorsitz von Leisler beraten und der herzoglichen Regierung zur Genehmigung vorgelegt, die erst im Mai 1844 erteilt wurde. Dieses Zögern lag darin begründet, daß die stets eher vorsichtig agierende Landesregierung Zeit benötigte, um ihre Position zu klären. Immerhin bestand die Möglichkeit, daß hier ein neues Zentrum der liberalen Opposition entstehen könnte. Die Regierung behielt sich schließlich in ihrem Bescheid „weitestgehende Kontroll- und Einwirkungsmöglichkeiten"[261] vor. Sicher wurden die Bedenken gegen den Verein dadurch geschürt, daß Männer wie Leisler, die kein direktes wirtschaftliches, mithin wahrscheinlich ein politisches Interesse an der Gründung hatten, maßgeblich an der Konstituierung des Gewerbevereins beteiligt waren.

Eine stärkere Durchmischung der verschiedenen Gesellschaftsgruppen als in der Casino-Gesellschaft gab es auf der Ebene der „Interessenvereine", also bei dem Altertumsverein, dem Naturkundeverein und vermutlich auch dem Kunstverein, für den aber für diese Zeit keine Mitgliederlisten mehr vorliegen. Für diese Vereine kann ein ähnlich intensiver gesellschaftlicher Kontakt wie im Casino, dem man ja beitrat, um Umgang zu pflegen, nicht unterstellt werden. Unter den Mitgliedern der „Interessenvereine" finden sich gewiß eine Reihe von Personen, die, ähnlich den heu-

---

[258] *Lautz*, Gewerbeverein, 2f.
[259] Da der Vorname fehlt, kann nur die fundierte Vermutung geäußert werden, daß es sich um Ernst Leisler (den „Älteren") handelte und nicht um seinen jüngeren, ebenfalls politisch aktiven Bruder, der erst 1844 aus Höchst kommend nach Wiesbaden zurückkehrte.
[260] Berufszuordnung über verschiedene Gewerbekataster, StdAWi im Bestand WI/1.
[261] *Heinemann*, Vereinsleben, 298.

tigen Verhältnissen, mit ihrem Beitritt zu dem Verein ihr Interesse und allgemeine Sympathie mit dessen Bestrebungen zum Ausdruck bringen wollten, ohne jedoch wirklich am Vereinsleben teilzunehmen. Aus diesem Grunde und weil die Mitgliederaufnahme nicht durch eine Ballotage oder ein ähnliches Verfahren kontrolliert wurde, darf die Rolle dieser Vereine in der bürgerlichen Öffentlichkeit nicht überbewertet werden.

Als Verein mit einem besonders hohen Anteil von „stadtbürgerlichen" Mitgliedern, d.h. vor allem wirtschaftlich aktiven Bürgern, darf der Naturkundeverein für das Herzogtum Nassau gelten. Er findet unter den Wiesbadener Bürgern die mit Abstand größte Resonanz. Von den 274 Wiesbadener Mitgliedern im Jahre 1842, die deutlich mehr als 50% der Gesamtmitgliedschaft stellen, sind immerhin 116 Handwerker, Kaufleute, Wirte usw. Damit war ihr Anteil ungefähr ebenso hoch wie der der Staatsdiener.

Die Gründung des Vereins für Naturkunde geht auf die Initiative von „einigen patriotisch gesinnten Bürgern, sowie von mehreren Staats- und Hofbeamten" zurück.[262] Auf jeden Fall war der Archivar Friedrich Gustav Habel beteiligt, der im gleichen Jahr Sekretär des Altertumsvereins wurde.[263] Nach der Zustimmung des Herzogs trat der Verein 1829 als eine vom „Staat begünstigte Privatanstalt ins Leben". Vor allem in den ersten Jahren überstiegen die staatlichen Zuschüsse die Mitgliedsbeiträge um ein Mehrfaches, erst Anfang der 1840er Jahre kehrte sich dieses Verhältnis um.[264] Der erste Direktor des Vereins wurde Geheimrat von Arnoldi. 1836 wurde Carl Thomae Sekretär und kurz danach wurde er auch von Staats wegen zum „Inspektor der Sammlungen des Naturhistorischen Museums" bestellt.[265] Thomae war, insbesondere nach dem Tod Arnoldis, der entscheidende Mann im Verein. Er hielt und organisierte von allen Schichten besuchte Vorträge im Museum in der Wilhelmstraße. So schrieben sich für den Vortragszyklus im Winter 1840/41 für eine Teilnahmegebühr von zwei Gulden immerhin 186 Personen ein, sicher für das relativ kleine Wiesbaden ein beachtlicher Andrang.[266] Aufgrund der Tätigkeit von Thomae, aber auch sicher weil der Fortschrittsglaube, der Glaube an das Machbare und

---

[262] *Carl Thomae*, Geschichte des Vereins für Naturkunde im Herzogthum Nassau und des naturhistorischen Museums zu Wiesbaden. Wiesbaden 1842, 2.

[263] HHStAWi 1163/248. Der Nachlaß von Habel enthält einen handschriftlichen Entwurf der Einladung zu dem Verein sowie korrigierte Druckfahnen der Statuten.

[264] HHStAWi 210/2945. Vgl. auch *Thomae*, Geschichte, 10.

[265] Vgl. [Anonym], Dr. Carl Thomae. Eine biographische Skizze für seine Familie und Freunde. Wiesbaden 1873, 8. Thomae war zugleich Lehrer am landwirtschaftlichen Institut Hof Geisberg in Wiesbaden, später dessen Leiter.

[266] *Fr. Heineck*, Hundert Jahre Verein und Museum. Geschichte des Nassauischen Vereins für Naturkunde und des Naturhistorischen Museums der Stadt Wiesbaden, in: Jahrbücher des Nassauischen Vereins für Naturkunde 80, 1929, 3–40, hier 10.

ein „systemisches Industrialisierungsverständnis"[267] immer weiter um sich griffen, gewann der Verein an Popularität.

Am Taunusbahnhof konnte jeder Wiesbadener erleben, wie sehr die Technik in die Lebenswelt bereits eingriff, wie hier „Zeit und Raum vernichtet" wurden.[268] Die Mitgliederzahl des Naturkundevereins stieg bis 1842 auf 503 Personen, davon wohnten allein 274 in Wiesbaden und in der unmittelbaren Umgebung.[269] Der Verein erreichte damit in den 1840er Jahren seinen absoluten Höchststand an Mitgliedern.[270] Unter diesen Mitgliedern befanden sich große Teile der wirtschaftlichen, aber auch der politischen Elite. Damit kann zugleich davon ausgegangen werden, daß den gutbesuchten Vorträgen im Museum auch eine relativ große Bedeutung als Kontakt- und Treffpunkt des Wiesbadener Bürgertums zukam.

Der Nassauische Verein für Altertumskunde konnte im Vormärz vor allem auf dem Land neue Mitglieder gewinnen. Dadurch ging die anfängliche Dominanz der Wiesbadener in der Mitgliederstruktur verloren. Von den 331 Mitgliedern 1839 wohnten nur noch 72 in Wiesbaden, unter Einschluß der angrenzenden Vororte, die in der Tabelle 52 im Anhang[271] berücksichtigt wurden, sind kaum noch ein Viertel der Mitglieder der Hauptstadt zuzuordnen. Trotzdem blieb Wiesbaden natürlich das Zentrum des Vereins, war doch das hier eingerichtete Museum mit der historischen Sammlung Kristallisationspunkt der Bemühungen um die nassauische Geschichtsforschung. Allerdings waren in Wiesbaden weiterhin vor allem Beamte und Offiziere an dem Verein beteiligt. Unter den Mitgliedern in Wiesbaden hatten nur fünf Personen Bürgerrecht. Bei ihnen handelt es sich um Personen, die uns in mannigfaltigen Funktionen bereits begegneten, so etwa Wilhelm Zais oder Friedrich Ruß. Von einer breiten Beteiligung des „Stadtbürgertums" kann also nicht gesprochen werden.

Ursprünglich hatte sich der Verein für Altertumskunde fast ausschließlich auf die Erforschung und Dokumentation der „Alten" Geschichte, d.h. auf Material aus der Zeit des römischen Wiesbaden, konzentriert. Diese Orientierung wurde im Vormärz zunehmend in Frage gestellt. Während

---

[267] *Rudolf Boch*, Grenzenloses Wachstum? Das rheinische Wirtschaftsbürgertum und seine Industrialisierungsdebatte 1814 bis 1857. Göttingen 1991, 23.

[268] Zum Topos der Vernichtung von Raum und Zeit durch die Eisenbahn vgl. *Wolfgang Schivelbusch*, Geschichte der Eisenbahnreise. Zur Industrialisierung von Raum und Zeit im 19. Jahrhundert. Frankfurt am Main 1989, 35ff.

[269] *Thomae*, Geschichte, 98ff. Einschließlich der Ehrenmitglieder betrug die Mitgliederzahl sogar 557.

[270] *Heineck*, Hundert Jahre, 27. 1844 wurde der absolute Höchststand mit 613 Mitgliedern einschließlich der Ehrenmitglieder erreicht.

[271] Tabelle 52 im Anhang beruht auf einer Auswertung der Mitgliederliste in NA 3, 1839, 119–135, ergänzt um die über Rekord-Linkage gewonnenen Angaben zu Beruf, Bürgeraufnahme, Steuerleistung etc.

Friedrich Habel, Sohn des Initiators des Vereins Christian Habel, als Sekretär des Vereins von 1829–1851[272] eben diese von der Zeitgeschichte abgewandte Form der Forschung favorisierte, mehrte sich die Zahl der Kritiker an diesem Kurs. Bereits Mitte der 1820er Jahre hatte Weitzel angemerkt, man müsse nicht graben, um die schönsten Teile des Landes zu finden.

Verschärft wurde der Konflikt, als 1840 Friedrich Traugott Friedemann Leiter des nassauischen Zentralarchivs in Idstein wurde. Er hatte den Eifer, dem Archiv auch als wissenschaftliches Institut Gewicht zu verleihen.[273] Friedemann wollte darüber hinaus den Verein auf „seinen Kurs" festlegen und den Schwerpunkt auf die nähere Vergangenheit und die Schriftlichkeit als Quelle für die Forschungen verlagern. Als der Verein zunächst am alten Kurs festhielt, beabsichtigte Friedemann eine Zeitschrift „Nassaus Vorzeit" herauszugeben, die in Konkurrenz zu den vom Verein herausgegebenen „Nassauischen Annalen" treten sollte. Zwar verweigerte das Ministerium die Zustimmung zu der neuen Zeitschrift, doch waren Friedemanns Pläne ein geeignetes Druckmittel, die Altertumsforscher in die gewünschte Richtung zu drängen. Friedemanns Forderung nach einer Stärkung der Landesgeschichte stimmte durchaus mit den Interessen des Herrscherhauses überein. Daß dieser Konflikt nicht frei von politischen Elementen war, belegt Habels Stellung in der 1848er Revolution. Als Mitglied des Landtages stimmte er häufig mit der „Linken".[274] Politisch gesehen stand also hier der Althistoriker links, der „Zeitgeschichtler" Friedemann eher rechts.

Mittelfristig hatte dieser Druck auf eine Neuorientierung des Vereins auch Erfolg, denn 1851 wurde die Reihenfolge der Aufgaben in der Satzung umgedreht und die Erforschung der vaterländischen Geschichte, d.h. des Herzogtums Nassau, wurde nun zur ersten Aufgabe des Vereins.[275] Die starke Bindung an das politische Gebilde „Herzogtum Nassau" kam auch darin zum Ausdruck, daß der Verein dem Staatsminister Marschall v. Bieberstein und dann dessen Nachfolger v. Walderdorff das Ehrenpräsidium übertrug. Neben diesem staatlich gestützten Bestreben, sich mehr der Geschichte Nassaus als eines Staates zuzuwenden, gab es aber auch, gefördert durch die Juli-Revolution in Frankreich, Versuche, die Altertumsvereine ganz Deutschlands in einem Bund zusammenzufassen, wenngleich dieses Vorhaben erst 1852 tatsächlich umgesetzt werden konnte.

Die wechselweise Einflußnahme zwischen Verein und städtischem Bürgertum ist schwer zu beurteilen. Die Frage, ob Nassau oder doch die deutsche Nation das Vaterland sei, wurde mittelbar auch im Verein diskutiert.

---

[272] *Renkhoff*, Biographie, 263.
[273] *Struck*, Gründung und Entwicklung, 135.
[274] *Struck*, Biedermeier, 27.
[275] Ebd., 136.

Ob dieser Beitrag zur Bewußtseinsbildung des Bürgertums wirklich in die vom Herzog gewünschte Richtung ging, darf bezweifelt werden. Zeitgenossen wollten aber durchaus mittels des Vereins die „opfermächtige Liebe zu Fürst und Vaterland" bei den Untertanen wecken.[276]

Der 1847 gegründete Kunstverein war noch mehr als der Altertumsverein ein rein privater Interessenverein. Darauf deutet bereits sein Gründungsname als „Gesellschaft von Freunden bildender Kunst im Herzogtum Nassau" hin. Unter den 85 Gründungsmitgliedern und jenen, die bis November 1847 eintraten, überwiegen deutlich diejenigen, bei denen sich der Beruf mit dem Kunstverein in Zusammenhang bringen läßt, also Maler, Architekten, Lehrer und Bildhauer.[277]

Zugleich findet sich unter den Gründungsmitgliedern aber auch eine Reihe von Liberalen des Vormärz und der Führer in der 1848er Revolution, so etwa der Rechtsanwalt Hergenhahn, der Badewirt und Arzt Wilhelm Zais, der Kaufmann Oeffner, die Brüder und Rechtsanwälte Leisler, der Architekt und Demokrat Oswald Dietz, der Maler Lotichius und der Chemiker Fresenius, um nur die Wiesbadener zu nennen. Dies machte den Kunstverein nicht unbedingt zu einem liberalen Forum, doch zeigt sich zumindest, daß die liberale Bewegung mittlerweile fester Bestandteil der bürgerlichen Öffentlichkeit war. Sie war, um das Wort eines späteren Revolutionärs zu bemühen, der „Fisch im Wasser". Die wachsende Bedeutung Wiesbadens als Zentrum des Herzogtums zeigt sich auch daran, daß die überwiegende Mehrheit der Gründungsmitglieder aus Wiesbaden stammte.

Ähnlich der Casino-Gesellschaft zeigte auch der Wiesbadener Frauenverein eine überaus konstante Entwicklung. Die 1817 gewählten Vorstandsmitglieder hatten ihr Amt bis 1831 inne. Auch in dem dann neu gewählten Vorstand waren ähnlich dem alten Vorstand ausschließlich Beamtengattinnen und adelige Damen vertreten.[278]

Keinen solchen Bestand hatte dagegen die Gründung eines Verschönerungsvereins 1843. Eine Grundlage für die Konstituierung des Vereins waren die „Patriotischen Wünsche eines Wiesbadener für das Gedeihen und Fortblühen dieses Kurorts" aus dem gleichen Jahr. Der Kissinger Brunnenarzt M. R. Wetzler fordert darin nicht nur, daß die Bürgerschaft sich in einer Gesellschaft organisiere, um zum Ausbau der Stadt beizutragen, son-

---

[276] So etwa der Mainzer Professor Nikolaus Müller auf der Generalversammlung des Vereins 1837. Vgl. *Struck*, Gründung und Entwicklung, 138.

[277] *Schmidt*, Bürgerliche Kunstförderung, 161. Hier ist nur die erste Seite der zweiseitigen Mitgliederliste wiedergegeben. In der graphischen Sammlung des Landesmuseums Wiesbaden befindet sich das vollständige Exemplar, das der Auswertung zugrunde liegt.

[278] WWBl. Nr. 3 v. 17.1.1831. Gewählt wurden die Frau des Oberappellationsgerichtspräsidenten von Preuschen, Fräulein Bety von Arnoldi, die Frau des Medizinalrates Rullmann und die Frau des Revisors Althaus.

dern machte auch konkrete Vorschläge zur Verbesserung der Kuranlagen.[279] Der kurz darauf gegründete Verschönerungsverein stellte sich die Aufgabe, die Wiesbadener Umgebung ansprechend zu gestalten und in eine „durch fahrbare und schattige Wege verbundene Anlage"[280] zu verwandeln. Dieser den Interessen der „Kurindustrie" dienende Verein suchte die Nähe zum Stadtvorstand, indem er diesem die Ernennung zweier Vorstandsmitglieder überließ.[281] Die Vertreter wurden auch tatsächlich vom Stadtvorstand gewählt.[282] Der Herzog übernahm 1843 das ihm angetragene Protektorat und in Vorträgen und Schriften warb Dr. Wilhelm Zais für die Verschönerung der Stadt.[283] Das Wirkung dieses Vereins scheint aber jedenfalls nicht von Dauer gewesen zu sein, denn der 1854/56 neu gegründete Wiesbadener Verschönerungsverein nimmt in seiner eigenen Geschichtsschreibung keinen Bezug auf seinen Vorgänger, obwohl Wilhelm Zais auch an diesem neuen Verein in führender Position beteiligt war.[284]

Im Vormärz entstanden in Wiesbaden außer den bereits erwähnten Vereinen noch eine ganze Reihe weiterer Vereinigungen, auf die hier nicht im Detail eingegangen werden kann. Sie sollen zur Abrundung des Gesamtbildes aber wenigstens Erwähnung finden. Zu ihnen gehört der Jungfrauenverein[285] von 1833. Durch ihn wurde 1835 die Kinderbewahranstalt gegründet, die eine privatrechtliche Grundlage hatte, also auch als Verein betrieben wurde. Die Zusammensetzung des ersten Vorstandes der Kinderbewahranstalt deutet darauf hin, daß hier, im Gegensatz zum Frauenverein, vor allem Frauen und Männer aus dem „Stadtbürgertum" beteiligt waren, so gehörten diesem Gremium prominente und vermögende Liberale wie Jacob Bertram an.[286] Zu dieser Richtung der caritativen Hilfe oder Selbsthilfe der Bürger zählt auch der Kranken- und Sterbeverein von 1844, der sich ebenfalls der Unterstützung angesehener Bürger erfreute und nach ei-

---

[279] *Wetzler, M. R.*, Patriotische Wünsche eines Wiesbadeners für das Gedeihen und Fortblühen dieses Kurorts. Wiesbaden 1843, 22f.

[280] Statuten des Vereins zur Verschönerung der Umgebungen Wiesbadens. [Wiesbaden] 1843, 3.

[281] Ebd., 5.

[282] So jedenfalls nach dem Protokoll des Stadtvorstandes von 1843/44. StdAWi AA 11. Vgl. *Struck*, Biedermeier, 49.

[283] *Struck*, Biedermeier, 239.

[284] Geschichte des Verschönerungsvereins Wiesbaden, aus den Akten zusammengestellt von dem Vorstandsmitgliede *Carl Klein*, bearbeitet von Dr. A. Höfer. Wiesbaden 1913, 15.

[285] *Struck*, Biedermeier, 132.

[286] *Heinrich Seibel*, Die Kinderbewahranstalt zu Wiesbaden 1835–1887. Wiesbaden 1887. Vierter Bericht über die Bewahr-Anstalt für kleine Kinder in der Stadt Wiesbaden. Wiesbaden 1845. Rechenschaftsbericht über die Wirksamkeit der hiesigen Kleinkinderbewahranstalt in den Jahren 1849 und 1850. Wiesbaden 1851. Vgl. *Struck*, Biedermeier, 133.

nem Jahr 160 Mitglieder hatte.[287] Zu den Vereinsgründungen des Vormärz gehören auch der Musik-Verein, der von 1836 bis 1840 existierte[288], der 1841 gegründete Männergesangverein[289] und der vermutlich seit 1844 bestehende Damengesangverein[290].

Der 1846 konstituierte Turnverein und der wahrscheinlich seit 1847 existierende Leseverein werden im folgenden Abschnitt in Zusammenhang mit der Politisierung in den Jahren 1845–47 behandelt.

d. Die Opposition in der Mehrheit – Wiesbaden als der liberale Ort Nassaus

Bis Mitte der 1840er Jahre herrschte politische Ruhe in Wiesbaden. Die Domänenfrage war zwar nicht gelöst worden, doch fand sich durch geringfügige Zugeständnisse des Herzogs ein Modus vivendi und das Thema verlor dadurch etwas an Brisanz. Die Ständeversammlung hatte zugestimmt, die Entschädigungsrente, die der Herzog für angeblich entgangene leib- und grundherrliche Abgaben beanspruchte, gegen die Übernahme der Domänenschulden in Höhe von 2,4 Millionen Gulden durch die Landessteuerkasse abzulösen. Im Gegenzug garantierte der Herzog die Unveräußerlichkeit der Domänen.[291] Es scheint fast so, daß danach die Opposition dieses Thema mied, um nicht abermals zu unterliegen.[292] Stattdessen wandte sich vor allem das städtische Bürgertum, unter Führung der Liberalen, stärker seinen wirtschaftlichen Interessen zu – hier sei nur an die erwähnte Gründung des Gewerbevereins 1842 erinnert.

Nur die radikale Opposition, die sich aber auf wenige Personen beschränkte, versuchte auch in dieser Zeit, klare politische Akzente zu setzen. Ihr Führer war der Uhrmacher Georg Böhning – Freiheitskämpfer in Grie-

---

[287] Erster Jahresbericht über die Wirksamkeit des Kranken- und Sterbevereins in Wiesbaden. Vorgetragen in der General-Versammlung am 20. October 1844. Wiesbaden 1844.

[288] Festschrift zur Feier des 50jährigen Bestehens des Cäcilien-Vereins zu Wiesbaden. Wiesbaden 1897, 19f., *Struck*, Biedermeier, 237.

[289] Officielles Festbuch zum Wettstreit deutscher Männergesang-Vereine am 27., 28., 30., und 31. August in Wiesbaden, veranstaltet vom Wiesbadener Männergesang-Vereine aus Veranlassung der Feier seines 40jährigen Bestehens. o.O. u. J. [Wiesbaden 1881], 8f. Der Männergesangverein ist eine Nachfolgeorganisation des auseinandergebrochenen Musik-Vereines. Vgl. auch *Struck*, Biedermeier, 237.

[290] Festschrift zur Feier des 50jährigen Bestehens des Cäcilien-Vereins zu Wiesbaden. Wiesbaden 1897, 21f., *Struck*, Biedermeier, 237.

[291] *Friedrich Wilhelm Emmermann*, Verfassung und Verwaltung des Herzogthums Nassau, Dritter Artikel. Die Domänen des Landes, in: Jahrbuch des Vereins für deutsche Statistik, Hrsg. v. Freiherr v. Reden, 2. Jg., 1848, 1004–1010, hier 1007.

[292] Der „Kompromiß" war ein kaum kaschierter Beleg für die Niederlage der Ständeversammlung. Vgl. *Riesener*, Politik, II. Teil, 214f.

chenland, als 61jähriger Freischarenführer in Rastatt 1849 von den Preußen standrechtlich erschossen –, der in Wiesbaden nicht nur ein Privathotel, sondern auch ein „Zelt" des „Bundes der Geächteten" führte, der ebenfalls geheimen Vorläuferorganisation des „Bundes der Kommunisten". Böhning soll eine illegale Druckpresse besessen haben. Er wurde 1841 verhaftet, aber nach einem halben Jahr mangels Nachweises einer konspirativen Tätigkeit wieder freigelassen.[293]

Zur Veränderung des politischen Klimas in den 1840er Jahren trug auch bei, daß 1839 der erst 22jährige Adolf seinem Vater Wilhelm als Herzog folgte. Er griff weit weniger als sein Vater in die direkten Staatsgeschäfte ein. Herzog Adolf und der Staatsminister Walderdorff, der bereits unter seinem Vater 1834 Nachfolger des verstorbenen Marschall von Bieberstein geworden war[294], suchten nicht unbedingt den Konflikt mit der Ständeversammlung. Auch nachdem Dungern 1842 Walderdorff als Staatsminister abgelöst hatte, prägten Zurückhaltung und dann sogar vorsichtige Reformansätze die nassauische Politik.[295]

Das Neuerwachen des bürgerlichen Selbstbewußtseins spielte sich in Nassau nicht direkt auf politischem Gebiet ab. Vor dem Hintergrund der Trierer Ausstellung des „Heiligen Rockes" und der anschließenden Dissidentenbewegung kam es auch in Wiesbaden 1845 zu der Gründung einer deutsch-katholischen Gemeinde. Sie wurde geleitet von Bernhard May, Besitzer der Biebricher Hammermühle, Brotlieferant für das Nassauische Militär und Schwiegervater von Christian Scholz. Im Herbst 1845 sprach der Begründer der deutsch-katholischen Bewegung, der Breslauer Kaplan Ronge, vor mehreren tausend Menschen im Schützenhof.[296] Die Regierung verweigerte den Deutschkatholiken zwar den Status einer Glaubensgemeinschaft, doch unternahm sie auch nichts gegen die „gottesdienstlichen Versammlungen", die alle 14 Tage mangels eigenem Bethauses im Schützenhof abgehalten wurden.[297] Den Schülern des humanistischen Gymnasiums wurde allerdings die Teilnahme verboten.[298] Nach der Einschätzung Max von Gagerns war der „Dissidentenunfug" eher für den Herzog politisch gefährlich als kirchlich für die Katholiken.[299]

[293] *Struck*, Vormärz, 158f., *Struck*, Biedermeier, 13, *Wettengel*, Revolution, 57.
[294] *Treichel*, Bürokratie, 197.
[295] *Michael Riesener*, Die Politik der Herzöge von Nassau zur Sicherung von Besitz und Herrschaft (1806–1866), Teil III, in: NA 104, 1993, 155–188, hier 156.
[296] *Struck*, Biedermeier, 198.
[297] *Dollwet/Weichel*, Tagebuch Burk, 150, 152f.
[298] DZ Nr. 4 v. 21.1.1848.
[299] *Lothar W. Silberhorn*, Ein Brief Max Gagerns zu den Wirren um den Deutschkatholizismus im Nassauer Land, in: Archiv für mittelrheinische Kirchengeschichte, 8. Jg. 1856, 295–299, hier 299. Vgl. *Wettengel*, Revolution, 43.

Die Mitgliederzahl der Deutschkatholiken stieg bis 1847 auf 432, darunter befanden sich aber wahrscheinlich Personen aus den umliegenden Orten. Leider läßt sich über die soziale Struktur der Mitgliederschaft keine genauen Angaben machen. Für 1850 ist jedoch ein Mitgliederverzeichnis[300] erhalten. Zu diesem Zeitpunkt zählte die Gemeinde nur noch etwa 250 Mitglieder. Diese stellen in ihrer Zusammensetzung einen Querschnitt des städtischen Bürgertums dar: Neben einigen Badewirten und Kaufleuten stammte die Mehrzahl der Deutschkatholiken aus dem Handwerkermilieu. Aber auch einige Skribenten, möglicherweise in privater Anstellung gehörten zu ihnen, ebenfalls der bereits erwähnte, inzwischen pensionierte Regierungsrat und Hospitalverwalter Emmermann. Auch in der nachrevolutionären Phase hatte die deutschkatholische Religionsgemeinschaft einige Stabilität. In diese Richtung deutet jedenfalls der Umstand, daß es eine ganze Reihe von Frauen gab, die ihr deutschkatholisches Bekenntnis nach der Eheschließung beibehielten, obwohl ihr Mann einer anderen Konfession angehörte.[301]

Bei den Juden in Wiesbaden deutet sich im Vormärz ein langsamer Wandel ihrer gesellschaftlichen Stellung an. So wurden sie seit 1841 ebenfalls zur Gewerbesteuer herangezogen, dafür entfiel jetzt die Judensteuer.[302] Nach dem Gemeindeedikt von 1816 waren sie nicht zum Bürgerrecht zugelassen, konnten daher auch nicht an den Stadtvorsteherwahlen teilnehmen. Trotzdem erhielten sie Ende 1845 in einigen Stadtvierteln Vorladungen zur Wahl, wurden dann aber von dem Adjunkten der Stadt abgewiesen, als sie ihre Stimme abgeben wollten. Gegen diese Zurückweisung protestierte der Vorstand der jüdischen Gemeinde in einem Brief, doch ist der Erfolg der Beschwerde ungewiß und nach der Rechtslage war eine Wahlteilnahme der Juden kaum möglich.[303] Gleichwohl stand der Vorstoß gewiß im Kontext der Versuche der Juden selbst wie auch der Liberalen, die Emanzipation voranzutreiben.

Am 5. Mai 1846 stellte der Abgeordnete Dresel in der Deputiertenkammer einen Antrag auf Gleichstellung der Juden, doch wurde dieser zunächst

---

[300]   Archiv der Freireligiösen Gemeinde Wiesbaden. Verzeichnis der Mitglieder der deutsch-katholischen Gemeinde zu Wiesbaden. Leider ist das Dokument nicht datiert, von später Hand wurde „wahrscheinlich 1849" vermerkt. In der Tat machen verschiedene Einträge ein Entstehen um 1850 wahrscheinlich.

[301]   Die genaue Mitgliederzahl für einen bestimmten Zeitpunkt läßt sich nicht feststellen. Das Verzeichnis hat insgesamt 122 Einträge. Einschließlich der Familienangehörigen sind dabei 357 Personen aufgeführt. Die genaue Mitgliederzahl zu einem bestimmten Zeitpunkt läßt sich wegen der undatierten Streichungen und Ergänzungseinträge nicht bestimmen. Von den 122 Haupteinträgen sind 20 Frauen, davon 8 Ehefrauen, deren Männer offensichtlich anderer Konfession waren, 7 ledige Frauen (2 im Haushalt lebende Töchter und 5 Witwen).

[302]   *Struck*, Biedermeier, 71.

[303]   StdAWi AVIc 26, Brief der jüdischen Gemeinde vom 27.12.1845.

an einen Ausschuß überwiesen.[304] 1847 vermerkte das Frankfurter Journal bereits zu Beginn der Sitzungsperiode der Landstände, daß die Judemanzipation zum Thema würde und daß es eine schwache Mehrheit für diese gebe.[305] Unabhängig von diesen Versuchen der rechtlichen Gleichstellung organisierten die Juden Wiesbadens sich bereits im Vormärz in mehreren Unterstützungsvereinen, etwa in einer „Abendgebet- oder Gutsstiftgesellschaft" zur Unterstützung Bedürftiger (ca. 1820), in einem Frauenkrankenverein (1831), einem Männerkrankenverein (1835) oder einem Begräbnisverein (1847).[306] Diese Vereine blieben aber im Rahmen der traditionellen jüdischen Armen- und Krankenfürsorge, die von den jüdischen Gemeinden geleistet werden mußte, da die Juden in Nassau bis 1843 von der allgemeinen Armenfürsorge ausgeschlossen waren.[307]

Auf der allgemeinen Vereinsebene deutet sich mit der Gründung des Turnvereins der Beginn einer neuen Zeit an. Vier Beamte in mittleren Positionen und der Graveur Almenräder traten im Juni 1846 mit der Bitte an die Regierung heran, die Gründung eines Turnvereins zu erlauben. Sie motivierten dies mit dem dringend benötigten körperlichen Ausgleich für die vielen nur geistig tätigen Personen in der Stadt.[308] Nach der Genehmigung durch die Behörden gründeten insgesamt 120 Personen den Verein, und die Mitgliederzahl stieg rasch auf 200.[309] Im Mai 1847 wurde die von einem Frauenkomitee hergestellte Fahne in einem öffentlichen Festakt übergeben, dem sich eine Feier im „Vierjahreszeiten" anschloß. Das Zais'sche Hotel „Vierjahreszeiten" hatte sich – dies darf man bei den häufigen Nennungen in Zusammenhang mit der liberalen Bewegung seit 1831 gewiß unterstellen – zu dem zentralen Treffpunkt der Liberalen entwickelt. An der Fahnenübergabe nahmen fast 100 Frauen als „Festdamen" teil – ihre Namen sind überliefert und lesen sich fast wie das „Who is Who" der Wiesbadener Bürgerschaft.[310] Der Vorstand des Vereins wurde geleitet von Gymnasialprofessor Wackernagel, dem Graveur Almenräder, den Kaufleuten Port und Krempel sowie dem Rat F. Moritz. Daß man den Verein von seiten der Regierung als potentielle Gefahr sah, wird daran deutlich, daß ihm 1847 die Veranstaltung von Vorträgen zu allgemeinen Themen verboten wurde

304 HHStAWi 1075 (Nachlaß Heeser).
305 Frankfurter Journal v. 15.2.1847, Einlage in HHStAWi 1075.
306 *Kober*, Juden, 32. Darauf basierend auch *Arnsberg*, Jüdische Gemeinden, 391.
307 *Kober*, Juden, 29.
308 *Struck*, Biedermeier, 239. HHStAWi 211, 7985.
309 Turnverein Wiesbaden. Festschrift zur 50jährigen Jubiläumsfeier am 7., 13., 14., 15. und 21. Juni 1896. Wiesbaden 1896, 6. Vgl. auch Festschrift zum 125jährigen Jubiläum des Turn- und Sportvereins Eintracht Wiesbaden 1846. Wiesbaden 1971, 13. Demnach betrug die Mitgliederzahl 1847 bei dem Besuch Jahns in Wiesbaden 217.
310 Turnverein, 50jähriges Jubiläum, 7f.

und er nun auch keine fremden Handwerksburschen mehr aufnehmen durfte.[311]

Der 1839 gewählte Landtag hat sich kaum durch größere politische Aktivität ausgezeichnet. Erst die Wahl von 1846 brachte hier eine wesentliche Änderung. Dazu beigetragen hat eine (in der Literatur bisher unbeachtet gebliebene) Wahlrechtsänderung, die die Berechnung der Steuerleistung betraf, welche zur Wahl berechtigte. 1845 richteten mehrere Einwohner Wiesbadens, deren Namen leider nicht bekannt sind, an die Deputiertenkammer eine Petition mit der Bitte, in Zukunft bei der Aufstellung der Wahllisten die Gebäudesteuer der Grundsteuer zuzuschlagen.[312] Die Deputiertenkammer verwies den Antrag an einen „Specialausschuß", der in seinem Bericht zu dem Urteil kam, daß die Besteuerung der Gebäude zur Zeit der Entstehung der Verfassung sowieso Bestandteil der Grundsteuer gewesen war und dies erst durch die Einführung der Gebäudesteuer 1821 geändert worden sei. Ungeachtet aller weiteren Erwägungen sei die Eingabe schon deshalb berechtigt.[313]

Das Staatsministerium folgte dieser Empfehlung – bindende Auswirkungen hatte der Beschluß des Landtages nicht – und wies die Generalsteuerdirektion hinsichtlich der Aufstellung der Wahllisten entsprechend an.[314] Die Motive für diese Entscheidung der Regierung sind bislang ungeklärt, war doch die Auswirkung dieser Maßnahmen – die deutliche Ausweitung der Wahlberechtigten in den Städten – durchaus absehbar. Durch die Einbeziehung der Gebäudesteuer in die Berechnung des „Wahlsteuerbetrages" nahm insbesondere für Wiesbaden mit seinen großen Hotels die Zahl der Stimmberechtigten signifikant zu. Waren 1839 nur 32 Personen in der Stadt bei der Wahl der Vertreter der Grundbesitzer stimmberechtigt gewesen, lag die Zahl 1849 fast dreimal so hoch. Jetzt besaßen 87 Personen das Stimmrecht, mehr als in jedem anderen Ort des Amtsbezirks.

---

[311] *Struck*, Biedermeier, 239.

[312] VerhLDV 1845, 185f. Struck erwähnt zwar die Eingabe und deren Weiterleitung an die Landesregierung, läßt deren weitere Behandlung und die Konsequenzen für das Wahlrecht aber offen. Offensichtlich geht er stillschweigend von der Ablehnung des Antrages aus. Auch Eichler erwähnt nur den Einfluß der Gewerbesteuerreform auf die Zahl der Wahlberechtigten – wobei er diese m.E. deutlich überschätzt –, geht aber auf eine eventuelle Änderung der Wahlrechtsbestimmungen für die Grundeigentümer überhaupt nicht ein. Vgl. *Struck*, Biedermeier, 13, *Eichler*, Parlamentsdebatten, 91ff.

[313] VerLDV 1845, 459f.

[314] HHStAWi 210/8285. Die direkte Anweisung ist nicht enthalten, doch ergeht am 17. Oktober 1845 an die Generalsteuerkommission die Anordnung, hinsichtlich der Forderung des Freiherrn von Preuschen, die Gebäudesteuer bei der Aufstellung der Wahllisten der Herrenbank zu berücksichtigen, hier jetzt ebenso wie bei den Grundbesitzern zu verfahren und diese einzurechnen.

Tabelle 24

Die Sozialstruktur der Wiesbadener Wahlberechtigten zur Ständeversammlung 1846

	Wahlliste 1846			Gewerbe/K/W	
	GEK	GE-Wähler			
Adelige (ohne nähere Angaben)	0	0	0,0%	0	0,0%
Offiziere	0	2	2,3%	0	0,0%
Hof- und Staatsbeamte	1	5	5,7%	0	0,0%
Adel, Militär, Bürokratie	**1**	**7**	**8,0%**	**0**	**0,0%**
Geistliche, Pfarrer	0	1	1,1%	0	0,0%
Mediziner, Apotheker	0	1	1,1%	0	0,0%
Advokaten, Rechtsanwälte	0	1	1,1%	0	0,0%
Architekten, Techniker	0	0	0,0%	1	1,8%
Professoren, Lehrer	0	1	1,1%	1	1,8%
Studenten, Schüler	0	0	0,0%	0	0,0%
Künstler	0	0	0,0%	1	1,8%
Bildungsbürgertum	**0**	**4**	**4,6%**	**3**	**5,5%**
Hohe Stadtbeamte, bürgerl. Ämter	0	2	2,3%	1	1,8%
Bankiers, Bankdirekt.	0	0	0,0%	0	0,0%
Rentiers	0	0	0,0%	0	0,0%
Kaufleute, Handelsleute	0	6	6,9%	14	25,5%
Fabrikanten	0	2	2,3%	3	5,5%
Verleger, Buchhändler, -drucker	0	2	2,3%	0	0,0%
Gast- und Badewirte	2	16	18,4%	10	18,2%
Weinwirte, Kaffetiers, Bierbrauer	1	4	4,6%	5	9,1%
Landwirte etc.	0	17	19,5%	0	0,0%
Handwerker, Kleinhändler	4	26	29,9%	19	34,5%
Angestellte	0	0	0,0%	0	0,0%
Arbeiter, Gesellen, Dienstboten	0	0	0,0%	0	0,0%
Stadtbürgertum	**7**	**75**	**86,2%**	**52**	**94,5%**
Ohne Beruf/ohne Angaben	0	1	1,1%	0	0,0%
Summe der Mitglieder	**8**	**87**	**100%**	**55**	**100%**

Anmerkung:

Für die Grundbesitzer mit passivem Wahlrecht (GEK) galt ein weit höherer Zensus als für die Grundbesitzer mit aktivem Wahlrecht (GE-Wähler). Wegen der geringen Zahl der Kandidaten wird hier auf eine Prozentberechnung verzichtet. Die Wahlberechtigten im Bereich des Gewerbes hatten hingegen zugleich auch das passive Wahlrecht.

Doppelwahlrecht

1846 hatten 18 Personen sowohl als Grundeigentümer wie auch als Gewerbetreibende das aktive Wahlrecht.

Bisher hatte Wiesbaden trotz der hohen Einwohnerzahl aufgrund der unverändert gebliebenen Größe der Gemarkung und der Zersplitterung des Grundbesitzes genauso viel Einfluß auf den Ausgang der Wahl gehabt wie z.b. die Bauern des kleinen Nachbarortes Erbenheim, in dem 1839 ebenfalls 32 Personen das Wahlrecht ausüben durften.[315] Vor allem konnten in Wiesbaden nun 18 Personen sowohl bei den Gewerbetreibenden als auch bei den Gutsbesitzern abstimmen, eine Konstellation, die bisher auf Ausnahmefälle beschränkt war.[316] Diese Änderung des Wahlrechts, die – typisch für Nassau – nirgends publiziert wurde, hat so auch den bekannten Liberalen Jacob Bertram, Wilhelm Zais und Anton Scholz zu einem doppelten Wahlrecht verholfen.

Durch die Wahlen von 1846 wurde die Vertretung der Stadt in der Deputiertenkammer wesentlich gestärkt. Statt bisher zwei Abgeordnete stammten nunmehr fünf aus Wiesbaden, der 1. Kammer gehörte außerdem noch der Wiesbadener Kirchenrat Wilhelmi als Vertreter der evangelischen Geistlichkeit an. Von den fünf bürgerlichen, wohl sämtlich gemäßigt liberalen Abgeordneten hatte bisher noch keiner der Kammer angehört. Es handelte sich hier um Wilhelm Zais, um den Weinhändler Franz Bertram, Sohn jenes Jacob Bertram, der sein Mandat in der Ständeversammlung 1822 niedergelegt hatte, um den Anwalt August Hergenhahn, den Verteidiger des Kammerpräsidenten Herber 1832, um den Schreiner Michael Fussinger, jenen Stadtschultheißen, der 1833 vermutlich wegen seiner liberalen Haltung aus dem Amt scheiden mußte, und um den Anwalt Carl Heeser. Die meisten von ihnen waren bereits seit den 1830er Jahren der liberalen Bewegung verbunden, hatten aber keine parlamentarische Erfahrung. Trotzdem ging von ihnen wie überhaupt von der nun mehrheitlich liberalen Kammer eine ganze Reihe politischer Initiativen aus, etwa die Forderung nach Öffentlichkeit der Verhandlungen der Kammer zuzulassen oder nach einer Reform des Gemeindegesetzes. Zugleich war man auch bestrebt, den Interessen der eingesessenen Handwerkerschaft entgegenzukommen und forderte, die Gewerbefreiheit wenigstens dahingehend einzuschränken, daß die Ausübung eines Gewerbes an die Ablegung einer „den Zeitverhältnissen angemessenen Prüfung" gebunden werde.[317]

Trotz der vielfältigen Reformansätze konnten die Linken – publizistisch unterstützt von Struves „Deutschem Zuschauer" – der Ständeversammlung

---

[315] VBN Nr. 2 v. 16.2.1846. Eine Durchsicht der Wählerverzeichnisse von 1839 und 1846 deutet an, daß nur die Städte von der Neuregelung profitierten, die Zahl der Wähler in den Dörfern blieb dagegen fast unverändert. So betrug die Zahl der Wahlberechtigten 1846 in Erbenheim nur 31.

[316] Auswertung der Wählerlisten nach VBN. Nr. 2 v. 16.2.1846. Vgl. auch Tabellen 14, 15, 18 und 25.

[317] HHStAWi 1075. Antrag des Deputierten Siebert 1847.

noch im Juni 1847 vorwerfen, das wichtigste nassauische Thema zu meiden: die Domänenfrage. Gegenüber diesem „himmelschreienden Unrecht"[318] würden alle anderen Fragen verblassen. Dabei war den Abgeordneten wie den Zeitungen sogar noch verborgen geblieben, welchen Mißbrauch die Regierung mit den Domänen trieb: Durch die Überforderung ihrer Leistungsfähigkeit seitens des Herrscherhauses war im Vormärz die Domänenverwaltung in eine Finanzkrise geraten, die nur durch ein gesetzwidriges Eintreten der Landeskreditkasse für die Domänen hatte verdeckt werden können. Wäre dies bekannt geworden, so wäre gewiß ein neuer Domänenstreit ausgebrochen. Doch die „Arglosigkeit der Stände" in dieser Frage hielt bis 1848 an.[319]

In Wiesbaden wurde mit dem neu erwachten politischen Interesse auch das Bedürfnis nach Informationen größer. Zwar hatte Nassau immer noch keine politische Zeitung, dafür wurde in dieser Zeit das Lesen auswärtiger, freisinniger Zeitungen modern. Dies weiß jedenfalls Wilhelm Heinrich Riehl zu berichten. Besonders der „Deutsche Zuschauer" von Struve sei im Bürgerstand gelesen worden.[320] Riehl, in Biebrich geboren, kehrte während der Revolution nach Wiesbaden zurück und nahm dort als Redakteur der „Nassauischen Allgemeinen Zeitung" unmittelbar an den politischen Auseinandersetzungen teil.[321] Dagegen wurde über Nassau in der auswärtigen Presse relativ breit berichtet. Dabei gleicht diese Berichterstattung im „Deutschen Zuschauer" und in der „Mannheimer Abendzeitung" eher einer „Chronique scandaleuse".[322] Der Berichterstatter bzw. Zuträger der Nachrichten war vermutlich Friedrich Lang[323], der spätere Führer der Fortschrittspartei.

In Zusammenhang mit dem gestiegenen politischen Bewußtsein stand die Einrichtung eines Lesekabinetts 1847, gemeinsam getragen von Louis

---

[318] DZ Nr. 24 v. 12.6.1847.

[319] *Riesener*, Politik III, 158.

[320] NAZ Nr. 10 v. 10.4.1848, Beiblatt.

[321] *Wilhelm Heinrich Riehl*, Nassauische Chronik des Jahres 1848. Kommentierte Neuauflage Idstein/Taunus 1979, 5.

[322] *Riehl*, Nassauische Chronik, 5f. Riehl urteilt, daß Struves „Zuschauer" in Nassau zu einer Ehre wie sonst nirgends kam, daß er Epoche machte: „Er drang wirklich ins Volk". In einem Land ohne eigene Presse sei das Bedürfnis danach plötzlich erwacht. „Man sprang sozusagen urplötzlich mit gleichen Füßen in den zynischen Radikalismus des Mannheimer Schreiers". Für die vorliegende Arbeit wurden deshalb die in Mannheim erhaltenen Jahrgänge des „Deutschen Zuschauers" auf die Berichterstattung über Nassau hin durchgesehen.

[323] Friedrich Lang, * 14.7.1822, + 22.11.1866, Rechtsanwalt, 1844–1846 in Hergenhahns Anwaltskanzlei in Wiesbaden tätig, danach Amtsprokurator in Bad Schwalbach. 1848/49 entschiedener Demokrat. Später Führer der Fortschrittspartei im nassauischen Landtag. Mitbegründer des Deutschen Nationalvereins. Vgl. *Renkhoff*, Biographie, 443, *Shlomo Na'aman*, Der Deutsche Nationalverein. Die politische Konstituierung des deutschen Bürgertums 1859–1867. Düsseldorf 1987, 88.

Friedrich und Heinrich Fischer, dem späteren Wiesbadener Bürgermeister von 1849. Sie boten Zeitungen von allgemeinem Interesse an.[324]

Ein besonderes Schlaglicht auf die Verhältnisse, wie sie noch 1847 in Nassau herrschten, wirft ein „krähwinkliger Kasinoskandal"[325] um das Weilburger Casino. In Weilburg hatte man die alte Regelung aufgehoben, daß Staatsdiener und Offiziere per Erklärung Mitglied im Casino werden konnten und sich nicht wie alle anderen Interessenten einer Ballotage unterziehen mußten. Dies geschah allerdings nicht aus liberalen Erwägungen, sondern um einem von den Offizieren nicht geschätzten Staatsdiener die Mitgliedschaft im Casino zu verwehren. Als ein adeliger Beamter wenig später die Aufnahme begehrte, bevor er überhaupt in Weilburg wohnte, wurde seine Aufnahme von den Mitgliedern abgelehnt. Die adelige Welt stand Kopf und der Vater des Staatsministers Emil von Dungern versuchte, so berichtete jedenfalls der „Deutsche Zuschauer", das Casino per Antrag einfach aufzulösen. Als dieser nicht genügend Unterstützung fand, wurden die Offiziere, darunter „auch einige sehr liberal gesinnte", per Generalbefehl zum Austritt gezwungen.[326]

Auch wenn Dungern in diesem Fall nicht zum Erfolg kam, so hat doch nach dem Urteil von Riehl die „Protektionsherrschaft angesehener Familien, die Begünstigung vornehmer Nichtskönner" erheblich zur Revolutionsbereitschaft der Bevölkerung beigetragen, besonders da der Skandal in „Struves Deutscher Zuschauer weidlich ausgeklatscht wurde".[327]

Aber nicht nur in der adeligen und bürokratischen Herrschaftsschicht gab es vielfache Querverbindungen, ganze „Beamtendynastien"[328], sondern auch zwischen den Männern der Opposition in und um Wiesbaden bestanden, wie bereits mehrfach angedeutet, enge verwandtschaftliche und persönliche Beziehungen. Auch waren, sieht man von den wenigen Radikalen um Böhning ab – der übrigens mit einer Schwester des nassauischen Münzmeisters Zollmann verheiratet war –, die politischen Grenzen zwischen den oppositionellen Richtungen noch nicht gezogen.[329]

Gleichwohl stellte aber etwa die Teilnahme Hergenhahns an der Versammlung in Heppenheim 1847 schon eine klare politische Präferenz dar.[330] Dort trafen sich liberale Abgeordnete aus Preußen, Hessen, Baden, Württemberg und Nassau – unter ihnen die späteren Führer der 1848er Be-

---

[324] *Struck*, Biedermeier, 226.
[325] *Riehl*, Nassauische Chronik, 1.
[326] DZ Nr. 44 v. 29.10.1847. Der Ausgang der Affäre konnte nicht festgestellt werden.
[327] *Riehl*, Nassauische Chronik, 1.
[328] *Treichel*, Bürokratie, 565.
[329] *Wettengel*, Revolution, 49.
[330] *Paul Wentzcke*, August Hergenhahn, in: Nassauische Lebensbilder. Bd. 4. Wiesbaden 1950, 193–219, 196.

wegung Bassermann, Hansemann, Heinrich v. Gagern, Mathy – und formulierten ein Gegenprogramm zu den Demokraten, die ihre Ziele einen Monat zuvor in Offenburg festgelegt hatten.[331]

---

[331] *Riehl*, Nassauische Chronik, 7, *Struck*, Biedermeier, 15.

3. Die ungewollte Revolution und die Reaktion
(1848–1852)

a. Die öffentliche Sicherheit und ihr Komitee

„Die Revolution lag 1847 schon in der Luft, es bedurfte nur noch eines Funkens für ihren Ausbruch."[332] So beurteilt Michael Wettengel die Situation im Rhein-Main-Gebiet aus heutiger Perspektive im Jahr vor der Revolution. Es kann hier nicht darum gehen, erneut eine Geschichte der nassauischen Revolution von 1848 vorzulegen. Diese hat von dem Augenzeugen Wilhelm Heinrich Riehl bis hin zu Wettengel eine ganze Reihe kompetenter Darsteller gefunden.[333] Vielmehr kann lediglich als Hintergrund ein Überblick über die Ereignisse gegeben werden, zu dem auch einige Ergänzungen und Korrekturen des aktuellen Forschungsstandes gehören, die sich aus der Auswertung der projektspezifischen Quellen ergeben. Im Vordergrund soll dagegen der Versuch stehen, die Konfliktlinien, die mit der Revolution und ihrem Verlauf in Zusammenhang standen, in Hinblick auf die städtische Gesellschaft zu analysieren. Dieser Blick auf die Landeshauptstadt Wiesbaden darf aber nicht davon ablenken, daß der Verlauf und der zumindest vorübergehende Erfolg der Revolution in hohem Maße von den Verhältnissen auf dem „platten Lande" bestimmt wurden. Hier hatte sich manch entwürdigender Brauch aus der Zeit der Leibeigenschaft, z.B. im Jagdwesen, erhalten.[334] Hier drückten Armut und Zehntabgaben bzw. Zinsen auf die Ablösung des Zehnten die Bevölkerung auf das schwerste.[335] Aber auch bei den katholischen, früher kurmainzischen Bauern des Rheingaus, denen es wirtschaftlich vergleichsweise gut ging, hatte sich soviel Unmut aufgestaut, daß sie im März 1848 mit an der Spitze der Bewegung standen.[336] Steter Anlaß der Empörung im ganzen Land waren die großen

---

[332] *Wettengel*, Revolution, 49.

[333] Vgl. u.a. *Wettengel*, Revolution, *Christian Spielmann*, Die Achtundvierziger Chronik, Wiesbaden 1899, *Wolf-Heino Struck*, Wiesbaden im März 1848, in: HJL 17 (1967), 226–244, *Riehl*, Chronik.

[334] Vgl. zu den Jagdfrohnden und den Wildschäden DZ Nr. 44 v. 29.10.1847 und Nr. 46 v. 12.11.1847.

[335] *Schüler*, Wirtschaft und Gesellschaft, 137. Schüler sieht das Engagement der Bauern vor allem darin motiviert, daß sie hofften, den Zehnten bzw. die daraus erwachsenen Schulden ohne weitere Zahlungen loszuwerden. Noch im Januar 1849 forderte z.B. der Gemeinderat von Diedenhausen die Abschaffung des Zehnten. HHStAWi 1098 IV 50, Bl. 179f.

[336] So jedenfalls berichtet der preußische Gesandte von Bockelberg nach Berlin, der Tumult habe erst richtig angefangen, als die „berüchtigten Bauern aus dem Rheingau auf endlosen Leiterwagen" in der Stadt eingetroffen seien. Zitiert nach *Margarete A. Kra-*

Schäden, die das gehegte und im Bestand viel zu starke Wild anrichtete und die den Bauern nur zum Teil ersetzt wurden. Bei dem Protest gegen die Wildschäden hatte Wiesbaden eine Leitfunktion, denn an der Spitze einer Beschwerdebewegung aus dem ganzen Land gegen die Wildschäden standen 57 Wiesbadener Landwirte, die im März 1847 als erste protestierten.[337]

In diesem gereizten politischen Klima gab die Nachricht von der Ausrufung der Republik in Frankreich am 24. Februar 1848 den entscheidenden Anstoß. Die Unruhe steigerte sich in Wiesbaden in den letzten Februartagen immer weiter.[338] Am 1. März trafen sich im Hotel Vierjahreszeiten die Liberalen unter Führung von August Hergenhahn und Ernst Leisler. Man beschloß, für den nächsten Tag eine große Versammlung per Eilboten einzuberufen. An dem Treffen am 2. März nahmen etwa 4000 Personen teil und beschlossen die von dem engeren Kreis vorbereiteten „Forderungen der Nassauer": Volksbewaffnung, Pressefreiheit, Einberufung eines deutschen Parlaments etc., außerdem die sofortige Einberufung der zweiten Kammer[339], – Forderungen, die im wesentlichen auf denen basierten, die am 27. Februar bereits in Mannheim formuliert und verabschiedet worden waren.[340] Nun überstürzten sich die Ereignisse. Zunächst hatte die nassauische Regierung Mühe, auf die Forderungen definitiv zu reagieren, denn der Herzog weilte in Berlin zu Beratungen mit den anderen Souveränen über die Folgen der neuen französischen Revolution. Angesichts des Drucks durch die Versammlung stimmte der Staatsminister Emil von Dungern jedoch der allgemeinen Volksbewaffnung und der unbedingten Pressefreiheit zu und verwies hinsichtlich aller anderen Forderungen auf die baldige Rückkehr des Herzogs. Um das aufgebrachte Volk zu beruhigen, wurde noch am gleichen Tag ein Flugblatt in Umlauf gebracht, in dem dieser Sachverhalt bekannt gemacht wurde.[341] Für den übernächsten Tag, den 4. März, wurde eine allgemeine Volksversammlung in Wiesbaden einberufen. Um den geordneten Gang der Revolution sicherzustellen, wählten die Bürger am 3. März ein Sicherheitskomitee und stellten eine Bürgerwehr auf, die mit den vom Oberkommando herausgegebenen Flinten bewaffnet wurde. Dem Her-

---

mer, Die Politik des Staatsministers Emil August von Dungern im Herzogtum Nassau. Stuttgart 1991, 198.

[337] Vgl. *Struck*, Biedermeier, 14.

[338] Brief des Ministerialrates Max von Gagern an seinen Bruder. Vgl. *Struck*, Biedermeier, 16.

[339] Die Veröffentlichung der neun Forderungen ist u.a. abgedruckt bei: *Dollwet/Weichel*, Tagebuch Burk, 158.

[340] Vgl. *Thomas Nipperdey*, Deutsche Geschichte 1800–1866. Bürgerwelt und starker Staat. München 1983, 594f.

[341] Flugblatt in HHStAWi 1075, Fasc. 1848. Das Flugblatt nennt keine Unterzeichner oder Verantwortlichen.

zog wurden Kuriere entgegengesandt.[342] Zugleich verbreitete sich in der Bevölkerung die Furcht vor einem Einmarsch der Bundestruppen aus Mainz und Staatsminister Dungern gab, um die Gemüter zu beruhigen, bekannt, man habe, um den Truppentransport zu erschweren, die Eisenbahnschienen bei Kastell unterbrochen.[343] Dies ist aber tatsächlich nicht erfolgt, denn der Herzog hätte ansonsten kaum über eben jene Schienen am folgenden Tag nach Wiesbaden kommen können. Von den nassauischen Truppen scheint zu diesem Zeitpunkt keine Gefahr für die Aufständischen ausgegangen zu sein, denn zumindest ein Teil der Soldaten hatte sich den Bürgern angeschlossen.[344] Am 3. März erschien erstmals die „Freie Zeitung", das erste politische Organ in Nassau seit Jahrzehnten.

Der 4. März wurde zum denkwürdigen Tag in der Geschichte der Stadt, zum Höhepunkt der ersten Revolutionsphase. Aus ganz Nassau, vor allem wohl aus den umliegenden Ämtern[345], versammelten sich die Menschen in Wiesbaden. Ihre Zahl stieg im Laufe des Tages auf etwa 30.000, immerhin das Doppelte der Einwohnerschaft der Stadt. Die Menge wartete ungeduldig auf die Rückkehr des Herzogs, denn ohne dessen Zustimmung wurden alle Zugeständnisse der Regierung nur als vorläufig empfunden. Bereits am frühen Morgen hatte das Sicherheitskomitee die eintreffenden „Gemeinden" – offensichtlich marschierten die Bewohner der Ortschaften geschlossen ein – aufgefordert, jeweils zwei Vertreter ins Sicherheitskomitee abzuordnen, damit auch „ohne Polizei Ordnung und Gesetz" herrsche.[346] Als der Herzog nicht mit dem Zug um 8.30 Uhr eintraf, wurde die Menge unruhig und die Herzogin Pauline, Stiefmutter des Herzogs, sowie sein Stiefbruder Nicolaus bewilligten und unterzeichneten zur Beruhigung des Volkes „mit betränten Augen eigenhändig"[347] die Forderungen der Nassauer in vollem Umfang. Ihre Unterschriften wurden von 13 Wiesbadener Bürgern, darunter führenden Liberalen, beglaubigt.[348] Aber „das Landvolk war damit nicht zufrieden", wie der Wiesbadener Bauer Burk schrieb. Obwohl 2000 Bürger und Bürgersöhne mit Gewehren bewaffnet in der Stadt patrouillierten, drohte der Bürgerwehr die Situation zu entgleiten. Die Mitglieder des Sicherheitskomitees schworen einander, lieber zu sterben als

---

[342]   HHStAWi 1098 IV 50, 238. Zur Benachrichtigung des Herzogs vgl. auch *Schüler*, Herzöge, 166.

[343]   *Struck*, Biedermeier, 18. Vgl. Kramer, Staatsminister Dungern, 197, Anmerk. 41. Die Schienen wurden erst im April von der Bevölkerung zerstört. Vgl. NAZ Nr. 7 v. 7.4.1848.

[344]   *Dollwet/Weichel*, Tagebuch Burk, 159.

[345]   Ebd., 160.

[346]   *Struck*, Biedermeier, 18. Als Abschrift auch im Tagebuch Burk, vgl. *Dollwet/Weichel*, Tagebuch Burk, 160.

[347]   *Dollwet/Weichel*, Tagebuch Burk, 162.

[348]   Vgl. *Spielmann*, Chronik, 21.

den Sturz des Thrones zuzulassen.[349] Der Ruf nach der Republik wurde laut und es war „an dem, dass Brand und Mord beginnen wollte, da erschallte 5 Uhr der glückliche Ruf, der Herzog ist gekommen, alles lief da nach dem Schloß, ein Zug Bürger, der 3te Zug, empfing ihn an der Eisenbahn und begleitete ihn durch das Volksgedränge nach dem Schloß, wo er gleich vom Balkon alle Fo[r]derungen bewilligte, es war rührend anzusehen, wie er, seine Mutter und Geschwister, der General[350] fast mit noch Tränen in den Augen da standen."[351]

Staatsminister Dungern, „Aug' in Aug'" mit den „fremden Mördern", berichtete seinem Vater – jenem Friedrich von Dungern, der am Weilburger Casino-Skandal beteiligt gewesen war –, daß, wäre der Herzog 10 Minuten später gekommen, er und die „treuen Bürger" massakriert worden wären.[352] Doch mit der Zustimmung des Herzogs zu den Forderungen schlug der Aufruhr in Jubel um, sogar die „Freie Zeitung", eher demokratisch ausgerichtet, stimmte am nächsten Tag in das allgemeine „Hoch" auf den Herzog ein.[353]

Am 6. März trat die Ständeversammlung mit dem alleinigen Ziel zusammen, ein neues Wahlgesetz zu beraten und zu verabschieden. Für den Entwurf des Gesetzes wurde ein Ausschuß eingesetzt, zu dessen sieben Mitgliedern auch die Wiesbadener Franz Bertram und Wilhelm Zais gehörten. In einem „Bericht und Gutachten" vom 20. März 1848 sprach sich der Ausschuß für ein neues Wahlrecht aus, das jeden Bürger, soweit er im Genuß der bürgerlichen Ehren und Rechte stand, zur Wahl zuließ. Das Stimmrecht sollte mittelbar über Wahlmänner ausgeübt werden, für die ebenfalls kein Zensus gelten sollte. Interessant ist hier vor allem die Haltung von Bertram und Zais in dem Ausschuß: Sie stimmten dem Abschlußbericht zwar zu, ließen aber wegen des nach ihrer Ansicht fehlenden Zensus ein Sondervotum vermerken.[354] Auch in der Ständeversammlung stimmte Zais gegen das neue Wahlgesetz, weil er durch einen niedrigen Steuerzensus zunächst jene vom Wahlrecht ausgeschlossen wissen wollte, „die von täglichen Lebenssorgen niedergedrückt in der Regel von ihrem Brotherren abhängig sind." Dagegen sollte das Bürgertum begünstigt werden, da es den „Kern des Volkes bilde".

---

[349] *Struck*, Biedermeier, 19.

[350] Friedrich Freiherr von Preen, Generalmajor, seit 1809 in nassauischen Diensten, 1848 als Generalleutnant verabschiedet. *Renkhoff*, Biographie, 618f.

[351] *Dollwet/Weichel*, Tagebuch Burk, 162. Eine eindringliche, aber nicht unmittelbar zeitgenössische Schilderung findet sich ebenfalls bei *Spielmann*, Chronik, 21ff. Demnach soll es auch zu Plünderungen von Geschäften rund um den Marktplatz gekommen sein.

[352] Zitiert nach *Dungern*, Emil Freiherr v. Dungern, 178.

[353] *Struck*, Biedermeier, 20.

[354] HHStAWi 1075, Fasc. 1848.

Nach der Verkündung des Wahlgesetzes Anfang April ging ein Festzug durch die Stadt, zum Paulinenschlößchen, zu Hergenhahn, dann zu dem noch amtierenden Staatsminister Dungern, um schließlich als Katzenmusik vor der Wohnung des „Bürgermeisters", eines „oft angegriffenen Bürokraten", zu enden.[355] Bei dem „Bürgermeister" kann es sich nur um den Schultheißen Lauterbach gehandelt haben. Die Bezeichnung „Bürgermeister" trug erst 1849 dessen demokratisch gewählter Nachfolger. Lauterbach wurde bereits am 20. März 1848 vom Stadtvorstand das Mißtrauen ausgesprochen. Als man ihn nur noch provisorisch im Amt lassen wollte, trat er zurück.[356]

Gerade hinsichtlich des Beginns der nassauischen Revolution zeigt sich, von welchen Zufälligkeiten ihr Verlauf abhing. Es wäre ebenso gut möglich gewesen, daß die Volksversammlung des 4. März einen völlig anderen Ausgang genommen hätte. Nur das gerade noch rechtzeitige Eintreffen des Herzogs hat eine blutige Eskalation verhindert, dies ist jedenfalls die Einschätzung mehrerer voneinander unabhängiger Zeitzeugen, denn man rechnete zu diesem Zeitpunkt bereits mit dem „Schlimmsten". Einen Sturm auf das Schloß hätte die Bürgerwehr nicht verhindern können, und dies hätte mit Sicherheit zugleich die Absetzung des Herzogs bedeutet. Alle Überlegungen, welche Auswirkungen der Sturz eines souveränen Herrschers in dieser frühen Phase der Revolution für die anderen deutschen Staaten und ihre Fürsten gehabt hätte, sind natürlich Spekulation, doch scheint es so, daß viel vom fahrplanmäßigen Verkehr der Taunusbahn abhing.

Im folgenden soll die Frage nach den „Trägern" der ersten Revolutionsphase und deren Intentionen gestellt werden. Eine zentrale Stellung nehmen hier die „Altliberalen" ein, die über die Initiativen in der Ständeversammlung und in kleinen Zirkeln eine neue Selbstverständigung gefunden hatten. Sozial gehörten die „Mitglieder" der liberalen Bewegung zur wirtschaftlichen Oberschicht oder waren Akademiker, speziell Rechtsanwälte. Der Ausgang des Domänenstreites von 1831 hatte die Liberalen gelehrt, daß ohne den Druck der Öffentlichkeit und letztlich auch die Drohung mit der Mobilisierung der breiten Volksmassen kaum etwas in der verkrusteten nassauischen Politik zu bewegen war. So riefen sie erst Wiesbadens Bürger, dann das ganze Land zu Hilfe. Eine Ahnung von der Unberechenbarkeit einer solchen Massenveranstaltung müssen die Wiesbadener Liberalen gehabt haben; ihre Anstrengungen, binnen eines Tages ein Sicherheits-

---

[355] *Dungern*, Freiherr v. Dungern, 179.

[356] *Struck*, Biedermeier, 50. Nach *Spielmann*, Chronik, setzte das Sicherheitskomitee Lauterbach bereits am 3. März vorübergehend ab. „Die Erregung der Bürger gegen Lauterbach war groß; doch hielt man von Gewaltmaßregeln gegen ihn zurück." *Spielmann*, Chronik, 16. Auch Spielmann berichtet von mehrfachen Katzenmusiken vor dem Haus Lauterbachs und des Adjunkten Weychardt. Ebd., 47.

komitee und eine Bürgerwehr auf die Beine zu stellen, sprechen jedenfalls dafür – die Bewaffnung der Bürger war keineswegs primär gegen den Herzog oder das Militär gerichtet.[357] Die Radikalität, mit der das „Landvolk" in Wiesbaden die Machtsituation veränderte, brachte die gemäßigten Liberalen um Hergenhahn und Leisler erstmals an die Seite der Regierung, zumal diese sich nun nach einem Wort des amtierenden Staatsministers Dungern nach außen „ultraliberal" gab, „weil dadurch allein dem Kommunismus die Spitze zu bieten" war.[358] Der Herzog schrieb sogar an andere Fürsten und warb für die Annahme der Forderungen der gemäßigten Liberalen sowie für ein allgemeines deutsches Parlament. Er rechtfertigte dieses Eintreten und seinen Positionswechsel gegenüber dem preußischen Kronprinzen mit seinem Versprechen, das er gegeben habe, und damit, daß das Eingehen auf die Forderungen die einzige Chance darstelle, die Monarchie zu retten.[359]

Nachdem der Herzog und die Regierung im Moment ihrer völligen Machtlosigkeit alle liberalen Forderungen bewilligt hatten, war das Interesse des Sicherheitskomitees darauf gerichtet, die Landbevölkerung wieder zu beruhigen, die zwar größtenteils keine klaren Zielvorstellungen, aber den Willen zu weitgehenden Veränderungen hatte. Das Motto des Sicherheitskomitees war auch ernstgemeintes Programm: „Für Freiheit, Ordnung und Recht".

In den ersten Märztagen 1848 agierte das Wiesbadener Bürgertum geschlossen; soweit Parteiungen vorhanden waren, schlugen sich diese nicht in einem unterschiedlichem Handeln nieder. Ein Mann wie Böhning, immerhin radikaler Republikaner, konnte sogar zeitweise Kommandeur jener Bürgerwehr sein, die den Herzog beschützte.[360] Man war bestrebt, Ausschreitungen zu verhindern, die nicht nur für die Sache, sondern auch für die Stadt selbst eine Gefahr bedeutet hätten. Die 16 Mitglieder des Sicherheitskomitees, die am 3. März in der evangelischen Kirche gewählt wurden, stammten keineswegs aus demselben politischen Lager.[361] Zwar hatte, legt man das spätere politische Verhalten zugrunde, die liberal-konstitutionelle

---

[357] Vgl. *Kramer*, Staatsminister Dungern, 202f. Kramer deutet an, daß vor allem „landesfremde Personen" bei den Versammlungen auf eine gewaltsame Revolution drängten. Kramer übernimmt dabei – wie auch an anderen Stellen ihres Buches – die Behauptungen ihres Protagonisten und anderer konservativer Zeitgenossen zum Nennwert, ohne dabei in Erwägung zu ziehen, daß es sich dabei auch um eine Nassau verklärende Sichtweise handeln könnte. Auf diese zeitgenössischen Versuche, die Rolle der Nassauer in der Revolution herunterzuspielen, hat schon Wettengel 1989 zu Recht hingewiesen. Vgl. *Wettengel*, Revolution, 56.

[358] *Dungern*, Freiherr v. Dungern, 179.

[359] *Schüler*, Herzöge, 167.

[360] *Spielmann*, Chronik, 12, *Wettengel*, Revolution, 99. Böhning trat am 9.3.1848 von diesem Amt zurück.

[361] Personelle Zusammensetzung nach FZ Nr. 2 v. 4.3.1848.

Richtung die Mehrheit, doch waren ebenso die Führer der Republikaner und Demokraten wie Krempel, G. Thon und Graefe Mitglieder des Komitees. Auch sozial war das Gremium sehr heterogen. Neben vier Kaufleuten (Krempel, Oeffner, Käsebier, Bertram), drei Landwirten (G. Thon, H. Thon, R. Weil) und zwei Gast- bzw. Badewirten (Dr. Zais, G. Bücher) waren noch zwei Anwälte (Leisler sen. und Hergenhahn) und ein Arzt (Dr. Graefe) vertreten. Auffällig ist, daß nur ein Handwerker (Schütz) und ein Fuhrmann (Born) unter den Komiteemitglieder waren. Die Identität einer Person ist nicht sicher festzustellen.[362] Wettengel kommt bei seiner Untersuchung der Zusammensetzung des Sicherheitskomitees zu einem anderen Ergebnis: Er macht u.a. drei höhere Justiz- bzw. Medizinalbeamte aus, die er jedoch nicht namentlich benennt.[363] Vermutlich hat er hier aus den Titeln von Zais, Leisler und Hergenhahn voreilige Schlüsse gezogen. Leisler und Hergenhahn betrieben Anwaltskanzleien in Wiesbaden, während der „Medizinalrat" Zais zwar aufgrund der spezifischen Form des nassauischen Medizinalwesens[364] den Rechtsstatus eines Beamten hatte, ansonsten aber als Betreiber und Eigentümer von Wiesbadens größtem Hotelbetrieb, den Vierjahreszeiten, wirtschaftlich als vollkommen unabhängig gelten kann und deshalb hier stets als Badewirt eingeordnet wird. Zais wurde 1854, vermutlich wegen seiner oppositionellen Haltung, offiziell aus dem Staatsdienst entlassen.[365]

In das Sicherheitskomitee wurden zunächst vor allem Personen mit politischer Erfahrung gewählt. Vier der 16 Mitglieder waren gegenwärtig Abgeordnete des Landtages oder waren früher dies gewesen, mindestens sechs Personen, teilweise mit den Landtagsabgeordneten identisch, hatten Erfahrung als Stadtvorsteher oder Stadtrat. Für sieben Personen konnte für die Zeit vor 1848 kein politisches Mandat nachgewiesen werden.[366] Die Ver-

---

[362] Es handelt sich um Wilhelm Poths, der dem späteren Komitee nicht mehr angehörte. 1848 gab es zwei Personen mit dem Namen Wilhelm Poths in Wiesbaden, einen „Älteren" Ratsherrn und Rentier sowie einen „Jüngeren" Seifensieder, der ein größeres Gewerbe betrieb. Es gibt keinen sicheren Hinweis, welcher von beiden Mitglied des Komitees war. Vgl. StdAWi WI/1/37–40 (Gewerbekataster 1848 und 1849).

[363] *Wettengel*, Revolution, 104.

[364] Vgl. *Treichel*, Bürokratie, 231.

[365] *Renkhoff*, Biographie, 892.

[366] Hier irrt Wettengel – in seiner ansonsten sehr präzisen Arbeit – mit der Angabe, daß 9 Personen bereits zuvor im Stadtvorstand bzw. Stadtrat aktiv gewesen sein sollen. Möglicherweise beruht dies auf der Fehlinterpretation des Flugblattes vom 2. März, das vom Stadtrat und Stadtvorstand als Gremien sowie ergänzend von acht Personen unterzeichnet wurde, die nicht alle Mitglied eines der beiden Gremien waren. Die zusätzlichen Unterschriften etwa von Hergenhahn sollten dem Aufruf sicher mehr Gewicht geben. Wettengels um eine Person zu hohe Angabe der Landtagsabgeordneten im Sicherheitskomitee dürfte auf einer Verwechslung von Wilhelm Oeffner mit seinem inzwischen verstorbenen Vater Ludwig (Leonhard) Oeffner beruhen. *Wettengel*, Revolution, 104. Vgl. EGW, Kirchenbuch.

mutung, daß bei den ersten Wahlen zum Sicherheitskomitee vor allem jene Personen zum Zuge kamen, die sich bereits als Liberale im Vormärz zu erkennen gegeben hatten, z.b. in der um Hergenhahn gruppierten Mittwochsgesellschaft, dürfte nicht in die Irre gehen.[367] Zwischen dem 3. und dem 13. März kam es zu einer erneuten Wahl aller Mitglieder und nicht, wie Wettengel meint, nur zu einer Ergänzung des bisherigen Komitees. Leider gibt es zu der Wahl nur einen Quellenhinweis, der offen läßt, ob hier Kandidaten verschiedener Wahllisten miteinander konkurrierten. Aber die Tatsache, daß auch jene Kandidaten, die nur relativ wenige Stimmen erhielten, anschließend als Mitglieder des Sicherheitskomitees fungierten, legt nahe, daß man sich im Vorfeld auf eine Einheitsliste verständigt hatte.[368] Nicht mehr zur Wahl standen zwei Mitglieder des ersten Sicherheitskomitees. Die soziale Zusammensetzung des auf die doppelte Personenzahl erweiterten Komitees verschob sich durch diese Neuwahl deutlich zugunsten des Handwerks. Nunmehr befanden sich acht (statt zwei) Handwerker sowie zwei „Fabrikanten", die sich im Umfang ihrer Geschäfte nicht von den Handwerkern abhoben, in dem Gremium. Dagegen blieb die Zahl der Wirte und der Ärzte gleich, so daß sich ihr relativer Anteil halbierte.[369]

---

[367] *Wettengel*, Revolution, 104.

[368] In den Akten des Sicherheitskomitees – möglicherweise handelt es sich auch nur um die Akten eines Mitgliedes des Gremiums –, befinden sich mehrere gleiche Stimmzettel mit einer Liste mit den Namen von 32 Personen, die identisch sind mit dem Personenkreis, der einen Aufruf von 14. März 1848 für eine „Stiftung zum Gedächtniß des 4. März 1848" als Sicherheitskomitee unterzeichnete. Einer der Stimmzettel trägt handschriftlich Zahlen nach den Namen und eine Numerierung vor den Namen, die nur als abgegebene Stimmen und die daraus folgende Reihenfolge interpretiert werden können. Da über das Wahlverfahren nichts bekannt ist, also ungewiß ist, ob panaschiert und kumuliert werden durfte, sind die auf die Einzelnen entfallenden Stimmen, die zwischen 235 und 1271 liegen, wenig aussagekräftig hinsichtlich der Wahlbeteiligung. Die Masse der Kandidaten erhielt über 900 Stimmen. Vgl. HHStAWi 1098 IV 50. Die Akte aus dem Depositum des Nassauischen Altertumsvereins im Hauptstaatsarchiv Wiesbaden wurde dem Verein 1855 von einem ehemaligen Mitglied des Sicherheitskomitees, dem Maurermeister Querfeld, übergeben.

[369] Das Sicherheitskomitee setzte sich zusammen aus drei Rentiers, sechs Kaufleuten, vier Landwirten, zwei Gastwirten, einem Arzt, vier Anwälten, acht Handwerkern, zwei „Fabrikanten", einem städtischen Angestellten (Fleischbeschauer), sowie einer Person, deren Status nicht sicher einzuordnen ist. Böhning war mittlerweile Rentier, denn er betrieb sein früheres Hotel in der Wilhelmstraße nicht mehr und ist entsprechend als Rentier in dem Urwählerverzeichnis vom April 1848 bezeichnet. Nach dem Brandkataster gehörte ihm bzw. seiner Witwe das Haus in der Wilhelmstraße im Wert von mindestens 15.600 Gulden bis 1851. Im Gewerbekataster ist er nur noch als „Gutsbesitzer ohne Fuhr" mit dem Mindeststeuerkapital von 50 Gulden eingetragen. Möglicherweise hatte Böhning das Hotel zwischenzeitlich verpachtet. Ein Artikel in der Freien Zeitung nach seiner Hinrichtung (als Anführer im badischen Aufstand) legt dagegen zumindest nahe, daß er über keine Reichtümer verfügte. Vgl. FZ Nr. 281 v. 25.11.1849, Brandkataster StdAWi WI/1/141 (Wilhelmstraße 8), Gewerbekataster 1848 WI/1/37. Urwahlverzeichnis in StdAWi AVIc 26.

Erste massive Unstimmigkeiten zwischen den politischen Fraktionen führten bereits am 19. April zum Ausschluß Böhnings aus dem Sicherheitskomitee.[370] Ganz offensichtlich hatte sich Böhning, der als Republikaner noch am 9. März bei seinem Rücktritt als Kommandeur der Bürgerwehr ein Hoch auf den Herzog ausgebracht hatte, mittlerweile in Widerspruch zur gemäßigten Mehrheit des Sicherheitskomitees gesetzt.[371] Zugleich gab es auch „Koalitionen" von Links bis zur Mitte. So wurde eine Petition an das Frankfurter Vorparlament vom 28. März, in der ein Ein-Kammer-Parlament gefordert wurde, sowohl von dem Republikaner Dietz als auch von Demokraten, etwa Louis Krempel oder Karl Braun, unterschrieben. Braun war wahrscheinlich auch der Verfasser dieser Petition. Zumindest legt dies die Tatsache nahe, daß er als erster unterschrieb und die Handschrift der Petition der seinen entspricht.[372] Außerdem unterschrieben, soweit identifizierbar, auch eine ganze Reihe ehemaliger Stadtvorsteher.

Spätestens während der Vorbereitungen zu den Wahlen zum Landtag und zur Nationalversammlung bildeten sich in Wiesbaden konkurrierende politische Organisationen heraus. Georg Böhning gründete gemeinsam mit dem Tiefbauingenieur Oswald Dietz – Sohn des mehrfach erwähnten und inzwischen verstorbenen Wiesbadener Stadtrates und Landesdeputierten Michael Dietz – und dem Arzt Friedrich Graefe das Republikanische Komitee. Ihr Aufruf „Die wichtigsten Fragen der Gegenwart" wurde am 4. April veröffentlicht und ist ein flammendes Plädoyer[373] gegen die Monarchie als Staatsform.[374] Die „Nassauische Allgemeine Zeitung" war mit dem Redakteur und späteren Kulturhistoriker Wilhelm Heinrich Riehl, der seine spitze Feder und polemische Sprache zu nutzen wußte, das Sprachrohr der gemäßigten Kräfte. Die Zeitung agitierte für einen Zusammenschluß der

---

[370] HHStAWi 1098 IV 50, Flugblatt vom 19.4.1848. Als Ausschlußgrund wurde angegeben, daß Böhning den ausgesprochenen Zwecken des Sicherheitskomitees zuwiderhandele und sich „grobe Beleidigungen gegen dasselbe erlaubt hat."

[371] *Spielmann*, Chronik, 59f.

[372] Vgl. BuAFfm DB 50/27, gedruckte Fassung ohne Unterschriften in BuAFfm Z 5g 8/9a Bl. 10. Die Petition wurde von etwa 350 Personen unterzeichnet. Eine Personenzuordnung mittels dieser Unterschriften ist bedingt durch die vielen Personen gleichen Namens in Wiesbaden kaum möglich.

[373] Vgl. *Kramer*, Staatsminister, 203. Die Einschätzung Kramers, das Manifest sei in „demagogisch nicht unbedenklicher Weise in einem Flugblatt unter das Volk gebracht" worden, vermag der Verf. nicht zu folgen, da ihm hier die Orientierung auf das „Unbedenkliche" fehlt.

[374] HHStAWi 1098/IV 50, Bl. 245f. Mit Kandidatenzetteln versuchten Republikaner wie Konstitutionelle, die Zusammensetzung eines Wahlkomitees für die anstehenden Wahlen zu beeinflussen. Dabei enthalten die Listen auch Personen, die nicht unbedingt ihrer Richtung angehören. Die Konstitutionellen schlagen auch Konservative und Demokraten vor, während sich auf dem Zettel der Republikaner auch Liberale finden.

„demokratisch-monarchischen" Kräfte und bot Mitarbeit daran an.[375] Einen Aufruf zum Zusammenschluß dieser Richtung wurde zusammen mit der programmatischen Erklärung, daß man über die bewilligten Forderungen nicht hinausgehen wolle, am 7. April[376] von den Teilnehmern einer Versammlung beschlossen und anschließend – mit den Namen von mehr als 1000 Unterzeichnern – als Flugblatt veröffentlicht. Riehl ist mit großer Sicherheit auch hier der Verfasser und steht an erster Stelle der Unterzeichner.[377] Aus dieser Versammlung entstand die „Gesellschaft für Freiheit, Gesetz und Ordnung", die von den Demokraten als „Heiopopeioverein" verspottet wurde.[378] Mit der Ernennung von August Hergenhahn zum Ministerpräsidenten in Nachfolge des Staatsministers Emil von Dungern am folgenden Tag, dem 8. April, kam die erste Phase der Revolution zum Abschluß.

Trotz der beschriebenen Ausdifferenzierung und Parteienbildung kam Mitte Mai 1848 noch eine „parteiübergreifende" Petition an das Vorparlament zustande, die sich gegen die reaktionären Bestrebungen des Bundestages wandte und von knapp 1000 Wiesbadenern unterschrieben wurde. Man sei bereit, so hieß es hier, die Rechte des Volkes mit „Gut und Blut" zu verteidigen.[379] Unter den Unterzeichnern finden sich nicht nur zahlreiche Personen, die die eher demokratisch ausgerichtete Petition für ein Ein-Kammer-Parlament mitgetragen hatten, sondern auch viele dezidiert Rechte, wie etwa der Chemiker und Abgeordnete Remigius Fresenius oder der

---

[375] Außerordentliche Beilage zur Nassauischen Allgemeinen Zeitung Nr. 6 v. 5. April 1848. Ein Überblick über die zahlreichen Aufsätze Riehls in dieser Zeitung findet sich bei: *Bernh. J. Chr. Schmidt*, Katalog der Riehl'schen Zeitungsaufsätze, die Jahre 1841–1853 einschl. betreffend, in: NA 42, 1913, 15–57, besonders 31ff.

[376] Struck datiert die Versammlung auf den 8. April, doch ist in zwei Artikeln der Freien Zeitung, die den Verlauf der Versammlung wiedergeben, ausdrücklich der 7. April als Datum angegeben. Vgl. *Struck*, Biedermeier, 26. FZ Nr. 39 v. 11.4.1848 und Nr. 41 v. 13.4.1848. Ebenso trägt das Flugblatt mit der Erklärung selbst das Datum 7. April.

[377] Vgl. die Erklärung von Graefe in der Beilage zur FZ Nr. 41 v. 13.4.1848. Graefe schreibt von einem von Riehl verfaßten „Glaubensbekenntnis". Vgl. Aufruf v. 7.4.1848: An unsere Mitbürger, abgedruckt als Beilage 26 bei: *Riehl*, Chronik. Vgl. *Struck*, Biedermeier, 26.

[378] DZ Nr. 4 v. 28.7.1848. Möglicherweise stammt dieser Begriff aus der Feder von Karl Braun, der eine publizistische Fehde in der Nassauischen Zeitung mit Riehl, dem Redakteur der Nassauischen Allgemeinen Zeitung, führte. Vgl. *Herbert Müller-Werth*, Nassauische Zeitungen des Jahres 1848, in: NA 60 H.1, 1943, 103–148, hier 122. Der Aufsatz, 1943 und wird (wie Wettengel angibt) 1948 erschienen, ist mit einer offen erkennbaren Sympathie für die demokratische Presse und deren Redakteure geschrieben. Daß dies in dieser Form unter den Bedingungen der nationalsozialistischen Herrschaft veröffentlicht werden konnte, kann verwundern. Vgl. zur Datierung der separat gedruckten Teiles Doppelbandes der Nassauischen Annalen 1943/48, NA 86, 1975, 10. Inhaltsverzeichnis zu NA 39 (1909) bis 85 (1974).

[379] BuAFfm DB 50/22, Bl. 129ff.

Verleger August Schellenberg, der immerhin mit Wohlwollen und Unterstützung der Regierung die „Nassauische Allgemeine Zeitung" herausgab. Die liberal-konservative Gruppe der Konstitutionellen hatte zu diesem Zeitpunkt zweifellos die meiste Unterstützung in der Stadt. Dagegen war die Anhängerschaft der Demokraten relativ gering. Dies wird auch deutlich an der geringen Unterstützung einer „linken" Petition, die gegen die Entwaffnung der Mainzer Bürgerwehr durch die preußischen Festungstruppen protestierte und forderte, die Truppen aus der Stadt zu verlegen. Diese Petition wurde auf einer Volksversammlung in den Vierjahreszeiten am 24. Mai 1848 verabschiedet. Wilhelm Zais schrieb den Begleitbrief für die Petition, die aber nur von 150 Personen unterschrieben wurde, obwohl zu den Unterzeichnern und Unterstützern bekannte Demokraten und Republikaner gehörten.[380]

Entsprechend diesen Mehrheitsverhältnissen setzten sich die liberalkonstitutionellen Kräfte auch bei den Wahlen zum neuen nassauischen Landtag wie zur Nationalversammlung durch, nachdem bereits im Frankfurter Vorparlament Wiesbaden durch gemäßigte Kräfte vertreten war. Zu diesem Erfolg dürfte auch beigetragen haben, daß die Konstitutionellen über die bekannteren Führer verfügten, von denen einige schon parlamentarische Erfahrung vorweisen konnten. Von den sechs Nassauern, die in die Nationalversammlung gewählt wurden, kamen immerhin vier aus Wiesbaden. Drei von ihnen sind der gemäßigten Rechten[381] – darunter der im Wiesbadener Wahlkreis gewählte August Hergenhahn – und einer der gemäßigten Linken[382] zuzurechnen. Auch bei der Landtagswahl wurden nicht nur in der Hauptstadt die Wiesbadener Franz Bertram und Professor Remigius Fresenius gewählt, sondern auch in zwei Ämtern zwei weitere Wiesbadener (Ernst Leisler und Karl Großmann).[383] Im Landtag stimmten alle vier Wiesbadener mit der rechten Parteigruppe.[384]

Dieser Erfolg der Liberal-Konstitutionellen darf aber nicht verdecken, daß Teile der Bevölkerung mehr wollten als die Verwirklichung der liberalen Forderungen des Vormärz. Auch die großen personellen Kontinuitäten und die Beibehaltung vieler alter Strukturen stießen auf Widerstand.

---

[380] BuAFfm DB 51/65, Bl. 70ff. Begleitschreiben von Zais ist datiert mit dem 26.5.1848.
[381] Max von Gagern, August Hergenhahn, Friedrich Schepp. Vgl. *Struck*, Biedermeier, 26.
[382] Karl Philipp Hehner.
[383] *Struck*, Biedermeier, 27.
[384] *Berndt von Egidy*, Die Wahlen im Herzogtum Nassau 1848–1852. Ein Beitrag zur Geschichte der politischen Parteien am Mittelrhein, in: NA 82, 1971, 215–306, hier 302f.

Tabelle 25
Die Abgeordneten aus Wiesbaden 1848-1853
Abgeordnete der Volkskammer bzw. Ständeversammlung mit Wohnsitz in Wiesbaden, gewählt zwischen 1848 und 1853, geordnet nach den Amtsperioden.

Zeitraum	Name/Beruf	Vertretung	Status
1848-1851	Bertram, Franz (1805-1863) Gastwirt und Weinhändler	Wahlkreis Wiesbaden	S/B
1848-1851	Fresenius, Remigius (1818-1897) Chemiker	Wahlkreis Wiesbaden	F/B
1848-1851	Leisler, Ernst (1795-1875) Rechtsanwalt	Wahlkreis Braubach/ St. Goarshausen	F/B
1848-1851	Großmann, Carl (1816-1889) Rechtsanwalt	Wahlkreis Königstein/ Höchst	F/E
1852	Fresenius, Remigius (1818-1897) Chemiker	1. Kammer, Grundbes. lehnt Wahl ab	F/B
1852	Ruß, Gottfried (1807-1873) Kaufmann	1. Kammer, Gewerbe Mandat ungültig	S/B
1852-1853	Bertram, Philipp (1812-1899) Ministerialrat	1. Kammer, Grundbes. legt Mandat nieder	S/E
1852-1857	Eck, Viktor von (1813-1893) Hofgerichtsprokurator	1. Kammer, Grundbes.	F/E
1852-1854	Reichmann, Wilhelm (1799-1870) Staatsprokurator	2. Kammer, Wiesbaden legt Mandat nieder	F/E
1853-1857	Marburg, Ludwig (1808, 1858 nach Frankfurt) Kaufmann	1. Kammer, Grundbes. Nachwahl f. Ruß	F/B

Legende
F=Fremde; S=Ortsgebürtig bzw. Bürgersohn / B=Bürger; E=Eximierte

Anmerkung
Eine Bürgeraufnahme von Remigius Fresenius ist nach dem Bürgerbuch und den Bürgeraufakten nicht nachzuweisen. Da er jedoch ab 1851 Mitglied des Bürgerausschusses war, ist davon auszugehen, daß er 1848 Bürger wurde, ohne daß dies, ebenso wie in einer Reihe anderer Fälle, entsprechend eingetragen wurde.

Als Mitte Mai für den Stadtvorstand zwölf zusätzliche Mitglieder gewählt werden sollten, kam es in dem hauptsächlich von Handwerkern bewohnten 11. Viertel[385] zu einem Wahlboykott. Im Anschluß daran forderten 207 Bürger die Neuwahl des gesamten Stadtvorstandes und des Stadtrates, weil diese Gremien nicht das Vertrauen der Bürger besäßen.[386] In eine ähnliche Richtung zielte auch eine Eingabe von 191 Bürgern vom 16. April 1848, die sich gegen die Fortbeschäftigung von Beamten wandte, die ehemals das Volk geknechtet hätten und ihre Liberalität nun lauter verkündeten als die „Volksmänner" ehedem.[387] Zu diesem Mißtrauen gegenüber dem scheinbaren Sinneswandel vieler Staatsbeamter hatten sie auch allen Grund, wie die Bemerkung Dungerns über die vorgespielte „Ultraliberalität" zeigt. Die Mißtrauenserklärung gegen den amtierenden Stadtvorstand betraf auch führende Liberale, denn hier hatten sowohl Franz Bertram und Ernst Leisler Mandate, als auch Personen wie Carl Tölke und Philipp Zollmann, die zu den reichsten Personen in der Stadt gehörten und seit Jahren in der Kommunalvertretung saßen. Untersucht man den „alten" Stadtvorstand, so zeigt sich, daß in dem Gremium die aktivsten Personen der städtischen Gesellschaft Mitglied waren. Mit ihren Berufen repräsentierten die Stadtvorsteher das ganze Spektrum der „bürgerlichen" städtischen Gesellschaft.[388]

Über die Hälfte der Stadtvorsteher war Mitglied im Naturkundeverein, eine ganze Reihe zu diesem Zeitpunkt bzw. später im Altertumsverein und im Casino. Auffällig ist auch, daß jetzt wieder die „Bürgersöhne" und „Ortsgebürtigen" eine knappe Mehrheit im Gremium hatten, während dieser Kategorie 15 Jahre zuvor nur ein Viertel der Stadtvorsteher angehörten. Leider liegt nur für einen Teil der Stadtvorsteher das Geburtsdatum vor, so daß das Durchschnittsalter nicht genau bestimmt werden kann. Es dürfte aber bei etwa 50 Jahren gelegen haben, berücksichtigt man die bekannten Daten und die relativ lange durchschnittliche Zugehörigkeit zur Bürgerschaft von 20 Jahren.

---

[385] Zum 11. Viertel gehörten die Saalgasse, die südliche Nerostraße, und der „Neubauteil" der oberen Webergasse.

[386] FZ Nr. 70 v. 14.5.1848. Vgl. *Struck*, Biedermeier, 50.

[387] HHStAWi 1098 IV 50 (Akten des Sicherheitskomitees). Zu den Unterzeichnern zählten auch die Führer der Republikaner und des Arbeitervereins Böhning, Dietz und Debusmann.

[388] Unter ihnen befanden sich eine ganze Reihe von Personen, die auch nach 1850 noch gesellschaftlich aktiv waren, etwa als Feldgerichtsschöffe oder Gründungsmitglied der Loge Plato.

Tabelle 26

Die Mitglieder des Wiesbadener Stadtvorstandes Anfang 1848

mit der Aufstellung ihres Steuerkapitals nach dem Gewerbesteuerkataster von 1846 und 1849

Nr. Name	Status	Bürger-aufn.	Bürger-jahre	Beruf	Steuerkapital v. 1846	1849	
1 Bertram, Franz	F/B	1830	18	Wirt	3.500	-	1)
2 Birck, Georg Philipp	S/B	1834	14	Maurer	2.000	800	
3 Bücher, Georg Conr.	F/B	1811	37	Schuster/Stiefelfab.	1.000	600	
4 Franken, Christian	F/B	1817	31	Kaufmann	2.000	1.800	
5 Friedrich, Louis	S/B	1840	8	Buchhändler	1.000	800	
6 Habel, Carl	S/B	U	-	Gastwirt/Rentier	1.300	50	2)
7 Käsberger, Wilhelm	S/B	1825	23	Lederhändler	1.400	800	
8 Leisler, Ernst	F/B	1846	2	Rechtsanwalt	-	-	3)
9 Matthes, Michael	S/B	1836	12	Instrumentenmacher	1.400	600	
10 Thon, Heinrich	S/B	1824	24	Gutsbesitzer	400	200	
11 Tölke, Carl	F/B	1826	22	Branntweinbrenner	5.600	2.900	4)
12 Zollmann, Philipp	S/B	1821	27	Rentier	50	50	

Summe			218	Summe	19.650	8.600
			:11		:11	:10
durchschnittl. seit # Jahren Bürger			19,82	Schnitt	1.965	860

Legende:
F=Fremde; S=Bürgersohn bzw. ortsgebürtig / B=Bürger / U=unbekannt

Herkunft/Status
Fremde: 5; Bürgersöhne bzw. ortsgebürtig: 7

Finanzieller Status
Das durchschnittliche Gewerbesteuerkapital betrug 1849 (bei 1.995 Fällen) 457 fl., die Stadt-vorsteher lagen mithin im Schnitt um das 1,9fache darüber. Nicht berücksichtigt bei der Durchschnittsbildung wurde der Hazardspielpächter Chabert, der mit 118.905 fl. fast zehnmal so viel Steuern zahlte wie Frau Schlichter, die den nächstniedrigeren Gewerbesteuerbetrag entrichtete. Die Spielbank übernahm hinsichtlich der Unterhaltung der Kuranlagen etc. auch teilweise öffentliche Aufgaben.

1) Bertram hatte die Gaststätte 1849 bereits aufgegeben. Er ist als Teilhaber der Weingroß-handlung Bertram&Söhne (insges. 9.900 B72fl. Steuerkapital) geführt.
2) Habel war 1847/48 im Besitz eines Badehauses, danach wird er als Rentner geführt.
3) Als Rechtsanwalt wird Leisler nicht in den Gewerbekatastern berücksichtigt.
4) Tölke wird im Gewerbekataster als Fabrikant eingestuft. Als solcher wird er auch im Adreßbuch von 1856 bezeichnet.

Tabelle 27

Die 1848 hinzugewählten Mitglieder des Wiesbadener Stadtvorstandes

mit der Aufstellung ihres Steuerkapitals nach dem Gewerbesteuerkataster von 1846 und 1849

Nr. Name	Status	Bürger- aufn.	Bürger- jahre	Beruf	Steuerkapital v. 1846	1849
1 Altstätter, Philipp	F/B	1832	16	Kaufmann	2.200	2.200 1)
2 Bender, Friedrich Ad.	S/B	1848	0	Schmied	-	96
3 Haas, Julius	F/B	1844	4	Tapetenhändler etc.	1.800	1.800 2)
4 Querfeld, Gustav	S/B	1842	6	Maurermeister	2.000	800
5 Riess, Wilhelm	F/B	1832	16	Metzger	1.100	800 3)
6 Rohr, Daniel	S/B	1833	15	Silberarbeiter	1.400	1.400
7 Röhr, Friedrich	F/B	1848	0	Rentier/Fabrikant	-	50 4)
8 Rücker, Wilhelm	S/B	1830	18	Maurermeister	2.500	800
9 Spieß Friedrich Karl	F/E	-	-	Schulprofessor	-	- 5)
10 Thon, Friedrich	S/B	1835	13	Landwirt/Fuhrmann	200	300
11 Wintermeyer, Louis	S/B	1835	13	Landwirt/Fuhrmann	400	300
12 Wolff, Reinhard	S/B	1825	23	Landwirt	50	50
Summe			124	Summe	11.650	8.596
			:11		:9	:11
durchschnittl. seit # Jahren Bürger			11,27	Schnitt	1.294	781

Legende:
F=Fremde; S=Bürgersohn bzw. ortsgebürtig / B=Bürger; E=Staatsbeamter oder gleichgestellt

Herkunft/Status
7 Bürgersöhne bzw. ortsgebürtig, 5 Fremde

Finanzieller Status
Das durchschnittliche Gewerbesteuerkap. betrug 1849 (bei 1.995 Fällen) 457 fl., die Stadtvorsteher lagen mithin im Schnitt um das 1,7fache darüber. Nicht berücksichtigt bei der Durchschnittsbildung wurde der Hazardspielpächter Chebert, der mit 118.905 fl. fast 10 mal so viel Steuern zahlte, wie der nächstniedrigere Gewerbesteuerzahler (Frau Schlichter)

Durchschnittsalter
Für alle Stadtvorsteher, mit Ausnahme von Riess, liegen die Geburtsjahre vor. Das Durchschnittsalter betrug demnach, bezogen auf Ende 1848, 38,9 Jahre, wobei die Spannweite mit 33 bis 45 Jahre relativ gering war.

1) Für Altstädter gibt es keinen Nachweis im 1849er Gewerbekataster. Deshalb wird hier der Wert von 1848 zugrunde gelegt.
2) Julius Haas wurde gemeinsam mit Ernst Haas veranlagt.
3) Die Wahl von Riess wird für ungültig erklärt, da nur 14 Stimmen abgegeben worden waren.
4) 1848 als "Fabrikant" ins Bürgerrecht aufgenommen, in Wiesbaden aber als Rentier lebend.
5) Die Wahl von Spieß wird nachträglich für ungültig erklärt, da Spieß (+ 30.11.1848) kein rezipierter Bürger war.

Die 1848 neu hinzugewählten Stadtvorsteher hatten im Vergleich mit den bereits amtierenden ein deutlich abweichendes Sozialprofil. Sie waren bodenständiger, zwei Drittel der neuen Vorsteher waren Handwerker und Landwirte. Zugleich waren sie etwa zehn Jahre jünger – das Durchschnittsalter lag bei nur 39 Jahren – und weniger einkommenstark. Besonders wenn man die Gewerbesteuerveranlagung von 1846 heranzieht, wird der Abstand zwischen den Vorstehern deutlich. Danach liegen die Werte der vor 1848 gewählten Stadtvorsteher hier um etwa 50% höher. Die neu Gewählten wohnten, soweit feststellbar, mit einer Ausnahme im Viertel ihrer Wähler.[389] Keiner der neuen Stadtvorsteher war bei der radikalen Linken, also den Republikanern und dem Arbeiterverein, hervorgetreten.

Der Wiesbadener Arbeiterverein konstituierte sich während des Zeitraums April/Mai 1848. Nachdem Karl Marx Anfang April Mainz besucht hatte, kam am 21. April Karl Schapper, Präsident des Londoner Bundes der Kommunisten, nach Wiesbaden und gab den Anstoß zur Gründung des Arbeitervereins.[390] Die Führungsgruppe des Arbeitervereins (Böhning, Graefe und Dietz) war mit den Führern des Republikanischen Komitees identisch.

Mit der Gründung eines demokratischen Vereins im Juli gab sich auch die dritte politische Kraft neben Konstitutionellen auf der rechten Seite und den Republikanern/Arbeiterverein auf der extremen Linken, eine Organisationsform. Die Wiesbadener – sehr gemäßigten – Demokraten waren eher eine Partei der Mitte.

Der eigentlichen Vereinsgründung Mitte Juli gingen mehrere Versammlungen voraus. Das Hotel Vierjahreszeiten wurde zum Treffpunkt der gemäßigten, demokratischen Linken. Zu den Führern der Demokraten gehörten der spätere „große Mann" des nassauischen Fortschritts, Karl Braun, sowie Karl Lang, der Bruder von Friedrich Lang, dem Mitstreiter von Braun in späteren Jahren. Auch Wilhelm Zais stand den Demokraten zumindest nahe.[391] Die Versammlungen in den Vierjahreszeiten protestierten u.a. gegen die Bereitschaft der Mehrheit der Konstitutionellen im neuge-

---

[389] Abgleich mit dem Verzeichnis der Urwähler der Stadt Wiesbaden, das für die Wahl zur Nationalversammlung erstellt wurde und die Vierteleinteilung berücksichtigt. Das Wohnviertel des Stadtvorstehers des 1. Viertels, Röhr, konnte ebensowenig wie das des 12. Viertels, F. Thon, festgestellt werden. StdAWi A Vic 26.

[390] Vgl. zum Bund der Kommunisten mit vielen Hinweisen auf Wiesbaden: Der Bund der Kommunisten, Dokumente und Materialien, 3 Bde. Berlin (Ost) 1982 ff.

[391] *Wettengel*, Revolution, 213. Die politische Position von Wilhelm Zais, der ja allein schon über den traditionellen Versammlungsort der Opposition, das Hotel Vierjahreszeiten, mit der Bewegung verbunden war, erscheint hier durchaus wechselhaft. Struck schlägt ihn durchweg den „Liberalen" zu, eine Verbindung mit der Gesellschaft „Für Freiheit, Gesetz und Ordnung" ist aber nicht nachzuweisen. Zais nimmt zeitweise fast republikanische Positionen ein, spricht sich u.a. gegen einen deutschen Kaiser aus, weil der republikanische Geist die Volksmassen immer mehr durchdringe. Vgl. Zitat bei *Wettengel*, Revolution, 216, ebenso zitiert bei *Struck*, Biedermeier, 28.

wählten Landtag, vor dem Herzog mit einer Adresse durch die Worte „treu untertänig" einen Kotau zu machen. Nimmt man als Führungsschicht der Demokraten jene zehn Personen, die die erste Versammlung vom 12. Juli einberiefen[392], so wird deutlich, daß bei den Demokraten sowohl aufstrebende, junge Anwälte und Mediziner (Karl Braun, Karl Lang, Dr. Ferdinand Möller) als auch jüngere, noch unselbständige Kaufmanns- und Handwerkersöhne (Louis Krempel, Adolph Weiß) und mehr oder minder arrivierte Kaufleute und Badewirte (Johann Joseph Möhler, Heinrich Fischer, Albrecht Götz, Carl Habel, H. Ritzel) vertreten waren.[393] Bei den Demokraten hatte sich also ein breites Spektrum der städtischen Bevölkerung zusammengefunden. Anscheinend waren die Mitglieder auch nicht auf eine bestimmte Staatsform als Ziel ihres politischen Handelns festgelegt, denn zwei der „Einberufer" (Möhler und Habel) hatten zuvor den Aufruf der Konstitutionellen unterschrieben, wie dies offensichtlich auch einige weitere Demokraten getan hatten.[394]

Die in der politischen Führung durchaus klare Grenze zwischen dem Arbeiterverein bzw. den Republikanern um Böhning und den gemäßigten Demokraten um Braun und Karl Lang verwischte sich innerhalb der Anhängerschaft. Am deutlichsten wird dies bei den Unruhen am 16./17. Juli, die zugleich den Wendepunkt in der Revolution markierten. Die Führung des Militärs versuchte, den wachsenden Ungehorsam in der Truppe durch drastische Strafen zu bändigen und verhängte gegen etliche Soldaten lange Arreststrafen. Am 16. Juli beschloß eine Versammlung des Arbeitervereins im nahe der Stadt gelegenen Nerotal, bei der auch Soldaten anwesend waren, durch eine Delegation bestehend aus den Führern des Vereins, Böhning, Dietz und Graefe, die Freilassung der Soldaten zu verlangen. Als der kommandierende Oberst dieses verweigerte, wurde ihm, vermutlich von Böhning, unmißverständlich mit Gewalt gedroht.[395] Da auch dies die arrestierten Soldaten nicht freibrachte, marschierte die Volksmenge aus dem Nerotal in die Stadt. Währenddessen wurde für die Bürgerwehr zur Abwehr des Aufruhrs Generalmarsch geschlagen.

Auf dem Versammlungsplatz der ersten drei Kompanien kam es fast zum Bürgerkampf. Der radikale Demokrat Dietz, einer der Abgesandten der

---

[392] Diese Versammlung fand noch nicht in den Vierjahreszeiten statt.

[393] FZ Nr. 125 v. 11.7.1848. Berufsbestimmung über StdAWi WI/1/39–40 (Gewerbekataster 1849), Urwählerverzeichnis in StdAWi AVIc 26.

[394] Die „Nassauische Zeitung" spottete später, der „Vollständigkeit halber" hätten auch einige Demokraten den Aufruf unterzeichnet. Vgl. *Berndt von Egidy*, Die Wahlen im Herzogtum Nassau 1848–1852. Ein Beitrag zur Geschichte der politischen Parteien am Mittelrhein, in: NA 82, 1971, 215–306, hier 238. Vgl. auch *Wettengel*, Revolution, 215.

[395] DZ Nr. 4 v. 28.7.1848. Der „Deutsche Zuschauer" distanzierte sich von diesem Vorgehen, zumal der Betreffende (Böhning) zu der Drohung von der Versammlung nicht autorisiert worden sei. Vgl. *Struck*, Biedermeier, 29.

Volksmenge, war zugleich gewählter Hauptmann der ersten Kompanie. Er sollte auf Geheiß des Stadtamtmanns verhaftet werden, und der Kommandeur der Bürgerwehr, Major Gödecke, erließ einen entsprechenden Befehl. Dietz suchte Schutz bei seinen Leuten, die für ihn eintraten. Gödecke rief die 6. und 7. Kompanie zu Hilfe und befahl ihnen, gegen die meuternde erste Kompanie, der sich Teile der zweiten und dritten angeschlossen hatten[396], mit in Anschlag gebrachtem Gewehr vorzugehen. Nur das Dazwischentreten einiger Bürger und die Entfernung eines Teils der 6. und 7. Kompanie verhinderten ein Blutbad. Riehl gab in der „Nassauischen Allgemeinen Zeitung" wie auch in seiner ein Jahr später veröffentlichten „Nassauischen Chronik des Jahres 1848" die Geschehnisse in leicht dramatisierter und wohl tendenziöser Form wieder.[397] Dietz bzw. die radikalen Republikaner hatten offensichtlich unter den 20- bis 30jährigen die meisten Anhänger, während der Kommandeur der Bürgerwehr auf die etwas ältere Generation setzte, denn er rief nicht die 4. und 5. Kompanie zu Hilfe, sondern mit der 6. und 7. die beiden ersten Kompanien des zweiten Aufgebotes, d.h. die 31- bis 45jährigen.[398]

Vermutlich kam es in Zusammenhang mit dem Konflikt zu einer Absprache zwischen Amtmann Reichmann und Dietz bzw. Graefe. Wohl diese befolgend begaben sich die beiden Republikaner am nächsten Morgen zum Verhör in das Kriminalgericht.[399] Von dort wurden beide in das nebenan liegende Untersuchungsgefängnis „dirigiert", also eingesperrt.[400] Währenddessen versuchte der Stadtvorstand auf Anordnung der Regierung die ersten drei Kompanien zu entwaffnen, doch nur ein Drittel der Wehrmänner folgte der Anweisung. Ein Aufruf des Kommandeurs Gödecke, die Waffen

---

[396] *Riehl*, Chronik, 67.

[397] Die Nassauische Chronik erschien 1849 zuerst in Fortsetzungen als Teil der literarischen Beilage der „Nassauischen Allgemeinen Zeitung" ab der Nr. 60 und wurde danach – vermutlich vom gleichen Satz – als Broschüre zusammengefaßt. Vgl. *Riehl*, Chronik, Vorwort zur Ausgabe v. 1979, o.S.

[398] Zur Aufstellung der Altersklassen und inneren Struktur der Bürgerwehr, die auch als Nationalgarde und Volkswehr firmierte, vgl. StdAWi A XIIb/6, Vorläufige Bestimmungen über die Bildung der Nationalgarde zu Wiesbaden, LaMuWi, Graphische Sammlung, 11.256, Dienstvorschriften für die Volkswehr der Stadt Wiesbaden, Wiesbaden, 1848, VBN Nr. 6 v. 12.3.1848. Zu den zeitgenössischen Theorien über den Zusammenhang von Lebensalter und politischer Gesinnung vgl. *Manfred Botzenhart*, Deutscher Parlamentarismus in der Revolutionszeit 1848-1850. Düsseldorf 1977, 316.

[399] *Struck*, Biedermeier, 29. Vgl. *Riehl*, Chronik, 70. Riehl formuliert seine Zusammenfassung der Ereignisse so, daß eher an eine Verhaftung zu denken ist. Nach seinem Bericht wurde ein weiterer Mann, der am Tag zuvor mit der „hochgeschwungenen Mistgabel" durch die Dörfer galoppierte und die Bauern vergeblich zur Unterstützung von Dietz etc. aufforderte, zwar verhaftet, doch entwich er wieder unter mehr oder minder großer Mithilfe der Bürgerwehr. Die Akten des Hof- und Appellationsgerichts Usingen legen dagegen nahe, daß sich Dietz und Graefe freiwillig gestellt haben. Vgl. HHStAWi 293 1347.

[400] DZ Nr. 4 v. 28.7.1848.

„aus Liebe zu mir" abzugeben, hatte ebenfalls nicht die gewünschte Resonanz.[401] Die Wehrmänner der ersten drei Kompanien trafen sich zu Beratungen im Schützenhof. Dort, wie dann in der ganzen Stadt, heizte sich die Stimmung weiter auf, so daß es, wie Riehl berichtet, „für Männer der gesetzlichen Partei schon nicht mehr geraten [war], sich auf den Straßen herumzutreiben, denn Schimpfreden und Drohworte, die Schlimmeres erwarten ließen, flogen ihnen aus allen Ecken zu."[402] Die Anhänger des Arbeitervereins und auch viele Jugendliche machten sich schließlich auf, Dietz und Graefe aus dem Gefängnis zu befreien, was ihnen auch gelang, ohne auf nennenswerten Widerstand zu treffen.

Vor dem Ministerialgebäude kam es im Anschluß an die Gefangenenbefreiung erstmals zu einer Kundgebung gegen den Ministerpräsidenten Hergenhahn, der aber schließlich durch zwei Kompanien Linienmilitär geschützt wurde, die sich nicht auf die Seite der Tumultanten ziehen ließen.

In den frühen Morgenstunden des folgenden Tages – am Abend hatte die radikale Linke noch ihren Sieg begossen – marschierten 2000 Mann Bundestruppen aus Mainz in die Stadt ein, ohne auf Widerstand zu stoßen. Dietz und Graefe jedoch zogen „das Unangenehme der Flucht dem noch Unangenehmeren einer langen volksfreundlichen Untersuchungshaft" vor.[403]

Mit der nur wenige Tage andauernden Besetzung der Stadt durch die von der liberalen Regierung gerufenen Reichstruppen schied der radikale Flügel der Republikaner aus dem politischen Geschehen aus, aber auch die gemäßigten Demokraten waren jetzt einem Verfolgungsdruck ausgesetzt und gerieten zumindest zeitweise in die Defensive.[404] Die für den 19. Juli vorgesehenen Vorstandswahlen des Demokratischen Vereins fanden nicht mehr statt, der Verein löste sich offensichtlich auf. Im September wurde aus dem gleichen Personenkreis heraus der „Verein zur Wahrung der Volksrechte" gegründet, der als Nachfolgeorganisation des Demokratischen Vereins zu verstehen ist und in dessen Namen sich bereits der Druck widerspiegelt, dem die Opposition mittlerweile ausgesetzt war.[405] Der Verein hatte im April 1849, als er sich für die Anwendung der Reichsverfassung auch nach Ablehnung der Kaiserkrone durch den preußischen König einsetzte, nach eigenen Angaben noch 200 Mitglieder.[406]

Ab Mitte Juli 1848 war die Macht in Wiesbaden wie in ganz Nassau übergegangen an eine de-facto-Koalition zwischen den Konstitutionellen

[401] HHStAWi 1098 IV 50, Bl. 211.
[402] *Riehl*, Chronik, 69.
[403] DZ Nr. 4 v. 28.7.1848.
[404] *Wettengel*, Revolution, 216.
[405] *Wettengel*, Revolution, 216.
[406] BuAFfm DB 51/445.

um Hergenhahn mit Riehl als publizistischem Sprachrohr und jenem großen Teil der alten Machtelite, dem Adel und dem Beamtentum, die zumindest unter Druck reformbereit war. Zu den Anhängern dieser durchaus heterogenen, in ihrer Ablehnung demokratischer Forderungen aber einigen
Verbindung, gehörte auch der größte Teil der Oppositionellen des Vormärzes und der Wirtschaftsbürger.

Nicht in das politische Schema Konstitutionelle-Demokraten-Repub-
likaner/Arbeiterverein lassen sich aber große Teile der nassauischen Bevölkerung einordnen, die in der Revolution eine Chance sahen, alte Anliegen und Forderungen durchzusetzen. So wurden bereits Anfang April[407]
und im Mai bei Kastell in mehreren Aktionen die Schienen und die Tele-
graphenleitung der Taunuseisenbahn zerstört. Dabei hatten wirtschaftlich
von der Bahn geschädigte Kutscher aus Mainz und etliche Bewohner aus
Nassau mitgewirkt.[408] Aber auch die Parteien trugen der eher sozial-
restaurativen Grundeinstellung Rechnung, indem sie die Forderungen nach
Einschränkungen der Freizügigkeit und der Gewerbefreiheit aufgriffen.

Die Rolle der Bauern zu Beginn der Revolution wurde bereits hervorgehoben. Sie, die im März die Auseinandersetzung entschieden hatten, ließen
sich in der Folgezeit nicht noch einmal gegen die Regierung in Stellung
bringen. Die instabile, schwer durchschaubare Situation und die Konflikte
zwischen den „Revolutionären" führten zu einer allgemeinen Politikmüdigkeit in Wiesbaden wie im gesamten Land, die sich dann auch in einer geringen Wahlbeteiligung bei den Nachwahlen zum Landtag in den folgenden
Monaten niederschlug.[409] Ein Beispiel für die Haltung vieler, insbesondere
älterer Wiesbadener mögen die Tagebuchnotizen des damals 60jährigen
Wiesbadener Landwirtes Burk sein, der zum Jahreswechsel 1848/49 rückblickend schrieb:

„Aber was war durch dieses alles gewonnen? Die Uneinigkeit und der
Neid unter denen, die sich an die Spitze gestellt hatten, bezweckten nichts,
und wenn sie es auch durchgesetzt hätten, der Mittelstandt währe unglück-
lich gewesen. Die Großen machten schon große Fo[r]derungen, die Armen,
die nichts haben, oder besser zu sagen, die Schlechtdenkende, die ihre Habe durchgebracht hatten, wollten nichts mehr arbeiten, sondern mit ihren
Nachbern theilen, unentgeldlich bey ihnen wohnen, ihr Feld und ihr ganzes
Eigentum mit ihnen gemein haben. So verging das Jahr in Unruhe und Be-
sorgnis hin und her und auch aus der ganzen Geschichte wird wenig Gutes
entstehen.

---

[407] NAZ Nr. 7 v. 7.4.1848.
[408] *Wettengel*, Revolution, 163f.
[409] *Egidy*, Wahlen, 263.

Die Bürger mußten öfter ausrücken und exezieren, einigen war dieses ein großes Vergnügen, vielen aber eine große Last, und währen gerne ihre Flinten wieder los gewesen."[410]

Burks konservative Einstellung und seine Furcht vor dem Verlust seines Eigentums waren mit Sicherheit von den Unruhen im Juli, an denen ja besonders die städtische Unterschicht beteiligt war, gefördert worden. Trotzdem bleibt die teilweise Gleichsetzung von Armen und Arbeitsunwilligen auffällig.

Ein weiterer Grund für die geringe „Einsatzbereitschaft" der bäuerlichen Bevölkerung ist darin zu suchen, daß die Bauern sich zunächst als die eigentlichen Gewinner der Revolution fühlen konnten. Eine vergleichsweise günstige Zehntablösung, die Befreiung von weiteren Abgaben und der Verfall der staatlichen Autorität ließen sie sich als Souveräne fühlen, die zeitweise die Schultheißen nach Belieben absetzten.[411]

Bei einer Analyse der ersten Phase der Revolution von 1848/49 in Nassau, die mit dem Einmarsch der Reichstruppen endete, müssen mehrere Konfliktlinien bedacht werden. Zum einen gab es den klassischen politischen Konflikt des Vormärzes zwischen dem „Bürgertum", hier begriffen als „Wirtschaftsbürgertum" in den größeren Orten, vor allem in Wiesbaden, und dem Staat um eine stärkere Beteiligung der Bürger an der Organisation des Gemeinwesens auf allen Ebenen, also sowohl in den Gemeinden, den regionalen Gliederungen wie dem Staates überhaupt. Daneben gab es, durchaus unabhängig davon, den Gegensatz zwischen Regierung bzw. Herzog und großen Teilen der Landbevölkerung, die z.T. unter existenzbedrohenden Bedingungen nur kargen Unterhalt aus dem Boden ziehen konnte und von hohen Abgaben, Zehnten und alten Feudallasten zusätzlich geknechtet wurde. Ihre Interessen waren vor allem sozialer und wirtschaftlicher Natur. Sie wollten die Beseitigung eben jener Feudallasten wie die des Zehnten bzw. der geforderten Ablösesummen. Im Gegensatz zur Stadtbevölkerung war die Gewaltbereitschaft der Landbevölkerung relativ hoch, ihre „Einsatzbereitschaft" nahm aber, nachdem einige ihrer Forderungen erfüllt wurden, deutlich ab. Sie war zugleich als Bündnispartner für das „Bürgertum" problematisch, da die geforderte Steuerermäßigung für die bäuerliche Bevölkerung wahrscheinlich nicht ohne eine gleichzeitige Erhöhung der Lasten für die Stadtbewohner möglich gewesen wäre.

Daneben bestanden die bereits geschilderten Konflikte zwischen den verschiedenen Strömungen innerhalb des „Bürgertums", zu dem sicherlich auch die führenden Köpfe der radikalsten Strömung um den Arbeiterverein zu rechnen sind. Diese politische Spaltung des Bürgertums läßt sich nicht

---

[410] *Dollwet/Weichel*, Tagebuch Burk, 165.
[411] *Spielmann*, Chronik, 175f.

allein auf wirtschaftliche oder soziale Interessen zurückführen, wenngleich z.b. das wirtschaftliche Interesse der Badewirte an stabilen Verhältnissen eine Rolle gespielt haben mag. So finden sich bei den Radikalen keine wirklich arrivierten, vermögenden Personen, wenngleich ihre Führer nicht arm waren. Bei den Konstitutionellen dagegen war die Mehrheit des Wirtschaftsbürgertums organisiert. Wertet man die fast 1000 Unterzeichner der programmatischen Erklärung vom 7. April („An unsere Nassauischen Mitbürger") aus, so zeigt sich, daß hier die Anhängerschaft weit in das Handwerk hineinreichte. In den Reihen der Konstitutionellen befanden sich auch – z.T. temporär gewendete – Konservative, die während der Revolution keinen eigenen Verein gründeten.[412] Bei den Demokraten war die soziale Durchmischung am stärksten, hier waren sowohl junge Akademiker und Handwerker wie auch vermögende Kaufleute organisiert, denen die Haltung der Konstitutionellen zu schnell staatstragend wurde. Zwischen Konstitutionellen und Arbeiterverein läßt sich auch eine soziale Trennlinie konstatieren. Dagegen sind die Demokraten, jedenfalls nach dem derzeitigen Forschungsstand, nicht ohne weiteres in ein soziales Spektrum einzuordnen. Ihre etwa in Düsseldorf beobachtete Nähe zur Handwerkerschaft kann in dieser Form nicht bestätigt werden.[413]

Ein weiterer Gegensatz bestand zwischen den Generationen. Zwar gibt es keine zwangsläufigen Zuordnungen nach dem Schema, daß die jüngere Generation Demokraten und die ältere Generation Konstitutionelle waren, doch zeigt die Unbotmäßigkeit der ersten drei Kompanien der Bürgerwehr, daß die unter 30jährigen überwiegend für eine grundlegende Umgestaltung der Gesellschaft und gegen ein Arrangement mit den alten Kräften eintraten. Ausnahmen bestätigen hier natürlich die Regel: Riehl war, als er Redakteur in Wiesbaden wurde, erst 24 Jahre alt.

Aber auch die Form und die Notwendigkeit der ökonomischen Modernisierung wurde in der Revolution in Frage gestellt. Gewerbefreiheit und weitgehende Freizügigkeit hinsichtlich der Wahl des Wohnortes wurden nicht als „bürgerliche" Interessen, sondern eher als „staatliche" empfunden. Vor allem das produzierende Handwerk und das Transportgewerbe fühlten sich von der Freizügigkeit und den neuen Techniken existentiell bedroht. Dies manifestierte sich etwa in den Ausschreitungen gegen die Eisenbahn und die Dampfschiffe im nahen Rheingau.[414] Daß es in Wiesbaden nicht zu offenen Konflikten kam, ist vor allem darin begründet, daß die beiden großen politischen Fraktionen, Demokraten wie Konstitutionelle, einen Schritt

---

[412] *Treichel*, Bürokratie, 251.
[413] Vgl. Friedrich Lenger, Zwischen Kleinbürgertum und Proletariat. Studien zur Sozialgeschichte der Düsseldorfer Handwerker, 1816-1878. Göttingen 1986, 184f.
[414] Vgl. *Horst Dickel*, Rheingauer Maschinenstürmer. Von Halfnern, Treidlern und Schiffern in der 1848er Revolution, in: Wiesbadener Abrisse 1990, Wiesbaden 1989, o.S.

in Richtung alter Verhältnisse taten und z.B. zum Kauf der Produkte Wiesbadener Handwerker aufriefen. Auf die Interessen des „Mittelstandes" zielte auch eine schließlich 1849 verabschiedete Gesetzesvorlage, die die Gewerbefreiheit einschränkte, indem sie eine Meisterprüfung als notwendigen Befähigungsnachweis vorschrieb.[415] Diese gesetzliche Regelung sollte nur provisorischen Charakter bis zum Erlaß eines neuen Gewerbegesetzes tragen.

Ob die Regelung auch tatsächlich Anwendung fand, ist unsicher, möglicherweise war ihr das gleiche Schicksal beschieden, wie den beratenden Kommissionen für Handwerk und Gewerbefragen, die der Ministerialabteilung des Innern angefügt werden sollten. In Wiesbaden wurde die Kommission zwar noch gewählt, nahm aber dann in der Zeit der Reaktion ihre Arbeit nicht auf.[416] Auch die Wiedereinführung des 1816 abgeschafften Bürgeraufnahmegeldes war eindeutig ein Zugeständnis an die Handwerkerschaft. Hier brachen noch einmal jene Interessengegensätze auf, die wegen der starken Stellung des Staates nach 1814/15 nicht als Konflikte ausgetragen wurden.

Dies sind bei weitem nicht alle Auseinandersetzungen und Gegensätze, die in den ersten Monaten der Revolution Einfluß ausübten. Hinzu kamen noch eine Reihe spezifischer Konflikte, die in engem Zusammenhang mit dem besonderem Charakter Wiesbadens als Kur- und Residenzstadt stehen. So erhielt das städtische Theater einen jährlichen Zuschuß von 50.000 Gulden vom Herzog. Diese Gelder, die aus der Domänenkasse stammten, entfielen nun mit der Verstaatlichung der Domänen. Die Stadt sah sich in ihrer Existenzgrundlage bedroht, denn eine Kurstadt ohne Theater schien kaum denkbar. Der Stadtvorstand und die Bürger forderten einen Zuschuß aus dem regulären Landeshaushalt. Dagegen wollten viele Abgeordnete die angebliche Bevorzugung der Landeshauptstadt nicht mittragen. Der Konflikt darüber steigerte sich bis zur Gewaltanwendung. Mehrere Bürger aus Dillenburg beschwerten sich beim Landtag darüber, daß den Abgeordneten, die dem geforderten Zuschuß für das Wiesbadener Theater nicht zustimmen wollten, von Wiesbadener Bürgern „unter Leitung ihres Stadtvorstandes" mit Gewalttätigkeiten gedroht wurde.[417] Sie forderten deshalb eine Verlegung des Landtages nach Diez.

Ein ähnliches Sonderinteresse machten Wiesbadens Bürger in den Folgemonaten geltend, als die vormärzliche Kritik an den Spielbanken[418]

---

[415] *Schüler*, Wirtschaft, 140.
[416] *Struck*, Biedermeier, 100.
[417] HHStA Wi 1098 IV 50, Bl. 125.
[418] Unzählige Traktate und Schriften kritisierten im Vormärz den aufblühenden Spielbetrieb. Gerade in den Kurstädten sei das Glücksspiel besonders verwerflich, wirke dem Ziel der Kur geradezu entgegen. „Wahrlich! ein öffentliches Spielhaus schickt sich zu

schließlich in ein allgemeines Spielbankverbot des Reiches mündete, das von der Nationalversammlung im Januar 1849 beschlossen wurde. Auch dagegen protestierten die Bürger und der Stadtvorstand.[419] Die daraus resultierende Petition an die Nationalversammlung wurde als einzige der noch erhaltenen Wiesbadener Petitionen als eigene, achtseitige Broschüre gedruckt.[420] Diese Petition gibt in wohlformulierten Worten einen Abriß der Entwicklung Wiesbadens zum nun meistbesuchten Badeort Europas und legt die enorme Bedeutung der Spielbank für den Ausbau der Stadt dar. Vor allem, so wird hier angeführt, seien es keine Nassauer, sondern zu etwa 90% Ausländer, die in der Spielbank ihr Geld verspielten. Auch das hohe Niveau der Argumentation und Sprache macht deutlich, welch große Entwicklung die Stadt seit der eher unbeholfenen Obstruktionspolitik des Rates in der Umbruchszeit durchlaufen hat.

Die Streitigkeiten um den Sitz des Landtages, das drohende Verbot der Spielbank und die vielfältig aufbrechenden Interessengegensätze in der Stadt trugen mit Sicherheit dazu bei, die Revolution zu diskreditieren und leisteten der um sich greifenden Politikmüdigkeit Vorschub.

b. Die Reformgesetzgebung und die Wahlen

Mit den Folgen des Juli-Krawalls 1848 hatte sich die „konstitutionelle Partei" eindeutig als bestimmende durchgesetzt. Mit Hergenhahn stellte sie auch den Ministerpräsidenten und konnte, ja mußte zur Rechtfertigung ihr konstitutionelles Programm umsetzten. Zu diesem gehörten die Trennung der Justiz erster Instanz von der Verwaltung[421] und vor allem ein Gemeindegesetz, das den neuen Verhältnissen Rechnung trug.

Bereits unmittelbar nach Ausbruch der Revolution wurde die Debatte um die künftige Kommunalverfassung eröffnet. Dabei wurden die Forderungen nach kommunaler Selbständigkeit zunächst eher zurückhaltend erhoben: In einem am 18. März 1848 in der am stärksten links orientierten Wiesbadener Zeitung, der „Freien Zeitung", erschienenen Artikel „über den nöthigen Einfluß der Staatsgewalt auf Gemeindeangelegenheiten" wurde etwa keineswegs die Wahl der Stadtschultheißen bzw. Bürgermeister durch die

---

einem Kurorte, wie ein Bordell zu einem Krankenhause!", schrieb Johann Evangelist Wetzler bereits 1819. *Johann Evangelist Wetzler*, Über Gesundbrunnen und Heilbäder überhaupt, oder über deren Nutzen, Einrichtung und Gebrauch, Mainz 1819, 149.

[419] *Struck*, Biedermeier, 247f.

[420] An die deutsche Nationalversammlung zu Frankfurt ehrerbietigstes Gesuch der unterzeichneten Einwohner Wiesbadens um hochgeneigte Berücksichtigung der Verhältnisse der Stadt Wiesbaden bezüglich der beantragten Aufhebung der hiesigen Spielbank, Wiesbaden 1848. Ein Exemplar ist erhalten in: BuAFfm DB 55/19.

[421] *Treichel*, Bürokratie, 275ff.

Bürger gefordert, sondern nur angeregt, daß die Gemeinde der Regierung drei Kandidaten zur Auswahl vorschlagen sollte.[422] Dagegen ging die Ende März beschlossene Übergangsregelung schon weiter: die Gemeinden erhielten das Recht zur Wahl der Schultheißen und der Gemeinderechner sowie das Verfügungsrecht über die Gewinne aus dem Gemeindevermögen.[423]

Im Mai erschien in der „Freien Zeitung" eine Artikelserie, die sich mit der zukünftigen Gemeindeverfassung bedeutend differenzierter auseinandersetzte und weitergehende Forderungen enthielt. Anfangs unterscheidet der unbekannte Autor zwischen verschiedenen, parallel existierenden Formen der Gemeinde, und zwar der Bürger-, der (politischen) Einwohner-, der Kirchen- und der Frauengemeinde. Während die Kirchengemeinde in seinen Überlegungen ausgeklammert bleiben, sieht er die Aufgabe der Frauengemeinde äußerst beschränkt: Ihre Aufgabe sei die Wahl der Hebammen und der Arbeitslehrerinnen, wie dies bereits in einigen Staaten üblich sei. Ansonsten sieht er die Frauen rückblickend vor allem als Instrumente des alten Regimes: „Die Monarchie benutzte die Frauen, um durch sie und ihre kleinlichen Interessen (Eitelkeit und Putzsucht) den Mann in Fesseln zu schlagen".[424]

Der in dem Artikel konstruierte Gegensatz zwischen der Bürger- und der Einwohnergemeinde verdient besondere Beachtung. Zunächst sieht der Verfasser diesen Gegensatz allein auf die „freien" Staaten beschränkt. Dort, wo der Staat „alles regiert", entfalle diese Unterscheidung. In jenen „freien" Staaten aber, wo ein Teil der Souveränität bei den Gemeinden liege und diese über die Ausübung von Gewerben und die Aufnahme von Bürgern selbst entscheiden könnten und auch Korporationsgut besäßen, ergebe sich die Parallelität zweier „Gemeinden" in einem Ort daraus, daß man den Aufenthalt nicht zwangsläufig an den Erwerb des Bürgerrechts binden könne. Den Aufenthalt Fremder völlig auszuschließen, bedeute zugleich die Abschaffung der Freizügigkeit. Die Möglichkeit zu einem Wechsel des Wohnortes liege aber auch im Interesse jedes einzelnen Bürgers. Zwar deutet der Verfasser in seinen weiteren Ausführungen teilweise die Konsequenzen einer solchen Parallelität zweier Gemeinde-Korporationen an – die „Bürgergemeinde" ist ja, sieht man von den abwesenden Bürgern ab, Teil der Einwohnergemeinde –, doch ist insgesamt dieser Entwurf der Vereinigung der alten Rechtsidee der Bürgerschaft mit der modernen der Einwohnergemeinde wenig durchdacht und taugt kaum zu einem Kompromiß zwischen beiden Positionen.[425] Mit dem nassauischen Gemeinde-

---

[422] FZ Nr. 15 v. 18.3.1848.
[423] *Treichel*, Bürokratie, 259.
[424] FZ Nr. 67 v. 11.5.1848.
[425] FZ Nr. 68 v. 12.5.1848, Nr. 69 v. 13.5.1848, Nr. 70 v. 14.5.1848.

dikt von 1816, das durch den festen Rechtsanspruch auf Einbürgerung bei
gleichzeitiger Verpflichtung im Falle der Gewerbetätigkeit gekennzeichnet
war, hatte sich Nassau bereits stark in Richtung „Einwohnergemeinde" bewegt. Wenn man diese als das wünschenswerte Ziel definiert und damit
jede Entwicklung in Richtung „Einwohnergemeinde" als Fortschritt wertet
– wie dies gemeinhin in der Forschung geschieht –, so ist dieser Entwurf,
immerhin veröffentlicht in der „Freien Zeitung", ein deutlicher Rückschritt.
Auch hier wird bereits deutlich, daß man die Forderung nach einer stärkeren Selbstverwaltung durchaus mit alten Rechtsvorstellungen verband.

Der dann vorgelegte Regierungsentwurf zur Gemeindeordnung, der sich
stark an die badische Gemeindeordnung von 1831 anlehnt, löste im Herbst
des Jahres 1848 eine ausgeprägte parlamentarische wie publizistische Debatte aus, die schließlich in eine Reihe von Veränderungen am ursprünglichen Entwurf mündete.[426] Insgesamt vertraten Demokraten und Konstitutionelle aber keine grundsätzlich verschiedenen Positionen. Allerdings
setzten sich die Demokraten für eine noch weitergehende Minimierung der
staatlichen Eingriffsrechte in den Gemeinden ein. Neben der grundsätzlichen Haltung der Demokraten hinsichtlich der kommunalen Selbstverwaltung hat hier möglicherweise bereits das Ziel eine Rolle gespielt, sich angesichts ihrer mittlerweile defensiven Minderheitsposition in der Revolution eine Rückzugsposition in den Gemeinden aufzubauen.

Mitte Dezember 1848 wurde das neue Gemeindegesetz veröffentlicht.
Das Gesetz basiert auf dem Gedanken der Rechtsgemeinschaft und Rechts-
gleichheit der Bürger. Es hebt alle Sonderregelungen für Beamte und Adelige etc. auf, die nach der bisherigen Gesetzeslage als „staatsbürgerliche
Einwohner" ohne Anbindung an eine Gemeinde verstanden wurden. Sie
werden jetzt ebenfalls einer Kommune zugeordnet.[427] Die Freizügigkeit
wurde gegenüber dem Gemeindeedikt von 1816 eingeschränkt. Zwar
konnte ein Antragsteller, dessen Gesuch um Bürgeraufnahme vom Gemein-
devorstand abgelehnt worden war, Rekurs an die Gesamtgemeinde bzw.
den Bürgerausschuß nehmen und als letzte Instanz auch die Staatsbehörden
um Überprüfung bitten, ob die gesetzlichen Bedingungen eingehalten worden waren, doch bedeutete die neue Regelung letztlich eine wesentliche
Stärkung der Rechtsstellung der Gemeinden. Außerdem wurde den Gemeinden wieder das Recht eingeräumt, ein Bürgeraufnahmegeld zu verlangen. Dieses konnte die Gemeinde bis zu einem Betrag von 60 Gulden für
Ortsfremde festsetzen, alle Ausländer, also Nicht-Nassauer, mußten gar den

---

[426] *Treichel*, Bürokratie, 259, FZ Nr. 137 v. 23.7.1848, Nr. 164 v. 22.8.1848, Nr. 165 v.
23.8.1848, Nr. 166 v. 24.8.1848.
[427] VBN Nr. 34 v. 12.12.1848, 256f (§109–111).

doppelten Betrag zahlen.[428] Außerdem mußte der Antragsteller neben einem guten Leumund insbesondere die nötigen Mittel zur Ernährung einer Familie nachweisen. Damit war ein Instrument geschaffen, die weitere Zuwanderung von Armutsflüchtlingen aus den armen Mittelgebirgsregionen des Landes zu verhindern.

Minderbemittelte Zuwanderer, die Arbeit in der Stadt fanden, erhielten nun meist nur noch ein temporäres Aufenthaltsrecht; sie konnten damit jederzeit ausgewiesen werden und im Falle ihrer Bedürftigkeit war immer noch die Heimatgemeinde für die Unterstützung zuständig.[429] In der Debatte um das Bürgeraufnahmegeld traten im Landtag insbesondere die Wiesbadener Abgeordneten Bertram und Fresenius hervor, die Regularien zur Begrenzung des Zuzugs forderten.[430] Zeitweise war sogar ein maximales Bürgeraufnahmegeld für nassauische Staatsbürger von 100–200 Gulden im Gespräch.[431] Bürgersöhne brauchten dagegen für die Aufnahme als vollwertige Gemeindemitglieder nur 10 Gulden zu zahlen. Ledigen Bürgertöchtern war das Bürgerrecht verwehrt, sie hatten aber das Recht, einen Gewerbebetrieb zu führen.

Mit dem neuen Gemeindegesetz wurde die vormärzliche Bevormundung der Gemeinden durch den Staat weitgehend aufgehoben. Es blieben den Staatsbehörden aber noch eine ganze Reihe von Kontrollaufgaben bzw. Kontrollrechten. So sollte der Haushalt jährlich durch die staatlichen Behörden überprüft werden, auch waren neue Kreditaufnahmen und der Verkauf von Gemeindeeigentum in größerem Umfang genehmigungspflichtig. Diese Regelungen waren sicher nötig, wollte man nicht die Mißwirtschaft in den oft kleinen Gemeinden fördern.[432]

Dagegen wurde die personelle Besetzung der städtischen Gremien und Ämter durch die Regelungen des Gesetzes weitgehend dem Einfluß des Staates entzogen. Weder die Mitglieder des neugeschaffenen Gemeinderates noch der Bürgermeister bedurften der Bestätigung durch die Staatsbehörden, die allerdings bei Verstößen gegen die Wahlbestimmungen Neuwahlen anordnen konnten.[433] Sowohl der Bürgermeister wie die Gemeinde-

---

[428]   Ebd., 252, § 93f.

[429]   Eba., 249, § 76.

[430]   Verhandlungen der Ständeversammlung des Herzogthums Nassau von dem Jahr 1848, Bd. II, 1034ff.

[431]   *Treichel*, Bürokratie, 272.

[432]   VBN Nr. 34 v. 12.12.1848, 248, § 75.

[433]   Ebd., 230, § 11. Das Gesetz gestand außerdem der Staatsregierung das Recht zu, „die Wahl des Bürgermeisters einmal und zwar binnen 14 Tagen nach deren Vornahme, beziehungsweise der erstatteten Anzeige, zu beanstanden, und eine neue Wahl anzuordnen, bei der es alsdann, wenn sie nicht gegen die §§ 9 und 10 verstößt, sein Bewenden behält." Ob dies das Recht einschließt, auch bei politischer Ungelegenheit des Kandidaten Neuwahlen anzuordnen, ist dem Text und Zusammenhang nicht sicher zu entneh-

räte wurden in einer Urwahl gewählt, als weiteres gewähltes Organ trat stellvertretend für die Versammlung der Gesamtgemeinde in den größeren Orten noch der Bürgerausschuß hinzu, der zu allen wesentlichen Veränderungen im Bereich des Gemeindevermögens seine Zustimmung geben mußte.[434]

In den Städten mit mehr als 6000 Einwohnern wurden 24 Gemeinderäte gewählt. Ihre Amtszeit betrug vier Jahre, wobei alle zwei Jahre je die Hälfte der Amtsinhaber neu gewählt werden sollte. Diejenigen, die nach der ersten Wahl bereits nach zwei Jahren ausscheiden mußten, bestimmte das Los.[435] Die Amtszeit des Bürgermeisters betrug sechs Jahre. Ihm wurde die Führung der gesamten Verwaltung überantwortet. Damit hatte er als ausführendes Organ eine starke Stellung in der Gemeinde. Er führte den Vorsitz sowohl im Gemeinderat wie im Feldgericht, das nun nicht mehr den Titel „Stadtrat" führte und dessen Mitglieder nicht mehr lebenslang, sondern nur noch auf zehn Jahre bestellt wurden. Trotz seiner starken Position blieb der Bürgermeister in die kollegialische Führung des Gemeinderates eingebunden, ohne den keine wichtigen Entscheidungen getroffen werden konnten.

Das neue Gemeindegesetz brachte die weitgehende Durchsetzung der im Vormärz immer wieder geforderten kommunalen Selbstverwaltung. Der Wiesbadener Rechtsanwalt und Landtagsabgeordnete Ernst Leisler sah in der Verabschiedung des Gesetzes einen „Triumph des Bürgertums".[436] Durch das Festhalten am Bürgerrecht als Exklusivrecht wurde der Sorge in den Gemeinden, insbesondere in der Stadt Wiesbaden, vor einem ungehinderten Zuzug verarmter Landbewohner Rechnung getragen. In diesem Punkt, so scheint es, herrschte zwischen Konstitutionellen und Demokraten weitgehende Einigkeit.

Beachtenswert ist dabei, daß der erfolgreiche Weinhändler Bertram und der Inhaber und Gründer des Laboratoriums Fresenius diese Forderungen offensiv im Landtag vertraten, obwohl sie persönlich kaum eine Konkurrenz der „Proletarier" fürchten mußten.

Bereits wenige Tage nach der Verkündung des Gesetzes wurden in Wiesbaden erstmals die Gemeinderäte gewählt. Bei den Gemeinderats- und Bürgerausschußwahlen am 20.12.1848 setzten sich die demokratischen Kandidaten mehrheitlich gegen die liberal-konstitutionellen durch.[437]

---

men. Möglicherweise wollte man sich hier durch bewußt unklare Formulierungen einen Interpretationsspielraum schaffen.

[434] Ebd., 235f., § 30–34.
[435] Ebd., 228ff., § 6–12, außerdem „Ordnung für die Wahlen des Bürgermeisters, der Gemeinderäthe und des Bürgerausschusses", ebd., 258–260, § 2.
[436] Zitiert nach *Treichel*, Bürokratie, 274.
[437] FZ Nr. 269 v. 22.12.1848.

Tabelle 28

Die Mitglieder des Wiesbadener Gemeinderates 1848/49

Die im Dezember 1848 gewählten 24 Mitglieder mit dem Gewerbesteuerkapital 1849 und 1850

Nr. Name	Status	Bürger-aufnahme	Bürger-jahre	Beruf	Steuerkapital v. 1849	1851
1 Bender, Friedrich	S/B	1848	0	Schmiedegeh.	-	-
2 Bertram, Franz	S/B	1830	18	Weinhändler	9.900	- 1)
3 Birck, Georg Ph.	S/B	1834	14	Maurermeister	800	1.000
4 Braun, Karl	F/B	1849	-	Arzt/Dr. med.	-	- 2)
5 Geiger, August.	U/B	[1848 ?]	-	Prokurator/Dr.	-	-
6 Götz, Carl	S/B	1844	4	Wirt	3.900	- 1)
7 Hahn, Friedrich	S/B	1817	31	Flickschuster	120	120
8 Hahn, Georg	S/B	1838	10	Wirt	400	400
9 Hoffmann, Philipp	S/B	1821	27	Badewirt	2.400	-
10 Käsebier, Fried. Wilh.	S/B	1842	6	Kaufmann	1.600	1.600
11 Krempel, Ludwig	S/B	1848	0	Kaufmann	-	1.200 3)
12 Mahr, Carl	S/B	1828	20	Uhrmacher	800	800
13 Mathes, Michael	S/B	1836	12	Instrumentenmacher	600	-
14 Querfeld, Gustav	S/B	1842	6	Maurermeister	800	1.000
15 Thon, Friedrich	S/B	1835	13	Landwirt	300	-
16 Thon, Georg	S/B	1841	7	Landwirt	200	-
17 Thon, Jonas	S/B	1836	12	Landwirt	300	-
18 Tippell	U/B	[1848 ?]	-	Domänenrat	-	-
19 Tölke, Carl	F/B	1826	22	Branntweinbrenner	2.900	5.800
20 Walther, Georg	S/B	1827	21	Kutscher	1.800	2.000 4)
21 Weil, Christian	S/B	1832	16	Rentier	50	50
22 Wolff, Reinhard	S/B	1825	23	Landwirt	50	75 5)
23 Wörner, Carl F.	F/B	1831	17	Kupferschmied	800	-
24 Zahn, Philipp	S/B	1838	10	Bademeister	250	-
Summe			289	Summe	27.970	
			:21		:19	
durchschnittl. seit # Jahren Bürger			13,76	Schnitt	1.472	

Legende:
F=Fremde; S=Bürgersohn bzw. ortsgebürtig / B=Bürger

Herkunft/Status
Fremde 3; Bürgersöhne bzw. ortsgebürtig: 19; Unbekannt: 2

Finanzieller Status
Das durchschnittliche Gewerbesteuerkapital betrug 1849 (bei 1995 Fällen) 457 fl.,
die Gemeinderäte lagen mithin im Schnitt um das 3,2fache darüber.

Durchschnittsalter
Für 21 Gemeinderatsmitglieder liegen die Geburtsdaten vor. Das Durchschnittsalter betrug
demnach (Ende 1848) 40,7 Jahre bei einer Spannweite von 29 bis 61 Jahren.

1) Teilhaber eines Geschäfts mit dem Gesamtsteuerkapital.
2) Nicht identisch mit dem Prokurator und Politiker Karl Braun.
3) 1849 noch ohne eigenes Vermögen.
4) Walter wird wegen der Zahl der Pferde (9-11) als Unternehmer "im Großen" geführt.
5) Wolff (+ 1851) war zeitweise Kontrolleur "am Leihhaus" mit 150 fl. Gehalt.

Von den Kandidaten des „Deutschen Vereins", unter dem jetzt die Konstitutionellen firmierten, wurden nur acht (bei 24 Mandaten) gewählt. Dabei ist keineswegs sicher, daß diese acht ausgewiesene Parteigänger waren.[438] Noch deutlicher fiel der Sieg der Demokraten bei der Bürgermeisterwahl Anfang 1849 aus: Mit 1031 gegen 597 Stimmen setzte sich der Buchhändler Fischer, Mitherausgeber der „Freien Zeitung", gegen den Bürgermeisteradjunkten Weichardt durch, der von den Konstitutionellen aufgestellt worden war.[439]

Für Fischer als Bürgermeisterkandidat wurde angeführt, daß er gebürtiger Wiesbadener sei, mit vielen befreundet und allen bekannt. Er sei zwar vermögenslos, wie die „Nassauische Allgemeine Zeitung" zu recht bemerke, doch treffe dies auch auf den Kandidaten Weichardt zu.[440]

Dieser „bemerkenswerte Triumph der demokratischen Partei in dieser ihr schon nicht mehr günstigen Zeit"[441] ist möglicherweise eine Reaktion auf die Zusammenarbeit der Konstitutionellen mit den alten Kräften. Weichardt, Adjunkt des ungeliebten Lauterbach, stand wohl zu stark für ein Zurück zu alten Verhältnissen. Leider läßt die Quellenlage nicht zu, alle Personen im neuen Gemeinderat mit jetzt demokratischer Mehrheit politisch einzuordnen, so daß Sozialanalysen nach politischer Orientierung nicht möglich sind. Unter den Gemeinderäten befanden sich nur neun der 24 Mitglieder des alten, obsolet gewordenen Stadtvorstandes. Insgesamt war der 24köpfige Gemeinderat ein Querschnitt durch die städtische Gesellschaft, ohne daß eine Berufsgruppe ein ausgeprägtes Übergewicht gehabt hätte. Sogar ein Beamter, der – wie alle seine Berufskollegen nach dem neuen Gemeinderecht – jetzt ebenfalls Bürgerrecht besaß, gehörte zu den Gemeinderäten. Auffällig ist dagegen die Herkunft der Räte: Die meisten Gemeinderäte (79%) waren entweder Bürgersöhne oder zumindest in Wiesbaden geboren. Dies ist, erinnert man sich etwa an die Stadtvorsteher von 1831, die nur zu 25% in diese Kategorie fielen, eine deutliche Hinwendung zu „bodenständigen" Personen als Interessenvertretern.

Zwei Faktoren haben hier eine Rolle gespielt: Zum einen war Wiesbaden zwar auch im Vormärz eine Stadt mit hoher Zuwanderung, dennoch war diese jetzt weit weniger prägend als in der Umbruchzeit. Auch wenn es letztlich ein banaler Zusammenhang ist, muß man sich doch vergegenwärtigen, daß eine Einwanderung von 50–100 Familien im Jahr das kleine

---

[438] HHStAWi 1098/IV 50, 244 im Abgleich mit StdAWi AA VIc 26. Leider liegt keine vergleichbare Kandidatenliste der Demokraten mehr vor. Die oben zitierte Meldung der „Freien Zeitung" v. 22.12.1848 legt aber nahe, daß die übrigen 16 Gemeinderatsmitglieder Demokraten waren.

[439] *Spielmann*, Chronik, 174, *Struck*, Biedermeier, 52.

[440] FZ Nr. 275 v. 29.12.1848.

[441] *Struck*, Biedermeier, 52.

Wiesbaden des ersten und zweiten Jahrzehntes des 19. Jahrhunderts grundlegend veränderte, während die gleiche oder sogar etwas höhere Zahl von Einwanderern von der neuen Mittelstadt des Vormärzes viel eher absorbiert werden konnte, waren doch mittlerweile viele ehemalige Zuwandererfamilien in der zweiten Generation zu „Einheimischen" geworden, jedenfalls im Sinne unserer in der Einleitung aufgestellten Definition.

Noch ein zweiter, m.E. bedeutenderer Faktor kommt hinzu: Standen in den Jahren nach der Umbruchzeit die Zugewanderten vor allem für eine neue, erfolgreiche Orientierung der Stadt, abzulesen auch an der wirtschaftlichen Dominanz der Neubürger, wie sie etwa im Gewerbekataster von 1831 zum Ausdruck kommt, so hat sich mit dem Erfolg des „Weltkurstadt"-Konzepts, der Ausrichtung der Stadt auf ihren wichtigsten Wirtschaftsfaktor, eine neue Identität des städtischen Bürgertums eingestellt. Sie findet ihren Ausdruck auch in den Tendenzen zur Abschottung und in den Fördervereinen für die lokale Handwerkerschaft nach dem Motto: Kauft wiesbadenerisch.[442] Mit diesem neuen „Lokalpatriotismus" gewinnt auch an Bedeutung, daß der neue Bürgermeister Fischer von Wiesbaden gebürtig war. Die Verbindung von demokratischer Mehrheit und protektionistischem, wirtschaftlich restaurativem Denken im Gemeinderat ist kein Widerspruch, sondern ist vom Ansatz her in vielen Städten zu beobachten.[443] Die Wiesbadener Demokraten waren, wie bereits erwähnt, politisch sehr gemäßigt und wirtschaftlich stark lokal orientiert.[444]

Beide Ausrichtungen kamen in der Ansprache Fischers nach seinem Wahlsieg, veröffentlicht in der „Freien Zeitung", zum Ausdruck: Seine Rede handelte nur von der Gültigkeit des Gesetzes und von der Notwendigkeit von Ruhe und Ordnung in der Stadt und kann von jedem Konservativen aller Zeiten blind unterschrieben werden.[445] Auch in der Frage des Bürgeraufnahmegeldes bestand auf lokaler Ebene kein grundsätzlicher Dissens zwischen den politischen Richtungen.

Den hohen Aufnahmegebühren, die im Februar 1849 bei einer demokratischen Mehrheit im Gemeinderat und einem demokratischen Bürgermeister beschlossen wurden, haben die Konstitutionellen gewiß zustimmen können.

---

[442] *Wettengel*, Revolution, 401f.

[443] Vgl. *Lenger*, Kleinbürgertum, 185f.

[444] In gewisser Hinsicht können diese Abgrenzungstendenzen als eine Fortsetzung der Forderungen nach Schutz der nationalen Wirtschaft gesehen werden, wie diese z.B. in der Petition der „Commission für das Herzogthum Nassau zur Berathung der auf Schutz und Förderung der Arbeit bezüglichen Einrichtungen" vom 27.11.1848 zum Ausdruck kommt. Der Kommission gehörten überwiegend Wiesbadener Wirtschaftsbürger an. Vgl. BuAFfm DB 51/156 Bl. 378ff.

[445] FZ Nr. 24 v. 28.1.1848.

Tabelle 29

Die wirtschaftliche Elite 1849 - die 24 Höchstbesteuerten

Geordnet nach dem Gewerbesteuerkapital (in Gulden)

Nr. Name	Status	Bürger-aufnahme	Bürger-Jahre	Beruf	Steuerkap. 1849
1 Chabert, Anton	F/T	-	-	Spielpächter	118.905
2 Schlichter, Chr. Wwe.	S/BW	1811	38	Badewirtin	12.100
3 Bertram, Jacob u. Söhne	F/B	1827	22	Weinhändler	9.900
4 Werner, Nicolaus	F/B	1842	7	Müller	8.000
5 Zais, Wilhelm	F/B	U	-	Gastwirt/Arzt	5.900
6 Stritter, Friedrich Wwe.	S/BW	1808	41	Wirtin	5.400
7 Zimmermann, J. Georg	F/B	1832	17	Wirt	5.400
8 Bücher, Christian	S/B	1826	23	Wirt/Bierbrauer	5.200
9 Duensing, Friedrich	F/B	1830	19	Wirt	5.000
10 Gasbeleuchtungsgesellschaft	-	-	-	Gasfabrik	5.000
11 Göbel, Philipp	F/B	1840	9	Weinhändler	4.500
12 Volz, Adam	F/B	1831	18	Müller	4.500
13 Düringer, Daniel	F/B	1815	34	Gastwirt	4.300
14 Goetz, Albrecht u. Carl	S/B	1844	5	Gastwirte	3.900
15 Mehler, Johann Joseph	F/T	-	-	Spezereihänd.	3.900
16 Poths, Philipp Friedrich	S/B	1808	41	Müller	3.700
17 Baumann, Friedrich	F/B	1826	23	Gastwirt	3.500
18 Berlé, Markus	S/U/J	-	-	Bankier	3.500
19 Bogler, Georg Joseph	F/B	1838	11	Spezereihändl.	3.500
20 Herz, Samuel	U/U/J	-	-	Händler	3.500
21 Kalb, Carl	S/B	1846	3	Bankier	3.500
22 Leyendecker, Philipp	F/B	1828	21	Lehranstalt	3.500
23 Marburg, Ludwig	F/B	1838	11	Kaufmann	3.500
24 Strauß, Isaak	F/B/J	1850	-	Möbelhändler	3.500

Summe ohne Minus-Jahre			343	Summe	233.605
mind. 18 Bürger davon 16 Daten			:18		
seit durchschnittl. # Jahren Bürger			19,06	Schnitt	9.734

Legende:
F=Fremde; S=Bürgersohn bzw. ortsgebürtig / B=Bürger; BW=Bürgerwitwe; U=unbekannt
T=Temporärer Aufenthalt / J=Jude

Herkunft
Fremde: 15; Bürgersöhne bzw. ortsgebürtig: 7; Gesellschaft: 1; Unbekannt: 1

Vereinsmitgliedschaften

Casino-Gesellschaft	8	Jahr: (1832-1872)
Naturkundeverein	7	Jahr: (1842)
Nass. Altertumsverein	7	Jahr: (1827-1872)

Weitere Hinweise:
Die Juden, nunmehr auch wirtschaftlich von Bedeutung, sind in das Kataster aufgenommen
worden. Die Beamten fehlen aber weiterhin. Alle drei Lebensmittelhandwerker sind Müller,
die Nebengewerbe im Bereich Landwirtschaft, Gastwirtschaft und Weinhandel betrieben.
Die meisten Personen versteuern mehrere Tätigkeiten, i.d.R. wird der Beruf mit der höchsten
Steuerleistung in der Spalte Beruf genannt, jedoch stets die Gesamtsteuerleistung genannt.

Der Gemeinderat legte unter Zustimmung des Bürgerausschusses das Bürgeraufnahmegeld auf 10 fl. für Bürgersöhne, 60 fl. für ortsfremde nassauische Staatsbürger und 120 fl. für Ausländer fest. Wiesbaden nutzte damit die im Gesetz genannten Maximalbeträge voll aus.[446]

c. Die Krise der Stadt und die Reaktion

Bereits in den Jahren vor der Revolution hatte Wiesbaden unter der allgemeinen Wirtschaftskrise gelitten. Die Revolution verstärkte diese Krise noch weiter, war die „Kurindustrie" doch ein im Hinblick auf Unruhen höchst anfälliges Gewerbe. Die Kurgastzahlen gingen 1848 dramatisch zurück, fast alle Erwerbszweige gerieten darüber ins Stocken. Ruhe und Ordnung, darauf wies auch Fischer in seiner Rede zum Amtsantritt hin, sind für eine Kurstadt von höchster Bedeutung – die Angst, die Kurgäste, vor allem jene, die mehr Unterhaltung denn Gesundheit suchten, könnten sich von der Stadt abwenden, ist für mehr als ein Jahrhundert ein bestimmendes Motiv für die spezifische Wiesbadener Stadtpolitik gewesen. Daß diese massive Wirtschaftskrise, die vor allem auch das Baugewerbe traf, nicht ohne Einfluß auf die Politik geblieben ist, darf man unterstellen. Für die Mitglieder des alten Stadtvorstandes – bis 31. Dezember 1848 im Amt – wurde in den Tabellen 26 und 27 das Gewerbesteuerkapital von 1846 dem von 1849 gegenüber gestellt. Dabei zeigt sich bei fast allen Stadtvorstehern ein deutlicher bis starker persönlicher wirtschaftlicher Abstieg. Besonders die Inhaber von Bauunternehmungen mußten kontinuierlich die Zahl ihrer Arbeiter reduzieren, etwa von 15 auf drei. Zugleich wurde mit den Entlassungen auch die Zahl der Arbeitslosen in der Stadt vergrößert. Hinzu kamen noch Unglücksfälle, so etwa als Wiesbadens größte Fabrik, die Tuchfabrik von Löwenherz, in der Nacht vom 13. auf den 14. März 1848 niederbrannte und zahlreiche Arbeiter damit plötzlich brotlos wurden.[447]

Daß die „demokratische Mehrheit" keine Umsturzpartei war, zeigte sich auch während des Badischen Aufstandes. Nur wenige Wiesbadener – ihnen voran der legendäre Böhning – eilten den Aufständischen 1849 mit der

---

[446] StdAWi STVV/1 Prot. v. 21.1.1849, StdAWi WI/1/618, sowie die Angaben in den einzelnen Bürgeraufnahmeakten, StdAWi WI/BA/3ff. Vgl. auch *Struck*, Biedermeier, 59. Strucks Angabe, das Bürgeraufnahmegeld hätte für Bürgersöhne 10 und für „Inländer" 30 fl. und für Ausländer 60 fl. betragen, ist offensichtlich falsch und beruht wahrscheinlich auf einer Fehlinterpretation eines Vordruckes in StdAWi WI/1/618, sowie einer dort enthaltenen Aufstellung. Der hier erwähnte „Ortsfremde" zahlte nur 30 fl., weil er eine Bürgertochter ehelichte und deshalb Ermäßigung beanspruchen durfte.

[447] *Spielmann*, Chronik, 46f. Spielmann gibt an, daß 100 Arbeiter davon betroffen gewesen wären. Nach anderen Quellen (Gewerbekataster, StdAWi Bestand WI/1) hatte die Fabrik deutlich weniger, möglicherweise noch nicht einmal 20 Beschäftigte.

Waffe in der Hand zur Hilfe. Doch erhielten die Badener durch die „Freie Zeitung" publizistische Unterstützung. Wenn auch die journalistische Schützenhilfe wenig gegen preußische Kugeln half, so wurden die Artikel doch von der nassauischen Regierung als Hochverrat aufgefaßt und der verantwortliche Redakteur Oppermann sowie zwei Buchhändlergehilfen entsprechend angeklagt. Der Hauptvorwurf betraf dabei die Verbreitung des Aufrufes des badischen Landesausschusses „An die deutschen Krieger", durch den die Soldaten zum Ungehorsam gegen ihren Fürsten aufgefordert worden seien.[448] Das Schwurgericht – zu den Geschworenen gehörte u.a. Bernhard May, der führende „Deutschkatholik" Nassaus – sprach aber die drei Angeklagten frei.[449] Mit diesem Akt der Selbstbehauptung gegen den Staat erschöpfte sich weitgehend das Engagement der Wiesbadener Bürger in der zweiten Revolutionsphase. Auch eine Petition der Bürgerwehr an die Nationalversammlung im Mai 1849, in der Kommandant Malm und weitere Unterzeichner u.a. versprachen, die Nationalversammlung als „das letzte Bollwerk der deutschen Einheit und Freyheit" vor dem Angriff „verblendeter Dynasten" mit „Gut und Blut" zu verteidigen, ist wohl nicht zum Nennwert zu nehmen.[450] Dies deutet sich schon durch die Unterschriften an: Neben dem Kommandanten unterschrieben nur ein Major und zwei Hauptleute (einer war Louis Krempel), obwohl die Truppe nominell mindestens zehn Kompanien umfaßte. Die Petition wurde weiterhin von zwei Unterführern bzw. einem einfachen Wehrmann unterschrieben, auch dies weist auf einen eher symbolischen Charakter des Dokuments hin. Der „Wehrmann" war Julius Oppermann, der Redakteur der „Freien Zeitung".

Man war nicht bereit, in einem wenig erfolgversprechenden Kampf zu den Waffen zu greifen, zeigte aber zugleich Sympathie für die Aufständischen. In dieses Bild paßt auch, daß der demokratische Frauenverein nach der Niederlage der Aufständischen in Baden Kleidungsstücke für die in die Schweiz Geflohenen sammelte und deshalb heftig von den Konservativen angegriffen wurde.[451]

Das politische Interesse in Wiesbaden wie in ganz Nassau sank immer weiter ab. Hatten bei der Wahl der Abgeordneten zur Ständeversammlung und zur Nationalversammlung 1848 schon die Lokalinteressen weit vor der politischen Ausrichtung des Kandidaten den Ausschlag gegeben, so wurde

[448] Vgl. Verhandlungen der Anklage gegen Redacteur J. Oppermann, Buchhändlergehilfen Chr. Limbarth und Buchhändlerlehrling Friedr. Frauenholz zu Wiesbaden wegen Aufforderung zu hochverrätherischen Handlungen und Beleidigung des Königs von Preußen vor den Assisen zu Wiesbaden am 23. und 24. October 1849. Wiesbaden 1849, 7ff.

[449] Ebd., 90.

[450] BuAFfm DB 51/445.

[451] FZ Nr. 292 v. 10.12.1849.

die Urwahl der Wahlmänner für die Abgeordnetenwahl zum Erfurter Reichstag im Januar 1850 hinsichtlich der Wahlbeteiligung zum Fiasko. Weniger auf den Boykottaufruf der Demokraten als auf den allgemeinen „Wahlekel" ist wohl die Wahlbeteiligung von nur 5–6% in Gesamtnassau zurückzuführen. In zahlreichen Wahlbezirken kam überhaupt keine Wahl zustande, meist wählten nur die Beamten oder solche, die sich von einer Stimmabgabe Vorteile versprachen.[452] So war das Ergebnis der Abstimmung der Wahlmänner vorprogrammiert: In Wiesbaden wurde der gemäßigt liberale ehemalige Ministerpräsident Hergenhahn zum Abgeordneten gewählt, der Wiesbaden schon in der Paulskirche vertreten hatte.

Im Dezember 1850 standen in Nassau Gemeinderatswahlen an. Auch in Wiesbaden mußte die Hälfte der 24 Gemeinderatsmitglieder neu gewählt werden. Im Vorfeld forderte die Freie Zeitung die Bürger mit einem flammenden Artikel zu einer Beteiligung an der Wahl auf und führte das amerikanische „Selv-Governement" als Beispiel für die „Germanen" an, die jetzt in den „rauhen Stürmen" aus „Sibirien's Gefilden" bei dem „Unterbau" mit der Reform beginnen müßten.[453] Doch das Gegenteil trat ein: Von den Gemeinderatsmitgliedern, die Ende 1848 bei dem Sieg der Demokraten gewählt worden waren, wurden nur zwei wiedergewählt. Dabei ist angesichts einiger Rücktritte während der Amtszeit wahrscheinlich, daß viele der Gemeinderäte auch keine erneute Amtszeit anstrebten. Überraschend ist das geringe Durchschnittsalter der neu Gewählten, es beträgt nur knapp 33 Jahre: Hier trat eine neue Generation an. Unter ihnen befanden sich z.B. der 28jährige Prokurator Friedrich Lang, später Führer der Fortschrittspartei im Landtag oder der 34jährige konservative Carl Großmann, später Führer der nassauischen „Großdeutschen" und Vorstandsmitglied des Deutschen Reformvereines. Zwar lassen sich auch unter den neuen Gemeinderäten nicht alle Personen eindeutig politisch verorten, doch setzten sich bei dieser Wahl eindeutig die konstitutionell-konservativen Kräfte durch. Die Demokraten hatten hingegen auch durch interne Querelen ihre Chancen verspielt. „Bei der neuerlichen Wahl der Gemeinderäthe hat die Demokratie der Stadt Wiesbaden wahrlich keine Lorbeeren um ihre Schläfe gewunden. Trägheit, stupide Gleichgültigkeit, kleinliche, kindische Eifersüchtelei, mangelhafte Ausführung des von der Demokratie selbst angenommenen Feldzugsplans haben es leider verhindert, daß die Demokratie da nicht gesiegt hat, wo sie, von regem Eifer beseelt, hätte siegen können" urteilte jedenfalls die Freie Zeitung.[454] Wie sich zusammen mit den zwölf verbliebenen Gemeinderatsmitgliedern die Mehrheitsverhältnisse genau darstellten, kann nicht re-

---

[452] *Egidy*, Wahlen, 277.
[453] FZ Nr. 291 v. 8.12.1850.
[454] FZ Nr. 302 v. 21.12.1850.

konstruiert werden, denn für die erste Hälfte der 1850er Jahre fließen die Quellen sehr spärlich. Die Wahl der neuen Gemeinderäte führte gewiß zu einer größeren Staatsnähe des Gremiums. Dies bedeutet aber nicht, daß staatliche Eingriffe in die Verwaltung der Gemeinden deshalb unbedingt unterstützt worden wären.

Noch bevor es schließlich im Zuge der Restauration zu einer grundsätzlichen Revision der Gemeindeverfassung kam, versuchte die staatliche Verwaltung bereits ein stärkeres Weisungsrecht gegenüber den Gemeinden zu beanspruchen. Am „Platanenstreit" von 1851 läßt sich zeigen, daß es hier nur vordergründig um den richtigen Beschnitt der Platanen ging: Hauptpunkt der Auseinandersetzung war die Frage, wie groß die kommunale Selbständigkeit in der restaurativen Phase noch war. In der Sache selbst hatte der Gemeinderat eine Rückstutzung der Platanen an der repräsentativen Wilhelmstraße beschlossen. Der Beschnitt wurde aber vom Kreisamtmann gestoppt, und Bürgermeister Fischer, der an dem Beschluß festhalten wollte, gar mit 5 Gulden Strafe belegt. Die Beschwerde bei der Regierung blieb ergebnislos, obwohl der zuständige Garteninspektor den Beschnitt für notwendig erklärt hatte. Das Kreisamt fragte sogar in Baden-Baden an – die badische Gemeindeordnung hatte der nassauischen als Vorbild gedient –, wie die Rechte der Kommune dort bezüglich der Kuranlagen gehandhabt wurden, besonders bei Maßnahmen, deren Kosten die Gemeinde zu tragen habe. Auf Veranlassung der nassauischen Regierung ging die Weisungsbefugnis in Wiesbaden auf das Kreisamt über, das aber dann schließlich aufgrund eines Gutachtens selbst den Beschnitt der Platanen verfügte. Die Strafe für Fischer blieb aber bestehen.[455]

Nicht nur in der Praxis versuchte man Anfang der 1850er Jahre die Rechte der Gemeinden wieder zu beschränken, auch eine erste provisorische Änderung des Gemeindegesetzes von 1848 diente vor allem dazu, die Dominanz des Staates über die Gemeinden wiederherzustellen. Ein Ergänzungsgesetz vom August 1851 stärkte einerseits die Stellung der Bürgermeister gegenüber der Gemeinde, stellte andererseits aber zugleich die Bürgermeister stärker unter die Kuratel der Regierung, indem diese nun die Befugnis hatte, bei Dienstverfehlungen Amtsenthebungen vorzunehmen. Zu den möglichen Entlassungsgründen gehörte auch der „Ungehorsam gegen zuständige Verfügungen der vorgesetzten Behörden".[456] Das Gesetz wurde ohne vorherige Beratung im Landtag vom Herzog erlassen. Auch hier machte sich wieder negativ bemerkbar, daß 1848 keine neue Verfassung zustande gekommen war, die solche Gesetzesänderungen per Ukas

---

[455] *Struck*, Biedermeier, 54.
[456] VBN Nr. 17 v. 25.8.1848, 240.

unmöglich gemacht hätte bzw. den Verfassungsbruch offensichtlich hätte werden lassen.

Von einer weiteren Maßnahme, der Übertragung der Verfügungsgewalt der Ortspolizei auf den Bürgermeister allein, die ebenfalls in dem Ergänzungsgesetz vom August 1851 verfügt wurde, war Wiesbaden nicht mehr betroffen. Hier hatte die Regierung bereits im Januar 1850 per Verordnung einen Polizeikommissar eingesetzt, der nicht der Stadt, sondern dem Kreisamt untergeordnet war. Im Grundsatz war der Wiesbadener Gemeinderat sogar geneigt gewesen, einer solchen Regelung zuzustimmen, da der Bürgermeister bei der Vielzahl seiner Amtsgeschäfte kaum die Überwachung der Ortspolizei in der vielfrequentierten Kurstadt leisten konnte. Doch ging die Regierung auf das Anerbieten des Gemeinderates, daß der Staat für zwei Jahre die Verwaltung der Polizei übernehmen könne, falls die Stadt die Maßnahme gegebenenfalls wieder rückgängig machen könnte, nicht ein, sondern verfügte die Regelung nach eigenem Gusto.[457]

Die ersten Rücknahmen der Reformen im Gemeinderecht fielen in eine Phase, in der auch Nassau von den allgemeinen Tendenzen der Restauration ergriffen wurde und zugleich eine weitgehende Teilnahmslosigkeit an politischen Dingen herrschte. Widerstand gegen den neuen, alten Autokratismus war deshalb schwierig und konnte schnell gebrochen werden. So wurde, als die Linke in der Kammer wieder Schwierigkeiten mit den Steuerbewilligungen machte, das Parlament im Frühjahr 1850 kurzerhand auf den Herbst vertagt.[458]

Im März 1851 legte die Regierung ein neues Wahlgesetz vor, daß die Einführung des Drei-Klassen-Wahlrechtes vorsah. Während die Konstitutionellen diesem zustimmten, auch weil sie hier eine Beschränkung der Macht des Pöbels sahen, waren die Demokraten nicht bereit, das Gesetz mitzutragen. Ihr Auszug aus dem Landtag führte zu dessen Beschlußunfähigkeit.[459] Als im August der wiederhergestellte Bundestag die Grundrechte des deutschen Volkes aufhob, war dies die Gelegenheit für den Herzog, per Oktroi eine neue Verfassung zu erlassen, die nicht nur ein Drei-Klassen-Wahlrecht, sondern auch wieder ein Zwei-Kammern-Parlament einführte. Dabei wurde die über das Dreiklassenwahlrecht gewählte zweite Kammer um ein „Oberhaus" ergänzt, in dem neben den Standesherren und den Geistlichen auch sechs Vertreter der Grundbesitzer und drei der höchstbesteuerten Gewerbetreibenden saßen. Damit war die erste Kammer praktisch eine Zusammenlegung der beiden Kammern des Vormärzes.

[457]   *Struck*, Biedermeier, 53.
[458]   *Egidy*, Wahlen, 263.
[459]   *Treichel*, Bürokratie, 303f.

Die Wahlen zur Ständeversammlung im Februar 1852 waren von allgemeinem Desinteresse gezeichnet. Offensichtlich war die Regierung auch nicht gewillt, eine allgemeine Wahlbewegung, d.h. vorbereitende Versammlungen mit Diskussionen über Kandidaten, zuzulassen.[460] Die Demokraten waren ohne eigentliche Wahlchance. An der Wahl der Wahlmänner für die Abgeordnetenwahl zur 2. Kammer beteiligten sich in den Städten etwa 20% der Wahlberechtigten – auf dem Lande lag die Teilnahme noch niedriger.[461] Bei der Auswahl der Abgeordneten wurde mehr auf örtliche, teils konfessionelle Kriterien denn politische zurückgegriffen.

Wie sehr die Bereitschaft zum politischen Engagement in breiten Kreisen des Bürgertums nachgelassen hatte, zeigt gerade das Verhalten der Wiesbadener Abgeordneten. Der Ministerialrat Philipp Bertram, ein Bruder des liberalen Vormärzpolitikers Franz Bertram, legte sein Mandat als Vertreter der Grundbesitzer in der ersten Kammer 1853 nieder. Remigius Fresenius, der Begründer des gleichnamigen Chemieinstituts und „konstitutionelles" Mitglied der Revolutionskammer von 1848–1851, verweigerte die Annahme seines Mandats als Vertreter der Gewerbetreibenden, da er die Arbeitsbelastung als unvereinbar mit der Führung seines Instituts ansah.[462] Die Wahl von Gottfried Ruß, dem Sohn des Vormärzpolitikers, wurde für ungültig erklärt, weil bei der Wahl nicht das nötige Quorum von zwei Drittel der wahlberechtigten Gewerbebesitzer erreicht wurde.[463] Der Wiesbadener Abgeordnete der 2. Kammer, der Probator Wilhelm Reichmann, legte sein Mandat bereits 1854 nieder.[464]

Mit der Wiederherstellung der fast unbeschränkten Macht des Herzogs und der Regierung war Nassau nicht weit von den Verhältnissen des Vormärzes entfernt. Viele der liberalen Bekenntnisse des Jahres 1848 erwiesen sich als das, was sie von vornherein waren: als taktisches Manöver. Die Stabilität der alten Verhältnisse über die Revolution hinweg läßt sich gerade an der Mitgliederstruktur der Casino-Gesellschaft ablesen. Diese im Vormärz fast ausschließlich aus Beamten und Offizieren bestehende Gesellschaft öffnete sich auch 1848 und 1849 nicht wirklich für das „Wirtschaftsbürgertum". Ende 1848 hatte sie unter ihren 237 Mitgliedern gerade drei Kaufleute, einen Fabrikanten sowie einige Apotheker und Buchhändler, deren Staatsnähe bereits durch den Zusatz „Hof-" angedeutet

---

[460] *Egidy*, Wahlen, 290.
[461] Ebd., 291.
[462] *Remigius Fresenius*, Geschichte des Chemischen Laboratoriums zu Wiesbaden. Zur Feier des 25jährigen Bestehens der Anstalt. Wiesbaden 1873, 10f.
[463] Verhandlungen der ersten Kammer des Herzogtums Nassau vom Jahre 1852, 62 u. 72.
[464] Vgl. Tabelle 25.

wird.[465] Dem Vorstand gehörte keiner von ihnen an. 1849 wurden vier weitere Kaufleute aufgenommen.[466] Dabei handelte es sich um vermögende Personen, die, wenn sie politisch aktiv waren, „rechte" d.h. liberal-konstitutionelle oder konservative Positionen einnahmen. Auch 1851, für dieses Jahr liegt die nächste Mitgliederliste vor, hatte sich die Zahl der „Wirtschaftsbürger" in der Casino-Gesellschaft fast nicht verändert. Nur vier Rentiers, darunter ein Adeliger, hatten Aufnahme gefunden.[467] Hier deutet sich, wenn auch noch sehr verhalten, eine neue Entwicklung an. Sie hat aber weniger mit den politischen Veränderungen des Jahres 1848 zu tun, sondern mit der neuen Rolle Wiesbadens als Wohnstadt, die noch zu behandeln sein wird. Dagegen hat die Revolution die gesellschaftlichen Strukturen innerhalb der Führungsschichten weitgehend unberührt gelassen.

In Hinblick auf die Mittelschichten wie auch Teile der Unterschicht waren die Veränderungen durch die Revolution weit größer. Insbesondere der Verein setzte sich als Organisationsform nun auch in Wiesbaden durch. Vor allem der Turnverein erlebte 1848 einen starken Aufschwung und eine Politisierung – man schloß sich der Bürgerwehr an, geriet aber bereits 1849 angesichts der Reaktion in eine Krise.

Die Zahl der Mitglieder sank auf 160, doch dürften viele von diesen nicht mehr aktiv gewesen sein.[468] Der Turnverein konnte nur dadurch vor der staatlichen Repression geschützt werden, indem er sich als separates „Pompierkorps" der neuorganisierten Feuerwehr anschloß. Diese Verbindung zwischen Feuerwehr, Bürgerwehr und Turnverein deutete sich bereits 1848 an in einem wohl auch in Wiesbaden verbreiteten Aufruf von Carl Metz, einem Heidelberger Pumpenfabrikanten.[469] Metz führte im September 1849 auf Einladung des Turnvereins in Wiesbaden seine Feuerwehrspritze vor, die jedoch nicht angeschafft wurde.[470]

---

[465] Archiv der Casino-Gesellschaft Wiesbaden, „Namens-Liste der Mitglieder des Casino's zu Wiesbaden am 14. Dezember des Jahres 1848".

[466] Archiv der Casino-Gesellschaft Wiesbaden, handschriftliche Ergänzungen zur „Namens-Liste der Mitglieder des Casino's zu Wiesbaden am 14. Dezember des Jahres 1848". Die Einträge und Streichungen beziehen sich offensichtlich auf das Jahr 1849.

[467] Die vier Rentiers sind sehr wahrscheinlich nach 1848 von außerhalb in die Stadt gekommen. Für sie lassen sich weder Gewerbebetriebe noch Bürgeraufnahmen nachweisen. Drei von ihnen sind aber noch 1856 als Rentiers in Wiesbaden wohnhaft.

[468] Turnverein Wiesbaden. Festschrift zur 50jährigen Jubiläumsfeier, o.J., 9.

[469] Archiv der Berufsfeuerwehr Wiesbaden, Materialsammlung Ord. 1, *Carl Metz*, Die Feuerwehr als nothwendiger Bestandtheil der allgemeinen deutschen Bürgerwehr, Heidelberg 1848. Vgl. zu Metz: *Egid Fleck*, Gestalten aus dem Brandschutz- und Feuerwehrwesen in Baden und Württemberg, Stuttgart 1963, 36ff.

[470] *Struck*, Biedermeier, 61.

Tabelle 30

Die 1850 hinzugewählten Mitglieder des Wiesbadener Gemeinderats

mit Steuerkapital auf Basis des Gewerbesteuerkatasters von 1849 und 1851
Amtsantritt Januar 1851

Nr. Name	Status	Bürger- aufnahme	Bürger- jahre	Beruf	Steuerkapital v. 1849	1851	
1 Arnoldi, von	F/E	-	-	OAG-Prokurator	-	-	1)
2 Dögen, H. Carl	F/B	1845	5	Lehrer	100	125	
3 Goetz, Carl	S/B	1844	6	Gastwirt	3.900	3.900	2)
4 Großmann, Carl	F/E	-	-	OAG-Prokurator	-	-	
5 Haas, Julius	F/B	1844	6	Kaufmann	1.800	1.800	
6 Herber, Stephan	S/B	1836	14	Apotheker	3.000	3.000	
7 Lang, Friedrich	F/E	-	-	Prokurator	-	-	
8 Metz, Ernst	F/B	1842	8	Gelbgießer/Wirt	1.000	800	
9 Nicol, Louis	S/B	1838	12	Tapezierer	1.400	1.200	
10 Schellenberg, August	S/B	1841	9	Hofbuchhändler	2.200	2.200	3)
11 Schmidt, Heinrich	U/E	-	-	Revisor	-	-	
12 Thon, Georg	S/B	1841	9	Landwirt	200	200	
Summe			69	Summe	13.600	13.225	
			:8		:8	:8	
durchschnittl. seit # Jahren Bürger			8,63	Schnitt	1.700	1.653	

Legende:
F=Fremde; S=Bürgersohn bzw. ortsgebürtig; U=unbekannt / B=Bürger; E=Staatsbeamter
oder gleichgestellt. OAG=Oberappellationsgericht

Herkunft/Status
Fremde=6; Bürgersöhne bzw. ortsgebürtig=5; Unbekannt=1

Finanzieller Status
Das durchschnittliche Gewerbesteuerkap. betrug 1849 (bei 1.995 Fällen) 457 fl., die Gemeinderäte lagen mithin im Schnitt um das 2,0fache darüber. Nicht berücksichtigt bei der
Durchschnittsbildung wurde der Hazardspielpächter Chebert, der mit 118.905 fl. fast 10 mal
so viel Steuern zahlte, wie der nächstniedrigere Gewerbesteuerzahler (Frau Schlichter).

Durchschnittsalter
Für alle 12 Gemeinderatsmitglieder liegen die Geburtsdaten vor. Das Durchschnittsalter
betrug demnach, bezogen auf Ende 1851, 32,9 Jahre, bei die Spannweite reichte von
25 bis 48 Jahre.

1) Zu den Änderungen des Gemeinderechts vgl. S. 232ff.
2) Steuert gemeinsam mit Albrecht Götz.
3) Sowohl Buchhändler wie Buchdrucker.

Der Brand der Mauritiuskirche 1850, der die Mängel im Feuerwehrwesen aufzeigte, begünstigte die Gründung des Pompierkorps, das bald eine besondere Stellung im Feuerwehrwesen einnahm.[471] Eine Eingabe von 1851, mit der die Vorstandsmitglieder des Turnvereins um Sonderrechte der Turner in der Feuerwehr baten, gibt Aufschluß über die Zusammensetzung des Vorstandes.[472] Hier waren vor allem Handwerker engagiert. Zu „Spritzenführern" des Pompierkorps wurden Louis Krempel und A. Almenräder ernannt. Beide gehörten zu den Gründern des Turnvereins 1847. Ein handschriftlicher Bericht der beiden Hauptleute Krempel und Gaab aus den 1860er Jahren deutet an, daß nach der „Auflösung" des Turnvereins das Pompierkorps die einzige Möglichkeit war, den Zusammenhalt zu wahren. Vielleicht weil das „Korps" ein Ersatz für den Turnverein war, herrschten, wie Krempel und Gaab anmerken, seitens der Gemeindebehörde viele „Vorurteile".[473]

Mit dem „Arbeiterverein" um Böhning hatten auch die Unterschichten ihre ersten Organisationserfahrungen gemacht. Er stand zwar unter der Leitung von „Nicht-Proletariern", doch war dies in der frühen Arbeiterbewegung keine Besonderheit. Der Arbeiterverein zeigte auch in der ersten Reaktionszeit noch Flagge. Karl Schapper, der aus Nassau stammende Mitunterzeichner des Kommunistischen Manifestes, reorganisierte 1850 den Verein 1850 unter dem Namen „Arbeiterbildungsverein" neu. Ihm gehörten zunächst etwa 130 Handwerksgesellen, deren Zahl aber rasch abnahm. Parallel dazu scheint die Geheimorganisation „Bund der Kommunisten" in Wiesbaden Fuß gefaßt zu haben, jedenfalls wurde die Stadt ebenfalls 1850 in einem Rundschreiben der Londoner Zentrale als einer der 18 Hauptsitze der Organisation bezeichnet, doch sind weder Leitung noch Mitglieder in Wiesbaden bekannt.[474] Es handelte sich höchstwahrscheinlich um Handwerksgesellen, die in der Stadt organisiert waren, denn Industrieproletariat gab es mangels Industrie in Wiesbaden nicht. Die Frühformen der Arbeiterbewegung hatten, soweit sich aus den spärlichen Nachrichten schließen läßt, über den Anfang der 1850er Jahre hinaus in Wiesbaden keine Kontinuität. Es finden sich auch keine Hinweise darauf, daß die Bewegung in dieser Phase Unterstützung von Seiten des Bürgertums fand.

---

[471] Vgl. auch *Georg Sack*, Die Wiesbadener Feuerwehr in Vergangenheit und Gegenwart, Wiesbaden 1976.

[472] Eingabe im Archiv der Berufsfeuerwehr Wiesbaden, Ord. 1. Berufsbestimmung über Bürgeraufnahmebücher, Gewerbekataster etc.

[473] „Bericht des Commandos der Pompiers über die Entwicklung und den Bestand des Korps von seiner Errichtung an bis jetzt." Handschriftlicher Bericht von Gaab und Krempel, undatiert. Archiv der Berufsfeuerwehr Wiesbaden, Materialsammlung, Ord. 1.

[474] Vgl. *Wolf-Heino Struck*, Die Anfänge der Arbeiterbewegung in Wiesbaden 1848–1851, in: Festschrift für Ludwig Petry, Teil 2, Wiesbaden 1969, 287–321, hier 315.

III. Zwischen politischer Opposition und wirtschaftlicher Prosperität

1. „Krähwinkel" als Weltkurstadt (1853–1866)

a. Der Aufstieg der Stadt und die neue alte Ordnung

Zwischen 1847 und 1856 nahm Wiesbadens Bevölkerung um weniger als 1800 Einwohner zu, dies entspricht einer Steigerung von 12% und ist damit eine der niedrigsten Steigerungsraten im 19. Jahrhundert für Wiesbaden überhaupt.[1] Erst ab 1860 wuchs die Bevölkerung wieder stark an, allein von 1860 bis 1865 von 18.800 auf 26.200 (39%). Die Stagnation in der ersten Hälfte der 1850er Jahre ist z. T. auf die allgemein wenig positive Wirtschaftslage zurückzuführen. Hinzu kam aber, daß angesichts dieser ökonomischen Situation der Gemeinderat versuchte, den Zuzug in die Stadt mit Hilfe des Gemeindegesetzes zu beschränken.

Obwohl mit dem Bürgerbuch (8058 Datensätze einschließlich der Angaben im Ämterbuch) und den Bürgeraufnahmeakten (10937 Datensätze mit den wichtigsten Informationen jeder Einzelakte) eine sehr breite, EDV-erfaßte Datengrundlage besteht, ist es nicht möglich, das Verhalten der Stadt hinsichtlich der Aufnahme Fremder abschließend zu beurteilen. In den Bürgerbüchern sind zwar die Bürgeraufnahmen chronologisch erfaßt, aber es fehlen alle „temporären" Aufenthaltsgenehmigung und insbesondere alle Ablehnungen von Bürgeraufnahmeanträgen. Diese Ablehnungen sind vereinzelt in dem Bestand der Bürgeraufnahmeakten enthalten – ebenso wie die temporären Aufnahmen bzw. deren Ablehnung – , doch ist dieser Bestand zumindest in Hinsicht auf die Ablehnungen offensichtlich lückenhaft: Die Zahl der Akten, die einen ablehnenden Bescheid enthalten, ist sehr gering: Für die Jahre von 1849 bis 1860 schwankt sie zwischen null und sieben jährlich.[2] In einer ähnlichen Größenordnung bewegt sich nach dieser Quelle die Zahl der abgelehnten Anträge auf temporäres Aufenthaltsrecht. Dagegen muß man nach der Auswertung von einigen veröffent-

---

[1] *Weichel*, Kommunalpolitik, 179.
[2] Abgelehnte Bürgeraufnahmeanträge demnach: 1849:7; 1850: 1; 1851: 3; 1852: 5; 1853: 2; 1854: 0; 1855: 6; 1856: 3; 1857: 1; 1858: 2; 1859: 3; 1860: 1. StdAWi WI/BA 1ff. Die Zahlen sind jeweils auf das Jahr der Antragstellung bezogen.

lichten Gemeinderatsprotokollen aus dem Jahre 1853 zu einem gänzlich anderen Schluß kommen.[3]

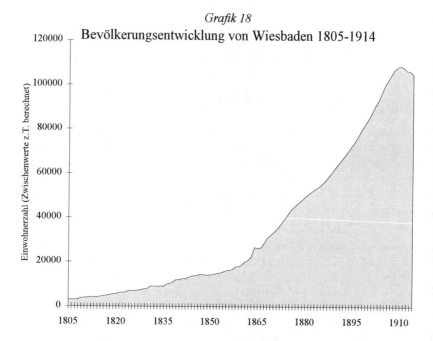

Grafik 18
Bevölkerungsentwicklung von Wiesbaden 1805-1914

In der Sitzung am 17. Januar befaßte sich z.b. der Gemeinderat in 17 Punkten der Tagesordnung mit Einzelanträgen auf Bürgeraufnahme oder temporären Aufenthalt. Dabei wurden nur sieben Anträge positiv beschieden. In allen anderen Fällen wurden die Anträge abgelehnt bzw. wurde versucht, gegen positive Bescheide des Kreisamtes, das die Antragsteller angerufen hatten, vorzugehen.[4] Auch der Kreisbezirksrat, der hier ebenfalls Kompetenzen hatte, befaßte sich in seinen Sitzungen mit zahlreichen Einsprüchen gegen die ablehnenden Bescheide der Stadt.[5]

Zusätzlich zu dem restriktiven Genehmigungsverhalten des Gemeinderates wirkte natürlich das hohe Bürgeraufnahmegeld von 60 Gulden für Nassauer und 120 Gulden für Fremde stark bremsend auf den Zuzug Minderbemittelter. Damit nutzte Wiesbaden den Spielraum des Gemeindegesetzes

---

[3]   Die (handschriftlichen) Gemeinderatsprotokolle dieser Jahre sind im Stadtarchiv noch nicht verzeichnet. Da die Sitzungen nach ihrem Verlauf protokolliert wurden und in aller Regel den Aufzeichnungen keine Tagesordnung vorangestellt wurde, entziehen sich die Akten einer systematischen Auswertung. StdAWi A 1-A10.

[4]   MRZ Nr. 27 v. 1.2.1853.

[5]   MRZ Nr. 283 v. 30.11.1853. Sitzungsprotokoll des Kreisbezirksrates v. 23. Nov. 1853.

voll aus. Bis zum Ende des Herzogtums wurde das Bürgeraufnahmegeld im Turnus von fünf Jahren vom Gemeinderat und dem Bürgerausschuß in dieser Höhe bestätigt.[6] Die Bürgeraufnahme von Ausländern, also Nicht-Nassauern, wurde noch weiter dadurch erschwert, daß diese ab 1853 eine zusätzliche Abgabe von 200 Gulden an den Stadtarmenfonds leisten mußten.[7]

Das Gemeinderecht von 1848 mit seiner weitgehenden kommunalen Selbstverwaltung war nicht nur der Regierung ein Dorn im Auge, wie sich schon in der „Teilrevision" von 1851 gezeigt hatte. Auch die Mehrheit in beiden Kammern des neuen Landtages hatte Vorbehalte gegen das Gemeindegesetz. Als die Regierung die provisorische Regelung von 1851 dem Landtag zur nachträglichen Genehmigung vorlegte, forderten beide Kammern eine Gesamtrevision des Kommunalrechtes. Neben der wohl berechtigten Kritik an einigen Regelungen, die mit ihren weitgehenden Gestaltungsmöglichkeiten für die Kommunen vor allem in den Landgemeinden für Mißstände gesorgt hatten, lag es im Interesse des Besitzbürgertums, auch in den Gemeinden seinen Einfluß über die Einführung eines Dreiklassenwahlrechtes zu stärken. Zugleich wurde das Gemeindegesetz auch innerhalb der Staatsbehörden im Auftrag der Regierung einer Generalkritik unterzogen.[8] In einem „intensive(n) administrative(n) Diskussionsprozeß"[9] entstand ein Gesetzesentwurf, der im April 1853 der Ständeversammlung vorgelegt wurde und von dieser nach einigen Modifikationen, aber ohne prinzipielle Änderungen 1854 verabschiedet wurde.

Der neue, nach dem Dreiklassenwahlrecht gewählte Landtag stimmte damit zwar keinem Zurück in vormärzliche Verhältnisse zu, aber die Selbstverwaltungsrechte der Gemeinden wurden weiter entscheidend eingeschränkt. Vor allem wurde nun das Dreiklassenwahlrecht[10] auch für die Gemeindegremien eingeführt, zugleich aber an dem Prinzip der Bürgergemeinde festgehalten.

Das nassauische Gesetz von 1854 blieb in seinen wesentlichen Zügen bis weit in die preußische Zeit Wiesbadens hinein gültig. Erst 1891 wurde es von einer neuen Städteordnung für den Regierungsbezirk Wiesbaden abgelöst, allerdings hatten nach der Annexion durch die preußische Rechtslage, vor allem im Bereich des Gewerberechtes, einige Bestimmungen des nas-

---

6 StdAWi STVV/1, Prot. v. 21.1.1849, STVV/5 Prot. v. 30.9.1853; STVV/7 Prot. v. 26.8.1859, STVV/10 Prot. v. 11.12.1863.
7 StdAWi STVV/5, Prot. v. 30.9.1853.
8 *Treichel*, Bürokratie, 329ff.
9 Ebd., 333.
10 Mittels einer separaten Wahlordnung als Ergänzung zur Gemeindeordnung. Vgl. VBN Nr. 13 v. 22.6.1854, 193. Die Einteilung erfolgte durch eine Drittelung des gesamten Aufkommens an direkter Steuer.

sauischen Gesetzes ihre Bedeutung verloren. Wegen seiner langen Geltungsdauer und seiner Bedeutung soll das nassauische Gemeindegesetz hier ausführlicher vorgestellt werden.

Das Gemeindegesetz übernahm hinsichtlich der Regelungen der Bürgeraufnahme im wesentlichen die Bestimmungen von 1848, d.h. jeder nassauische Staatsbürger hatte einen Rechtsanspruch auf die Aufnahme in eine Gemeinde seiner Wahl, soweit er volljährig war, einen guten Leumund und einen gesicherten Lebensunterhalt nachweisen konnte. Die Gesetzespraxis zeigt, daß gerade in bezug auf die Sicherung des Lebensunterhaltes seitens der Gemeinde Besonderheiten des lokalen Gewerbes als Ablehnungsgrund angeführt wurden. Die Bestimmungen zum Bürgeraufnahmegeld blieben vergleichbar denen des Gesetzes von 1848. Nur jenen, die eine Bürgerstochter bzw. Witwe ehelichen wollten, wurde nun die Hälfte des Betrages erlassen. In dem Gesetz von 1854 wurde weiterhin an der alten Kategorie der Stadt als Rechtsgemeinschaft der Bürger festgehalten. Darauf deutet auch der Passus hin, daß jeder Bürger bis zu zehn Tagen im Jahr zu Hand- bzw. Spanndiensten verpflichtet werden konnte. Allerdings konnten hierfür auch Ersatzmänner gestellt werden. Deren Bezahlung kam für alle, die in den höheren Steuerklassen veranlagt wurden, gewiß billiger als die allgemeine Erhöhung der direkten Steuern.[11] Diese Möglichkeit einer Dienstverpflichtung hat aber sicher nicht dazu beigetragen, das Bürgerrecht für Rentiers, die von außerhalb in die Stadt zogen, attraktiver zu machen. Außerdem setzte das Wiesbadener Bürgerrecht bis 1866 die nassauische Staatsangehörigkeit voraus, und nicht jeder preußische Rentier wollte etwa gleich Nassauer werden, nur weil er in der Stadt Wohnsitz nahm. Die „Temporären" machten 1864 immerhin 28,1% der Haushaltsvorstände aus.[12] Zu dieser sehr heterogenen Personengruppe gehörten aber nicht nur Rentiers, sondern vor allem auch Arbeiter, Dienstmägde und Gesellen, denen man nicht das Bürgerrecht zubilligen wollte oder die es gar nicht anstrebten.

Der hohe Anteil von Personen in der Stadt, die kein Bürgerrecht hatten, zeigt auch, daß sich das Bevölkerungswachstum nur bedingt im Bürgeraufnahmebuch widerspiegelt. Von 1857 bis 1865, also während einer starken Wachstumsphase der Stadt, erhielten jährlich zwischen 88 und 126

---

[11]   Gemeindeordnung in VBN Nr. Nr. 13 v. 22.6.1854, 176f. Auf den Vorteil, der sich aus dieser Regelung für den besitzenden Teil des Bürgertums ergab, weist auch Treichel hin. Vgl. *Treichel*, Bürokratie, 339. Für die Rentiers ergaben sich daraus, da sie in der nassauischen Zeit keine Gewerbesteuer zahlen mußten, aber Nachteile.

[12]   Auswertung auf Grundlage des Gewerbekatasters von 1864 (StdAWi WI/1/55–57). Die Einwohnerschaft (4873 Haushaltsvorstände einschließlich Witwen etc.) setzte sich demnach 1864 zusammen aus 58,1% Bürgern, 28,1% Einwohnern mit „temporärer Stetigkeit", 9,0% aktiven Beamten (ruhendes Bürgerrecht) und 4,8% pensionierten Beamten mit Bürgerrecht.

Haushaltsvorstände oder Einzelpersonen das Bürgerrecht, insgesamt 950.
Zugleich wuchs die Bevölkerung in diesem Zeitraum um 8450 Einwohner
(von 16714 auf 26177), berücksichtigt man den Abgang allein durch Sterbefälle[13] (4200), so sind mindestens 12600 neue Einwohner zu verzeichnen.[14] Unterstellt man eine durchschnittliche Familiengröße von vier bis
fünf Personen, wird deutlich, daß die Mehrzahl der „Neueinwohner" nicht
als Bürger mit der Stadt verbunden war. Neben der Bürgergemeinde entwickelte sich jetzt abermals eine Gruppe minderen Rechts, die an der Wahl

Grafik 19
Sozialstruktur der Neubürger in Wiesbaden 1854-1866

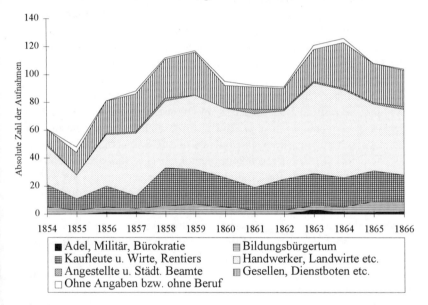

■ Adel, Militär, Bürokratie	▤ Bildungsbürgertum
▦ Kaufleute u. Wirte, Rentiers	☐ Handwerker, Landwirte etc.
▨ Angestellte u. Städt. Beamte	▥ Gesellen, Dienstboten etc.
☐ Ohne Angaben bzw. ohne Beruf	

der Gemeindeorgane keinen Anteil hatte.

Hinsichtlich der Vertretungsorgane legte die Gemeindeordnung von 1854
für größere Städte, also auch Wiesbaden, folgende Regelungen fest: Der
Gemeinderat wurde von 24 auf zwölf Mitglieder reduziert, die ebenso wie
die 72 Mitglieder des Bürgerausschusses, der für die Gesamtbürgerschaft
handelte, auf drei Jahre nach dem Dreiklassenwahlrecht gewählt wurden.
Jedes Jahr wurde der dritte Teil der Mitglieder beider Gremium neu ge-

---

[13] *Struck*, Biedermeier, 64.
[14] Hinzu kommt noch der Abgang durch Abwanderung. Die Zahl der in Wiesbaden geborenen Personen, die die Stadt verließen, ist nicht bekannt, dürfte aber bei der Einwande-
rungsstadt Wiesbaden relativ niedrig gelegen haben.

wählt.[15] Wahlberechtigt waren alle rechtlichen Bürger der Gemeinde, soweit sie nicht unter Kuratel standen, sich in Konkurs befanden oder, so eine neu aufgenommene Bestimmung, von der öffentlichen Armenfürsorge unterstützt wurden. Der Bürgermeister wurde jetzt nicht mehr von der Gesamtgemeinde gewählt, sondern durch den Gemeinderat und ein Wahlmännergremium, das dreimal so viele Mitglieder umfaßte, wie der Gemeinderat Mitglieder zählte.

Eine wesentliche Einschränkung der kommunalen Selbstverwaltung bedeutete die neue Regelung, nach der der Bürgermeister sein Amt erst nach der Bestätigung durch die Landesregierung antreten konnte. Lehnte die Regierung die Amtsbestätigung ab – dazu bedurfte es keiner Begründung –, so konnte sich der Betreffende bei der zweiten Wahl nicht erneut zur Kandidatur stellen. War auch der Ausgang der zweiten Wahl der Obrigkeit nicht genehm, konnte sie ohne weitere Wahl selbst einen Bürgermeister einsetzen, der allerdings dann nur eine Amtszeit von 6 Jahren statt einer lebenslangen beanspruchen durfte.[16]

Die Wahl der Gremien und anschließend des Bürgermeisters erfolgte nach dem Inkrafttreten des Gesetzes im Oktober und November 1854. Die Wahlakten sind leider verloren, und die Adreßbücher enthalten zu dieser Zeit noch keine Listen der Gemeinderäte und Bürgerausschußmitglieder.[17] Fest steht jedoch, daß der gemäßigt demokratische Bürgermeister Fischer wiedergewählt und mit Bestätigung der Landesregierung nun auf Lebenszeit zum Bürgermeister ernannt wurde.[18] Die Motive, welche die Landesregierung bewogen haben, die Wahl Fischers, immerhin ein „48er", zu bestätigen, bleiben wegen der schlechten Quellenlage leider im Dunkeln.

Unverkennbar hält über die Mitte der 1850er Jahre hinaus das öffentliche Desinteresse an der Kommunalpolitik wie an der gesamten Politik an. Zwar kann keineswegs von einem völligen Rückzug der in der 1848er Revolution hervorgetretenen Personen die Rede sein, doch ist die Zahl der Engagierten deutlich geschrumpft. Unter denjenigen Gemeinderats- und Bürgerausschußmitgliedern, deren Namen durch eher zufällige Zeitungsveröffentlichungen bekannt sind, finden sich Mitte der 1850er Jahre eine ganze Reihe von Personen, die sich 1848 bei den Demokraten und den Konstitutionellen engagiert hatten.[19]

---

[15] Gemeindeordnung in VBN Nr. 13 v. 22.6.1854, 166.
[16] Ebd., 167.
[17] Auch die sonst häufige Bezeichnung Gemeinderat bzw. Stadtrat findet sich nicht als Berufsbezeichnung im alphabetischen Teil des Adreßbuches von 1856, das einer EDV-gestützten Auswertung unterzogen wurde. Aus den einzelnen Angaben über die Mitglieder des Gemeinderates in den Zeitungen ergibt sich nicht die genaue Zusammensetzung des Gremiums.
[18] *Struck*, Biedermeier, 55.
[19] MRZ Nr. 290 v. 9.12.1855, MRZ Nr. 277 v. 24.11.1858.

Tabelle 31

Die stadtbürgerlichen Mitglieder der Casino-Gesellschaft 1856

Von 280 Mitgliedern gehören 12 in die Kategorie Stadtbürgertum

Nr. Name	Status	Bürger-aufnahme	Bürger-Jahre	Beruf	Steuerkap. 1864
1 Bertram, Jacob	F/B	1827	29	Weingroßhändler	9.500 1)
2 Flach, H.	U/U	-		Kaufmann	- 2)
3 Flach, Albert	F/B	1852	4	Ingenieur	2.000 3)
4 Hensel, Carl	F/B	1856	0	Buchhändler	2.500 4)
5 Jurany, Carl	F/B	1856	0	Buchhändler	2.500 4)
6 Kalb, Carl	S/B	1846	10	Bankier	9.000
7 Marburg, Ludwig	F/B	1838	18	Kaufmann	3.500 1)
8 Schellenberg, August	S/B	1841	15	Hofbuchdrucker	3.800
9 Schirmer, Heinrich	S/B	1848	8	Kaufmann	3.500
10 Schlichter, Gustav	S/B	1848	8	Gasthalter	-
11 Tölke, Rudolf Carl	F/B	1826	30	Fabrikant	2.900 1)
12 Zais, Wilhelm	F/B	U		Badewirt/Arzt	12.500 5)
Summe ohne Minus-Jahre			122	Summe	51.700
10 Bürger mit Aufnahmejahr			: 10	Durchschnitt	5170
durchschnittlich seit # Jahren Bürger			12,2		

Legende:
F=Fremde; S=Bürgersohn bzw. ortsgebürtig / B=Bürger; U=Unbekannt

Herkunft/Status
Fremde=7; Bürgersöhne bzw. ortsgebürtig=4; Unbekannt=1

Vereinsmitgliedschaften
Naturkunde   3 (Bertram, Zais, Schirmer)
Nass. Altertumskunde   5 (A. Flach, Henzel, A. Schellenberg, Schirmer, Zais)

Politische Aktivitäten
Stadtvorsteher/Gemeinderäte   2
Ratsherren   0
Abgeordnete Ständevers.   3

Finanzieller Status
Das durchschnittliche Gewerbesteuerkapital betrug bei den steuerzahlenden Bürgern 1864 (2159 Pers.) 702 Gulden., das Gewerbesteuerkapital der Casinomitglieder lag mithin um das 7,4fache höher.

1) Steuerangaben von 1849, da für 1864 keine mehr vorliegen.
2) 1857 im Adreßbuch nachweisbar. Keine Bürgeraufnahme.
3) 1864 Direktor der Gasfabrikgesellschaft
4) Jurany und Hensel sind Geschäftspartner und werden gemeinsam veranlagt.
5) Verstorben, Steuerleistung seiner Witwe.

Die Reaktion, die auf die Revolution folgte, machte auch vor den Zeitungen nicht halt. Aus der „Freien Zeitung" war bereits im Dezember 1851 „dem eisernen Drang der Verhältnisse Raum gebend und bedeutsame Gründe in Berücksichtigung ziehend"[20] die „Mittelrheinische Zeitung" geworden, von Spöttern nun „Mittelfreie"[21] genannt, da sie zugleich einen Positionswechsel nach rechts vollzog. Die regierungsfreundliche „Nassauische Allgemeine Zeitung" wurde nach Riehls Ausscheiden aus der Redaktion im Juni 1850[22] immer stärker zu einem Regierungsblatt und wandte sich von der „konstitutionellen Haltung" ab. Nach einem weiteren Wechsel des Redakteurs und einer immer stärker konfessionellen Ausrichtung geriet sie jedoch in Gegnerschaft zur Regierung und stellte schließlich nach mehrmaligen Verboten ihr Erscheinen ein.[23]

Die „Mittelrheinische Zeitung" tendierte nach der Übernahme durch Franz Reisinger 1855 zeitweise noch stärker in Richtung Regierungslager, so daß sie schließlich sogar gemeinsam mit der konservativen „Nassauischen Zeitung" die Zulassung als Veröffentlichungsorgan für amtliche Bekanntmachungen erhielt.[24] Sie blieb dennoch das Blatt der Opposition, in den 1860er Jahren auch wieder mit sehr deutlichem Akzent.

Von 1857 an führte die „Mittelrheinische Zeitung" eine regelrechte Kampagne durch, um die Kommunalpolitik „aus dem Winkel" hervorzuholen, in den sie geraten war. Wiesbaden hinke hier hinter der allgemeinen Entwicklung her.[25] So wurde immer wieder in Artikeln gefordert, nicht einfach ohne Diskussion und öffentliche Versammlung die alten Gemeinderäte wiederzuwählen. Allein der Wechsel der Vertretung fördere den „heranzubildenden Bürgergeist".[26] Zugleich stellte die „Mittelrheinische Zeitung" die Ausrichtung Wiesbadens allein auf das Kurwesen in Frage und forderte die Förderung einer Industrie in der näheren Umgebung insbesondere an der Rheinfront.[27] Mit der Befürwortung eines personellen

---

[20] *Hermann Toelle,* Das Herzogtum und die deutsche Frage 1852-1857, in: NA 43, 1914/15, 1-104, hier 52.

[21] *Toelle,* Deutsche Frage, 53.

[22] *Viktor von Geramb,* Wilhelm Heinrich Riehl, Leben und Wirken (1823-1897), Salzburg 1954, 191. Riehls letzter Aufsatz in der „Nassauischen Allgemeinen Zeitung" datiert auf den 22. Juni 1850. Vgl. *Schmidt,* Katalog, 43.

[23] *Toelle,* Deutsche Frage, 51.

[24] Ebd., 56.

[25] Die Kennzeichnung Wiesbadens als „Krähwinkel", die in die Überschrift übernommen wurde, entstammt einer Karikatur aus den Jahren 1831/32. Das Blatt mit einer Zeichnung, den Minister Marschall bei dem „Essen" der Domänen zeigt, wurde im Zuge der Hausdurchsuchung 1832 bei Georg Böhning gefunden. Es trägt den Titel: „Wie das Staatsministerium von Kräwinkel die Staats-Güter verschluckt". Vgl. Abbildung bei *Schüler,* Herzog und Hof, 58. Ein Exemplar befindet sich im HHStAWi 295, 541.

[26] MRZ Nr. 287 v. 5.12.1857. Vgl. auch MRZ v. 2.12.1860, Nr. 289 v. 6.12.1860, Nr. 292 v. 26.11.1862, Nr. 298 v. 3.12.1862.

[27] MRZ Nr. 291 v. 10.12.1857.

Wechsels im Gemeinderat wollte die Zeitung eindeutig den „Geist des Fortschritts" auch in Wiesbaden beleben.[28] Zugleich trat sie für die Wahl jüdischer Bürger in den Gemeinderat ein.[29] Bei der Diskussion über die niedrige Wahlbeteiligung geriet auch das Wahlgesetz in die Kritik, dessen Bestimmungen eine öffentliche und mündliche Stimmabgabe vorsahen.[30] Als weitere Maßnahme, um das Interesse der Bürger an den Gemeindeangelegenheiten zu fördern, wurde in der „Mittelrheinischen Zeitung" in einem Leitartikel vorgeschlagen, die Sitzungen des Gemeinderates so zu legen, daß eine Teilnahme der Bürger leicht möglich ist.[31]

Vergleichbar dem politischen Leben lag auch ein Teil des Vereinswesens in den 1850er Jahren darnieder. Dies trifft vor allem auf die politischen Vereine zu, von denen nach einem Regierungsbericht von 1855 im gesamten Herzogtum keiner mehr bestand.[32]

Weniger betroffen von der Reaktion waren die gesellschaftlichen Vereine. Vor allem die Wiesbadener Casino-Gesellschaft zeigt hinsichtlich ihrer Entwicklung und Mitgliederstruktur eine erstaunliche Kontinuität. Krisen oder Abspaltungen können bis Anfang der 1860er Jahre nicht beobachtet werden. Einzig die räumliche Unterbringung war unbefriedigend. Bis 1856/57 mußte die Gesellschaft mit den 1839 angemieteten Parterreräumen eines Privathauses als Domizil vorlieb nehmen.[33] Um diese mißliche Lage zu beheben, wurde 1855 das Anwesen des Herrn von Malapert in der Friedrichstraße erworben, umgebaut und um einen Tanzsaal erweitert. Leider liegen keine Informationen über den Kaufpreis und die Umbaukosten vor, doch nahm die Gesellschaft für das Projekt einen Kredit von 15.000 Gulden beim Zentralstudienfond auf und gab außerdem „Aktien" an die Mitglieder aus.[34] Allein durch die Mitgliedsbeiträge war ein Projekt dieser Größenordnung nicht zu finanzieren, denn hier mußte Rücksicht auf die begrenzte Finanzkraft der jüngeren Beamten genommen werden. Unter den Mitgliedern der Casino-Gesellschaft stellten auch Mitte der 1850er Jahre die Beamten und Offiziere die weitaus größte Gruppe. Nimmt man das „Bildungsbürgertum" mit den Lehrern, Ärzten und Advokaten, die überwiegend ebenfalls beamtet oder zumindest in ihrer Berufsausübung staat-

---

28   MRZ Nr. 286 v. 4.12.1858.
29   Aus dem Artikel ist zu schließen, daß es bereits jüdische Mitglieder im Bürgerausschuß gab. Bei der Gemeinderatswahl 1858 waren die zur Wahl aufgestellten Juden, der Modewarenhändler Philipp Fehr, der Weinhändler Rosenstein und der Rauchwarenhändler Bär, aber gescheitert. Vgl. MRZ Nr. 289 v. 8.12.1858.
30   Vgl. MRZ Nr. 292 v. 9.12.1860.
31   Vgl. MRZ Nr. 293 v. 11.12.1860.
32   *Toelle*, Deutsche Frage, 59.
33   *Cvachivec*, Casino, 37. Vgl. *Götting*, Casino, 17ff.
34   Die Wiesbadener Casino-Gesellschaft, 10.

lich lizensiert waren, hinzu, bildeten beide Gruppen zusammen fast 90% der Mitgliedschaft.

Aus dem Wiesbadener Wirtschaftsbürgertum stammten nur 15 Personen, diese durchweg mit relativ hohen Gewerbesteuereinschätzungen.[35] Dagegen hat die Zahl der „Rentiers" im Casino deutlich zugenommen, wobei es sich hier den Familiennamen nach um Personen handelt, die nicht in der Stadt verwurzelt, sondern zugewandert waren. Mit 6,8% der Mitglieder war der Anteil der Rentiers sogar geringfügig höher als der der Wirtschaftsbürger. Auch für die 1850er Jahre liegen keine Quellen vor, die darüber Aufschluß geben, ob sich die „Stadtbürger" bewußt aus der Gesellschaft zurückhielten oder von der Beamten- und Offiziersmehrheit ausgegrenzt wurden.

Spätestens mit der neuen Satzung von 1854 stieg der jährliche Mitgliedsbeitrag der Casino-Gesellschaft von 12 auf 16 Gulden. Doch war dieser Betrag weiterhin so mäßig, daß er für die bessergestellten Bürger der Stadt kein ernstliches Beitrittshindernis gewesen sein kann. Auch konnte das einmalige Eintrittsgeld von zwölf Gulden, wohl mit Rücksicht auf die jüngeren Beamten und Offiziere, innerhalb von drei Jahren abbezahlt werden.[36] Dominierten 1856 noch eindeutig Offiziere und Beamte das Casino, so veränderte sich das Verhältnis in dem folgenden Jahrzehnt deutlich. Diesen Rückschluß läßt jedenfalls die nächste erhaltene Mitgliederliste von 1867 zu, nach der Beamte und Offiziere nur noch 46% der Mitglieder ausmachten.[37] Nur durch diese Zunahme der Zahl der „Bürgerlichen" wurde der Casino-Skandal von 1865, auf den noch einzugehen sein wird, überhaupt erst möglich.

b. Neue Organisationen und neues Selbstbewußtsein

Für die Bündelung der bürgerlichen Kräfte und die verschärfte Opposition gegen die Regierung Ende der 1850er Jahre spielten die Vereinsbewegung und die Schaffung von Wirtschaftsorganisationen eine zentrale Rolle. Während der Vereinsbewegung in Wiesbaden in der Umbruchszeit und im Vormärz politisch und gesellschaftlich nicht die Bedeutung zukam, die man ihr in vielen Handelsstädten zumessen muß, gewannen die Vereine in dem letzten Jahrzehnt vor der preußischen Annexion 1866 eine entscheidende Bedeutung bei der Rekonstituierung der bürgerlichen Opposition.

---

[35] Vgl. Tabelle 31.
[36] Gesetze für die Casino-Gesellschaft in Wiesbaden, Wiesbaden 1854, 15.
[37] Vgl. im folgenden Kapitel Tabelle 44.

Zu den Vereinigungen, die in den 1850er Jahren in Wiesbaden entstanden oder Bedeutung erlangten, gehört u.a. die Freimaurerloge „Plato" in Wiesbaden. Zwar bestand bereits Ende des 18. Jahrhunderts eine Loge in Biebrich mit Mitgliedern in Wiesbaden, doch hatte sich diese Anfang des Jahrhunderts mit dem Tode des Fürsten Carl Wilhelm aufgelöst, so daß über fünf Dekaden die wenigen „Brüder" in Wiesbaden in Logen in Mainz und Frankfurt um Mitgliedschaft nachsuchen mußten. Etwa zum Jahreswechsel 1851/52 unternahmen die in Wiesbaden wohnenden Freimaurer einen ersten Versuch, in Wiesbaden die offizielle Zulassung einer Loge zu erreichen.[38]

Inoffiziell scheint zu dieser Zeit bereits ein Freimaurerkränzchen bestanden zu haben.[39] Unter den elf Unterzeichnern der Eingabe findet sich auch August Hergenhahn, der Märzminister, der mittlerweile Generalprokurator (Generalstaatsanwalt) geworden war. Außerdem gehörten zu den „Brüdern" der Theaterdirektor Meyer, der Kapellmeister Schindelmeißer, mehrere Ärzte, Apotheker und Künstler. Zum Wirtschaftsbürgertum waren der Direktor der Gasgesellschaft Flach und der vermögende Badewirt Freytag zu rechnen. Einige Freimaurer waren als Mitglieder des Gemeinderates hervorgetreten, die politische Grundtendenz ging zweifellos in Richtung „gemäßigt liberal". Die Eingabe zur Zulassung der Loge wurde aber nach positiven Stellungnahmen der Behörden wahrscheinlich vom Herzog selbst abgelehnt, auch die Bereitschaft der Freimaurer, die geplante Loge staatstragend nach dem Begründer der Vorgänger-Loge „Wilhelm zur beständigen Einigkeit" zu nennen, hatte keine positive Auswirkung.[40] Gleichwohl weihten die Wiesbadener Freimaurer ihr Maurerkränzchen im April 1852 ein[41] und betrieben die Gründung der Loge für 1853 einschließlich der Wahl der „Beamten". Die Konstituierung der Loge wurde aber schließlich nach einem Hinweis aus dem Ministerium, der mögliche Verfolgungsmaßnahmen andeutete, wieder aufgegeben. Trotzdem bestand aber zumindest das Kränzchen weiter. Der Tagungsort war allgemein bekannt und die Vereinigung wurde von der Öffentlichkeit als Loge bezeichnet.[42] 1856 suchten die 24 Mitglieder des Kränzchens ihrem Freimaurerdasein durch die Gründung eines Vereins einen organisatorischen Rahmen zu

---

[38] *Heinemann*, Vorgeschichte, 305.
[39] *Struck*, Biedermeier, 240.
[40] *Heinemann*, Vorgeschichte, 308f.
[41] *August Roth*, Rückblick auf die 25jährige Thätigkeit der Loge Plato zur beständigen Einigkeit in Wiesbaden, Wiesbaden 1883, 33.
[42] Ebd., 27.

geben. Der Verein wurde von der Polizeidirektion unter dem Namen „Zur beständigen Einigkeit" auch ohne weiteres genehmigt.[43]

Ohne offizielle Genehmigung, aber ganz offensichtlich unter höchster Duldung, wurde 1858 dann doch die Freimaurerloge Plato zur beständigen Einigkeit gegründet.

Auch nach der ohne Genehmigung vorgenommenen Gründung der Loge und ihrer Tolerierung vertrat die Regierung nach außen weiterhin die Haltung, daß Freimaurerlogen in Nassau nicht gestattet seien und auch nicht existierten. Jedenfalls beantwortete sie so – ganz offenbar wider besseres Wissen – die diplomatischen Anfragen anderer Staaten des Deutschen Bundes.[44]

Betrachtet man die Gründungsmitglieder der Loge von 1858 wie auch die „Logenbeamten" näher, so zeigt sich, wie tief verwurzelt die Loge im Wiesbadener Bürgertum, auch in seinem politisch handelnden Teil, war. Die Gründungsmitglieder der Loge sind wahrscheinlich weitgehend identisch mit den bisherigen Mitgliedern des Vereins „Zur beständigen Einheit". Auffällig ist zum einen, daß sehr viele Personen zu den Gründern zählten, die nicht in Wiesbaden geboren waren. Andererseits waren die älteren „Fremden" unter ihnen häufig bereits seit dem Vormärz in der Stadt, gehörten also zu jenen, mit denen sich das Bürgertum in Wiesbaden neu „konstituierte". Hinsichtlich ihrer Berufe bildeten die Freimaurer einen Querschnitt durch die gehobenen Schichten des Wiesbadener Bürgertums. Neben einigen Beamten findet sich das „Bildungsbürgertum" in Gestalt von Ärzten, Musikern, einem Lehrer und einem Anwalt vertreten, während eine knappe Mehrheit der Mitglieder dem „Wirtschaftsbürgertum" unter Einschluß der Rentiers zuzurechnen ist. Die Loge, die Neuaufnahmen ebenso wie das Casino über eine Ballotage regelte, war hier weit offener für alle Schichten als die Casino-Gesellschaft. Eine Doppelmitgliedschaft in Casino und Loge war dabei keineswegs ausgeschlossen.

Unter den Gründungsmitgliedern der Loge befand sich Karl Braun, der Führer der nassauischen Opposition, ebenso wie August Hergenhahn. Hergenhahn war für einige Jahre „Meister vom Stuhl" der Loge.[45] Beide waren später zeitweise Direktoren des nassauischen Altertumsvereins.

---

[43] *Heinemann*, Vorgeschichte, 309. Allerdings ließ sich nach Heinemanns Recherchen kein Aktenmaterial mehr über den Vorgang finden.

[44] Ebd., 310.

[45] *E. Vessenmeyer/O. Novak*, Rückblick auf die Entwicklung der Loge Plato zur beständigen Einheit in Wiesbaden in den Jahren 1883-1908 und Mitglieder-Verzeichnis derselben während der fünfzig Jahre ihres Bestehens 1858-1908. Wiesbaden 1908, o. S. An dieser Stelle sei der Loge Plato gedankt, die mir bereitwillig Material zur Verfügung stellte.

Tabelle 32

Die Gründungsmitglieder der Freimaurerloge Plato 1858

Alle Gründungsmitglieder

Nr. Name	Status	Bürger-Aufn.	Beruf	Steuerkap. 1864
1 Braun, Carl Wilhelm	F/E	-	Hofgerichtsprokurator	1.800
2 Cuntz, Cornelius	F/E	-	Gymnasialprofessor	2.200
3 Freytag, Heinrich Ludw.	F/B	1828	Hotelbesitzer	1.400 2)
4 Freytag, Joh. Andreas	F/B	1827	Zolldirektionsassesor	1.800
5 Friedrich, Wilhelm	F/B	1849	Buchhändler	800
6 Genth, August	F/T	-	Heilanstaltdirektor/Arzt	1.500
7 Genth, Johann Julius	F/U	-	Bildhauer	-
8 Hartmann, Julius	S/B	1859	Maler und Lackierer	-
9 Hergenhahn, August 1)	F/B	1848	Generalstaatsprokurator	5.250 3)
10 Huth, Bernhard	U/U	-	Arzt/Dr. med.	825 4)
11 Korb, Karl	wohnt in Biebrich		Kaufmann	
12 Lugenbühl, Carl	S/B	1858	Kaufmann	1.200
13 Nathan, Franz Caspar	F/B	1828	Lederhändler	0 5)
14 Odernheimer, Friedrich	F/E	-	Oberbergrat	2.100
15 Pagenstecher, Alexander	F/B	U	Augenheilanstaltsdirek.	3.100
16 Ritter, Heinrich	F/B	1851	Buchhändler	-
17 Roth, August	S/B	1853	Kaufmann	1.100 5)
18 Schimack, Gottfried	F/U	-	Hofmusikus	675
19 Schmidtgen, Carl Christ.	F/U	-	Hofkapellmeister a.D.	-
20 Seibert, Christian	F/B	1817	Baumeister	50 6)
21 Wahl, Joseph Anton	F/B	1884	Rentier	50 6)
22 Wörner, Carl Friedrich	F/B	1831	Rentier	- 6)
23 Zais, Wilhelm	F/B	U	Badewirt und Arzt	12.500 7)

Legende:
F=Fremde; S=Bürgersohn bzw. ortsgebürtig / B=Bürger; T=tempärer Aufenthalt;
E=Eximierte bzw. Beamte; U=unbekannt

Herkunft/Status
Von den 22 in Wiesbaden wohnenden Personen waren: 3 Personen ortsgebürtig bzw. Bürgersöhne, aber 18 Fremde und 2 unbekannter Herkunft.
18 Personen standen 1858 oder später im Bürgerrecht, eine Person hatte (1864!) temporäres
Aufenthaltsrecht, 3 standen im Beamtenrecht, bei 4 Personen war der Status nicht feststellbar.

Sonstige Vereinsmitgliedschaften der Gründungsmitglieder

Naturkunde:	8	(1848)
Nassauische Altert.	11	
Casino-Gesell.	6	(1856; 1867)

1) Ins Bürgerrecht als erster Ehrenbürger aufgenommen.
2) 1864 nur noch als Weinhändler, Hotel bereits in Besitz des Sohnes (7500 fl. St.).
3) Steuerleistung 1864 als Appellationsgerichtsdirektor.
4) 1864 Hofmedikus.
5) Als Vorschußvereinsdirektor bzw. -kassierer.
6) Unterliegt 1864 als Rentner nicht der Gewerbesteuerpflicht.
7) Verstorben, 1864 Steuerleistung seiner Witwe.

Tabelle 33

Die Neumitglieder der Freimaurerloge Plato 1858-1866

Neue Mitglieder mit Wohnung in Wiesbaden

Nr. Name	Aufn. Plato	Status	Bürger- Aufn.	Beruf	Steuer 1864	
1 Alefeld, Emil	1859	S/E	-	Bataillonsarzt/Dr. med.	675	
2 Altstätter, Franz	1859	S/B	1859	Kaufmann	1.000	
3 Auer, Wilhelm	1858	S/B	1855	Kaufmann	2.200	
4 Berlé, Ferdinand	1864	F/B	1865	Bankiér	-	
5 Calmann, Max	1866	F/U	-	Weinhändler	-	
6 Fehr, Philipp	1858	F/B/J	-	Kaufmann	2.500	
7 Freytag, Otto	1858	S/B	1860	Hotelbesitzer	7.500	
8 Heimerdinger, Moritz	1865	S/B/J	1878	Kaufmann	-	1)
9 Hensel, Carl	1858	F/B	1856	Buchhändler	2.500	2)
10 Herrmann, Gottfried	1866	U/U	-	Kaufmann	-	
11 Hiepe, Karl	1860	F/T	T:1858	freirelig. Prediger	200	
12 Klingelhöffer, Ludwig	1864	U/B	U	Kaufmann	-	
13 Knauer, Friedrich	1859	F/B	U	Kaufmann	3.300	
14 Koch, Karl	1866	U/U	-	Rechtsanwalt/Dr. jur.	-	
15 Kruthoffer, Heinrich	1860	F/T	-	Rentner	1.500	
16 Lang, Friedrich Aug.	1858	F/E	-	Prokurator/Dr. jur.	2.500	
17 Leisler, Ernst	1859	F/B	1846	Adv. Prokurator/Dr. jur.	2.500	
18 Mäckler, Hermann	1859	F/B	1860	Dr. med.	250	
19 Mons, Louis	1860	F/B	1857	Graf, Kammerherr	50	3)
20 Osten, Karl von	1864	F/U	-	Russ. Generalmajor a.D.	-	
21 Rosenstein, Benedict	1860	F/B/J	1849	Weinhändler	3500	
22 Rummel, Joseph	1861	S/B	1859	Musiklehrer	600	
23 Schlachter, Heinrich	1860	F/B	1853	Kaufmann	4100	
24 Schmidt, Heinrich	1858	U/U	-	Markscheidereiverwalter	-	
25 Sulzer, Philipp	1862	S/B	1867	Kaufmann	800	
26 Tillmann, Anton	1860	F/B	1863	Kaufmann	800	
27 Winter, Georg Wilhelm	1865	F/B	1868	Kaufmann	600	
28 Wirth, Wilhelm	1859	F/B	1850	Buchhändler	250	
29 Wissmann, Eduard	1866	U/E	-	Landgerichtsrat	-	
30 Wolff, Rudolf	1862	F/B	1873	Kaufmann	50	3)

Legende:
F=Fremde; S=Bürgersohn bzw. ortsgebürtig / B=Bürger; T=temporärer Aufenthalt;
E=Eximierte bzw. Beamte; U=unbekannt

Herkunft/Status
Von den neuen Mitgliedern warene 18 Fremde, 7 Personen ortsgebürtig bzw. Bürgersöhne
und 5 unbekannter Herkunft.
12 Personen hatten beim Eintritt in die Loge das Bürgerrecht oder erwarben es im gleichen
Jahr, weitere 8 erwarben das Bürgerrecht erst später. Zwei Personen hatten temporäres
Aufhaltsrecht, 4 waren Beamte etc. und für 5 Logenbrüder waren keine Angaben zu ermitteln.

1) Vater mit 2000 fl.
2) Gemeinsam mit Jurany
3) Unterliegt als Rentner 1864 nicht der Gewerbesteuerpflicht.

Weiterhin war Wilhelm Zais, Altliberaler und einer der reichsten Bürger Wiesbadens, Freimaurer der ersten Stunde. Neben ihm finden sich weitere prominente Ärzte wie der Direktor der Augenheilanstalt Alexander Pagenstecher und der Direktor der Kaltwasserheilanstalt August Genth unter den Logenbrüdern.

Zu den ersten Freimaurern gehörten der spätere Direktor des Vorschußvereines Roth und der Hofkapellmeister Schmidtgen sowie die Brüder Freytag, von denen einer als Badewirt und Gemeinderat wirkte, der andere als Zolldirektionsassessor ebenfalls, z.B. als Fürsprecher der Bewohner des Armenviertels „Hilf", direkt in die städtischen Angelegenheiten eingriff.[46] Aber auch die Rentiers unter den Freimaurern waren zumindest zum Teil in die Stadt integriert oder fanden über die Loge den Schlüssel zur Integration. Dies gilt etwa für Joseph Anton Wahl, der zwar erst 1884 ins Bürgerrecht trat, aber zuvor bereits ehrenamtlich in der Stadt engagiert war. Wahl kam 1853 als 40jähriger nach Wiesbaden, nachdem er durch eine Stoffblumenfabrik in Paris reich geworden war. Nach einem Zwischenaufenthalt in Cannstadt siedelte er sich in Wiesbaden an. „Als Freimaurer fand er dort bald aufrichtige Freunde und Anschluß an angesehene Familien".[47] Wahl wurde spätestens 1859 Vorstandsmitglied des Verschönerungsvereins[48] und blieb 46 Jahre lang der „Motor" dieser Organisation, der in der Kurstadt Wiesbaden eine besondere Bedeutung zukam.[49]

Wie keine andere Vereinigung in Wiesbaden im 19. Jahrhundert kann die Freimaurerloge Plato für die späten 1850er und beginnenden 1860er Jahre beanspruchen, das Bürgertum Wiesbadens zu repräsentieren. Hier trat also eine Vereinigung auf, die in die Rolle schlüpfte, die das Casino mit seiner stark staatsorientierten Mitgliederschaft nie ausfüllen konnte.

Bereits 1863 mußte die Loge in ein neues Domizil umziehen, in einen Nebenbau des so sehr mit der liberal-demokratischen Bewegung verbundenen Hotels Vierjahreszeiten, dessen mittlerweile verstorbener ehemaliger Besitzer Wilhelm Zais, wie erwähnt, zu den Logenbrüdern gehört hatte.

Auch der Altertumsverein wurde jetzt vom Bürgertum „übernommen" und die Vorherrschaft der Beamten und Offiziere zurückgedrängt, dies gilt jedenfalls für die Wiesbadener Mitgliedschaft. Das „Stadtbürgertum" hatte 1839 nur einen Anteil von knapp 10% an der Mitgliederschaft des Vereins.

---

46   *Thomas Weichel*, Die falsche 'Hilf'. Die Geburtswehen eines Stadtteils, in: Wiesbadener Abrisse 1988, Wiesbaden 1987.
47   So heißt es in einem Nekrolog, den ihm der Verschönerungsverein nach seinem Tod 1902 widmete. Die Tätigkeit des Verschönerungs-Vereins im Jahre 1902/1903. Wiesbaden 1903, o. S.
48   StdAWi L 47, Protokoll der Generalversammlung vom 15. Januar 1859.
49   *Carl Klein/A. Höfer*, Geschichte des Verschönerungsvereins Wiesbaden. Wiesbaden 1913, 16f.

Zwei Dekaden später stellte es fast die Hälfte der Wiesbadener Mitgliedschaft, während die zuvor dominierenden Beamten und Offiziere nur noch ein Drittel ausmachten (vgl. Tabelle 52 im Anhang, Spalte 1860). Eine wesentliche Rolle bei diesem Wandel spielte die Vergrößerung der Mitgliedschaft durch zahlreiche Neueintritte, insbesondere in Wiesbaden. Dort und in den angrenzenden Vororten wohnten 1860 mit 276 mehr als die Hälfte der nassauischen Mitglieder.[50] Auch politisch stand der Verein nun eindeutig auf seiten des liberalen, „kleindeutschen" Bürgertums. Struck sieht in der Ernennung Otto v. Bismarcks, damals Gesandter am Deutschen Bundestag, zum Ehrenmitglied 1852 eine „Vorausahnung" der zukünftigen Entwicklung Deutschlands.[51]

In den 1850er Jahren distanzierte sich der Verein immer weiter von seiner ursprünglich auf Nassau begrenzten Perspektive und Aufgabe. Der Direktor des Vereins, der Medizinalrat Reuter, definierte 1859 Deutschland und eben nicht das Herzogtum als das Vaterland. Der Nassauische Altertumsverein sah sich nunmehr nur noch als eine regionale Gliederung einer breiten Bewegung. Damit stand er weit entfernt von Intentionen der Gründungszeit, hatte doch die Stiftung einer staatlichen Identität im jungen Herzogtum Nassau zu den zentralen Aufgaben gehört.

Die kleindeutsche, preußenfreundliche Ausrichtung des Vereins wurde auch durch die Wahl von Nassaus führendem liberalen Politiker Karl Braun zum Direktor 1861 dokumentiert.[52] Braun nutzte diese Stellung durchaus auch politisch. So hielt er im Winter 1861/62 einen Vortrag über den Freiherrn vom Stein.[53] Stein war bekanntlich durch die Mediatisierung eines Teils der Besitztümer seines Geschlechts im Zuge der Gründung des Herzogtums zum scharfen politischen Gegner des Hauses Nassau geworden.[54] Deutlicher als mit der Wahl Brauns konnte der Verein nicht zum Ausdruck bringen, auf welcher Seite er stand. Mit Braun als Direktor und der „frühen" Ehrenmitgliedschaft von Bismarck hatte der Verein 1866 keine Schwierigkeiten, auch nach der Annexion Nassaus durch Preußen weiterzubestehen.

Weit weniger oppositionell ausgerichtet erscheint dagegen die „Gesellschaft der Freunde bildender Kunst" im Herzogtum Nassau. Zwar hatten sich hier unter den Gründungsmitgliedern 1847 auch eine ganze Reihe von

---

[50] Verzeichnis der Mitglieder des Vereins für Nassauische Alterthumskunde und Geschichtsforschung, Wiesbaden 1860.
[51] *Struck*, Gründung und Entwicklung, 139.
[52] *Struck*, Gründung und Entwicklung, 140.
[53] *Bernd-Rüdiger Kern*, Studien zur politischen Entwicklung des nassauischen Liberalen Karl Braun, in: NA 94, 1983, 185-201, hier 199.
[54] *Harry Gerber*, Friedrich Karl Reichsfreiherr vom Stein, in: Nassauische Lebensbilder, Bd. 5. Wiesbaden 1955, 84-113, hier 90ff.

Liberalen befunden, darunter der spätere Führer der Wiesbadener Republikaner Diez, doch erkannte der Verein nach der Niederlage der Revolution die wiederhergestellten Machtverhältnisse schnellstens an: Auf Bitten des Vereins übernahm 1850 der Herzog das Protektorat über den Kunstverein, der sich 1852 offiziell den Namen „Nassauischer Kunstverein" gab.[55] Daß der Verein sich offensichtlich von den politischen Auseinandersetzungen fernhielt, mag auch daran gelegen haben, daß bei insgesamt hohem Mitgliederstand der größte Teil der Mitglieder außerhalb Wiesbadens wohnte.[56] Auch berührte das Wirken des Kunstvereins kein direktes politisches Thema, das vergleichbar der Frage nach dem Vaterland gewesen wäre, die sich dem Altertumsverein stellte. Es kann hier nicht entschieden werden, ob sich Wiesbadens Bürger bewußt wegen der Staatsnähe des Vereins von diesem zurückhielten, jedenfalls wurde seitens der Vereinsführung der geringe Besuch der Ausstellungen beklagt. Der Direktor des Vereins, Philipp Leyendecker, bezieht 1851 Schillers Epigramm „Gesundbrunnen zu ***" auf Nassau: „Seltsames Land! Hier haben die Flüsse Geschmack und die Quellen, bei den Einwohnern allein hab' ich noch keinen verspürt." [57]

Das neue politische und gesellschaftliche Gewicht des Bürgertums in Wiesbaden wäre ohne die entsprechende wirtschaftliche Entwicklung undenkbar gewesen. Noch in der 1848er Revolution wäre der Opposition ohne den „Einsatz" der bäuerlichen Landbevölkerung mit ihren Eigeninteressen kaum ein auch nur temporärer Erfolg beschieden gewesen. Ein Faktor war dabei schlicht das Wachstum der Stadt von 14.000 (1851) auf 26.000 (1865) Einwohner, das auch dem Wiesbadener Bürgertum ein größeres Gewicht gab.[58] Daß es aber außerdem noch zusätzlich der wirtschaftliche Erfolg war, der ab der zweiten Hälfte der 1850er Jahre das Wiesbadener Bürgertum stärkte, wird an der Zahl der wahlberechtigten Wiesbadener Gewerbetreibenden zur 1. Kammer deutlich. Waren 1852 hier nur 30 Personen wahlberechtigt, so waren es 1858 bereits 52, 1863 schon 76 und schließlich 1865 sogar 86.[59] Dem Gewicht Wiesbadens als Landeshauptstadt und wirtschaftlichem Zentrum des Landes kann erst die richtige Bedeutung beigemessen werden, wenn man bedenkt, daß im gesamten Herzogtum nur 225 Personen zu einem Steuersatz veranlagt wurden, der zur

[55] *Schmidt*, Bürgerliche Kunstförderung, 155.
[56] *Struck*, Biedermeier, 224.
[57] *Schmidt*, Bürgerliche Kunstförderung, 156. Korrekterweise muß es statt „Einwohner" „Bewohner" heißen. Bereits 1848 war in der Diskussion um das Wiesbadener Theater das Epigramm aus den „Xenien" von Schiller und Goethe auf Nassau bezogen worden. Vgl. *Struck*, Volksvertretung, 100. *Goethe*, Werke, Bd. 2, 457.
[58] *Weichel*, Kommunalpolitik, 179.
[59] Vgl. Auswertungen in der Tabelle 34.

Wahl berechtigte. Wiesbaden, in dem nur etwa 6,5% der Nassauer wohnten, hatte also unter den Wahlberechtigten einen Anteil von 38%.

Nimmt man das Amt Wiesbaden als ganzes, also Wiesbaden mit seinen späteren Vororten, vor allem Biebrich, betrug der Anteil sogar 43%.[60] Zu dieser hohen Zahl der Gewerbesteuerzahler der oberen Steuerklassen trug auch bei, daß die Beamten gewerbesteuerpflichtig waren. Die Spitzenbeamten und Generäle stellten mit etwa einem Viertel der Wahlberechtigten in Wiesbaden eine relevante Gruppe.[61] Dabei ist zu bemerken, daß das arme Nassau seine hohen Beamten außerordentlich gut bezahlte – ganz im Gegensatz zu den einfachen Beamten. Den 250 Gulden für einfache Beamte stand ein Gehalt für Räte gegenüber, das etwa bei 2000 Gulden begann. Hohe Staatsbeamte konnten so ohne weiteres das 20fache eines einfachen Beamten verdienen.[62]

Durch die Anwesenheit der Beamten in der Stadt wurde die Zahl der für die erste Kammer wahlberechtigten Gewerbesteuerzahler in Wiesbaden erhöht. Auf der anderen Seite hatte eine Personengruppe mit häufig großen Vermögen von vornherein kein Wahlrecht: Die Rentiers, deren Bevölkerungsanteil in der Stadt seit den 1850er Jahren ständig wuchs. Ihr Einkommen und Vermögen war gewerbesteuerfrei, und sie waren damit auch nicht wahlberechtigt.

Die Bedeutung der Beamten in der Einkommenshierarchie wird auch in den Auswertungen des Gewerbekatasters von 1864 deutlich.[63] In dem Gewerbekataster sind erstmals, im Gegensatz zu den bisher vorgestellten Katastern, auch die Beamten und Offiziere mit ihrem Einkommen und ihrem Gewerbesteuerkapital berücksichtigt.[64] In einigen der höheren Gewerbesteuerklassen übertrifft z.T. die Zahl der Beamten und Offiziere die der „Wirtschaftsbürger" aus den Bereichen Handwerk, Industrie und Handel.

---

[60] Vgl. VBN Nr. 15 v. 24.6.1865, 108ff.

[61] Unter Einschluß der staatsabhängigen „Bildungsbürger".

[62] Zu den Verdienstklassen der nassauischen Beamtenschaft vgl. *Treichel*, Bürokratie, 605ff.

[63] Auch die Beamten unterlagen wie alle höheren Angestellten, etwa die der (Aktien-) Gesellschaften, der Gewerbesteuerpflicht, sie wurden allerdings im Gegensatz zu diesen meist in separaten Kastastern geführt, die leider nicht erhalten sind. Von der Gewerbesteuerpflicht waren, wie eingangs bereits vermerkt, lediglich die Rentiers ausgenommen. Für die Arbeiter, Gesellen, Hausbediensteten etc. übernahm der Arbeitgeber die Besteuerung durch eine höhere Veranlagung.

[64] Dabei ist anzumerken, daß das Einkommen nicht immer mit dem Gewerbesteuerkapital gleichzusetzen ist, vielmehr war der Anschlag abhängig von der Gehaltshöhe. Bei den Gehältern unterhalb von 600 Gulden wurde nur die Hälfte des Betrages angesetzt, in der nächsten Stufe bis unter 1500 Gulden 75 Prozent. Zwischen 1500 und 3000 Gulden wurde der Nominalbetrag des Gehaltes veranschlagt, darüber das Eineinhalbfache. Mit dieser Maßnahme unterlagen die Beamtengehälter einer progressiven Einkommenssteuer.

Grafik 20

Gewerbekataster 1864 nach Beruf und Steuerkapital

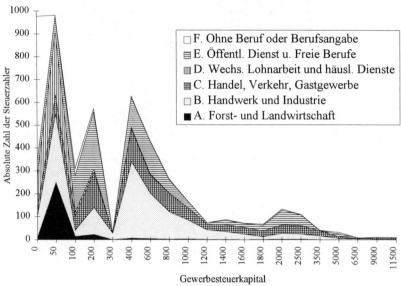

□ F. Ohne Beruf oder Berufsangabe
▦ E. Öffentl. Dienst u. Freie Berufe
▥ D. Wechs. Lohnarbeit und häusl. Dienste
▦ C. Handel, Verkehr, Gastgewerbe
□ B. Handwerk und Industrie
■ A. Forst- und Landwirtschaft

Gewerbesteuerkapital

Um die Auswertungen der „Höchstbesteuerten" nach dem Gewerbekataster den Analysen der Jahre 1811, 1821, 1831 und 1849 vergleichbar zu gestalten, wurden die Beamten und Offiziere bei der tabellarischen Aufstellung ausgeklammert. Jene Beamten, die den „Schwellenwert" von 6000 Gulden überschritten, der sich für die 24 „wirtschaftsbürgerlichen" Höchstbesteuerten ergab, wurden in einer separaten Aufstellung ausgewertet.

Bereits ein erster Blick auf die Liste der 24 Höchstbesteuerten aus dem Wirtschaftsbürgertum macht deutlich, welch starke Entwicklung in den Bereichen der Hotellerie, des Gewerbes und des Handels seit 1849 stattgefunden hatte. Dies wird nicht nur an der gestiegenen Steuerleistung deutlich, sondern besonders auch an der „moderneren" Wirtschaftsstruktur. Mit der Gasbeleuchtungsgesellschaft und der Aktienbrauerei sind zwei der drei „Spitzenreiter" in der Tabelle 36 keine Einzelpersonen oder Personengesellschaften mehr, sondern juristische Personen.

Bei der Auswertung der „Höchstbesteuerten" nach der Sozialgliederung stellt die Einordnung dieser Gesellschaften ein Problem dar. Sie dabei jedoch unberücksichtigt zu lassen, würde den Schwerpunkt der städtischen Wirtschaft künstlich verschieben. Aus diesem Grunde wurden sie in die Sozialgliederung entsprechend ihrer Haupttätigkeit aufgenommen.

Tabelle 34

Die Sozialstruktur der Gewerbetreibenden mit Wahlrecht zur 1. Kammer 1852 bis 1865
Nur Wiesbadener Gewerbetreibende

	1852		1858		1863		1864		1865	
Adelige (ohne nähere Angaben)	0	0,0%	0	0,0%	0	0,0%	0	0,0%	0	0,0%
Offiziere	4	13,3%	3	5,8%	4	5,3%	4	5,0%	3	3,5%
Hof- und Staatsbeamte	5	16,7%	12	23,1%	13	17,1%	12	15,0%	14	16,3%
Adel, Militär, Bürokratie	**9**	**30,0%**	**15**	**28,8%**	**17**	**22,4%**	**16**	**20,0%**	**17**	**19,8%**
Geistliche, Pfarrer	0	0,0%	0	0,0%	0	0,0%	1	1,3%	1	1,2%
Mediziner, Apotheker	1	3,3%	0	0,0%	2	2,6%	2	2,5%	2	2,3%
Advokaten, Rechtsanwälte	0	0,0%	1	1,9%	0	0,0%	0	0,0%	0	0,0%
Architekten, Techniker	0	0,0%	0	0,0%	1	1,3%	3	3,8%	2	2,3%
Professoren, Lehrer	0	0,0%	0	0,0%	0	0,0%	1	1,3%	1	1,2%
Studenten, Schüler	0	0,0%	0	0,0%	0	0,0%	0	0,0%	0	0,0%
Künstler	0	0,0%	0	0,0%	1	1,3%	1	1,3%	1	1,2%
Bildungsbürgertum	**1**	**3,3%**	**1**	**1,9%**	**5**	**6,6%**	**8**	**10,0%**	**7**	**8,1%**
Hohe Stadtbeamte, bürgerl. Ämter	0	0,0%	0	0,0%	0	0,0%	0	0,0%	0	0,0%
Bankiers, Bankdirekt.	2	6,7%	2	3,8%	2	2,6%	3	3,8%	3	3,5%
Rentiers	0	0,0%	0	0,0%	0	0,0%	0	0,0%	0	0,0%
Kaufleute, Handelsleute	7	23,3%	14	26,9%	14	18,4%	15	18,8%	15	17,4%
Fabrikanten	2	6,7%	0	0,0%	1	1,3%	0	0,0%	0	0,0%
Verleger, Buchhändler, -drucker	0	0,0%	1	1,9%	1	1,3%	1	1,3%	2	2,3%
Gast- und Badewirte	4	13,3%	9	17,3%	16	21,1%	16	20,0%	17	19,8%
Weinwirte, Kaffetiers,Bierbrauer	2	6,7%	5	9,6%	3	3,9%	2	2,5%	3	3,5%
Landwirte etc.	0	0,0%	0	0,0%	0	0,0%	0	0,0%	0	0,0%
Handwerker, Kleinhändler	3	10,0%	4	7,7%	16	21,1%	18	22,5%	21	24,4%
Angestellte	0	0,0%	1	1,9%	1	1,3%	1	1,3%	1	1,2%
Arbeiter, Gesellen, Dienstboten	0	0,0%	0	0,0%	0	0,0%	0	0,0%	0	0,0%
Stadtbürgertum	**20**	**66,7%**	**36**	**69,2%**	**54**	**71,1%**	**56**	**70,0%**	**62**	**72,1%**
Ohne Beruf/ohne Angaben	0	0,0%	0	0,0%	0	0,0%	0	0,0%	0	0,0%
Summe der Mitglieder	**30**	**100%**	**52**	**100%**	**76**	**100%**	**80**	**100%**	**86**	**100%**

Anmerkung:

Die Gewerbetreibenden ab der 13. Gewerbesteuerklasse waren zur Wahl eigener Abgeordneter zur 1. Kammer zugelassen. Der Kreis der wählbaren Personen war dabei weit gefaßt. Bedingung war nur das Mindestalter von 30 Jahren und eine mindestens fünfjährige Staatszugehörigkeit. Die Wahl fand stets auf einer zentralen Versammlung in Limburg statt.

Doppelwahlrecht

1852, 1858 und 1864 hatten jeweils zwei Personen sowohl als Grundeigentümer wie auch als Gewerbetreibende das aktive Wahlrecht zur 1. Kammer. Für die Wahljahre 1863 dies auf eine Person zu; 1865 hatten drei Personen Doppelwahlrecht.

Tabelle 35

Die Sozialstruktur der Grundbesitzer mit Wahlrecht zur 1. Kammer 1852 bis 1865

Nur Wiesbadener Grundbesitzer

	1852	1858	1863	1864	1865
Adelige (ohne nähere Angaben)	0	0	0	0	0
Offiziere	0	0	1	0	0
Hof- und Staatsbeamte	3	3	3	2	3
Adel, Militär, Bürokratie	**3**	**3**	**4**	**2**	**3**
Geistliche, Pfarrer	0	0	0	0	0
Mediziner, Apotheker	0	0	0	0	0
Advokaten, Rechtsanwälte	0	1	0	0	0
Architekten, Techniker	0	1	0	1	1
Professoren, Lehrer	0	0	0	0	0
Studenten, Schüler	0	0	0	0	0
Künstler	0	0	0	0	0
Bildungsbürgertum	**0**	**2**	**0**	**1**	**1**
Hohe Stadtbeamte, bürgerl. Ämter	0	0	0	0	0
Bankiers, Bankdirekt.	0	0	0	0	0
Rentiers	1	0	0	0	0
Kaufleute, Handelsleute	0	0	0	0	0
Fabrikanten	0	0	0	0	0
Verleger, Buchhändler, -drucker	2	2	1	1	2
Gast- und Badewirte	1	1	1	0	1
Weinwirte, Kaffetiers, Bierbrauer	0	0	0	1	1
Landwirte etc.	0	1	0	0	1
Handwerker, Kleinhändler	0	0	0	0	0
Angestellte	0	0	0	0	0
Arbeiter, Gesellen, Dienstboten	0	0	0	0	0
Stadtbürgertum	**4**	**4**	**2**	**2**	**5**
Ohne Beruf/ohne Angaben	0	0	1	0	0
Summe der Mitglieder	**7**	**9**	**7**	**5**	**9**

Anmerkung:

Die Gewerbetreibenden ab der 13. Gewerbesteuerklasse waren zur Wahl eigener Abgeordneter zur 1. Kammer zugelassen. Der Kreis der wählbaren Personen war dabei weit gefaßt. Bedingung war nur das Mindestalter von 30 Jahren und eine mindestens fünfjährige Staatszugehörigkeit. Die Wahl fand stets auf einer zentralen Versammlung in Limburg statt. Wegen der geringen Zahl der Wahlberechtigten in Wiesbaden wurde auf eine Prozentberechnung der Anteile verzichtet.

Doppelwahlrecht

1852, 1858 und 1864 hatten jeweils zwei Personen sowohl als Grundeigentümer wie auch als Gewerbetreibende das aktive Wahlrecht zur 1. Kammer. Für die Wahljahre 1863 dies auf eine Person zu; 1865 hatten drei Personen Doppelwahlrecht.

Eine weitere Gesellschaft, die Kurhausaktiengesellschaft, nahm eine absolute Sonderstellung in Wiesbaden ein. Sie wurde möglicherweise deshalb
überhaupt nicht im Gewerbesteuerkataster von 1864 verzeichnet. Die Kurhausaktiengesellschaft zahlte bei einem Steuerkapital von 1,6 Millionen
Gulden allein fast 40% des Gewerbesteueraufkommens der Stadt.[65] 1856
war der Kurhausbetrieb einschließlich des Spielbetriebes auf Betreibung
und unter Führung des Wiesbadener Bankhauses Berlé in eine Aktiengesellschaft umgewandelt worden, die zugleich auch das Spiel und die
Kuranlagen in Bad Ems betrieb.[66] An der Gesellschaft mit einem Kapital
von 2,5 Million Gulden waren weite Kreise der Wiesbadener Bürgerschaft
beteiligt. Neben den verschiedenen Zweigen der jüdischen Familie Perle,
die zusammen etwa ein Zwanzigstel des Aktienkapitals hielten, waren nach
einer Liste jener, die durch Hinterlegung ihrer Aktien auf der Generalversammlung 1867 Stimmrecht hatten, diverse Badewirte ebenso wie etwa der
liberale Anwalt Leisler jun. an der Spielbankgesellschaft beteiligt.[67] Aber
auch aus dem „Ausland", etwa aus Frankfurt, hatten sich zahlreiche Kapi-
talanleger engagiert. Und ohne Frage war ihr Geld zunächst gut und gewinnbringend plaziert. In den neun Jahren zwischen 1857 und 1865 erwirt-
schaftete die Kurhausaktiengesellschaft allein in Wiesbaden einen Reingewinn von über fünfeinhalb Millionen Gulden, immerhin mehr als das
Zweifache des Stammkapitals.[68] Die Gewinne des Emser Spiels sind hier
noch nicht eingerechnet.[69]

Den Profiten der Kurhausgesellschaft entsprechend war das Niveau des
Gehaltes der Direktoren. Der Kurdirektor Baron von Wellens wurde mit
5% des Nettogewinns der Gesellschaft entlohnt, dies bedeutete 1864 im-
merhin ein Jahresgehalt von 30.000 Gulden (45.000 Gulden Steuerkapital).
Er war damit der Einwohner mit dem höchsten Gewerbesteueranschlag in
Wiesbaden. Seine beiden untergebenen Direktoren erhielten immerhin noch
4200 Gulden Gehalt (6.300 Gulden Steuerkapital), nach einer anderen
Quelle sogar 9000 Gulden Entlohnung.[70]

---

[65] *Struck*, Biedermeier, 249.

[66] Spielmann schreibt in diesem Zusammenhang, allerdings ohne Angabe von Quellen,
daß im Hintergrund eine anonyme Gesellschaft den Pächter gedrängt habe, die Konzession abzutreten. Dies sei aber erst nach dem Tode des Pächters Anton Guntz bei dessen
Sohn Anton Guntz jun. gelungen. Hinter dieser Gesellschaft hätten die beiden Wiesbadener Bankiers Marcus und Bernhard Berlé gestanden. Vgl. *Spielmann*, Kurhaus, 100.

[67] Dies läßt sich aus der Liste der Personen schließen, die ihre Aktien zur Ausübung ihres
Stimmrechtes deponierten. Allerdings war nur ein Drittel des Aktienkapitals hinterlegt
worden. Vgl. HHStAWi 408/23.

[68] *Spielmann*, Kurhaus, 125.

[69] *Struck*, Biedermeier, 248.

[70] StdAWi WI/1/55-57. Struck gibt auf Basis von Spielmann, Kurhaus, als Gehalt der
beiden Direktoren 9000 Gulden an. Es ist nicht auszuschließen, daß die Direktoren auch

Die Direktoren der Kurhausgesellschaft führten als leitende Angestellte ein Unternehmen, dessen Gewinne durchaus denen großer Produktionsunternehmen und Handelsgesellschaften vergleichbar waren. Allerdings waren die wirtschaftlichen Risiken für die Kurhausgesellschaft ungleich geringer als für Industrieunternehmen, verloren die Spielbankbesucher doch nach festliegenden Regeln. Die einzige Gefahr für das Unternehmen war politischer Natur: Es gab eine breite Front von Gegnern des Glücksspiels, wie sich ja bereits in den Debatten in der Nationalversammlung während der 1848er Revolution gezeigt hatte. Auch innerhalb Nassaus wandte sich die liberale Opposition gegen den „Spielschwindel" und gegen die Aktiengesellschaft, da durch sie Aktien auch in Personenkreise gelange, die sich davon fern halten sollten.[71]

Die Liste der Höchstbesteuerten macht deutlich, wie stark in der Stadt das Kurwesen dominierte. Nicht nur die zahlreichen Bade- und Gastwirte sowie die Direktoren der Kurhausgesellschaft waren vom Kurbetrieb abhängig, auch Weinhändler, Bankiers (Geldwechsel!) und Maurermeister wären ohne die Prosperität, die das Badewesen der Stadt sicherte, kaum zu vergleichbaren Verdiensten gekommen.

Aber auch im Bereich der zweiten Funktion und wirtschaftlichen Grundlage Wiesbadens, der der Residenzstadt, konnten beachtliche Einkommen realisiert werden. Das Jahreseinkommen der in der Stadt ansässigen aktiven und pensionierten hohen Beamten und Offiziere entsprach dem der Spitze des Wirtschaftsbürgertums. Unter diesem Aspekt jedenfalls stand einem gesellschaftlichen Verkehr zwischen beiden Gruppen kein Hindernis entgegen.

Die Gruppe der höchstbesteuerten Wirtschaftsbürger erscheint von ihrer sozialen Herkunft höchst disparat. Zwar überwogen in der Gruppe die Bürgersöhne und Ortsgebürtigen, doch sind von diesen etwa die Hälfte Personen, deren Familien erst in der zweiten Generation in Wiesbaden ansässig waren. Zugleich sind in der Höchstbesteuertenliste erstmals die „Temporären" und Juden von Bedeutung.[72] Das Bürgerrecht konnte nur für 12 der 21 „natürlichen" Personen nachgewiesen werden, wenngleich hier Ungenauigkeiten in der Datenbasis durch die lückenhaften Aufzeichnungen der Jahre 1848–1850, die teilweise „en bloc"-Aufnahme durch das Gemeinderecht 1848 und durch die Judenemanzipation möglich sind. Auffällig ist aber, daß mittlerweile viele Personen aus der Wirtschaftselite Mitglied des Casinos und des Altertumsvereins waren.

---

noch in Bad Ems Steuern zahlen mußten und dadurch in Wiesbaden nicht das volle Gehalt versteuert werden mußte. Vgl. *Struck*, Biedermeier, 248; *Spielmann*, Kurhaus, 113.

[71] *Struck*, Biedermeier, 249.

[72] Dabei ist zu berücksichtigen, daß die Juden in den ausgewerteten Gewerbekatastern bis 1849 gar nicht oder doch nur ohne Steuerwerte verzeichnet sind.

Tabelle 36

Die wirtschaftliche Elite 1864 - die 24 Höchstbesteuerten

Geordnet nach dem Gewerbesteuerkapital (in Gulden)

Nr. Name	Status	Bürger-aufnahme	Bürger-Jahre	Beruf	Steuerkap. 1864
1 Gasbeleuchtungsgesellschaft	-	-	-	Gasfabrik	73.600
2 Wellens, von	F/T	-	-	Kurdirektor	45.000
3 Aktienbrauerei	-	-	-	Brauerei	36.000
4 Chevet, Franz Josef	F/T	-	-	Restaurateur	14.000
5 Bertram, Jacob & Söhne	S/-	-	-	Weinhändler	12.700
6 Zais, Wilhelm Wwe.	S/B	U	-	Wirtin	12.500
7 Götz, Albrecht & Carl	S/B	1844	20	Badewirt	11.900
8 Alten u. Co.	F/B	1860	4	Gastwirt	11.500
9 Schlichter, Christian Erben	F/BE	-	-	Badewirt	9.000
10 Hellbach, Joseph	F/B	1859	5	Gastwirt	9.000
11 Werner, Heinrich Jos.	S/B	1859	5	Müller/Bäcker	9.800
12 Volz, Adam	F/B	1831	33	Kaufmann/Müller	9.200
13 Berlé, Markus	S/U/J	-	-	Bankier	9.000
14 Kalb, Karl	S/B	1846	18	Bankier	9.000
15 Rheinische Versicherung	-	-	-	Versich. Ges.	9.000
16 Birck, Georg Phil.	S/B	1834	30	Maurer	8.600
17 Wolf, Moses	F/B	1843	21	Badewirt	8.500
18 Freytag, Carl Otto Ludwig	S/B	1860	4	Badewirt	7.500
19 Walther, Michael	S/BW	1817	47	Stukkateur	7.100
20 Bücher, Georg	S/B	1840	24	Bierbrauer	7.000
21 Guntz, Anton	F/T	-	-	Kurdirektor	6.300
22 Schwend, Julius	F/T	-	-	Kurdirektor	6.300
23 Hoffmann, Philipp Chr.	S/B	1821	43	Badewirt	6.000
24 Lade, Friedrich Wwe. 1)	S/E	-	-	Hofapotheker	6.000

Summe ohne Minus-Jahre			254	Summe	344.500
mind. 12 Bürger davon 11 Daten			:12		
seit durchschnittl. # Jahren Bürger			21,17	Schnitt	14.354

Legende:
F=Fremde; S=Bürgersohn bzw. ortsgebürtig / B=Bürger; BE=Bürger-Erben; U=unbekannt
E=Beamte; T=Temporärer Aufenthalt / J=Jude

Herkunft
Fremde: 9; Bürgersöhne bzw. ortsgebürtig: 12; Gesellschaften: 3

Vereinsmitgliedschaften

Casino-Gesellschaft	8	Jahr: (1856-1872)
Nass. Altertumsverein	9	Jahr: (1851-1872)

Weitere Hinweise:
Die Beamten werden in einer eigenen Tabelle ausgewertet. Die Kurhaus-Etablissement-
Gesellschaft fehlt aus unbekannten Gründen in dem Kataster. Sie zahlte 1865 allein mehr als
ein Drittel des städtischen Gewerbesteueraufkommens. Die meisten Personen versteuerten
mehrere Tätigkeiten. I.d.R. wurde der Beruf mit der höchsten Steuerleistung aufgenommen.

1) Die Witwe Lade wurde trotz Exemiertenstatus als Gewerbetreibende hier aufgenommen.

Tabelle 37

Die Beamtenelite 1864

Geordnet nach dem Gewerbesteuerkapital (in Gulden)

Nr.	Name	Status	Beruf	Steuerkap. 1864
1	Sayn-Wittgenstein, August, Fürst von	E	Ministerpräsident	16.500
2	Bock-Hermsdorf, Friedrich von	E	Oberkammerherr	12.000
3	Breidbach-Bürresheim, Wilhelm v.	E	Bundesgesandter	11.250
4	Hadeln, Heinrich von	P	Generalleutnant	9.900
5	Heemskerk, Wilhelm von	E	Domänendirektor	9.450
6	Wintzingerode, Friedrich G. von	P	Oberkammerherr	9.000
7	Faber, Christian	E	Ministerialdirektor	7.500
8	Wintzingerode, Heinrich Rudolf v.	E	Regierungspräsident	7.500
9	Hergenhahn, Carl	P	Generalleutnant	6.000
10	Wilhelmi, Ludwig Wilhelm	E	Landesbischof	6.000
11	Breidbach-Bürresheim, Friedrich v.	E	Hofstallmeister	6.000
12	Miltitz, Leo von	E	Hofmarschall	6.000
13	Boos-Waldeck, Josef, Graf v.	X	Hofstallmeister	6.000
			Summe	113.100
				:13
			Durchschnitt	8.700

Legende:
E = Staatsbeamte, Offiziere im aktiven Dienst
P = Pensionierte Offiziere und Beamte
X = Pensionierte, die in ihren Heimatorten nicht steuern

Dienstverhältnis
9 aktive und 4 pensionierte Beamte/Offiziere

Nachgewiesene Vereinsmitgliedschaften

Casino-Gesellschaft	6	Jahr: (1856-1872)
Nassauischer Altertumskunde	7	Jahr: (1851-1872)
Naturkunde	5	Jahr: (1842)

Weitere Hinweise:
Berücksichtigt wurden alle Beamte und Offiziere, deren Steuerkapital mind. 6000 fl. betrug, in ihrer Steuerleistung also den 24 höchstbesteuerten Wirtschaftsbürgern vergleichbar waren. Die Hofapothekerwitwe Lade, obwohl vom Status Eximierte, wurde bei den 24 Höchstbesteuerten (Gewerbetreibende) berücksichtigt.

Unter den höheren Beamten und Offizieren, die über ein den Höchstbesteuerten vergleichbares Gehalt verfügten, war der Anteil von Personen, die sich in den wichtigen Vereinen organisiert hatten, noch höher. Hier ist etwa die Hälfte im Casino und im Altertumsverein als Mitglied registriert. Diese Personengruppe umfaßte, bedingt durch die zugrunde gelegten Einkommenskritierien vor allem die höchsten Repräsentanten der nassauischen Regierung und des Hofstaates. Außerdem gehörten der Landesbischof Wilhelmi und zwei pensionierte Generäle dazu.[73]

Ein weiteres Indiz für die Modernisierung der Wiesbadener Wirtschaft war die Gründung eines Vorschußvereins für das mittlere Bürgertum. Diese Genossenschaftsbank wurde 1860 überwiegend von Handwerkern gegründet und trägt die Handschrift des liberalen Bürgertums. Daß dieser Verein von der Stadt politisch gewollt wurde, belegt die Teilnahme des Bürgermeisteradjunkten Coulin. Die Einbindung in die auch politische Genossenschaftsbewegung beweist das Engagement des Anwalts Friedrich Schenk, des späteren Reichstagsabgeordneten von Wiesbaden. Schenk war u.a. 1862 bis 1883 Verbandsdirektor des Verbandes der Erwerbs- und Wirtschaftsgenossenschaften am Mittelrhein und danach Anwalt des Genossenschaftsverbandes in Berlin.[74] Zu den Gründern des Vorschußvereins, denen kein direktes wirtschaftliches, sondern eher ein politisches Motiv unterstellt werden kann, gehörte auch Carl Rossel, Sekretär des Altertumsvereins und Wilhelm Schirm, der Gründer der Gewerbeschule und langjähriger Gemeinderat.

c. Einig gegen die Regierung

Gegen Ende der 1850er Jahre verschärften sich die politischen Konflikte in Nassau wieder. Die zeitweise taktische Annäherung von Liberalen und Regierung während des Streites zwischen Regierung und katholischer Kirche um den kirchlichen Einfluß auf die Schule fand durch einen Kompromiß im Kirchenstreit ein Ende.[75] Aus dem politischen Flügel des Katholizismus, der staatlichen Bürokratie und der Hofpartei formte sich nun die

---

[73] Zur personellen Zusammensetzung der bürokratischen und höfischen Elite Anfang der 1860er Jahre vgl. *Lothar Lüstner*, Nassaus leitende Persönlichkeiten im Jahre 1861. O.O. u. J., (Druckfahne ohne weitere Angaben in der Bibliothek des Stadtarchivs Wiesbaden, um 1911).

[74] 100 Jahre Hessen-Mittelrheinischer Genossenschaftsverband (Schulze-Delitzsch), 1862-1962. Wiesbaden o. J., 17.

[75] *Frank Wellstein*, Politische Partizipation im Frühkonstitutionalismus. Die Wahlen zur landständischen Versammlung im Herzogtum Nassau (1818-1866). Mnskpt. Gießen 1992, 106.

„konservative Partei", die in einer scharfen Gegnerschaft zu den Liberalen stand.

Die Liberalen konnten bereits zu Beginn der Verschärfung der politischen Auseinandersetzung auf politische Organisationsstrukturen zurückgreifen. Aus der vermutlich Anfang der 1850er Jahre entstandenen literarischen Vereinigung „Sternkammer" wurde vergleichbar der vormärzlichen „Mittwochsgesellschaft" eine zwanglose politische Vereinigung.[76] Die „Sternkammer" hatte ihren Namen angeblich von den sternförmigen feuchten Flecken an der Decke des Versammlungsraumes, eines Hinterzimmers der Gaststätte „Lämmchen", gelegen nahe dem Wiesbadener Markt.[77] Hier trafen sich Friedrich Lang, Karl Braun und die liberalen Gesinnungsgenossen. Und hier wurde wohl auch im Juni 1859 die bekannte „Erklärung der Nassauer" verfaßt, die bereits den Grundgedanken des wenig später in Frankfurt gegründeten Nationalvereins enthält – die Vereinigung Deutschlands auf freiheitlicher Grundlage unter Führung von Preußen.[78] Wie eng der Zusammenhang zwischen dem Verfasserkreis der „Erklärung der Nassauer" und dem Nationalverein im einzelnen auch gewesen sein mag, sicher ist, daß der erste Sekretär des Nationalvereins der in einer Wiesbadener Anwaltskanzlei beschäftigte Lorenz Nagel war.[79] Außerdem wurden aus Wiesbaden der Anwalt Friedrich Lang und der Walzwerkbesitzer Ludwig Gourdé[80] in den Ausschuß des Nationalvereins gewählt.[81]

War die Domänenfrage der zentrale Konflikt des Vormärz gewesen, so wurde dies für die Spätphase des Herzogtums die Zollvereinsfrage. Indem die Regierung und der Herzog durch ihre fast ungebrochen „österreichfreundliche"[82] Haltung den Bestand des Zollvereins gefährdeten, brachten sie das gesamte Bürgertum gegen sich auf. Der Gegensatz zwischen „Demokraten" und „Konstitutionellen", der letztlich die Restauration nach 1850 begünstigt hatte, wurde damit in der praktischen Politik wieder aufgehoben.

---

[76] *Toelle*, Deutsche Frage, 100.
[77] *Struck*, Biedermeier, 37.
[78] *Struck*, Biedermeier, 37.
[79] *Na'aman*, Nationalverein, 85.
[80] Heinrich Ludwig Germanicus Gourdé, * 24.12.1806 in Idstein, + 21.3.1864 in Wiesbaden, Besitzer eines Walzwerkes in Dillenburg, Mitglied der 1. Kammer 1854-1863. Gourdé muß – nachweislich der lückenhaften Adreßbücher – zwischen 1857 und 1859 nach Wiesbaden gezogen sein. Für ihn läßt sich kein Bürgerrecht nachweisen. Lebensdaten nach einer frdl. Auskunft v. Dr. Volker Eichler, Hauptstaatsarchiv Wiesbaden.
[81] *Struck*, Biedermeier, 37. *Na'aman*, Nationalverein, 88, 94, 176. Ebenfalls ist Karl Braun in dem Verein aktiv. Ebd., 298.
[82] Über die Hintergründe der Bevorzugung Österreichs als Bündnispartner vgl. *Toelle*, Deutsche Frage, 30f.

Tabelle 38

Die Abgeordneten der 1. Kammer aus Wiesbaden 1854-66

Abgeordnete der 1. Kammer der Ständeversammlung mit Wohnsitz in Wiesbaden, gewählt zwischen 1854 und 1866, geordnet nach den Wahlperioden

Zeitraum	Name/Beruf	Vertretung	Status
1858-1863	Magdeburg, Wilhelm (1801-1870) Steuerpräsident a.D. und Geheimrat	Grundbesitzer	F/E
1858-1863	Großmann, Carl (1816-1889) Rechtsanwalt	Grundbesitzer	F/E
1858-1860	Lang, Friedrich (1822-1866) Rechtsanwalt	Grundbesitzer Mandat niedergelegt	F/E
1858-1863	Eck, Viktor (1813-1893) Rechtsanwalt	Grundbesitzer	F/E
1858-1863	Casselmann, Theodor (1820-1872) Konrektor	Gewerbebesitzer	F/E
1863-1864	Eck, Viktor (1813-1893) Rechtsanwalt	Grundbesitzer	F/E
1863-1864	Scholz, Christian (1806-1880) Gutsbesitzer (Hammermühle)	Grundbesitzer	S/B
1864-1865	Eck, Viktor (1813-1893) Rechtsanwalt	Grundbesitzer	F/E
1865-1866	Eck, Viktor (1813-1893) Rechtsanwalt	Grundbesitzer	F/E
1865-1866	Siebert, Eduard (1832-1895) Rechtsanwalt	Grundbesitzer	F/E
1865-1866	Scholz, Carl Versicherungsdirektor und Rechtsanwalt	Gewerbebesitzer	S/B

Legende
F=Fremde; S=Ortsgebürtig bzw. Bürgersohn / B=Bürger; E=Eximierte

Tabelle 39

Die Abgeordneten der 2. Kammer aus Wiesbaden 1854-1866

Abgeordnete der 2. Kammer der Ständeversammlung mit Wohnsitz in Wiesbaden, gewählt zwischen 1854 und 1866, geordnet nach den Wahlperioden

Zeitraum	Name/Beruf	Vertretung	Status
1854	Ebenau, Carl (1800-1879) Bibliothekssekretär	Wahlkreis Wiesbaden Mandat abgelehnt	F/B
1854	Kreidel, Christian Wilhelm (1817-1890) Buchhändler	Wahlkreis Wiesbaden Nachwahl, Mandat abgel.	S/B
1854-1857	Cramer, Carl (1804-1870) Rechtsanwalt	Wahlkreis Wiesbaden Nachwahl	F/B
1855-1857	Schmidt, Georg David (1818-1896) Badewirt und Landwirt	Nachwahl	S/B
1858-1863	Braun, Karl (1822-1893) Rechtsanwalt	Wahlkreis Rüdesheim	F/E
1858-1861	Zais, Wilhelm (1858-1861) Badewirt und Arzt	Wahlkreis Wiesbaden gestorben	F/B
1858-1863	Ruß, Gottfried (1807-1873) Kaufmann	Wahlkr. Amt Wiesbaden	S/B
1861-1863	Lang, Friedrich (1822-1866) Rechtsanwalt	Wahlkreis Wiesbaden Nachwahl	F/E
1863-1864	Schenck, Friedrich (1827-1900) Rechtsanwalt	Wahlkreis Idstein	S/E
1863-1864	Lang, Friedrich (1822-1866) Rechtsanwalt	Wahlkreis Wiesbaden	F/E
1864-1865	Großmann, Carl (1816-1889) Rechtsanwalt	Wahlkreis Hadamar	F/E
1864-1865	Schenck, Friedrich (1827-1900) Rechtsanwalt	Wahlkreis Idstein	S/E
1864-1865	Lang, Friedrich (1822-1866) Rechtsanwalt	Wahlkreis Wiesbaden	F/E
1864-1865	Braun, Karl (1822-1893) Rechtsanwalt	Wahlkr. Amt Wiesbaden	F/E
1865-1866	Schenck, Friedrich (1827-1900) Rechtsanwalt	Wahlkreis Idstein	F/E
1865-1866	Lang, Friedrich (1822-1866) Rechtsanwalt	Wahlkreis Wiesbaden	F/E
1865-1866	Braun, Karl (1822-1893) Rechtsanwalt	Wahlkreis Rüdesheim	F/E

Legende
F=Fremde; S=Ortsgebürtig bzw. Bürgersohn / B=Bürger; E=Eximierte

Anmerkung
Karl Braun gehörte der Ständeversammlung seit 1852 an, ist jedoch erst 1855 nach Wiesbaden gezogen, somit als "Wiesbadener" erst 1858 gewählt. Seine Wahl 1863 wurde für ungültig erklärt. Gottfried Ruß gehörte auch 1863-1864 der 2. Kammer an, wohnte aber in Biebrich.

Das gemäßigt liberale Bürgertum, das der Oktroyierung der neuen Verfassung mit dem Dreiklassenwahlrecht für die 2. Kammer keinen Widerstand entgegengesetzt und die neue Gemeindeverfassung mitgetragen hatte, wurde durch die Zollvereinspolitik der Regierung wieder in eine verschärfte Opposition getrieben.[83] Besonders wenn die Verlängerung des Zollvereinsvertrages bevorstand, wie 1853[84] und 1865, oder im dreijährigen Turnus die Zolltarife neu bestimmt werden mußten, intensivierten sich die innenpolitischen Konflikte.[85]

Über den anstehenden Abschluß eines Zollvertrages zwischen Preußen und Frankreich 1862 spitzten sich die innenpolitischen Konflikte in Nassau weiter zu. In diesen bilateralen Vertrag sollte auch der Zollverein einbezogen werden und damit hätten sich die Vertragsstaaten faktisch handelspolitisch gegenüber Westeuropa geöffnet. Die süddeutschen Staaten erschwerten die Verhandlungen über die Ausweitung des Tarifgebiets des Zollvereins, indem sie zugleich eine Zollvereinigung mit Österreich ins Spiel brachten, das aber ein grundsätzlicher Gegner der „Westerweiterung" des Zollvereins war.

Der anstehende Vertrag zwischen Preußen und Frankreich wurde damit zur Existenzfrage des Zollvereins. Die nassauische Regierung wollte nur dann dem Vertrag zustimmen, wenn alle anderen Zollvereinsstaaten dies ebenfalls taten.[86] Mit dem nun möglicherweise bevorstehenden Auseinanderbrechen des Zollvereins wurden auch die wirtschaftlichen Interessen der Wiesbadener Bürger gefährdet. Ihren Unwillen artikulierten sie über ihre Kommunalvertretung, den Gemeinderat, der im November 1862 einstimmig in einer Petition an die Landesregierung die Erhaltung des Zollvereins mit Preußen forderte, da ein Zollverein mit Österreich unmöglich sei und solche Pläne lediglich geeignet seien, Verwirrung zu stiften.[87] Die Eingabe wurde vom Kreisamt im Auftrag der Landesregierung zurückgewiesen, da der Gemeinderat den im Gemeindegesetz von 1854 festgelegten „Geschäftskreis" mit der Petition überschritten habe.[88] Daß der Gemeinderat hier nicht im Alleingang handelte, sondern sich zu Recht als „Speerspitze" des Wiesbadener Bürgertums, vor allem der Wirtschaftsbürger, fühlte, beweist die Unterstützung, die er angesichts dieser harschen Zurückweisung seiner Petition erfuhr. 486 Unterschriften vor allem von

---

[83]   In den 1850er Jahren war ein Teil des ursprünglich konstitutionellen Lagers „regierungsfreundlich". Vgl. *Toelle*, Deutsche Frage, 43.

[84]   Zu dem politischen Hintergrund der Verhandlungen 1852/53 und den Folgen für die nassauische Innenpolitik vgl. *Hahn*, Einzelstaatliche Souveränität, 114ff.

[85]   *Riesener*, Politik III, 176.

[86]   *Struck*, Volksvertretung, 105.

[87]   MRZ Nr. 307 v. 12.12.1862. StAWi A XIIb/12. Petition des Gemeinderates vom 24.11.1862.

[88]   StAWi A XIIb/12, Schreiben des Herzoglichen Verwaltungsamtes v. 10.1.1863.

Händlern, Bade- und Gastwirten und selbständigen Handwerkern trägt ein Unterstützungsschreiben an den Gemeinderat, das „den Ausschreitungen eines Herzogl. Kreisbeamten und der versuchten Verkürzung der Competenz der Gemeindebehörden entgegengesetzt"[89] wurde.

Der Wiesbadener Gemeinderat war in den 1860er Jahren, als das Interesse an der kommunalen Selbstverwaltung wieder zugenommen hatte, sozial tief in der Bürgerschaft verwurzelt. Das Durchschnittsalter lag jetzt wieder bei fast 51 Jahren, die meisten Gemeinderäte hatten seit Jahrzehnten das Bürgerrecht und betrieben ein eigenständiges Gewerbe oder waren als Rentiers ehemalige Wiesbadener Gewerbetreibende. Bei der Wahl spielte die Herkunft durchaus eine Rolle: Die „Mittelrheinische Zeitung" zitierte bei der Wahl 1860 Wähler mit den Worten: „Diesen wähle ich nicht, denn er ist kein Wiesbadener, trotzdem er schon 20 Jahre hier wohnt".[90] Immerhin stammte aber knapp die Hälfte der Gemeinderäte nicht aus Wiesbaden.[91]

Hinsichtlich der Sozialstruktur des Gemeinderates im Schnittjahr 1864 fällt auf, daß die Rentiers mit einem Drittel die größte Gruppe in dem Gremium stellten. Dabei handelt es sich aber nicht um Personen, die sich als Rentiers in der Stadt niedergelassen hatten, sondern solche, die nach langer Gewerbetätigkeit in Wiesbaden ihre kommunalpolitische Tätigkeit auch nach ihrem Rückzug aus dem aktiven Geschäftsbetrieb fortsetzten. Dies gilt etwa für den Gerber und Lederhändler Nathan oder den Bauunternehmer Müller. Ähnlich verhält es sich auch bei dem Begründer und ersten Direktor der Wiesbadener Gewerbeschule, Dr. Schirm. Die meisten Gemeinderäte gehörten nach ihrem Geschäftsumfang dem Mittelstand an, allerdings, dies zeigt eine Auswertung der Gemeindesteuerrolle von 1870, verfügten sie über einen weit überdurchschnittlichen Grund- und Hausbesitz.

Wenn auch, wie dargestellt, Wiesbaden in konfessioneller Hinsicht eine eher liberale Tradition hatte, so gab es dennoch Widerstände etwa gegen die Wahl eines Deutschkatholiken in den Gemeinderat. So jedenfalls darf die Wahl 1860 interpretiert werden, bei der es dem deutschkatholischen Lederhändler Nathan noch nicht gelang, die nötige Stimmenzahl für die Wahl zu erhalten. Daß hier die Konfessionszugehörigkeit eine Rolle gespielt hat, betont ein Artikel in der „Mittelrheinischen Zeitung".[92]

---

[89] StAWi A XIIb/12, Eingabe vom 20.1.1863.
[90] MRZ Nr. 296 v. 14.12.1860.
[91] Dabei wurde der in Mainz-Kastel geborene Wilhelm Oeffner als Wiesbadener eingeordnet, da sein Vater, der Landesdeputierte Ludwig Oeffner bereits 1820 in Wiesbaden das Bürgerrecht erhielt und der Sohn zu diesem Zeitpunkt erst 16 Jahre alt war (WI BA/1f.).
[92] MRZ Nr. 297 v. 15.12.1860.

Tabelle 40

Die Mitglieder des Wiesbadener Gemeinderat 1864

mit Steuerkapital auf Basis des Gewerbesteuerkatasters von 1864 und den Staatssteuern 1870

Nr. Name	Status	Bürger-aufn.	Bürger-jahre	Beruf	Steuerkap./Steuern 1864	1870
1 Burckart, Anton	F/B	1846	18	Spezereihändler	800	44
2 Gaab, Christian	S/B	1859	5	Schreiner	3.500	77
3 Kimmel, Andreas Dan.	S/B	1855	9	Rentner/Landwirt	50	86 1)
4 Meckel, Joh. Ludwig	F/B	1837	27	Kupferschmied	2.700	54
5 Müller, Christian	F/B	1829	35	Rentner/Bauuntern.	600	104 2)
6 Nathan, Franz Caspar	F/B	1828	36	Rentner/Lederhänd.	-	14
7 Oeffner, Wilhelm	F/B	1829	35	Tuchhändler	2.500	70
8 Schirm, Wilhelm	F/B	U	-	Rentner/Dr.	50	42 3)
9 Schmidt, Georg David	S/B	1842	22	Badewirt	1.000	151
10 Schmitt, Reinhard	S/B	1851	13	Spezereihändler	1.800	98
11 Weygandt, Jacob	S/B	1840	24	Schreiner/Rentner	1.000	46 4)
12 Zollmann, Christian	S/B	1842	22	Graveur/Branddir.	600	53
Summe			246	Summe	14.600	839
			:11		:11	:12
durchschnittl. seit # Jahren Bürger			22,36	Schnitt	1.327	70

Legende:
F=Fremde; S=Bürgersohn bzw. ortsgebürtig / B=Bürger / U=unbekannt

Herkunft/Status
Fremde=6; Bürgersöhne bzw. ortsgebürtig=6;

Finanzieller Status
Das durchschnittliche Gewerbesteuerkapital betrug bei den steuerzahlenden Bürgern 1864 (2.159 Pers.) 702 Gulden., das Gewerbesteuerkapital der Gemeinderäte lag mithin um das 1,9 fache höher. Die durchschnittliche Staatssteuer, bestehend aus Gewerbe-, Klassen-, Grund- und Gebäudesteuer, betrug 1870 bei 8.677 Personen 13,55 Taler. Die Gemeinderäte des Jahres 1864 liegen also 6 Jahre später im Schnitt um das 5,2fache über diesem Wert.

Durchschnittsalter
Für alle 12 Gemeinderatsmitglieder liegen die Geburtsdaten vor. Das Durchschnittsalter betrug demnach, bezogen auf Ende 1864, 50,8 Jahre, die Spannweite des Alters von 36 bis 65 Jahre.

1) Steuert nur noch für einen Rest Grundbesitz, Rentier.
2) Bis 1863 Zimmermann und Bauunternehmer, ab 1864 Rentner und Vermieter möblierter Zimmer.
3) Zuvor Begründer und Direktor der Wiesbadener Gewerbeschule.
4) 1864 Schreiner, 1870 Rentner.

Den Liberalen in Nassau gelang es angesichts der österreichfreundlichen Regierungspolitik mühelos, über die Frage der nassauischen Haltung im Zollverein eine allgemeine politische Mobilisierung zu erreichen. Noch in den 1850er Jahren war die Mitgliedschaft im Zollverein vor allem als „wirtschaftliche" Frage behandelt worden; jetzt wurde sie zum beherrschenden politischen Thema. Im März 1863 verabschiedete in Limburg eine von 500 Personen besuchte Versammlung der Liberalen Nassaus ein Programm, das im ganzen Land verteilt wurde. Zugleich konstituierte man sich als Partei und gab sich nach dem Vorbild der preußischen Liberalen den Namen „Fortschrittspartei". Die Wahlen zum Landtag am Ende des Jahres 1863 wurden zu einem politischen Erdbeben. In der 2. Kammer erhielt die Opposition rund 70% der Mandate, und auch in die erste Kammer wurden mehrere Gegner der Regierung gewählt – und dies bei offener Stimmabgabe, bei der das Abstimmverhalten jedes Wählers aktenkundig wurde. Über dieses Wahlergebnis verschärfte sich die innenpolitische Lage weiter. Unterdrückungsmaßnahmen wie Versammlungsverbote für die Liberalen, Maßregelungen politisch „falsch" denkender bzw. wählender Beamter und einem Vertriebsverbot für die „Neue Frankfurter Zeitung" standen auf der anderen Seite eine Reihe von Petitionen, auch aus Wiesbaden, in bezug auf die Pressefreiheit und den Wildschaden entgegen.[93] Auch ein neues, liberaleres Gemeindegesetz mit größeren Freiheiten für die Gemeinden wurde jetzt gefordert.[94] Der Herzog ernannte den konservativ-reaktionären Joseph Werren zum Regierungsdirektor. Dies war gleichbedeutend mit einer Kampfansage an die Mehrheit der 2. Kammer und an das gesamte liberale Bürgertum. Mit Werren war bereits seit der 1848er Revolution eine reaktionäre Politik verknüpft. Er war an der Aufhebung der Revolutionsgesetze 1851 maßgeblich beteiligt und zeitweise Geheimdienstchef und oberster Militärrichter.[95]

Kurzerhand löste der Herzog die unbotmäßige Kammer 1864 auf und schrieb zum Jahresende Neuwahlen aus. Die Regierung scheute jetzt auch vor massiver Wahlbeeinflussung nicht zurück. Die „Mittelrheinische Zeitung" wurde verboten und der Wiesbadener Bürgermeister Fischer mit Entlassung bedroht, sollte er abermals bei den Urwahlen für die Wahlmänner der Fortschrittspartei stimmen. Mit den Angestellten und Croupiers der

---

93 *Struck*, Biedermeier, 41f.
94 *Wolf-Arno Kropat*, Das Ende des Herzogtums (1850–1866), in: Herzogtum Nassau 1806–1866 (Ausstellungskatalog). Wiesbaden 1981, 37–52, hier 43.
95 *Renkhoff*, Biographie, 864. *Treichel*, Bürokratie, 311ff. Einen besonderen Triumph konnte die Fortschrittspartei im Dezember 1864 erzielen, als die Wählerversammlung in Wiesbaden Werren von der Wahl ausschloß. Gegen Werren war ein Verfahren wegen Zinswuchers geführt worden, in dem er nicht freigesprochen worden war, sondern das nur deshalb niedergeschlagen worden war, weil er als Generalauditeur nicht der zivilen Gerichtsbarkeit unterstand. Vgl. *Struck*, Biedermeier, 42.

Spielbank, die sich des gleichen „Vergehens" schuldig gemacht hatten, machte man noch weniger Aufhebens: Sie wurden einfach entlassen.[96]

In Wiesbaden konnte die konservativ-klerikale „Hofpartei" bei der Wahl zur 2. Kammer immerhin in der 2. Klasse eine knappe Mehrheit mit 215 zu 198 Stimmen erzielen, verlor aber in der ersten und dritten Klasse deutlich.[97] In der Residenzstadt mit ihrer relativ großen Anzahl von Beamten und Offizieren und den „Hoflieferanten" waren die Möglichkeiten der Wahlbeeinflussung bei der Offenheit der Stimmabgabe besonders hoch. In Gesamtnassau erhielten die Liberalen jedoch bei leichten Verlusten abermals eine klare Mehrheit. Wenige Wochen nach Eröffnung des neuen Landtages wurde auch dieser vom Herzog aufgehoben und die Regierung schrieb abermals Wahlen aus. Diese fanden im Juli 1865 statt und brachten den Liberalen mit 20 von 24 Mandaten in der 2. Kammer ihren bisher größten Erfolg.

Auch wenn die Mehrheitsverhältnisse im Landtag es nahelegen, so ist doch die Situation Mitte der 1860er Jahre kaum mit der des Vormärzes vergleichbar. Damals war es eine relativ kleine Zahl von überwiegend gemäßigt liberalen Bürgern, die sich in Opposition zum Herzog befand und erst 1848 entscheidende Unterstützung von dem eher unpolitischen Unmut der Landbevölkerung bekam. Nun war es das gesamte wirtschaftlich aktive Bürgertum, das sich gegen die Regierung stellte. Darüber hinaus fühlten sich auch Teile der Beamtenschaft der Opposition verbunden, doch konnten sie bei den Wahlen nicht offen gegen die Regierung stimmen, ohne ihre Entlassung zu riskieren. Im Frühjahr 1864 veröffentlichte Friedrich Lang die „Wintergedanken eines Landmannes", in denen er die Regierung u.a. der Wahlmanipulation anklagte und zugleich ein detailliertes liberales Programm entwickelte.[98] Hierin beanspruchte er für das gebildete Bürgertum die Macht im Staate und grenzte sich zugleich von einer „Herrschaft des Pöbels" ab: „Der Pöbel verlangt gar nicht zu regieren. Er weiß, daß der sogenannte gebildete Theil des Volkes den sogenannten ungebildeten Theil stets regiere. Es war dies zu allen Zeiten so und es wird auch für die Zukunft so sein."[99] Zugleich fordere der „Pöbel" eine gerechte Politik, die seine Interessen berücksichtige.

Diese programmatische Aussage erklärt z.T. auch die Zurückhaltung der Wiesbadener Liberalen gegenüber der Arbeiterbewegung. Zwar kam es in Wiesbaden zu der Gründung eines Arbeiterbildungsvereins[100], an dem auch liberale Bürger beteiligt waren, doch ist dieses Engagement im Verhältnis

[96]   *Struck*, Volksvertretung, 106.
[97]   *Struck*, Biedermeier, 42.
[98]   *Friedrich Lang*, Wintergedanken eines Landmannes. Mannheim 1865.
[99]   Ebd., 14.
[100] Gründungsaufruf in StdAWi A VIc 31.

etwa zu dem des Frankfurter Bürgertums[101] spät und, soweit erkennbar, auch nicht von breiter Unterstützung gekennzeichnet. Zudem wurde der Arbeiterbildungsverein unter Führung von Leonhard von Bonhorst schon bald eine Dependance der politischen Arbeiterbewegung, auch Mitglied im „Mittelrheinischen Arbeiterbund" und damit zum Gegner der Liberalen.[102]

Doch auch ohne die in Wiesbaden zahlenmäßig zudem äußerst schwache Arbeiterbewegung fand die Opposition breite Unterstützung durch die Bevölkerung und nötigte den Herzog zum Nachgeben. Dennoch war die Entlassung des Regierungsdirektors Werren durch den Herzog im Spätsommer 1865 kaum mehr als ein taktisches Entgegenkommen. Im Kern war der Herzog nicht bereit, von seiner eigenwilligen Vorstellung von Konstitutionalismus abzuweichen, die als Leitbild die vormärzlichen Verhältnisse hatte, in denen der Monarch ein eindeutiges Übergewicht gegenüber dem Landtag besaß.[103]

Vor allem blieben die großen, grundsätzlichen Konflikte von der Entlassung Werrens unberührt. Sowohl in den Bereichen der Wirtschaftspolitik als auch in der Verfassungsfrage und in der Orientierung der Außenpolitik herrschte Dissens. Waren dabei die Gegensätze in der Verfassungsfrage sicher den preußischen Verhältnissen vergleichbar, so kam für Nassau eben noch hinzu, daß die Regierung eher „zollvereinsfeindlich" eingestellt und geneigt war, Österreich als Führungsmacht anzuerkennen, während die Opposition diese in Preußen sehen wollte und zugleich die Mitgliedschaft in dem Zollverein als eine Überlebensfrage für die nassauische Wirtschaft ansah.[104] Auch die anstehende Anerkennung des Königreichs Italien und die damit verbundenen Handelsverträge des Zollvereins mit Italien wurden von Nassau bis zuletzt blockiert, obwohl auch hier die Wiesbadener Handelskammer eine eindeutige Empfehlung abgegeben hatte und ein einstimmiger Beschluß der 2. Kammer vorlag.[105] Letztlich wurde durch die Politik der Souveränitätssicherung, der die nassauische Regierung den Vorzug vor den wirtschaftlichen Interessen ihrer Bürger gab, das Herzogtum geschwächt. Der Wiesbadener Rechtsanwalt Schenck betonte in der 2. Kammer 1864, die Regierung übersehe, daß es für die Souveränität des Landes das gefährlichste sei, den wirtschaftlichen Interessen seiner Bevölkerung entgegen zu handeln: „Man wird mit nichts mehr den Mediatisierungs- und Annektierungsgedanken stärken, als wenn man in solcher Weise

[101] Vgl. *Ralf Roth*, Stadt und Bürgertum in Frankfurt am Main. München 1996, 411f.
[102] *Weichel*, Kommunalpolitik, 88f.
[103] *Schüler*, Herzöge, 170f.
[104] *Kropat*, Ende, 46.
[105] Vgl. *Harry Gerber*, Nassaus politische Rolle bei der Anerkennung des Königreichs Italien (1861-1866), in: NA 65, 1954, 167-185, hier 180ff.

den wohlberechtigten Interessen des eigenen Volkes entgegentritt."[106] Anzumerken ist noch, daß die Sympathien für Preußen auch weit in den Beamtenstand und das Offizierskorps hineinreichten, wie sogar der österreichische Gesandte beim Bundestag, v. Kübeck, 1860 bedauernd feststellte.[107]

Im Kontext dieser innenpolitischen Auseinandersetzungen in Nassau, in die das Wiesbadener Bürgertum auf das tiefste involviert war, wuchs das Selbstbewußtsein auf kommunaler Ebene, und es verschärften sich die Spannungen zwischen Stadt und Staat.

So bestand ein überaus kühles Verhältnis zwischen staatlicher Verwaltung und Offizierskorps auf der einen und der Gemeindeverwaltung auf der anderen Seite, wie sich am Streit um das Waterloo-Denkmal in Wiesbaden aufzeigen läßt.[108]

Nassau war nicht von der Begeisterung, mit der in fast ganz Deutschland der fünfzigste Jahrestag der „Völkerschlacht" bei Leipzig gefeiert wurde, erfaßt worden. Zum einen hatte Nassau zum Zeitpunkt der Schlacht noch auf der „falschen" Seite gestanden, zum anderen waren an der Völkerschlacht keine nassauischen Truppen beteiligt gewesen, da diese fast vollständig in Spanien standen. Dagegen hatten die nassauischen Truppen an der Schlacht bei Waterloo in der ersten Front gekämpft und hohe Verluste erlitten.[109] Daß unter den gefallenen Nassauern sich vergleichsweise wenige Wiesbadener befanden, gibt einen deutlichen Hinweis darauf, daß die Stadt zu diesem Zeitpunkt immer noch eine bevorzugte Stellung einnahm und weniger Rekruten stellen mußte.[110]

Zwar ging die Idee zu den Feierlichkeiten anläßlich des Jahrestages der Schlacht von Waterloo wahrscheinlich von dem Wiesbadener Verschönerungsverein aus, doch nahm sich kurz darauf das nassauische Militär der Angelegenheit an. Drei Generäle veröffentlichten gemeinsam Ende Februar im „Wiesbadener Tagblatt" einen Aufruf zur Errichtung eines Waterloo-Denkmals. Zur gleichen Zeit wurden bei einigen Kaufleuten Spendenlisten und Zeichnungen des geplanten Denkmals ausgelegt und der Wiesbadener Bürgermeister Fischer wurde von dem Plan unterrichtet. In militärisch knappem Stil forderten die Offiziere den Bürgermeister und den Gemeinde-

[106] Zitiert nach *Hahn*, Einzelstaatliche Souveränität, 121.
[107] *Gerber*, Nassaus politische Rolle, 173.
[108] An dieser Stelle sei nochmals Herrn Guntram Müller-Schellenberg, Taunusstein, gedankt, der mir das Manuskript eines Kapitels für sein Buch über das nassauische Militär zu Verfügung gestellt hat. Erst dadurch und durch seine Quellenhinweise bin ich auf den beschriebenen Sachverhalt aufmerksam geworden. Soweit im folgenden nicht anders angemerkt, folge ich hier zusammenfassend seiner überzeugenden Argumentation.
[109] *Wacker*, Militärwesen, 80f.
[110] Nach der Namensliste, die in das Denkmal auf dem Wiesbadener Luisenplatz eingemeißelt ist, fielen aus dem Amt Wiesbaden, das noch einige Vororte umfaßte, nur 5 Soldaten. Dies ist deutlich weniger, als der Schnitt der anderen Ämtern.

rat zur Genehmigung des Bauprojektes auf, die diese ebenso knapp und frostig erteilten.

Der Realisierung des Denkmales standen zwei Hindernisse entgegen: Die nur kurz bemessene Zeit bis zum Juni sowie die noch offene Finanzierung des Projektes, bei der man auf Spenden angewiesen war. Bei der Befolgung der entsprechenden Spendenaufrufe erwiesen sich die Wiesbadener Bürger als außerordentlich hartleibig. Von den rund 4000 Gulden Spenden, die Mitte Mai 1865 eingegangen waren, stammten nur 174 Gulden von den Bürgern der Stadt, in der das Denkmal einen Platz verschönern sollte. Bürgermeister Fischer, den die Regierung zur „umgehenden Berichterstattung" bezüglich der Spenden aufgefordert hatte, beschied die Landesbehörden Anfang April knapp: Bei ihm seien keine Spenden eingegangen, und er habe auch keine Zeit, sich näher mit der Sache zu befassen. Auch eine entsprechende, fast befehlsmäßige Anordnung zur Einsammlung von Spenden scheint Fischer ignoriert zu haben. Als der General Breidbach-Bürresheim Ende Mai 1865 Fischer bat, sich der Sache persönlich anzunehmen und ihm den Vorsitz in einem Komitee anbot, das Spenden an bedürftige Veteranen im Anschluß an die Enthüllung des Monumentes verteilen sollte, lehnte Fischer dieses unter Hinweis auf den Umfang seiner Amtsgeschäfte ab.

Ein großer Teil der Spenden für das Denkmal kam aus den Reihen der nassauischen Beamten und Offiziere. Außerdem spendeten Kommunen aus ganz Nassau insgesamt über 1400 Gulden. Hinzu kamen die Gaben von Geschäftsleuten, darunter auch einigen Wiesbadenern, die als Hof- und Militärlieferanten quasi in der Pflicht standen, wollten sie ihre Stellung nicht gefährden. Die höchste Einzelspende stammte von Christian Scholz, dem Eigner der Hammermühle bei Biebrich und Schwiegersohn von Bernhard May.[111] Die Hammermühle versorgte das nassauische Militär seit Jahrzehnten mit Kommißbrot. Die Initiative von Wiesbadener Veteranen, die um kostenloses Logis für ihre alten Kameraden von außerhalb baten, hatte mehr Erfolg. Zwar lehnte der Gemeinderat eine entsprechende Eingabe ab, mit der um kostenloses Logis für ihre alten Kameraden von außerhalb gebeten wurde, doch fanden sich nun genügend Spender für dieses Unterfangen, auch unter den Wiesbadenern, die den Veteranen die Anwesenheit während der Denkmalenthüllung ermöglichten. Bei der Verpflegung der alten Kämpfer war die Bevölkerung offensichtlich weniger „knickrig" als hinsichtlich des Denkmals.

Die innenpolitische Auseinandersetzung erfaßte auch in Wiesbaden die Casino-Gesellschaft. Sie wurde zum „Schlachtfeld" eines Konfliktes zwischen dem konservativen Offizierskorps und den „bürgerlichen" Mitgliedern. Dabei trugen die nassauischen Offiziere zwar keine Blessuren, aber

---

[111] Zur Familie Scholz vgl. auch Abschnitt II.1.b.

doch eine demütigende Niederlage davon. Unmittelbarer Anlaß war eine „Affäre mit operettenhaften Zügen"[112]: Eine Versammlung sämtlicher liberaler Abgeordneter der preußischen Monarchie, die für den Juli 1865 in Köln und Rolandseck geplant worden war, wurde von den preußischen Behörden verboten und schließlich auf Einladung der nassauischen Liberalen in das grenznahe Oberlahnstein verlegt.[113] Insgesamt etwa 1000–2000 auswärtige Liberale trafen per Schiff und Bahn in der Stadt ein, darunter mit vierzig Parlamentariern nur ein kleiner Teil der liberalen Abgeordneten in Preußen. An verschiedenen Stellen des Ortes wurden Veranstaltungen abgehalten. Die Einwohner halfen der überforderten Gastronomie Oberlahnsteins mit Vorräten aus. Am Nachmittag verließ nach Abschluß der offiziellen Veranstaltungen ein erheblicher Teil der Liberalen per Schiff die Stadt, während ein kleinerer Teil noch in den Gaststätten privat zusammensaß.

Die nassauischen Behörden, von Preußen über das mögliche Ausweichen der Liberalen auf nassauischen Boden informiert, hatten zwar die Ämter angewiesen, keine politischen Versammlungen zu dulden, doch war der Gendarm am Ort angesichts der Menschenmengen völlig machtlos. Die nassauische Regierung mobilisierte, möglicherweise auf preußischen Druck, wahrscheinlich aber auch aus eigener Überzeugung, das Militär gegen die Liberalen.[114] Eine Truppe von 200 Soldaten, die als besonders zuverlässig speziell ausgesucht worden waren, wurde am Tag der Versammlung von Wiesbaden aus per Bahn unter der Führung des Hauptmannes Vogler zur Abwehr der drohenden Gefahr nach Oberlahnstein entsandt. Vogler galt als Draufgänger und als ein Günstling der Herzogin Adelheid.[115] Das militärische Expeditionskorps traf allerdings erst ein, als der offizielle Teil der Veranstaltung längst beendet war. Eines der Gartenlokale, in dem noch ein Teil der Liberalen saß, räumten die Soldaten mit gefällten Bajonetten. Dabei wurde ein Gast, der Sohn des Elberfelder Abgeordneten Peter Ludwig Schmidt, durch einen Bajonettstich verwundet.[116]

Die Truppe rückte nach dieser Bewährung vor dem Feind unter Trommelwirbel wieder in Wiesbaden ein. Der liberale Abgeordnete Dr. Siebert geißelte in der Ständeversammlung die „siegreiche Schlacht" mit beißendem Spott. Hauptmann Vogler antwortete standesgemäß und schickte Siebert nach dessen Rede eine Forderung auf Pistolen zu, doch verweigerte

---

[112] *Götting*, Casino, 21.
[113] *Thomas Parent*, Der „Feldzug" nach Oberlahnstein (23. Juli 1865) - Nachklänge zu einem preußischen Abgeordnetenfest in der Konfliktzeit, in: NA 94, 1983, 169-183, hier 170.
[114] Ebd., 176. Der preußische Finanzminister Karl von Bodelschwingh hielt sich seit dem 22.7.1865 in geheimer Mission in Wiesbaden auf.
[115] Ebd., 177.
[116] Ebd., 178.

dieser als Volksvertreter die Annahme der Forderung. Beide Kontrahenten waren Mitglieder der Casino-Gesellschaft. Die Offiziere in der Gesellschaft stellten nach der Duellverweigerung Sieberts einen Antrag auf seinen Ausschluß wegen Ehrlosigkeit. In einer Ballotage wurde aber eine Abstimmung über den Ausschlußantrag mit 101 zu 99 Stimmen abgelehnt, da es an einer Rechtsgrundlage für den Ausschluß fehle. Alle weiteren Anstrengungen, Siebert aus der Casino-Gesellschaft zu entfernen, schlugen fehl. Auch die rückwirkende Änderung der Satzung führte nicht zu dem gewünschten Ergebnis. Selbst der Einsatz der Generäle war umsonst: In allen weiteren Abstimmungen unterlagen die Offiziere, die von der „Mittelrheinischen Zeitung" eindringlich daran erinnert wurden, daß sie schon vor der ersten Abstimmung verkündet hatten, nicht mit dem „ehrlosen" Dr. Siebert in derselben Gesellschaft verbleiben zu können.[117] Der kurz darauf erfolgte Austritt des Offizierskorps aus dem Casino wurde von der gleichen Zeitung mit den programmatischen Worten kommentiert: „Möge dieser Fall dazu beitragen, die Erkenntnis zu wecken und zu bestärken, daß man nicht mehr gegen den Strom der bessern Zeit länger schwimmen kann, daß namentlich Militärs und Beamten nicht ihretwegen, sondern des Gemeinwesens, des bürgerlichen Lebens willen da sind."[118]

Sogar der Vorschußverein wurde in die Affäre einbezogen. Vogler, der zahlreiche Beleidigungsklagen in Folge der Affäre anstrengte, war auch Mitglied des Vorschußvereins. Als einzelne Vorstandsmitglieder dieses Vereins als Zeugen vor Gericht gegen Vogler aussagten, nahm der Vereinsbeamte Münzel dies zum Anlaß, seine Entlassung einzureichen. Gleichzeitig versuchten Anhänger Münzels durch die Einberufung einer Generalversammlung den amtierenden Vorstand zu stürzen. Dies gelang aber nicht, da eine große Mehrheit der Mitglieder es ablehnte, den Bestand dieses so „segensreich" wirkenden Vereins durch diese Affäre zu gefährden.[119]

Die gesellschaftlichen Auswirkungen der Affäre um den Oberlahnsteiner Militäreinsatz und den Hauptmann Vogler wurden dadurch gedämpft, daß kurz danach das Herzogtum und sein glorreiches Militär – von kleinen Scharmützeln abgesehen – kampflos vor den preußischen Truppen kapitulierten.[120] Den preußenfreundlichen Liberalen war aber mit dem Versamm-

---

[117] Mittelrheinische Zeitung Nr. 94 v. 22.4.1866. Vgl. auch *Götting*, Casino, 22. Dagegen wird in der Geschichte der Casino-Gesellschaft von 1905 (Die Wiesbadener Casino-Gesellschaft seit ihrer Gründung im Jahre 1815, S. 11) der Massenaustritt der Offiziere mit der Mobilisierung der Truppen gegen Preußen im Frühjahr begründet und der Gesamtkonflikt nur angedeutet.
[118] MRZ Nr. 95 v. 24.4.1866.
[119] *Parent*, Feldzug, 180.
[120] *Wacker*, Militärwesen, 85.

lungsverbot in Köln und der offensichtlichen Zusammenarbeit zwischen Nassau und Preußen vorgeführt worden, daß sie von Preußen vielleicht wirtschaftliche Vorteile, aber keine politische Freiheit erhoffen durften.

2. Von der Residenz zur Fremdenstadt
(1866–1890)

a. Die Annexion und die Haltung des Bürgertums zur preußischen
Herrschaft

In dem preußisch-österreichischen Konflikt 1866 um die Verwaltung der Herzogtümer Schleswig und Holstein folgte die nassauische Regierung ihrer bisherigen Linie in der Außenpolitik und stellte sich auf die Seite Österreichs. Schon im Mai – noch vor einem entsprechenden allgemeinen Beschluß des Bundestages – wurden die nassauischen Truppen mobilisiert, und die Regierung nahm einen „Kriegskredit" beim Bankhaus Rothschild in Frankfurt in Höhe von einer halben Million Gulden auf.[121] Gegenüber dem Landtag wurden diese Maßnahmen verheimlicht, die Mobilisierung der Truppen wurde als Vorverlegung des Herbstmanövers getarnt.[122]

Die liberale Opposition, die ja eine Mehrheit repräsentierte, wandte sich gegen eine Parteinahme Nassaus in dem „Bruderkrieg". Als die Regierung Anfang Juni von der Ständeversammlung die nachträgliche Genehmigung der Kreditaufnahme für die Kriegsführung forderte, beriefen die Liberalen zunächst eine Volksversammlung nach Oranienstein ein, an der immerhin 3000 Nassauer teilnahmen.[123] Entsprechend der dort beschlossenen Ablehnung einer Beteiligung Nassaus an dem Krieg stimmte die Ständeversammlung (beide Kammern) mit 24 zu 14 Stimmen gegen die Kriegskredite. „Ich bin der Meinung, wer das Feuer des Bürgerkriegs schürt, der verdient, von dem Feuer verzehrt zu werden". So klar formulierte der Wiesbadener Prokurator Karl Braun die Ablehnung in einer Rede Ende Juni 1866.[124]

Mit der Niederlage Österreichs bei Königgrätz war die Frage nach der Vormachtstellung in Deutschland entschieden, und die Bundestruppen mußten nach mehreren verlorenen Gefechten die Main-Linie aufgeben.[125] Am 15. Juli verließ Herzog Adolph Biebrich und begab sich zu seinen Truppen nach Günzburg.[126] Bereits drei Tage später wurde Wiesbaden von preußischen Truppen besetzt, die die „Wacht am Rhein" singend in die Stadt einmarschierten.[127] Am 17. August legte die preußische Regierung

---

[121] *Christian Spielmann*, Geschichte von Nassau, Bd. 1, Wiesbaden 1909, 329. Zum Verlauf des Feldzuges vgl. ebd., 330ff.

[122] *Kropat*, Das Ende, 46. Vgl. zur Rolle des nassauischen Militär im Krieg von 1866 auch: *Walter Rosenwald*, Die nassauische Brigade im Feldzug 1866. Taunusstein 1983.

[123] *Kropat*, Das Ende, 47.

[124] *Karl Braun*, Bilder aus der deutschen Kleinstaaterei, Bd. 1. Berlin 1870, 11.

[125] *Spielmann*, Geschichte von Nassau, Bd. 1, 334f.

[126] *Riesner*, Die Politik III, 182.

[127] *Kropat*, Das Ende, 47.

dem Abgeordnetenhaus ein Gesetz vor, nach dem Nassau, Hannover, Kurhessen, Frankfurt sowie Gebiete von Hessen-Darmstadt durch Preußen annektiert werden sollten. Das Gesetz wurde am 7. September mit großer Mehrheit verabschiedet.[128] Herzog Adolph hatte nun keinen weiteren Einfluß auf die Geschicke des Landes. Er wurde aber von Preußen für seinen privaten Besitz einschließlich der Domänen mit nicht kleinlich bemessenen fünfzehneinhalb Millionen Gulden in viereinhalbprozentigen preußischen Staatspapieren entschädigt. Diese Papiere sicherten ihm ein höheres privates Einkommen als ihm als regierender Herzog zur Verfügung gestanden hatte.[129] Zudem war Herzog Adolph das Glück beschieden, daß er 1890, nach dem Aussterben der oranischen Linie der Nassauer, auf Grundlage des Nassauischen Erbvertrages von 1783 Großherzog von Luxemburg wurde und dort als sich streng an die Verfassung haltender Fürst Anerkennung fand.[130]

Dem Einmarsch der preußischen Truppen folgte die Einsetzung einer preußischen Zivilverwaltung. Am 30. Juli trat der ehemalige Wetzlarer Landrat und konservative Verwaltungsbeamte Gustav von Diest als Zivilkommissar und Leiter der nassauischen Verwaltung seine Funktion an.[131] In seiner ersten Bekanntmachung betonte Diest, daß die „Occupation" nicht gegen die Bevölkerung, sondern gegen die bisherige Regierung gerichtet sei.[132]

Die Haltung der nassauischen Bevölkerung gegenüber den preußischen Truppen und der sich abzeichnenden Annexion war durchaus ambivalent. Wohl begrüßten Teile des städtischen Bürgertums und vor allem die Unternehmer des Landes die preußischen Annexionspläne, wurde damit doch unter anderem auch die leidige Zollvereinsfrage gelöst. So erhielt Diest kurz nach seinem Eintreffen in Wiesbaden durch eine Delegation unter Führung von Karl Braun am 1. August eine Petition überreicht, die sich für einen Anschluß Nassaus an Preußen aussprach.[133] Die Petition war von 44

---

[128] *Spielmann*, Geschichte von Nassau, Bd. 1, 339.

[129] *Riesner*, Die Politik III, 184. Vgl. dazu *Gustav von Diest*, Aus dem Leben eines Glücklichen. Erinnerungen eines alten Beamten, Berlin 1904, 335. Diest gibt fast den gleichen Entschädigungsbetrag an, jedoch in Talern statt Gulden.

[130] *Jean Schoos*, Die Herzöge von Nassau als Großherzöge von Luxemburg, in: NA 95, 1983, 173–192, hier 178. *Pierre Even*, Grafen, Fürsten und Herzöge zu Nassau, in: Das Erbe der Mattiaca. Wiesbaden 1992, 253–289, hier 289; Kropat, Das Ende, 52; *Riesner*, Die Politik III, 185.

[131] *Gustav Diest*, Aus dem Leben, 313. Zur Selbsteinschätzung als Konservativer vgl. ebd., 327.

[132] Bekanntmachung v. 31.7.1866, abgedruckt bei *Kropat*, Das Ende, 48.

[133] HHStAWi 402/7 Bl. 36ff. (Abschrift der Petition). Diest erwähnt diese Petition in seinen Memoiren überhaupt nicht, sondern bemerkt nur allgemein, daß Braun sich ihm zuerst „ganz dienstbar machte". Im weiteren Verlauf wurden jedoch der liberale, auch vor scharfer Polemik nicht zurückschreckende Braun und der konservative Diest zu ent-

führenden Industriellen, Großkaufleuten und liberalen Abgeordneten unterzeichnet. Der Ton der Eingabe kann nur als schwülstig und anbiedernd bezeichnet werden. Die Befürwortung des Anschlusses wurde als die
„Meinung, die im Land vorherrsche", dargestellt.

Auf der anderen Seite kam es sehr wohl in einer ganzen Reihe von Ämtern zu Unruhen und antipreußischer Agitation. Diese Vorgänge beschränkten sich nicht allein auf die katholischen Landgemeinden, sondern umfaß-
ten auch evangelische Landesteile. Der Zivilkommissar Diest stellte seine
erste positive Meldung nach Berlin – die nassauische Bevölkerung wolle
den Anschluß –, die er nach Erhalt der Petition der Unternehmer abgesetzt
hatte, selbst wieder in Frage, indem er das preußische Militär bat, in fast
allen nassauischen Ämtern Truppen zu stationieren, um das antipreußische
Treiben zu beenden.[134]

In den Jahrzehnten nach der Annexion wurde, vor allem unter dem
Aspekt der späteren Reichsgründung, der Anschluß Nassaus weitgehend
„propreußisch" positiv dargestellt, als im wesentlichen dem Willen der
Nassauer entsprechend.[135] Erstmals hat 1966 Wolf-Arno Kropat in einem
Aufsatz die Haltung der nassauischen Liberalen kritisch untersucht.[136] Er
differenziert zwischen zwei Richtungen der Liberalen und zwei Phasen in
ihrer Haltung gegenüber den preußischen Annexionsplänen. Unmittelbar
nach der Besetzung traten jene Kräfte in den Vordergrund, die eine Vereinigung mit Preußen um fast jeden Preis wollten. Ihr Sprachrohr war der
wendige Karl Braun und ihr erstes Werk die oben erwähnte Petition, der
noch einige weitere lokale Adressen ähnlichen Inhalts aus Diez, Biebrich
und Westerburg folgten.[137] Dieser politische Flügel der Fortschrittspartei
stellte die Befürchtungen zurück, daß mit der preußischen Herrschaft zugleich auch die antiliberale Politik Bismarcks Einzug halten würde, und
richtete den Blick auf die erwarteten großen wirtschaftlichen Vorteile für
das Land und die Chance, bald eine nationale Einheit erreichen zu können.

---

schiedenen Gegnern. Möglicherweise war es Diest bei der Abfassung seiner Lebenser-
innerungen unangenehm, daß er voreilig die Petition als Eintreten der Nassauer für die
Annexion nach Berlin gemeldet hatte und mit Braun anfangs zusammengegangen war.
Vgl. *Diest*, Aus dem Leben, 341ff., und Bericht von Diest v. 1.8.1866, abgedruckt in:
Karl-Heinz Müller, Preußischer Adler und Hessischer Löwe. Hundert Jahre Wiesbade-
ner Regierung 1866–1966. Wiesbaden 1966, 15ff.

[134] *Kropat*, Die nassauischen Liberalen und Bismarcks Politik in den Jahren 1866–1867, in:
HJbL 16 (1966), 215–296, hier 246. Vgl. auch *Wilfriede Holzbach*, Das Übergangsjahr
in Nassau 1866–1867. Nassaus Übergang an Preußen. Limburg 1933, 40, und *Winfried
Seelig*, Von Nassau zum Deutschen Reich. Die ideologische und politische Entwicklung
von Karl von Braun 1822–1871. Wiesbaden 1980, 119.

[135] *Holzbach*, Übergangsjahr, 37.

[136] *Wolf-Arno Kropat*, Die nassauischen Liberalen, 247ff.

[137] *Kropat*, Die nassauischen Liberalen, 236.

Die zweite Richtung der Liberalen, deren Wortführer der Wiesbadener Prokurator Friedrich Lang war, befürwortete zwar ebenfalls im Grundsatz den Anschluß an Preußen, wollte darüber aber nicht das liberale Programm vergessen. Lang sprach sich auf einer Versammlung der Liberalen am 12. August dagegen aus, weiterhin „unbedingte Adressen zu unterzeichnen, die den Schein annehmen könnten, als wolle man weiter gar nichts als preußisch werden".[138] Ob die Tatsache, daß keine weiteren Petitionen verfaßt wurden, seinem Appell zu schulden ist oder dem Umstand, daß die Annexion mittlerweile beschlossene Sache war, kann hier nicht entschieden werden.

In diesem Richtungsstreit innerhalb nassauischen Fortschrittspartei deutete sich bereits die Spaltung der liberalen Bewegung in Nationalliberale und Linksliberale auch in Nassau an, die sich zu dieser Zeit bereits in Preußen vollzog.[139]

Wie aber war die Haltung des Wiesbadener Bürgertums zur Frage der Vereinigung mit Preußen? Zunächst fällt auf, daß aus Wiesbaden keine eigene Adresse kam und bei der ersten Sammelpetition die Dillenburger und Bad Emser Industriellen und Händler überwogen. Nur sechs der 44 Unterzeichner, die zudem noch als letzte unterschrieben hatten, gaben Wiesbaden als Wohnort an. Somit scheint die Adresse eher eine Initiative der Dillenburger Unternehmer gewesen zu sein als eine der Wiesbadener Bürger. Darauf deutet auch die Zusammensetzung der dreiköpfigen Delegation hin, zu der kein Wiesbadener gehörte.[140] In Wiesbaden hatte man offensichtlich vor der Überreichung der Petition nur noch schnell die Unterschriften einiger bekannter Personen eingeholt. Zu den sechs Unterzeichnern aus der Landeshauptstadt gehörten vier Abgeordnete, die zugleich Rechtsanwälte waren.[141] Außerdem unterschrieben noch der Ziegeleibesitzer G. Hahn und der Kaufmann und Gemeinderat Wilhelm Oeffner.[142] Kein Wiesbadener Bade- oder Gastwirt hat die „Ergebenheitsadresse" mit seinem Namen unterstützt oder sich offen für eine Annexion ausgesprochen. Die Wiesbadener Handelskammer verhielt sich zwar nach vollzogener Annexion posi-

---

[138] MRZ Nr. 197 v. 17.8.1866.

[139] *Kropat*, Die nassauischen Liberalen, 241.

[140] Vgl. ebd., 234.

[141] HHStAWi 402/7. Bl. 37ff. Carl Scholz war Jurist und bis 1866/67 Direktor der Rheinischen Versicherungsgesellschaft zu Wiesbaden, danach freier Rechtsanwalt und ab 1883 Verbandsdirektor des Hessen-Mittelrheinischen Genossenschaftsverbandes zu Wiesbaden. Scholz war zugleich auch Gemeinderatsmitglied. Vgl. *Renkhoff*, Biographie, 723.

[142] Zu Oeffner vgl. Abschnitte zum Vormärz.

tiv – eine andere Position war in der historischen Situation auch kaum vorstellbar –, hielt sich aber in den entscheidenden Wochen zurück.[143]

Es spricht einiges dafür, daß diese Zurückhaltung nicht zufällig war und auch nicht der von Zivilkommissar Diest konstatierten großen „Gleichgültigkeit und Apathie der Nassauer gegenüber höheren Fragen"[144] entsprang. Anders als die Dillenburger Unternehmer, die von dem Fall der Grenzen rund um das Dillenburger Land nur Vorteile zu erwarten hatten, mußten die Wiesbadener Bürger auch handfeste Nachteile von einem direkten Anschluß an den preußischen Staat befürchten. Nicht nur, daß die Residenzfunktion mit der Hofhaltung für die Stadt entfiel, auch die Suspendierungen einer Reihe von nassauischen Beamten[145] gab einen Vorgeschmack darauf, was es für die Stadt bedeuten konnte, nicht mehr Regierungs- und Verwaltungszentrum eines selbständigen Staates zu sein, sondern fernen Regierungsgewalten zu unterstehen. Zudem war die Frage noch offen, ob Wiesbaden zukünftig Sitz einer regionalen Verwaltung werden sollte. Frankfurt hatte allein aufgrund seiner Größe, Tradition und Finanzkraft gute Aussichten, neue „Hauptstadt" der Region zu werden. Daß dann Wiesbaden und Kassel Sitz von Regierungspräsidien wurden, war auch nach Ansicht des Ziviladministrators für Frankfurt und Nassau, von Patow, nicht mehr mit rationalen Erwägungen vereinbar und während des Sommers 1866 keineswegs vorhersehbar.[146]

Weiterhin fühlten sich die Wiesbadener durch die preußischen Truppen in der Stadt eingeschränkt, da diese auch im Spätherbst 1866 z.T. noch in Privatquartieren untergebracht waren, weil die Kasernen nicht ausreichten. Diese Einquartierungen sorgten nach einem Bericht von Diest für Mißstimmung in der Bevölkerung, und er schlug vor, durch eine Umquartierung in die Kasernen in Biebrich hier Abhilfe zu schaffen.[147] Dieses Entgegenkommen zeigt, daß Diest und die Preußen keinen Anlaß hatten, die

---

[143] Jedenfalls finden sich in der einschlägigen Literatur keine Hinweise auf entsprechende Beschlüsse oder Aktivitäten der Handelskammer. Vgl. *Reinhold Merbot*, Geschichte der Handelskammer in den Jahren 1865–1896. Wiesbaden 1896, 7f., sowie *Fritz Geisthardt*, Wiesbaden und seine Kaufleute. Wiesbaden/Stuttgart 1980, 45. Über die preußenfreundliche Haltung der Handelskammer besteht aber kein Zweifel. Einer der Unterzeichner der ersten Petition an die Preußen, der Wiesbadener Kaufmann W. Oeffner, war seit Gründung der Handelskammer 1865 deren Mitglied. Vgl. *Merbot*, Handelskammer, 31.

[144] *Diest*, Aus dem Leben, 341.

[145] Nach Holzbach war die Zahl der Amtsenthebungen vergleichsweise gering. Trotzdem entfielen natürlich eine ganze Reihe von Stellen im Bereich der Regierung. Vgl. *Holzbach*, Übergangsjahr, 75.

[146] Vgl. Bericht des Ziviladministrators von Frankfurt und Nassau, Freiherr von Patow, abgedruckt in: Müller, Preußischer Adler, 36ff. Die Verwaltungseinrichtung des Regierungsbezirkes Wiesbaden erfolgte erst am 22.2.1867. Vgl. Holzbach, Übergangsjahr, 78.

[147] Bericht Diests v. 29.11.1866, abgedruckt in: *Müller*, Preußischer Adler, 29.

Wiesbadener Bevölkerung wegen einer antipreußischen Stimmung durch Einquartierungen zu maßregeln – Einquartierungen waren hierbei stets eine beliebte Maßnahme, die auch in anderen Landesteilen Anwendung fand. Insgesamt war der Widerstand gegen die preußische „Landnahme" trotz der erwähnten Unruhen auf dem Land eher gering, und nicht wenige, Liberale und Militärs, werden wie der nassauische Offizier Max von Dungern, Sohn des ehemaligen Staatsministers, gedacht haben, der genug hatte von der „kleinstaatlichen Erbärmlichkeit" und fand: „Besser preußisch als nassauisch wie bisher".[148]

In einem Punkt aber wurden Wiesbadens Bürger von Preußen bedroht: Nicht von den Soldaten, nein, von den preußischen Gesetzen ging die Gefahr für die Stadt und die Bürger aus. In Preußen war man gegen die Spielbanken bereits seit dem Vormärz vorgegangen und mittlerweile bestand ein generelles Verbot von Hazardspielen.[149] Es stand kaum zu erwarten, daß Preußen um einer „Beutestadt" willen die Rechtslage im Lande ändern würde. Wiesbaden und seine Bürger wähnten sich aber im doppelten Sinne von der Spielbank abhängig, denn diese war nicht nur ein Anziehungspunkt für Besucher, gerade wegen der anderenorts bestehenden Verbote, sondern das Spiel allein füllte bereits über Steuern und Dividenden den Stadtsäckel und die Taschen der Aktionäre der Spielbankgesellschaft. Diest, ein scharfer Gegner des Spielbankwesens, hatte von Berlin keine klare Weisung, was mit der Spielbank geschehen sollte: „Ebenso eigentümlich war die Lage gegenüber der Spielbank, bei der trotz meines Wunsches sie aufzuheben, täglich weitergespielt wurde. Die Administration der Spielbank tat nun alles, um mich zu ködern, und erließ häufige Einladungen an mich zu Konzerten, Feuerwerken etc., denen ich natürlich ebenfalls nicht Folge leistete."[150]

Mit dem 1864 gegründeten Kurverein hatte sich binnen kürzester Zeit eine Interessenvertretung aller am Wiesbadener Kurbetrieb Beteiligten etabliert. Vor allem Kaufleute und Wirte, aber auch viele Handwerker schlossen sich dem Verein an. Vor allem in seinem mit 44 Mitgliedern außerordentlich großen Vorstand sammelte sich ein großer Teil der gesellschaftlichen Spitze des „Stadtbürgertums". Allein die Hälfte der Vorstandsmitglieder war zugleich Mitglied im Casino – ein Zeichen, daß das Casino zumin-

---

[148] *Otto Freiherr von Dungern*, Briefe eines nassauischen Leutnants aus dem Feldzug 1866, in: NA 36, 1906, 109–132, hier 130.

[149] In Aachen war die Spielbank 1854 geschlossen worden. Daraufhin sank die Zahl der Kurgäste um fast 50%. Vgl. *Fuhs*, Mondäne Orte, 383.

[150] *Diest*, Aus dem Leben, 321.

dest zeitweise „verbürgerlichte".[151] Die Rentiers im Vorstand des Kurvereins waren i.d.R. Personen, die seit langem mit der Stadt verbunden waren, meist hier auch ein Gewerbe betrieben hatten. Diese Vereinigung nahm sich sofort nach der Besetzung der Spielbankfrage an. Der Sekretär des Vereins, der Schauspieler und spätere Wiesbadener Kurdirektor Ferdinand Hey'l, erhielt den Auftrag, eine Denkschrift zu verfassen, die sich mit dem Problem der Spielbank auseinandersetzte. Anders als 1848, als ebenfalls ein Spielverbot gedroht hatte, spürte man jetzt wenig Hoffnung, diesem entgehen zu können. In der Schrift, die bereits im September 1866 erschien und wahrscheinlich sogar dem preußischen König überreicht wurde[152], ging Hey'l davon aus, daß die Spielbank auf jeden Fall geschlossen würde. Zur Debatte stand für ihn nur der Zeitpunkt, und er suchte einen Modus für die Schließung, der der Stadt möglichst wenig Schaden zufügte.[153] Hey'l legte die wirtschaftliche Abhängigkeit der Stadt von der Spielbank dar, die nicht nur Steuereinnahmen in größter Höhe einbringe, sondern aus ihren Gewinnen auch den ganzen defizitären Kurhausbetrieb für die Stadt unterhalte.[154] Eine Übernahme des Kurbetriebes durch die Stadt sei bei ihren geschmälerten Einnahmen nicht ohne weiteres möglich. Hey'l schlug daher die Bildung eines Reservefonds vor, der aus den Gewinnen der Spielbank gebildet werden sollte.[155] Zu diesem Zweck sollte der Spielbetrieb noch für einige Jahre fortgesetzt werden. Hey'l dachte dabei an einen Zeitraum von etwa 10 Jahren.[156]

Die Berliner Regierung hielt sich hinsichtlich der Zukunft der Spielbank zunächst bedeckt, und der Spielbankgegner Diest mußte dem Treiben wider die preußischen Gesetze tatenlos zusehen.[157] Er machte u.a. diese Unent-

---

[151] Abgleich der Casino-Mitgliederliste 1872 mit der Vorstandsliste des Kurvereins 1871. Vorstandsliste des Kurverein nach: Jahresbericht des Cur-Vereins zu Wiesbaden. 1870 bis Ende 1871, o. O. u. J. [Wiesbaden 1872].

[152] *Albert Schäfer*, Wiesbaden. Von der Römersiedlung zur Landeshauptstadt. Frankfurt a. M. 1969, 3. Aufl. 1985, 151.

[153] *Ferdinand Hey'l*, Wiesbaden und seine Cur-Interessen. Ein Blick auf die augenblickliche Lage der Stadt als Badeort. Veröffentlicht vom Curverein der Stadt Wiesbaden. Wiesbaden 1866, 1.

[154] Ebd., 2f. Vgl. *Josef Rompel*, Die wirtschaftliche und finanzielle Entwicklung von Wiesbaden als Fremdenstadt vom Beginn der preußischen Herrschaft von 1867 bis 1907. Wiesbaden 1910, 39f.

[155] Er griff damit offensichtlich eine bereits kurz zuvor in einer Eingabe an die Regierung formulierte Idee des Domänenrates H. Münzel auf, der ebenfalls die Schaffung von Fonds durch den befristeten Weiterbetrieb der Spielbank angeregt hatte. Vgl. *Spielmann*, Kurhaus, 130.

[156] *Hey'l*, Cur-Interessen, 15.

[157] *Diest*, Aus dem Leben, 336ff.

schlossenheit höheren Ortes für den Selbstmord eines preußischen Offiziers verantwortlich, der an der Spielbank verloren hatte.[158]

Die Regierung nahm schließlich Verhandlungen mit der Betreibergesellschaft der Spielbank auf. Dort fühlte man sich, wie Dr. Ferdinand Berlé, der Sohn des Gründers der Aktiengesellschaft Markus Berlé, auf einer Generalversammlung erklärte, durch das Zögern der Regierung in dem Rechtsstandpunkt bestätigt, daß die Verträge der Gesellschaft mit dem nassauischen Staat bis zu ihrem Auslaufen 1881 auch für Preußen verbindlich seien.[159]

Dieser „legitimistische" Standpunkt der Aktiengesellschaft konnte sich nicht durchsetzen, zudem sowohl der Kurverein als auch die Stadt selbst einen Kompromiß suchten. Es kam zu zähen Verhandlungen[160], während denen die preußische Regierung alle Kurhausaktien, also die Besitzrechte am Kurhaus, erwarb, soweit diese nicht bereits zuvor vom nassauischen Staat übernommen worden waren. Der Staat wurde damit alleiniger Besitzer des Kurhauses, in dem die Spielbankgesellschaft ihr Geschäft betrieb. Die Spielbankgesellschaft handelte mit der Regierung einen Vertrag aus, der ihr gegen die Schaffung eines Reservefonds für das Kurwesen den Betrieb der Spielbank bis Ende 1872 gestattete.[161] Zur Schließung der „Spielhölle" im Kurhaus erschien noch eine Schmähschrift auf die „Cocotte-Raubgöttin", die auf Wiesbadens Straßen kostenlos verteilt wurde.[162]

Die Stadt Wiesbaden erhielt aus den von der Spielgesellschaft gebildeten Fonds 1873 als Kurfond und als Zuschuß für die Verschönerung der Stadt insgesamt fast 2,8 Millionen Mark (920.000 Taler), ein deutliches Zeichen für die Gewinnmöglichkeiten der Spielbank, die außerdem noch den Kurbetrieb finanzierte und Gewinne an die Aktionäre ausschüttete.[163] Nach dem Ende des Spielbetriebes übernahm die Stadt vom Staat das Kurhaus und führte den Kurbetrieb in Eigenregie.[164]

---

[158]   Vgl. Bericht von Diest, abgedruckt in: *Müller*, Preußischer Adler, 31. Vgl. auch *Diest*, Aus dem Leben, 338.

[159]   Aus dem stenographischen Bericht der Generalversammlung der Gesellschaft zum Betrieb der Curetablissements zu Wiesbaden und Ems am 6.9.1868. Wiesbaden 1868, 4. Der gedruckte Bericht enthält ausschließlich die lange Rede von Ferdinand Berlé auf der Versammlung. Berlé kam offensichtlich die Wortführerschaft in der Gesellschaft zu.

[160]   HHStAWi 408/23. Die Gesellschaft wollte sich u.a. nicht dem nachträglich verfügten Spielverbot an Sonn- und Feiertagen fügen. Vgl. auch RK Nr. 79 v. 19.3.1868.

[161]   *Spielmann*, Kurhaus, 134ff.

[162]   *Iskender* [?], Grab-Rede über die Cocotte-Raubgöttin der Spielbanken. Frankfurt a. M. 1872. Lt. einem handschriftlichen Vermerk, vermutlich von dem ehemaligen Bürgermeister Fischer, wurde die Schrift am 17.12.1872 in den Straßen von Wiesbaden verteilt. Vgl. Exemplar in: LaBiWi G 304 II (Sammelband).

[163]   *Rompel*, Fremdenstadt, 40.

[164]   Vertrag abgedruckt bei *Spielmann*, Kurhaus, 146f.

Da absehbar war, daß der Reservefond allein als Ausgleich für die Kosten und die Steuerausfälle nicht ausreichen würde, wurde 1870 eine Kurtaxe eingeführt und außerdem 1871 der kommunale Aufschlag auf die Staatssteuern in Wiesbaden von 60 auf 100% erhöht, ein schmerzlicher Schlag für alle Steuerzahler.[165] Der Spielbankkompromiß traf also die Wiesbadener Aktionäre der Spielbank doppelt hart: Neben dem Verlust ihrer Dividenden mußten sie zudem noch höhere Steuern zahlen. Hinzu kam, daß mit Einführung der Kurtaxe den Wiesbadenern die vielen Kurveranstaltungen nicht mehr kostenlos offenstanden. Vorwürfe gegenüber den städtischen Behörden, die der Schließung der Spielbank zugestimmt hatten, waren die Folge.[166] Auf diese innerstädtischen Auseinandersetzungen wird noch einzugehen sein.

In Hinblick auf die Kurgastzahlen führte die Aufhebung der Wiesbadener Spielbank nicht zu dem befürchteten Einbruch. Nach einem zeitweiligen Rückgang um etwa 10% stieg die Zahl der Gäste wieder stark an. Wiesbaden wurde binnen weniger Jahre zur führenden Kurstadt Deutschlands und überflügelte Baden-Baden und andere Städte bei weitem.[167]

Einer der entscheidenden Faktoren, warum Wiesbaden den „Ausfall" der Spielbank als Publikumsmagnet ohne wirtschaftliche Einbußen verkraften konnte, war die wachsende Zahl der Rentiers in der Stadt. Nicht zu vergessen ist dabei die Öffentlichkeitsarbeit des Kurvereins, zu der die Propagierung der Winterkur wie überhaupt die Werbung für die Stadt auf allen Ebenen gehörte. Der Kurverein erwies sich hier als eine sehr schlagkräftige frühe „Pressure-group", die auch unmittelbar auf Stadt und Staat zu wirken suchte. Als 1869 das Gerücht aufkam, in anderen Städten würden die Fremden, d.h. die Rentiers, nicht zur Einkommenssteuer herangezogen und daß deshalb Abwanderungen aus Wiesbaden drohten, startete der Kurverein sofort eine Reihe von Anfragen an andere Städte über die dortige Steuerpraxis und veröffentlichte das Ergebnis.[168]

Der Übergang an Preußen beeinflußte die Entwicklung Wiesbadens also keineswegs negativ, wie sich schon allein an dem sogar noch beschleunigten Anstieg der Bevölkerungszahl ablesen läßt (vgl. Grafik 18). Die geringere Zahl von Beamten in den staatlichen Verwaltungsbehörden wurde durch die wachsende Zahl von Rentiers und den anhaltenden Aufschwung im Kurgewerbe mehr als ausgeglichen.

---

[165] *Rompel*, Fremdenstadt, 39f.
[166] *Spielmann*, Kurhaus, 151.
[167] Vgl. *Weichel*, Kommunalpolitik, 19 (Grafik), 180 (Tabelle).
[168] Jahresbericht des Cur-Vereins zu Wiesbaden, 1868 bis Ende 1869. Wiesbaden 1870.

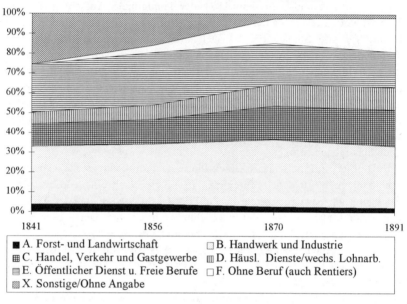

Grafik 21

Die Berufsstruktur nach den Adreßbüchern

■ A. Forst- und Landwirtschaft   □ B. Handwerk und Industrie
⊞ C. Handel, Verkehr und Gastgewerbe   ⫿ D. Häusl. Dienste/wechs. Lohnarb.
▤ E. Öffentlicher Dienst u. Freie Berufe □ F. Ohne Beruf (auch Rentiers)
▧ X. Sonstige/Ohne Angabe

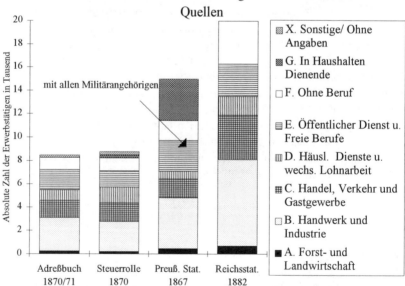

Grafik 22

Die Berufsstruktur der Bevölkerung nach verschiedenen
Quellen

▧ X. Sonstige/ Ohne Angaben

▨ G. In Haushalten Dienende

□ F. Ohne Beruf

▤ E. Öffentlicher Dienst u. Freie Berufe

⫿ D. Häusl. Dienste u. wechs. Lohnarbeit

⊞ C. Handel, Verkehr und Gastgewerbe

□ B. Handwerk und Industrie

■ A. Forst- und Landwirtschaft

Wiesbaden wandelte sich im letzten Drittel des Jahrhunderts immer weiter zu einer reinen Kur- und Rentierstadt, wie dies bereits vorgelegte eingehende Analysen der Sozialstruktur anhand der preußischen und der Reichsstatistik[169] gezeigt haben, die durch die Auswertungen der Wiesbadener Adreßbücher weiter erhärtet wurden.[170]

Ein für diese vorliegende Untersuchung entwickelter direkter Vergleich zwischen verschiedenen seriellen Quellen (vgl. Grafik 22) zeigt, daß dieser die Grundaussage hinsichtlich Wiesbadens Wirtschaftsbasis und Entwicklung zwar voll bestätigt, zugleich aber doch Unterschiede deutlich werden, die aus den unterschiedlichen Erhebungsmethoden und Veranlagungsgrundsätzen herrühren. So ist zwar die Zahl der berücksichtigten Personen in der Steuerrolle 1870 und dem aus dem gleichen Jahr stammenden Adreßbuch fast identisch und die geringe Differenz mit den nur im Steuerbuch erfaßten, in den „herrschaftlichen" Haushalten dienenden und wohnenden Personen leicht erklärbar, doch ist z.B. im Adreßbuch die Zahl der Handwerker größer und in der Steuerrolle die diejenigen der Personen, die eher einer unsteten Beschäftigung nachgingen („Wechselnde Lohnarbeit"). Dieser Unterschied läßt sich mit hoher Sicherheit aus dem Umstand ableiteten, daß dem Adreßbuch wohl überwiegend Selbsteinschätzungen zugrunde liegen, während die Steuerrolle die „behördlich" festgestellte Tätigkeit widerspiegelt.

Vergleicht man die Angaben des Adreßbuches und der Steuerrolle mit der preußischen Statistik, die auch die mitarbeitenden Familienangehörigen und die Soldaten und Offiziere erfaßt, dann ergibt sich ein stark abweichendes Bild. Dennoch stehen die unterschiedlichen Auswertungen nicht im Widerspruch zueinander, vielmehr bestätigen sie sich sogar gegenseitig, wenn man die Erfassungsgrundsätze berücksichtigt. Dabei wird aber deutlich, daß es schwierig ist, vom Charakter her unterschiedliche serielle Quellen mit differierenden Erhebungsgrundsätzen, die zeitlich weit auseinander liegen, miteinander zu vergleichen. Würde man etwa aus einer Gegenüberstellung des Adreßbuches von 1856 und der Steuerrolle von 1870 Entwicklungen ableiten wollen – es ließe sich kaum entscheiden, ob die quellenbedingten Unterschiede oder die tatsächliche Entwicklung den größeren Einfluß auf die Ergebnisse hätten.

---

[169] *Weichel*, Kommunalpolitik, 34ff., 180ff. Auf die abermalige detaillierte Ausbreitung der bereits veröffentlichten Ergebnisse kann an dieser Stelle verzichtet werden.

[170] Die Gegenüberstellung der Adreßbücher wurde bereits in einem städteübergreifenden Aufsatz vorgestellt. Vgl. *Thomas Weichel*, Die Berufsstruktur der Städte – erste Ergebnisse und Vergleiche, in: Lothar Gall [Hrsg.], Stadt und Bürgertum im Übergang von der traditionalen Gesellschaft zur modernen Gesellschaft, München 1993, 51–73, hier 64.

Tabelle 41

Die wirtschaftliche Elite 1870 - die 30 Höchstbesteuerten
Geordnet nach der Summe der Staatssteuern (in Talern)   1)

Nr. Name	Status	Bürger-aufnahme	Bürger-jahre	Beruf	Steuer 1870
1 Domäne	-	-	-		1.177
2 Knoop, Julius	F/T	1883	-13	Rentner	626
3 Zais, Wilhelm Wwe.	S/BW	U	-	Hotelbesitzerin	625
4 Goetz, Carl	S/B	1844	26	Gastwirt	507
5 Schlichter, August	S/B	1848	22	Gastwirt	392
6 Freytag, Otto	S/B	1860	10	Badewirt	362
7 Hoffmann, Phil. Christ.	S/B	1821	49	Badewirt	343
8 Neuendorf, Gottfried Ludw.	F/B	1844	26	Badewirt	328
9 Simons, Alexander	F/T	1884	-14	Rentier	316
10 Röder, Adolph	S/B	1863	7	Hofkonditor	314
11 Häffner, Heinrich	F/B	1860	10	Badewirt	300
12 Alten, Helene	F/BW	1860	10	Badewirtin	300
13 Johanny, Ewald	U/T	-	-	Rentner	288
14 Gasbeleuchtungs-Gesellschaft	-	-	-	Gasfabrik	271
15 Rücker, Wilhelm	S/B	1830	40	Bauunternehmer	252
16 Gärtner, Friedrich	U/U	-	-	Rat/Vermieter	249
17 Berlé, Markus	S/U/J	-	-	Bankier	248
18 Wolf, Moses	F/B	1843	27	Kaufmann	242
19 Berthold, Joseph	F/B	1858	12	Badewirt	236
20 Wagemann, Joh. Baptist	F/B	1855	15	Müller	230
21 Herz, Salomon	U/U/J	-	-	Kaufmann	228
22 Wulf, Julius von	F/T	-	-	Rentner	225
23 Göbel, Philipp	F/B	1840	30	Weinhändler	219
24 Geiger, Mathilde	S/EW	-	-	Rentnerin	216
25 Trost, Carl Albrecht	U/U	-	-	Rentner	216
26 Preyer, Thirey	F/T	1884	-14	Rentner	214
27 Bertram, Philipp, Dr.	S/B	-	-	Gerichtsvizepräsident	213
28 Hölterhoff, Mathias	F/B	1853	17	Rentner	210
29 Honick, Ernst	F/B	1862	8	Badewirt	204
30 Herber, August	F/B	1858	12	Badewirt	200
Summe ohne Minus-Jahre			321	Summe	9.751
mind. 17 Bürger davon 14 Daten			:16		:30
seit durchschnittl. # Jahren Bürger			20,06	Schnitt	325

Legende:
F=Fremde; S=Bürgersohn bzw. ortsgebürtig / B=Bürger; EW=Beamtenwitwe; U=unbekannt
E=Beamte; T=Temporärer Aufenthalt / J=Jude

Herkunft
Fremde: 14; Bürgersöhne bzw. ortsgebürtig: 10; Gesellschaften, Domäne: 2; Unbekannt: 4

Vereinsmitgliedschaften
Casino-Gesellschaft: 13 (1856-1872); Nass. Altertumsverein: 11 (1851-1895)

1) Die Jahressteuer setzt sich aus Klassen-, Grund-, Gebäude- und Gewerbesteuer zusammen.

Die Datenbasis für die Auswertung der wirtschaftlichen Elite des Jahres 1870 weicht deutlich von der bisherigen Basis, den Gewerbesteuerkatastern, ab. Die Steuerrolle von 1870, spätere sind leider nicht erhalten[171], berücksichtigt nicht nur die modifizierte Gewerbesteuer[172], sondern führt auch die Grund- und die Gebäudesteuer auf. Ebenfalls wird die Klassensteuer (Einkommenssteuer) berücksichtigt, soweit sie in Wiesbaden entrichtet werden mußte. Von Einfluß auf die Auswertung ist auch, daß nunmehr die Rentiers zumindest über die Klassensteuer, bei Haus- und Grundbesitz auch über die entsprechenden Steuern erfaßt werden. Um diese Ausweitung des Kreises der berücksichtigten Personen auszugleichen, wurde das Sample der Höchstbesteuerten entsprechend auf 30 Personen, einschließlich der „Gasgesellschaft" und der „Domäne", erhöht. Da die Höchstbesteuerten auf Basis aller genannten Steuern bestimmt wurden, sind die Ergebnisse nur bedingt mit den Auswertungen vergleichbar, die für die nassauische Zeit erstellt wurden.

Auf dieser erweiterten Datenbasis zeigt sich, daß 1870 zwei Personengruppen unter den „Höchstbesteuerten" dominieren. Dies sind die Besitzer der großen Gast- und Badehäuser[173] sowie die Rentiers. Dagegen deutet sich mit der geringen Zahl von drei Kaufleuten und drei „Handwerkern" an, daß der Handels- und Gewerbesektor in Wiesbaden in der wirtschaftlichen Bedeutung für die Stadt weiterhin eher gering war und weiterhin vorwiegend der Selbstversorgung der Stadt gedient hat.

b. Die politische Spaltung des Bürgertums und der Gegensatz zwischen „Stadtbürgertum" und Rentiers

Die kompromißlose Haltung des Herzogs und der Regierung in allen Fragen einer politischen Liberalisierung und der Interessengegensatz in der Zollvereinsfrage zwischen Bürgertum und Herzog hatten die liberale und demokratische Opposition geeint und unterschiedliche Standpunkte lange Zeit verdeckt. Mit dem Ende des Herzogtums brachen diese Trennlinien wieder auf. In der Frage, ob die Demokratisierung des Staates oder die Einheit der Nation Vorrang habe, entschied sich Karl Braun für die Natio-

---

[171] Lt. Auskunft des Stadtarchivs Wiesbaden wurden die Steuerkataster vermutlich als Anlagen zur Stadtrechnung behandelt und als solche nach der Jahrhundertwende als „wertlos" kassiert.

[172] Durch die nassauische Gewerbesteuer wurden auch nichtselbständige Personen veranlagt. Sie war im gewissen Sinne eine Kombination von Gewerbesteuer und Klassensteuer. Die preußische Gewerbesteuer zahlten hingegen nur Personen, die im heutigen Sinne Gewerbetreibende waren.

[173] Zu den 11 Wirten ist eigentlich auch der Rat Gärtner zu zählen, der möblierte Zimmer vermietete.

nalliberalen und damit für die Bismarcksche Politik, während die Mehrheit der Wiesbadener Bürger in dieser Frage, jedenfalls bis 1871, andere Schwerpunkte setzte. Braun, der noch 1867 in Wiesbaden das Reichstagsmandat gewonnen hatte, verlor rasch an Anhängerschaft. Zu seiner Wahl und dem anschließenden Ansehensverlust hat gewiß maßgeblich beigetragen, daß er bis nach der Wahl seine Absicht geheimhielt, seinen Wahlkreis zu verlassen und sich als Anwalt in Berlin niederzulassen.

Bei der Bürgermeisterwahl 1868 traten die Gegensätze innerhalb der Bürgerschaft erstmals offen zu Tage. Der alte Bürgermeister Fischer, der gemäßigte Demokrat der 1848er Revolution, genoß offenbar das Vertrauen der ganzen Bürgerschaft. 1867 bat er aus gesundheitlichen Gründen um seine Pensionierung, doch nahm er seine abermalige Wahl Ende 1867 an, nachdem ihm die Wahlmänner durch eine einstimmige Wahl einen besonderen Vertrauensbeweis erbrachten. Fischer mußte jedoch wegen seiner angegriffenen Gesundheit im April 1868 abermals um seinen Abschied bitten, der ihm auch gewährt wurde.[174]

Im Mai setzte daraufhin der Wahlkampf um die Stelle des Bürgermeisters ein, und die unterschiedlichsten Kandidaten wurden öffentlich genannt.[175] Auf einer Wahlversammlung der nassauischen Fortschrittspartei wurden die Gegensätze zwischen Braun-Anhängern und Braun-Gegnern deutlich. Während der „Braun-Flügel" als Kandidaten Carl Scholz – aus der im zweiten Abschnitt (II.1.b) vorgestellten Familie Scholz – aufstellte, warf der andere Parteiflügel Scholz vor, einer „extremen Partei" anzugehören, und zog schließlich aus der gemeinsamen Versammlung aus.[176] Dieser Flügel rief eine eigene Versammlung ein, die mit rund 1000 Personen überraschend gut besucht war und auf der Regierungsassessor Lanz zum Kandidaten bestimmt wurde. „Die Dynastie Braun hat aufgehört zu regieren"[177], so kommentierte die „Rheinische Volkszeitung" voller Häme den geringen Anhang des als „Braun-Freund" titulierten Scholz, der auch vom „Rheinischen Kurier" nur zurückhaltend unterstützt wurde, obwohl Gründer und Hauptredakteur dieses Blattes sein Vetter Bernhard Scholz war.

Was waren die Hintergründe dafür, daß sich die Wiesbadener Bürger – nur eingeschriebene Bürger durften sich an der Bürgermeisterwahl beteiligen – so plötzlich von Braun und der von ihm vertretenen Richtung abwandten? Es war zum einen die Enttäuschung über die Folgen der preußischen Herrschaft, die statt geringerer Steuern, wie ehedem propagandistisch behauptet wurde, höhere gebracht hatte.[178]

---

[174] StdAWi WI/P/453 (Personalakte Fischer), 24ff.
[175] RVZ Nr. 112 v. 13.5.1868.
[176] RVZ Nr. 117 v. 19.5.1868.
[177] RVZ Nr. 118 v. 20.5.1868.
[178] RK Nr. 163 v. 26.6.1868.

Tabelle 42

Die Mitglieder des Wiesbadener Gemeinderat 1871

mit Steuerkapital auf Basis des Gewerbesteuerkatasters von 1864 und den Staatssteuern 1870

Nr. Name	Status	Bürger- aufn.	Bürger- jahre	Beruf	Wahl- abteil.	Steuerkap./Steuern 1864	1870
1 Beckel, Wilhelm	S/B	1855	15	Badewirt	2	1.600	103
2 Fehr, Philipp	F/B	U	-	Kaufmann	1	3.500	116 1)
3 Glaser, Karl Herm.	F/B	1853	17	Kaufmann	3	3.700	150
4 Knauer, Friedrich	F/B	1857	13	Kaufmann	1	3.300	96
5 Nathan, Franz Caspar	F/B	1828	42	Rentner	3	-	14 2)
6 Philippi, Wilhelm	S/B	1858	12	Schlosser	3	3.500	86 3)
7 Schirm, Wilhelm	F/B	U	-	Rentner/Dr.	1	50	42
8 Schmidt, Georg Dav.	S/B	1842	28	Badewirt	1	1.000	151
9 Schmidt, Jonas	S/B	1854	16	Landwirt	2	1800	177
10 Schreiner, Christian	F/B	1847	23	Spengler	3	1.200	33
11 Vigelius, Ludwig	S/B	U	-	Ministerialrat a.	2	2.400	36 4)
12 Weygandt, Jacob	S/B	1840	30	Schreiner/Rentn.	2	1.000	46 5)

Summe			196	Summe		23.050	1.050
			:9			:11	:12
durchschnittl. seit # Jahren Bürger			21,78	Schnitt		2.095	88

Legende:
F=Fremde; S=Bürgersohn bzw. ortsgebürtig / B=Bürger / U=unbekannt

Herkunft/Status
Fremde=6; Bürgersöhne bzw. ortsgebürtig=6;

Finanzieller Status
Das durchschnittliche Gewerbesteuerkapital betrug bei den steuerzahlenden Bürgern 1864
(2.159 Pers.) 702 Gulden, das Gewerbesteuerkapital der Gemeinderäte von 1871 lag 7
Jahre zuvor mithin um das 3,0 fache höher. Die durchschnittliche Staatssteuer, bestehend
aus Gewerbe-, Klassen-, Grund- und Gebäudesteuer, betrug 1870 bei 8.677 Personen
13,55 Taler. Die Gemeinderäte des Jahres 1871 lagen im Schnitt um das 6,5fache über
diesem Wert.

Weitere Hinweise
Die Wahlklasse (Wahlabteilung.), für die ein Gemeinderatsmitglied gewählt wurde, mußte
nicht identisch sein mit jener, in der er selbst das aktive Wahlrecht hatte.

1) Für den Juden Fehr findet sich kein Eintrag im Bürgerbuch, er muß aber als Gemeinderat
   im Bürgerrecht stehen.
2) Nathan war 1864 Rentner, betrieb aber 1870 noch Lederhandel in sehr geringem
   Umfang.
3) Der Schlosser Philippi hat 16 Gehilfen. Begründer der gleichnamigen Maschinenfabrik.
4) Für Vigelius findet sich kein Eintrag im Bürgerbuch. Als Beamter ist er wahrscheinlich
   nach seiner Pensionierung ohne weiteren Antrag ins Bürgerrecht übernommen worden.
5) 1864 Schreiner, 1870 Rentier.

Aber vor allem in der Spielbankfrage fühlten sich die Besitzer der Aktien der Betreibergesellschaft, und dies waren in Wiesbaden etliche einflußreiche Personen, düpiert und vom Gemeinderat hintergangen. Scholz, der als Gemeinderat auch in Berlin die Stadt Wiesbaden in den Verhandlungen vertreten hatte, wurde vorgehalten, durch seine große Nachgiebigkeit die Interessen seiner Mitbürger geschädigt zu haben. Vor allem hatte Braun sich und seine Anhänger damit bloßgestellt, daß er der entscheidenden Sitzung des norddeutschen Reichstages ferngeblieben war, in der das Spielbankverbot für Wiesbaden bzw. die Sonderregelungen verhandelt wurden.[179]

Um die Kandidatur von Lanz[180] sammelten sich große Teile der Wiesbadener Fortschrittspartei, aber auch die (wenigen) Konservativen und die („politischen") Katholiken, soweit sie Bürgerrecht hatten. Bereits am Besuch der Wahlversammlungen wurde deutlich, daß die weitaus größte Anzahl der Bürger hinter Lanz stand.[181] Der Wahlausgang war entsprechend, in allen Klassen siegten bei der Urwahl die Wahlmänner der Lanz'schen Partei mit weitem Abstand. Insgesamt hielten nur 75 Bürger zu Scholz, während 671 für Lanz stimmten. Die Überschrift der stark für Lanz engagierten „Rheinischen Volkszeitung" zum Wahlausgang erinnert an Besatzungszeiten: „Sieg!!! Wiesbaden frei!!!".[182]

In den Analysen der Zeitungsberichte zum Wahlausgang wird deutlich, daß dieses Ergebnis vor allem eine Ohrfeige für die preußenfreundlichen Nationalliberalen war, denen angekreidet wurde, daß sie die „Eigentümlichkeit" der Nassauer und Nassaus mit Füßen traten. Bei dem eigentlichen Wahlakt, bei dem die 36 Wahlmänner gemeinsam mit den 12 Gemeinderäten abstimmten, erhielt Scholz nur die Stimmen von 7 Gemeinderäten, einschließlich seiner eigenen.[183] Die Braun-Anhänger, die wohl in der Tat die Stadtpolitik von der „Sternkammer" aus beherrscht hatten (siehe Kapitel III.1.c), verfügten im Gemeinderat noch über eine knappe Mehrheit und versuchten damit sogar, nachträglich noch das Gehalt von Lanz zu kürzen.

Es würde zu kurz greifen, bei der Wahlentscheidung von 1868 einen Gegensatz zwischen „Links" und „Rechts" zu konstruieren. Denn eine abwägende Einordnung von Scholz und dem wenig profilierten Lanz ist sehr schwierig, keinesfalls war Lanz ein engagierter Linksliberaler, dafür spricht allein seine Unterstützung durch konservative und katholische Krei-

---

[179] LaBiWi, Sammlung Gh 7707, Flugblatt der „Römersaal-Versammlung".
[180] Zu Lanz vgl. *Thomas Klein*, Leitende Beamte der Provinz Hessen Nassau und in Waldeck 1867–1945. Darmstadt/Marburg 1988, 162.
[181] RK Nr. 153 v. 14.6.1868.
[182] RVZ Nr. 139 v. 16.6.1868.
[183] RK Nr. 159 v. 21.6.1868.

se. Eher steht die Wahl von Lanz in Tradition der Wahl Fischers 1848, bei der die Einbindung des Kandidaten in die Stadt und sein Eintreten für Lokalinteressen entscheidend gewesen waren. Auch damals entschied man sich für einen „staatsfernen" Kandidaten, der zwar Demokrat, aber alles andere als radikal war. Gerade Brauns zeitweise offene Hinwendung zur Bismarck'schen Politik hat seinem Freund Scholz auf das empfindlichste geschadet. Vor allem aber glaubte man, in beiden Schuldige für die weniger angenehmen Folgen der Annexion gefunden zu haben.

Die Analyse der sozialen Zusammensetzung des Wiesbadener Gemeinderates von 1871 zeigt erwartungsgemäß die starke Verwurzelung der Mitglieder im Stadtbürgertum. Zwar besteht der Gemeinderat zur Hälfte aus „Fremden", doch ein Schnitt von 22 Jahren Zugehörigkeit zum Bürgerrecht legt nahe, daß man die bei den „Bürgermeisterwahlen" geäußerte Anforderung, „Alt-Wiesbadener" zu sein, in der untergeordneten Funktion eines Gemeinderates auch durch lange Anwesenheit und Einsatz für die Stadt erfüllen konnte. Auffällig ist dabei vor allem, daß drei der vier Vertreter der 1. Wählerklasse „Fremde" waren, aber keiner der Mandatsträger, die die 2. Klasse bestimmt hatte.

Dies kann als Hinweis gewertet werden, daß gerade die Wähler der 2. Klasse besonderen Wert auf die Wiesbaden-Verbundenheit ihrer Vertreter legten. Doch ist das Gremium zu klein, um diese Feststellung auf sichere Aussagen gründen zu können. Es fällt weiter auf, daß kein Gemeinderat ein Einkommen hatte, das ihn auf die Liste der „Höchstbesteuerten" gebracht hat. Die Mitglieder des Gemeinderates waren, obwohl keineswegs arm, hinsichtlich ihrer wirtschaftlichen Verhältnisse noch weit von den wirklich reichen Wiesbadenern entfernt. Dies deutet stark auf eine „Herrschaft des gewerblichen Mittelstandes" hin, die später im Zuge der politischen Auseinandersetzungen behauptet wird. Ermöglicht wurde dies z.T. auch dadurch, daß nach 1866 zunächst nur noch Personen ins Bürgerrecht neu eintraten. In gewisser Hinsicht kann man von einem Selbstausschluß vieler neuer Einwohner von kommunalpolitischer Einflußnahme sprechen. Von den sieben Rentiers, die 1871 noch vor der großen „Einwanderungswelle" der Rentiers in der Liste der 30 Höchstbesteuerten stehen, besaß nur einer (Hölterhoff) das Bürgerrecht und sicher auch nur deshalb, weil er zuvor sein Gewerbe in Wiesbaden ausgeübt hatte. Die Gemeinderäte mit der höchsten Steuerleistung finden sich in der „Rangliste" nach der Steuerrolle von 1870 erst ab Platz 48 und darunter.

Die nassauische Gemeindeordnung von 1854 blieb auch nach der Annexion für das Gebiet des ehemaligen Herzogtums bis 1891 gültig. Allerdings drängte bereits 1868 der Gemeinderat auf eine Neufassung, da die alte Ordnung nicht zwischen kleinen Orten und Städten unterscheide und Wiesbaden nicht wie ein Dorf verwaltet werden könne. Eine Gemeinderatskommission unterzog daraufhin das Gemeindegesetz einer Generalkritik und entwarf eine Stadtordnung für Wiesbaden.[184] Zwar sei Wiesbaden seit 1867 ein eigener Kreis und übernehme damit auch eine Reihe von Kreisaufgaben, doch seien die Organe der Selbstverwaltung keineswegs so ausgebildet, daß damit eine so große Stadt effektiv verwaltet werden könne. Der ehrenamtliche Gemeinderat sei nach der Gesetzeslage sowohl ausführendes als auch beschließendes Organ, in der Praxis oft aber nur ein beratendes Gremium für den Bürgermeister. Auch das Bürgerrecht als exklusives Eintrittsrecht sei überholt. Es sei sinnvoller, ein allgemeines Ortsbürgerrecht einzuführen, das den Einwohnern nach einer bestimmten Aufenthaltsdauer von selber zufiele. Hinsichtlich der städtischen Selbstverwaltungsorgane schlug man eine Trennung in Magistrat und Stadtverordnetenversammlung vor, letztere sollte nach einem Zensuswahlrecht ohne Klasseneinteilung gewählt werden. Der Entwurf basierte explizit auf der nach Einschätzung der Autoren fortschrittlichsten preußischen Städteordnung, derjenigen von Frankfurt aus dem Jahre 1867.[185] Der Entwurf scheiterte am Desinteresse der Regierung, der, dies darf man annehmen, der Verzicht auf das Dreiklassenwahlrecht suspekt war. Außerdem war Diest an der Erhaltung des Beamtenstatus der Bürgermeister interessiert.[186] Zwar wurde 1869 durch eine Gesetzesnovelle die Amtszeit des Bürgermeisters auf sechs Jahre begrenzt[187], ansonsten wurde aber die kaum noch durchschaubare Mischung von nassauischem Gemeinderecht und preußischem Kreisrecht vom Staat hingenommen.[188] In der Folgezeit gab es 1877/78 und 1882 zwar wiederholt Bemühungen der Stadt, das Gemeinderecht zu ändern, doch wurde Wert auf die Erhaltung des alten Bürgerrechtes gelegt. Dies wiederum wollte die Regierung nicht hinnehmen, sah sie darin doch einen Anachronismus, der allein zu dem Zweck aufrecht erhalten werde, den aktiven Beamten das kommunale Wahlrecht zu verwehren. Allerdings wollte die Regierung ihrerseits die Spannungen nicht verschärfen und gegen den Willen der Stadt eine neue Stadtordnung auf den Weg bringen.[189]

1885 wurde von den städtischen Selbstverwaltungsorganen ein erneuter Vorstoß unternommen, die Stadtverwaltung den tatsächlichen Bedürfnissen

---

[184] Bericht der Commission des Gemeinderathes, den Entwurf einer Stadtordnung betreffend. Gedruckter Bericht, Wiesbaden 1868.

[185] StdAWi STVV/13, Prot. v. 30.7.1868. Bei der Wahl der Ausschußmitglieder erhält Louis Krempel, der Demokrat von 1848, die höchste Stimmenzahl. Prot. v. 4.9.1868. Der Bürgerausschuß stimmte dem Entwurf ohne Änderungen zu.

[186] *Andreas Anderhub*, Verwaltung im Regierungsbezirk Wiesbaden. Wiesbaden 1977, 98.

[187] Hinsichtlich der Amtsperiode von Lanz trat keine Änderung ein. Lanz war 1868 auf zwölf Jahre gewählt worden.

[188] *Anderhub*, Regierungsbezirk, 100, 102ff.

[189] Ebd., 263f.

Grafik 23
Sozialstruktur der Neubürger in Wiesbaden 1867-1890

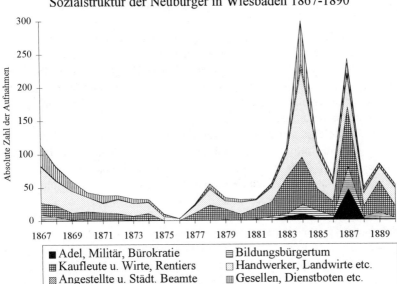

- ■ Adel, Militär, Bürokratie
- ▦ Kaufleute u. Wirte, Rentiers
- ▨ Angestellte u. Städt. Beamte
- □ Ohne Angaben bzw. ohne Beruf

- ▤ Bildungsbürgertum
- □ Handwerker, Landwirte etc.
- ▥ Gesellen, Dienstboten etc.

anzupassen.[190] Vorausgegangen war eine Initiative des neuen Bürgermeisters Ibell, der 1884 in einem sehr gut besuchten Vortrag auf die Mißstände des alten Gemeinderechts hinwies, insbesondere auf das Mißverhältnis zwischen rechtlichen Bürgern und Einwohnern. Ibell schlug angesichts des zu erwartenden neuen Stadtrechts Übergangsregelungen vor wie die Erhöhung der Zahl der Gemeinderäte.[191]

Obwohl die Kommission des Gemeinderates 1868 festgestellt hatte, das Wiesbadener Bürgerrecht sei überholt, blieb das Bürgeraufnahmegeld auch in der preußischen Zeit zunächst unverändert. Ende 1868 und Anfang 1874 wurde es für jeweils fünf Jahre auf dem nach dem nassauischen Gemeindegesetz höchstmöglichen Stand von 60 Gulden (für Inländer ohne angeborenes Bürgerrecht), 120 (für Ausländer) und 10 Gulden für den Antritt des

---

[190] StdAWi STVV 29. Zunächst verweigerte der Bürgerausschuß dem Entwurf seine Zustimmung und verwies ihn an einen Ausschuß (Prot. v. 6.2.1885). Ende März stimmte der Bürgerausschuß mit einer Mehrheit dem Entwurf der Stadtordnung (35:29 Stimmen) zu. Dabei votierten mit einer Ausnahme alle Vertreter der 1. Klasse für den Antrag, während die Vertreter der 3. Klasse mit 3 Ausnahmen gegen den Entwurf waren. Die 2. Klasse schloß sich überwiegend dem Antrag an. Soweit die Parteinähe festgestellt werden kann, scheinen Nationalliberale (Bertram) für den Antrag, Freisinnige (Reusch) dagegen gewesen zu sein (Prot. v. 27.3.1885).

[191] Der Vortrag von Ibell wurde in drei Teilen im Rheinischen Kurier vollständig abgedruckt: RK Nr. 291 AA v. 7.12.1884, Nr. 292 MA v. 9.12.1883, Nr. 292 AA v. 9.12.1883.

angeborenen Bürgerrechts gehalten.[192] Allerdings hatte sich durch die Annexion der Kreis der Inländer drastisch ausgeweitet. Seit 1879 galten reduzierte Sätze von 10 bzw. 30 Mark.[193] Trotzdem gab es offensichtlich Bestrebungen für eine Ermäßigung dieser immer noch relativ hohen Gebühren, denen aber seitens des „Rheinischen Kuriers", dem Sprachrohr der Nationalliberalen, widersprochen wurde.[194] Das Bürgeraufnahmegeld wurde schließlich für Fremde 1884 auf fünf Mark reduziert und für Bürgersöhne ganz gestrichen. Bei dieser Regelung blieb es bis zur Einführung der neuen Städteordnung 1891.[195]

Für die Reichstagswahlen im Norddeutschen Bund und im Deutschen Reich galt ein völlig anderes Wahlrecht als in der Kommune. Im Reich wurde gleich, geheim und allgemein – selbstredend ohne Beteiligung von Frauen – gewählt. In Wiesbaden dagegen, dies darf man nicht unberücksichtigt lassen, waren die Kommunalwahlen öffentlich, ungleich und an das Bürgerrecht gebunden, das nur etwa 5% der Gesamtbevölkerung besaßen und das ganze Bevölkerungsgruppen, darunter z.B. die aktiven Beamten, ausschloß.[196] Bei den Wahlen zum konstituierenden Reichstag am 12.2.1867 konnten sich in Wiesbaden wie im ganzen ehemaligen Herzogtum die Kandidaten der alten nassauischen Fortschrittspartei durchsetzen, die sich im Reichstag anschließend alle der nationalliberalen Fraktion anschlossen.[197] Bis zu seinem Zerwürfnis mit Teilen der Partei wurde die Kandidatur von Braun in Wiesbaden von einer breiten Zustimmung getragen. Mit 1613 Stimmen für Braun und nur 306 für den konservativen, „altnassauischen" Gegenkandidaten Schepp gibt dieses Ergebnis den liberalen Einfluß in der Stadt wieder.[198] Die geringe Wahlbeteiligung von weniger als 40% kann sicher aus der Vormachtstellung und dem unzweifelhaften Sieg der Fortschrittspartei erklärt werden.[199] Daß bei der zweiten Wahl zum norddeutschen Reichstag im August 1867 nur etwa 20% zur Urne gin-

---

[192] StdAWi STVV/13, Prot. v. 30.11.1868, STVV/18, Prot. v. 10.3.1874.
[193] RK Nr. 284 v. 3.12.1883.
[194] Ebd.
[195] StdAWi STVV/28, Prot. v. 9.1.1884, STVV/33, Prot. v. 15.2.1889.
[196] Das noch gültige nassauische Gemeinderecht kannte auch einen „passiven" Status. Den hatten alle Beamten während ihrer aktiven Dienstzeit inne. Diese wurden erst mit ihrer Pensionierung vollberechtigte Gemeindebürger.
[197] *Bernd Liebert*, Politische Wahlen in Wiesbaden im Kaiserreich. Wiesbaden 1988, 72.
[198] *Thomas Klein*, Die Hessen als Reichstagswähler. Tabellenwerk zur politischen Landesgeschichte 1867–1933. Bd. 1: Die Provinz Hessen-Nassau und Waldeck-Pyrmont 1867–1918. Marburg 1989, 579.
[199] Die Zahl der Wahlberechtigten ist nicht bekannt. Aus der vorliegenden Zahl der Wahlberechtigten 1874 und den entsprechenden Einwohnerzahlen läßt sich aber ableiten, daß 1867 etwa 5000 Personen in Wiesbaden das Wahlrecht hatten. Mithin lag die Wahlbeteiligung bei etwa 38%. Vgl. *Klein*, Reichstagswähler, 589 u. *Weichel*, Kommunalpolitik, 179.

gen, ist dagegen ein Zeichen für das allgemeine Desinteresse. Ob dies bereits auf den wiedergewählten Braun zielte oder dabei auch Enttäuschung über die preußische Herrschaft eine Rolle spielte, kann hier nicht entschieden werden.[200]

Braun zog sich nicht nur wegen seiner mangelhaften Vertretung der Wiesbadener Bürgerschaft in der Spielbankfrage, sondern auch wegen seiner großen Kompromißbereitschaft gegenüber den preußischen Regierungsinteressen[201] und seiner Angriffe gegen die süddeutschen Staaten im Zusammenhang mit der Ausdehnung des Zollvereins[202] die Feindschaft vieler nassauischer Liberaler zu.

1869 löste sich die nassauische Fortschrittspartei auf. Die Liberalen des Landes mußten sich nun zwischen den beiden liberalen Parteien in Preußen, also den Nationalliberalen und der preußischen Fortschrittspartei, entscheiden.[203] In Wiesbaden erkannte man bald, daß die preußische Fortschrittspartei eher die Tradition der nassauischen Liberalen fortführte. Das Modell der „Einheitspartei" der Liberalen blieb aber im Gedächtnis und wurde immer wieder bei passender politischer Gelegenheit zum Schlagwort in der Auseinandersetzung. Der neue Wiesbadener „Fortschritt" konnte nach dieser Trennung eigene Kandidaten aufstellen, und er nutzte bei seiner Wahlwerbung geschickt den in der Bevölkerung vorhandenen Unwillen bezüglich der Regierungsnähe der Nationalliberalen aus.

So verlor der nationalliberale Braun seinen Wiesbadener Wahlkreis bei den Reichstagswahlen 1871 an den Führer der Wiesbadener Fortschrittspartei Friedrich Schenck, einen in Wiesbaden geborenen Rechtsanwalt, der bereits in den beiden letzten Jahren des Herzogtums Mitglied der 2. Kammer gewesen war.

Das Gebiet des 2. Nassauischen Wahlkreises Wiesbaden schloß den Rheingau bis Rüdesheim mit seiner katholischen Bevölkerung ein, die während der gesamten Zeit des Kaiserreichs jeweils im ersten Wahlgang der Reichstagswahl mit hohen Mehrheiten die Kandidaten des Zentrums wählte. Ihr Wahlverhalten beeinflußte besonders in der Stichwahl stark den Wahlausgang – Wiesbadens einziger sozialdemokratischer Reichstagsabgeordneter Lehmann verdankte 1907 den Zentrumswählern des Rheingau seine Wahl.[204] Deshalb ist es besonders wichtig, die Wahlergebnisse für den Stadtkreis Wiesbaden möglichst getrennt vom übrigen Wahlkreis zu unter-

---

[200] *Klein*, Reichstagswähler, 579.
[201] *Klaus Erich Pollmann*, Parlamentarismus im Norddeutschen Bund 1867–1870. Düsseldorf 1985, 37.
[202] *Pollmann*, Parlamentarismus, 57.
[203] *Liebert*, Politische Wahlen, 84.
[204] *Weichel*, Kommunalpolitik, 83.

suchen.[205] Mit der Wahl von 1871, bei der Braun auch im Wiesbadener
Stadtgebiet knapp in der Minderheit gegenüber Schenck blieb, deutete sich
ein Wahlverhalten an, daß sich in den folgenden Wahlen verstärkt fortsetzen sollte: Die nationalliberalen Kandidaten fanden in den äußeren Bezir-
ken der Stadt, d.h. den Villenvierteln eine Mehrheit, während der Fortschritt bzw. Freisinn die meisten Stimmen in der Innenstadt erhielt. Die
zugewanderten Rentiers gaben ihre Stimme den Nationalliberalen, während
das „alte" Wiesbadener Bürgertum die Fortschrittspartei bzw. die Freisinnige Partei wählte. 1874, 1877, 1878 und 1881 kandidierte in Wiesbaden
Schulze-Delitzsch, nachdem Schenck, der ebenfalls in der Genossenschaftsbewegung aktiv war, auf eine erneute Kandidatur zum Reichstag
verzichtet hatte. Die große, reichsweite Popularität von Schulze-Delitzsch
sicherte ihm jedesmal mit großer Mehrheit das Mandat im ersten Wahlgang, teilweise sogar, ohne daß er in Wiesbaden im Wahlkampf auftrat.
Nur zweimal, 1877 und 1878 stellten die Nationalliberalen einen Gegenkandidaten auf, der jedoch weder im Gesamtwahlkreis noch in Wiesbaden
eine Rolle spielen konnte. Insbesondere das schlechte Abschneiden von
Christian Schlichter, einem in Eltville wohnenden Amtsrichter aus der alten
Wiesbadener Badewirtsfamilie Schlichter, bei der Wahl 1877 ist dabei bemerkenswert. Der nationalliberale Schlichter erhielt nur etwa 12% der
Stimmen.[206] Fünf Jahre später wurde Schlichter mit deutlicher Mehrheit
zum Oberbürgermeister Wiesbadens gewählt.

Zunächst aber wurde Lanz, dem 1871 drei Jahre nach seiner Wahl vom
preußischen Staat der Titel „Oberbürgermeister"[207] verliehen worden war,
1880 einstimmig in seinem Amt bestätigt. Lanz starb aber bereits 1882,
einen Monat vor seinem dreiundfünfzigsten Geburtstag, an einem Schlag-
anfall.[208]

Zur Wahl eines Nachfolgers setzte der Gemeinderat eine Kommission
ein, die sich für den Landrat Schneider aus Kassel aussprach. Aber bereits
während dieser Vorauswahl wurde in diversen Stellungnahmen in der regionalen Presse deutlich, daß man keinen Mann gouvernementalen Zu-
schnitts – als den man Schneider sah – an der Spitze der Stadt wollte, keinen „Dekorierten" mit einem staatlichen Orden. Als Gegenkandidat wurde

---

[205]   Thomas Klein (*Klein*, Reichstagswähler) hat sich der Kärrnerarbeit unterzogen und für
   Hessen ein Tabellenwerk über das Wahlverhalten erstellt, das in bezug auf Wiesbaden
   z.T. auch das Abstimmungsverhalten in den einzelnen Wahlbezirken auflistet.
[206]   *Liebert*, Politische Wahlen, 111.
[207]   Die Funktion des Bürgermeisters in Wiesbaden war zu dieser Zeit noch nicht fest mit
   dem Titel Oberbürgermeister verknüpft. Der Nachfolger von Lanz trat sein Amt als
   Bürgermeister an und es bestand kaum Gelegenheit, ihm in seiner kurzen Amtszeit den
   Titel zu verleihen.
[208]   Nassauische Volkszeitung Nr. 109 v. 10.5.1882 mit ausführlicher Schilderung der Todesumstände.

von liberaler Seite Christian Schlichter aufgestellt, der zu dieser Zeit den Rheingaukreis im preußischen Landtag vertrat.[209] Die Wiesbadener Bürger wollten, so wird in der Presse immer wieder betont, nicht nur einen liberalen Bürgermeister haben, sondern auch einen, der sich mit den Problemen der Stadt und Nassaus auskannte. Dagegen scheint die nationalliberale Ausrichtung Schlichters für die linksliberale Mehrheit kein Problem dargestellt zu haben, sie wurde überhaupt nicht thematisiert, möglicherweise weil man wußte, daß die notwendige Bestätigung durch die Regierung einem linksliberalen Bürgermeister verweigert worden wäre. Die Verbundenheit Schlichters, dessen Familie noch bis 1878 mit dem Adlerbad eines der größten Wiesbadener Bad- und Gasthäuser betrieben hatte, mit dem eingesessenen Stadtbürgertum gab hier den Ausschlag.[210] Schlichter wurde mit großer Mehrheit gewählt. Seine Bestätigung durch die Regierung verzögerte sich aber um mehrere Wochen, so daß allgemein die Ansicht vertreten wurde, damit dokumentiere sich die Unzufriedenheit der Regierung mit dem Ausgang der Wahl. Schlichter, erst am 4. Oktober 1882 in sein Amt eingeführt, starb bereits am 1.3.1883 an einer „Kopfrose".[211]

Die zweite Bürgermeisterwahl binnen eines Jahres führte zu den schärfsten Auseinandersetzungen seit der Annexion. Von Seiten der Nationalliberalen wurde der Frankfurter Anwalt Carl von Ibell vorgeschlagen, ein Enkel des 1830 geadelten nassauischen Reformers Karl Ibell.[212] Der „Fortschritt" stellte mit dem Landgerichtsrat Ferdinand Riedel aus Limburg einen Gegenkandidaten auf.

Wurde für Riedel angeführt, er sei der Sohn des bekannten, „leider früh verstorbenen Buchhändlers Heinrich Riedel" und gehöre somit einer „bürgerlichen Wiesbadener Familie"[213] an, so wurde Ibell für die Taten seines Großvaters gerühmt, ihm allerdings von seinen Gegnern stets sein Adelstitel vorgehalten.

Der „Frankfurter Stadtanzeiger", eine Beilage der „Frankfurter Zeitung", veröffentlichte Anfang April 1883 eine ausführliche „Mitteilung aus dem Publikum", die in scharfer Form mit den „Wiesbadener Verhältnissen" ins Gericht ging.[214] Wiesbaden werde von einer Minorität beherrscht, denn die aktiven Beamten und die meisten der Zugezogenen hätten kein Wahlrecht. Jene, die nur 2/7 der Steuern zahlten, würden die Stadt beherrschen. In der Stadt regiere „unter dem Schutze der nassauischen Gemeindeordnung" eine

---

209 *Liebert*, Politische Wahlen, 127, *Renkhoff*, Biographie, 701.
210 Zum Adlerbad und der Familie Schlichter vgl. *K. Urban*, Das Adlerbad und seine Geschichte, 3ff., StdAWi, Zeitungsausschnittsammlung Gärnter, 1939.
211 StdAWi WI/P/1162.
212 Zu Ibell vgl. die Abschnitte I.2. und II.1
213 WT zitiert nach LabiWi Slg. Gh 7712, 12.4.1883.
214 Stadtanzeiger und Fremdenblatt, Beilage zur Frankfurter Zeitung, Nr. 77 v. 4.4.1883.

„Oligarchie von städtischen Kleinbürgern", „deren erster Bürgermeister vor Allem einer der Ihrigen sein soll!". Der unbekannte und in der folgenden Debatte auch nicht genannte Verfasser des Artikels rief die „Haus- und Villenbesitzer" und jene, die auf Dauer in die Stadt gezogen seien, auf, das Bürgerrecht zu erwerben und für den Eintrittspreis von 33 Mark[215] die städtischen Geschicke mitzubestimmen: „Dann werden wir den Preis unseres Vorgehens und unseres Opfers bald vielfach zurückerwerben durch eine gerechtere Vertheilung der Steuern, durch Herabsetzung derselben in Folge einer weisen Sparsamkeit und durch Förderung der Interessen der Allgemeinheit und nicht einer Minorität, die in geheimen Conventikeln ihre Beschlüsse im Voraus faßt und solche fix und fertig in die Sitzungen mitbringt."

Dieses Schreiben knüpfte an Vorwürfe an, die seit geraumer Zeit gegen den Wiesbadener Gemeinderat wegen seiner angeblichen und vermutlich auch tatsächlichen Klüngelwirtschaft erhoben wurden. So veröffentlichte Peter Kremers, ein Privatier, bereits von 1877 an eine Reihe von Broschüren und Flugschriften, in denen er dem Gemeinderat in den verschiedensten Punkten vorwarf, insbesondere aber in der Bau- und Steuerpolitik, die „Altwiesbadener" in der Innenstadt gegenüber den Zugezogenen zu bevorzugen.[216]

Der Aufruf zum Eintritt in das Bürgerrecht und die nachfolgende Debatte lösten zusammen mit den innerstädtischen Konflikten eine Renaissance des Bürgerrechts aus. In den Jahren zwischen 1883 und 1888 wurden mehr Personen Bürger, als je in einem vergleichbaren Zeitraum zuvor. Dabei ist der Zusammenhang mit den Gemeinderatswahlen, die jedes Jahr in einer der drei Wählerklassen stattfanden, offensichtlich. Daß diese Eintrittswellen von den jeweiligen Parteien organisiert waren, liegt nahe. Darauf deutet z.B. eine separate Liste von 1887 hin, die dem Bürgerbuch der Stadt Wiesbaden beigebunden ist und in der 150 Personen, überwiegend Rentiers, pensionierte Beamte und Offiziere, verzeichnet sind.[217]

Dem ersten Aufruf in dem Artikel der „Frankfurter Zeitung" folgten aber, jedenfalls im Verhältnis zu den späteren Eintrittswellen, noch relativ wenige Personen. Trotzdem lösten die Bürgeraufnahmen ein überaus heftiges Echo aus. So kommentierte der freisinnige Landesbankdirektionsrat Reusch, Mitglied des Bürgerausschusses, auf einer Wahlkampfversamm-

---

[215]   Zu dem Bürgeraufnahmegeld von 30 Mark wurde ein Aufschlag von 3 Mark für Feuerlöschgerätschaften erhoben. In der ersten Hälfte des 19. Jahrhunderts mußte ein Feuerlöscheimer gestellt werden. Archiv der Berufsfeuerwehr Wiesbaden, A I (Bürgeraufnahmeurkunde des Kaufmannes Urban von 1883).

[216]   Vgl. *Peter Kremers*, Beitrag zur Geschichte des Gemeinderaths. Wiesbaden 1877ff. Sammelbindung mehrerer Schriften in LabiWi.

[217]   StdAWi WI/BA/2.

lung zugunsten von Riedel die Vorgänge: „Man hat einige vermögende Einwohner bewogen, sich in die Liste als Bürger eintragen zu lassen. Man glaubte wohl, die Bürgerschaft mit einigen Geldsäcken erdrücken zu können. Dies wird nie gelingen! Meine Herren! Die Herrschaft in Wiesbaden ist und bleibt und muß und wird bleiben den gewerbetreibenden Bürgern."[218] Diese Polemik zeigte Wirkung: Einige der neueingetretenen Bürger wollten wieder aus den Bürgerlisten gestrichen werden, allerdings sah die nassauische Gemeindeordnung einen solchen Austritt nicht vor. Zu jenen, die sich als „Geldsäcke" verunglimpft sahen und ein entsprechendes Austrittsschreiben an den Gemeinderat sandten, gehörte auch Julius von Knoop, zu dieser Zeit vermutlich der reichste Bürger Wiesbadens.[219]

Die Polarisierung – hier Rentiers und Pensionäre, dort die eingesessene, gewerbetreibende Bürgerschaft – entbehrt bei der geschilderten unterschiedlichen Interessenlage keineswegs der materiellen Grundlage. Dennoch war sie zugleich Teil der Strategie in der politischen Auseinandersetzung. Während man sich selbst als Vertreter der wahren städtischen Interessen darstellte, wurden die Gegner entweder als „Geldsäcke" oder als Kleinbürger bzw. „Pfahlbürger" diffamiert. Die Unterstützungslisten für die Kandidaten ergeben aber keineswegs eine so klare soziale Zuordnung, wobei berücksichtigt werden muß, daß die Parteien möglicherweise auf ein breites soziales Spektrum der Unterzeichner achteten, um ihren Kandidaten als den eigentlichen Sachwalter der Gesamtinteressen der Stadt zu präsentieren – eine hohe Zahl von Rentiers als Unterstützer von Ibell hätte diesen eher bloßgestellt als ihm genutzt. So ergibt die Auswertung der Listen durchaus widersprüchliche Resultate: Bei dem Wahlaufruf für Ibell waren 75 der 105 Unterzeichner als Kaufleute, Handwerker und Wirte etc. dem Wirtschaftsbürgertum zuzurechnen und nur 15 dem Stand der Rentiers, während sich auf der anderen Seite unter den 117 öffentlich bekennenden Anhängern des linksliberalen Riedel 21 Rentiers und Privatiers befanden.[220]

Der Wahlkampf wurde, jedenfalls nach den Anzeigen und Anklagen in der Presse, mit einem im Grenzbereich zwischen Parteinahme und Verleumdung sich bewegenden Engagement geführt. Die grundsätzlichen politischen Differenzen zwischen dem nationalliberalen, angeblich dort dem linken Flügel zugehörigen[221] Ibell und dem freisinnigen Riedel waren bei weitem nicht so groß, daß sie allein die auftretenden Gegensätze hätten

---

[218] RK zitiert nach LabiWi Gh 7712, 9.4.1883.
[219] RK zitiert nach LabiWi Slg. Gh 7712, 16.4.1883.
[220] Auswertung der Unterstützerlisten im Rheinischen Kurier, LabiWi Slg. Gh 7712, 17. und 18.4.1883.
[221] Nassauische Volkszeitung, LabiWi Slg. Gh 7712, 18.4.1883.

rechtfertigen können. Beide Kandidaten äußerten sich bei ihren Vorstellungen in den Versammlungen auch eher zurückhaltend.

Der scharfe Ton der Auseinandersetzung erklärt sich aber durch die unterschiedlichen Interessen, die sich mit den Kandidaten verbanden. Die spätere, über weite Strecken doch sehr „rentierfreundliche" Politik des Oberbürgermeisters von Ibell erklärt sich vielleicht zum Teil eben aus den Interessen seiner Wählerschaft.

Der Ausgang der Wahl war äußerst knapp. Die erste Klasse sprach sich mit klarer Mehrheit (49:16) für Ibell aus, die dritte ebenso deutlich für Riedel (523:142). In der entscheidenden 2. Klasse bemühten sich die beiden Parteien um eine möglichst starke Mobilisierung ihrer Anhänger. Mit 211 Wählern bei 246 Wahlberechtigten lag die Beteiligung bei immerhin 86% und weit über den ansonsten üblichen Quoten. Mit 109 zu 102 Stimmen setzten sich hier ebenfalls die Anhänger von Ibell durch, so daß ihr Kandidat über eine deutliche Mehrheit in der Wahlmännerversammlung verfügte.[222] Der Protest einiger Freisinniger gegen die Wahl wegen Unstimmigkeiten in den Bürgerlisten wurde vom königlichen Verwaltungsamt zurückgewiesen.[223] Bei dem Ausgang der Wahl hatten nur sieben Stimmen in der 2. Klasse den Ausschlag gegeben. Dies zeigt, daß die Eintritte der Rentiers und der Offiziere in das Bürgerrecht die Wahl entschieden haben können.[224]

Das „Frankfurter Journal" bewertete den Wahlausgang als Novum: „Für die nationalliberale Partei ist dieser Ausgang immerhin von sehr großer Bedeutung, es ist das erste Mal, daß sie, dank dem von außerhalb stetig hereinströmenden Zuzug, als eine Mehrheitspartei auf dem Plan erscheint."[225] Dabei darf natürlich nicht übersehen werden, daß diese Mehrheit nur aufgrund der Klasseneinteilung zustande kam. Rein nominell hatten die Linksliberalen unter den eingeschriebenen Bürgern immer noch ei-

---

[222] Extrablatt des RK v. 24.4.1883.

[223] Abschriften des Protestschreibens und Original des Bescheides in LabiWi Slg. Gh 7712.

[224] Dabei ist zu berücksichtigen, daß auch Eintritte von Personen mit sehr hoher Steuerleistung, die in die erste Klasse eingestuft wurden, indirekt Einfluß auf die Zusammensetzung der beiden anderen Klassen ausübten. Da die Klassen nach der Drittelung der Gesamtsteuerleistung aufgeteilt waren, beeinflußten bereits die Eintritte einiger weniger großer Steuerzahler den Wahlausgang und die Klassenaufteilung. Die Folge war, daß die Zahl der Wähler in der ersten Klasse kleiner wurde und einige Personen aus der von Nationalliberalen und Konservativen dominierten 1. Klasse nun in der zweiten wählen mußten. Einige Wähler aus der 2. Klasse wiederum wurden in die 3. Klasse verschoben. Dieser Effekt zugunsten der Nationalliberalen insbesondere hinsichtlich der 2. Klasse dürfte Landesbankrat Reusch bei seinen despektierlichen Bemerkungen über die „Geldsäcke" bewußt gewesen sein.

[225] Frankfurter Journal und Frankfurter Presse mit Handelszeitung, LabiWi Slg. Gh 7712, 24.4.1883.

ne klare Mehrheit. Ibell war von nur 290 Bürgern gewählt worden, während sich 641 für Riedel entschieden hatten.

In dem Wiesbadener Reichstagswahlkreis wurde durch den Tod Schulze-Delitzsch's eine Neuwahl nötig, die im August 1883 stattfand. Mit deutlicher Mehrheit siegte hier Schenck, der Vorgänger und nun auch Nachfolger von Schulze-Delitzsch als Abgeordneter. Bei den Reichstagswahlen 1884 stellten die Nationalliberalen, die im Jahre zuvor noch auf einen Kandidaten verzichtet hatten, den Juristen, Privatier und Schriftsteller Professor Julius Grimm auf. Er wohnte seit 1868 in Wiesbaden und trat mit zahlreichen Aufsätzen und Schriften zur nassauischen Landesgeschichte hervor.[226] Grimm unterlag in der Wahl und erhielt weder in den ländlichen Teilen des Wahlkreises noch in Wiesbaden eine Mehrheit, doch konnte er in einzelnen Wiesbadener Wahlbezirken mit einem hohen Anteil von Rentiers und Beamten mehr Stimmen als seine Gegenkandidaten sammeln.[227]

Die nächste Reichstagswahl 1887 fand im Schatten der Diskussion um die Militärvorlage statt. Mit Hilfe des Zentrums, das auf einen eigenen Kandidaten verzichtet hatte, konnte Schenck zwar abermals sein Mandat verteidigen[228], doch im Wiesbadener Stadtbereich hatte der nationalliberale Kandidat Otto Sartorius[229], Landesdirektor in Wiesbaden und aus alter nassauischer Beamtenfamilie stammend, mit Unterstützung der Konservativen die Mehrheit. Die meisten Stimmen konnte Sartorius in den Villengebieten erlangen, doch er hatte auch erstaunlichen Zuspruch in den Innenstadtgebieten. Hier deutete sich bereits an, daß sich die Mehrheiten in Wiesbaden zu verschieben begannen, auch wenn Schenck bei der folgenden Wahl 1890 nicht nur im Wahlkreis, sondern auch in Wiesbaden wieder die Mehrheit errang.[230]

Es wurde schon betont, daß die Frontstellung zwischen gewerbetreibendem „Stadtbürgertum" und Rentiers auch politisch instrumentalisiert wurde. Gerade jene, die sich selbst als Rentiers bezeichneten, waren in Wiesbaden keineswegs eine sozial geschlossene Gruppe.

Der Begriff „Rentier" bezeichnet in der Regel eine Person, die ohne gewinnbringende Arbeit allein von ihrem Vermögen oder Kapitalbeteiligungen lebt. Es liegt in der Natur der Sache, daß diese zum Leben zur Verfü-

---

[226] Zu Grimm vgl. *Renkhoff*, Biographie, 248, *Klein*, Reichstagswähler, 607. Grimm war Mitbegründer und 1884–1893 Vorsitzender der nationalliberalen Partei in Hessen-Nassau. Sein Nachlaß, leider ohne politische Notizen und Dokumente, zeugt von seinen umfangreichen Forschungen zur nassauischen Geschichte. Vgl. HHSTAWI 1039.

[227] Auswertung der Tabellen bei *Klein*, Reichstagswähler, 611f.

[228] *Liebert*, Politische Wahlen, 164f.

[229] Vgl. zu Sartorius: *Renkhoff*, Biographie, 676f., *Klein*, Reichstagswähler, 612. Sartorius war einer der Initiatoren des Niederwalddenkmales. Vgl. HHSTAWI 1934. Leider enthält sein Nachlaß keine politischen Notizen zu Wiesbaden.

[230] *Klein*, Reichstagswähler, 617ff.

gung stehende Summe höchst unterschiedlich sein kann. So finden sich unter den Wiesbadener Rentiers viele sehr reiche Personen – der prachtvolle Villengürtel um die Innenstadt zeugt noch heute davon –, aber auch, wie das Steuerkataster von 1870 zeigt, eine sehr erhebliche Anzahl von Personen, deren Einkommen sich lediglich in der Bandbreite heutiger „Sozialrenten" bewegte, die also keineswegs in der Lage waren, mehr als eine relativ bescheidene Wohnung zu mieten, sich aber dennoch Rentiers oder Privatiers nannten.[231] Meist auf Mietwohnungen, von z.T. beachtlicher Größe und hohem Komfort, waren die zahlreichen „Pensionäre", also pensionierte Offiziere und Beamte, angewiesen, die in Wiesbaden ihren Altersruhesitz nahmen. Wiesbaden galt, dies muß ebenfalls berücksichtigt werden, zu Recht bereits seit dem 18. Jahrhundert als relativ teure Stadt mit hohen Miet- und Lebensmittelpreisen.

Genauso wenig wie die Rentiers in ihrem sozialen Status homogen waren, hatten sie ein einheitliches Verhältnis zu ihrer Wohnstadt. Dies gilt insbesondere in bezug auf die Dauerhaftigkeit ihres Aufenthaltes und ihr Engagement in der Stadt. Ein Teil der Rentiers, wenn auch eine Minderheit, stammte aus der Stadt selber. Es waren ehemalige Kaufleute, Handwerker und in Einzelfällen auch Landwirte, die durch den Verkauf von Grund und Boden in den Baugebieten der Stadt nun gut leben konnten.[232] Ihr Einkommen erhielten sie vor allem aus den Mietshäusern in der Stadt, in denen z.T. wiederum andere Rentiers lebten: Eine Konstellation, die hinsichtlich der Kommunalpolitik und der Besteuerung durchaus zu unterschiedlichen Interessen innerhalb der Gruppe der Rentiers führte.

Die Rentiers gestalteten ihren Aufenthalt in der Stadt höchst unterschiedlich. Während viele gemäß dem auf Gustav Freytag bezogenen Zitat in der Einleitung eher in behaglicher Zurückgezogenheit lebten, engagierte sich eine Minderheit in der Politik. Dies trifft sowohl auf die „Alt-Wiesbadener" Rentiers zu, die teilweise bereits lange kommunalpolitisch aktiv waren, als auch auf eine nicht geringe Zahl der „Einwanderer". Dabei ist entscheidend, daß viele Rentiers keineswegs ihren „Lebensabend" in Wiesbaden verbrachten, sondern in noch relativ jungen Jahren in die Stadt kamen.

Zu diesen gehörte etwa Hugo Valentiner, Kaffeehändler und erster Konsul des Deutschen Reiches in Venezuela, der 1877 mit 46 Jahren wegen gesundheitlicher Probleme und der anstehenden Ausbildung seiner sechs Kinder nach Deutschland zurückkehrte und sich in Wiesbaden niederließ.

---

[231] StdAWi WI/2/149–150. Vgl. zu den Schwierigkeiten der Unterscheidung von Rentier und Privatier: Juliane Mikoletzky, Zur Sozialgeschichte des österreichischen Kurortes: Kurlisten und Kurordnungen als sozialhistorische Quelle, in: Mitteilungen des Instituts für österreichische Geschichtsforschung 99 (1991), 391–433, hier 409.

[232] *Weichel*, Zur Geschichte der Familie Burk, 39.

Seine Kinder heirateten am Ort in Fabrikanten-, Rechtsanwalts- und Offiziersfamilien ein.[233] Valentiner selbst wurde 1891 auf sechs Jahre zum ehrenamtlichen Stadtrat gewählt.[234] Politisch noch aktiver als Valentiner war Fritz Kalle, Miteigentümer der Chemischen Werke Kalle in Biebrich, der 1881 als 44jähriger aus der Firma ausschied und nach Wiesbaden übersiedelte.[235] Neben seinem Wirken auf Reichsebene als nationalliberaler Reichstags- und Landtagsabgeordneter sowie als Mitglied des Volkswirtschaftsrates und Mitbegründer der „Gesellschaft zur Verbreitung von Volksbildung" war er auch in der Wiesbadener Kommunalpolitik mit Schwerpunkt im Bereich der Sozialpolitik aktiv.[236] Von 1883 bis 1885 war Kalle Gemeinderat[237] und von 1891 bis 1903 ehrenamtlicher Stadtrat[238]. Er kann mit seinen vielfältigen, auch innovativen Tätigkeiten als der „spiritus rector einer konservativen Sozialpolitik"[239] bezeichnet werden.

Ebenfalls früh zu einem großen Vermögen hatte es Ludwig Dreyfuß gebracht, der 1882 mit 41 Jahren als Rentier nach Wiesbaden kam. Sein Vermögen hatte er binnen weniger Jahre als Import- und Exportkaufmann in Südafrika verdient.[240] Er bewohnte in der Schubertstraße eine große Villa, deren Fassade noch heute von Ornamenten mit afrikanischen Tieren geziert wird. Dreyfuß, der 1894 seinen Namen in Dreyer ändern ließ[241], wurde über seine naturwissenschaftlichen Studien in den Wiesbadener Naturkundeverein integriert und gestaltete z.B. 1887 eine Ausstellung anläßlich der Tagung der Naturforscherversammlung in Wiesbaden. Von 1889 bis 1891 gehörte er dem Bürgerausschuß[242] und von 1891 bis 1919 der Stadtverordnetenversammlung[243] an und wurde dort zum Führer der Nationalliberalen.

---

[233] Vgl. *Winfried Schüler*, Das wilhelminische Wiesbaden, in: NA 99, 1988, 89–110, hier 100f.

[234] StdAWi A I/114.

[235] Der geschäftliche und wohl auch der private Kontakt zu seinem Bruder Wilhelm, der die Firma weiterführte, brach weitgehend ab. Zwar gewährte Fritz Kalle dem Unternehmen 1895 einen Kredit von 100.000 Mark, doch bedurfte es dazu der Vermittlung seines Neffen. Werksarchiv Kalle, Bc 12 und Bc 18.

[236] Vgl. *Thomas Weichel*, Fritz Kalle. Sozialreform, „Weltpolitik" und Unternehmerinteresse, in: Wiesbaden – Hinterhof und Kurkonzert. Eine illustrierte Alltagsgeschichte von 1800 bis heute. Gudensberg-Gleichen 1996, hier 49-52. Vgl. zum Lebensweg Kalles auch: *J. Tews*, Fritz Kalle. Sein Leben und sein Wirken für Volkserziehung und Volkswohl. Berlin 1916.

[237] StdAWi STVV/324

[238] StdAWi A I/114.

[239] *Weichel*, Kommunalpolitik, 127.

[240] Vgl. *Albert Herrmann*, Gräber berühmter und im öffentlichen Leben bekanntgewordener Personen auf den Wiesbadener Friedhöfen. Wiesbaden o. J. [1928], 526f.

[241] StdAWi A III/40, 112.

[242] StdAWi STVV/324.

[243] StdAWi A I/114.

Tabelle 43
Die Mitglieder des Wiesbadener Gemeinderates 1889

Nr.	Name	Status	Bürger- aufn.	Bürger- jahre	Alter	Beruf	Wahl- abtl.
1	Beckel, Wilhelm	S/B	1855	34	60	Badewirt	2
2	Berlé, Ferdinand	S/B	1871	18	54	Bankier/Dr.	1
3	Kässberger, Friedrich	S/B	1852	37	60	Lederhändler	3
4	Knauer, Friedrich	F/B	1857	32	57	Rentner	1
5	Mäckler, Heinrich	S/B	1862	27	60	Rentner	2
6	Maier, Joh. Josef	F/B	1884	5	48	Privatlehrer	3
7	Müller, Wilhelm	F/B	1883	6	51	Rentner	3
8	Nocker, Wilhelm	S/B	1855	34	62	Backsteinbrennereibes.	2
9	Rehorst, Julius	F/B	1885	4	60	Rentner	1
10	Schlink, Georg	S/B	?			Rentner	3
11	Wagemann, Joh. Baptist	F/B	1855	34	60	Rentner	2
12	Steinkauler, Guido	F/B	1887	2	61	Rentner	1
	Summe			233		Summe	
				:11			
	durchschnittl. seit # Jahren Bürger			21,18		Schnitt	

Legende:
F=Fremde; S=Bürgersohn bzw. ortsgebürtig / B=Bürger

Herkunft/Status
Fremde=6; Bürgersöhne bzw. ortsgebürtig=6;

Finanzieller Status
Quellen für die Bestimmung der Vermögens- oder Einkommenslage der Stadträte
sind nicht erhalten.

Alter/Geburtsdaten
Die Angabe des Alters bezieht sich auf das Jahresende 1889. Aus den 11 vorliegenden
Geburtsdaten ergibt sich ein Durchschnittsalter von 57,5 Jahren.

Weiterer Hinweis
Die Wahlklasse (Wahlabteilung.), für die ein Gemeinderatsmitglied gewählt wurde, mußte
nicht identisch sein mit jener, in der er selbst das aktive Wahlrecht hatte.

Aber auch Rentiers, die nicht direkt als Mandatsträger in die Stadtpolitik eingriffen, übten Einfluß aus. Julius von Knoop, 1877 in den preußischen Adelsstand erhobener Handelsmann und u. a. Besitzer eines Handelshauses in Manchester, engagierte sich z.b. in der umstrittenen Frage des Theaterneubaus in Wiesbaden[244], während seine Frau sich in der Stadt als Wohltäterin profilierte.[245]

Die Reihe der engagierten Rentiers ließe sich noch weiter fortsetzen, einige Personen, wie der Reichstagskandidat Professor Grimm, wurden bereits genannt. Dennoch waren die politisch aktiven Rentiers natürlich unter ihresgleichen in der Minderheit. Die allermeisten beschränkten ihren Einsatz auf die Stimmabgabe bei den Wahlen. Daß sie dabei überwiegend der nationalliberalen oder der konservativen Partei den Vorzug gaben, wurde bereits bei der Analyse der Stimmabgaben in den Villenvierteln bei den Reichstagswahlen deutlich. Aber auch bei den Gemeindewahlen war die erste Klasse bereits Mitte der 1880er Jahre fest in der Hand der Nationalliberalen und der Konservativen, die wohl überwiegend eine gemeinsame Liste aufstellten. Eine genaue parteipolitische Zuordnung der Gemeinderatsmitglieder ist nur bei besonders exponierten Personen möglich, da es keinen Fraktionszwang im heutigen Sinne gab. Während die erste Klasse aufgrund der hohen Steuerzahlungen fest in der Hand der Rentiers und damit der Nationalliberalen und Konservativen war, konnte die Fortschrittspartei bzw. die Freisinnige Volkspartei in der dritten Klasse auf eindeutige Mehrheiten bauen. Umstritten war stets die 2. Klasse, wo es wechselnde Mehrheiten gab.[246]

Unausgefülltes Leben und der Drang zur Tätigkeit war nicht der einzige Antrieb, der die zugewanderten Rentiers zum Einsatz in der Kommunalpolitik veranlaßte: Es ging auch im hohen Maß um ihre Eigeninteressen, etwa um die Höhe des kommunalen Aufschlages auf die Staatssteuer.

c. Die Trennung der städtischen Gesellschaft

Der Austritt der Offiziere aus dem Casino 1866 eröffnete den verbliebenen Mitgliedern die Chance, über eine Satzungsänderung eine „bürgerliche Herrschaft" in der Vereinigung festzuschreiben. Vermutlich bereits nach dem Austritt der Offiziere in Zusammenhang mit der Siebert-Äffäre, jedenfalls aber noch im Jahre 1866 setzte die Casino-Gesellschaft eine Kommis-

---

[244] Denkschrift über den Theater-Neubau & Erweiterung der Kurgebäude. StdAWi J1/a/11
[245] Vgl. Thomas Weichel, Brot und Prügel - Die Wiesbadener Kinderbewahranstalt, in: Wiesbaden – Hinterhof und Kurkonzert. Eine illustrierte Alltagsgeschichte von 1800 bis heute. Gudensberg-Gleichen 1996, hier 25-27.
[246] Weichel, Kommunalpolitik, 60ff.

sion ein, die eine Ergänzung der Statuten ausarbeiten sollte. Ziel war es, die bisher gleichberechtigten Mitglieder zukünftig in ordentliche und außerordentliche einzuteilen.[247] Die außerordentliche Mitgliedschaft wurde vor allem für aktive Offiziere sowie für Studierende und Ledige ohne „selbständige" Lebensstellung geschaffen. Nach dem Satzungsentwurf von 1866 waren die Offiziere zwar nicht gänzlich von der ordentlichen Mitgliedschaft ausgeschlossen, doch beschloß man möglicherweise weitergehende Bestimmungen, denn Ende 1867 finden sich nur noch wenige aktive Offiziere unter den Mitgliedern. Nach der abermals revidierten Satzung von 1873 konnten dann aktive Offiziere nur noch außerordentliche Mitglieder werden.

Die außerordentlichen Mitglieder hatten nur mindere Rechte (kein Anteil am Vermögen der Gesellschaft, kein Stimm- und Einführungsrecht) und brauchten nur einen reduzierten Jahresbeitrag – 1873: 24 statt 36 Mark – zu entrichten. Die Offiziere konnten aber gegen Entrichtung des vollen Jahresbeitrages das Einführungsrecht erhalten, d. h. sie durften Familienmitglieder und Fremde nach Genehmigung durch den Vorstand mitbringen.[248] Die außerordentliche Mitgliedschaft hatte aber auch für den Anwärter auf eine Mitgliedschaft den Vorteil, daß über die Aufnahme nicht in einer Ballotage entschieden wurde, sondern allein der Vorstand beschloß.

Mit der Annexion Nassaus stieg die Zahl der Fremden in der Stadt und in der Casino-Gesellschaft rasch an. Dagegen verließ eine nicht geringe Zahl ehemals nassauischer Beamter und Offiziere infolge der Umwälzung oder aus anderen Gründen die Stadt und damit die Gesellschaft. Vor allem aber wirkten sich der Austritt der nassauischen Offiziere im Zusammenhang mit der „Siebert-Vogler"-Affäre und die anschließende Satzungsänderung nachhaltig auf die Sozialstruktur der Mitgliederschaft aus. So sind nur noch acht Offiziere 1867 ordentliche Mitglieder, und danach werden überwiegend inaktive Offiziere aufgenommen, deren Zahl allerdings 1872 bereits wieder 32 erreichte.[249]

Die hohe Zahl von 112 Beamten im Casino 1867, die bis 1872 weiter stieg, deutet darauf hin, daß auch die neuen, nach Wiesbaden versetzten preußischen Beamten Anschluß an das Casino und in dem Casino suchten.

---

[247]   Vorschlag zur Änderung der Statuten der Casino–Gesellschaften zu Wiesbaden, o. O. u. J. Die von der Kommission vorgeschlagenen Änderungen stimmen nicht mit der gedruckten Satzung und der Gesellschaftsordnung von 1873 – deren Verabschiedungsdatum unbekannt ist – überein.

[248]   Gesellschaftsordnung der Wiesbadener Casinogesellschaft. Wiesbaden 1873, S. 4f.

[249]   Bis auf wenige Ausnahmen haben alle Namen der Offiziere den Zusatz z.D. bzw. z.Z. Vgl. Wiesbadener Casino-Gesellschaft, Mitglieder-Verzeichnis. Dezember 1872. Wiesbaden [o. J.].

Tabelle 44

Die stadtbürgerlichen Mitglieder der Casino-Gesellschaft 1867

Von 265 Mitgliedern gehören 38 in die Kategorie Stadtbürgertum (ohne Rentiers)
Teil 1

Nr. Name	Status	Bürger- aufnahme	Bürger- Jahre	Beruf	Steuerkap. 1864
1 Berlé, Dr. Ferdinand	S/B/J	1871	-4	Bankier	9000
2 Berthold, Joseph	F/B	1858	9	Badhausbesitzer	3500
3 Bertram, Wilhelm	S/B	1862	5	Hotelbesitzer	3900
4 Bertram, Franz	S/B	1879	-12	Weinhändler	12700 1)
5 Coulin, Wilhelm	F/B	1845	22	Bürgermeisteradjunkt	1500
6 Dresler, Heinrich	S/B	1853	14	Fabrikant	2200 1)
7 Eichhorn, Conrad Wilh.	S/B	1844	23	Kaufmann	2000
8 Flach, Albert	F/B	1828	39	Gaswerksdirektor	2000
9 Fehr, Philipp	F/B/J	-	-	Kaufmann	3500
10 Feller, Otto	F/T	(1863)	-	Buchhändler	800 1)
11 Fischer, Heinrich Wilh.	S/B	1838	29	Bürgermeister	2000
12 Freytag, Otto	S/B	1860	7	Badewirt	7500
13 Glaser, Karl Hermann	F/B	1853	14	Kaufmann	3700
14 Göbel, Johann Heinrich	S/B	-	-	Weinhändler	5000
15 Götz, Albrecht	S/B	1844	23	Hotelbesitzer	11900 1)
16 Greiß, Jacob	F/B	1866	1	Buchhändler	-
17 Haeffner, Heinrich	F/B	1860	7	Hotelbesitzer	11500 1)
18 Hensel, Carl	F/B	1856	11	Buchhändler	2500
19 Herrmann, Georg	U/U	-	-	Buchhalter	-
20 Hönik, Ernst	F/B	1862	5	Badewirt	3500
21 Jurany, Carl	F/B	1856	11	Buchhändler	2500 1)
22 Käsebier, Wilhelm	S/B	1842	25	Kaufmann	3000
23 Kalb, Carl	S/B	1846	21	Bankier	9000
24 Klingelhöffer, Ludwig	U/B	-	-	Kaufmann	-
25 Knauer, Friedrich	F/B	1857	10	Kaufmann	3300
26 Kreidel, Christian Wilh.	S/B	1842	25	Buchhändler	1600
27 Marburg, Fried. Wilh.	F/B	1860	7	Kaufmann	2500
28 Münzel, Adolph	U/U	-	-	Bankier	975 2)
29 Neuendorff, G. Ludwig	F/B	1844	23	Hotelbesitzer	5000
30 Niedner, Heinr. Julius	F/B	1856	11	Buchhändler	-
31 Schellenberg, August	S/B	1841	26	Hofbuchdrucker	3800
32 Schellenberg, Adolph	F/B	1838	29	Goldarbeiter	2400
33 Schirmer, Heinrich	S/B	1848	19	Kaufmann	3500
34 Schlachter, Heinrich	F/B	1853	14	Kaufmann	4100
35 Stein, Adolph	S/B	1852	15	Buchdrucker	2500
36 Voltz, Adam	F/B	1831	36	Mühlenbesitzer	9200
37 Werminghoff, Karl	F/(B)	1868	-1	Hotelbesitzer	-
38 Zais, Wilhelm Heinr.	S/B	1862	5	Badehausbesitzer	12500 3)
Summe ohne Minus-Jahre			486	Summe	153600
29 Bürger mit Aufnahmejahr			: 29		:32
durchschnittlich seit # Jahren Bürger			16,7586	Durchschnitt	4654,5 4)

Tabelle 44

Die stadtbürgerlichen Mitglieder der Casino-Gesellschaft 1867
Von 265 Mitgliedern gehören 38 in die Kategorie Stadtbürgertum (ohne Rentiers)
Teil 2

Legende:
F=Fremde; S=Bürgersohn bzw. ortsbürtig, U=unbekannt / B=Bürger; U=unbekannt
J=Jude, T=temporärer Aufenthalt

Herkunft
Fremde: 19; Bürgersöhne bzw. ortsgebürtig: 16; Unbekannt: 3

Rechtlicher Status
32 Personen (84,2%) waren vor 1867 Bürger, 3 (7,9%) sind nach 1867 ins Bürgerrecht
eingetreten. Eine Person hatte 1864 (!) temporäres Aufenthaltsrecht.

Finanzieller Status
Das durchschnittliche Gewerbesteuerkapital betrug bei den steuerzahlenden Bürgern 1864
(2159 Pers.) 702 Gulden., das Gewerbesteuerkapital der Casinomitglieder lag mithin um
das 6,6fache höher.

1) In Familienbesitz bzw. mit anderen Personen gemeinsam veranlagt.
2) 1864 noch Revisor, bei der Steuerauswertung nicht berücksichtigt.
3) Das Hotel befand sich noch im Besitz der verwitweten Mutter, die 625 Taler Steuer zahlte.
4) Alle Steuerangaben in Gulden

Tabelle 45

Die stadtbürgerlichen Mitglieder der Casino-Gesellschaft 1872

Von 356 Mitgliedern gehören 54 in die Kategorie Stadtbürgertum (ohne Rentiers)
Teil 1

Nr Name	Status	Bürger- aufnahme	Bürger- jahre	Beruf	Steuer 1870 1)
1 Albert	wohnt in Biebrich			Fabrikant	-
2 Berlé, Ferdinand, Dr.	S/B/J	1871	1	Bankier	30 2)
3 Bertram, Jacob Franz	S/B	1879	-7	Weinhändler	161 3)
4 Borgmann, Eugen, Dr.	U/U	-	-	Fabrikant/Dr.	-
5 Brück, Karl	S/B	1889	-17	Bankdirektor	36
6 Coulin, Wilhelm	F/B	1845	27	Bürgermeister	76
7 Cuntz, Adolf	F/B	1889	-17	Kaufmann	-
8 Digneffe, Ludwig	F/B	1883	-11	Kaufmann	48
9 Dresler, Albert	S/B	1858	14	Fabrikant	89
10 Eichhorn,Conrad Wilh.	S/B	1844	28	Kaufmann	138
11 Engelhardt, Ferdinand	F/U	-	-	Fabrikant	-
12 Fach, Alexander	U/U	-	-	Stadtbaumeister	71
13 Fehr, Philipp	F/B/J	U	-	Kaufmann	116
14 Flach, Albert	F/B	1852	20	Gaswerksdirektor	197
15 Freytag, Otto	S/B	1860	12	Badhausbesitzer	362
16 Gastell, Otto	U/U	-	-	Fabrikant	-
17 Glaser, Karl Hermann	F/B	1853	19	Kaufmann	150
18 Göbel, Johann Heinrich	S/B	-	-	Weinhändler	219
19 Götz, Albrecht	S/B	1844	28	Hotelbesitzer	151
20 Götz, Karl	S/B	1844	28	Hotelbesitzer	507
21 Greiß, Jacob	F/B	1866	6	Buchhändler	30
22 Häffner, Heinrich	F/B	1860	12	Hotelbesitzer	300
23 Hensel, Carl	F/B	1856	16	Buchhändler	-
24 Jung, August	F/B	1838	34	Kaufmann	94
25 Jurany, Karl	F/B	1856	16	Buchhändler	82
26 Kalb, Karl	S/B	1846	26	Bankier	189
27 Käsebier, Fried. Wilh.	S/B	1842	30	Kaufmann	94
28 Klingelhöffer, Ludwig	U/B	-	-	Bankagent	12
29 Knauer, Friedrich	F/B	1857	15	Kaufmann	96
30 Kobbe, Ferdinand	U/U	-	-	Kaufmann	44
31 Kreidel, Christian Wilh.	S/B	1842	-	Verlagsbuchhändle	82
32 Kühn, Emil	U/U	-	-	Fabrikdirektor	-
33 Lanz, Wilhelm	F/U	-	-	Oberbürgermeister	42
34 Mecklenburg, Eduard	F/B	1864	8	Baumeister	86
35 Mensch, R.	U/U	-	-	Baumeister	-
36 Münzel, Adolph	U/U	-	-	Bankier	70
37 Niedner, Heinrich	F/B	1856	16	Buchhändler	72
38 Poths-Wegener, Friedr. Wilh.	S/B	1840	32	Fabrikant	-
39 Rodrian, Edmund	F/B	1877	-5	Buchhändler	8
40 Rosenstein, Benedict	F/B	1849	23	Weinhändler	126
41 Scheidel, Adolph	F/T	-	-	Kaufmann	78
42 Schellenberg, Wilhelm	S/B	1882	-10	Kaufmann	-

Fortsetzung Teil 2 der Tabelle

Tabelle 45

Die stadtbürgerlichen Mitglieder der Casino-Gesellschaft 1872

Von 356 Mitgliedern gehören 54 in die Kategorie Stadtbürgertum (ohne Rentiers)
Teil 2

Nr Name	Status	Bürger-aufnahme	Bürger-Jahre	Beruf	Steuer 1870
43 Schöller, Gustav	F/B	1887	-15	Kaufmann	22
44 Schuster, Ludwig	F/B	1887	-15	Generalagent	-
45 Söhnlein jun.	wohnt in Schierstein			Fabrikant	-
46 Stamm, Louis	F/B	1880	-8	Fabrikant	- 4)
47 Stein, Adolph	S/B	1852	20	Buchdrucker	73
48 Stuber jun., Jacob	S/B	1881	-9	Kaufmann	134
49 Voltz, Adam	F/B	1831	41	Mühlenbesitzer	180
50 Weidenbusch, Herm. Dr.	F/B	1887	-15	Fabrikant	63
51 Werminghoff, Karl	F/B	1868	4	Hotelbesitzer	122
52 Winter, Ernst	F/B	1883	-11	Baumeister	16 5)
53 Zais, Wilhelm Heinrich	S/B	1862	10	Gasthalter	30 6)
54 Zintgraff, Julius	F/B	1848	24	Hüttenbesitzer	80
				Summe aller	4576
				41 bek. Werte	:41
				Durchschnitt	111,6

Legende:
F=Fremde; S=Bürgersohn bzw. ortsbürtig, U=unbekannt / B=Bürger; U=unbekannt
J=Jude, T=temporärer Aufenthalt (1864).

Herkunft
Von den 54 aufgeführten Personen wohnen 1872 51 in Wiesbaden. Davon sind:
Fremde: 26 (51%); Bürgersöhne bzw. ortsgebürtig: 17 (33%); Unbekannt, meist wahrscheinlich Fremde: 8 (16%).

Rechtlicher Status
Von den 51 in Wiesbaden wohnenden aufgeführten Personen: sind 1872 Bürger: 30 (59%), erwerben später das Bürgerrecht: 12 (22%), ist bei 10 kein Bürgerstatus nachweisbar (19%). Eine Berechnung der durchschnittlichen Bürgerzugehörigkeit ("Bürger"-Jahre) ist auf der Grundlage der vorliegenden Daten nicht sinnvoll.

Finanzieller Status
Die durchschnittliche Staatssteuer, bestehend aus Gewerbe-, Klassen-, Grund- und Gebäudesteuer, betrug 1870 bei 8677 Personen 13,55 Taler. Die stadtbürgerlichen Casinomitglieder des Jahres 1872 lagen im Schnitt um das 8,2fache über diesem Wert.

1) Alle Steuerangaben in Taler. Zusammenrechnung von Klassen-, Grund-, Gebäude- und Gewerbesteuer.
2) Mit Familienbesitz veranlagt.
3) Das Bankhaus befand sich noch im Besitz der verwitweten Mutter.
4) 1870/72 noch in Dotzheim wohnhaft.
5) 1870 in städtischen Diensten.
6) Das Hotel befand sich noch im Besitz der verwitweten Mutter, die 625 Taler Steuer zahlte.

Vor allem schloß sich der Regierungspräsident Diest dem Casino an, was sicher Vorbildcharakter für die preußische Beamtenschaft hatte. Von 1867 bis 1872 erhöhte sich die Mitgliederzahl in der Gesellschaft um rund 90 Personen. Den größten Anteil an der Mitgliederzunahme hatten neben den pensionierten Offizieren die Rentiers. Immerhin führten 60 Mitglieder des Casinos diese „Berufsbezeichnung". Beamte, Offiziere und Rentiers sind von nun an die bestimmenden Berufsgruppen im Casino.

Auffällig ist, daß auch von jenen Casino-Mitgliedern, die dem wirtschaftlich aktiven Stadtbürgertum zuzurechnen sind, nur etwas mehr als die Hälfte im Bürgerrecht stand. Darin spiegelt sich das nach der preußischen Annexion gesunkene Interesse am Bürgerrecht wider. Vor allem war durch die Übernahme des preußischen Gewerberechts jegliche Verbindung zwischen dem Recht auf Gewerbeausübung und dem Bürgerrecht entfallen, wenngleich die diesbezüglichen Bestimmungen bereits in der nassauischen Zeit gelockert worden waren.

Die am Ende des Herzogtums sich andeutende Öffnung des Casinos für breite bürgerliche Kreise fand nicht statt. Vielmehr ist das Casino in den 1880er Jahren wieder verstärkt zu einem Ort der „Nicht-Stadtbürger" geworden, selbst wenn nicht wenige Casino-Mitglieder Ende der 1880er Jahre aus politischen Gründen ins Bürgerrecht traten (vgl. Tabelle 45).

Diese Ausdifferenzierung der Stadtgesellschaft wird auch daran deutlich, daß 1887, wohl erstmals seit dem Scheitern der „Harmonie" in den 1840er Jahren, wieder ein Versuch unternommen wurde, neben der Casino-Gesellschaft eine weitere „gesellschaftliche" Vereinigung zu gründen.

Unter offensichtlichem Wohlwollen des berichtenden „Rheinischen Kuriers" entstand im November 1887 ein „Bürgercasino", das schon mit seinem Namen eine größere Offenheit als die Casino-Gesellschaft andeutet. Auch wenn keine Satzung erhalten ist, so legen die Zeitungsberichte doch nahe, daß man hier auf das Ballotage-Aufnahmeverfahren verzichtete. Die Wortführer auf der Gründungsversammlung gehörten politisch eindeutig zum liberalen Spektrum. Trotz gegenteiliger Beteuerungen spielten bei der Gründung wahrscheinlich doch politische Überlegungen eine Rolle.[250]

Das Bürgercasino hatte bereits während und nach der Gründungsveranstaltung regen Zulauf an neuen Mitgliedern.[251] Ein scharfes Konkurrenzverhältnis zwischen beiden Casino-Gesellschaften scheint nicht bestanden zu haben, darauf deutet jedenfalls hin, daß das Bürgercasino im Dezember 1888 seine Abendunterhaltung wegen des großen Andranges in den Sälen der Casino-Gesellschaft abhielt, während die Veranstaltungen sonst in ei-

---

[250] RK Nr. 308 AA v. 7.11.1887.
[251] RK Nr. 337 AA v. 6.12.1887.

genen Räumen stattfanden.[252] Eine Doppelmitgliedschaft in beiden Gesellschaften war ebenfalls möglich. Diese „friedliche Koexistenz" legt nahe, daß die Casino-Gesellschaft möglicherweise die Gründung des Bürgercasinos sogar begrüßte. Bestätigte doch das Bestehen einer zweiten, „niedrigeren" Gesellschaft die eigene Exklusivität und reduzierte gewiß auch den Aufnahmedruck. Das Bürgercasino war, jedenfalls dem Vorstand nach, fest in „stadtbürgerlicher" Hand: 1891 waren unter den sieben Vorstandsmitgliedern sechs Kaufleute und Weinhändler sowie ein Chemiker.[253] Bei der Casino-Gesellschaft hingegen drückt sich die Dominanz von Staatsbeamten und Rentiers in der Zusammensetzung des Vorstandes aus. Dem Vorstand des Jahres 1889 gehörten ein Regierungsrat, ein Offizier, zwei Gymnasiallehrer und zwei Rentiers an.[254]

---

[252] RK Nr. 344 AA v. 10.12.1888.
[253] ADW 1891/92, 513.
[254] Vgl. Wiesbadener Casino-Gesellschaft, Mitgliederverzeichnis. 1. April 1889, Wiesbaden 1889. Eine Durchsicht der Mitgliederlisten und Adreßbücher der 1880er Jahren hinsichtlich der Zusammensetzung des Vorstandes bestätigt, daß diese soziale Zusammensetzung des Vorstandes die Regel war.

3. Das wilhelminische Wiesbaden (1891–1914)

a. Die städtische Gesellschaft

Dem wilhelminischen Wiesbaden wird meist ein besonderer Glanz zugesprochen, wenngleich es an Gegenstimmen nicht fehlt, die ein besonderes Maß an Miefigkeit entdecken wollen, das der Aufnahme moderner Strömungen entgegenstand. Die häufigen Besuche von Wilhelm II., sein Interesse an der Stadt, das Eingriffe in die Stadtplanung einschloß, aber auch das überwiegend ältere, saturierte Publikum waren sicher nicht die günstigsten Voraussetzungen für künstlerische oder städtebauliche Experimente.

Insgesamt lief die Entwicklung der städtischen Gesellschaft im wilhelminischen Wiesbaden entlang der Grundlinien, die bereits in den 1880er Jahren deutlich hervorgetreten waren. Der Anteil von Rentiers stieg weiter von 14,5% auf 17% und dies bei einer Bevölkerung, deren Zahl binnen weniger Jahre von 65.000 (1891) auf 108.000 (1909) anwuchs.[255] Zugleich gewann der Fremdenverkehr für die städtische Wirtschaft eine noch größere Bedeutung. Wiesbaden setzte den bewußt gewählten Weg zur Kur- und Fremdenstadt weiter fort, wurde binnen weniger Jahre zur dominierenden Kurstadt im Deutschen Reich und setzte sich von den Konkurrenzstädten weit ab.[256]

Vom preußischen Staat wurde die Stadt dabei nicht unterstützt, abgesehen von den regelmäßigen und daher sehr werbewirksamen Aufenthalten von Wilhelm II. Im Gegenteil, die Stadtverordnetenversammlung hielt es 1892 für angebracht, sich höheren Orts über die schlechte Behandlung der Stadt durch den preußischen Staat zu beschweren: Während die Stadt durch die Anziehung von Ausländern dem Steuervermögen des Staates vieles zutrage, würden Mißstände wie der völlig unzureichende Bahnhof nicht behoben. Auch habe man mit der Wegnahme der Eisenbahnhauptdirektion und des Oberlandesgerichts die Stadt geschädigt.[257] Außerdem sei die Garnison personell verkleinert worden, und für das Museum flössen selbst bei bescheidensten Ansprüchen nur die spärlichsten Mittel.

Doch schien Wiesbaden nicht von staatlichen Mitteln abhängig – darauf deutet jedenfalls der Ausbau der Stadt gerade in der wilhelminischen Zeit hin. Die Neubauten von Theater und Kurhaus wurden auf das Prachtvollste

---

[255] Die Bezugsgröße für die Prozentberechnung ist die Anzahl der Erwerbstätigen in der Reichsstatistik. Vgl. *Weichel*, Kommunalpolitik, 34ff., 179ff.

[256] Vgl. Grafik 24

[257] StdAWi A III 22.

ausgeführt und verschlangen viele Millionen Mark.[258] Auch das neue Museum errichtete die Stadt aus eigenen Mitteln, nachdem sie die staatlichen Sammlungen übernommen hatte. Der zunächst etwas vernachlässigten Infrastruktur wurde ab Mitte der 1880er Jahre besondere Aufmerksamkeit geschenkt, etwa durch den beschleunigten Ausbau der Schwemmkanalisation und anderer „hygienischer" Einrichtungen. Die eher kleine „Typhusepidemie" von 1885 in Wiesbaden hatte gezeigt, wie sensibel potentielle Kurgäste auf solche Nachrichten reagierten.[259]

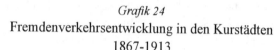

Grafik 24
Fremdenverkehrsentwicklung in den Kurstädten
1867-1913

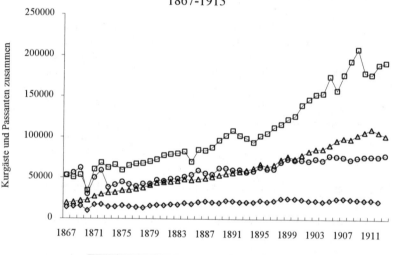

Einen solch großzügigen Ausbau konnte die Stadt nur vornehmen, weil die Pro-Kopf-Steuerleistung in Wiesbaden mit der in dem extrem finanzstarken Frankfurt vergleichbar war. Zeitweise lag sie sogar höher als in der Stadt am Main und damit über der in allen anderen Städten Deutschlands.[260]

---

[258] Vgl. *Rompel*, Fremdenstadt, 96ff. Theater und Theaterfoyer kosteten 2,8 Millionen, das Kurhaus 5,1 Millionen.

[259] Vgl. *Klaus Kopp*, Wasser von Taunus, Rhein und Ried. Aus zwei Jahrtausenden Wiesbadener Wasserversorgung. Wiesbaden 1986, 100ff. Vgl. *Weichel*, Kommunalpolitik, 180. Die Zahl der Kurgäste und Passanten lag 1885 rund 13.000 niedriger als im Jahr davor und danach, was einem zeitweiligen Rückgang von knapp 20% entspricht.

[260] *Wilhelm Schmidt*, Die Einkommensquellen, der Beruf und die Lebenshaltung der Wiesbadener Bevölkerung unter besonderer Berücksichtigung der steuerlichen Belastung in

Da in der Stadt keine großen Handelshäuser, Banken oder Industrie solche Einkommen begünstigten, ja sogar eine deutlich industriefeindliche Politik betrieben wurde, waren es andere Faktoren, die diese hohe Steuerleistung begünstigten. Hier sind an erster Stelle die Rentiers zu nennen, die sich in Wiesbaden

Grafik 25

Die Berufsstruktur der Wiesbadener Erwerbstätigen nach der Reichsstatistik

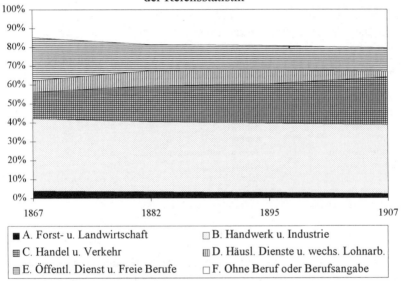

■ A. Forst- u. Landwirtschaft	☐ B. Handwerk u. Industrie
▦ C. Handel u. Verkehr	▥ D. Häusl. Dienste u. wechs. Lohnarb.
▤ E. Öffentl. Dienst u. Freie Berufe	☐ F. Ohne Beruf oder Berufsangabe

niederließen. Sie wurden nicht nur von den äußeren Reizen der Stadt angezogen, sondern Wiesbaden lockte mit so niedrigen kommunalen Steuersätzen, daß sich für manchen Neubürger bei entsprechendem Einkommen und hohen Steuersätzen im ehemaligen Wohnort eine Wohnung oder auch ein Haus quasi von selbst finanzierte.

Dabei ist zu beachten, daß den Kommunalsteuern in der Kaiserzeit eine große Bedeutung zukam, denn sie konnten ohne weiteres einen größeren Betrag als die Staatssteuern ausmachen. Wiesbadens Aufstieg zur Fremdenstadt par excellence wurde durch den Umstand begünstigt, daß die Kommune sowohl nach dem nassauischen Gemeinderecht als auch nach dem neuen Stadtrecht von 1891 über die Höhe des kommunalen Steuerauf-

den Jahren 1908-1923. Wiesbaden 1927, 89. Der Steuervergleich basiert nicht auf den Kommunalabgaben, sondern auf den einheitlichen Staatssteuern. Vgl. auch Weichel, Kommunalpolitik, 25.

schlages auf die Staatssteuern weitgehend selbst bestimmen konnte.[261] Indem Wiesbaden diese kommunale Einkommensteuer mit allen Mitteln gering hielt und zugleich ein ruhiges Ambiente bot, wurde es zum Mekka der
ortsungebundenen Rentiers. Die Rentiers zahlten trotz der niedrigen Steuersätze aufgrund ihrer hohen Einkommen in absoluten Zahlen immer noch
sehr hohe Steuerbeträge. Damit stellte sich Wiesbaden weit besser als jene
Städte mit hohem Steuersatz und ärmerer Bevölkerung, die von allen Reichen allein schon aus pekuniären Gründen gemieden wurden.[262]

Tabelle 46
Millionäre in Wiesbaden 1911/12
(mit über fünf Millionen Mark Vermögen)[263]

Name	Beruf	Vermögen in Mill. Mark
Fleischer, Lucy	Rentiere (geb. Cockerill)	47
Meister, Wilhelm v.	Regierungspräsident	12–13
Knoop, Ludwig v.	Handelshaus in Manchester	9–10
Fehr-Flach, Franz	Staniolfabrikant	6–7
Haniel, Emmy	Rentiere	6–7
Haniel, Ida	Rentiere	6–7
Bartling, Eduard	Rentier/Tiefbauunternehmer	6–7
Knoop, Margit v.	Rentiere	6–7
Albert, Ernst	Fabrikdirektor	5–6
Ermert, Alfred	Rentier (Gatte v. E. v. Knoop)	5–6
Schürenberg, Friedrich	Aufsichtsrat Steinkohlewerke	5–6
Henkell, Otto	Sektfabrikant	5–6
Henkell, Karl	Sektfabrikant	5–6

Die ökonomische Potenz dieser Wiesbadener Neubürger wird deutlich,
wenn man sich die „Hitliste" der Wiesbadener Millionäre mit mehr als 5
Millionen Mark Vermögen ansieht (vgl. Tabelle 46).[264] 1902 wohnten in
Wiesbaden über 200 Millionäre. Die Stadt lag damit nach den absoluten
Zahlen an fünfter Stelle unter Deutschlands Städten. Relativ zur Einwohnerzahl wohnten in der Stadt sogar mehr Millionäre als in Frankfurt und
damit mehr als in jeder anderen Stadt im Deutschen Reich.[265]

---

[261] Bis 1890 war die Höhe des Aufschlages durch das nassauische Gemeinderecht begrenzt
        gewesen.
[262] Zur Steuerfrage vgl. auch *Rompel*, Fremdenstadt, 71ff.
[263] Die Liste beruht auf einer Auswertung der Aufstellungen bei: *Rudolf Martin*, Jahrbuch
        des Vermögens und Einkommens der Millionäre in Hessen-Nassau. Berlin 1913. Ob
        Martin seiner zeitgenössisch sehr umstrittenen Publikation eine genaues Stichjahr zu-
        grunde legte, ist nicht erkennbar. Die Tatsache, daß seine Listen noch Personen auffüh-
        ren, die 1912 verstarben, legt eine Datierung auf die Jahre 1911/12 nahe.
[264] Ein den bisherigen Auswertungen vergleichbares Steuerkataster ist für die Zeit nach
        1870 leider nicht mehr vorhanden.
[265] *Schüler*, Wiesbaden, 105.

Zu den „Superreichen" in Wiesbaden gehörten Personen aus bekannten Industriellenfamilien wie den Cockerills, den Haniels oder der Wiesbadener Regierungspräsident Wilhelm v. Meister, ein Sohn einer der Gründer der Farbwerke Hoechst.[266] Die beiden Brüder und „Sektfabrikanten" Henkell waren ursprünglich Mainzer Unternehmer, die 1909 ihr Unternehmen nach Biebrich verlegten und selbst nach Wiesbaden zogen.[267] Für die Familie Knoop, deren mittlerweile aufgeteiltes Vermögen auch den Erben noch ein beachtliches Einkommen sicherte, war Wiesbaden zwar seit Jahrzehnten bevorzugter Wohnsitz, ihre Unternehmen waren aber über den Kontinent verstreut und nicht in der Stadt angesiedelt. Der einzige der aufgeführten Millionäre, dessen Geld auch in Wiesbaden erarbeitet wurde, war Franz Fehr-Flach, der 1877 die Wiesbadener Staniolfabrik Flach von seinem Schwiegervater übernommen hatte.[268] Nicht sicher einzuordnen hinsichtlich des Berufes ist Eduard Bartling. Er nennt sich selbst zwar stets Rentier, doch war er zumindest noch Eigentümer von Unternehmen und führte diese wohl auch durch ein Büro in Wiesbaden.[269] Fast alle der in Tabelle 46 aufgeführten Millionäre besaßen große Villen in der Stadt[270], die z.T. heute noch das Stadtbild prägen.

Mit dem starken Zuzug dieser neuen Bevölkerungsschicht stellt sich zwangsläufig die Frage nach ihrer Integration in die städtische Gesellschaft. Diese erfolgte nur sehr bedingt, war auch nicht unbedingt für ein Zusammenleben in der Stadt nötig, da die Rentiers eben nicht auf eine wirtschaftliche Basis in der Kommune angewiesen waren. Darüber hinaus scheint es zweifelhaft, ob die Integration vom gewerbetreibenden Stadtbürgertum einerseits und den Rentiers anderseits überhaupt erwünscht war. Einig war man sich aber um die Jahrhundertwende im Widerstand gegen die Neuansätze in Kunst und Architektur. Noch zwanzig Jahre später ist dies dem Mitgründer der Wiesbadener Gesellschaft für bildende Kunst anzumerken, wenn er schreibt, daß „die äußeren Widerstände in der völlig traditionslosen Stadt sich größer erwiesen, als die jugendliche Begeisterung

---

[266] Wilhelm v. Meister war zeitweise als Kandidat für den Wiesbadener Reichstagswahlkreis im Gespräch. Vgl. *Wolf-Arno Kropat*, Der Beamte und die Politik in wilhelminischer Zeit. Zur gescheiterten Reichstagskandidatur des Wiesbadener Regierungspäsidenten v. Meister 1912, in: NA 83, 1972, 173–191, *Weichel*, Kommunalpolitik, 84f.

[267] *Renkhoff*, Biographie, 295ff. Vgl. zur Familie Henkell und ihrem großbürgerlichen Lebensstil auch *Barbara Burkardt*, Von „Mayence" nach „Henkellsfeld". Die Lebensbilder von Otto Heinrich Adolf Henkell und Otto Hubertus Henkell, in: Wiesbadener Casino-Gesellschaft 1816–1991, Wiesbaden 1991, 167–175.

[268] *Renkhoff*, Biographie, 186.

[269] *Martin*, Millionäre, 113f.

[270] Vgl. *Sigrid Russ*, Kulturdenkmäler in Hessen, Wiesbaden II – Die Villengebiete. Braunschweig/Wiesbaden 1988. Zur Villa Albert speziell: *Sigrid Russ*, Die Venus und die Lotteriegesellschaft. Die Villa Albert in Wiesbaden und ein Relief von Bernhard Hoetger, in: Denkmalpflege Hessen, 1/1989, 28–31.

sich anfangs eingestehen wollte. Der Widerhall, den die Tätigkeit der Gesellschaft außerhalb Wiesbadens in den kunstinteressierten Kreisen Deutschlands fand, war daher nicht selten stärker als am Orte ihres Wirkens selbst."[271]

Grafik 26

Aufnahme von Mitgliedern in die Loge Plato (nur Wiesbaden und Vororte) 1858-1908

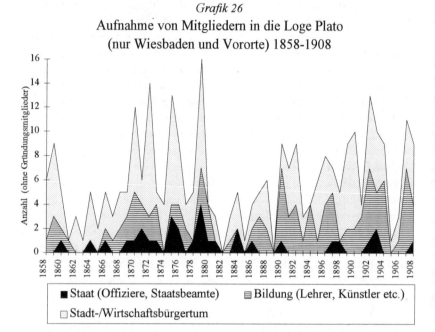

■ Staat (Offiziere, Staatsbeamte)   ▤ Bildung (Lehrer, Künstler etc.)

☐ Stadt-/Wirtschaftsbürgertum

Für die bessere, nicht unbedingt der Avantgarde nacheilende Gesellschaft spielte die Casino-Gesellschaft weiter eine zentrale Rolle. Hier blieben im wesentlichen die Beamten, Offiziere, Pensionäre und Rentiers unter sich. Nur in diese Richtung lassen sich jedenfalls die Auswertungen der Mitgliederlisten von 1895 und 1914 interpretieren. Die eher staatsbezogene Ausrichtung der Casino-Gesellschaft kommt auch bei ihrem 75jährigen Stiftungsfest 1891 zum Ausdruck.[272] Dabei ist jedoch die Mitgliederstruktur offensichtlich eher sozial denn politisch dominiert. Jedenfalls war der Landesbankrat und spätere Landesbankdirektor Hugo Reusch Mitglied der Gesellschaft, obwohl er zu den Freisinnigen in der Stadtverordnetenversammlung gehörte und, man erinnere sich, noch 1883 die Rentiers als „Geldsäcke" tituliert hatte.

---

[271] *W. v. Grolman*, Zwanzig Jahre Kunstpolitik in Wiesbaden, in: Monatsschrift für Kunst und künstlerische Kultur, 1921, 409-417, hier 410.

[272] *Götting*, Casino-Gesellschaft, 29f.

Der Anteil der „Bildungsbürger" im Casino lag mit etwa 30% relativ hoch. Es handelte sich dabei überwiegend um Gymnasiallehrer – die zugleich Beamte waren – und um Mediziner. Wiesbaden mit seiner relativ alten und zugleich wohlhabenden Bevölkerung und den zahlreichen Heilung suchenden Kurgästen bot günstige Geschäftsbedingungen für alle Sparten der Heilkundigen und entsprechend groß war die Anziehungskraft auf diesen Berufsstand.[273]

In der Freimaurerloge Plato, der für Wiesbaden bedeutendsten Loge, stellte das Bildungsbürgertum ebenfalls einen Anteil von etwa einem Drittel, bezogen auf die Neuaufnahmen seit 1867.[274] Hier waren die „Bildungsbürger" allerdings relativ selten Lehrer, sondern vor allem Künstler, Architekten und Mediziner.

Die hohe Zahl von Kaufleuten unter den Logenbrüdern (ca. 30%) deutet auf eine immer noch bestehende starke Verwurzelung im städtischen Bürgertum hin. Insgesamt stellte das „Stadtbürgertum", auch unter Abzug der wenigen Rentiers in der Loge, etwa die Hälfte der Neuaufnahmen (vgl. Grafik 26).

Ob die Loge an ihrer ausgeprägt liberalen Tradition auch in der wilhelminischen Zeit festhielt, ist ungewiß, die politische Ausrichtung einiger Mitglieder deutet aber darauf hin. Die geringe Zahl der Staatsbeamten und Offiziere unter den „Brüdern" kann möglicherweise als Hinweis auf eine weiterbestehende liberale Orientierung interpretiert werden. Vor allem nach 1890 traten nur noch sehr wenige Beamte und keine Offiziere mehr in die Loge ein. Dies hatte eindeutig politische Gründe: Nach dem Heimgang „unserer Brüder auf dem Hohenzollernthron"[275] setzten, so jedenfalls die Überlieferung der Wiesbadener Loge, gehässige Angriffe gegen die Logen ein. Die nachfolgenden vorsichtigen Formulierungen lassen nur den Schluß zu, daß die im öffentlichen Dienst stehenden Logenmitglieder unter Druck gerieten und ihrerseits die Beseitigung aller Passagen aus der Satzung forderten, die als Dogmatismus in der Freimaurerei hätten interpretiert werden können. Dies führte innerhalb der Loge zu Auseinandersetzungen, die bis 1911 andauerten.[276]

---

[273] Zur Sozialgliederung der Casino-Gesellschaft vgl. Tabelle 53 im Anhang. Der mittlerweile immer größer werdende Anteil von Personen mit bürgerlichem Hintergrund verbietet eine namentliche Aufführung der Personen wie es in den bisherigen Kapiteln möglich war.

[274] *Emil Veesenmeyer/Oskar Nowak*, Rückblick auf die Entwicklung der Loge Plato zur beständigen Einigkeit in den Jahren 1883–1908 und Mitgliederverzeichnis während der fünfzig Jahre ihres Bestehens 1858–1908. Wiesbaden 1908, 12ff. Ein Mitgliederverzeichnis zu einem Stichjahr liegt nicht mehr vor.

[275] *Wilhelm Wagner*, Loge Plato 1908–1935, in: Freimaurerloge Plato zur Beständigen Einigkeit, 1778–1958. Wiesbaden 1958, Anhang, 1–8, hier 3.

[276] *Wagner*, Loge Plato, 4.

Neben dem Casino als gesellschaftlichem Zentrum der Beamten und Rentiers und der Freimaurerloge mit ihrer betont bildungsbürgerlichen und stadtbürgerlichen Ausrichtung entstand seit den 1850er Jahren ein immer ausgedehnteres Vereinswesen in Wiesbaden. Hier vor allem, neben dem im vorigen Abschnitt erwähnten Bürger-Casino, war das „Stadtbürgertum" organisiert. Bereits das Wiesbadener Adreßbuch von 1891 weist, sicher unvollständig, 114 Vereine, gesellige Gesellschaften und Interessenverbände aus. 1913 ist das Vereinsspektrum mit den zahlreichen lokalen Vereinen, Interessengruppierungen und den örtlichen Unterorganisationen regionaler oder reichsweiter Verbände und Organisationen kaum mehr überschaubar geworden. Zu den „bürgerlichen" Vereinen trat jetzt auch eine wachsende Zahl von Organisationen aus dem Umfeld der Arbeiterbewegung. Um den Zeitgenossen wenigstens hinsichtlich der mildtätigen Vereine und Einrichtungen einen Überblick zu vermitteln, gab der Wiesbadener Stadtrat und Rentier Fritz Kalle 1902 einen „Führer" für die Wohlfahrtseinrichtungen Wiesbadens heraus, der 1914 in einer stark erweiterten zweiten Auflage erschien und die eindrucksvolle Fülle der Hilfsorganisationen aufzeigte.[277]

Gerade auf dem Gebiet der privaten sozialen Vereine gab es durchaus Berührungspunkte zwischen den Rentiers und dem Stadtbürgertum, wie das Engagement von Kalle oder auch der Freifrau von Knoop[278] in den Wohlfahrtsorganisationen der Stadt zeigt.

b. Politik in der Stadt – vom Freisinn zum Nationalliberalismus

Die politische Konstellation auf kommunaler Ebene wurde nach 1891 maßgeblich durch die Einführung einer neuen Städteordnung für den Regierungsbezirk Wiesbaden beeinflußt, die das nassauische Recht ablöste, das noch für 25 Jahre nach der preußischen Annexion gegolten hatte. Das neue Stadtrecht hatte in allen wesentlichen Punkten die Regelungen in den alten preußischen Landesteilen zum Vorbild. Dies bedeutete auch, daß Wiesbaden von einer „Bürger-" zur „Einwohnergemeinde" wurde. Fortan erwarb jeder preußische männliche Einwohner das Bürgerrecht, wenn er seit mindestens einem Jahr selbständig[279] in Wiesbaden wohnte. Damit verbunden

---

[277] *Fritz Kalle/Hanns Borgmann*, Die Wohlfahrtseinrichtungen Wiesbadens, 2. Auflage, Wiesbaden 1914.

[278] Theodore von Knoop (1828–1902), Ehefrau bzw. Witwe von Julius Knoop. Die Mitglieder der Familie Knoop werden in der vorliegenden Arbeit als Rentiers geführt, da sie fernab des Geschäftsbetriebes wohnten. Zu der von ihr mitfinanzierten Kinderbewahranstalt vgl. auch *Weichel*, Brot und Prügel, 26.

[279] Strittig war durch die unterschiedliche Auslegung des Begriffs der Selbständigkeit vor allem der Status der Untermieter. Vielfach wurde den Untermietern die Aufnahme in die Bürgerliste verweigert. Erst das Oberverwaltungsgericht, das in einer Reihe von

war zugleich das kommunale Wahlrecht und die Befähigung zur Übernahme von Ehrenämtern in der Gemeinde. Sonderregelungen sorgten allerdings beim Wahlrecht für den Ausschluß der Armen, denn nur derjenige durfte wählen, der 6 Monate lang keine Armenunterstützung erhalten hatte und außerdem ein Haus besaß oder aber wenigstens einen „fingierten" Normalsteuersatz von 4 Mark zahlte.

Die neue Städteordnung weitete zwar den Kreis der wahlberechtigten Bürger aus, doch blieb es bei einem Dreiklassenwahlrecht und dem wenig demokratischen offenen und mündlichen Wahlmodus, der sicher zu der relativ geringen Wahlbeteiligung beitrug. Das Wahlrecht benachteiligte die gering verdienenden, abhängigen Schichten nicht nur über die Klasseneinteilung, sondern setzte jeden, der sich offen zu einer mißliebigen Partei bekannte, der sozialen Reglementierung aus. Damit richtete es sich zumindest implizit gegen die auch auf kommunaler Ebene an Bedeutung gewinnende Sozialdemokratie. Dies war zwar eine grobe Ungleichheit, doch nicht einmal die freisinnige Partei protestierte in Wiesbaden dagegen, war doch vor allem ihre Mehrheit in der dritten Abteilung bei einer geheimen Abstimmung durchaus in Gefahr.[280]

Durch die neue Städteordnung wurde auch die kommunale Selbstverwaltung neu organisiert: Mit der Trennung von Magistrat als ausführendem Organ und der Stadtverordnetenversammlung als kontrollierendem Organ wurde eine längst überfällige Reform vollzogen.

Die Wahlperiode eines Stadtverordneten dauerte grundsätzlich 6 Jahre, wobei alle zwei Jahre jeweils ein Drittel aller drei Klassen der Versammlung in einer Ergänzungswahl neu gewählt werden sollte. Um in diesen neuen Wahlturnus zu gelangen, wurde für den Übergang bestimmt, daß zwei bzw. vier Jahre nach der vollständigen Neuwahl jeweils ein Drittel der Abgeordneten nach Losentscheid ausscheiden sollten.

Die neue Städteordnung sorgte für einen sprunghaften Anstieg der Zahl der wahlberechtigten Einwohner. Waren bei der letzten Wahl 1890 nur 2172 Bürger[281] stimmberechtigt, so waren es Ende 1891 allein in der dritten Klasse 5110 Bürger, von denen aber nur 1823 zur Wahl gingen.[282] Von großer Bedeutung war, daß viele der Rentiers und Pensionäre, die sich in den Jahren zuvor in der Stadt niedergelassen hatten, ohne das Bürgerrecht

---

Urteilen den Begriff der Selbständigkeit so weit ausdehnte, daß nur Schlafstelleninhaber ohne eigenes Zimmer nicht mehr darunter fielen, sorgte hier für eine andere Rechtspraxis. Die klagenden Untermieter wurden bei ihren Verfahren meist von der sozialdemokratischen Partei unterstützt. Vgl. StdAWi A VIc/5.

[280] Sie kritisierten lediglich die Einführung des (niedrigen) Zensus. Vgl. NV Nr. 273 v. 19.11.1890.

[281] RK Nr. 313 v. 11.11.1890.

[282] RK Nr. 281 v. 10.10.1891. Vgl. WP Nr. 235 v. 10.10.1891.

zu erwerben, nun in den ersten beiden Klassen ihre Stimme abgeben konnten.

Leider sind nur für die Wahlen von 1895 bis 1913 die genauen Zahl hinsichtlich der Zahl der Wahlberechtigten und der tatsächlichen Wähler in den einzelnen Klassen erhalten. Diese Zahlen wurden in Tabelle 47 zusammengefaßt und in Prozentzahlen umgerechnet. Bei einer Interpretation müssen die beiden Modifikationen des Wahlrechts in Hessen-Nassau berücksichtigt werden, die 1897 und 1900 vorgenommen wurden.

Die erste Modifikation 1897 richtete sich vermutlich gegen die Wanderarbeiterschaft, denn ab diesem Jahr bedurfte es eines zweijährigen Aufenthalts in der Stadt, um das Kommunalwahlrecht zu erlangen.[283] Die Auswirkung dieser Modifikation war allerdings eher gering, der Effekt war lediglich, daß die Zahl der Wähler in der dritten Klasse weniger stark stieg als dies die Steigerung der Einwohnerzahl hätte erwarten lassen.

Die zweite Änderung im Jahr 1900 wirkte eher in Richtung einer Stärkung der Vertretung des Mittelstandes, denn nun sollte jeder, der mehr als den durchschnittlichen Steuerbetrag entrichtete, in der ersten oder zweiten Klasse wählen. Dies führte dazu, daß nun eine größere Zahl von Bürgern, die bisher in der dritten Klasse gewählt hatte, jetzt in der zweiten Klasse ihre Stimme abgeben durfte und auch aus der zweiten Klasse einige Wähler in die erste aufrückten.

Die Folgen dieser neuen Klassifikation werden deutlich, wenn man die Zahlen für 1899 und 1901 in der Tabelle 47 vergleicht. Der Anteil der Wahlberechtigten in der ersten Klasse stieg von 1,6% der Gesamtwählerschaft auf 2,3%. In der zweiten Klasse war der Sprung von 6,2% auf 13,3% noch größer. Der Jahresmindeststeuersatz für die 2. Klasse sank dabei von 657 Mark auf 275 Mark.[284] Das Gesetz enthielt noch weitergehende Reformmöglichkeiten, die aber in das Ermessen der Kommune gestellt wurden. Die Stadtverordnetenversammlung in Wiesbaden zeigte aber kein Interesse an diesen Veränderungen, die letztlich zaghafte Schritte in Richtung einer Demokratisierung bedeutet hätten.[285]

---

[283] Vgl. Städte-Ordnung für die Provinz Hessen-Nassau vom 4. Aug. 1897 nebst Einführungsanweisung vom 4. Oktober 1897. Amtliche Ausgabe. Berlin 1897, 3.

[284] SJSWI 1909/10, 62

[285] Per Ortsstatut hätte die Wählerschaft neu den Wählerklassen so zugeteilt werden können, daß die 1. Klasse 5/12, die zweite 4/12 und die dritte 3/12 des Steueraufkommens ausgemacht hätte. Man darf davon ausgehen, daß in Wiesbaden ebenso wie überall die Nationalliberalen gegen jegliche Aufweichung des klassischen Klassenwahlrechts waren. Vgl. *Croon*, Das Vordringen der politischen Parteien, 47.

Tabelle 47

Wahlbeteiligung bei den Stadtverordnetenwahlen 1895-1913

Gewichtung der Wählerklassen und Wahlbeteiligung nach Wählerklassen

Wahljahr	Wahlberechtigte insgesamt	1. Wählerklasse				2. Wählerklasse			
		Wahlberechtigte/ Anteil Wählerschaft		Wahlbeteiligung		Wahlberechtigte/ Anteil Wählerschaft		Wahlbeteiligung	
1895	8967	172	1,9%	107	62,2%	698	7,8%	424	60,7%
1897	9270	185	2,0%	90	48,6%	722	7,8%	321	44,5%
1899	12586	205	1,6%	111	54,1%	783	6,2%	273	34,9%
1901	14418	338	2,3%	242	71,6%	1920	13,3%	1198	62,4%
1903	15178	321	2,1%	152	47,4%	2047	13,5%	838	40,9%
1905	16736	308	1,8%	146	47,4%	2276	13,6%	1123	49,3%
1907	17716	288	1,6%	193	67,0%	2469	13,9%	1287	52,1%
1909	18942	339	1,8%	156	46,0%	2765	14,6%	1092	39,5%
1911	19344	249	1,3%	107	43,0%	2742	14,2%	972	35,4%
1913	19713	290	1,5%	136	46,9%	2942	14,9%	1017	34,6%

Wahljahr	Wahlberechtigte insgesamt	3. Wählerklasse				Alle Wählerklassen			
		Wahlberechtigte/ Anteil Wählerschaft		Wahlbeteiligung		Wahlberechtigte/ Anteil Wählerschaft		Wahlbeteiligung	
1895	8967	8097	90,3%	1979	24,4%	8967	100,0%	2510	28,0%
1897	9270	8363	90,2%	1562	18,7%	9270	100,0%	1973	21,3%
1899	12586	11598	92,2%	1647	14,2%	12586	100,0%	2031	16,1%
1901	14418	12160	84,3%	3507	28,8%	14418	100,0%	4947	34,3%
1903	15178	12810	84,4%	3549	27,7%	15178	100,0%	4539	29,9%
1905	16736	14152	84,6%	3597	25,4%	16736	100,0%	4866	29,1%
1907	17716	14959	84,4%	4595	30,7%	17716	100,0%	6075	34,3%
1909	18942	15838	83,6%	4715	29,8%	18942	100,0%	5963	31,5%
1911	19344	16353	84,5%	7211	44,1%	19344	100,0%	8290	42,9%
1913	19713	16481	83,6%	6887	41,8%	19713	100,0%	8040	40,8%

Von nicht zu unterschätzendem Einfluß auf den Ausgang der Stadtverordnetenwahlen war auch der Wahlmodus. Es gab keine Listenwahl in unserem heutigen Sinne, die Kandidaten konnten nicht von den Parteien durch eine quasi amtliche Wahlliste vorgegeben werden. Vielmehr war jeder Wähler völlig frei in der Nennung jener Personen, die er gerne als Stadtverordnete gesehen hätte. Seine „persönlichen" Kandidaten mußten nur über das passive Wahlrecht verfügen, das mit Ausnahme einiger Beamter alle Wähler hatten. Der Gewählte brauchte auch nicht der eigenen Wählerklasse anzugehören. Lediglich mußte die Hälfte der tatsächlich gewählten Stadtverordneten Hausbesitzer sein. Diese Bedingung trug, so jedenfalls das Urteil der Forschung, dazu bei, Reformen in den Städten eher zu behindern denn zu fördern.[286]

Jeder Wähler konnte so viele Kandidaten nennen, wie Sitze in seiner Klasse zu vergeben waren. Die Zahl der freien Mandate ergab sich aus der Zahl der turnusmäßig Ausscheidenden („Ergänzungswahlen") und aus der Anzahl der in dieser Klasse durch besondere Umstände (Tod, Umzug, Wahl zum Stadtrat usw.) seit der letzten Wahl freigewordenen Sitze („Ersatzwahlen").

Gewählt waren die Kandidaten, die mehr als die Hälfte der abgegebenen Stimmen in einer Klasse auf sich vereinigen konnten. Fanden sich nicht die entsprechenden Mehrheiten für alle Sitze, entschied eine Stichwahl über die Vergabe der noch freien Mandate. Zu der Entscheidungswahl wurden stets doppelt so viele Kandidaten – jene mit den höchsten Stimmenzahlen – zugelassen, wie noch Sitze frei waren. Dadurch konnte es vorkommen, daß nur Personen einer politischen Richtung in die Stichwahl kamen und damit quasi automatisch auch eine Minderheitspartei in das Stadtparlament einziehen konnte. Von diesem besonderen Stichwahlverfahren konnten insbesondere die Sozialdemokraten nach 1900 in der dritten Klasse mehrfach profitieren.

In der Wahlpraxis blieb von der freien Nennung von Kandidaten durch die Wähler allerdings nicht viel übrig. In der Konsequenz hätte sie vermutlich zu einer Zersplitterung der Stimmen geführt, die kaum im Sinne der Stadtpolitik gewesen wäre. Um Zufälligkeiten beim Wahlausgang zu vermeiden, stellten die politischen Strömungen im Vorfeld der Wahl Kandidaten auf, die sie in öffentlichen Versammlungen und in Form von Listen den Wählern bekanntzumachen suchten. Diese Listen wurden in der Regel nicht durch die Namen der jeweiligen Parteien kenntlich gemacht, sondern unterschieden sich optisch durch die Papierfarbe. Die Freisinnige Volkspartei bevorzugte Rot, die Freisinnige Vereinigung Gelb, die Nationalliberalen

---

[286] Vgl. *Jürgen Reulecke*, Stadtbürgertum und Sozialreform in Preußen, in: Stadt und Bürgertum im 19. Jahrhundert, hrsg. v. Lothar Gall, München 1990, 171-197, hier 192f.

und Konservativen verteilten blaue Zettel, die Christlich-soziale Volkspartei segelte unter grüner Flagge und die Sozialdemokraten entsagten jeder Farbe und streuten weiße Zettel unter ihre Anhänger. Trotz dieser Kandidatenlisten blieb es natürlich bei dem Personenwahlrecht, so daß kein Wähler an eine Liste gebunden war oder jederzeit einen dort aufgeführten Kandidaten durch eine beliebige Person mit passivem Wahlrecht ersetzen konnte. Durch die Möglichkeit war es für eine Partei sehr riskant, einen wenig populären oder bei der eigenen Anhängerschaft umstrittenen Kandidaten aufzustellen, denn jener konnte sich auch bei der Unterstützung durch eine Mehrheitspartei keineswegs seiner Wahl sicher sein.

Das komplizierte Kommunalwahlrecht hatte einen entscheidenden Einfluß auf die Form der politischen Auseinandersetzung wie auch auf den Ausgang der Wahlen. Dies macht die relativ ausschweifende Schilderung der sperrigen Materie an dieser Stelle nötig.

In den Wählerklassen, bei denen der Wahlausgang offen schien, versuchten die politischen Hauptgruppen, durch die Aufnahme von Personen aus speziellen Interessengruppen ihre Wählerbasis zu verbreitern. Die Vertreter von Stadtbezirksvereinen, Hausbesitzervereinen, Innungen oder Berufsvereinigungen mußten dabei keineswegs unbedingt Parteigänger sein, sollten sie doch auch unentschlossene Wähler anziehen. Auf der anderen Seite war es notwendig, daß die „Interessenvertreter" auch für die engere Parteiwählerschaft akzeptabel waren, denn sonst bestand die Gefahr, daß jene Person einfach nicht genannt wurde und durch eine „wilde" Kandidatenauswahl und die daraus resultierende Stimmenzersplitterung die Gegenkandidaten begünstigt wurden. Ein Umstand, der in einigen Fällen tatsächlich eintrat und wahlentscheidend wirkte.

Bei dem modifizierten Mehrheitswahlrecht, als das sich das Kommunalwahlrecht am ehesten beschreiben läßt, hatten die kleineren Parteien und Interessengruppen im Grundsatz keine Chance, zum Zuge zu kommen. Aber dennoch konnten sie in der Praxis gelegentlich einen oder mehrere Vertreter in das Stadtparlament entsenden. Dies konnte zum einen dadurch geschehen, daß sie wie beschrieben, eine Art Listenverbindung mit einer großen politischen Gruppe einging, die um ihre Mehrheit fürchtete. Der zweite, ebenfalls häufig gegangene Weg war der, von einer oder mehreren konkurrierenden Listen möglichst populäre Kandidaten zu übernehmen – deren Zustimmung dazu bedurfte es nicht – und mit einem oder mehreren eigenen Kandidaten zu kombinieren, um so mit dem Argument der Interessenausgewogenheit möglichst viele nicht gebundene Wähler zur Nennung der neuen Liste zu motivieren. Dies führte aber nur sehr selten zu einem Erfolg und begünstigte durch die Stimmenzersplitterung meist nur den politischen Gegner. Allerdings war die Drohung mit der Aufstellung einer eigenen Liste immer ein beliebtes Druckmittel innerhalb des bürgerlichen Lagers.

Aber auch die „großen" politischen Gruppen wollten ihren Listen den Anstrich der Überparteilichkeit geben und nahmen in ihre Liste bekannte Personen auf, die nicht unbedingt eng an ihre Ausrichtung gebunden waren. „Politik gehört nicht ins Rathaus" war ein in diesem Zusammenhang gern benutzter politischer Slogan, dessen sich vor allem die Nationalliberal-Konservativen als Schlagwort gegen die bisherige freisinnige Mehrheit bedienten.

Der Umstand, daß die gleichen Kandidaten häufig auf den Listen der verschiedensten Richtungen erscheinen, macht die parteipolitische oder auch interessenpolitische Zuordnung dieser Personen außerordentlich schwierig. Für die dann gewählten Stadtverordneten gilt der gleiche Vorbehalt, denn eine formale Fraktionsgliederung, wie sie mit entsprechenden Privilegien in den heutigen Kommunalvertretungen üblich ist, gab es ebenfalls noch nicht. So bleibt bei der Analyse der Mehrheitsverhältnisse in der Stadtverordnetenversammlung nach 1892 häufig nur der Bezug auf die Lokalzeitungen, deren Redakteure über ein heute kaum mehr rekonstruierbares Hintergrundwissen verfügten und daher in der Lage waren, die parteipolitische Zusammensetzung des Stadtparlaments genau zu benennen.

Mit der Wahl Ende 1891 ging endgültig die Vorherrschaft der freisinnigen Partei bzw. Fortschrittspartei zu Ende, die vor allem von den Wahlrechtsbeschränkungen des alten Gemeinderechts profitiert hatte: Sowohl in der ersten wie in der zweiten Klasse siegte nun eine Koalition aus Nationalliberalen und Konservativen. Einzig die dritte Klasse blieb zunächst die Domäne des Freisinns. Bei der Analyse der Sozialstruktur der neuen Stadtverordnetenversammlung fällt auf, daß vor allem eine Gruppe besonders stark vertreten ist: Die Rentiers stellen mit dreizehn von 48 Abgeordneten die größte Gruppe – ohne die in gewisser Weise auch zu dieser Gruppe gehörenden pensionierten Offiziere und Beamten.[287] Die Rentiers wurden mit einer Ausnahme alle in der ersten und zweiten Klasse gewählt. Neun Abgeordnete sind dem Bildungsbürgertum zuzurechnen. Ihre Wahl erfolgte verteilt über alle drei Klassen. Sechs Personen waren Beamte und Offiziere, davon vier außer Diensten, im Sinne unserer Klassifikation[288] – überwiegend gewählt in der ersten Klasse.

In der dritten Klasse, der „freisinnigen", wurden die meisten Gewerbetreibenden gewählt: Von insgesamt zehn Fabrikanten, Handwerkern und

---

[287] Zwei Offiziere außer Diensten, ein Gerichtspräsident a.D. und ein ehemaliger Kanzleirat, der für einige Jahre auch Handelskammersekretär war.

[288] Unter Einschluß der oben erwähnten Pensionäre und ohne die unter der Kategorie Bildungsbürgertum erfaßten Lehrer.

Landwirten in der Versammlung wurden sechs aus dieser Klasse entsandt. Auffallend gering ist der Anteil der Kaufleute (insgesamt fünf) sowie der Bade- und Gastwirte in der Versammlung, obwohl dieser Berufsstand für die Stadt ökonomisch immer noch von sehr großer Bedeutung war. Nur zwei Wirte waren in die Versammlung gewählt worden.[289]

Bei der hier aufgezeigten großen Zahl von Rentiers innerhalb der Stadtverordnetenversammlung muß aber berücksichtigt werden, daß die Gruppe sozial keineswegs homogen war (vgl. dazu Kapitel III.2.b). Ein Teil der Rentiers waren zuvor Geschäftsleute und Gewerbetreibende in Wiesbaden gewesen und hatten sich dann zurückgezogen. Je nachdem, ob sie nun ihre Einkünfte aus Staatspapieren, Hausbesitz oder einer stillen Teilhaberschaft an einem Gewerbetrieb – etwa einem Badehaus – bezogen, kann man durchaus verschieden gelagerte persönliche Interessen unterstellen. Diese persönliche Interessenlage dürfte mitentscheidend für ihre Wahl als Vertreter der einen oder anderen Gruppe gewesen sein.

Auch wenn es zu einer politisch neuen Gewichtung kam, waren die Mitglieder der neuen Stadtverordnetenversammlung keineswegs ohne Erfahrung in der Stadtpolitik. Zum überwiegenden Teil gehörten sie zuvor bereits dem zahlenmäßig größeren und mit geringeren Kompetenzen ausgestatteten Bürgerausschuß an – wenngleich zwischen beiden Mandaten gelegentlich eine Pause lag. Verändert hat sich auch die konfessionelle Zusammensetzung. Juden und Katholiken sind jetzt deutlich stärker in der Versammlung vertreten, sicher eine Konzession der Parteien an die verbreiterte Wählerbasis. Ganz auffällig ist die Verbindung zwischen Stadtverordnetenmandat und Mitgliedschaft in der Casino-Gesellschaft. Immerhin 69% der Stadtverordneten der 1. Klasse und 56% der 2. Klasse gehören zu dieser „Elite"-Gesellschaft. Hingegen spielte die Loge Plato als Treffpunkt der politischen Elite bei weitem nicht mehr die Rolle, die ihr in den 50er und 60er Jahren des 19. Jahrhunderts zukam (vgl. Kapitel III.1.b). Nur noch insgesamt vier Stadtverordnete können als Freimaurer identifiziert werden.[290] Die Abgeordneten der 3. Abteilung (Reusch, Alberti, Dietz), von denen eindeutig erkennbar ist, daß sie sozial höher einzuordnen sind als ihre Wählerschaft, gehörten trotz ihrer freisinnigen Orientierung der Casino-Gesellschaft an. Unterschiedliche politische Orientierung und Engagement waren, wie bereits erwähnt, kein Hindernisgrund für die Mitgliedschaft – trotz der wohl unzweifelhaft nationalliberal-konservativen Mehrheit in der Casino-Gesellschaft. Ob es innerhalb des Casinos Frontstellun-

---

[289] Auswertung nach StdAWi A IIa/2, ergänzt um die Auswertung der Datenbanken.
[290] Von den anderen, später gegründeten und weit weniger bedeutenden Logen liegen leider keine Mitgliederlisten vor.

gen gab, etwa vergleichbar der in den 1860er Jahren, ließ sich aus den durchgesehen Quellen nicht feststellen.

In der dritten Klasse mußte der Freisinn durch die starke Verbreiterung der Wählerschichten die Konkurrenz der Sozialdemokraten fürchten. Zwar war eine Mehrheit der Arbeiterpartei hier zunächst kaum zu erwarten, doch konnten die Sozialdemokraten dem Freisinn u.U. so viele Stimmen abnehmen, daß der Freisinn Mandate an die bürgerliche Konkurrenz verlor. Um einer solchen Entwicklung entgegenzutreten versuchten die „Freisinnigen", im Vorfeld der Wahlen von 1891 vorsichtige Kontakte zu den Sozialdemokraten aufzunehmen. Allerdings lehnten diese wegen der Haltung des Freisinns in der Frage des Klassenwahlrechts jeden Kompromiß ab, verzichteten aber aus anderen Gründen auf die Aufstellung von Kandidaten.[291]

Die freisinnigen Kandidaten blieben so zwar in der dritten Klasse zunächst ungefährdet, doch verlor der „Freisinn", wie bereits erwähnt, die ersten beiden Klassen in den wenige Tage später stattfinden Wahlen in diesen Abteilungen an die Nationalliberale Koalition. Charakteristisch für diesen Wahlkampf war, daß er mit großer Entschlossenheit geführt wurde, und in der ersten Klasse sogar gehunfähige Parteigänger mit dem Wagen zur Abstimmung gefahren wurden..

Mit einer Mehrheit von 29 zu 19 Stimmen beherrschten Nationalliberale und Konservative die Versammlung und waren zugleich in der Pflicht, die wichtigsten Versprechen und die Erwartungen ihrer Anhänger und Wähler zu erfüllen. So wurde von ihnen vor allem eine Senkung des kommunalen Aufschlags auf die staatliche Einkommensteuer erwartet. Bereits kurz nach Zusammentritt der neuen Stadtverordnetenversammlung wurde dieser von 100% auf 85% reduziert, wodurch vor allem die Bezieher hoher Kapitaleinkommen begünstigt wurden.[292]

In den Nachwahlen 1893 und 1895 konnten die Freisinnigen noch einmal Erfolge erringen, wohl weil die Nationalliberalen und Konservativen nicht die von ihnen erhofften Initiativen zeigten. Die genauen Gründe sind aber aus den überlieferten Einschätzungen der Zeit nicht zu erkennen.

Zwar blieb die erste Klasse bis zur letzten Wahl im wilhelminischen Wiesbaden 1913 fest in der Hand der Nationalliberalen, doch 1893 konnte die Freisinnige Partei (gemeinsam mit der als Abspaltung zu begreifenden deutlich schwächeren Freisinnigen Vereinigung) neben der 3. Abteilung auch die zweite gewinnen und 1895 einen Teil ihrer Kandidaten in der zweiten Klasse mit einem äußerst engagiert geführten Wahlkampf durchbringen. Beide Erfolge genügten aber nicht, die nationalliberal-

---

[291] *Weichel*, Kommunalpolitik, 62.
[292] *Müller-Werth*, Geschichte, 125f. Der Steueraufschlag mußte aber bereits im Folgejahr wieder auf 90% erhöht werden.

konservative Mehrheit in der Stadtverordnetenversammlung zu brechen, da ja stets nur ein Drittel der Abgeordneten neu gewählt wurde.

Ein Wechsel der Mehrheit gelang erst durch die Wahl von 1897, wobei dem Freisinn der Streit zwischen Nationalliberalen und Konservativen zum Vorteil gereichte. In der zweiten Klasse begünstigten die chancenlosen Konservativen mit der Aufstellung einer eigenen Liste den Erfolg des Freisinns über die Nationalliberalen.

1899 traten die bürgerlichen Parteien mit Einheitslisten in allen Abteilungen an. Die Aufstellung der Kandidaten zielte dabei auf den Status quo, daß heißt die Zweidrittelmehrheit des „Freisinns" sollte erhalten bleiben. Die Hintergründe für diesen Zusammenschluß werden aus den vorliegenden Quellen nicht deutlich.[293] Ein Grund war gewiß, daß man davon ausging, daß man alle bürgerlichen Wähler in der dritten Klasse zu einer einheitlichen Stimmabgabe bewegen mußte, um die „rote Gefahr" dort zu bannen. Die bürgerliche Liste, in der dritten Klasse nur aus Freisinnigen bestehend, siegte aber mühelos mit etwa 70% gegen die Sozialdemokraten.

Die Arbeiterpartei konnte 1901 ihren ersten großen Erfolg verbuchen. Erstmals wurde in diesem Jahr ein Sozialdemokrat in die Stadtverordnetenversammlung gewählt. Der Glaser Martin Groll verdankte diesen Erfolg der Uneinigkeit der bürgerlichen Parteien, die es ermöglicht hatte, daß überwiegend Sozialdemokraten in die Stichwahl der dritten Klasse kamen, so daß Groll mangels bürgerlicher Alternative quasi automatisch gewählt wurde.[294]

Entscheidender für die Stadtpolitik war aber, daß der Freisinn eine schwere Niederlage gegen die bürgerliche Konkurrenz erlitt. Es ging nämlich nicht nur der eine Sitz an die Sozialdemokratie, sondern auch die übrigen sieben Mandate aus den Ergänzungs- und Ersatzwahlen in der dritten Klasse mußten abgegeben werden – an eine Listenkoalition aus Nationalliberalen, Konservativen, Zentrum, zu der auch ein Wahlausschuß der vereinigten Handwerkern, Gewerbetreibenden und Beamten gehörte. Nur in der zweiten Klasse konnte der Freisinn seine Abgeordnetenzahl halten. Mit dem Ausgang dieser Wahl verlor der alte Freisinn, der seit den 1850er Jahren in Wiesbaden die Kommunalpolitik dominiert hatte, endgültig seine Mehrheit.

---

[293] Quellen über Entwicklung der Parteien und ihr Verhältnis zueinander sind eher selten. Vor allem liegen keine internen Protokolle vor. Daher bleibt als einzige Quelle die meist zurückhaltend berichtende Presse. Eine Ausnahme bildet nur die Sozialdemokratische Partei, bei der sich aufgrund der detaillierten, aber nicht immer aufschlußreichen staatlichen Überwachungsberichte zumindest ein ungefähres Bild der innerparteilichen Auseinandersetzungen zeichnen läßt.

[294] Ausführlich mit Quellenhinweisen: *Weichel*, Kommunalpolitik, 64ff.

Tabelle 48

Die Wiesbadener Stadtverordneten 1892
Teil 1

	Beruf	Konf.	Politik	Verein
1. Wählerabteilung (Klasse)				
1 Bertram, Philipp	Gerichtspräsident a. D.	K	B	C
2 Bickel, Friedrich	Kaufmann	E	B	C
3 Dreyer (Dreyfus), Ludwig	Rentner	DK	B	C
4 Faber, Johann	Rentner/Schiffreeder	E		C
5 Flindt, Wilhelm	Kanzleirat a. D.	E		
6 Fresenius, Remigius	Chemiker/Institutsinhaber	E	B	C
7 Hess, Simon	Kaufmann	J	B	P
8 Kalkbrenner, Christian	Fabrikant	E	B	C
9 Kaufmann, Wilhelm	Architekt	E	B	C
10 Meier, Philipp Alex.	Hofschornsteinfeger	E	B	
11 Neuß, Christian	Apotheker	K	B	C
12 Oidtmann, Arthur	Oberstleutnant a.D.	AK		
13 Peipers, Hugo	Rentner	?		C
14 Sartorius, Adelbert	Oberstleutnant z. D.	E		C
15 Schlink, Daniel	Rentner/Maurermeister	E		
16 Schmitt, Adam	Rentner/Badewirt	K?	B	C
2. Wählerabteilung (Klasse)				
1 Altmann, Heinrich	Rentner/Schlosser	K	B	
2 Birk, Georg	Maurermeister	E	B	
3 Fehr-Flach, Franz	Fabrikant	K	B	C
4 Hees, Emil	Metzger	K	B	
5 Heymann, Karl	Sanitätsrat	J		C
6 Holthaus, Wilhelm	Rentner	K	B	C
7 Krekel, August	Landesrat	E		C
8 Neuendorff, Wilhelm	Badewirt	E	B/G	C
9 Pagenstecher, Arnold	Sanitätsrat	E	B	C
10 Rühl, Georg	Kaufmann	E	B	P
11 Scholz, Karl	Rentner/Rechtsanwalt	K	G	C
12 Schupp, Gustav	Rentner/Kaufmann	E	B	C
13 Stein, Christian	Bauunternehmer	E	B	
14 Willet, Martin	Architekt	E		C
15 Willms, August	Rentner	K		
16 Wagemann, Johann B.	Rentner/Müller	K	G	

Tabelle 48

Die Wiesbadener Stadtverordneten 1892
Teil 2

3. Wählerabteilung (Klasse)

1 Alberti, Alexander	Rechtsanwalt	E	B	C	
2 Dietz, August	Rentner	E	G		
3 Dormann, Christian	Maurermeister	K	B		
4 Gerlach, Valentin	Arzt	E		P	
5 Götz, Gustav	Rentner/Rechtsanwalt	E	G	C?	
6 Güth, Anton	Gymnasialprofessor	K			
7 Herrmann, August	Schönfärber	E			
8 Knefeli, Friedrich	Geschäftsführer	E	B	P	
9 Mollath, Alois	Samenhändler	K	B		
10 Reusch, Hugo	Landesbankrat	AK	B/G	C	
11 Schlicht, Heinrich	Schreinermeister	E	B		
12 Stahl, Karl	Restaurateur	K			
13 Thon, Christian	Gutspächter	E	B		
14 Walter, Louis	Stukkateur	K	B		
15 Wintermeyer, Louis	Landwirt	E	B		
16 Wolf, Benjamin	Kaufmann	J			

Legende
E=evangelisch; K=katholisch; J=mosaisch; DK=deutschkatholisch; AK=altkatholisch
B=früher im Bürgerausschuß; G= früher im Gemeinderat
C=Mitglied der Casino-Gesellschaft; P=Mitglied der Loge Plato

Konfessionszugehörigkeit
1. Abtl.: 9 Protestanten, 3 Katholiken, 1 Jude, 1 Deutschkatholik, 1 Altkatholik
2. Abtl.: 8 Protestanten; 7 Katholiken, 1 Jude
3. Abtl.: 9 Protestanten, 5 Katholiken, 1 Jude, 1 Altkatholik

Casino-Gesellschaft
1. Abteilung: 11 Mitglieder (=69%)
2. Abteilung: 9 Mitglieder (=56%)
3. Abteilung: 3 Mitglieder (=19%)
Von 48 Stadtverordneten waren 23 (=48%) in der Casino-Gesellschaft

Es war wohl vor allem die Wahl des Sozialdemokraten Groll[295], die die Regierung bewog, eine Anfrage hinsichtlich der Parteistellung der Wiesbadener Stadtverordneten an den Oberbürgermeister Ibell zu leiten. Dessen Antwort verdanken wir eine der wenigen „amtlichen" Feststellungen zur parteilichen Struktur der Wiesbadener Stadtverordnetenversammlung. Seine tabellarische Übersicht berücksichtigt aber nicht die einzelnen Abgeordneten, so daß sie nur wenig mehr Informationen bietet als die übliche Darstellung in den Tageszeitungen. Ibell gibt sich gegenüber seiner vorgesetzten Behörde zudem wenig informiert: Er habe, da „mir sonstige amtliche Wahrnehmungen über die politische Parteistellung der einzelnen Stadtverordneten nicht zu Gebote stehen, die einzelnen Stadtverordneten derjenigen politischen Partei oder derjenigen Gruppe politischer Parteien zugeordnet, von welcher die Wahl vorzugsweise betrieben worden ist."[296] Auch Ibell konnte die Abgeordneten – vielleicht auch nur vorgeblich – nur grob zuordnen, und es mag in der Tat eine Reihe von Stadtverordneten gegeben haben, die sich mehr einer bestimmten Grundrichtung oder einer Interessengruppe als einer Partei oder Fraktion verbunden fühlten.

In den folgenden Wahlen (1903ff) versuchten sich die bürgerlichen Parteien immer wieder in einer Blockpolitik, um auch in der dritten Klasse alle Kräfte gegen einen Erfolg der Sozialdemokraten bündeln zu können. Während dieses Manöver 1903 gelang und zu einem glatten Sieg der bürgerlichen Einheitsliste auch in der dritten Klasse führte, traten bereits bei der nächsten Ergänzungswahl 1905 Interessengruppen und Parteien auf, die sich bei den Vorabsprachen übergangen fühlten. Die wichtigste unter diesen Gruppen war das Zentrum, dem es ebenso wie der Sozialdemokratie durch die geschilderten Besonderheiten des Stichwahlverfahrens gelang, einen Kandidaten durchzubringen.

Der bei den Wählern der dritten Abteilung durchgefallene „Sammelkandidat" Emil Dörner, ein Adlatus des nationalliberalen Wiesbadener Reichstagsabgeordneten Eduard Bartling – der noch ausführliche Erwähnung finden wird –, wurde dann gemäß einer Vorabsprache bei der eine Woche später stattfindenden Wahl zur zweiten Abteilung statt des Musikalienhändler Wolff aufgestellt. Die freisinnigen Wähler mochten dieses politische Manöver aber nicht nachvollziehen, und eine Opposition innerhalb des Freisinns propagierte die Wahl von Wolff, der sich dann in der Stichwahl gegen Dörner durchsetzen konnte. Dabei wurde im Vorfeld der Stichwahl eine heftige Kampagne gegen Dörner geführt, die sich indirekt auch gegen den beim Freisinn scharf abgelehnten Bartling richtete. Ge-

---

[295]   Der Glaser Martin Groll legte, vermutlich im Streit mit seiner Partei, vorzeitig nach vier Jahren sein Mandat nieder. Vgl. *Weichel*, Kommunalpolitik, 126.
[296]   StdAWi AIIa/30, Bl. 2ff.

richtliche Klagen und Gegenklagen waren die Folge dieses Zerwürfnisses im bürgerlichen Lager.

Zu den Folgen dieser Auseinandersetzung gehörte, daß es bei den nächsten Kommunalwahlen 1907 in den ersten beiden Klassen zu keiner Einheitsliste mehr kam, sondern statt dessen zu einer letzten großen Kraftprobe zwischen den beiden Flügeln des Liberalismus. In der ersten Klasse war die Niederlage des Freisinns praktisch schon vorbestimmt, aber auch in der zweiten Klasse konnte er sich mit seinen Kandidaten in einer Listenvereinigung mit den Interessenvertretern der Bezirksvereine und des Hausbesitzervereins nur zum Teil gegen die Listenkoalition von Nationalliberalen, Zentrum, Handwerkervereinigung und Beamtenverein durchsetzen. Auch scheiterte der Versuch, mit einer gemeinsamen bürgerlichen Liste jeden Erfolg der Sozialdemokraten in der dritten Abteilung zu verhindern. Wieder führten Konkurrenzlisten zu einer Stimmenzersplitterung, was zwar nichts an dem nationalliberal-konservativen Übergewicht änderte, einem Sozialdemokraten aber zu einem Stadtverordnetenmandat verhalf. 1909 vereinbarten die bürgerlichen Parteien gemeinsame Kandidatenvorschläge für alle drei Klassen und hatten damit auch in der dritten Klasse Erfolg gegen die Sozialdemokratie, der diesmal auch die Existenz einer bürgerlichen Splitterliste unter dem schönen Titel „Partei der Parteilosen" keinen Vorteil verschaffte.

Dagegen führte bei den letzten beiden Wahlen vor dem Ersten Weltkrieg der Versuch einer bürgerlichen Einheitsliste in der dritten Klasse nicht völlig zum Erfolg. Verschiedene Konkurrenzlisten führten zu „Stimmenzersplitterungen" und damit zu einzelnen Mandatsgewinnen der Sozialdemokratie. Der Beamtenwahlverein (1911) und die organisierten Handlungsgehilfen (1913) begünstigten so die Arbeiterbewegung.[297] Trotzdem blieb bis zuletzt ein durchschlagender Erfolg der Sozialdemokratie in der dritten Klasse in Wiesbaden aus, während es ihr in anderen Städten gelang, die dritte Klasse sicher in ihre Hand zu bekommen. Dies muß als ein Zeichen der relativen Stärke des „Kleinbürgertums" bei einer gleichzeitigen, auch sozialstrukturell bedingten, Schwäche der Arbeiterbewegung in der „Stadt des Bürgertums" gewertet werden.

Mit dem Ergebnis der Wahlen von 1901 war bereits deutlich geworden, daß der Freisinn, zumindest unter den Bedingungen des Klassenwahlrechts, keine Mehrheit mehr erreichen konnte. In der ersten Klasse dominierten, getragen von einer Schicht reicher Zuwanderer, die Nationalliberalen und Konservativen. Aber auch in der zweiten Klasse war dem Freisinn die Mehrheit nicht mehr gewiß. Aus den zeitgenössischen Äußerungen in der

---

[297] Eine ausführliche Darstellung mit Quellenangaben findet sich bei *Weichel*, Kommunalpolitik, 70ff.

Presse, aber auch aus den Reichstagswahlergebnissen – die im einzelnen noch dargestellt werden – kann man cum grano salis folgern, daß die meisten alteingesessen Geschäftsleute noch zum Freisinn standen. Doch dieser gewerbliche Mittelstand geriet gegenüber der steigenden Zahl von zugewanderten Rentiers, Beamten und Offiziere außer Diensten, die ohne Zweifel in ihrer großen Mehrheit nationalliberal oder konservativ orientiert waren, immer mehr in eine Minderheitsposition. Aber auch von „unten" erwuchs dem Freisinn eine scharfe Konkurrenz: In der dritte Klasse konnte er sich nur dann noch gegen die Sozialdemokratie durchsetzen, wenn er sich über Vereinbarungen die Unterstützung aller bürgerlichen Richtungen sicherte. Die Folge war, daß der Freisinn in den Verhandlungen über eine gemeinsame bürgerlichen Listen nach der Jahrhundertwende von vornherein eine nationalliberal-konservative Mehrheit akzeptierte.

Bei den Wiesbadener Wahlen zum Reichstag zeigte sich eine den Kommunalwahlen durchaus vergleichbare Entwicklung. Im Gegensatz zur Stadtverordnetenversammlung wurde bekanntermaßen der Reichstag geheim und gleich gewählt – die Beteiligung von Frauen war natürlich ausgeschlossen. Das Ergebnis der Reichstagswahlen kann damit durchaus als Ausdruck für die politische Orientierung der Bevölkerung genommen werden. Gleichzeitig zeigten sie, welche Mehrheitsverhältnisse bei der Fiktion eines gleichen und geheimen Kommunalwahlrechts in der Stadtverordnetenversammlung zu erwarten – aus Sicht der bürgerlichen Parteien zu befürchten – gewesen wären.

Wie in den vorhergehenden Kapiteln geschildert war der Wiesbadener Wahlkreis – zu dem auch der katholische Rheingau bis Rüdesheim gehörte – eine Bastion des Freisinns. Aber bereits 1887 und 1890 bedurfte ihr Kandidat Friedrich Schenk zur Erringung eines klaren Ergebnisses der Unterstützung des Zentrums (vgl. Kapitel III.2.b). 1894 ging der Wiesbadener Wahlkreis an den Kandidaten der Freisinnigen Vereinigung, den Handelskammerpräsidenten Rudolf Koepp. Dies muß als Ergebnis der politischen „Großwetterlage" gewertet werden, denn der Freisinn erlebte, bedingt durch seine Weigerung, der Heeresvorlage zuzustimmen, überall ein Fiasko. In der Ersatzwahl nach dem Tode Koepps wurde der Wahlkreis 1897 dann wieder von dem populären freisinnigen Landwirt Louis Wintermeyer gewonnen, der das Mandat auch in der regulären Wahl 1898 verteidigte. Allerdings bedurfte Wintermeyer in der Stichwahl u.a. der Unterstützung des Zentrums, denn mit dem Frankfurter Max Quarck hatten die Sozialdemokraten einen Kandidaten gefunden, der in Wiesbaden in der Hauptwahl mit 38,3% der Stimmen zunächst die meisten Wähler hinter sich bringen konnte.

Nach Wintermeyers Tod 1901 fanden abermals Ersatzwahlen statt, die wiederum die Freisinnige Partei mit ihrem Kandidaten Hans Crüger knapp vor der Sozialdemokratie gewinnen konnte. Aber schon dabei hatte Crüger Mühe, mehr Stimmen als der nationalliberale Eduard Bartling zu erringen und damit zum Stichwahlkandidaten der „Bürgerlichen" zu werden.

Ähnlich wie bei den Kommunalwahlen, durch das auf dem Grundsatz der Gleichheit beruhende Reichstagswahlrecht aber schärfer markiert, vollzieht sich der Niedergang des Freisinns in der Wählergunst bei den Reichstagswahlen. Zwischen den erstarkenden Gruppen des Nationalliberalismus und der Sozialdemokratie verlor die Partei des Wiesbadener Stadtbürgertums immer mehr an Bedeutung.

1903 war es dann soweit, daß statt des freisinnigen Abgeordneten Crüger der nationalliberale Eduard Bartling in die Stichwahl gegen den Sozialdemokraten Emil Fleischmann kam. Bartling, der Züge eines klassischen „Selfmademan" einschließlich einer gewissen Selbstüberschätzung hatte, baute seine Machtbasis in Wiesbaden zielstrebig aus.

Als Besitzer des „Rheinischen Kurier" und des „Generalanzeiger" übte er in Wiesbaden großen Einfluß auf die Presse aus. Ihm gehörte außerdem noch die Berliner „Nationalzeitung".[298] Er wurde zum beherrschenden, allerdings wohl wenig geliebtem Vertreter[299] des Bürgertums in der Stadt. Bartling, der dem rechten Flügel der Nationalliberalen zuzurechnen ist, konnte sich dank der Wahlempfehlung aller bürgerlichen Parteien in der Stichwahl gegen den Sozialdemokraten Gustav Lehmann durchsetzen und durchbrach damit die lange Erfolgsserie des Freisinns. Sein Sieg zeigte, daß die Nationalliberalen auch ohne Bevorteilung ihrer vielfach vermögenden Anhänger durch das Dreiklassenwahlrecht jetzt mehr Anhänger als die Freisinnige Volkspartei in der Stadt hatten.[300]

Eine große Zahl der Wiesbadener fühlte sich weder von dem nationalliberal-konservativen noch dem freisinnigen Interessenklüngel vertreten. Während bei der offenen Stimmabgabe zur Kommunalwahl noch Zurückhaltung geübt wurde, zeigte sich bei den geheimen Reichstagswahlen, wie stark die Sozialdemokratie mittlerweile auch in der „Weltkurstadt" war. Hier stimmten die bevölkerungsreichen Viertel mit den kleinen Handwerkern und Arbeitern überwiegend „für die Roten".

Dem sozialdemokratischen Reichstagskandidaten Gustav Lehmann gelang 1907 ein Überraschungserfolg, als er dank der Unterstützung der

---

[298] Vgl. Nassauische Heimatblätter, Nr. 1 (1928), 34f.

[299] So wußte Zeitzeuge Wilhelm Lehnen zu berichten, daß dem Sarg von Bartling bei dessen Beerdigung 1927 nur sechs Personen gefolgt sind. Tonbandaufzeichnung d. Interviews 1993, Tonarchiv Weichel.

[300] *Klein*, Reichstagswähler, 635ff.

Rheingauer Zentrumswähler in der Stichwahl über Bartling siegte.[301] Doch war dieses Stimmverhalten der Zentrumswähler nur Episode und hatte seine Ursachen in den Konflikten auf Reichsebene. Das vor der Wahl 1907 in der Stadt umlaufende Gerücht, im Falle eines sozialdemokratischen Erfolges käme der Kaiser nicht mehr in die „rote" Stadt, bewahrheitete sich aber nicht.[302]

Im Vorfeld der Wahlen 1912 gab es im bürgerlichen Lager Bemühungen, eine Einigung über gemeinsame Kandidaten in allen nassauischen Wahlkreisen zu erzielen. Dabei war man auch bereit, den rechten Bartling gegen einen „linken" Nationalliberalen auszuwechseln. Nach dem Scheitern dieser Einheitsstrategie traten die alten Gegensätze wieder auf, und Bartling wurde als Opportunist an den Pranger gestellt, weil er Mitglied der einander im Grundsatz widerstrebenden Vereinigungen „Bund der Landwirte" und „Hansabund" war.[303] Bartling geriet auch durch die Kandidatur des Konservativen Oberstleutnant v. Wilhelmi unter Druck, doch hatte er in der Hauptwahl trotz Stimmenverlusten unter den bürgerlichen Kandidaten noch die meisten Wähler. In Wiesbaden konnte er seinen Vorsprung gegenüber dem freisinnigen Kandidaten sogar noch ausbauen, ein deutlicher Hinweis, daß der Trend zugunsten der Nationalliberalen ungebrochen war.

In der Stichwahl mußte der Freisinn und damit das gewerbliche Bürgertum „zähneknirschend" den Rechten Bartling unterstützen, der diesmal auch wieder die Stimmen der Rheingauer Zentrumswähler erhielt und sich mit klarer Mehrheit gegen Lehmann durchsetzen konnte. Ein denkbares Zusammengehen mit den Sozialdemokraten hatte für den Freisinn keine Perspektive. Der Ruf Wiesbadens, eine rote Stadt zu sein, hätte den Kurinteressen und damit ihnen selbst geschadet.

c. Die Grenzen des Wachstums

Der geschilderte großzügige Ausbau der Stadt – den Kurgästen und Rentiers zu Gefallen – hatte einen ungünstigen Einfluß auf den Zustand der Stadtkasse. Trotz des hohen Steueraufkommens geriet die Stadt über diese Ausgaben in eine Finanzkrise, die durch den absehbaren Wegfall eines Teils der Akzise[304] bis 1910 noch weiter verschärft wurde. Ein besonderer „Beitrag" zu den städtischen Schulden wurde mit dem Bau des Kurhauses geleistet, dessen Architekt Friedrich von Thiersch sich vorhalten lassen

---

[301] *Weichel*, Kommunalpolitik, 83.
[302] *Weichel*, Kommunalpolitik, 84.
[303] WTB Nr. 10 v. 7.1.1912 u. Nr. 15 v. 10.1.1912.
[304] *Schmidt*, Einnahmequellen, 78. Die Zollgesetzgebung von 1902 sah den Wegfall der Akzise auf Getreide, Hülsenfrüchte und Fleisch bis zum 1. April 1910 vor.

mußte, nach Kräften an der „Luxusschraube" gedreht zu haben und „mit unerbittlicher Energie allen Verbilligungsvorschlägen gegenüber taub" gewesen zu sein.[305] Der Überziehung des Kostenvoranschlages um knapp drei Millionen Mark bedeutete fast eine Verdoppelung des einkalkulierten Betrages. Der zusätzlichen Kosten übertrafen das, was der kommunale Aufschlag auf die Einkommenssteuer jährlich in die städtische Kasse brachte.[306] Wollte man dem Haushalt nicht jede Deckung nehmen, blieben in dieser Situation nur Steuererhöhungen. Die Steigerung der kommunalen Einkommensteuerzuschläge auf den alten Stand von 100% ab dem Haushaltsjahr 1903/04 genügte bei weitem nicht.[307] Die politische Streitfrage war, welche Steuern erhöht werden sollten.

Die Nationalliberalen und Konservativen vertraten in dieser Auseinandersetzung weiterhin die Interessen ihrer Hauptwählergruppe, der Rentiers und Pensionäre, die natürlich am allerwenigsten eine weitere Erhöhung des kommunalen Aufschlags auf die Einkommenssteuer hinnehmen wollten, selbst wenn die Stadt dabei weiterhin deutlich unter dem Niveau der Mehrzahl der Städte geblieben wäre. Von dieser Seite wollte man die städtischen Defizite vor allem durch höhere Haus-, Grund- und Gewerbesteuern und über indirekte Steuern gedeckt wissen. Die Freisinnigen, die hier gemeinsam mit dem Hausbesitzerverband auftraten, lehnten solche Steuervorschläge aber im Interesse ihrer „stadtbürgerlichen" Klientel ab und favorisierten die Erhöhung des Zuschlages auf die Staatssteuer.

Die Mehrheit des Magistrats und vor allem Oberbürgermeister Ibell stellten sich in dieser Frage auf die Seite der Nationalliberalen und forcierten die Einführung neuer Steuern. Ob hier politische Loyalitäten den Ausschlag gaben oder Ibell der Überzeugung anhing, eine Erhöhung des kommunalen Aufschlags auf die Staatssteuer würde die Attraktivität Wiesbadens für die Rentiers mindern und so zu deren Wegzug oder zumindest Ausbleiben führen, kann hier nicht entschieden werden. Statt einer Erhöhung des kommunalen Steueraufschlages wurden nun u.a. eine Wertzuwachssteuer für Grundstücke, eine Schankkonzessionssteuer und eine neue, zweiprozentige Grundsteuer eingeführt. In der Summe also Abgaben, die vor allem das Stadtbürgertum betrafen oder jene „stadtbürgerlichen" Rentiers, deren Kapital in Mietshäusern in der Stadt angelegt war.

Eine weitere, wenig soziale Finanzquelle für den städtischen Haushalt waren die Versorgungsbetriebe. Sie mußten immer höhere Abgaben an die

[305] So jedenfalls berichtet die Neudeutsche Bauzeitung. Vgl. *Winfried Nerdinger*, Das Kurhaus in Wiesbaden. Ein wilhelminisches Gesamtkunstwerk, in: Neues Bauen in Wiesbaden 1900–1914. Ausstellungskatalog. Wiesbaden 1984, 73–87, hier 76.
[306] Vgl. Steueraufstellungen in: Verwaltungsbericht der Stadt Wiesbaden für die Zeit vom 1. April 1908 bis 31. März 1911. Wiesbaden 1911, 213ff.
[307] *Müller-Werth*, Geschichte, 126.

Stadtkasse zahlen und verlangten entsprechend höhere Preise von ihren Kunden. Schließlich betrug der zu Gunsten der Stadt erzielte und quasi verordnete Reingewinn 27% des Umsatzes. Um 1910 erhielt die Stadtkasse allein aus dieser Quelle 1,5 Millionen Mark jährlich. Nur durch solche Zusatzabgaben war es möglich, den kommunalen Einkommenssteuerzuschlag niedrig zu halten. Hätte die Stadt diese Einnahmen nicht erzielt, so, dies ergibt jedenfalls eine Modellrechnung für das Jahr 1910, hätte sie stattdessen z.B. den Einkommenssteueraufschlag von 100% auf 150% erhöhen müssen.[308] Wiesbaden konnte so bis 1914 den kommunalen Aufschlag auf die staatliche Einkommenssteuer bei 100% halten, als nur noch wenige Städte dazu in der Lage waren.[309] Den Preis mußten der Gewerbestand und die sozial Schwächeren zahlen.

Die Interessenpolitik, die das „Stadtbürgertum" in den Jahrzehnten zuvor betrieben hatte, war mit der politischen Mehrheit umgeschlagen zu einer Politik zugunsten der Rentiers. „Herren in der Stadt" waren nicht mehr, wie Reusch es anläßlich der Bürgermeisterwahl 1883 gefordert hatte, die gewerbetreibenden Bürger, sondern die Eingewanderten.

Erst die Kriegsumstände zwingen die Stadtverordnetenversammlung den kommunalen Steueraufschlag auf 125% zu erhöhen. Doch auch diese Steigerung reicht nicht aus, die jetzt noch gravierenderen Einnahmeausfälle auszugleichen.[310]

Die Aufrechterhaltung der niedrigen Steuersätze bei gleichzeitiger „Prachtentfaltung" hatte außerdem zu einer zunehmenden Verschuldung der Stadt geführt. Bei dem Amtsantritt von Ibell 1883 hatte Wiesbaden nur 7,5 Millionen Mark Schulden, bis 1913 vergrößerte sich die Schuldenlast auf auf 61 Millionen. Zwar muß bei einer solchen Gegenüberstellung auf die Verdoppelung der Einwohnerzahl und das gestiegene Vermögen der Stadt berücksichtigt werden, doch bestand der städtische Besitz vor allem in Gebäuden wie Kurhaus, Museum und Bibliothek, die kaum Rendite abwarfen oder sogar eines Zuschusses bedurften.[311] Zinsen und Tilgung der

---

[308] Berechnung auf Basis der Angaben zu den Steuern in: Verwaltungsbericht der Stadt Wiesbaden. Für die Zeit vom 1. April 1911 bis 31. März 1912, Wiesbaden 1913.

[309] Reulecke verzeichnet für das Etatjahr 1913/14 nur sechs preußische Stadtkreise mit einem Aufschlag von 100%, darunter Wiesbaden und Wilmersdorf. Die Mehrheit der Städte mit eigenem Kreis hatte demnach Einkommensteuerzuschläge von 151 bis 250%. Vgl. *Jürgen Reulecke*, Geschichte der Urbanisierung in Deutschland. Frankfurt a. M. 1985, 215. Oberbürgermeister Glässing bezeichnet allerdings in seiner Etatrede 1914 Berlin als die einzige Stadt außer Wiesbaden mit diesem Aufschlag. StdAWi, Zeitungsausschnittsammlung, 26.3.1914.

[310] Aus dem Verwaltungsbericht von 1915/16 läßt sich eine Erhöhung des kommunalen Steueraufschlages auf 125% für dieses Etatjahr erschließen. Vgl. VBWi 1915/16, 7f.

[311] Schulden nach *Müller-Werth*, Geschichte, 128f. Vgl. auch VBWi 1915/16, 52. Demnach betrug der Wert der bebauten Grundstücke im Besitz der Stadt (nur innerhalb des Stadtgebietes) am 1.4.1914 knapp 40 Millionen Mark.

Kommunalanleihen mußten also vor allem aus den laufenden Steuereinnahmen getragen werden. Damit war ein Anstieg der Schulden kaum aufzuhalten – eine Konstellation, die am Ende des 20. Jahrhundert durchaus vertraut anmutet.

Das Modell Wiesbaden als eine Bürgerstadt für die auf der Sonnenseite Stehenden war bereits wirtschaftlich an seine Grenzen gestoßen, als deutlich wurde, daß auch das Konzept einer Fremden- und Kurstadt kein Garant für ein unbegrenztes Wachstum der Stadt war. Ausgelöst von einem Anstieg der Hypothekenzinsen geriet das Baugewerbe 1907 reichsweit in eine Krise. In Wiesbaden kam jedoch die Baukonjunktur im Gegensatz zu den meisten anderen Städten auch nach 1908 nicht mehr in Schwung, vielmehr ging die Neubautätigkeit noch weiter zurück und viele Bauarbeiter verließen die Stadt.[312] Diese Abwanderung erklärt auch den Bevölkerungsrückgang ab 1909, der bis Kriegsausbruch anhielt (vgl. Grafik 23). Allerdings blieben, das mag die Stadt vor dem Konkurs gerettet haben, die Rentiers in der Stadt (vgl. Tabelle 49). Weiterer Zuzug blieb aber aus.

Tabelle 49
Anzahl der Personen mit über 100.000 Mark Jahreseinkommen.
(auf der Basis der Steuerberechnung)

1911/12	64
1912/13	69
1914	86
1915	68
1916	70
1917	93
1918	116
1919	124

Dem „gewerblichen Mittelstand" und jenen Wiesbadener Rentiers, die ihr Geld in der Stadt angelegt hatten, drohten durch den Bevölkerungsrückgang empfindliche Verluste. Fast alle Neubauten in der Stadt waren von diesen Bevölkerungsschichten errichtet worden, nicht wie etwa in Berlin durch Kapitalgesellschaften. Allerdings hatten nicht wenige Wiesbadener die Häuser eher spekulativ und mit Krediten errichtet. Jetzt, da mit der fehlenden Nachfrage der Wert der Miethäuser und Villen sank und zugleich ein hoher Leerstand von Wohnungen die Mieteinnahmen minderte, wurde die Bezahlung der Hypotheken zum Problem.[313] Der Versuch der

---

[312] *Weichel*, Kommunalpolitik, 28f.
[313] H. *Reusch*, Ein Versuch zur Lösung der Frage der II. Hypotheken durch die Stadt Wiesbaden in Gemeinschaft mit der Nassauischen Landesbank, in: Zeitung für Wohnungswesen, Jg. 1913, H. 23/24, 325–328, hier 325.

Stadtverordnetenversammlung 1913, den Hausbesitzern durch die Übernahme der Bürgschaft auch für die zweite Hypothek durch die Stadt Erleichterung zu verschaffen, scheiterte. Die entsprechende Vereinbarung zwischen Stadt und Nassauischer Landesbank wurde durch eine ministerielle Verfügung aufgehoben, da wegen der Unsicherheiten eine Kommune generell keine Bürgschaft für zweite Hypotheken leisten dürfe.[314]

Die Perspektive Wiesbadens wurde weiter getrübt durch eine Krise des Fremdenverkehrs und des Kurbetriebes. Daß dies nicht nur Wiesbaden betraf, sondern auch die anderen größeren Bäder in Deutschland um 1910 mit Stagnation oder sogar Rückgang zu kämpfen hatten, zeigt ein Vergleich der Gästezahlen.[315] (Vgl. Grafik 24) Allein kleinere Kurorte können um diese Zeit noch ein beachtliches Wachstum vorweisen.[316]

Die Überlokalität der Krise mag den Bürgern der Stadt nur ein geringer Trost gewesen sein. Die „Weltkurstadt" kämpfte zudem noch mit dem Ruf, ein teures Pflaster zu sein. Doch dieser war nicht über Nacht aus der Welt zu schaffen, wenngleich man sich bemühte.[317]

Nach einem Jahrhundert fast ununterbrochener starker Entwicklung steckte Wiesbaden am Vorabend des Ersten Weltkrieges in der Krise. Die Frage, ob man sich von dem „Kur- und Fremdenstadt"-Konzept lösen sollte, wurde heftig diskutiert. Sollte Wiesbaden eine „normale" Stadt werden und versuchen, anderen Städten in der Industrialisierung nachzueifern? Ein Konzept zu dem notwendig auch Eingemeindungen gehört hätten, denn ohne die sich bereits in der Umgebung entwickelnden Industriestandorte und vor allem den direkten Zugang zur Rheinfront war ein solches Konzept nicht denkbar. Der Widerstand gegen solche Versuche war aber groß – soweit feststellbar mit Ausnahme der Sozialdemokratie auch parteiübergreifend. Erst nach der Pensionierung Ibells als Oberbürgermeister 1913 wird eine größere Bereitschaft zumindest der Stadtverwaltung spürbar, nach neuen Wegen zu suchen. Der neue Oberbürgermeister Glässing berichtet im März 1914 von Eingemeindungsverhandlungen mit dem Villenvorort Sonnenberg und dem am Rhein gelegenen Industrievorort Biebrich. Der Ausbruch des Ersten Weltkrieges verhinderte hier wohl die weitere Entwicklung.

Französische, dann britische Besatzung bis Ende der 1920er Jahre, die inflationsbedingte „Verarmung" eines erheblichen Teils der Rentiers stell-

---

[314] *H. Reusch*, Zweite Hypotheken mit Gemeindebürgschaft. Die Rücksicherheiten der Gemeinde, in: Zeitung für Wohnungswesen, Jg. 1916, H. 7, 85–90, hier 86.

[315] *Weichel*, Kommunalpolitik, 19 u. 180.

[316] Vgl. die Statistiken bei: *Erich Rütten*, Die Frequenz 12 deutscher Heilbäder im Wandel der Konjunktur. Diss. Gießen 1936.

[317] *Franz Schlothauer*, Was bietet das Weltbad Wiesbaden. Kur und Leben in Wiesbaden, teuer oder billig?, Biebrich o. J. [ca. 1915]

ten die Stadt nach 1918 vor Probleme, die 1914 noch nicht einmal erahnt werden konnte. So gesehen war die Krise der Stadt in den Jahren vor dem Ersten Weltkrieg nur ein schwacher Vorgeschmack auf das, was noch kommen sollte.

120 Jahre städtisches Bürgertum

Die Entwicklung Wiesbadens binnen 120 Jahren von einer kleinen Landstadt zu einer Kur- und Rentierstadt mit über 100.000 Einwohnern ist sicher ein „Aufstieg" besonderer Art in einem an städtischer Expansion nicht
armen Jahrhundert. Dieses Wachstum, aber auch der Wechsel in der Funktion der Stadt bedingte, daß es, trotz des scheinbar geraden, zielgerichteten
Ausbaus der Stadt, zu mehreren strukturellen Umbrüchen kam, die auch die
Bürgerschaft und die bürgerliche Elite einschlossen. Im folgenden soll versucht werden, diese Veränderungen zusammenfassend darzustellen.

Im alten Wiesbaden um 1800 dominierten die Badewirte sowohl wirtschaftlich als auch politisch. Ihre Stellung, und damit auch die der Stadt,
war gegenüber dem Fürsten des kleinen nassau-usingischen Staates außerordentlich stark. Mit dem Zusammenschluß der Verwaltung der beiden nassauischen Staaten 1803 aufgrund eines Erbvertrages und schließlich mit der
Gründung eines Herzogtums von Napoleons Gnaden wurde Wiesbaden das
Verwaltungszentrum eines Staates, dessen Einwohnerzahl in wenigen Jahren durch territoriale Zugewinne von 40.000 auf 300.000 angewachsen war.
Gegenüber einem immer selbstbewußter agierenden und durch Reformen
gestärkten Staatsapparat geriet Wiesbadens alte Elite zunehmend stärker in
die Defensive. Über der vergeblichen Verteidigung der alten Rechte und
Privilegien sowohl für sich selbst als auch für die gesamte Stadt verpaßte
sie die Chancen, die in der staatlichen Förderung des Ausbaus Wiesbadens
zur Hauptstadt lagen.

Die wirtschaftlichen Möglichkeiten wurden stattdessen von Einwanderern genutzt, die in großer Zahl in die Stadt kamen. Binnen weniger Jahre
erlangten die Immigranten in der rasch wachsenden Stadt eine ökonomische Vormachtstellung, die sie auch in starkem Maß in die städtischen
Gremien, insbesondere in den Stadtvorstand, brachte. Dieser „Eliten-
wechsel" geschah weniger in Form einer offenen Auseinandersetzung, sondern eher im Sinne einer Ablösung. Jedenfalls deutet nichts darauf hin, daß
das alte Stadtbürgertum seine Positionen verteidigt hätte. Die Zahl der Personen, die in der Phase zwischen 1803 und 1820 einwanderten, lag etwa
ebenso hoch wie die Zahl der Einheimischen. Eine Integration war unter
diesen Bedingungen kaum möglich. Gerade im Hinblick auf die Elite konstituierte sich vielmehr ein neues Stadtbürgertum, in dem die dynamischen
Einwanderer das „alte" Bürgertum mitzogen.

In einem Zeitraum von wenigen Jahren entstand so ein neues Wiesbadener Bürgertum. Eines der wesentlichen Ergebnisse der vorliegenden Arbeit
ist, daß sich dieses neue Stadtbürgertum in der Verteidigung städtischer
Interessen fast ebenso verhielt wie das alte: Man versuchte den weiteren

Zuzug von Neubürgern zu begrenzen und begab sich in Opposition zum Herzog. Bereits die Renitenz des staatlich eingesetzten Stadtrats von 1814 mit seinem hohen Anteil an Einwanderern deutet diesen Zusammenhang an. Auch in der Folgezeit waren die meisten der liberalen Wiesbadener Oppositionellen Einwanderer.

Ganz offenbar gab es eine Position städtischer Politik in der Umbruchphase wie im Vormärz, die nicht notwendig verbunden war mit der Existenz eines genuin gewachsenen und möglicherweise „verkrusteten" Stadtbürgertums, sondern die der gesellschaftlichen Entwicklung entsprang und möglicherweise auf einem „allgemeingültigen" Gegensatz zwischen Stadt und Landesherrschaft gründete. Dabei waren es die Einwanderer, die halfen, die nach rückwärts gewandte Obstruktionspolitik der alten Wiesbadener Elite gegen die staatlichen Eingriffe durch „moderne", liberale Forderungen abzulösen.

Für den Vormärz gilt, daß die nassauischen Herzöge hinsichtlich der Opposition in hohem Maße einheitsstiftend gewirkt haben: Der Autokratismus und Regierungsabsolutismus, der sich bei der Unterdrückung liberaler Strömungen offenbarte, hat für lange Zeit politische Unterschiede in der liberalen Bewegung verdeckt.

Auffällig ist, daß es in Wiesbaden bis in den Vormärz hinein keinen geselligen Verein für das „staatsunabhängige" Bürgertum gegeben hat. Auch die Gründung des Bürger-Casinos „Harmonie" war offensichtlich nicht von Dauer. Einen Zusammenhalt boten aber der lokale Gewerbeverein sowie der Naturkundeverein, in denen sich ein reges Vereinsleben entwickelte.

Zu den auslösenden Faktoren für die Revolution 1848 in Nassau gehörte neben den allgemeinen Zeitumständen sicher die Verbitterung über die harte Haltung der Regierung in bezug auf liberale Reformen und ihr schroffer Umgang mit den Liberalen selbst. Der radikale Zug in den ersten Tagen der Revolution ging eher von der Landbevölkerung als von dem städtischen Bürgertum aus. Die Mehrzahl der Bürger wäre gewiß mit der Verwirklichung der ersten Märzforderungen zufrieden gewesen. Eine Budgetkontrolle und eine weniger selbstherrlich agierende Beamtenschaft hätten nach Ansicht vieler für des Bürgers Glück genügt. Radikale Strömungen blieben in Wiesbaden auf wenige schillernde Personen, sogenannte „jugendliche Hitzköpfe", und Teile der städtischen Unterschicht beschränkt. Auch die Wiesbadener Demokraten, eher eine Vertretung des Kleinbürgertums, waren eine sehr gemäßigte Bewegung, und ihre zeitweilige Mehrheit in den Gemeindevertretungen verdankten sie vor allem dem Unwillen gegen den engen Pakt der Konstitutionellen mit den alten Kräften.

Die während der Revolution vollzogene politische Spaltung der Wiesbadener Bürgerschaft in Konstitutionelle und Demokraten wurde durch die reaktionäre, insbesondere gegen die wirtschaftlichen Interessen des Bürgertums verstoßende Politik der nassauischen Regierung seit Anfang der 1850er Jahre wieder aufgehoben. Die Konfliktkonstellation erinnert an die „vormärzlichen" Verhältnisse. Doch war mittlerweile das Bürgertum wirtschaftlich erstarkt und hatte seit der Revolution in einigen Advokaten Wortführer gefunden, die nun die Opposition professioneller und agitatorisch geschickter betrieben als ehedem.

Der Wiesbadener Gemeinderat, zu dessen Wahl nur die eingeschriebenen Bürger berechtigt waren, wurde Ende der 1850er Jahre liberal beherrscht und entwickelte sich zum Sprachrohr des Wirtschaftsbürgertums im Streit um die Erweiterung des Zollvereins. Die scheinbar unüberbrückbaren Gegensätze zwischen Opposition und Regierung verschärften sich in einem solchen Maße, daß sich eine Auflösung des Landtages an die nächste anschloß.

Der gordische Knoten, zu dem sich die innenpolitischen Konflikte in Nassau verschlungen hatten, wurde mit der preußischen Annexion durchschlagen. Zugleich jedoch war es mit der scheinbaren Einheit des Bürgertums vorbei. In die beginnenden Auseinandersetzungen zwischen den Nationalliberalen und den Linksliberalen spielte neben allgemeinen Fragen vor allem die Schließung der Spielbank als eine speziell Wiesbadener Komponente eine besondere Rolle. Das Stadtbürgertum und insbesondere die wirtschaftliche Elite sahen sich durch das anstehende Verbot der Wiesbadener Spielbank ökonomisch bedroht, und die Aktionäre der Spielbankgesellschaft fühlten sich finanziell geschädigt. Die Spielbankfrage und der mit der preußischen Herrschaft verbundene Anstieg der Steuern führten dazu, daß sich die Wiesbadener Bürger wieder in Opposition zu ihrer Regierung begaben – jetzt zur neuen, preußischen – und anfingen, die Werte alter nassauischer Errungenschaften wie etwa der Simultanschule oder der Kirchenunion zu betonen – hier mag die Geburt des Mythos von dem alten, schönen Nassau liegen. Diese leicht verklärte Vergangenheitssicht schwingt heute noch in vielen Regionalgeschichten mit.

Das weiterhin gültige nassauische Bürgerrecht begünstigte die Herrschaft der gewerbetreibenden „Alteingesessenen": Die von der Stadt geforderten hohen Bürgereintrittsgebühren und der Ausschluß der aktiven Beamten von der Wahl reduzierten die Zahl der Wahlberechtigten auf einen Bruchteil der Bevölkerung. Die Mehrzahl der Neueinwanderer verzichtete auf den Erwerb des Bürgerrechts und begünstigte auf diese Weise eine Cliquenwirtschaft. Besonders die Rentiers, die sich seit den 1850er Jahren verstärkt in der Stadt niederließen, hielten sich vom Bürgerrecht fern. Sie fanden gesellschaftlichen Anschluß über die Casino-Gesellschaft, die seit ihrer Gründung überwiegend eine Organisation der Beamten und Offiziere war.

Daran änderte auch eine zeitweilige verstärkte Aufnahme von Wirtschaftsbürgern in den 1860er Jahren nichts. Das „Casino" bildete auch in der
preußischen Zeit mit den Beamten, den Offizieren und den zugezogenen
Rentiers quasi eine Gegengesellschaft zum lokalen Wirtschaftsbürgertum.

Hinsichtlich des Zuzugs der Rentiers stand die „alte" lokale Elite vor einem Dilemma: Einerseits wollte und brauchte sie die Rentiers für den
Wohlstand der Stadt, förderte auch über niedrige Steuersätze deren Ansiedlung. Zugleich bedrohte aber deren zunehmende Zahl die Machtposition
des Gewerbebürgertums. Dieser Konstellation ist es letztlich zu verdanken,
daß die alte nassauische Gemeindeordnung von 1854 über 25 Jahre kon-
serviert wurde. Nur mit dem exklusiven Bürgerrecht konnte verhindert
werden, daß die vermögenden Rentiers die oberen Wählerklassen dominierten und die Beamten Wahlrecht erlangten. Deshalb lehnte die alte politische Elite ein neues Stadtrecht auf Basis der Einwohnergemeinde lange
Zeit ab.

Die starke Zuwanderung und eine erfolgreiche Kampagne unter den
Rentiers für den Eintritt ins Bürgerrecht in den 1880er Jahren beendeten
den Widerspruch zwischen wirtschaftlicher Macht und kommunalpoliti-
schen Abstinenz: Bereits bei der Wahl von Ibell zum Bürgermeister 1883
zeigte sich, daß die Neueingewanderten bei einer entsprechenden Mobilisierung die „Alt-Wiesbadener" in den beiden ersten Wählerklassen majori-
sieren konnten.

Mit der Einführung des neuen Stadtrechts 1891 ging die Vorherrschaft
des Freisinns in der Stadtpolitik zu Ende, seine Mehrheit bei den Reichstagswahlen verlor er um die Jahrhundertwende. Mit dem Erstarken der Sozialdemokratie geriet die freisinnige Partei und mit ihr das alte Stadtbürgertum zwischen zwei Mühlsteine. In der dritten Wählerklasse wurde die Sozialdemokratie nur knapp und nicht immer mit Erfolg niedergehalten, während die erste Wählerklasse fest in der Hand der Nationalliberalen und
Konservativen war und diese bürgerliche Konkurrenz dem Freisinn auch
die zweite Klasse streitig machte. Der Machtwechsel wird insbesondere im
Streit um die Verteilung der Steuerlast während des ersten Jahrzehnts nach
der Jahrhundertwende deutlich: Hier unterlag das „alte" Stadtbürgertum
gegen eine Koalition von Rentiers mit dem nationalliberalen, eher großbür-
gerlich orientierten Oberbürgermeister Ibell.

Binnen eines Jahrhunderts war in Wiesbaden damit zum zweiten Mal eine Gruppe von Einwanderern so erfolgreich, daß sie die „Eingesessenen"
majorisierte. Anders jedoch als die Einwanderer des Vormärzes, die auf
den Aufschwung der Stadt setzten, sich somit gewollt oder ungewollt im
Einklang mit dem „Allgemeininteresse" befanden und vielleicht gerade
deshalb glaubhaft liberale Politik machen konnten, verstrickten sich die

Rentiers zusammen mit dem alten „Stadtbürgertum" in der preußischen Zeit immer stärker in der Kommunalpolitik egoistischer Gruppeninteressen. Noch bevor die Wachstumskrise nach 1907 die Grenzen des Konzept „Bürgerstadt" und „Weltkurstadt" aufzeigte, hatte das „Stadtbürgertum" im Sinne einer lokalen Einheit endgültig aufgehört zu existieren.

Anhang

Tabelle 50

Die Sozialstruktur von Stadtrat und Stadtvorstand 1792-1831

Zum Funktion der Gremien vgl. Text und Tabellen im Text

	Rat 1792		Rat 1805		Rat 1814		Vorst. 1816		Rat 1822		Vorst. 1822		Vorst. 1831	
Adelige (ohne nähere Angaben)	0	0,0%	0	0,0%	0	0,0%	0	0,0%	0	0,0%	0	0,0%	0	0,0%
Offiziere	0	0,0%	0	0,0%	0	0,0%	0	0,0%	0	0,0%	0	0,0%	0	0,0%
Hof- und Staatsbeamte	0	0,0%	0	0,0%	0	0,0%	0	0,0%	0	0,0%	0	0,0%	0	0,0%
Adel, Militär, Bürokratie	**0**	**0,0%**	**0**	**0,0%**	**0**	**0,0%**	**0**	**0,0%**	**0**	**0,0%**	**0**	**0,0%**	**0**	**0,0%**
Geistliche, Pfarrer	0	0,0%	0	0,0%	0	0,0%	0	0,0%	0	0,0%	0	0,0%	0	0,0%
Mediziner, Apotheker	0	0,0%	0	0,0%	0	0,0%	0	0,0%	0	0,0%	0	0,0%	0	0,0%
Advokaten, Rechtsanwälte	0	0,0%	0	0,0%	0	0,0%	0	0,0%	0	0,0%	0	0,0%	0	0,0%
Architekten, Techniker	0	0,0%	0	0,0%	0	0,0%	0	0,0%	0	0,0%	0	0,0%	0	0,0%
Professoren, Lehrer	0	0,0%	0	0,0%	0	0,0%	0	0,0%	0	0,0%	0	0,0%	0	0,0%
Studenten, Schüler	0	0,0%	0	0,0%	0	0,0%	0	0,0%	0	0,0%	0	0,0%	0	0,0%
Künstler	0	0,0%	0	0,0%	0	0,0%	0	0,0%	0	0,0%	0	0,0%	0	0,0%
Bildungsbürgertum	**0**	**0,0%**	**0**	**0,0%**	**0**	**0,0%**	**0**	**0,0%**	**0**	**0,0%**	**0**	**0,0%**	**0**	**0,0%**
Hohe Stadtbeamte, bürgerl. Ämter	0	0,0%	0	0,0%	0	0,0%	0	0,0%	0	0,0%	0	0,0%	0	0,0%
Bankiers, Bankdirekt.	0	0,0%	0	0,0%	0	0,0%	0	0,0%	0	0,0%	0	0,0%	0	0,0%
Rentiers	0	0,0%	0	0,0%	0	0,0%	0	0,0%	0	0,0%	0	0,0%	0	0,0%
Kaufleute, Handelsleute	1	8,3%	1	8,3%	3	25,0%	0	0,0%	1	12,5%	2	16,7%	1	8,3%
Fabrikanten	0	0,0%	0	0,0%	0	0,0%	0	0,0%	0	0,0%	0	0,0%	1	8,3%
Verleger, Buchhändler, -drucker	0	0,0%	0	0,0%	0	0,0%	0	0,0%	0	0,0%	0	0,0%	2	16,7%
Gast- und Badewirte	3	25,0%	5	41,7%	3	25,0%	4	33,3%	1	12,5%	2	16,7%	2	16,7%
Weinwirte, Kaffetiers, Bierbrauer	0	0,0%	0	0,0%	0	0,0%	0	0,0%	0	0,0%	0	0,0%	0	0,0%
Landwirte etc.	0	0,0%	0	0,0%	1	8,3%	1	8,3%	2	25,0%	2	16,7%	1	8,3%
Handwerker, Kleinhändler	8	66,7%	6	50,0%	5	41,7%	7	58,3%	4	50,0%	6	50,0%	5	41,7%
Angestellte	0	0,0%	0	0,0%	0	0,0%	0	0,0%	0	0,0%	0	0,0%	0	0,0%
Arbeiter, Gesellen, Dienstboten	0	0,0%	0	0,0%	0	0,0%	0	0,0%	0	0,0%	0	0,0%	0	0,0%
Stadtbürgertum	**12**	**100,0%**	**12**	**100,0%**	**12**	**100,0%**	**12**	**100,0%**	**8**	**100,0%**	**12**	**100,0%**	**12**	**100,0%**
Ohne Beruf/ohne Angaben	0	0,0%	0	0,0%	0	0,0%	0	0,0%	0	0,0%	0	0,0%	0	0,0%
Summe der Mitglieder	**12**	**100%**	**12**	**100%**	**12**	**100%**	**12**	**100%**	**8**	**100%**	**12**	**100%**	**12**	**100%**

Tabelle 51

Die Sozialstruktur von Stadtvorstand und Gemeinderat 1848-1889

Zum Funktion der Gremien vgl. Text und Tabellen im Text

	Vorst. 1848/1		Vorst. 1848/2		Rat 1849		Ergänzungsw. Rat 1850/51		Rat 1864		Rat 1871		Rat 1889	
Adelige (ohne nähere Angaben)	0	0,0%	0	0,0%	0	0,0%	0	0,0%	0	0,0%	0	0,0%	0	0,0%
Offiziere	0	0,0%	0	0,0%	0	0,0%	0	0,0%	0	0,0%	0	0,0%	0	0,0%
Hof- und Staatsbeamte	0	0,0%	0	0,0%	1	4,2%	1	8,3%	0	0,0%	1	8,3%	0	0,0%
Adel, Militär, Bürokratie	**0**	**0,0%**	**0**	**0,0%**	**1**	**4,2%**	**1**	**8,3%**	**0**	**0,0%**	**1**	**8,3%**	**0**	**0,0%**
Geistliche, Pfarrer	0	0,0%	0	0,0%	0	0,0%	0	0,0%	0	0,0%	0	0,0%	0	0,0%
Mediziner, Apotheker	0	0,0%	0	0,0%	1	4,2%	1	8,3%	0	0,0%	0	0,0%	0	0,0%
Advokaten, Rechtsanwälte	1	8,3%	0	0,0%	1	4,2%	3	25,0%	0	0,0%	0	0,0%	0	0,0%
Architekten, Techniker	0	0,0%	0	0,0%	0	0,0%	0	0,0%	0	0,0%	0	0,0%	0	0,0%
Professoren, Lehrer	0	0,0%	1	8,3%	0	0,0%	1	8,3%	0	0,0%	0	0,0%	1	8,3%
Studenten, Schüler	0	0,0%	0	0,0%	0	0,0%	0	0,0%	0	0,0%	0	0,0%	0	0,0%
Künstler	0	0,0%	0	0,0%	0	0,0%	0	0,0%	0	0,0%	0	0,0%	0	0,0%
Bildungsbürgertum	**1**	**8,3%**	**1**	**8,3%**	**2**	**8,3%**	**5**	**41,7%**	**0**	**0,0%**	**0**	**0,0%**	**1**	**8,3%**
Hohe Stadtbeamte, bürgerl. Ämter	0	0,0%	0	0,0%	0	0,0%	0	0,0%	0	0,0%	0	0,0%	0	0,0%
Bankiers, Bankdirektoren	0	0,0%	0	0,0%	0	0,0%	0	0,0%	0	0,0%	0	0,0%	1	8,3%
Rentiers	1	8,3%	1	8,3%	2	8,3%	0	0,0%	4	33,3%	2	16,7%	7	58,3%
Kaufleute, Handelsleute	2	16,7%	2	16,7%	3	12,5%	1	8,3%	3	25,0%	3	25,0%	1	8,3%
Fabrikanten	1	8,3%	0	0,0%	1	4,2%	0	0,0%	0	0,0%	0	0,0%	1	8,3%
Verleger, Buchhändler, -drucker	1	8,3%	0	0,0%	0	0,0%	1	8,3%	0	0,0%	0	0,0%	0	0,0%
Gast- und Badewirte	2	16,7%	0	0,0%	3	12,5%	1	8,3%	1	8,3%	2	16,7%	1	8,3%
Weinwirte, Kaffetiers,Bierbrauer	0	0,0%	0	0,0%	0	0,0%	0	0,0%	0	0,0%	0	0,0%	0	0,0%
Landwirte etc.	1	8,3%	3	25,0%	4	16,7%	1	8,3%	0	0,0%	1	8,3%	0	0,0%
Handwerker, Kleinhändler	3	25,0%	5	41,7%	8	33,3%	2	16,7%	4	33,3%	3	25,0%	0	0,0%
Angestellte	0	0,0%	0	0,0%	0	0,0%	0	0,0%	0	0,0%	0	0,0%	0	0,0%
Arbeiter, Gesellen, Dienstboten	0	0,0%	0	0,0%	0	0,0%	0	0,0%	0	0,0%	0	0,0%	0	0,0%
Stadtbürgertum	**11**	**91,7%**	**11**	**91,7%**	**21**	**87,5%**	**6**	**50,0%**	**12**	**100,0%**	**11**	**91,7%**	**11**	**91,7%**
Ohne Beruf/ohne Angaben	0	0,0%	0	0,0%	0	0,0%	0	0,0%	0	0,0%	0	0,0%	0	0,0%
Summe der Mitglieder	**12**	**100%**	**12**	**100%**	**24**	**100%**	**12**	**100%**	**12**	**100%**	**12**	**100%**	**12**	**100%**

Tabelle 52

Die Sozialstruktur des nassauischen Altertumsvereins

Berücksichtigt wurden nur Mitglieder aus Wiesbaden und den angrenzenden Vororten

	1822		1827		1839		1860		1870		1897	
Adelige (ohne nähere Angaben)	1	2,1%	1	2,0%	1	1,1%	3	1,1%	0	0,0%	3	1,5%
Offiziere	4	8,3%	4	8,0%	15	16,0%	35	12,7%	17	9,3%	15	7,6%
Hof- und Staatsbeamte	30	62,5%	32	64,0%	55	58,5%	55	19,9%	38	20,9%	32	16,2%
Adel, Militär, Bürokratie	**35**	**72,9%**	**37**	**74,0%**	**71**	**75,5%**	**93**	**33,7%**	**55**	**30,2%**	**50**	**25,3%**
Geistliche, Pfarrer	3	6,3%	4	8,0%	7	7,4%	4	1,4%	3	1,6%	6	3,0%
Mediziner, Apotheker	4	8,3%	4	8,0%	3	3,2%	11	4,0%	7	3,8%	18	9,1%
Advokaten, Rechtsanwälte	3	6,3%	1	2,0%	1	1,1%	8	2,9%	7	3,8%	10	5,1%
Architekten, Techniker	0	0,0%	1	2,0%	1	1,1%	3	1,1%	4	2,2%	10	5,1%
Professoren, Lehrer	1	2,1%	2	4,0%	3	3,2%	19	6,9%	17	9,3%	28	14,1%
Studenten, Schüler	0	0,0%	0	0,0%	0	0,0%	1	0,4%	0	0,0%	0	0,0%
Künstler	0	0,0%	0	0,0%	0	0,0%	8	2,9%	3	1,6%	2	1,0%
Bildungsbürgertum	**11**	**22,9%**	**12**	**24,0%**	**15**	**16,0%**	**54**	**19,6%**	**41**	**22,5%**	**74**	**37,4%**
Hohe Stadtbeamte, bürgerl. Ämter	0	0,0%	0	0,0%	1	1,1%	0	0,0%	1	0,5%	2	1,0%
Bankiers, Bankdirektoren	0	0,0%	0	0,0%	0	0,0%	2	0,7%	3	1,6%	3	1,5%
Rentiers	0	0,0%	0	0,0%	0	0,0%	23	8,3%	20	11,0%	24	12,1%
Kaufleute, Handelsleute	0	0,0%	0	0,0%	2	2,1%	18	6,5%	14	7,7%	4	2,0%
Fabrikanten	0	0,0%	0	0,0%	0	0,0%	0	0,0%	3	1,6%	10	5,1%
Verleger, Buchhändler, -drucker	0	0,0%	0	0,0%	2	2,1%	13	4,7%	11	6,0%	12	6,1%
Gast- und Badewirte	1	2,1%	0	0,0%	2	2,1%	7	2,5%	6	3,3%	3	1,5%
Weinwirte, Kaffetiers, Bierbrauer	0	0,0%	0	0,0%	0	0,0%	1	0,4%	0	0,0%	0	0,0%
Landwirte etc.	0	0,0%	0	0,0%	1	1,1%	2	0,7%	1	0,5%	0	0,0%
Handwerker, Kleinhändler	1	2,1%	1	2,0%	0	0,0%	53	19,2%	26	14,3%	9	4,5%
Angestellte	0	0,0%	0	0,0%	0	0,0%	8	2,9%	1	0,5%	1	0,5%
Arbeiter, Gesellen, Dienstboten	0	0,0%	0	0,0%	0	0,0%	2	0,7%	0	0,0%	0	0,0%
Stadtbürgertum	**2**	**4,2%**	**1**	**2,0%**	**8**	**8,5%**	**129**	**46,7%**	**86**	**47,3%**	**68**	**34,3%**
Ohne Beruf/ohne Angaben	0	0,0%	0	0,0%	0	0,0%	0	0,0%	0	0,0%	6	3,0%
Summe der Mitglieder	**48**	**100%**	**50**	**100%**	**94**	**100%**	**276**	**100%**	**182**	**100%**	**198**	**100%**

Tabelle 53

Die Sozialstruktur der Casino-Gesellschaft

Bis 1856 wurden alle Mitglieder berücksichtigt, danach nur noch jene, die in die neue Kategorie der "ordentlichen Mitglieder" fielen.

	1824		1832		1856		1867		1872		1895		1914	
Adelige (ohne nähere Angaben)	3	2,0%	2	1,4%	1	0,4%	1	0,4%	3	0,8%	2	0,5%	0	0,0%
Offiziere	53	35,8%	34	23,4%	70	25,0%	8	3,0%	32	9,0%	43	11,1%	34	10,6%
Hof- und Staatsbeamte	72	48,6%	85	58,6%	124	44,3%	112	42,3%	118	33,1%	70	18,0%	51	15,9%
Adel, Militär, Bürokratie	**128**	**86,5%**	**121**	**83,4%**	**195**	**69,6%**	**121**	**45,7%**	**153**	**42,9%**	**115**	**29,6%**	**85**	**26,6%**
Geistliche, Pfarrer	1	0,7%	1	0,7%	2	0,7%	3	1,1%	1	0,3%	1	0,3%	0	0,0%
Mediziner, Apotheker	6	4,1%	8	5,5%	19	6,8%	21	7,9%	35	9,8%	52	13,4%	48	15,0%
Advokaten, Rechtsanwälte	6	4,1%	5	3,4%	10	3,6%	14	5,3%	14	3,9%	12	3,1%	14	4,4%
Architekten, Techniker	0	0,0%	0	0,0%	1	0,4%	6	2,3%	10	2,8%	18	4,6%	11	3,4%
Professoren, Lehrer	1	0,7%	4	2,8%	22	7,9%	28	10,6%	26	7,3%	28	7,2%	26	8,1%
Studenten, Schüler	0	0,0%	0	0,0%	0	0,0%	0	0,0%	0	0,0%	0	0,0%	0	0,0%
Künstler	0	0,0%	0	0,0%	0	0,0%	1	0,4%	2	0,6%	2	0,5%	1	0,3%
Bildungsbürgertum	**14**	**9,5%**	**18**	**12,4%**	**54**	**19,3%**	**73**	**27,5%**	**88**	**24,6%**	**113**	**29,0%**	**100**	**31,3%**
Hohe Stadtbeamte, bürgerl. Ämter	0	0,0%	0	0,0%	0	0,0%	2	0,8%	3	0,8%	7	1,8%	12	3,8%
Bankiers, Bankdirektoren	0	0,0%	0	0,0%	1	0,4%	3	1,1%	5	1,4%	6	1,5%	1	0,3%
Rentiers	1	0,7%	0	0,0%	18	6,4%	33	12,5%	60	16,8%	90	23,1%	76	23,8%
Kaufleute, Handelsleute	1	0,7%	2	1,4%	4	1,4%	11	4,2%	18	5,0%	19	4,9%	11	3,4%
Fabrikanten	0	0,0%	0	0,0%	2	0,7%	2	0,8%	12	3,4%	23	5,9%	19	5,9%
Verleger, Buchhändler, -drucker	0	0,0%	1	0,7%	3	1,1%	8	3,0%	7	2,0%	2	0,5%	1	0,3%
Gast- und Badewirte	4	2,7%	2	1,4%	2	0,7%	9	3,4%	6	1,7%	7	1,8%	3	0,9%
Weinwirte, Kaffetiers, Bierbrauer	0	0,0%	0	0,0%	0	0,0%	0	0,0%	0	0,0%	1	0,3%	2	0,6%
Landwirte etc.	0	0,0%	0	0,0%	0	0,0%	0	0,0%	0	0,0%	4	1,0%	1	0,3%
Handwerker, Kleinhändler	0	0,0%	1	0,7%	0	0,0%	2	0,8%	4	1,1%	1	0,3%	0	0,0%
Angestellte	0	0,0%	0	0,0%	1	0,4%	1	0,4%	1	0,3%	0	0,0%	0	0,0%
Arbeiter, Gesellen, Dienstboten	0	0,0%	0	0,0%	0	0,0%	0	0,0%	0	0,0%	0	0,0%	0	0,0%
Stadtbürgertum	**6**	**4,1%**	**6**	**4,1%**	**31**	**11,1%**	**71**	**26,8%**	**116**	**32,5%**	**160**	**41,1%**	**126**	**39,4%**
Ohne Beruf/ohne Angaben	0	0,0%	0	0,0%	0	0,0%	0	0,0%	0	0,0%	1	0,3%	9	2,8%
Summe der Mitglieder	**148**	**100%**	**145**	**100%**	**280**	**100%**	**265**	**100%**	**357**	**100%**	**389**	**100%**	**320**	**100%**

Tabelle 54

Die Sozialstruktur der Freimaurerloge Plato

1858 alle Gründungsmitglieder, danach stets nur Neuaufnahmen von Personen mit Wohnsitz in Wiesbaden oder den angrenzenden Vororten. (Tabelle 32 berücksichtigt nur die in Wiesbaden wohnenden Mitglieder)

	1858		1858-1866		1867-1890		1891-1908	
Adelige (ohne nähere Angaben)	0	0,0%	1	2,8%	1	0,7%	0	0,0%
Offiziere	0	0,0%	1	2,8%	6	4,3%	0	0,0%
Hof- und Staatsbeamte	3	13,0%	1	2,8%	15	10,6%	6	4,7%
Adel, Militär, Bürokratie	**3**	**13,0%**	**3**	**8,3%**	**22**	**15,6%**	**6**	**4,7%**
Geistliche, Pfarrer	0	0,0%	1	2,8%	1	0,7%	1	0,8%
Mediziner, Apotheker	3	13,0%	2	5,6%	17	12,1%	15	11,8%
Advokaten, Rechtsanwälte	1	4,3%	3	8,3%	2	1,4%	2	1,6%
Architekten, Techniker	0	0,0%	0	0,0%	6	4,3%	16	12,6%
Professoren, Lehrer	1	4,3%	1	2,8%	4	2,8%	10	7,9%
Studenten, Schüler	0	0,0%	0	0,0%	0	0,0%	0	0,0%
Künstler	3	13,0%	0	0,0%	15	10,6%	12	9,4%
Bildungsbürgertum	**8**	**34,8%**	**7**	**19,4%**	**45**	**31,9%**	**56**	**44,1%**
Hohe Stadtbeamte, bürgerl. Ämter	0	0,0%	0	0,0%	1	0,7%	1	0,8%
Bankiers, Bankdirektoren	0	0,0%	1	2,8%	1	0,7%	0	0,0%
Rentiers	2	8,7%	1	2,8%	11	7,8%	5	3,9%
Kaufleute, Handelsleute	4	17,4%	18	50,0%	37	26,2%	36	28,3%
Fabrikanten	0	0,0%	2	5,6%	5	3,5%	5	3,9%
Verleger, Buchhändler, -drucker	2	8,7%	2	5,6%	3	2,1%	3	2,4%
Gast- und Badewirte	2	8,7%	1	2,8%	4	2,8%	7	5,5%
Weinwirte, Kaffetiers,Bierbrauer	0	0,0%	0	0,0%	0	0,0%	0	0,0%
Landwirte etc.	0	0,0%	0	0,0%	2	1,4%	2	1,6%
Handwerker, Kleinhändler	2	8,7%	0	0,0%	5	3,5%	3	2,4%
Angestellte	0	0,0%	1	2,8%	5	3,5%	3	2,4%
Arbeiter, Gesellen, Dienstboten	0	0,0%	0	0,0%	0	0,0%	0	0,0%
Stadtbürgertum	**12**	**52,2%**	**26**	**72,2%**	**74**	**52,5%**	**65**	**51,2%**
Ohne Beruf/ohne Angaben	0	0,0%	0	0,0%	0	0,0%	0	0,0%
Summe der Mitglieder	**23**	**100%**	**36**	**100%**	**141**	**100%**	**127**	**100%**

Tabelle 55

Die Sozialstruktur des Vorschußvereins 1860 (Gründungsmitglieder)

	1860	
Adelige (ohne nähere Angaben)	0	0,0%
Offiziere	0	0,0%
Hof- und Staatsbeamte	6	6,7%
Adel, Militär, Bürokratie	**6**	**6,7%**
Geistliche, Pfarrer	0	0,0%
Mediziner, Apotheker	0	0,0%
Advokaten, Rechtsanwälte	1	1,1%
Architekten, Techniker	0	0,0%
Professoren, Lehrer	1	1,1%
Studenten, Schüler	0	0,0%
Künstler	0	0,0%
Bildungsbürgertum	**2**	**2,2%**
Hohe Stadtbeamte, bürgerl. Ämter	1	1,1%
Bankiers, Bankdirektoren	0	0,0%
Rentiers	0	0,0%
Kaufleute, Handelsleute	9	10,1%
Fabrikanten	3	3,4%
Verleger, Buchhändler, -drucker	4	4,5%
Gast- und Badewirte	0	0,0%
Weinwirte, Kaffetiers, Bierbrauer	0	0,0%
Landwirte etc.	2	2,2%
Handwerker, Kleinhändler	58	65,2%
Angestellte	3	3,4%
Arbeiter, Gesellen, Dienstboten	0	0,0%
Stadtbürgertum	**80**	**89,9%**
Ohne Beruf/ohne Angaben	1	1,1%
Summe der Mitglieder	**89**	**100%**

Mitglieder ohne wirtschaftsbürgerlichen Hintergrund

1. Biebricher, J. Peter, Gerichtsvollzieher
2. Coulin, Wilhelm, Bürgermeister-Adjunkt
3. D'Avis, Eberhard, Regierungsakzessist
4. Dreher, Gustav, Kanzlist
5. Herber, Carl, Bergverwalter
6. Hoffmann, Carl, Registrator
7. Korn, Friedrich, Münzmeister
8. Münzel, Adolf, Revisor (Vorschußverein)
9. Rossel, Carl, Sekretär (Altertumsverein)
10. Schenck, Friedrich, Hofgerichtsprokurator
11. Schirm, Wilhelm, Institutsvorsteher

Abkürzungsverzeichnis

AA	Abendausgabe
ADW	Adreßbuch von (der Residenzstadt) Wiesbaden
AfS	Archiv für Sozialgeschichte
BuAFfm	Bundesarchiv, Außenstelle Frankfurt
DZ	Deutscher Zuschauer
EGWi	Evangelische Gesamtgemeinde Wiesbaden
FZ	Freie Zeitung
HeLabi	Hessische Landesbibliothek Wiesbaden
HHStAWi	Hessisches Hauptstaatsarchiv Wiesbaden
HJL	Hessisches Jahrbuch für Landesgeschichte
HSF	Historische Sozialforschung
Jb.	Jahrbuch
KB	Kirchenbuch
MA	Morgenausgabe
MRZ	Mittelrheinische Zeitung
NA	Nassauische Annalen
NF	Neue Folge
Nizbl	Nassauisches Intelligenzblatt
NV	Nassauische Volkszeitung
RK	Rheinischer Kurier
RVZ	Rheinische Volkszeitung
SDR	Statistik des Deutschen Reiches
StdAWi	Stadtarchiv Wiesbaden
VBN	Verordnungsblatt des Herzogtums Nassau
VerhLDV	Verhandlungen der Landes-Deputirten-Versammlung des Herzogthums Nassau
WT	Wiesbadener Tagblatt
WV	Wiesbadener Volksbote
WWbl	Wiesbadener Wochenblatt

Quellen und Zeitungen

1. Bundesarchiv, Außenstelle Frankfurt/M.

Abt. DB 50
21, 22, 27, 29,
Abt. DB 51
65, 156, 363, 419, 420, 445
Abtl. DB 5519, 25
ZSg 8
Nr. 9a
Reichskammergericht
AR 1–III/64 (Sententia 1754)

2. Hessisches Hauptstaatsarchiv Wiesbaden

Abt. 1
435, 813, 2212, 2213
Abt. 130 II
2122c, 2897, 3049, 3054, 3055, 3058, 4998, 5002, 5003, 5683, 5695, 6055, 6092,
6093, 6734, 6879 6880, 7015
Abt. 137
4664, 4665, 4668, 4744, 4748, 4777
Abt. 137 Wiesbaden
171, 173, 176, 177, 180, 181, 181a, 182, 182, 184, 184, 187, 188, 193a, 194, 195
Abt. 137 XVII b
22, 31, 36, 38, 39, 40, 41, 42, 43, 50, 51, 52, 53, 47, 44, 59, 69
Abt. 137 IX
106, 108, 109, 110, 118, 122, 129, 133, 143, 145, 146, 148, 166, 166, 173, 174, 182,
188, 192, 204, 212, 219, 223, 231, 232, 235, 246, 250, 257, 277, 278, 280, 284,
285, 287, 290, 312, 313, 324, 335, 336, 342, 349, 351, 353, 359, 365, 372, 387,
391, 395, 400, 401, 402, 406, 412, 413, 415, 416, 436, 439, 440, 441, 442, 444,
445, 450, 455, 458, 460, 469, 472, 473, 491, 492, 498, 499, 503, 512, 515, 519,
528, 532, 542, 547, 555, 620, 715, 898, 1252, 1254, 1274, 1276, 1371, 1389,
1413, 1414, 1419, 1421, 1426, 1432, 1433, 1435, 1438, 1440, 1451, 1452, 1455,
1469, 1471, 1474, 1478, 1480, 1482, 1494, 1495, 1503, 1506, 1507, 1508, 1510,
1515, 1521, 1532, 1533, 1545, 1551, 1553, 1557, 1565, 1572, 1574, 1578, 1583,
1584, 1587, 1597, 1598, 1604, 1605, 1609, 1612, 1619, 1620, 1623
Abt. 202
18, 44, 37, 226, 227, 229, 235, 370, 1311, 1312, 1314–1316
Abt. 205
389, 395, 397, 398, 400, 403, 407, 408, 447
Abt. 210
2702, 2945, 8284–86

Abt. 211
2456, 8027, 11236, 18348–18350
Abt. 212
33, 1465, 3893, 7423, 11082, 11777, 12082
Abt. 246
116, 116, 151, 893, 909/25, 916/3, 918/7, 919/6, 926/8, 935, 941/2, 945/6, 948/7, 950/1, 955/20, 965/4, 965/10, 966/10, 1535
Abt. 250
27/70
Abt. 293
1347
Abt. 402
7, 8
Abt. 405
4812, 4813, 4919, 6694, 8871, 20367, 20656, 24231
Abt. 408
13, 23, 91, 98, 99, 100, 101, 107, 108
Nachlässe
Abt. 1012, 5; Abt. 1027; Abt. 1039; Abt. 1163, 248; Abt. 1075; Abt. 1098, IV, 50; Abt. 1934
Abt. 3005
2211, 2212

3. Stadtarchiv Wiesbaden

Bestand WI/1
2, 24, 28, 29, 30, 32, 36, 37, 38, 40, 55, 56, 57, 115, 119, 120, 122, 141, 149, 150, 176, 179, 180, 181, 204, 212, 213, 215, 217, 226, 230, 408, 417, 418, 433, 435, 459, 472, 480, 488, 574, 575, 592, 618, 625, 995, 996
Bestand WI/BA
1, 2, 612, 1719, 1820
unverzeichneten Sammelakten der Bürgeraufnahme
Bestand WI/P
352, 457, 847, 1162, 1162, 1174, 1393, 1405, 1411, 1499, 2002, 2630
Bestand STVV
1, 5, 7, 10, 13, 28, 29, 324
Bestand WI/U
82
Verwaltungsarchiv
A I/1, A I/114, A IIa/2, A III/1a, A III/19, AIII/20, A III/22, AIII/35, A III/37, A III/40, A IVa/1, A IVc/19, AIVc/20, A VIc/26, A VIc/31, A X/3, A X/7, A XIIb/1, A XIIb/2, A XIIb/6, J1/a/11, L 47.

4. Werksarchiv Kalle/Hoechst AG (Wiesbaden)

BC 12, BC 18

5. Archiv der Berufsfeuerwehr Wiesbaden

Sammelakten 1–3, unverzeichnete Bestände

6. Archiv der Casino-Gesellschaft Wiesbaden

Unverzeichnete Mitgliederlisten mit handschriftlichen Ergänzungen sowie Kassenabrechnungen

7. Archiv der Freireligösen Gemeinde Wiesbaden

Unverzeichnete Mitgliederlisten etc.

8. Zeitungen

Amtsblatt der Stadt Wiesbaden
Deutscher Zuschauer (Mannheim)
Freie Zeitung (Wiesbaden)
Mittelrheinische Zeitung
Neue Wiesbadener Zeitung
Rheinisches Volksblatt (Wiesbaden)
Rheinische Volkszeitung und Wiesbadener Volksblatt
Rheinischer Kurier (Wiesbaden)
Wiesbadener Generalanzeiger
Wiesbadener Presse
Wiesbadener Tagblatt
Wiesbadener Volksblatt
Wiesbadener Volksbote
Wiesbadener Wochenblatt
Wiesbadener Zeitung, vormals Rheinischer Kurier

9. Adreßbücher

Adreßbücher der Stadt Wiesbaden 1839, 1841, 1854, 1856, 1860–1914 mit wechselnden Titeln. Bestand Bibliothek StdAWi sowie Landesbibliothek Wiesbaden.

Literaturverzeichnis

Anderhub, Andreas, Verwaltung im Regierungsbezirk Wiesbaden. Wiesbaden 1977.

Anonym [Friedrich Lang], Wintergedanken eines Landmannes. Mannheim 1865.

Anonym [Georg Herber], Der Domainen-Streit im Herzogthume Nassau, aus seinen Urquellen erläutert und nach Rechtsgrundsätzen gewürdigt. Frankfurt am Main 1831.

Arnsberg, Paul, Die jüdischen Gemeinden in Hessen. Anfang, Untergang, Neubeginn. Bd. 2. Frankfurt 1971.

Aufzeichnungen zum 75jährigen Bestehen des KKV Wiesbaden. Gemeinschaft der Katholiken in Wirtschaft und Verwaltung. Wiesbaden 1968.

Bartels, Dietrich, Nachbarstädte. Eine siedlungsgeographische Studie anhand ausgewählter Beispiele aus dem westlichen Deutschland. Bad Godesberg 1960.

Baum, Joseph, Ein soziales Problem des Kaufmannsstandes. Wiesbaden 1910.

Baumgart-Buttersack, Gretel, Vom ältesten stilechten Barockhaus unserer Stadt – Wagemannstraße 5/7 ... und weiland Gottfried Ignatz Glaser, in: Wiesbadener Leben 1/1980, 16f.

Baumgart-Buttersack, Gretel, Vom Federkiel zum Computer, in: Wiesbadener Leben 7/1993, 8–11.

Beier, Gerhard, Arbeiterbewegung in Hessen. Zur Geschichte der hessischen Arbeiterbewegung durch einhundertfünfzig Jahre (1834–1984). Frankfurt/M. 1984.

Bembenek, Lothar, Das jüdische Badhaus „Zum Rebhuhn" in Wiesbaden, in: Menora, Jahrbuch für deutsch-jüdische Geschichte 3, 1992, 99–120.

Berger, Louis, Die Entwicklung der Stadt Wiesbaden zur Großstadt und Weltkurstadt 1880–1913. Erinnerungen. Zum 100. Geburtstag des Oberbürgermeisters der Stadt Wiesbaden Dr. Carl von Ibell am 8. Juli 1947. Wiesbaden 1948.

Bericht der Commission des Gemeinderathes, den Entwurf einer Stadtordnung betreffend. Gedruckter Bericht. Wiesbaden 1868.

Bernbach, Ralf, Gesellschaftskritiker, Sozialreformer und „Kathedersozialisten", in: Pipers Handbuch der politischen Ideen. Hrsg. v. Iring Fetscher und Herfried Münkler. Bd. 4. München 1986, 402–408.

Bismarck, Otto von, Die gesammelten Werke. Bd. 14. Berlin 1933.

Bitz, Matthias, Badewesen in Südwestdeutschland 1550 bis 1840. Zum Wandel von Gesellschaft und Architektur. Idstein 1989

Bleymehl-Eiler, Martina, Wiesbaden 1690 bis 1866. Von der Nebenresidenz zur Haupt- und Residenzstadt, in: Residenzen. Aspekte hauptstädtischer Zentralität von der frühen Neuzeit bis zum Ende der Monarchie. Hrsg. v. Kurt Andermann. Sigmaringen 1992, 397–440.

Blotevogel, Hans-Heinrich, Faktorenanalytische Untersuchungen zur Wirtschaftsstruktur der deutschen Großstädte nach der Berufszählung 1907, in: Moderne Stadtgeschichte. Hrsg. v. Wilhelm Heinz Schröder. Stuttgart 1979, 74–111.

Blotevogel, Hans-Heinrich, Methodische Probleme der Erfassung städtischer Funktionen und funktionaler Städtetypen anhand qualitativer Analysen der Berufsstatistik 1907, in: Voraussetzungen und Methoden geschichtlicher Städteforschung. Hrsg. v. Wilfried Ehbrecht. Köln/Wien 1979, 217–269.

Blum, Peter, Staatliche Armenfürsorge im Herzogtum Nassau 1806–1866. Wiesbaden 1987.

Boch, Rudolf, Grenzenloses Wachstum? Das rheinische Wirtschaftsbürgertum und seine Industrialisierungsdebatte 1814 bis 1857. Göttingen 1991.

Bonnet, Rudolf, Nassovica. Bausteine zur nassauischen Familien- und Ortsgeschichte. Bd. 1. Frankfurt am Main 1930.

Boos, Heinrich, Quellen zur Geschichte der Stadt Worms. Bd. 3. Worms 1893.

Bornhofen, (o. Vorn.), Bebauungsplan und Bauordnung, in: Die öffentliche Gesundheitspflege Wiesbadens. Wiesbaden 1908. 95–102.

Botzenhart, Manfred, Deutscher Parlamentarismus in der Revolutionszeit 1848-1850. Düsseldorf 1977.

Brake, Ludwig, Die ersten Eisenbahnen in Hessen. Eisenbahnpolitik und Eisenbahnbau in Frankfurt, Hessen-Darmstadt, Kurhessen und Nassau bis 1866. Wiesbaden 1991.

Brandburg, Hajo/Gehrmann, Rolf u.a., Berufe in Altona 1803. Berufssystematik für eine präindustrielle Stadtgesellschaft anhand der Volkszählung. Hrsg. v. Arbeitskreis für Wirtschafts- und Sozialgeschichte Schleswig-Holsteins. Kiel 1991.

Braun, Karl, Bilder aus der deutschen Kleinstaaterei. Bd. 1. Berlin 1870.

Brüchert-Schunk, Hedwig, Soziale Verhältnisse und Sozialpolitik in Mainz von 1890 bis 1914. Beiträge zu städtischer Sozialpolitik, bürgerlicher Wohlfahrtstätigkeit, betrieblichen Sozialeinrichtungen und Selbsthilfeorganisationen. Magisterarbeit (maschinenschriftl.). Mainz 1986.

Bruford, Walter Horace, Deutsche Kultur der Goethezeit. Konstanz 1965.

Bubner, Berthold, Christian Zais in seiner Zeit 1770–1820. Wiesbaden 1993.

Burkardt, Barbara, Von „Mayence" nach „Henkellsfeld". Die Lebensbilder von Otto Heinrich Adolf Henkell und Otto Hubertus Henkell, in: Wiesbadener Casino-Geselllschaft 1816–1991. Wiesbaden 1991. 167–175.

Cahn, Ernst, Wohnungszustände der minderbemittelten Bevölkerungsschichten in Wiesbaden. Eine sozialstatistische Untersuchung. Im Auftrag des Vereins zur Bekämpfung der Schwindsuchtsgefahr und zur Förderung des Baues gesunder u. billiger Wohnungen im Reg.bez. Wiesbaden. Wiesbaden 1906.

Claasen, Walter, Die soziale Berufsgliederung des deutschen Volkes nach Nahrungsquellen und Familien. Kritische Bearbeitung der deutschen Berufszählungen von 1882 und 1895. Leipzig 1904.

Croon, Helmuth, Das Vordringen der politischen Parteien im Bereich der kommunalen Selbstverwaltung, in: Kommunale Selbstverwaltung im Zeitalter der Industrialisierung. Stuttgart 1971, 15–54.

Cvachovec, Günter, Tabellarische Geschichte der Wiesbadener Casino-Gesellschaft, in: 175 Jahre Wiesbadener Casino-Gesellschaft 1816–1991. Wiesbaden 1991, 35–45.

Czysz, Walter, Klarenthal bei Wiesbaden. Ein Frauenkloster im Mittelalter. Wiesbaden 1987.

Czysz, Walter, Wiesbaden in der Römerzeit. Stuttgart 1994

Damaschke, Adolf, Aufgaben der Gemeindepolitik (Vom Gemeinde-Sozialismus). Jena 1904.

Demian, J.A., Handbuch der Geographie und Statistik des Herzogthums Nassau. Wiesbaden 1823.

Die deutsche Stadt im Industriezeitalter. Beiträge zur modernen deutschen Stadtgeschichte. Hrsg. v. Jürgen Reulecke. 2. Aufl. Wuppertal 1980.

Deutsches Geschlechterbuch. Bd. 49. Görlitz 1926.

Dickel, Horst, Rheingauer Maschinenstürmer. Von Halfnern, Treidlern und Schiffern in der 1848er Revolution, in: Wiesbadener Abrisse 1990. Wiesbaden 1989.

Diest, Gustav von, Aus dem Leben eines Glücklichen. Erinnerungen eines alten Beamten. Berlin 1904.

Dungern, Friedrich v., Emil Freiherr v. Dungern (1802–1862), in: Nassauische Lebensbilder. Bd. 5. Wiesbaden 1955, 171–185.

Dungern, Otto Freiherr von, Briefe eines nassauischen Leutnants aus dem Feldzug 1866, in: NA 36, 1906.

Eberty, E. G., Gewerbegerichte und Einigungsämter. Breslau 1890.

Ebhardt, Georg Heinrich, Geschichte und Beschreibung der Stadt Wiesbaden. Gießen 1817.

Eckert, Georg, Zur Geschichte der Sektionen Wiesbaden und Mainz der Internationalen Arbeiter-Assoziation, in: AfS 8, 1968, 365–523.

Eckhardt, Albrecht, Arbeiterbewegung und Sozialdemokratie im Großherzogtum Hessen 1860–1900, in: Archiv für hessische Geschichte und Altertumskunde. Neue Folge 34, 1976, 171–493.

Egidy, Berndt von, Die Wahlen im Herzogtum Nassau 1848–1852. Ein Beitrag zur Geschichte der politischen Parteien am Mittelrhein, in: NA 82, 1971, 215–306.

Eichhorn, Egon, Metzgerwesen, Fleischbeschau und Fleischhygiene in Nassau-Idstein und im Herzogtum Nassau mit besonderer Berücksichtigung der Stadt Wiesbaden. Ein Beitrag zur Geschichte des Metzgerhandwerks von den Anfängen bis zum Jahre 1866, in: NA 73, 1962, 204–245.

Eichler, Volker, Nassauische Parlamentsdebatten. Bd. 1. Restauration und Vormärz. Wiesbaden 1985.

Eichler, Volker, Sozialistische Arbeiterbewegung in Frankfurt am Main 1878–1895. Frankfurt/M. 1983.

100 [einhundert] Jahre Hessen-Mittelrheinischer Genossenschaftverband [Schulze-Delitzsch] e.V. 1862–1962, Wiesbaden [1962].

100 [einhundert] Jahre SPD Wiesbaden. 1867–1967. Hrsg v. Vorstand des Ortsvereins Wiesbaden. Frankfurt 1967.

100 [einhundert] Jahre Vereinsbank. Wiesbaden 1965.

125 [einhundertfuenfundzwanzig) Jahre Kalle in Biebrich am Rhein, Stationen einer wechselvollen Geschichte. Historische Ausstellung mit Bildern und Dokumenten aus dem Firmenarchiv 1988 (Katalog). Wiesbaden 1988.

125 [einhundertfuenfundzwanzig] Jahre Wiesbadener Volksbank 1860–1985. Bericht über das Geschäftsjahr 1985. Wiesbaden 1986.

Die Einrichtungen der Firma Kalle & Co. zum Wohle ihrer Arbeiter, Biebrich 1902.

Emig, Erik (Hrsg.), Bürger, Staat und Stadt. Wiesbadener Bürgerbuch. Wiesbaden 1970.

Emmermann, Friedrich Wilhelm, Präliminarien zur Criminialgesetzgebung, in: Jahrbücher für Geschichte und Staatskunst, 1830, 434–444.

Emmermann, Friedrich Wilhelm, Verfassung und Verwaltung des Herzogthums Nassau, Dritter Artikel. Die Domänen des Landes, in: Jahrbuch des Vereins für deutsche Statistik 2, 1848, 1004–1010.

Emmermann, Friedrich Wilhelm, Ueber den Auf- und Untergang der Staatsconstiutionen, in: Jahrbücher für Geschichte und Staatskunst, 1828, 109–125.

Engeli, Christian, Stadterweiterungen in Deutschland im 19. Jahrhundert, in: Die Städte Mitteleuropas im 19. Jahrhundert. Hrsg. v. Wilhelm Rausch. Linz 1983, 47–72.

Erster Jahresbericht über die Wirksamkeit des Kranken- und Sterbevereins in Wiesbaden. Vorgetragen in der General-Versammlung am 20. October 1844. Wiesbaden 1844.

Even, Pierre, Grafen, Fürsten und Herzöge zu Nassau, in: Das Erbe der Mattiaca. Wiesbaden 1992. 253–289.

Evert, Georg, Die Staats- und Gemeindewahlen im preußischen Staate. Ergänzungsheft XVII der Zeitschrift des Königlichen Preussischen Statistischen Bureaus. Berlin 1895.

Faber, Rolf, Zum 150. Geburtstag des Wiesbadener Ehrenbürgers Fritz Kalle, in: Wiesbadener Leben 2/1987, 26.

Festschrift zum 125jährigen Jubiläum des Turn- und Sportvereins Eintracht Wiesbaden 1846. Wiesbaden 1971.

Festschrift zum 60jährigen Jubiläum des katholischen Kirchenchores „Maria Hilf". O.O. [Wiesbaden] 1956.

Festschrift zur 25jährigen Jubelfeier der Schneider-Innung. Wiesbaden 1913.

Festschrift zur Feier des 50jährigen Bestehens des Cäcilien-Vereins zu Wiesbaden. Wiesbaden 1897.

Fischer, E., Geh. Regierungsrat Prof. Dr. phil. h.c. Dr. Fritz Kalle [Nachruf], o.O. u. J. [1915].

Fischer, Maxim., Vom Groß-Wiesbaden der Zukunft. Wiesbaden 1914.

Egid Fleck, Gestalten aus dem Brandschutz- und Feuerwehrwesen in Baden und Württemberg, Stuttgart 1963.

Flesch, Karl, Die Wohnungsverhältnisse in Frankfurt am Main, in: Die Wohnungsnoth der ärmeren Klassen in deutschen Großstädten, Schriften für Socialpolitik. Bd. 31. Leipzig 1886.

Freimaurerloge Plato zur beständigen Einigkeit in Or. Wiesbaden-Biebrich 1958.

Fresenius, Remigius, Geschichte des Chemischen Laboratoriums zu Wiesbaden. Zur Feier des 25jährigen Bestehens der Anstalt. Wiesbaden 1873.

Freytag, Gustav Willibald, Freytags Bekanntenkreis in Wiesbaden, in: Gustav-Freytag-Blätter. Organ der Gustav-Freytag-Gesellschaft, H. 12, Dezember 1959, 41–46.

Fuhs, Burhard, Mondäne Orte einer vornehmen Gesellschaft. Kultur und Geschichte der Kurstädte 1700–1900. Hildesheim 1992.

75 [fuenfundsiebzig] Jahre Freie Turnerschaft Wiesbaden 1896 e.V. O.O. u. J. [Wiesbaden 1971].

Gall, Lothar, Bismarck, Der weiße Revolutionär. Frankfurt/Berlin 1980.

Gall, Lothar, Bürgertum in Deutschland. Berlin 1989.

Gall, Lothar, Europa auf dem Weg in die Moderne 1850–1890. 2. Aufl. München 1989.

Gall, Lothar, Stadt und Bürgertum im Übergang von der traditionalen zur modernen Gesellschaft, in: Stadt und Bürgertum im Übergang von der traditionalen zur modernen Gesellschaft. Hrsg v. Lothar Gall. München 1993, 1–12.

Gall, Lothar, „Und ich wünschte ein Bürger zu sein". Selbstverständnis des deutschen Bürgertums im 19. Jahrhundert, in: HZ 245, 1987, 601-623.

Geck, Elisabeth, Das Fürstentum Nassau-Saarbrücken-Usingen im 18. Jahrhundert. Diss. Mainz 1953.

Geisthardt, Fritz, Wiesbaden und seine Kaufleute. Wiesbaden/Stuttgart 1980.

Genter, Gabriele/Riesener, Michael, Die Entwicklung eines Kleinstaates am Ende des Alten Reiches am Beispiel der Entstehung des Herzogtums Nassau, in: NA 100, 1990, 141-156.

Geramb, Viktor von, Wilhelm Heinrich Riehl. Leben und Wirken (1823-1897). Salzburg 1954.

Gerber, Harry, Friedrich Karl Reichsfreiherr vom Stein, in: Nassauische Lebensbilder. Bd. 5. Wiesbaden 1955, 84-113.

Gerber, Harry, Nassaus politische Rolle bei der Anerkennung des Königreichs Italien (1861-1866), in: NA 65, 1954, 167-185.

Geschäftsbericht der Handwerkskammer zu Wiesbaden für 1890 (-1913., Wiesbaden 1891-1914.

Geschichte der Familie Schellenberg und Schellenberger, o.O. u. J.

Geschichte der Nassau-Loge 1890-1930. Wiesbaden 1930.

Geschichte des Verschönerungsvereins Wiesbaden, aus den Akten zusammengestellt von dem Vorstandsmitgliede Carl Klein, bearbeitet von Dr. A. Höfer. Wiesbaden 1913.

Gesetz betreffend die Bildung der Wählerabteilungen bei den Gemeindewahlen, in: Gesetz-Sammlung für die Königlichen Preußischen Staaten, Nr. 25 (1900).

Gewerbetabelle, enthaltend die mechanischen Künstler und Handwerker, die Anstalten und Unternehmungen zum literarischen Verkehr gehörig, die Handelsgewerbe, Schiffahrt, [...] im Herzogtum Nassau nach den Aufnahmen Ende des Jahres 1846, o.O. u. J.

Gitschner, Rudolf, Kurstatistik, in: Europas Städtebau-Volkswirtschaft. Die Tschechoslowakische Republik. Ausgabe: Karlsbad, Hrsg. v. Stadtrat Karlsbad, Berlin 1927, 42-43.

Gladen, Albin, Geschichte der Sozialpolitik in Deutschland. Wiesbaden 1974.

Glatthaar, Dieter, Viertelbildung in Wiesbaden. Diss. phil. Bochum 1969.

Glücklich, Heinrich, Was wird aus Wiesbaden? Ein kommunalpolitischer Vortrag. Wiesbaden 1926.

Göbel, Ferdinand Heinrich, Ueber die Verarmung im Herzogtum Nassau, ihre Entstehung und die dagegen anzuwendenden Mittel; nebst einer vorhergehenden allgemeinen Betrachtung über den Pauperismus. Wiesbaden [1843].

Goethe, Johann Wolfgang, Sämtliche Werke. Bd. 12. Zürich 1950 (Artemis-Ausgabe).

Gormsen, Erdmann, Die Bevölkerungsentwicklung des Rhein-Main-Nahe-Raumes in den letzten hundert Jahren. Ein Überblick, in: Mainz und der Rhein-Main-Nahe-Raum, Festschrift zum 41. Deutschen Geographentag vom 30. Mai bis 2. Juni 1977 in Mainz. Mainz 1977.

Götting, Franz, Die Geschichte der Wiesbadener Casino-Gesellschaft, in: 150 Jahre Wiesbadener Casino-Gesellschaft. Wiesbaden 1966, 5-41.

Griesinger, Andreas, Das symbolische Kapital der Ehre. Streikbewegungen und kollektives Bewußtsein deutscher Handwerksgesellen im 18. Jahrhundert, Frankfurt a. M./Berlin/Wien 1981.

Grümer, Karl-Wilhelm, Soziale Ungleichheit und Beruf – Zur Problematik der Erfassung des Merkmals „Beruf" bei der Sozialstrukturanalyse gegenwärtiger und historischer Gesellschaften, in: HSF 32 (1984), 4–36.

Gründung einer gemeinnützigen Siedlungsgesellschaft m.b.H. für Wiesbaden. Wiesbaden 1919.

Haase, Heidger, Jakob Friedrich Kalle, in: Der Lichtbogen. Nov. 1977, 11–12.

Hahn, Hans-Werner, Einzelstaatliche Souveränität und nationale Integration. Ein Beitrag zur nassauischen Politik im Deutschen Zollverein, in: NA 92, 1981, 91–123.

Hardtwig, Wolfgang, Großstadt und Bürgerlichkeit in der politischen Ordnung des Kaiserreichs, in: Stadt und Bürgertum im 19. Jahrhundert. Hrsg. v. Lothar Gall. München 1990, 19–64.

Hauser, Christoph, Anfänge bürgerlicher Organisationen, Philhellenismus und Frühliberalismus in Südwestdeutschland. Göttingen 1990.

Heffter, Heinrich, Die deutsche Selbstverwaltung im 19. Jahrhundert. Geschichte der Ideen und Institutionen. Stuttgart 1950.

Hein, Dieter, Badisches Bürgertum. Soziale Struktur und kommunalpolitische Ziele im 19. Jahrhundert, in: Stadt und Bürgertum im 19. Jahrhundert. Hrsg. v. Lothar Gall, München 1990, 65–96.

Hein, Dieter/Schulz, Andreas (Hrsg.), Bürgerkultur im 19. Jahrhundert. Bildung, Kunst und Lebenswelt. München 1996

Heineck, Fr., Hundert Jahre Verein und Museum. Geschichte des Nassauischen Vereins für Naturkunde und des Naturhistorischen Museums der Stadt Wiesbaden, in: Jahrbücher des Nassauischen Vereins für Naturkunde 80, 1929, 3–40.

Heinemann, Christiane, Die Evangelische Union von 1817 als Beginn des modernen Landeskirchentums, in: Herzogtum Nassau 1806–1866 (Ausstellungskatalog). Wiesbaden 1981. 267–274.

Heinemann, Christiane, Zwischen Geselligkeit und Politik – Das bürgerliche Vereinsleben, in: Herzogtum Nassau 1806–1866 (Ausstellungskatalog). Wiesbaden 1981. 291–303.

Heinemann, Otto, Zur Vorgeschichte der Loge „Plato zur beständigen Einigkeit" in Wiesbaden, in: Eklektisches Bundesblatt. H. 11 1929, 305–310.

Henche, Albert, Die Dienstentlassung Ibells, in: NA 60 H.1, 1943, 90–102.

Henche, Albert, Karl von Ibell, in: Nassauische Lebensbilder. Bd. 2. Hrsg. v. Fritz Adolf Schmidt. Wiesbaden 1943, 202–213.

Heni, Georg, Historische Analyse und Entwicklungslinien der Gewerbesteuer. Frankfurt a.M./Bern/New York 1991.

Henrichsen, Hermann, Der Klassizismus der Stadt Wiesbaden in seiner städtebaulichen Entwicklung und seinen wesentlichen Bauwerken, o. O. 1924. (HHStAWi, Bibliothek).

Herrmann, Albert, Gräber berühmter und im öffentlichen Leben bekanntgewordener Personen auf den Wiesbadener Friedhöfen. Wiesbaden 1928.

Hershberg, Theodore/Dockhorn, Robert, Occupational Classifikation, in: Historical methods newsletter, Vol. 9/1, 1975, 59–98.

Hey'l, Ferdinand, Wiesbaden und seine Cur-Interessen. Ein Blick auf die augenblickliche Lage der Stadt als Badeort, veröffentlicht vom Curverein der Stadt Wiesbaden. Wiesbaden 1866.

Heymach, Ferdinand, Geschichte der Stadt Wiesbaden. Wiesbaden 1925.

Hietala, Marjatta, Beziehungen zwischen Urbanisierung und Dienstleistungen an Beispielen Deutscher Großstädte 1890 bis 1910, in: Innerstädtische Differenzierung und Prozesse im 19. und 20. Jahrhundert. Hrsg. v. Heinz Heineberg, Köln/Wien 1987, 332–349.

Hildebrand, Alexander, Zwischen Wandertruppen und Bürgerkommisson 1765–1857, in: Theater in Wiesbaden 1765–1978. Wiesbaden 1978, 3–45.

Hilpisch, Georg, Kurze Geschichte der katholischen Pfarrei Wiesbaden von den ältesten Zeiten bis zur Gegenwart. Wiesbaden 1873.

Hofmann, Wolfgang, Oberbürgermeister und Stadterweiterungen, in: Kommunale Selbstverwaltung im Zeitalter der Industrialisierung. Hrsg. v. Helmuth Croon, Wolfgang Hoffmann u. a. Stuttgart/Berlin/Köln/Mainz 1971, 59–85.

Hollmann, Michael/Wettengel, Michael, Nassaus Beitrag für das heutige Hessen. Wiesbaden 1992.

Holzbach, Wilfriede, Das Übergangsjahr in Nassau 1866–1867. Nassaus Übergang an Preußen. Limburg 1933

Hörner, Martin, 1890–1950. 60 Jahre Arbeiterbewegung in Biebrich. Wiesbaden-Biebrich 1950.

Hubbard, William H., Städtische Haushaltsstruktur um die Mitte des 19. Jahrhunderts, in: Moderne Stadtgeschichte. Hrsg. v. Wilhelm H. Schröder. Stuttgart 1979, 198–216.

Isenbart, I., Geschichte des 2. Nassauischen Infanterie-Regiments Nr. 88. Berlin 1903.

Isenbeck, Julius, Das nassauische Münzwesen, Teil I, in: NA 15, 1879, 99–123.

Iskender, (o.V.), Grab-Rede über die Cocotte-Raubgöttin der Spielbanken. Frankfurt 1872.

Jäger, Helmut (Hrsg.), Probleme des Städtewesens im industriellen Zeitalter. Köln/Wien 1978.

Jäger, Wolfgang, Staatsbildung und Reformpolitik. Politische Modernisierung im Herzogtum Nassau zwischen Französischer Revolution und Restauration. Wiesbaden 1993

Jahresbericht des Cur-Vereins zu Wiesbaden, 1868 bis Ende 1869. Wiesbaden 1870.

Jahresbericht des Cur-Vereins zu Wiesbaden. 1870 bis Ende 1871.

Jeidels, Otto, Das Verhältnis der deutschen Großbanken zur Industrie mit besonderer Berücksichtigung der Eisenindustrie. Leipzig 1905.

Jeske, Regina, Kommunale Amtsinhaber und Entscheidungsträger – die politische Elite, in: Stadt und Bürger im Übergang von der traditionalen zur modernen Gesellschaft. Hrsg. v. Lothar Gall, München 1993, 273–294.

Jünckens, Helffrich, Kurzgefaßte neue Beschreibung der uhralten hochgepriesenen warmen Bäder zu Wiesbaden deren Tugenden, Kräfften und Contenta samt deren rechten Gebrauch betreffend. Wobey auch das diesen Bädern vor diesem von interessierten und mißgünstigen Medicis gemachte irrige falsche Präjudicumm als seyen diese Bäder zu hitzig und nicht so sicher als andere zu gebrauchen, ventiliret und als durchaus irrig und falsch verworfen wird, o.O. 1715.

Jünger, H., Neue Steuern für den Grundbesitz. Kanalgebührenordnung, Umsatz- und Wertzuwachssteuer in Wiesbaden 1905. Wiesbaden o.J. (1905).

K...sig (sic!), Auszug des Tagebuchs meiner Reise ... 1805, in: Journal des Luxus und der Moden, Dez. 1805, 788ff.

Kalle & Co. Aktiengesellschaft Biebrich am Rhein. Feier des 50jährigen Fabrikjubiläums. Biebrich o.J [1913].

Kalle, Fritz, Die Candidatenrede des Herrn Fritz Kalle, gehalten zu Seckbach am 9. October 1881, Frankfurt/M. o.J. [1881].

Kalle, Fritz, Die Wohnungsfrage vom Standpunkt der Armenpflege, in: Schriften des deutschen Vereins für Armenpflege und Wohltätigkeit, H. 6, Leipzig 1888, 69–116.

Kalle, Fritz, Eine deutsche Arbeiter-Invaliden-, Wittwen- und Waisenkasse. Gutachten nach Aufforderung des Vereins für Socialpolitik. Leipzig 1874.

Kalle, Fritz, Gutachten über „Gewerbliches Fortbildungswesen", in: Schriften des Vereins für Socialpolitik, Bd. XV, 1879, 25–62.

Kalle, Fritz, Kommunale Arbeiterfürsorge. Wiesbaden 1900.

Kalle, Fritz, Soziale Mobilmachung. Zur Frage der sozialen Erziehung, zwei Aufsätze aus der Zeitschrift „Die Gegenwart" (Separatdruck), Berlin o.J. [1900].

Kalle, Fritz, Ueber Volksernährung und Haushaltsschulen als Mittel der Verbesserung derselben. 2. Aufl. Wiesbaden 1891.

Kalle, Fritz, Wegweiser ins wirtschaftliche Leben. Berlin 1907.

Kalle, Fritz/Borgmann, Hanns, Die Wohlfahrtseinrichtungen Wiesbadens. 2. Aufl. Wiesbaden 1914.

Kalle, Fritz/Kamp, Otto, Die Hauswirtschaftliche Unterweisung armer Mädchen in Deutschland und im Ausland. Grundzüge der bestehenden Einrichtungen und Anleitung zur Schaffung derselben. Wiesbaden 1891.

Kalle, Fritz/Mangold, Emil, Die Wohlfahrtseinrichtungen Wiesbadens. Wiesbaden 1902.

Kalle, Fritz/Schellenberg, Gustav, Wie erhält man sich gesund und erwerbsfähig? 25. Aufl. Berlin 1904.

Kalle, Wilhelm Ferdinand, Der Biebricher Zweig der Familie Kalle und die Chemische Fabrik Kalle & Co. in Biebrich a.Rh. Wiesbaden-Biebrich 1934.

Kaller, Paul, Druckprivileg önd Urheberrecht im Herzogtum Nassau. Frankfurt a.M./Berlin/Bern 1992.

Kantel, Hermann, Zum Gedächtnis! Eduard Bartling, in: Nassauische Heimatblätter 1/1928, 34f.

Kantzow, Wolfgang T., Sozialgeschichte der deutschen Städte und ihres Boden- und Baurechts bis 1918. Frankfurt a.M./New York 1980.

Kappelmann, H., Wahlhandbuch für die Stadtverordnetenwahlen in Preußen. Berlin 1911.

Kern, Bernd-Rüdiger, Studien zur politischen Entwicklung des nassauischen Liberalen Karl Braun, in: NA 94, 1983, 185–201.

Kiehl, August, Kritische Betrachtungen über kommunale Verbrauchssteuern und deren Aufhebung. Wiesbaden 1908.

Kirchner, Anton, Ansichten von Frankfurt am Main, der umliegenden Gegend und den benachbarten Heilquellen. 2. Bde. Frankfurt/M. 1818.

Klassifizierung der Berufe. Systematisches und alphabetisches Verzeichnis der Berufsbenennungen. Hrsg. v. Statistischen Bundesamt Wiesbaden. Stuttgart/Mainz 1975.

Klein Carl/Höfer, A., Geschichte des Verschönerungsvereins Wiesbaden. Wiesbaden 1913.

Kleinertz, Everhard, Massenakten in Kommunalarchiven von Großstädten, in: HSF 17 (1984), 29–36.

Klein, Thomas, Die Hessen als Reichstagswähler. Tabellenwerk zur politischen Landesgeschichte 1867–1933, Bd. 1: Die Provinz Hessen-Nassau und Waldeck-Pyrmont 1867–1918, Marburg 1989.

Klein, Thomas, Leitende Beamte der Provinz Hessen Nassau und in Waldeck 1867–1945, Darmstadt/Marburg 1988.

Kober, Adolf, Zur Geschichte der Juden Wiesbadens in der ersten Hälfte des 19. Jahrhunderts, in: Festschrift zur Fünfzigjahrfeier des Synagogen-Gesangvereins zu Wiesbaden 1863–1913. Wiesbaden o.J [1913], 3–34.

Kocka, Jürgen (Hrsg.), Bürger und Bürgerlichkeit im 19. Jahrhundert. Göttingen 1987.

Kolb, Eberhard, Polenbild und Polenfreundschaft der deutschen Frühliberalen. Zu Motivation und Funktion außenpolitischer Parteinahme im Vormärz, in: Saeculum, Jb. für Universalgeschichte 26, 1975, 111–127.

Kopp, Klaus, Wasser von Taunus, Rhein und Ried. Aus zwei Jahrtausenden Wiesbadener Wasserversorgung. Wiesbaden 1986.

Kötz, Günter, Besucherzahlen des Emser Bades im 19. und 20. Jahrhundert, in: NA 82, 1971, 367–374.

Krabbe, Wolfgang R., Die Wohnungspolitik in der Kommunalpolitik vor dem Ersten Weltkrieg, in: Geschichte in Wissenschaft und Unterricht, 1985, 426–438.

Krabbe, Wolfgang R., Kommunalpolitik und Industrialisierung. Die Entfaltung der städtischen Leistungsverwaltung im 19. und frühen 20. Jahrhundert. Stuttgart/Berlin/Köln/Mainz 1985.

Kramer, Margarete A., Die Politik des Staatsministers Emil August von Dungern im Herzogtum Nassau. Stuttgart 1991.

Kremers, P., Beitrag zur Geschichte des Gemeinderaths, o.O. u. J. [Wiesbaden 1877].

Kropat, Wolf-Arno, Das alte Wiesbaden, in: NA 85, 1974, 103–113.

Kropat, Wolf-Arno, Das Ende des Herzogtums (1850–1866), in: Herzogtum Nassau 1806–1866 (Ausstellungkatalog). Wiesbaden 1981, 37–52.

Kropat, Wolf-Arno, Das liberale Bürgertum in Nassau und die Reichsgründung (1866–1871), in: NA 82, 1971, 307–323.

Kropat, Wolf-Arno, Der Beamte und die Politik in wilhelminischer Zeit. Zur gescheiterten Reichstagskandidatur des Wiesbadener Regierungspräsidenten v. Meister im Jahre 1912, in: NA 83, 1972, 173–191.

Kropat, Wolf-Arno, Die Anfänge der Wiesbadener Sozialdemokratie, in: 100 Jahre SPD Wiesbaden 1867–1967. Wiesbaden 1967, 9–28.

Kropat, Wolf-Arno, Die nassauischen Liberalen und Bismarcks Politik in den Jahren 1866–1867, in: HJL 16 (1966), 215–296.

Kropat, Wolf-Arno, Staat, Parlament und politisches Leben im Herzogtum Nassau, in: Volker Eichler (Bearb.), Nassauische Parlamentsdebatten, Bd. 1. Restauration und Vormärz, Wiesbaden 1985, 1–18.

Kurze Geschichte der katholischen Gemeinde zu Wiesbaden und ihres neuen Kirchenbaues. Wiesbaden 1849.

Langewische, Dieter, Stadt, Bürgertum und „bürgerliche Gesellschaft" – Bemerkungen zur Forschungsentwicklung –, in: #IMS 1, 1991, 2–5.

Laue, Berthold, Die Gemeindewahlen. Gesetze und Ausführungsbestimmungen sowie Entscheidungen des Königlichen Oberverwaltungsgerichts auf dem Wahlrechtsgebiet. Wiesbaden o.J. [um 1903].

Lautz, Th., Geschichte des Gewerbevereins für Nassau. Festschrift zur fünfzigjährigen Jubiläumsfeier 1895. Wiesbaden 1895.

Lenger, Friedrich, Zwischen Kleinbürgertum und Proletariat. Studien zur Sozialgeschichte der Düsseldorfer Handwerker, 1816–1878, Göttingen 1986.

Lenger, Friedrich, Urbanisierung und Stadtgeschichte – Geschichte der Stadt. Verstädterungsgeschichte oder Geschichte in der Stadt? in: AfS 26, 1986, 429–479.

Lenin, Wladimir Iljitsch, Der Imperialismus als höchstes Stadium des Kapitalismus, in: Werke, Bd. 22, Berlin (Ost) 1977.

Liebert, Bernd, Politische Wahlen in Wiesbaden im Kaiserreich. Wiesbaden 1988.

Lüstner, Lothar, Nassaus leitende Persönlichkeiten im Jahre 1861, o.O. u. J. (StdAWi Bibliothek).

Machtan, Lothar/Ott, René, „Batzebier". Überlegungen zur sozialen Protestbewegung in den Jahren nach der Reichsgründung am Beispiel der süddeutschen Bierkrawalle im Frühjahr 1873, in: Sozialer Protest. Hrsg. von Heinrich Volkmann u. Jürgen Bergmann, Opladen 1984, 128–166.

Maentel, Thorsten, Reputation und Einfluß – die gesellschaftlichen Führungsgruppen, in: Stadt und Bürger im Übergang von der traditionalen zur modernen Gesellschaft. Hrsg. v. Lothar Gall, München 1993, 295–314.

Martin, Rudolf, Jahrbuch des Vermögens und Einkommens der Millionäre in Hessen-Nassau. Berlin 1913.

Marx, Karl/Engels, Friedrich, Werke. Bd. 8, Berlin (Ost) 1982.

Mattiaci. Das alte christliche Wiesbaden. Eine Festgabe zum Jubiläum von St. Bonifatius. Wiesbaden 1949.

Matzerath, Horst, Städtewachstum und Eingemeindungen im 19. Jahrhundert, in: Die deutsche Stadt im Industriezeitalter. Hrsg. v. Jürgen Reulecke, 2. Aufl. Wuppertal 1980, 67–89.

Matzerath, Horst, Urbanisierung in Preußen 1815–1914, Stuttgart/Berlin/Köln/Mainz 1985.

May, K. H., Die Eroberer der Reichsstadt Wiesbaden vom Frühjahr 1242, in: NA 78, 1967, 46–51.

Merbot, Reinhold, Geschichte der Thätigkeit der Handelskammer Wiesbaden in den Jahren 1865–1896, Wiesbaden 1896.

Merker, Arnold, Die Steuerreform im Herzogtum Nassau von 1806 bis 1814, in: NA 37, 1907, 72–142.

Mettele, Gisela, Verwalten und Regieren oder Selbstverwalten und Selbstregieren, in: Lothar Gall (Hrsg.), Stadt und Bürgertum im Übergang von der traditionalen zur modernen Gesellschaft, München 1993, 343–365.

Meuer, A. Heinrich, Der Einsturz der ersten Bonifatiuskirche zu Wiesbaden am 11. Februar 1831, in: Nassauische Heimat 2/1931, 15f.

Meurer, August Heinrich, Alte Wiesbadener Gast- und Badehäuser, in: Nassauische Heimat, 1925, 98–103 u. 116–119

Meyer-Elbing, Oscar, Die Weltkurstadt Wiesbaden, in: Illustrierte Westdeutsche Wochenschau 9/1910, 268–272.

Michaelis, Hans-Thorwald, 1878–1890. Unter dem Druck des Ausnahmegesetzes, in: 100 Jahre SPD Wiesbaden. 1867–1967. Wiesbaden 1967, 19–28.

Michel, Harald, Volkszählungen in Deutschland. Die Erfassung des Bevölkerungsstandes von 1816 bis 1933, in: Jahrbuch für Wirtschaftsgeschichte 1985, 79–91.

Mikoletzky, Juliane, Zur Sozialgeschichte des österreichischen Kurortes: Kurlisten und Kurordnungen als sozialhistorische Quelle, in: Mitteilungen des Instituts für österreichische Geschichtsforschung 99 (1991), 391–433.

Mischewski, Günter, Bismarck in Wiesbaden. Duell in Amöneburg, in: Wiesbaden international 2/1985, 34f.

Mischewski, Günter, Zur Geschichte des Stadtarchivs, in: Das Stadtarchiv Wiesbaden. Geschichte, Aufgaben und Bestände – Begleitheft zur Ausstellung. hrsg. v. Magistrat der Landeshaupstadt Wiesbaden – Stadtarchiv, Wiesbaden 1990, 5–12.

Mitteilungen des Statistischen Amtes der Stadt Wiesbaden. Nr. 1–3, Wiesbaden 1908.

Molle, Fritz, Handbuch der Berufskunde. Köln/Berlin/Bonn/München 1969.

Möller, Horst, Fürstenstaat oder Bürgernation. Berlin 1989.

Müller, Karl-Heinz, Preußischer Adler und Hessischer Löwe. Hundert Jahre Wiesbadener Regierung 1866–1966. Wiesbaden 1966.

Müller-Schellenberg, Guntram, Die Körpergröße der nassauischen Soldaten im frühen 19. Jahrhundert, in: NA 103, 1992, 235–239.

Müller-Schellenberg, Guntram, Die Wiesbadener Buchhändler-, Drucker- und Verlegerfamilie Schellenberg, in: 175 Jahre Wiesbadener Casino-Gesellschaft 1816–1991. Wiesbaden 1991, 101–111.

Müller-Werth, Herbert, 75 Jahre Städtische Krankenanstalten Wiesbaden. Wiesbaden o. J. [1954]

Müller-Werth, Herbert, Geschichte der Stadt Wiesbaden unter besonderer Berücksichtigung der letzten 150 Jahre. Wiesbaden 1963.

Müller-Werth, Herbert, Nassauische Zeitungen des Jahres 1848, in: NA 60, 1943, 103–148.

Müller-Werth, Herbert, So wählten Wiesbadens Bürger früher. Das politische Gesicht der Kurstadt von 1866 bis zum Beginn des Ersten Weltkrieges, o.O. u. J. (neu umgebr. Sonderdruck einer Artikelreihe WT April 1963. LaBiWi).

Münzert, H., Die Clarenthaler Papiermühle 1724–1840, in: Nassauische Heimat, 1931, 13–15.

Na'aman, Shlomo, Der Deutsche Nationalverein. Die politische Konstituierung des deutschen Bürgertums 1859–1867. Düsseldorf 1987.

Von Nassau nach Amerika. Auswanderungsschicksale aus drei Jahrhunderten. Dokumentation zur Ausstellung im Hessischen Hauptstaatsarchiv. Wiesbaden 1992.

Nassau's einundvierzig Volksabgeordnete. Eine characteristische Darstellung ihrer persönlichen Thätigkeit und Leistungen der Kammer. H. 1 (mehr nicht erschienen). Wiesbaden 1848.

Nerdinger, Winfried, Das Kurhaus in Wiesbaden. Ein wilhelminisches Gesamt-kunstwerk, in: Neues Bauen in Wiesbaden 1900–1914 (Ausstellungskatalog). Wiesbaden 1984, 73–87.

Nipperdey, Thomas, Verein als soziale Struktur im späten 18. und frühen 19. Jahrhundert, in: Gesellschaft, Kultur, Theorie. Gesammelte Aussätze zur neueren Geschichte. Hrsg. v. dems. Göttingen 1976, 174–205.

Officielles Festbuch zum Wettstreit deutscher Männergesang-Vereine am 27., 28., 30., und 31. August in Wiesbaden, veranstaltet vom Wiesbadener Männergesang-Vereine aus Veranlassung der Feier seines 40jährigen Bestehens. O.O. u. J. [Wiesbaden 1881].

Orth, Peter, Die Kleinstaaterei im Rhein-Main-Gebiet und die Eisenbahnpolitik 1830–1866. Diss. phil. Frankfurt 1938.

Otto, Friedrich, Das älteste Gerichtsbuch der Stadt Wiesbaden. Wiesbaden 1900.

Otto, Friedrich, Das Merkerbuch der Stadt Wiesbaden. Wiesbaden 1882.

Otto, Friedrich, Die Juden zu Wiesbaden, in: NA 23, 1891, 129–148.

Otto, Friedrich, Geschichte der Stadt Wiesbaden. Wiesbaden 1877.

Otto, Friedrich, Wiesbaden eine königliche Stadt im Jahre 1241, in: NA 29, 1898, 222–224.

Pagenstecher, Karl (Hrsg.), Jugenderinnerungen des Dr. med. Heinrich Karl Alexander Pagenstecher (1799–1868), in: NA 55, 1936, 113–138.

Parent, Thomas, Der „Feldzug" nach Oberlahnstein (23. Juli 1865) – Nachklänge zu einem preußischen Abgeordnetenfest in der Konfliktzeit, in: NA 94, 1983, 169–183.

Pfeiffer, F. X., Das kommunale Wahlrecht in den deutschen Bundesstaaten. Berlin 1918.

Plath, Konrad, Zur Geschichte Wiesbadens und seines Badewesens im dreizehnten Jahrhundert, in: Mitteilungen des Vereins für Nassauische Altertumskunde und Geschichtsforschung, 12. Jg., 1908, 52-58 u. 74-75.

Pollmann, Klaus Erich, Parlamentarismus um Norddeutschen Bund 1867–1870. Düsseldorf 1985.

Poppelbaum, Karl, Johannisloge Carl zum aufgehenden Licht im Orient zu Frankfurt am Main. Festschrift zur 150. Gründungsfeier. Frankfurt am Main 1966.

Preußische Statistik. Hrsg. v. Königlichen Statistischen Amt. Bd. XVI. Berlin 1869.

Rahlson, H., Der Wiesbadener Wohnungsmarkt auf Grund der Zählung der leerstehenden Wohnungen vom 15. Oktober 1907. Wiesbaden 1908.

Rahlson, H., Die Lohnverhältnisse der städtischen Arbeiterschaft zu Wiesbaden am 1. Mai 1909. Wiesbaden 1909.

Rahlson, H., Die öffentliche Gesundheitspflege Wiesbadens. Von der Stadt dargebotene Festschrift. Wiesbaden 1908.

Rahlson, H., Stadtgebiet, Bevölkerungs- und Grundstücksverhältnisse der Stadt Wiesbaden. Wiesbaden 1907.

Rahlson, H., Wiesbadens bewohnte Wohnungen sowie die nicht Wohnzwecken dienenden Räume auf Grund der Zählung vom 15. Oktober 1907. Wiesbaden 1910.

Rahlson, H., Wiesbadens Wohnungs- und Grundstücksmarkt. A. Ergebnisse der Wohnungszählung vom 15. Oktober 1912. B. Bautätigkeit, Bevölkerungszahl und Steuerzahler 1903–1913. Wiesbaden 1914.

Rahlson, H., Zum Finanzwesen der Stadt Wiesbaden. I. A. Einleitender Überblick über das Finanzwesen für die Jahre 1884–1908. B. Die Einnahmen und Ausgaben der Stadt Wiesbaden in den Jahren 1888–1907. Wiesbaden 1908.

Reges, Benjamin, Geschichte der Loge zur Einigkeit zu Frankfurt am Main 1742–1892. Festgabe der Loge zur Einigkeit bei der Feier ihres 150jährigen Bestehens am 16. Oktober 1892. O. O. u. J. [Frankfurt/M 1892].

Die Reichstagswahlen seit 1871. II. Mitteldeutschland, III. Nordwestdeutschland, IV. Westdeutschland. Berlin 1903.

Renkhoff, Otto, Wiesbaden im Mittelalter. Wiesbaden 1980.

Renn, Heinz, Datenerhebung aus Massenakten, in: Sozialforschung und Verwaltungsdaten. Hrsg v. Wolfgang Bick. Stuttgart 1984, 168–191.

Residenzstadt Wiesbaden. Allgemeine Angaben über Wohnungs- und Lebensverhältnisse, Vorzüge und Bedeutung Wiesbadens als „Wohnsitz". Hrsg. aufgrund amtl. Materials vom Städtischen Verkehrsbureau. 2. Aufl. Wiesbaden 1913/14.

Reulecke, Jürgen, Geschichte der Urbanisierung in Deutschland. Frankfurt a. M. 1985.

Reulecke, Jürgen, Geschichte der Urbanisierung in Deutschland 1850–1980. Frankfurt/M. 1984.

Reulecke, Jürgen, Stadtbürgertum und Sozialreform in Preußen, in: Stadt und Bürgertum im 19. Jahrhundert. Hrsg. v. Lothar Gall. München 1990, 171–197.

Reusch, H., Ein Versuch zur Lösung der Frage der II. Hypotheken durch die Stadt Wiesbaden in Gemeinschaft mit der Nassauischen Landesbank, in: Zeitung für Wohnungswesen 11, 1913, 325–328.

Reusch, H., Zweite Hypotheken mit Gemeindebürgschaft. Die Rücksicherheiten der Gemeinde, in: Zeitung für Wohnungswesen 14, 1916, 85–90.

Riehl, Wilhelm Heinrich, Nassauische Chronik des Jahres 1848. Kommentierte Neuaufl. Idstein/Taunus 1979.

Riemer-Schäfer, Ulla, Sozialstatistik und Sozialstruktur der Arbeiterschaft in der chemischen Industrie und im Maschinenbau des Rhein-Main-Gebietes, in: Forschungen zur Lage der Arbeiter im Industrialisierungsprozeß. Hrsg. von Hans Pohl. Stuttgart 1978.

Riesner, Michael, Die Politik der Herzöge von Nassau zur Sicherung von Besitz und Herrschaft. Teil I, in: NA 102, 1991, 145–173.

Riesner, Michael, Die Politik der Herzöge von Nassau zur Sicherung von Besitz und Herrschaft (1806–1866). Teil II, in: NA 103, 1992, 181–215.

Riesner, Michael, Die Politik der Herzöge von Nassau zur Sicherung von Besitz und Herrschaft (1806–1866). Teil III, in: NA 104, 1993, 155–188.

Rompel, Josef, Die wirtschaftliche und finanzielle Entwicklung von Wiesbaden als Fremdenstadt seit Beginn der preussischen Herrschaft von 1867 bis 1907. Wiesbaden 1910.

Rosa, Richard, Die Stiftung „Hof Geisberg" und der „Verein nassauischer Land- und Forstwirte", in: 150 Jahre Landwirtschaftsschule Hof Geisberg, o.O. u. J. [Wiesbaden 1968], S. 97–114.

Rosenwald, Walter, Die nassauische Brigade im Feldzug 1866, Taunusstein 1983.

Rossel, Karl, Stadt-Wappen von Wiesbaden. Ein Beitrag zur Ortsgeschichte. Wiesbaden 1861.

Roth, August, Rückblick auf die 25jährige Thätigkeit der Loge Plato zur beständigen Einigkeit in Wiesbaden. Wiesbaden 1883.

Roth, F. W. E., Geschichte und historische Topographie der Stadt Wiesbaden im Mittelalter und der Neuzeit. Wiesbaden 1883.

Roth, Ralf, Stadt und Bürgertum in Frankfurt am Main. Ein besonderer Weg von der ständischen zur modernen Bürgergesellschaft 1760-1914. München 1996.

Rother, Siegfried, Polen in der deutschen Literatur des Vormärz – eine didaktisch-methodische Handreichung, in: Der polnische Freiheitskampf 1830/31 und die liberale deutsche Polenfreundschaft. Hrsg v. Peter Ehlen. München 1982.

Russ, Sigrid, Die Venus und die Lotteriegesellschaft. Die Villa Albert in Wiesbaden und ein Relief von Bernhard Hoetger, in: Denkmalpflege Hessen, 1/1989, 28–31.

Russ, Sigrid, Kulturdenkmäler in Hessen. Wiesbaden II – Die Villengebiete. Braunschweig/Wiesbaden 1988.

Sack, Georg, Die Wiesbadener Feuerwehr in Vergangenheit und Gegenwart. Wiesbaden 1976.

Schambach, Karin, Stadtbürgertum und industrieller Umbruch. Dortmund 1780-1870. München 1996.

Sarholz, Hans, Das Herzogtum Nassau 1813–1815, in: NA 57, 1937, 55-119.

Sauer, Wilhelm, Die deutschen Gesellschaften in Nassau im Jahre 1814, in: RK Nr 343 v. 11.12.1891, Nr. 344 v. 12.12.1891 u. Nr. 348 v. 16.12.1891.

Sauer, Wilhelm, Das Herzogtum Nassau in den Jahren 1813–1820. Wiesbaden 1893.

Sauer, Wilhelm, Nassauisches Urkundenbuch 1. Wiesbaden 1885–87.

Schäfer, Albert, Wiesbaden. Von der Römersiedlung zur Landeshauptstadt. Frankfurt 1969.

Schellenberg, Jakob Ludwig, Autobiographie eines nassauischen Pfarrers 1728–1808. Taunusstein 1989.

Schenck, Gottfried Anton, Geschicht-Schreibung der Stadt Wißbaden. Aus bewährten Schriften und zuverlässigen Nachrichten. Frankfurt am Main 1758.

Schivelbusch, Wolfgang, Geschichte der Eisenbahnreise. Zur Industrialisierung von Raum und Zeit im 19. Jahrhundert. Frankfurt am Main 1989.

Schmidt, Wilhelm, Die Einnahmequellen, der Beruf und die Lebenshaltung der Wiesbadener Bevölkerung, unter besonderer Berücksichtigung der steuerlichen Belastung in den Jahren 1908 bis 1913. Diss. Frankfurt am Main 1927.

Scholz, Karl/Scholz, Bernhard, Josef Scholz und seine Nachkommen. Frankfurt 1905.

Schoos, Jean, Die Herzöge von Nassau als Großherzöge von Luxemburg, in: NA 95, 1983, 173–192.

Schoppa, Helmut, Aquae Mattiacae. Wiesbadens römische und alemannisch-merowingische Vergangenheit. Wiesbaden 1974.

Schröder, Wilhelm Heinz, Lebenslaufforschung zwischen biographischer Lexiographik und kollektiver Biographik. Überlegungen zu einem „biographischen Handbuch der Parlamentarier in den Deutschen Reichs- und Landtagen bis 1933" (Bioparl), in: #HSR 31, 1984, 38–62.

Schröder, Heinz Wilhelm, Quantitative Analyeses of Collektive Life Histories: The Case of Soical Democratic Candidates for the German Reichstag 1898–1912, in: #HSF 6, 1980, 203–224.

Schüler, Theodor/Spielmann, Christian, Geschichte des Nassauischen Bäckerhandwerkes insbesondere der Bäckerinnung Wiesbaden. Wiesbaden 1931.

Schüler, Theodor, Der erste Rekrutenzug zu Wiesbaden im Jahre 1808, in: Alt-Nassau 4/1910, 13–14.

Schüler, Theodor, Ein Aufruhr der ehrbaren Schuhmacherzunft Wiesbadens im Jahre 1802, in: Wiesbadener Tagblatt 507 u. 509, 1907.

Schüler, Theodor, Orts- und Kurverhältnisse zu Wiesbaden im Jahre 1808, in: Wiesbadener Tagblatt v. 22.12.1912, 29.12.1912 u. 5.1.1913.

Schüler, Theodor, Wiesbaden in seinen kleinstädtischen Verhältnissen um 1800, in: Alt-Nassauischer Kalender 1919, 26–31.

Schüler, Winfried, Das wilhelminische Wiesbaden. Modellstadt einer Freizeit- und Dienstleistungsgesellschaft? in: NA 99, 1988, 89–110.

Schüler, Winfried, Die Herzöge von Nassau, in: NA 95, 1984, 155–192.

Schüler, Winfried, Der Herzog und sein Hof, in: Herzogtum Nassau 1806–1866 (Ausstellungskatalog). Wiesbaden 1981, 53-73.

Schüler, Winfried, Wirtschaft und Gesellschaft im Herzogtum Nassau, in: NA 91, 1980, 131–144.

Schulz, Andreas, Herrschaft durch Verwaltung. Die Rheinbundreformen in Hessen-Darmstadt unter Napoleon (1803–1815). Stuttgart 1991.

Schulz, Andreas, Wirtschaftlicher Status und Einkommensverteilung – die ökonomische Oberschicht, in: Stadt und Bürgertum im Übergang von der traditionalen Gesellschaft zur modernen Gesellschaft. Hrsg. v. Lothar Gall. München 1993, 249–271.

Schulz, Helga, Berlin 1650–1800. Sozialgeschichte einer Residenz. Berlin (Ost) 1987.

Schumann, Hans-Gerd, Führungsschichten und Führungsgruppen heute. Anmerkungen zu Methodologie-Problemen der deutschen „Elitologie", in: Deutsche Führungsschichten in der Neuzeit. Hrsg. v. Hans Hubert Hofmann u. Günther Franz. Boppard am Rhein 1980, 203–218.

Schwartz, K., Das Leben Ibells. NA 14, 1875, 1–107.

Schwitzgebel, Helmut, Literarisches Leben in Nassau, in: Herzogtum Nassau 1806–1866 (Ausstellungskatalog). Wiesbaden 1981, 367–383.

Sebald, Eduard, Das alte Kurhaus von Christian Zais, in: Neues Bauen in Wiesbaden 1900–1914 (Ausstellungskatalog). Wiesbaden 1984, 97–108.

Seibel, Heinrich, Die Kinderbewahranstalt zu Wiesbaden 1835–1887. Wiesbaden 1887.

Seibert, Gustav, Geschichte des Vorschussvereins zu Wiesbaden, eingetragene Genossenschaft mit unbeschränkter Haftpflicht, Wiesbaden 1896.

Silberhorn, Lothar W., Ein Brief Max Gagerns zu den Wirren um den Deutschkatholizismus im Nassauer Land, in: Archiv für mittelrheinische Kirchengeschichte 8, 1856, 295–299.

Simon, Hans-Günther, Die Funde aus den frühkaiserlichen Lagern Rödgen, Friedberg und Bad Nauheim, in: Limesforschungen Bd. 15. Berlin 1976, 51–264.

Das Soziale Museum in Frankfurt a.M. Seine Aufgaben und seine Organisation, Denkschrift herausgegeben vom Vorstand. Frankfurt/M. 1903.

Spar- und Bauverein zu Wiesbaden, eingetragene Genossenschaft mit beschränkter Haftpflicht. Uebersicht der Einnahmen und Ausgaben, Gewinn und Verlust-

Berechnung sowie Netto-Bilanz und Mitglieder-Bewegung per 31. Dez. 1899 (– 1900), o.O. u. J.

Spielmann, Christian, Die Achtundvierziger Chronik. Wiesbaden 1899.

Spielmann, Christian, Die Stadt Wiesbaden und ihre Bewohner zu Anfang unseres Jahrhunderts. Wiesbaden 1897.

Spielmann, Christian, Geschichte von Nassau. Bd. 1. Wiesbaden 1909.

Spielmann, Christian, Karl von Ibell, Lebensbild eines deutschen Staatsmannes 1780–1832. Wiesbaden 1897.

Stadt Wiesbaden, Gesamtfläche des Stadtgebietes. Besitzstand der Stadt Wiesbaden. Graphische Darstellung der Zunahme der Einwohnerzahl, Gebäude- und Hofflächen einschl. der Straßen und Plätze. Wiesbaden 1903.

Städte-Ordnung für die Provinz Hessen-Nassau vom 4. August 1897 nebst Einführungsanweisung vom 4. Oktober 1897. Berlin 1897.

Städteordnung für den Regierungsbezirk Wiesbaden, in: Gesetz-Sammlung für die Königlichen Preußischen Staaten. Nr. 14. Berlin 1891.

Stadtgemeinde Wiesbaden, Bericht über die Verwaltung der Gemeindeangelegenheiten (...) für das Rechnungsjahr 1888/89 (–1914). Wiesbaden 1890–1915.

Statistik des Deutschen Reiches. N.F. Bd. 2, 4, 109, 110, 117, 134, 141, 148, 157, 164, 171, 178, 207, 211, 278, 279. Berlin 1884–1915.

Statistische Monatsberichte der Stadt Wiesbaden. Hrsg. vom Statistischen Amt. Wiesbaden 1907–1914.

Statistisches Handbuch der deutschen Städte. 1.–21. Jg. Breslau 1891–1916.

Statistisches Jahrbuch (Statistischer Jahresbericht) der Stadt Wiesbaden. Hrsg. v. städtischen Statistischen Amt, 1–8, Wiesbaden 1908–1915.

Statuten des Vereins zur Verschönerung der Umgebungen Wiesbadens. O.O. [Wiesbaden] 1843.

Steffens, Horst, Der Wiesbadener Brotkrawall von 1873, in: NA 100, 1989, 175–196.

Strobel, Georg W., Die liberale deutsche Polenfreundschaft und die Erneuerungsbewegung Deutschlands, in: Der polnische Freiheitskampf 1830/31 und die liberale deutsche Polenfreundschaft. Hrsg. v. Peter Ehlen. München 1982, 31–47.

Struck, Wolf-Heino, Christian Zais an seinen Sohn Wilhelm – der Architekt des Klassizismus zu Wiesbaden in seiner Familie, in: NA 92, 1981, 75–90.

Struck, Wolf-Heino, Das Streben nach bürgerlicher Freiheit und nationaler Einheit in der Sicht des Herzogtums Nassau, in: NA 77, 1966, 142–216.

Struck, Wolf-Heino, Die Anfänge der Arbeiterbewegung in Wiesbaden 1848–1851, in: Festschrift für Ludwig Petry. Teil 2. Wiesbaden 1969, 287–321.

Struck, Wolf-Heino, Die Auswanderung aus dem Herzogtum Nassau (1806–1866). Ein Kapitel der modernen politischen und sozialen Entwicklung. Wiesbaden 1966.

Struck, Wolf-Heino, Die Gründung des Herzogtums Nassau, in: Herzogtum Nassau 1806–1866 (Ausstellungskatalog). Wiesbaden 1981, 1–17.

Struck, Wolf-Heino, Gründung und Entwicklung des Vereins für Nassauische Altertumskunde und Geschichtsforschung, in: NA 84, 1973, 98–144.

Struck, Wolf-Heino, Staat und Stadt in der älteren Geschichte Wiesbadens, in: HJL 14, 1964, 22–66.

Struck, Wolf-Heino, Vom Kampf um den Verfassungsstaat. Der politische Prozeß gegen den nassauischen Volkskammerpräsidenten Georg Herber 1831/33, in: NA 79, 1968, 182–244.

Struck, Wolf-Heino, Vormärz im Herzogtum Nassau und Hambacher Fest, in: Hambach 1832. Anstöße und Folgen. Wiesbaden 1984, 131–163.

Struck, Wolf-Heino, Wiesbaden im Biedermeier. Wiesbaden 1981.

Struck, Wolf-Heino, Wiesbaden im März 1848, in: HJL 17, 1967, 226–244.

Struck, Wolf-Heino, Wiesbaden in der Goethezeit. Wiesbaden 1979.

Struck, Wolf-Heino, Wiesbaden und die Volksvertretung im Herzogtum Nassau, in: NA 93, 1982, 85–110.

Struck, Wolf-Heino, Zur Geschichte der nassauischen Auswanderung nach Texas 1844–1847, in: NA 82, 1971, 376–387.

Die Tätigkeit des Verschönerungs-Vereins im Jahre 1902/1903. Wiesbaden 1903.

Tecklenburg, Adolf, Die Proportionalwahl als Rechtsidee. Mit einem Zusatz: Die Verbindung der Proportionalwahl mit dem Dreiklassenwahlsystem im Hamburger Senatsantrag vom 10. Mai 1905. Wiesbaden 1905.

Tecklenburg, Adolf, Wahlfreiheit und Listenkonkurrenz. Ein Beitrag zur Frage des passenden Proportionalwahlsystems für die Wahl der Beisitzer zu den Kaufmanns- und Gewerbegerichten. Wiesbaden 1905.

Tews, J., Fritz Kalle. Sein Leben und sein Wirken für Volkserziehung und Volkswohl. Berlin 1916.

Thomae, Carl, Eine biographische Skizze für seine Familie und Freunde. Wiesbaden 1873.

Thomae, Carl, Geschichte des Vereins für Naturkunde im Herzogthum Nassau und des naturhistorischen Museums zu Wiesbaden. Wiesbaden 1842.

Toelle, Hermann, Das Herzogtum und die deutsche Frage 1852–1857, in: NA 43 (1914/15), 1–104.

Treichel, Eckhardt, Der Primat der Bürokratie. Bürokratischer Staat und bürokratische Elite im Herzogtum Nassau 1806–1866. Stuttgart 1991.

Turnverein Wiesbaden. Festschrift zur 50jährigen Jubiläumsfeier am 7.,13., 14., 15. und 21. Juni 1896. Wiesbaden 1896.

Über die Vermehrung der ersten Kammer der nassauischen Landstände. Ein Privatgutachten, allen denkenden Staatsbürgern Nassaus zur aufmerksamen Prüfung vorgelegt. Zweibrücken 1832.

Urban, K., Das Adlerbad und seine Geschichte, Mskpt. (Bibliothek StdAWi).

Veesenmeyer, Emil/Nowak, Oskar, Rückblick auf die Entwicklung der Loge Plato zur beständigen Einigkeit in den Jahren 1883–1908 und Mitgliederverzeichnis während der fünfzig Jahre ihres Bestehens 1858–1908. Wiesbaden 1908.

Verhandlungen der Anklage gegen Redacteur J. Oppermann, Buchhändlergehilfen Chr. Limbarth und Buchhändlerlehrling Friedr. Frauenholz zu Wiesbaden wegen Aufforderung zu hochverrätherischen Handlungen und Beleidigung des Königs von Preußen vor den Assisen zu Wiesbaden am 23. und 24. October 1849. Wiesbaden 1849.

Verwaltungsbericht der Stadt Wiesbaden. Für die Zeit vom 1. April 1908 bis 31. März 1911. Wiesbaden 1911.

Verwaltungsbericht der Stadt Wiesbaden. Für die Zeit vom 1. April 1911 bis 31. März 1912. Wiesbaden 1913.

Verzeichnisse der Mitglieder des Magistrats und der Stadtverordnetenversammlung der Stadt Wiesbaden, sowie der städtischen Deputationen, Kommissionen und Ausschüsse. Wiesbaden 1903–1930.

Vierter Bericht über die Bewahr-Anstalt für kleine Kinder in der Stadt Wiesbaden. Wiesbaden 1845.

Voelcker, Heinrich, 75 Jahre Kalle. Ein Beitrag zur Nassauischen Industrie-Geschichte. Wiesbaden-Biebrich o.J. [1938].

Volkmann, Wilhelm, Das Steuerwesen im Herzogtum Nassau. Gießen 1932.

Volksbildungsverein zu Wiesbaden. Zweigverein der Gesellschaft für Verbreitung von Volksbildung. Satzungen. Wiesbaden 1901.

Wacker, Peter, Das nassauische Militärwesen, in: Herzogtum Nassau 1806–1866 (Ausstellungskatalog). Wiesbaden 1981, 75–85.

Wagner, Wilhelm, Loge Plato 1908–1935, in: Freimaurerloge Plato zur Beständigen Einigheit, 1778–1958. Wiesbaden 1958.

Wahre Darstellung der am 13. November 1825 auf dem Kasinoballe in Wiesbaden statt gehabten Vorfälle und deren Folgen nebst beigefügten Briefen der beiden Partein, so weit solche authentisch zu erhalten gewesen sind. o.O. 1826.

Weber, Max, Wirtschaft und Gesellschaft, Grundriß der verstehenden Soziologie. 5. rev. Auflage, besorgt von Johannes Winckelmann. Tübingen 1980.

Wehler, Hans Ulrich, Die Geburtsstunde des deutschen Kleinbürgertums, in: Bürger in der Gesellschaft der Neuzeit. Hrsg. v. Hans Jürgen Puhle. Göttingen 1991, 199–209.

Wehler, Hans-Ulrich, Deutsche Gesellschaftsgeschichte. Bd. 2: Von der Reformära zur industriellen und politischen „Deutschen Doppelrevolution". München 1987.

Wehler, Hans-Ulrich, Deutsche Gesellschaftsgeschichte. Bd 1: Vom Feudalismus des Alten Reiches bis zur Defensiven Modernisierung der Reformära 1700–1815, München 1987

Weichel, Thomas, Die Berufsstruktur der Städte – erste Ergebnisse und Vergleiche, in: Stadt und Bürgertum im Übergang von der traditionalen Gesellschaft zur modernen Gesellschaft. Hrsg. v. Lothar Gall. München 1993, 51–73.

Weichel, Thomas, Brot und Prügel - Die Wiesbadener Kinderbewahranstalt, in: Wiesbaden - Hinterhof und Kurkonzert. Eine illustrierte Alltagsgeschichte von 1800 bis heute. Hrsg. v. Gerhard Honekamp. Gudensberg-Gleichen 1996, 25-27.

Weichel, Thomas, Die Bürger in ihrer beruflichen und sozialen Stellung, in: Stadt und Bürgertum im Übergang von der traditionalen Gesellschaft zur modernen Gesellschaft. Hrsg. v. Lothar Gall. München 1993, 93–103.

Weichel, Thomas, Bürgerliche Villenkultur im 19. Jahrhundert, in: Bürgerkultur im 19. Jahrhundert. Bildung, Kunst und Lebenswelt. Hrsg. v. Dieter Hein und Andreas Schulz. München 1996, hier 234-251.

Weichel, Thomas, Die falsche „Hilf". Geburtswehen eines Stadtteils, in: Wiesbadener Abrisse 1988. Wiesbaden 1987.

Weichel, Thomas, Fritz Kalle. Sozialreform, „Weltpolitik" und Unternehmerinteresse, in: Wiesbaden – Hinterhof und Kurkonzert. Eine illustrierte Alltagsgeschichte von 1800 bis heute. Hrsg. v. Gert Honekamp. Gudensberg-Gleichen 1996, hier 49-52

Weichel, Thomas, Die Kur- und Verwaltungsstadt Wiesbaden 1790–1822, in: Vom alten zum neuen Bürgertum. Die Stadt im Umbruch 1780–1820. Hrsg. v. Lothar Gall. München 1991, 317–356.

Weichel, Thomas, „Wenn dann der Kaiser nicht mehr kommt…". Kommunalpolitik und Arbeiterbewegung in Wiesbaden 1890–1914. Wiesbaden 1991.

Weichel, Thomas, Zur Geschichte der Familie Burk im 18. und 19. Jahrhundert, in: Jochen Dollwet und Thomas Weichel (Bearb.), Das Tagebuch des Friedrich Ludwig Burk. Aufzeichnungen eines Wiesbadener Bürgers und Bauern. 1806–1866, Wiesbaden 1993, 3. Aufl., 5–40.

Weitzel, Johannes, Einfluß der französischen Revolution auf die Staatswissenschaft, in: Jahrbücher für Geschichte und Staatskunst, 1829, 391–403.

Weitzel, Johannes, Über die churhessische Verfassung von 1831, in: Jahrbücher für Geschichte und Staatskunst 1831. Bd. 1. 385–411.

Weitzel, Johannes, Ueber die Staatswissenschaft, von ihrem Entstehen bis zu dem Verfalle des römischen Reichs, in: Jahrbücher für Geschichte und Staatskunst., 1828, 262-281.

Wellstein, Frank, Politische Partizipation im Frühkonstitutionalismus. Die Wahlen zur landständischen Versammlung im Herzogtum Nassau (1818–1866). (Mskpt.). Gießen 1992.

Wentzcke, Paul, August Hergenhahn, in: Nassauische Lebensbilder. Bd. 4. Wiesbaden 1950, 193–219.

Wetzler, Johann Evangelist, Über Gesundbrunnen und Heilbäder überhaupt, oder über deren Nutzen, Einrichtung und Gebrauch, Mainz 1819.

Wetzler, M. R., Patriotische Wünsche eines Wiesbadeners für das Gedeihen und Fortblühen dieses Kurorts, Wiesbaden 1843.

Die Wiesbadener Casino-Gesellschaft seit ihrer Gründung im Jahre 1815. Wiesbaden 1905.

Wischermann, Clemens, Urbanisierung und innerstädtischer Wandel am Beispiel Hamburgs: Verfahren moderner Stadtanalyse im historischen Vergleich, in: Städtewachstum und innerstädtischer Strukturwandel. Hrsg. v. Horst Matzerath. Stuttgart 1984, 165–196.

Wohlfahrtseinrichtungen für die Arbeiter der Firma Kalle & Co. in Biebrich a. Rh. Biebrich 1899.

Wohlfeil, Rainer, Vom stehenden Heer des Absolutismus zur allgemeinen Wehrpflicht. München 1964.

Wysocki, Josef, Kommunale Investitionen und ihre Finanzierung in Deutschland 1850 bis 1914, in: Die Städte Mitteleuropas im 19. Jahrhundert. Hrsg. v. Wilhelm Rausch, Linz 1983, 165–179.

Zerback, Ralf, München und sein Stadtbürgertum. Eine Residenzstadt als Bürgergemeinde 1780-1870. München 1997.

Zerwas, Hans-Jörg, Arbeit als Besitz. Das ehrbare Handwerk zwischen Bruderliebe und Klassenkampf 1848. Reinbek 1988.

Zieg, Peter, Nassau und der preußisch-großherzoglich hessische Zollverein vom 14. Februar 1828, in: NA 98, 1987, 199–203.

Personenregister

Orts- und Sachregister